Urkundenbuch

zum

Seekriegsrecht.

Von

Dr. Theodor Niemeyer,
o. ö. Professor des Internationalen Rechts a. d. Universität Kiel,
Geheimer Justizrat.

III. Abteilung: Seite 1245—1666.

Berlin 1913.
J. Guttentag, Verlagsbuchhandlung,
G. m. b. H.

Inhaltsverzeichnis.

XV. Die Verhandlungen der Londoner Konferenz 1908/9 *) nebst Verhandlungen der Friedenskonferenz von 1907 [betr. Konterbande, Blockade, Zerstörung neutraler Prisen].

Vorbemerkung.

Über die Gesichtspunkte, nach welchen ein Teil der Londoner Verhandlungen vorweggenommen und schon S. 656—669 mitgeteilt, dagegen ein Teil der Haager Verhandlungen im Folgenden in den Rahmen der Londoner Verhandlungen eingefügt ist, siehe die Vorbemerkung oben S. 453—454. Vgl. dazu ferner S. 1232—1244.

A. Vorbereitende Schriftstücke.

a) Einladung und Programm.

(Blaubuch Cd. 4554 S. 1—2, französische Übersetzung: Cd. 4555 S. XIX—XX.)

Sir Edward Grey to His Majesty's Representatives at Berlin, Madrid, Paris, Rome, St. Petersburgh, Tôkiô, Vienna, and Washington.**)

Foreign Office, February 27, 1908.

1. The Convention for the establishment of an International Court of Appeal in matters of prize which formed Annex 12 to the Final Act of the Second Peace Conference has been under the consideration of His Majesty's Government.

2. Article 7 of the Convention provides that, in the absence of treaty stipulations applicable to the case, the Court is to decide the appeals that come before it, in accordance wirth the rules of international law, or if no generally recognized rules exist, in accordance with the general principles of justice and equity.

3. The discussions which took place at The Hague during the recent Conference showed that on various questions connected with maritime war divergent views and practices prevailed among the nations of the world. Upon some of these subjects an agreement was reached, but on others it was not found possible, within the period for which the Conference assembled, to arrive at an understanding. The impression was gained that the estab-

*) *Nach den Blaubüchern: Miscellaneous Nr. 4 (1909) Correspondence and documents respecting the international naval conference held in London december 1908—february 1909 [Cd. 4554] und Nr. 5 (1909) Proceedings of the international naval conference etc. [Cd. 4555].*

**) *Nachträglich ausgedehnt auf die niederländische Regierung.*

lishment of the International Prize Court would not meet with general acceptance so long as vagueness and uncertainty exist as to the principles which the Court, in dealing with appeals brought before it, would apply to questions of far-reaching importance affecting naval policy and practice.

4. His Majesty's Government therefore propose that another conference should assemble during the autumn of the present year, with the object of arriving at an agreement as to what are the generally recognized principles of international law, within the meaning of paragraph 2 of Article 7 of the Convention, as to those matters wherein the practice of nations has varied, and of then formulating the rules which, in the absence of special treaty provisions applicable to a particular case, the Court should observe in dealing with appeals brought before it for decision.

5. The rules by which appeals from national Prize Courts would be decided affect the rights of belligerents in a manner which is far more serious to the principal naval Powers than to others, and His Majesty's Government are therefore communicating only with the Government sof Austria-Hungary, France, Germany, Italy, Japan, Russia, Spain, and the United States of America.*) They would propose that the conference should assemble in October and, if it is agreeable to the Governments of those countries, they would suggest that it should meet in London.

6. The questions upon which His Majesty's Government consider it to be of the greatest importance that an understanding should be reached are those as to which divergent rules and principles have been enforced in the Prize Courts of different nations. It is therefore suggested that the following questions should constitute the programme of the conference:

a) Contraband, including the circumstances under which particular articles can be considered as contraband; the penalties for their carriage; the immunity of a ship from search when under convoy; and the rules with regard to compensation where vessels have been seized but have been found in fact only to be carrying innocent cargo;

b) Blockade, including the questions as to the locality where seizure can be effected, and the notice that is necessary before a ship can be seized;

c) The doctrine of continuous voyage in respect both of contraband and of blockade;

d) The legality of the destruction of neutral vessels prior to their condemnation by a Prize Court;

e)' The rules as to neutral ships or persons rendering „unneutral service" („assistance hostile");

f) The legality of the conversion of a merchant-vessel into a war-ship on the high seas;

g) The rules as to the transfer of merchant-vessels from a belligerent to a neutral flag during or in contemplation of hostilities;

h) The question whether the nationality or the domicile of the owner should be adopted as the dominant factor in deciding whether property is enemy property.

7. His Majesty's Government are deeply sensible of the great advantage which would arise from the establishment of an International Prize Court,

but in view of the serious divergences which the discussion at The Hague brought to light as to many of the above topics after an agreement had practically been reached on the proposals for the creation of such a Court, it would be difficult, if not impossible, for His Majesty's Government to carry the legislation necessary to give effect to the Convention unless they could assure both Houses of the British Parliament that some more definite understanding had been reached as to the rules by which the new tribunal should be governed.

8. If the programme outlined above is concurred in by the Government to which you are accredited, it would be convenient if, on some subsequent date, as for instance the 1st August, the Governments were to interchange Memoranda setting out concisely what they regard as the correct rule of international law on each of the above points, together with the authorities on which that view is based. This course would greatly facilitate the work of the Conference, and materially shorten its labours.

9. I have to request your Excellency to address a communication in this sense to the Minister for Foreign Affairs, expressing at the same time the hope that if his Government are favourable to the idea of the conference being held, they will send a Delegate furnished with full powers to negotiate and conclude an agreement.

b) Die Memoranden der beteiligten Staaten.

(Blaubuch Cd. 4555 S. 2 fl.)

I. Deutschland.

Projet d'une Convention relative aux règles de droit International en cas de Guerre maritime.

Titre I.

Dispositions Générales.

ART. 1. *(S. oben S. 656.)*

ART. 2. Ne pourront se prévaloir du caractère de navires de commerce, dans le sens de l'Article 1er de la Convention relative à l'établissement d'une Cour Internationale des Prises, conclue à La Haye, le 18 Octobre, 1907, les navires placés sous les ordres d'un chef militaire qui se trouve à bord.

ART. 3. Le caractère neutre ou ennemi d'un navire de commerce est déterminé par le pavillon qu'il porte.

Un navire portant pavillon neutre pourra néanmoins être traité en navire ennemi —

1. Si, jusqu'à l'ouverture des hostilités ou dans les deux semaines qui l'ont précédée, il a porté le pavillon ennemi;
2. S'il fait actuellement un trajet auquel il n'a été autorisé par le Gouvernement ennemi qu'après l'ouverture des hostilités ou dans les deux mois qui l'ont précédée;
3. S'il est affrété en totalité par le Gouvernement ennemi.

ART. 4. Le caractère neutre ou ennemi de la marchandise qui se trouve à bord d'un navire ennemi est déterminé par la nationalité de celui qui porte les risques d'une perte fortuite en cours de route. Toute Convention entre les intéressés qui modifie les règles générales de la Loi relativement au transport des risques est considérée comme nulle et non-avenue, lorsqu'elle a été conclue soit en prévision d'une guerre, soit après l'ouverture des hostilités.

Si la personne de celui qui porte les risques ne peut être établie par les papiers du bord, il y a présomption que les risques sont portés par le destinataire de la marchandise, et, dans le cas où celui-ci ne peut pas être établi non plus, par un national de la Puissance ennemie.

Si la nationalité de celui qui porte les risques n'est pas connue et ne peut être établie par les papiers du bord, elle est présumée ennemie.

Les présomptions prévues aux alinéas 2 et 3 peuvent être détruites par la preuve contraire.

ART. 5. La marchandise neutre qui se trouve à bord d'un navire ennemi pourra être traitée en marchandise ennemie:

1. Si elle n'a été revêtue du caractère neutre qu'à bord du navire et après l'ouverture des hostilités;
2. Si celui qui porte les risques a possédé la nationalité ennemie et ne s'en est désisté qu'après l'ouverture des hostilités ou dans les deux mois qui l'ont précédé;
3. Si, en cas de capture de la marchandise, le Gouvernement ennemi indemnise de la perte.

ART. 6. Les navires de commerce neutres et leurs cargaisons ne pourront être capturés en pleine mer, même contre indemnisation, à moins que les dispositions ci-dessous, touchant le blocus (Titre II) et la contrebande de guerre (Titre III), ne justifient la capture.

ART. 7. Les navires de commerce neutres naviguant sous l'escorte de bâtiments de guerre d'une Puissance neutre (convoi) n'en pourront pas moins être arrêtés, soumis à la visite et, s'il y a lieu, saisis et confisqués.

Titre II.

Du Blocus.

ART. 8. Un blocus ne pourra être établi par un belligérant qu'à l'égard d'un littoral ennemi ou occupé par l'ennemi.

ART. 9. Le blocus pour être obligatoire doit être effectif, déclaré et notifié.

ART. 10. Le blocus est effectif lorsqu'il est maintenu par une force navale dont l'importance et la position la mettent en mesure d'interdire réellement toute navigation entre la mer et la partie bloquée du littoral.

Le blocus n'est pas considéré comme levé si le mauvais temps a forcé les bâtiments bloquants à quitter momentanément leur position.

ART. 11. La déclaration du blocus sera faite par le commandant de la force bloquante ou par son Gouvernement. Elle doit désigner le moment précis du commencement du blocus et les limites exactes du littoral bloqué.

Le blocus doit être notifié aux autorités de la place ou du littoral bloqués et aux Puissances neutres. La notification à une Puissance neutre se fait par une communication adressée soit au Gouvernement même, soit à son Représentant Diplomatique auprès du belligérant bloquant, soit enfin au Consul ou à un des Consuls de la Puissance neutre qui exercent leurs fonctions dans la place ou sur le littoral bloqués.

Si la communication a été faite aux autorités locales seules, le blocus n'est immédiatement effectif qu'à l'égard des navires sortants; en ce qui concerne les navires entrants, le blocus doit, dans ce cas, être notifié, par la force bloquante, à chaque navire spécialement et, si faire se peut, mention de cette notification sera inscrite, par un officier, sur les papiers du bord.

ART. 12. Le navire qui viole le blocus est sujet à confiscation. Il en est de même des marchandises qui se trouvent à bord.

La capture n'est permise qu'autant que le navier tente de franchir les lignes du blocus ou qu'il est poursuivi in flagranti par un bâtiment de la force bloquante.

ART. 13. Le navire et les marchandises ne sont pas sujets à confiscation si le capitaine a ignoré l'établissement du blocus sans que cette ignorance puisse lui être imputée. A l'égard des navires entrants l'ignorance est présumée, sauf preuve contraire:

1. Si le navire a pris la mer avant l'établissement du blocus et que, depuis son départ, il n'ait fait relâche dans aucun port;

2. S'il n'y a pas eu d'autre notification du blocus à la Puissance neutre dont relève le navire, qu'une communication adressée à son Représentant Consulaire (Article 11, alinéa 2) et que ce dernier n'ait pas encore été en mesure d'en prévenir son Gouvernement.

En outre, les marchandises ne sont pas sujettes à confiscation si le propriétaire prouve que, jusqu'au moment où le navire a pris la mer, il n'a ni connu ni dû connaître l'établissement du blocus.

ART. 14. Les navires qui se trouvent en cas de détresse constatée par le commandant de la force bloquante seront autorisés à entrer dans le port bloqué et à en sortir ultérieurement.

ART. 15. Lorsque des navires neutres se trouvent dans le port bloqué, au moment de l'établissement du blocus, il devra être accordé un délai qui soit au moins suffisant pour leur permettre de quitter le port.

Titre III.

De la Contrebande de Guerre.

ART. 16. Il est interdit aux navires neutres faisant route vers le territoire d'un belligérant ou vers un territoire occupé par lui ou vers sa force armée de transporter des articles de contrebande de guerre qui ne soient pas destinés à être débarqués dans un port intermédiaire neutre.

Les papiers du bord font preve complète de la route du navire ainsi que du lieu de déchargement de la cargaison, à moins que le navire ne soit rencontré ayant manifestement dévié de l'itinéraire indiqué par les papiers du bord et sans pouvoir justifier d'une cause suffisante de cette déviation.

ART. 17. Sont de plein droit considérés comme contrebande de guerre les objets et matériaux suivants, compris sous le nom de contrebande absolue, savoir:

1. Les armes de toute nature, y compris les armes de chasse et les pièces détachées caractérisées;
2. Les projectiles, gargousses et cartouches de toute nature et leurs pièces détachées caractérisées;
3. Les poudres et les explosifs de toute nature;
4. Les affûts, caissons, avant-trains, fourgons, forges de campagne et leurs pièces détachées caractérisées;
5. Les effets d'habillement et d'équipement militaires caractérisés;
6. Les animaux de selle, de trait et de bât utilisables pour la guerre;
7. Les harnachements militaires caractérisés de toute nature;
8. Les conserves alimentaires pouvant servir à l'usage des troupes;
9. Le matériel de campement et les pièces détachées caractérisées;.
10. Les rails de chemin de fer ainsi que les locomotives et véhicules destinés à rouler sur rails et leurs pièces détachées caractérisées;
11. Les télégraphes, radiotélégraphes et téléphones et leurs pièces détachées caractérisées;
12. Les plaques de blindage;
13. Les bâtiments et les embarcations de guerre et les pièces détachées spécialement caractérisées comme ne pouvant être utilisées que sur un navire de guerre;
14. Les aérostats ainsi que leurs pièces détachées caractérisées et les accessoires, objets et matériaux caractérisés comme devant servir à l'aérostation;
15. Les instruments et appareils exclusivement faits pour la fabrication des munitions de guerre, pour la fabrication et la réparation des armes et du matériel militaire terrestre ou naval.

Les belligérants ont la faculté de compléter la liste de la contrebande absolue par une déclaration spéciale et notifiée. Ils ne pourront toutefois ajouter à la liste déjà existante que des objets et matériaux exclusivement faits pour servir à la guerre.

ART. 18. Sont considérés comme contrebande de guerre d'autres objets et matériaux pouvant servir à la guerre lorsqu'ils sont destinés aux forces armées ou aux services de l'état d'un belligérant et qu'ils ont été par une déclaration notifiée expressément qualifiés de contrebande de guerre. Ils sont compris sous le nom de contrebande relative.

Il y a présomption péremptoire de la destination visée à l'alinéa précédent, si l'envoi en question est adrsesé aux autorités d'un belligérant.

Cette destination est présumée, si l'envoi est adressé à un commerçant dont il est notoire qu'il fournit à un belligérant des objets et matériaux de cette nature. La même présomption s'applique dans le cas où l'envoi est à destination d'une place fortifiée d'un belligérant ou d'une autre place servant de base d'opérations ou de ravitaillement à ses forces armées, à moins qu'il ne s'agisse d'établir le caractère de contrebande des navires mêmes qui font route vers une de ces places. Les présomptions prévues au présent alinéa peuvent être détruites par la preuve contraire.

ART. 19. Ne peuvent jamais être considérés comme contrebande de guerre les objets et matériaux qui sont destinés et nécessaires à l'usage du navire, de l'équipage ou des passagers pendant la traversée.

ART. 20. La notification des déclarations concernant la contrebande absolue et la contrebande relative, prévues à l'alinéa 2 de l'Article 17 et à l'alinéa 1 de l'Article 18, se fera par voie d'une communication adressée aux Gouvernements des Puissances neutres ou à leurs Représentants Diplomatiques auprès du belligérant dont émane la déclaration.

ART. 21. La contrebande de guerre est sujette à confiscation.

La confiscation n'est permise que contre indemnisation si, au moment où le navire a été rencontré en mer, le capitaine ne connaissait ni ne devait connaître l'ouverture des hostilités ou, lorsqu'il s'agit d'objets ou matériaux déclarés contrebande de guerre par application de l'alinéa 2 de l'Article 17 et de l'alinéa 1 de l'Article 18, ne connaissait ni ne devait connaître cette déclaration, ou enfin si le capitaine, après avoir eu connaissance de l'ouverture des hostilités ou de la déclaration, n'a pu encore débarquer les articles de contrebande. L'ignorance est présumée si un bateau à vapeur est rencontré en pleine mer dans les huit jours, ou un navire à voiles dans les quatre semaines qui suivent l'ouverture des hostilités ou la notification faite, conformément à l'Article 20, à la Puissance dont il relève, et sans que dans cet intervalle il ait fait relâche dans un port; la preuve contraire est admise.

Les marchandises non contrebande de guerre qui se trouvent à bord du navire et qui appartiennent au propriétaire de la contrebande sont également sujettes à confiscation, à moins qu'il n'y ait lieu d'appliquer les dispositions de l'alinéa 2.

ART. 22. Le navire transportant la contrebande de guerre est sujet à confiscation:

1. Si le propriétaire ou celui qui a affrété le navire en totalité ou le capitaine ont connu ou dû connaître la présence de la contrebande à bord et que cette contrebande forme par sa valeur, par son poids ou par son volume, plus d'un quart de la cargaison;

2. Si le capitaine a opposé une résistance manifeste à l'arrêt, à la visite ou à la saisie.

La confiscation prévue à l'alinéa 1, No. 1, n'est pas permise, s'il y a lieu d'appliquer les dispositions de l'alinéa 2 de l'Article 21.

ART. 23. Un navire de commerce neutre est, en outre, sujet à confiscation:

1. S'il est actuellement et exclusivement affecté soit au transport de troupes ennemies soit à la transmission de nouvelles dans l'intérêt de l'ennemi.

2. S'il fait le voyage spécialement en vue du transport de passagers individuels, incorporés dans la force armée de l'ennemi ou en vue de la transmission de nouvelles dans l'intérêt de l'ennemi;

3. Si, à la connaissance soit du propriétaire, soit de celui qui a affrété le navire en totalité, soit enfin du capitaine, il transporte un détachement militaire de l'ennemi ou une ou plusieurs personnes qui prêtent une assistance directe aux opérations de l'ennemi.

La confiscation du navire n'est pas permise si, au moment où le navire a été rencontré en mer, le capitaine ne connaissait ni ne devait connaître l'ouverture des hostilités ou si, après en avoir eu connaissance, il n'a pu encore débarquer les personnes transportées. L'ignorance est présumée si le navire est rencontré en pleine mer au cours de la semaine qui suit l'ouverture des hostilités, et sans que dans cet intervalle il ait fait relâche dans un port; la preuve contraire est admise.

Dans tous les cas, les personnes appartenant à la force armée de l'ennemi pourront être faites prisonniers de guerre.

Titre IV.

Du Traitement des Navires et Marchandises capturés.

ART. 24. Les navires et marchandises capturés doivent être conduits au siège d'un Tribunal de Prises du belligérant capteur pour y être jugés.

ART. 25. Par exception, les navires ou marchandises capturés peuvent être immergés, coulés, ou détruits autrement si leur conservation pourrait compromettre la sécurité du bâtiment de guerre ou le succès de ses opérations.

Avant la destruction du navire, son équipage devra être mis en sûreté et tous les papiers du bord et telles autres pièces que les intéressés jugeront importantes pour l'établissement de la validité de la capture devront être transbordés sur le bâtiment de guerre.

ART. 26. Dans les cas prévus à l'alinéa 1er de l'Article 25 on pourra également immerger ou détruire, avec le navire, les marchandises qui ne sont pas susceptibles de confiscation, et qui, en raison des circonstances, ne peuvent être transbordées sur le bâtiment de guerre. Dans ce cas, le propriétaire de ces marchandises aura droit à une indemnité.

ART. 27. Lorsque la capture du navire ou des marchandises n'ayant pas été maintenue, il y a lieu à la restitution de ces propriétés ou au paiement de l'indemnité qui en tient lieu, le propriétaire a droit à des dommages-intérêts, à moins que la saisie n'ait été amenée par propre faute ou par celle du capitaine.

Titre V.

Dispositions Finales.

ART. 28. Les dispositions de la présente Convention ne sont applicables qu'entre les Puissances Contractantes et seulement dans le cas où les belligérants sont tous parties à cette Convention et où les Puissances intéressées et les belligérants sont en même temps parties à la Convention couclue à La Haye le 18 octobre, 1907, et relative à l'établissement d'une Cour Internationale des Prises.

ART. 29. La présente Convention sera ratifiée aussitôt que possible.

Les ratifications seront déposées à La Haye.

Le premier dépôt de ratifications sera constaté par un procès-verbal signé par les Représentants des Puissances qui y prennent part et par le Ministre des Affaires Etrangères des Pays-Bas.

Les dépôts ultérieurs de ratifications se feront au moyen d'une notification écrite adressée au Gouvernement des Pays-Bas et accompagnée de l'instrument de ratification.

Copie certifiée conforme du procès-verbal relatif au premier dépôt de ratifications, des notifications mentionnées à l'alinéa précédent ainsi que des instruments de ratification, sera immédiatement remise par les soins du Gouvernement des Pays-Bas et par la voie diplomatique aux Puissances conviées à la Conférence de Londres, concernant le droit international en cas de guerre maritime, ainsi qu'aux autres Puissances qui auront adhéré à la Convention. Dans les cas visés par l'alinéa précédent, ledit Gouvernement leur fera connaître en même temps la date à laquelle il a reçu la notification.

ART. 30. Les Puissances représentées à la Conférence de Londres, concernant le droit international en cas de guerre maritime, et qui n'ont pas signé la présente Convention sont admises à y adhérer. Il en est de même des Puissances non représentées à ladite Conference qui, au moment de leur adhésion, sont parties à la Convention relative à l'établissement d'une Cour Internationale des Prises.

La Puissance qui désire adhérer notifie par écrit son intention au Gouvernement des Pays-Bas en lui transmettant l'acte d'adhésion, qui sera déposé dans les archives dudit Gouvernement.

Ce Gouvernement transmettra immédiatement à toutes les autres Puissances copie certifiée conforme de la notification ainsi que de l'acte d'adhésion, en indiquant la date à laquelle il a reçu la notification.

ART. 31. La présente Convention produira effet pour les Puissances qui auront participé au premier dépôt de ratifications, soixante jours après la date du procès-verbal de ce dépôt, et, pour les Puissances qui ratifieront ultérieurement ou qui adhéreront, soixante jours après que la notification de leur ratification ou de leur adhésion aura été reçue par le Gouvernement des Pays-Bas.

ART. 32. S'il arrivait qu'une des Puissances Contractantes voulût dénoncer la présente Convention, la dénonciation sera notifiée par écrit au Gouvernement des Pays-Bas, qui communiqera immédiatement copie certifiée conforme de la notification à toutes les autres Puissances, en leur faisant savoir la date à laquelle il l'a reçue.

La dénonciation ne produira ses effets qu'à l'égard de la Puissance qui l'aura notifiée, et un an après que la notification en sera parvenue au Gouvernement des Pays-Bas.

II. Vereinigte Staaten von Amerika.

Note Adressée par le Département d'Etat des Etats-Unis au chargé d'Affaires Britannique à Washington.

(Traduction.)

M. le Chargé d'Affaires. Washington, le 5 septembre, 1908.

ME référant aux notes de votre Ambassade du 27 mars, du 11 et du 21 août, au sujet de la Conférence Internationale Maritime appelée à siéger à Londres au mois d'octobre prochain, j'ai l'honneur de vous annoncer que le Département d'Etat a examiné avec soin la proposition que tout Gouvernement invité à la Conférence s'engageât à rédiger et à échanger des aide-mémoires exposant sa pratique habituelle dans les questions mentionnées spécifiquement dans le programme de la Conférence ébauché dans la note de l'Ambassade britannique du 27 mars.

Les Puissances qui prendront part à la Conférence sont bien renseignées sur l'attitude des Etats-Unis; et les délégués américains ont pleine connaissance de la pratique de leur pays en matière de droit maritime. Les délégués des Etats-Unis à la Deuxième Conférencc de la Paix reçurent du Secrétaire d'Etat les instructions suivantes:

„Quant à la rédaction d'une convention concernant les usages de la guerre maritime, vous vous référerez au Code de Guerre Navale promulgué dans les Ordres Généraux, Nr. 551, du Département de la Marine en date du 27 juin, 1900. Ce code a reçu l'approbation générale des autorités navales de toutes les nations civilisées. Il exprime, d'une manière générale, les vues des Etats-Unis, sous la réserve de quelques amendements spéciaux suggérés dans le volume des ‚Discussions de l'Ecole de Guerre Navale sur le Droit International en 1903' (pp. 91 à 97). L'ordonnance par laquelle ce code avait été mis en vigueur fut révoquée par le Département de la Marine en 1904, non pas à cause de changements de vues intervenus au sujet des règles formulées, mais parce que beaucoup de ces règles, si elles restaient imposées aux forces maritimes des Etats-Unis en vertu de l'ordonnance en question, les auraient placées dans une position désavantageuse vis-à-vis des Puissances non soumises aux mêmes règles. Je vous prie, d'étudier avec soin toute la discussion surces règles, qui se trouve consignée dans le volume mentionné.

„Vous devrez recommander chaudement à la Conférence de la Paix la rédaction d'un règlement international concernant la guerre maritime, et vous offrirez, comme projet de règlement à discuter, le Code Naval de 1900, avec les changements déjà suggérés, et tels autres amendements que d'autres accords établis à la Conférence pourraient devoir nécessiter."

L'attitude des Etats-Unis n'a pas changé depuis la Conférence, et la partie des instructions que je viens de citer est applicable aussi bien à la Conférence Navale qu'elles l'étaient à la Deuxième Conférence de la Paix.

J'ai l'honneur de vous transmettre ci-joints des exemplaires du Code de Guerre Navale, ainsi que du volume des „Discussions Internationales de l'Ecole de Guerre Navale", lequel contient les amendements à apporter au Code de Guerre Navale de 1900. Je vous transmets ces documents pour servir de base de discussion à la Conférence, naturellement sous réserve d'amendement, au lieu des Mémorandums qui, selon la proposition britannique, doivent être rédigés et échangés par chacune des Puissances invitées à prendre part à la Conférence Navale.

J'ai, &c.

(Signé) ALVEY A. ADEE.

Annexe
à la note adressée par le Département d'Etat des États-Unis au Chargé d'Affaires britannique à Washington.

(Traduction.)

Les Lois et Coutumes de la Guerre sur mer.

Section 1re.
Hostilités.

ART. 1. L'objet général de la guerre est de procurer la soumission complète de l'ennemi, dans la période de temps la plus courte, avec la dédépense la moins grande possible de vies et de biens.

Dans les opérations maritimes les moyens ordinaires pour atteindre ce but sont: la capture ou la destruction des forces militaires et navales de l'ennemi; de ses fortifications, arsenaux, cales sèches, et chantiers; de ses divers établissements militaires et navals, ainsi que de son commerce maritime et de ses communications; d'empêcher l'ennemi de se procurer, chez les neutres, du matériel de guerre; de coopérer avec l'armée aux opérations militaires sur terre, de protéger et de défendre le territoire, la propriété, et le commerce maritime nationaux.

ART. 2. Le champ d'opérations de la guerre maritime comprend la haute mer ou toutes autres étendues d'eau qui ne sont placées sous aucune juridiction, ainsi que les eaux territoriales des belligérants. Aucun acte d'hostilité ne peut être accompli, ni aucun droit de belligérant ne peut être exercé, comme le droit de visite et de recherche, dans les eaux territoriales des Etats neutres.

Les eaux territoriales d'un Etat s'étendent, du côté de la mer, à la distance d'une lieue marine, à partir de la laisse de basse mer. Elle comprennent aussi, dans une mesure raisonnable — ce qui, dans beaucoup de cas, est déterminé par l'usage — des étendues d'eau touchant à la mer, telles que baies, golfes, et estuaires enfoncés dans les terres; et lorsque le territoire dans lequel se trouvent compris ces baies, golfes, et estuaires appartient à deux ou plusieurs Etats, les limites maritimes de ces Etats sont ordinairement déterminées par des lignes conventionelles.

ART. 3. Les nécessités militaires autorisent les mesures qui sont indispensables pour assurer les fins de la guerre et qui sont en concordance avec les lois et les usages modernes de la guerre.

Elles n'autorisent ni une dévastation par méchanceté ni l'accomplissement d'un acte hostile quelconque qui, sans nécessité, rendrait difficile le retour à la paix.

Les non-combattants doivent être épargnés dans leurs personnes et dans leurs biens durant les hostilités, dans la mesure où le permettent les nécessités de la guerre et la conduite de ces non-combattants.

Par la déclaration de La Haye, signée le 29 Juillet, 1899, à laquelle les Etats-Unis sont partie, il est dit que: Les Puissances Contractantes consentent, pour une période de cinq ans, à l'interdiction de lancer des projectiles et des explosifs du haut des ballons, ou par d'autres modes analogues nouveaux.

La présente déclaration n'est obligatoire que pour les Puissances Contractantes, en cas de guerre entre deux ou plusieurs d'entre elles.

Elle cessera d'être obligatoire du moment où, dans une guerre entre des Puissances Contractantes une Puissance non-Contractante se joindrait à l'un des belligérants.

ART. 4. Le bombardement, par une force navale, de villes, villages, ou constructions qui ne sont ni fortifiés ni défendus, est interdit, quoique les dits villes, villages, ou constructions soient sujets aux dommages résultant de la destruction d'établissements militaires ou navals, de dépôts publics de munitions de guerre ou de vaisseaux de guerre se trouvant dans le port, et les dits villes, villages, ou constructions sont sujets à bombardement lorsque des réquisitions raisonnables de vivres et de fournitures, à ce moment essentielles à la force navale, n'aient été refusées; en pareil cas il doit être dûment donné avis du bombardement.

Est interdit le bombardement de villes et de lieux qui ne sont ni fortifiés ni défendus, à raison du non-paiement d'une rançon.

ART. 5. Sauf dans le cas où les câbles télégraphiques sous-marins sont sujets à une censure ou si, pour quelque autre raison que ce soit, ils sont exempts de surveillance les règles suivantes sont établies, en ce qui concerne leur traitement en temps de guerre, quels que soient d'ailleurs leurs propriétaires.

a) Les câbles télégraphiques sous-marins existant entre différents points du territoire d'un ennemi ou entre le territoire des Etats-Unis et celui d'un ennemi sont soumis au traitement que les nécessités de la guerre peuvent exiger.

b) Les câbles télégraphiques sous-marins existant entre le territoire d'un ennemi et un territoire neutre peuvent être interrompus dans les limites de la juridiction territoriale de l'ennemi, ou à n'importe quel point en dehors de la juridiction neutre, si les nécessités de la guerre l'exigent.

c) Les câbles télégraphiques sous-marins existant entre deux territoires neutres doivent être considérés comme inviolables et à l'abri de toute interruption.

ART. 6. Si les nécessités militaires le requièrent, les navires neutres trouvés dans les limites de l'autorité belligérante peuvent être saisis et détruits ou autrement utilisés dans un but militaire, mais, dans tels cas, les propriétaires des navires neutres doivent être pleinement indemnisés.

Le montant de l'indemnité sera, si possible, fixé d'avance avec le propriétaire ou le patron du navire. Il doit être accordé une attention convenable aux stipulations des traités sur ces questions.

ART. 7. Dans le cas où un ennemi manque d'observer les lois et usages de la guerre, si le délinquant est hors d'atteinte, on peut avoir recours aux représailles, si un recours à se procédé est considéré comme nécessaire; mais on doit toujours accorder une attention convenable aux devoirs de l'humanité. Les représailles ne devront pas dépasser en sévérité l'offense commise, et il n'y a pas lieu d'y recourir lorsque le dommage dont on se plaint a été réparé.

Si le délinquant se trouve dans la possession des Etats-Unis il peut être puni, après un procès en due forme, par un tribunal militaire ou naval compétemment constitué. De tels délinquants seront passibles des peines spécifiées par la législation criminelle.

Section 2.

Belligérants.

ART. 8. En cas de capture, les personnes énumérées ci-après deviennent prisonniers de guerre et ont le droit de recevoir le traitement humain que l'on doit àtels prisonniers:

1. Le personnel des forces armées dûment constituées pour soutenir la guerre sur terre.
2. Le personnel des vaisseaux armés de l'ennemi, combattant ou non-combattant.
3. L'équipage de tout navire, qui n'est point armé, affecté à un service public ou privé de l'ennemi.
4. L'équipage des navires privés de l'ennemi qui, pour la défense ou pour la protection d'un navire qui lui est confié, résiste à une attaque.

ART. 9. Les membres de l'équipage d'un navire privé ennemi capturé comme prise peuvent, à la volonté du capteur, être traités comme témoins ou comme prisonniers de guerre, lorsque par leurs instructions ou par leur enrôlement ils sont immédiatement utilisables pour le service naval de l'ennemi; ou ils peuvent encore être soustraits à toute détention ou emprisonnement. Les membres de l'équipage ont droit à leurs effets personnels et à tout objet qui leur appartient en propre, pourvu qu'il ne constitue pas de la contrebande de guerre et qu'il ne soit pas considéré comme partie du navire, de son équipement ou encore que ce ne soit pas de la monnaie, de l'argenterie, ou des marchandises chargées sur le navire.

Tous les passagers qui ne sont pas au service de l'ennemi, ainsi que toutes les femmes et tous les enfants trouvés à bord de tels navires doivent être relâchés et conduits dans un port convenable, à la première occasion.

Si une personne appartenant au service naval des Etats-Unis dépouille de ses effets une personne trouvée à bord d'une prise, la pille ou la maltraite d'une manière quelconque, elle subira telle peine que lui infligera la cour martiale.

ART. 10. Les Etats-Unis d'Amérique reconnaîtront et protégeront, dans les pays ennemis occupés par leurs troupes, la propriété privée, la religion, et les bonnes mœurs, les habitants, et particulièrement les femmes, et la sainteté des relations domestiques. Les infractions seront rigoureusement punies.

Section 3.

Navires Belligérants et Neutres.

ART. 11. Tous les navires affectés à un service public de l'ennemi sont susceptibles d'être capturés, excepté ceux qui sont employés dans un but purement charitable ou scientifique, à des voyages de découverte, ou comme navires hôpitaux suivant les règles indiquées plus bas.

Les navires de cartel et autres navires de l'ennemi, munis d'un sauf-conduit valable, sont exempts de prise, à moins qu'ils ne soient engagés dans des opérations de commerce ou de guerre.

ART. 12. Tous les navires privés de l'ennemi, à l'exception de ceux employés de bonne foi à la pêche côtière, sont sujets à capture, à moins qu'ils n'en soient exempts par les stipulations d'un traité.

Dans le cas de nécessité d'ordre militaire ou autre, les navires privés de l'ennemi peuvent être détruits ou retenus pour le service du Gouvernement. Lorsque des navires, des armes, des munitions de guerre ou autres objets capturés, sont détruits ou employés au service des Etats-Unis avant d'être confiés à la garde d'une Cour de Prise, ils doivent être expertisés, estimés, et inventoriés par des personnes aussi compétentes et aussi impartiales qu'on peut trouver; et l'expertise, l'estimation, ainsi que l'inventaire seront envoyés à la Cour des Prises devant laquelle la procédure doit être engagée.

ART. 13. Dans l'absence d'un traité applicable au cas, le traitement à accorder à un navire privé d'un ennemi, qui, avant le commencement d'une guerre, se dirige vers un port des Etats-Unis, ou le quitte, ou qui reste dans les eaux territoriales des Etats-Unis au commencement d'une guerre, sera réglé par des instructions spéciales provenant du Département de la Marine.

ART. 14. Les navires neutres, employés au service militaire ou naval de l'ennemi, ou placés sous le contrôle de l'ennemi dans un but d'ordre militaire ou naval, sont sujets à la capture et à la destruction.

ART. 15. Les bâtiments de guerre des Etats-Unis peuvent chercher asile, pendant la guerre, dans un port neutre, sauf à se soumettre aux limitations que les autorités du port peuvent prescrire, en ce qui concerne le nombre des navires belligérants, qui, à une époque donnée, peuvent être admis dans le port.

Cette relâche, qui est autorisée par la „comitas gentium", peut être employée pour échapper à l'ennemi, pour se soustraire au mauvais temps, pour se procurer des approvisionnements ou pour faire radouber le navire de façon à ce que celui-ci puisse continuer son voyage en sûreté et atteindre le port le plus proche de son pays.

ART. 16. Ce ou ces navires doivent se conformer aux règlements édictés par les autorités du port neutre, en ce qui concerne le lieu du mouillage, la durée du séjour du navire dans le port, et l'intervalle à observer avant de prendre la mer à la poursuite ou après le départ d'un navire ennemi.

Aucune augmentation de l'armement, des approvisionnements militaires ou du nombre des hommes d'équipage d'un navire de guerre des Etats-Unis ne sera tentée pendant le séjour du navire dans un port neutre.

ART. 17. Un navire neutre, transportant des marchandises ennemies, est exempt de la capture ainsi que sa cargaison, à moins qu'il transporte de la contrebande de guerre, qu'il essaie de forcer un blocus, ou qu'il soit coupable d'avoir rendu une assistance hostile à l'ennemi.

ART. 18. Un navire neutre qui transporte des dépêches ennemies est passible de saisie lorsqu'il navigue comme courrier effectivement au service de l'ennemi. Les vapeurs-postaux, sous pavillon neutre transportant les dites dépêches selon la manière régulière et habituelle, soit comme partie de leur courrier dans leurs sacs de dépêches, soit séparément pour raison de commodité et sans convention ou rémunération spéciale, ne sont pas sujets à saisie et ne devraient pas être détenus si ce n'est sur causes clairement fondées de soupçon de violation des lois de la guerre relativement à la contrebande, au blocus ou aux services contraires à la neutralité; en pareil cas, les sacs de dépêches doivent être expédiés sans que les cachets soient brisés.

Section 4.

Vaisseaux-Hôpitaux, Naufragés, Malades,' et Blessés.

ART. 19. Les bâtiments-hôpitaux militaires, c'est-à-dire les bâtiments construits ou aménagés par les Etats spécialement et uniquement en vue de porter secours aux blessés, malades, et naufragés, et dont les noms auront été communiqués, à l'ouverture ou au cours des hostilités, en tout cas avant toute mise en usage, aux Puissances belligérantes, sont respectés et ne peuvent être capturés pendant la durée des hostilités.

Ces bâtiments ne sont pas non plus assimilés aux navires de guerre au point de vue de leur séjour dans un port neutre.

ART. 20. Les bâtiments hospitaliers, équipés en totalité ou en partie aux frais des particuliers ou des sociétés de secours officiellement reconnues, sont également respectés et exempts de capture, si la Puissance belligérante dont ils dépendent leur a donné une commission officielle et en a notifié les noms à la Puissance adverse à l'ouverture ou au cour des hostilités, en tout cas avant toute mise en usage.

Ces navires doivent être porteurs d'un document de l'autorité compétente déclarant qu'ils ont été soumis à son contrôle pendant leur armement et à leur départ final.

ART. 21. Les bâtiments hospitaliers, équipés en totalité ou en partie aux frais des particuliers ou des sociétés officiellement reconnues de pays neutres, sont respectés et exempts de capture, si la Puissance neutre dont ils dépendent leur a donné une commission officielle et en a notifié les noms aux Puissances belligérantes à l'ouverture ou au cours des hostilités, en tout cas avant toute mise en usage.

ART. 22. Les bâtiments qui sont mentionnés dans les Articles 19, 20 et 21 porteront secours et assistance aux blessés, malades, et naufragés des belligérants sans distinction de nationalité.

Les Gouvernements s'engagent à n'utiliser ces bâtiments pour aucun but militaire.

Ces bâtiments ne devront gêner en aucun manière les mouvements des combattants.

Pendant et après le combat ils agiront à leurs risques et périls.

Les belligérants auront sur eux le droit de contrôle et de visite; ils pourront refuser leur concours, leur enjoindre de s'éloigner, leur imposer une direction déterminée, et mettre à bord un commissaire, même les détenir, si la gravité des circonstances l'exigeait.

Autant que possible les belligérants inscriront sur le journal de bord des bâtiments hospitaliers les ordres qu'ils leur donneront.

ART. 23. Les bâtiments-hôpitaux militaires seront distingués par une peinture extérieure blanche avec une bande horizontale verte d'un mètre et demie de largeur environ.

Les bâtiments qui sont mentionnés dans les Articles 20 et 21 seront distingués par une peinture extérieure blanche avec une bande horizontale rouge d'un mètre et demi de largeur environ.

Les embarcations des bâtiments qui viennent d'être mentionnés, comme les petits bâtiments qui pourront être affectés au service hospitalier, se distingueront par une peinture analogue.

Tous les bâtiments hospitaliers se feront reconnaître en hissant, avec leur pavillon national, le pavillon blanc à croix rouge prévu par la Convention de Genève.

ART. 24. Les bâtiments de commerce, yachts, ou embarcations neutres, portant ou recueillant des blessés, des malades, ou des naufragés des belligérants, ne peuvent être capturés pour le fait de ce transport, mais ils restent exposés à la capture pour les violations de neutralité qu'ils pourraient avoir commises.

ART. 25. Le personnel religieux, médical, et hospitalier de tout bâtiment capturé est inviolable et ne peut être fait prisonnier de guerre. Il emporte, en quittant le navire, les objets et les instruments de chirurgie qui sont sa propriété particulière.

Ce personnel continuera à remplir ses fonctions tant que cela sera nécessaire, et il pourra ensuite se retirer lorsque le commandant-en-chef le jugera possible.

Les belligérants doivent assurer à ce personnel tombé entre leurs mains la jouissance intégrale de son traitement.

ART. 26. Les marins et les militaires embarqués blessés ou malades, à quelque nation qu'ils appartiennent, seront protégés et soignés par les capteurs.

ART. 27. Sont prisonniers de guerre les naufragés, blessés, ou malades d'un belligérant qui tombent au pouvoir de l'autre. Il appartient à celui-ci de décider, suivant les circonstances, s'il convient de les garder, de les diriger sur un port de sa nation, sur un port neutre, ou même sur un port de l'adversaire. Dans ce dernier cas, les prisonniers ainsi rendus à leur pays ne pourront servir pendant la durée de la guerre.

ART. 28. Les règles contenues dans les Articles ci-dessus ne sont obligatoires que pour les Puissances Contractantes, en cas de guerre entre deux ou plusieurs d'entre elles.

Les dites règles cesseront d'être obligatoires du moment où, dans une guerre entre des Puissances Contractantes, une Puissance non-Contractante se joindrait à l'un des belligérants.

Section 5.
Exercice du Droit de Visite.

ART. 29. L'exercice du droit de visite pendant la guerre est restreint aux bâtiments de guerre dûment commissionnés et autorisés. Les convois de navires marchands neutres, placés sous l'escorte des bâtiments de guerre de leur propre Etat, sont exempts du droit de recherche, sur les assurances convenables du commandant du convoi, appuyées sur un examen complet.

ART. 30. L'objet du droit de visite et de recherche exercé à l'égard d'un navire est:

1. De déterminer sa nationalité;
2. De s'assurer s'il existe de la contrebande de guerre à bord;
3. De s'assurer si le navire a l'intention de commettre ou a commis une rupture de blocus;
4. De s'assurer si le navire est coupable d'avoir rendu des services contraires à la neutralité ou s'il est engagé, dans quelque mesure, au service de l'ennemi.

Le droit de visite doit être exercé en se conformant, strictement aux dispositions des traités existants entre les Etats-Unis et les autres Etats, et en ayant les égards convenables pour le navire accosté.

ART. 31. Le mode suivant de procéder, sauf les stipulations des traités particuliers, doit être observé par le navire accosteur dont le pavillon doit être déployé au même moment:

Le navire est arrêté ne lui tirant un coup de canon à blanc. Si cet avis n'est pas suffisant pour amener le vaisseau à s'arrêter, un boulet est tiré dans l'avant du navire, et, en cas de fuite ou de résistance, la force peut être employée pour contraindre le navire à se rendre.

Le navire accosteur enverra alors l'une de ses plus petites embarcations bord à bord, avec un officier portant des armes au côté, pour diriger la recherche. Des armes peuvent être placées dans le canot, mais les marins ne doivent pas les porter. Lorsque l'officier monte à bord du navire, il peut être accompagné par deux matelots au plus, sans armes, et il doit tout d'abord examiner les papiers du bord afin de s'assurer de la nationalité du navire, de la nature de la cargaison, et des ports de départ et de destination. Si les papiers montrent qu'il y a contrebande, violation d'un blocus, ou service de l'ennemi, le navire sera saisi; autrement il devra être relâché, à moins que des circonstances suspectes ne justifient une nouvelle recherche. Si le navire est relâché, une mention en ce sens doit être faite sur le registre de bord par l'officier du navire accosteur.

ART. 32. Indépendamment de la nature de sa cargaison ou de sa destination apparente, un navire neutre peut être saisi, si:

1. Il essaie de se soustraire au droit de recherche par la fuite, mais cette condition doit être clairement évidente;
2. Il résiste à la recherche par la violence;
3. Il présente des papiers frauduleux;
4. Il n'est pas pourvu des papiers nécessaires pour éclairer l'objet des recherches;
5. Il détruit, efface ou falsifie des papiers.

Les papiers que l'on peut s'attendre généralement à trouver à bord des navires sont:

1. Le registre;
2. La liste d'équipage et la liste des passagers;
3. Le livre de bord;
4. La patente de santé;
5. Le manifeste de la cargaison;
6. Une charte-partie, si le navire est affrété;
7. Des factures et des connaissements.

Section 6.
Contrebande de Guerre.

ART. 33. Le terme contrebande de guerre ne comprend que les objets ayant pour but et pour destination l'usage du belligérant. Ces objets sont répartis en deux grandes catégories:

1. Les objets qui, immédiatement et ordinairement, sont employés dans un but militaire en temps de guerre, comme les armes et munitions de guerre, le matériel militaire, les navires du guerre ou instruments destinés à la fabrication immédiate des munitions de guerre;
2. Les objets qui peuvent être et qui sont employés aux usages de la guerre ou de la paix, suivant les circonstances.

Les objets de la première catégorie, destinés à des ports ennemis ou à des lieux occupés par forces constituent toujours de la contrebande de guerre.

Les objets de la deuxième catégorie, quand ils sont effectivement et spécialement destinés aux forces militaires ou navales de l'ennemi, constituent de la contrebande de guerre.

Au cas de guerre, les articles qui, conditionnellement ou sans condition, constituent de la contrebande de guerre doivent être dûment annoncés par des moyens de publicité, lorsque ces objets n'ont pas été spécifiquement mentionnés dans des traités antérieurement conclus, et encore en vigueur.

ART. 34. Les navires, neutres ou autres, transportant de la contrebande de guerre destinée à l'ennemi, sont passibles de saisie et de détention, à moins de dispositions contraires des traités.

ART. 35. Sauf avis contraire, les objets suivants doivent être traités comme contrebande de guerre:

Objets de Contrebande absolue. — Artillerie, mitrailleuses („machine guns") et leurs accessoires ainsi que leurs pièces détachées; plaques de blindage et tout ce qui appartient à l'armement offensif ou défensif des navires; les armes et instruments de fer, d'acier, de bronze ou de cuivre ou en toute autre matière, lorsque ces armes ou instruments sont spécialement disposés pour être employés à la guerre sur terre ou sur mer; torpilles et accesssoires; caisses pour mines, en quelque matière que ce soit; matériel de génie ou de transport comme affûts, caissons, caisses à cartouches, forges de campagne, cantines, pontons; munitions d'artillerie; télémètres portatifs; pavillons-signaux à l'usage de la marine; munitions et explosifs de toutes sortes et les éléments dont ces corps se composent; machines pour la fabrication d'armes et de munitions de guerre; salpêtre; uniformes militaires et équipements de toutes sortes; chevaux.et mules.

Objets de Contrebande conditionelle. — Charbon lorsqu'il est destiné à une station navale, à un port de ravitaillement, à un ou plusieurs navires ennemis; matériaux pour la construction de chemins de fer ou de télégraphes, et espèces monnayées, lorsque ces matériaux ou ces espèces sont destinés aux forces de l'ennemi; les vivres, lorsqu'ils sont effectivement destinés aux forces militaires ou navales de l'ennemi.

Section 7.

Blocus.

ART. 36. Le blocus est une mesure de guerre entre belligérants, et pour être obligatoire il doit être effectif, c'est-à-dire, qu'il doit être maintenu par une force suffisante pour rendre hasardeuse l'entrée ou la sortie d'un port.

Si la force bloquante est chassée au loin par le mauvais temps et revient sans délai à son lieu de station, la continuité du blocus n'est pas, de ce fait, interrompue; si la force bloquante abandonne volontairement la station, sauf le cas où elle agit ainsi dans l'intérêt du blocus, ou si elle est repoussée par l'ennemi, le blocus est abandonné ou rompu. L'abandon ou la suspension forcée du blocus exige une nouvelle notification du blocus.

ART. 37. Pour franchir le blocus, les bâtiments de guerre neutres doivent obtenir la permission soit du Gouvernement de l'Etat dont les forces bloquent le port, soit de l'officier ayant le commandement général ou local du blocus. Si cela est nécessaire, ces bâtiments devront établir leur identité à la satisfaction du commandant des forces locales bloquantes. Si les opé rations militaires ou d'autres raisons le réclament, la permission d'entrer dans un port bloqué peut êtrerestreinte ou refusée.

ART. 38. La notification du blocus doit être faite avant que les navires neutres puissent être saisis en raison de sa violation. Cette notification peut être générale, faite à l'aide d'une proclamation et communiquée aux Etats neutres par la voie diplomatique, ou elle peut aussi être locale et annoncée aux autorités du port bloqué ainsi qu'aux autorités consulaires neutres de ce port. Une notification spéciale peut être faite aux navires pris individuellement; elle doit être dûment inscrite sur les papiers de bord à titre d'avertissement. Une notification faite à un Etat neutre constitue un avis suffisant à l'égard des citoyens ou sujets de cet Etat. S'il est établi qu'un navire neutre a connaissance ou a reçu notification du blocus de quelque source que ce soit, il peut être saisi pour violation ou tentative de violation du blocus.

La notification du blocus fera connaître, non seulement les limites du blocus, mais le moment exact de son commencement et le délai accordé à un navire pour décharger, recharger la cargaison, et quitter le port.

ART. 39. Les vaisseaux arrivant en vue d'un port bloqué qui ont pris la mer avant toute notification ont droit à une notification spéciale par un bâtiment de la force bloquante. Ils seront accostés par un officier, qui inscrira sur le livre de bord ou sur les papiers du navire, sous sa signature officielle, le nom du navire qui fait la notification, un avis du fait et de l'étendue du blocus, ainsi que la date et le lieu de la visite. Après cet avis, toute tentave de la part de ce navire en vue de forcer le blocus le rend passible de capture.

ART. 40. S'il résulte des papiers trouvés à bord, ou d'autres circonstances, que le navire a pris la mer à destination du port bloqué après que le fait du blocus avait été communiqué au pays du port de départ, ou après que le blocus avait été communément connu dans ce port, le navire sera passible de capture et de détention comme prise. Une attention convenable doit être donnée en ces matières à toutes stipulations contraires des traités.

ART. 41. Un navire neutre peut, de bonne foi, prendre la mer à destination d'un port bloqué, avec destination alternative à déterminer sur information relative à la continuation du blocus et obtenue dans un port intermédiaire. En pareil cas, ce navire n'est pas autorisé à continuer son voyage vers le port bloqué, en alléguant qu'il navigue en quête d'information sur l'état du blocus, mais il doit obtenir cette information et prendre parti sur sa route avant d'arriver dans le voisinage suspect; et si le blocus a été régulièrement établi avec la notification voulue, un doute suffisant sur la bonne foi de sa conduite rend le navire passible de capture.

ART. 42. Les navires neutres trouvés dans le port lors de l'établissement du blocus jouiront d'un nombre de jours déterminé, à partir de l'établissement du blocus, pour charger leur cargaison et quitter le port.

ART. 43. La possibilité de capturer et de condamner un navire qui a pour objectif de forcer un blocus, commence au moment où il quitte le port de départ et subsiste jusqu'à son retour, à moins que, dans l'intervalle, le blocus du port ne soit levé.

ART. 44. Les équipages des navires neutres qui violent ou tentent de violer un blocus ne doivent pas être traités comme prisonniers de guerre, mais tout officier ou homme d'équipage dont le témoignage peut être utile devant la Cour des Prises pourra être retenu comme témoin.

Section 8.

Envoi des Prises dans un Port des Etats-Unis.

ART. 45. A moins qu'il n'en soit autrement ordonné, les prises seront envoyées, en vue de leur mise en jugement, vers le port convenable le plus proche, situé dans la juridiction territoriale des Etats-Unis, et dans lequel peut fonctionner une Cour des Prises.

ART. 46. La prise sera remise à la Cour aussitôt que possible, dans l'état où elle était à l'époque de la saisie, et, à cette fin, ses papiers seront soigneusement mis sous scellés au moment de la saisie, et placés sous la garde du „prize master".

ART. 47. Tous les témoins dont le témoignage est nécessaire pour l'adjudication de la prise seront retenus et envoyés en même temps que la prise, et, si les circonstances le permettent, il est préférable que l'officier qui a fait la recherche agisse comme „prize master".

Les Lois des Etats-Unis en vigueur concernant les prises et les procès de prise doivent être étroitement observées par les officiers et matelots de la marine des Etats-Unis.

ART. 48. Le droit à la propriété saisie comme prise n'est transféré que par l'effet de la décision que rend la Cour des Prises. Mais, si le navire ou sa cargaison est nécessaire pour un usage public immédiat, il peut être employé à cet usage, après estimation et inventaire soigneux faits par des personnes impartiales, et attestés devant la Cour des Prises.

ART. 49. S'il existe des raisons sérieuses pour que les navires qui ont été dûment capturés ne soient pas conduits pour être mis en jugement — telles que l'innavigabilité, l'existence d'une maladie infectieuse, ou le manque d'un équipage de prise — ces navires peuvent être expertisés et vendus, et, si cela ne peut se faire, ils peuvent être détruits. Le danger imminent d'une reprise justifie la destruction, s'il n'y a aucun doute pour admettre que le navire est de bonne prise. Mais, dans tous ces cas, tous les papiers et autres témoignages doivent être envoyés à la Cour des Prises, afin qu'une décision puisse être dûment rendue.

Section 9.

Armistice, Trêve, et Capitulations et Violations des Lois de la Guerre.

ART. 50. Une trêve ou capitulation peut être conclue, sans autorisation spéciale, par le commandant d'une force navale des Etats-Unis avec le commandant des forces ennemies, pourvu, d'ailleurs, que son effet soit limité aux troupes sous leurs ordres.

Un armistice général exige un accord entre les gouvernements belligérants respectifs.

ART. 51. Après entente relative à une capitulation ou signature d'une capitulation, celui qui capitule ne peut endommager ni détruire les navires, propriétés, ou approvisionnements en sa possession qu'il est dans l'obligation de livrer, à moins que le droit d'agir ainsi ne lui ait été expressément réservé dans l'entente relative à la capitulation ou dans la capitulation même.

ART. 52. Avis de la fin des hostilités, avant qu'on ait à en tenir compte, doit avoir été officiellement reçu par le commandant de la force navale.

A moins qu'il n'en soit autrement ordonné, des faits de guerre accomplis après réception de l'avis officiel de la conclusion d'un traité de paix ou d'un armistice sont nuls et non avenus.

ART. 53. Quand elles ne seront pas en conflit avec les dispositions précédentes, les règles concernant les lois de la guerre sur terre, en vigueur pour les armées des Etats-Unis, régiront les forces navales des Etats-Unis lorsque les circonstances les rendront applicables.

ART. 54. Les dispositions précédentes sont publiées avec l'approbation du Président des Etats-Unis pour servir de règles de conduite à toutes les personnes attachées au service maritime, et sont subordonnées à toutes les lois et à tous les traités des Etats-Unis qui sont actuellement en vigueur ou qui pourront devenir en vigueur dans l'avenir.

III. Oesterreich.

Mémoire du Gouvernement commun d'Autriche-Hongrie concernant les Points du Programme de la conférence de droit maritime, élaboré par le Gouvernement Royal de Grande-Bretagne.

A. De la contrebande de guerre.

I. Quant à la notion.

SELON la doctrine et la pratique, seul le matériel de guerre subit, comme contrebande, la confiscation pure et simple. Quelques Puissances, il est vrai, ont également rangé parmi la contrebande dite absolue des objets de double usage. De tels objets ne sont toutefois pas considérés, généralement comme contrebande au sens strict, leurs propriétaires étant indemnisés, d'ordinaire, par l ecapteur. Nombre d'auteurs remarquables resteignent même la notion de la contrebande aux objets qui, par leur nature, peuvent être considérés comme devant aider le belligérant dans les hostilités, c'est-à-dire aux armes et munitions de guerre, le commerce de tout autre article restant entièrement libre (voir Kleen, De la contrebande de guerre, 1893, p. 28 et suiv., Lois et usages de la Neutralité, t. I, p. 397; de Boeck, Propriété privée ennemie sous pavillon ennemi, p. 590; Despagnet, Cour de droit international public, p. 831; Institut de droit international, avant-projet, 1896, § 3).

Or, de nos jours les belligérants ont recours, dans une mesure croissante, à toutes les brauches de la production agricole et industrielle sous les formes les plus variées; pour équiper et appr !visionner leurs armées gi gantesques, les Puissances se trouvent forcées de se pourvoir d'une foule de choses d'un usage normalement pacifique (vivres, étoffes, natières premières, chevaux, houille). S'il paraît logique, à première vue, de déclarer contrebande de tels articles aussi bien que le matériel de guerre, il serait tout de même dangereux d'étendre, par un accord international, la notion de la contrebande au-delà du matériel de guerre proprement dit.

A pareille extension, on pourrait opposer, à plus forte raison, toutes les objections soulevées par le Délégué de la Grande-Bretagne, au cours de la 2eConférence de la Paix, contre le principe même de la contrebande (IVeCommission, 8eséance).

Dans le cas où les Puissances ne tomberaient pas d'accord pour abolir défintivement le principe même de la contrebande, il serait du moins fort désirable d'abandonner la contrebande dite relative.

De plus, des considérations sérieuses militent contre la notion de la contrebande absolue. D'après la doctrine généralement adoptée, la contrebande est caractérisée par le fait que le neutre, en transportant des objets propres à être employés dans la guerre, procure au destinataire un avantaeg sur son ennemi. A cet effet, les objets doivent tomber réellement entre ses mains. Le fait seul qu'ils sont dirigés vers l'adversaire, ne suffit point pour leur imprimer le caractère hostile. Si la guerre n'a lieu que sur terre, le belligérant ne devrait donc pas confisquer de blindages ou de machines de marine; et si les objets transportés sont destinés à traverser seulement le territoire ennemi, l'entrave mise au transport ne serait guère justifiable. Peut-être dira-t-on que l'adversaire aurait à craindre, en ce cas, que l'ennemi ne s'en emparât pendant leur transit. Or, un sauf-conduit, délivré par les autorités du pays ennemi et produit par le neutre arrêté, écarterait cette crainte.

Il s'ensuit que, en vérité, il n'existe qu'une contrebande présumable (et non pas absolue), le transport de matériel de guerre créant uniquement la présomption que les articles en route vers l'ennemi seraient employés dans la guerre. On ne saurait donc refuser aux neutres la preuve du contraire.

Quant à la détermination précise de la contrebande, il faut se demander, si elle doit consister en une énumération limitative des objets de contrebande ou bien en une définition. Une définition semble être préférable. Presque tous les auteurs, notamment les écrivains anglais, rejettent, par de bonnes raisons, la „liste", puisqu'une énumération serait incomplète ou, du moins, le deviendrait bientôt (voir Perels, Das interntaionale öffentliche Seerecht, S. 238).

Au cas où une définition de la contrebande serait adoptée, les Puissances auraient à s'abstenir de notifier, dans leurs proclamations de guerre, une liste des articles à confisquer. La Cour internationale des prises manquerait de toute base de juridiction, si l'on autorisait dorénavant les belligérants à déterminer arbitrairement les objets de contrebande.

II. De la répression.

Théorie et practique assujettissent la contrebande dite absolue à la confiscation. Néanmoins, le droit de confiscation ne peut point être déduit logiquement de la notion de la contrebande; il n'est que le résultat du développement historique. Pour justifier ce prétendu droit, les écrivains invoquent l'intérêt légitime des belligérants de se défendre contre les neutres qui, par leurs „aventures commerciales", augmenteraient les forces de l'adversaire. Il est clair que, pour satisfaire à cet intérêt, il suffirait d'empêcher que les objets transportés ne tombent entre les mains de l'adversaire (voir Fauchille, Revue générale de droit international public, 1897 p. 302). Le droit de confiscation dépasse de beaucoup cet intérêt; il offre même une étrange anomalie; le belligérant s'empare gratuitement de la contrebande afin que son adversaire ne se la procure moyennant paiement (voir Perels, op. cit., p. 236, Lehmann, Die Zufuhr von Kriegskonterbande, 1877, S. 73).

L'on pourrait toutefois faire valoir l'intérêt militaire qu'ont les belligérants d'employer les articles saisis dans la lutte. Cet intérêt, est-il digne être considéré? Quoiqu'il en soit, on pourrait facilement en tenir compte, sans faire revivre la confiscation pure et simple, si onéreuse pour les neutres qui ne sont pas tenus à contribuer aux frais de la guerre. Il suffirait d'obliger les belligérants à indemniser les propriétaires des marchandises confisquées. Or, on a fait remarquer qu'en imposant aux belligérants cette obligation, on les forcerait souvent d'acheter quantité d'armes et de munitions dont ils n'ont pas besoin, tandis que les neutres profiteraient avec empressement de l'occasion pour s'en défaire avec profit.

Pour éviter cette fâcheuse conséquence, on pourrait laisser choisir les partis en lutte entre la confiscation moyennant indemnité et la séquestration.

III. Du convoi.

La vieille pratique de dispenser de la visite les navires marchands neutres escortés par un vaisseau de guerre de leur nationalité — pratique presque généralement établie — se justifie par la prétention légitime des neutres, que les officiers de marine de guerre doivent être crus sur parole. Seuls les tribunaux de prises britanniques s'opposent à cette prétention, et les auteurs anglais approuvent leurs décisions en alléguant plusieurs arguments, savoir:

Le commandant peut être trompé sur la qualité de la cargaison; son affirmation que les navires convoyés ne contiennent pas de contrebande, est sans valeur, les neutres limitant parfois la notion de la contrebande d'une manière non reconnue par les belligérants; l'officier ne peut savoir s'il n'existe pas de circonstances particulières justifiant, à titre d'exception, la saisie de la cargaison; les navires escortés pourraient quitter le convoi avant l'arrivée au port de destination.

Il va de soi qu'une réforme pourrait tenir compte de ces observations justes, sans doute, à quelques égards. La plupart d'elles perdraient toute importance, si l'on fixait d'un accord unanime la notion de la contrebande, notamment en la restreignant au matériel de guerre.

IV. De la réparation due au propriétaire pour la saisie d'un navire n'ayant pas eu de contrebande à bord.

Les règles de l'équité consacrées, en cette matière, par la pratique, exigent qu'un navire saisi pour transport de contrebande soit restitué au propriétaire au cas où le tribunal des prises n'en aurait pas prononcé la condamnation. La restitution étant devenue impossible, il y aurait lieu de dédommager le propriétaire de la valeur du navire.

Ce qui prête à discussion, c'est la question de savoir si le belligérant doit également réparer le dommage causé au propriétaire par la saisie et la rétention du navire. A cet égard, on pourrait suivre, semble-t-il, la pratique des tribunaux de prises britanniques ordonnant la réparation à moins que le capteur n'ait eu de bonnes raisons à soupçonner les marchandises saisies comme contrebande (Calvo, Droit international, t. IV, p. 320 et suiv.). Sinon, le belligérant doit réparer tout dommage résultant directement de la saisie et de la rétention injustifiées. Il aurait donc à réparer:

1º la dépréciation, s'il y a lieu, du navire pourvu qu'elle dépasse les limites de la détérioration causée par l'usage ordinaire (usure); lorsque le navire ne peut être restitué, l'on serait tenu à rembourser la valeur qu'il a eue à l'époque de la saisie;

2º les frais du transport du navire, à partir du dernier port que le navire a quitté, avant qu'il fût saisi, jusqu'au moment de sa restitution au port d'origine, en tant que ledit transport fut effectué au dépens du propriétaire, par exemple avec son combustible ou par son équipage;

3° les frais de la défense et de la procédure par devant les tribunaux de prises nationaux;

4° des intérêts à compter du jour où le propriétaire a présenté sa demande au tribunal des prises de 1re instance.

Quant aux al. 3 et 4, il convient de faire remarquer:

Le remboursement des frais de la procédure et de la défense par devant la Cour internationale des prises est réglé par l'art. 46 de la Convention relative à l'établissement de ce tribunal.

Quant à la liquidité et au montant des intérêts à payer, Calvo fait observer (op. cit., t. III, p. 430 et suiv.): „La question des intérêts dus jusqu'au jour du paiement des indemnités arbitrées ne semble pas davantage pouvoir soulever de doute, le quantum de taux à fixer prêtant seul à discussion. En cette matière et d'après les principes généralement suivis, l'intérêt alloué se règle d'ordinaire selon le chiffre de l'intérêt commercial admis légalement dans le pays débiteur, lequel dépasse rarement six pour cent.“ La stipulation de tels intérêts protégerait les neutres des préjudices que les belligérants pourraient leur causer en retardant le paiement.

On pourrait en outre se demander, si le belligérant ne devrait dédommager le propriétaire de la perte des bénéfices occasionnée par la rétention de son navire. Privé de la disposition du navire, le neutre subit un dommage sensible dont il paraîtrait fort injuste de ne pas tenir compte. D'autre part, la réparation imposerait aux belligérants un devoir onéreux; de même la fixation du montant placerait les tribunaux de prises en face des difficultés presque insurmontables.

La sentence arbitrale prononcée dans l'affaire de l'Alabama, en offre un précédent instructif. Il s'y agissait, il est vrai, de la réparation d'un dommage qu'avait subi un belligérant, non un neutre. Mais l'état des choses était analogue, les arbitres ayant été appelés à juger, entre autres, sur la réparation des dommages „indirects“. „Le tribunal — en relate Despagnet (op. cit., p. 819) — écarta les dommages indirects dont l'appréciation est fort difficile et peut conduire à des résultats exagérés.“ A ladite décision, Calvo fait les observations suivantes (op. cit., p. 431):

„Aussi bien d'après les règles du droit des gens que d'après celles du droit civil, la réparation du préjudice éprouvé ne saurait équitablement dépasser les limites de la perte directe. Qui ne voit en effet qu'une fois engagé sur le terrain des hypothèses de ce que la victime violemment ou injustement dépossédée aurait pu, certaines combinaisons étant données, faire de son bien en en tirant tel ou tel parti, ou se place en plein arbitraire, vu l'impossibilité de tenir compte des circonstances contraires ou défavorables qui, en matière commerciale surtout, peuvent renverser les projets et les calculs les habilement combinés.“

Le neutre, ne devrait-il alors être dédommagé de la perte des bénéfices pour la seule raison que ces bénéfices ne peuvent être calculés jusqu'aux centimes? Il est clair que la question ne saurait être tranchée au sens de l'une ou de l'autre alternative, et que l'équité exige un compromis des intérêts en jeu. De plus, il est évident que Calvo, dans le passage cité, ne rejette nullement, en principe, la réparation de la perte des bénéfices, mais seulement des bénéfices qui n'auraient pu être obtenus que dans des circonstances particulières et dont le chiffre échappe à toute appréciation. Si le montant de la perte ne peut être fixé d'une manière nette et incontestable, on pourrait, au moins, l'établir approximativement en tirant la moyenne des bénéfices nets qu'a donnés le navire, au cours d'un certain nombre d'années, pendant l'espace de temps qui correspond à la période, durant laquelle le navire était soustrait à la disposition de son propriétaire. Lorsque, par exemple, le navire fût saisi au mois de mars de 1910 et restitué au mois d'octobre de la même année, son propriétaire n'aurait qu'à démontrer le chiffre des produits nets qu'il a tirés de ce navire dans la période de mars à octobre au cours des années 1909, 1908, 1907 . . . . De la sorte, il recevrait un dédommagement sinon complet, du moins convenable, sans que le tribunal des prises ait besoin d'entrer dans des calculs problématiques, et que le belligérant risque de payer des sommes exorbitantes à titre de réparation.

B. Du Blocus.

La proposition présentée par la Délégation italienne au sein de la IIe Conférence de la Paix (IV[e]Commission, 4e séance, annexe 18) est conforme aux principes reconnus par les auteurs et par la jurisprudence. En conséquence, l'Autriche-Hongrie y a adhéré en principe et n'a aucune raison de se départir, à l'heure qu'il est, de cette manière de voir. Il paraît seulement désirable de préciser plusieurs des dispositions projetées et de les compléter sous quelques rapports. En voici, en peu de mots, les règles à formuler:

L'en-tête doit indiquer que les dispositions ne visent que le blocus en temps de guerre;

Le blocus n'est obligatoire que lorsqu'il se limite exclusivement à des côtes ennemies ou à des côtes du belligérant bloquant ou de son allié, occupées par des forces armées de l'adversaire;

Doivent être notifiés non seulement l'établissement, mais aussi l'extension, la restriction et la levée du blocus;

Devra être considérée comme nulle toute déclaration incomplète ou fausse;

Sera présumée l'ignorance du blocus, lorsque le navire arrêté a quitté le dernier port avant que le blocus fût notifié et qu'il ne ressort des circonstances qu'il ait appris l'établissement du blocus en cours de voyage.

C. Du voyage continu.

I. Quant à la contrebande.

L'ainsi-dite „théorie du voyage continu", appliquée par les tribunaux de prises de quelques Puissances, est rejetée, presque à l'unanimité, par les auteurs continentaux. En admettant qu'il pût y avoir de contrebande entre ports neutres, tout navire neutre serait susceptible d'être capturé sous prétexte que les marchandises qu'il transporte pourraient, par des détours, parvenir à l'ennemi. Les marchandises qui, d'après les papiers du bord, sont destinées à un port neutre, ne peuvent, en toute justice, être saisies. Une exception pourrait être faite, tout au plus, pour le cas où il serait établi que le navire doit — avec les dites marchandises à son bord — faire escale dans un port ennemi. Même dans ce cas, l'intérêt des belligérants n'exige, d'ailleurs, la capture que lorsque le navire fait route directement pour le territoire ennemi ou à destination de forces ennemies.

Ce qui est absolument contraire à la pratique de presque tous les Etats et à la doctrine, c'est la prétention des belligérants, de capturer un navire ayant transporté de la contrebande de guerre, après qu'il a débarqué les marchandises suspectes. L'on ne saurait imaginer un titre de droit, sur lequel pareille prétention pourrait être fondée; l'histoire de la contrebande de guerre démontre que la capture du navire et la saisie des marchandises ne peuvent être considérées d'aucune manière comme une punition, mais seulement comme un acte de légitime défense, et que le neutre qui trafique avec de la contrebande, ne commet pas une action illicite, mais qu'il s'embarque seulement dans une „aventure commerciale". Cette opinion est celle de presque tous les auteurs et elle a été formellement consacrée par la IIe Conférence de La Haye. (Art. 7 de la „Convention concernant les droits et les devoirs des Puissances neutres en cas de guerre maritime.")

II. Quant au blocus.

Les défenseurs de la théorie du voyage continu s'en servent, lorsqu'il s'agit du blocus, pour affirmer qu'un navire peut être capturé:

1⁰ même après qu'il a réussi à forcer le blocus, ou

2⁰ quand il fait voile pour le port bloqué, même quand, avant de l'atteindre, il doit faire escale dans des ports non-bloqués.

Les deux aspirations manquent de base juridique. Lorsqu'un navire a forcé la ligne de défense, sa capture constituerait un acte de châtiment et non de défense. Et tant que le navire ne s'est pas encore approché de l'escadre bloquante, il ne peut avoir tenté de violer le blocus. Or, seule la tentative de violer le blocus justifie la capture. Sur ce point, presque tous les auteurs sont d'accord. (Cf. Revue de droit international et de législation comparée, 1882, pp. 176, 328 et suiv., et 607.)

D. De la Destruction des Prises Neutres.

Les règlements de plusieurs Etats, ainsi qu'un grand nombre d'auteurs (cf. Bonfils-Grah, Handbuch des Völkerrechts, p. 724) autorisent, à titre d'exception, la destruction des prises neutres. Pourtant, il est clair que cette autorisation, même en ne visant que des cas plutôt rares, est très dangereuse pour le commerce des neutres. C'est pourquoi il serait désirable que les exceptions fussent, pour le moins, spécifiées et limitées. Mais cela ne semble guère possible.

L'on pourrait se demander, si le droit de détruire les prises présente des avantages pour les belligérants. Ce droit entraînerait, en effet, l'obligation pour le capteur de prendre, avant la destruction de la prise, à son bord tout l'équipage, les passagers et, autant que possible, la cargaison du navire capturé, de débarquer les personnes susdites dans le port neutre le plus proche et — au moins dans le cas où la destruction serait reconnue illégitime — de répondre de tout dommage qu'elles souffriraient par le transport sur un navire exposé aux projectiles ennemis, par la perte de tout ou partie de leurs bagages et par l'interruption forcée de leur voyage. Il pourrait arriver que le belligérant risque d'avoir à payer de sommes telles qu'il lui semblerait préférable, par exemple, de laisser tomber quelques armes entre les mains de l'ennemi. Il ne faudrait pas oublier, non plus, que c'est une grave atteinte aux intérêts des neutres, si le belligérant prend à bord de ses vaisseaux de guerre, pour les y exposer à toutes sortes de dangers et même à la mort, des sujets d'Etats avec lesquels il vit en paix.

Il serait donc désirable d'arriver à une solution défendant — d'une manière absolue — la destruction des prises neutres. Si ce but ne pouvait, d'emblée, être atteint, il serait pourtant peut-être possible de tomber d'accord sur un règlement tendant à rendre superflue la destruction dans presque tous les cas. Pour cela, il faudrait:

1⁰ établir des règles à la suite desquelles la destruction deviendrait, dans la pratique, fort rare, et

2⁰ introduire, dans les différentes matières du droit de guerre maritime, des prescriptions offrant toutes les garanties possibles pour que la destruction des prises neutres devienne inutile.

Ad. 1. Le nombre des cas où la destruction peut avoir lieu pourrait être restreint, d'une manière très-sensible, si l'on permettait ou mieux si l'on enjoignait aux belligérants — ainsi que la Délégation italienne à La Haye l'a proposé — de conduire les prises neutres dans des ports neutres, au moins dans les cas où, en vertu de l'art. 21 de la „Convention concernant les droits et les devoirs des Puissances neutres en cas de guerre maritime", les Etats neutres sont, d'ores et déjà, obligés à recevoir les prises neutres. Les cas en question sont justement ceux qui, le plus souvent, rendent impossible l'envoi de la capture dans des ports nationaux trop éloignés et qui, par là, amènent forcément la destruction.

On pourrait donc obliger le belligérant capteur, lorsqu'il ne peut amener la prise neutre à un port de son pays pour cause d'innavigabilité, de mauvais état de la mer, de manque de combustible ou de provisions, à la diriger ou à l'envoyer au port neutre le plus proche, excepté le cas où, en agissant de la sorte, il compromettrait la sécurité de son navire ou le succès de ses opérations.

Il est vrai, qu'alors l'Etat neutre devrait tenir sous séquestre une pareille prise jusqu'à la fin des hostilités.

Ad. 2. Dans l'espèce, il s'agit surtout des questions de la contrebande de guerre, du blocus et de l'assistance hostile.

On pourrait déclarer, par exemple, d'une part, qu'il sera loisible au capitaine du navire neutre de livrer sur-le-champ la contrebande ou de la détruire, si, par là, il peut échapper à la saisie et, par conséquent, à la destruction de son bâtiment, d'autre part, que le capteur sera obligé de prendre possession des marchandises ou d'en permettre la destruction si, en laissant le navire neutre continuer sa route avec la contrebande à bord, il compromettrait sa propre sécurité ou le succès de ses opérations.

De pareils préceptes pourraient être, de même, etablis quant aux autres matières du droit de prise.

Il est clair que la formule n'en pourrait être trouvée que lorsqu'un accord se sera produit sur les principes du régime, auquel les prises neutres devront être soumises.

E. De l'Assistance Hostile („Unneutral Service").

I. L'ainsi-dite contrebande par analogie.

Presque tous les auteurs assimilent à la contrebande de guerre le transport de troupes, d'agents des belligérants et de dépêches. Il est vrai qu'en l'espèce il ne s'agit pas de l'application, par analogie, des principes relatifs à la répression de la contrebande de guerre, puisque la confiscation ne pourrait avoir lieu qu'en ce qui concerne les dépêches, tandis que les personnes transportées peuvent être faites prisonnières par l'ennemi du destinataire.

Quant aux questions de détail, presque chacun des auteurs les traite d'une manière différente. De même, dans la pratique, ces questions ne sont pas toujours résolues de la même manière. En général, les préceptes acceptés en 1896 à Venise par l'Institut de droit international („Service de transports", §§ 6 à 8) pourraient suffir pour trancher tous les litiges qui peuvent, normalement, se présenter. C'est pourquoi ces préceptes pourraient servir de base à une discussion sur la matière. Il est vrai qu'à ces préceptes, d'autres, portant sur la répression des contraventions, devraient être ajoutés.

II. Assistance hostile dans un sens plus large.

Les navires sous pavillon neutre ne peuvent pas se prévaloir de leur neutralité s'ils commettent des actes hostiles contre un belligérant ou s'ils rendent des services à son adversaire. Un tel navire devrait être passible de confiscation; les individus coupables devraient être traités en ennemis. Le transport de contrebande proprement dite ou par analogie ne constitue pas, bien entendu, un service entraînant les conséquences susvisées.

(F.) De la Transformation des navires de commerce en bâtiments de guerre en Pleine mer.

La question de savoir ..... ***(s. oben S. 656—57).***

G. Du Transfert de navires ennemis, en Temps de Guerre, à des Nationaux neutres.

D'après la pratique de presque tous les Etats, la vente d'un navire ennemi faite en cours de voyage et après l'ouverture des hostilités ne peut empêcher la capture du navire, celui-ci continuant, dans les circonstances dont il s'agit, d'être considéré comme ennemi.

L'ancienne théorie française, en vertu de laquelle les navires ennemis ne pourraient à partir du commencement des hostilités, changer de nationalité, c'est-à-dire perdre leur qualité de navires ennemis, comporte une restriction exagérée du commerce neutre, puisque ce commerce doit, en principe, rester libre, même en temps de guerre. La France elle-même a, d'ailleurs, dérogé à cette théorie en 1870.

Le § 26 du projet d'un règlement des prises, voté par l'Institut de droit international dans sa session de Turin, semble contenir une solution de la question d'autant plus heureuse qu'elle tient compte des intérêts des belligérants et des neutres. Ledit paragraphe est ainsi conçu:

„L'acte juridique constatant la vente d'un navire ennemi faite durant la guerre doit être parfait, et le navire doit être enregistré conformément à la législation du pays dont il acquiert la nationalité, avant qu'il quitte le port de sortie. La nouvelle nationalité ne peut être acquise par une vente faite en cours de voyage."

Rien ne s'oppose, d'ailleurs, à l'établissement de garanties supplémentaires contre la lésion, au moyen de ventes fictives opérées par les ressortissants de l'un des belligérants, des intérêts légitimes de l'autre belligérant.

H. De la Propriété ennemie.

I. Quant à la propriété de navires.

Le caractère neutre ou ennemi d'un navire est déterminé, en premier lieu, par le pavillon de ce navire.

La question de savoir, si le navire est autorisé à arborer le pavillon qu'il montre, devrait être résolue d'après les lois de l'Etat dont le navire arbore le pavillon. (§ 25 du Règlement des prises voté à Turin par l'Institut de droit international.)

En tant que le caractère — ennemi ou neutre — d'un navire se détermine par la personne de son propriétaire, l'on ne saurait, en toute justice, tenir compte que de la nationalité et non pas du domicile de l'ayant droit. Et cela pour les raisons suivantes:

1⁰ Le principe du domicile est rejeté presque par tous les Etats.

2⁰ Il est dans la nature des choses que seuls les ressortissants de l'Etat ennemi, et non pas ceux d'Etats neutres, peuvent être considérés comme propriétaires ennemis.

3⁰ Les partisans du principe du domicile font valoir une certaine analogie avec la guerre sur terre, puisque dans cette dernière les neutres qui habitent le territoire ennemi ne peuvent non plus se soustraire aux souffrances de la guerre.

Mais la „Convention concernant les droits et les devoirs des Puissances et des personnes neutres en cas de guerre sur terre" déclare expressément: „Sont considérés comme neutres les nationaux d'un Etat qui ne prend pas part à la guerre."

4⁰ Le neutre qui habite le territoire ennemi n'est pas appelé sous les drapeaux, tandis que cela est le cas pour les ressortissants du belligérant qui ont leur domicile en territoire neutre. (Kleen, Lois et usages de la neutralité, t. I, p. 147 et suiv.)

5⁰ Le principe du domicile „restera toujours vague et capricieux, tandis que la nationalité est claire et peut être facilement établie.“ (Kleen, op. cit.)

6⁰ Le principe du domicile devrait — conséquence absurde et immorale — forcer un Etat à considérer comme ennemis ses propres ressortissants.

Pour toutes ses raisons, il serait désirable d'accepter le principe de nationalité, comme étant plus pratique et, au point de vue juridique, plus juste. (Cf. Calvo, Droit international, t. III, p. 59 et suiv.)

Seul le principe de nationalité répond, de plus, aux intérêts légitimes du commerce neutre. Il est vrai que son application trop rigoureuse pourrait faire du tort aux pays neutres sur les territoires desquels se trouvent des ressortissants des Etats belligérants. Pour l'Etat belligérant l'avantage est infime de pouvoir léser dans leur propriété les sujets de son adversaire, vivant à l'étranger. C'est pourquoi l'on pourrait peut-être — et ce serait la solution la plus équitable — combiner le principe de la nationalité avec le principe du domicile et stipuler: Seront considérés comme propriétaires ennemis les ressortissants de l'Etat ennemi qui y ont leur domicile.

II. Quant à la propriété des marchandises.

Les raisons ci-dessus énumérées plaident en faveur d'une solution d'après laquelle seules les marchandises appartenant à des nationaux ennemis devraient être considérées comme ennemies. Cette solution serait conforme à l'opinion de presque tous les Etats et de presque tous les auteurs continentaux.

La question de savoir si, pendant le transport d'une marchandise, elle appartient à l'expéditeur ou au destinataire, doit sans doute être résolue d'après le contrat existant entre l'un et l'autre, à moins que le transfert de la marchandise n'ait été simulé.

Il serait d'ailleurs équitable d'étendre aux marchandises l'application du principe qui vient d'être posé pour les navires, c'est-à-dire de ne considérer comme ennemies que les marchandises dont les propriétaires ressortissent à l'Etat ennemi et y ont leur domicile. Car, entre la propriété de personnes qui habitent des Etats neutres, et l'Etat ennemi, il n'existe pas de relation telle que le belligérent pourrait avoir un intérêt legitime à s'en emparer.

IV. Spanien.

Exposé des vues du Gouvernement de Sa Majesté Catholique au sujet des thèmes à examiner à la Conférence de droit international Maritime de Londres.

A. Contrebande de Guerre.

DANS le cas où les Puissances ne se mettent pas d'accord pour abandonner le principe de la contrebande de guerre, celle-ci subsistera avec limitations suivantes:

1. Seuls les articles énumérés par la Convention stipulée à la Conférence seront considérés comme articles de contrebande. La liste dressée par le Sous-comité correspondant de la Deuxième Conférence de la Paix de 1907 servira de base à l'énumération.

2. La contrebande relative et accidentelle est abolie.

3. La contrebande étant réduite aux articles qui n'ont d'utilité que pour la guerre, le fait de leur envoi à une flotte ennemie ou à des points du territoire ennemi ou occupés par l'ennemi, constitue, par lui-même, une preuve de la condition illicite des marchandises. Si celles-ci, destinées immédiatement à un point ennemi, n'y vont qu'en transit et possèdent réellement une destination finale neutre, c'est le destinataire qui aura à le démontrer, moyennant avis préalable à l'autre belligérant et production d'un sauf-conduit délivré par l'ennemi dont le territoire doit être traversé par les marchandises.

4. Nonobstant le paragraphe précédent, pour que le droit du belligérant à réprimer la contrebande puisse commencer à s'exercer, il est nécessaire que le navire au bord duquel vont les marchandises se trouve en voyage direct vers la flotte ou le point ennemi.

5. La contrebande une fois déchargée, les responsabilités qui en droit international dérivent de son transport deviennent annulées.

6. Les objets de contrebande sont confiscables. Les autres marchandises, chargées dans le même navire, sont libres, qu'elles appartiennent également ou non au propriétaire des dits objets.

7. Entre le système qui autorise la confiscation du navire transportant n'importe quelle quantité de contrebande, et le système qui ne consent une telle mesure que s'il y a eu résistance ou fraude, on pourrait établir cette formule de transaction: si le capitaine ou l'armateur ont connu ou pu connaître la présence de la contrebande à bord, le navire sera responsable au capteur d'une rançon ou compensation équivalente à trois fois la valeur de la contrebande et au quintuple du montant du fret. Si la rançon n'etait pas payée, le capteur ne pourra dans aucun cas procéder à des mesures d'exécution que contre le navire et tant que celui-ci restera entre ses mains.

8. Il est de justice que le belligérant qui s'est extralimité dans les procédés de répression compense les dommages et préjudices causés. En déclarant illégale la saisie, le tribunal déterminera s'il y a lieu à indemnité et laquelle, en faveur des intéressés dans le navire ou dans la cargaison arrêtés sans fondement raisonnable.

9. Les navires de commerce naviguant en convoi sous la custode d'un ou plusieurs vaisseaux de la marine militaire de leur pays sont exempts de la visite des belligérants. (Instructions espagnoles pour l'exercice du droit de visite, de 1898, art. 11.)

B. Blocus.

1. Pour qu'un blocus soit obligatoire pour les neutres, trois conditions sont nécessaires: la déclaration, la notification et l'effectivité. Les termes dans lesquels le projet présenté à la Deuxième Conférence de la Paix par la Délégation italienne défine et précise chacune de ces conditions, fixe la

notion de la transgression du blocus et établit les responsabilités du navire et du chargement infracteurs, peuvent être considérés comme satisfactoires.

2. La déclaration du blocus peut être effectuée par l'officier supérieur des forces bloquantes.

3. La sortie du port bloqué est licite pour les navires sur lest ou avec une cargaison qui a été prise à bord „bona fide" antérieurement à la déclaration du blocus ou qui n'a pas pu être vendue dans le port bloqué.

4. Le transbordement de marchandises à la proximité de la ligne de blocus, afin de traverser celle-ci avec de petites embarcations, est punible. Il en sera de même pour le stationnement dans le voisinage de la ligne dans le but de profiter de l'opportunité de la forcer.

5. Le navire qui après avoir forcé ou tenté de forcer le blocus et étant poursuivi par les vaisseaux bloquants, est perdu de vue par ceux-ci ou réussit à gagner un port ouvert, devient libre.

6. Si le mauvais temps ou d'autres circonstances obligeaient les vaisseaux bloquants à s'écarter de la ligne de blocus, les navires neutres qui pendant leur absence seraient entrés ou sortis ne sauraient être traités comme ayant violé le blocus. (Règlement espagnol sur les blocus, de 1864, art. 2.)

7. La circonstance que la totalité ou une partie des marchandises chargées à bord du navire infracteur du blocus aient une destination libre au delà du port bloqué ne les exempte pas de confiscation, sauf l'exception ordinaire d'ignorance du blocus que le propriétaire de la cargaison soit à même d'invoquer.

8. L'incommunication avec la côte bloquée n'atteint pas les vaisseaux de guerre neutres.

9. Le blocus doit être impartial, c'est-à-dire appliqué uniformément aux divers pavillons.

10. Le blocus, effectué conformément aux règles ci-dessus, est un procédé propre de l'état de guerre.

C. Doctrine du voyage continu.

Le numéro 4 des points relatifs à la contrebande de guerre ainsi que l'acceptation du projet italien en ce qui concerne la notion de la violation du blocus excluent l'application de la doctrine du voyage continu.

D. Destruction des prises.

Les prises neutres ne sauraient être détruites par le capteur tant que le tribunal compétent ne les ait pas déclaré légales. L'application de ce principe pourra toutefois être subordonné par les Puissances signataires de la future Convention à l'acceptation des prescriptions contenues dans la „Convention concernant les droits et les devoirs des Puissances neutres en cas de guerre maritime" au sujet de l'accès des prises neutres aux ports neutres. Mais même dans ce cas, la destruction ne serait justifiée que par des raisons résultant de l'état de la mer, des conditions des navires capteur et capturé pour naviguer ou du manque de combustible ou vivres; et non pas de la proximité de l'ennemi ou du manque d'éléments militaires suffisants pour assurer la conduction au port correspondant. Ces derniers motifs et d'autres analogues impliquent que le capteur ne possède pas assez de moyens pour mener à terme la saisie.

E. Assistance hostile.

1. Les instructions espagnoles pour l'exercice du droit de visite, de 1898, autorisent la saisie d'un navire neutre:

S'il transporte, pour le compte de l'ennemi, des officiers de guerre, des troupes ou des matelots;

S'il transporte des dépêches ou des communications de l'ennemi, en dehors du cas où le navire appartient à une ligne postale maritime et les dites dépêches ou communications se trouvent dans les valises, boîtes ou paquets de la correspondance publique, le Capitaine pouvant donc ignorer leur contenu;

S'il s'emploie à espionner les opérations de la guerre, affrété ou rémunéré par l'autre belligérant pour ce service;

S'il prend part à la guerre, contribuant d'une façon quelconque aux opérations.

2. Le navire transportant des personnes dont la conduction est prohibée aux neutres, conformément aux prescriptions antérieures, ne peut pas être arrêté si elles voyagent comme de passagers ordinaires à leurs frais; mais le belligérant peut obliger ces individus à débarquer.

3. La confiscation est la sanction correspondante à l'assistance hostile et il y a lieu de l'appliquer, même après l'accomplissement de l'acte ou transport, si le navire continue aux ordres de l'adversaire, ou reste lié par des engagements avec lui.

F. Transformation d'un navire de commerce en navire de guerre en pleine mer.

Il existe . . . *(s. oben S. 657).*

G. Changement de pavillon pendant la guerre ou motivé par les hostilités.

Le Gouvernement de S. M. C. estime acceptables les règles suggérées par le Cabinet de Londres dans la section 7 de son „Memorandum". Lorsque le changement de pavillon du navire correspond à un transfert effectif de propriété ou à d'autres motifs d'ordre privé, sa validité sera reconnue; mais s'il est l'effet de l'intention de se dérober par une simulation aux risques existant aujourd'hui pour la propriété privée ennemie en cas de guerre maritime, il doit être réputé nul.

H. Influence de la nationalité du propriétaire sur le caractère du navire.

C'est au pavillon qu'on doit reconnaître la virtualité de fixer le caractère belligérant ou neutre du navire, le pavillon étant ostensible et la propriété non. En ce qui concerne le titre du navire à arborer un pavillon déterminé, la loi du pays dont il s'agit est applicable.

I. Influence de la nationalité du propriétaire sur le caractère de la marchandise.

1. Le principe du domicile du propriétaire servant de base pour établir la condition belligérante ou neutre de la marchandise, semble le plus utile au point de vue pratique à l'effet d'eviter des difficultés que le système de la nationalité ferait naître.

2. Les principes posés relativement au changement de pavillon des navires pendant la guerre deviennent applicables au transfert de marchandises en voyage, autant que la nature du cas le permet. Dans l'espèce aussi bien que pour déterminer si les marchandises appartiennent à un moment donné à l'expéditeur ou au consignataire, au vendeur ou à l'acheteur, on tiendra compte des normes qui régissent les contrats privés, pourvu qu'il n'y ait pas de simulation.

V. Frankreich.

Memorandum exposant les règles actuellement admises par le Gouvernement de la République Française relativement aux questions énumérees dans le Programme de la Conférence de droit international maritime de Londres.

Note.

LES règles qui sont exposées dans le Mémorandum ci-après sont celles que, dans les circonstances actuelles, le Gouvernement Français entendrait suivre, le cas échéant.

Ces règles ont pour base, outre les dispositions conventionelles contenues notamment dans la Déclaration de Paris du 16 Avril ,1856:

L'Edit du 26 Juillet, 1778 („Recueil Général des Anciennes Lois Françaises", par Jourdan, Isambert, et Decrusy, t. 25, p. 366).

La lettre du Roi de France du 13 Novembre, 1779 (ibid., t. 26, p. 198).

L'Arrêté du II Prairial, an 11 („Bulletin Officiel de la Marine", édition refondue, t. 1, p. 193).

La loi du 10 Avril, 1825 (ibid., t. 2, p. 34).

La Loi du 17 Juillet, 1898 („Journal Officiel" du 19 Juillet, 1898), et le Décret portant Règlement d'Administration Publique du 8 Mai, 1900 („Journal Officiel" du 11 Mai, 1900).

En ce qui concerne les décisions rendues en matière de prises, le Gouvernement de la République n'a pas manqué d'apprécier l'utilité des références qui sont jointes au Mémorandum Britannique, et dont la valeur au point de vue du droit Anglais ne lui a pas échappé. Toutefois, en raison des principes différents du droit Français, il ne lui a pas paru qu'il y ait lieu de joindre à son Mémorandum de semblables références.

En droit Français, quelle que soit l'autorité qui s'attache à la jurisprudence, et alors même qu'elle serait constante sur tel ou tel point de droit, elle ne forme pas des règles juridiquement obligatoires pour l'ensemble des citoyens et pour les Tribunaux; elle n'est pas considérée comme constituant un élément ou une source du droit. Si l'intérêt général demande que le juge ne s'écarte pas, sans de graves motifs, des solutions consarcées par la jurisprudence, on estime cependant qu'il est de son devoir de ne pas se laisser arrêter par des précédents dont l'expérience lui aurait démontré les inconvénients.

Sous réserve de cette observation, la plupart des décisions rendues en matière de prises pourraient être consultées dans les publications suivantes:

„Nouveau Code des Prises", par Lebeau, quatre volumes, Paris, an 7 à an 9.

Dalloz, „Répertoire Méthodique de Législation, de Doctrine, et de Jurisprudence", t. 36, (8) „Prises Maritimes".

Dalloz, „Recueil périodique de Jurisprudence", notamment les années 1872 et 1873.

De Pistoye et Ch. Duverdy, „Traité des Prises Maritimes", deux volumes, Paris, 1855.

Henri Barboux, „Jurisprudence du Conseil des Prises pendant la Guerre de 1870—1871", un volume.

Conseils des Prises: décisions rendues d'Octobre 1870 à Janvier 1871 (extrait du „Bulletin Officiel de la Marine", Paris, 1871).

A. Contrebande.

(Y compris les circonstances dans lesquelles les différents Articles peuvent être considérés comme étant de contrebande, les pénalités auxquelles expose leur transport, l'exemption de visite d'un navire convoyé, ainsi que les règles relatives aux dommages-intérêts à accorder lorsque, des navires ayant été saisis, il est reconnu en fait qu'ils transportaient de la marchandise innocente).

1. Le transport par les neutres de la contrebande de guerre à destination de l'ennemi est interdit.

2. Sont considérés comme contrebande de guerre, lorsqu'ils sont destinés à l'ennemi, les objets suivants:

Bouches et armes à feu;

Armes blauches;

Projectiles;

Poudres et autres matières explosives;

Salpêtre;

Soufre;

Objets d'équipement, de campement, de harnachement militaire;

Tout matériel de télégraphie militaire ou sousmarine et d'aérostation militaire;

Ainsi que tous instruments, matières ou objets quelconques susceptibles d'être utilisés pour l'armement des navires ou pour l'usage de la guerre.

Le charbon et le pétrole, directement et uniquement destinés au service d'une flotte de guerre, ou d'un port de guerre, doivent être saisis comme contrebande de guerre.

3. Les vivres et les matières premières destinés aux non-combattants ne sont pas en principe considérés comme contrebande de guerre, mais peuvent être déclarés tels, suivant les circonstances dont le Gouvernement est juge et en vertu d'un ordre émanant de lui.

Pénalités.

4. La marchandise neutre de contrebande trouvée à bord d'un navire ennemi est confisquée. Les navires neutres chargés de marchandises de contrebande destinées à l'ennemi sont arrêtés; les dites marchandises sont saisies et confisquées. Les bâtiments et le surplus de leur cargaison sont relâchés, à moins que les marchandises de contrebande ne composent les trois quarts de la valeur du chargement, au quel cas les navires et la cargaison sont confisqués en entier.

Exemption de Visite pour les Navires convoyés.

5. On doit s'abstenir absolument d'exercer le droit de visite, lorsque les bâtiments sont convoyés par un bâtiment de guerre neutre de leur nationalité. On doit se borner, en pareil cas, à demander au Commandant du convoi la déclaration que les navires n'appartiennent pas à l'ennemi et ne sont engagés dans aucun commerce illicite.

Si cependant on a lieu de soupçonner que la religion du Commandant du convoi a été surprise, on doit lui communiquer les soupçons: c'est à lui seul qu'il appartiendrait dans ce cas de procéder à la visite des bâtiments suspectés.

Dommages-Intérêts.

6. Lorsque l'examen des papiers de bord a fait constater des irrégularités qui sont susceptibles de faire naître des soupçons légitimes sur la nation alité d'un bâtiment ou sur la nature de son chargement, et lorsque, par suite, la saisie a été effectuée, aucune indemnité n'est due, quand bien même il serait ensuite reconnu que le navire ne portait aucune marchandise prohibée.

Le neutre, dont la propriété a été saisie à bord d'un navire ennemi, n'a droit en principe qu'à la restitution de sa marchandise, ou, en cas de vente, au remboursement du prix net en provenant, sans dommages-intérêts, à la charge du capteur.

Le neutre, dont le navire a été momentanément arrêté pour permettre la saisie de la contrebande se trouvant à bord et n'entraînant pas la saisie du navire, n'a également pas droit à des dommages-intérêts.

Lorsque le capteur a estimé nécessaire, par suite de considérations militaires, de détruire une prise en mer, cette destruction constitue un fait de guerre qui ne donne ouverture, en faveur du neutre, propriétaire de la cargaison, à aucun droit à indemnité.

B. Blocus.

(Y compris les questions relatives au lieu où la saisie peut être effectuée, ainsi que la notification qui est nécessaire avant qu'un navire puisse être saisi).

Notification.

1. Le blocus doit être notifié.

En outre de la notification adressée au Gouvernements neutres par voie diplomatique (notification générale), l'établissement de tout blocus doit faire l'objet d'une déclaration formelle aux autorités des points bloqués. Cette déclaration est envoyée aux dites autorités en même temps qu'au Consul d'une des Puissances neutres, au moyen d'un parlementaire.

La dite déclaration de blocus désigne expressément les limites du blocus en longitude et latitude.

Le Commandant des forces navales y fixe un délai de sortie au profit de la navigation et du commerce de bonne foi; ce délai devra toujours être suffisant pour les protéger.

Les mêmes formalités doivent être remplies, si le blocus est étendu à quelque nouveau point de la côte, ou s'il est rétabli après avoir été levé ou interrompu.

Les navires qui se dirigent vers un port bloqué ne sont censés connaître l'état de blocus que quand la notification en a été inscrite sur leur livre de bord par un bâtiment de guerre formant le blocus (notification spéciale). Cette notification doit toujours mentionner la date et la position géographique du lieu où elle a été faite.

Lieu de Saisie.

2. La violation d'un blocus régulièrement établi résulte aussi bien de la tentative de pénétrer dans les lieux bloqués que de celle d'en sortir après la déclaration du blocus, à moins que ce ne soit dans le délai de sortie accordé. La saisie des navires ne peut, en conséquence, être effectuée que dans le rayon d'action des bâtiments de guerre chargés d'assurer la réalité du blocus.

Le navire qui a traversé les lignes, mais qui reste poursuivi, est de bonne prise. Si la chasse en est abandonnée, la saisie n'en peut plus être pratiquée.

C. Voyage continu, au double point de vue de la Contrebande et du Blocus.

1. En matière de transport de contrebande:

La destination de la marchandise décide de son caractère de contrebande. La destination du navire est insuffisante à établir celle de la marchandise.

2. En matière de blocus:

Les navires se dirigeant vers un port bloqué ne peuvent être capturés qu'au moment où ils tentent de forcer les lignes du blocus. Jusque-là leur destination vers le port bloqué, ou leur destination à un port neutre vosin, avec des marchandises pour le port bloqué, ne constituent pas une faute contre la neutralité.

D. Destruction des Prises neutres. — Légalité de la Destruction des Bâtiments neutres avant leur Condamnation par une Cour des Prises.

En principe, les prises doivent être amarinées, conduites dans un port national ou allié, et non pas détruites.

Toutefois, le capteur est autorisé à détruire toute prise dont la conservation compromettrait sa propre sécurité ou le succès de ses opérations, notamment s'il ne peut conserver la prise sans affaiblir son équipage.

Il ne doit être fait usage de ce droit de destruction qu'avec la plus grande réserve envers les navires ennemis, et „a fortiori" envers les navires neutres. La destruction d'un navire neutre doit être tout à fait exceptionnelle.

En cas de destruction, le capteur doit avoir soin de conserver tous les papiers de bord et autres éléments nécessaires pour permettre le jugement de la prise.

E. Assistance hostile. — Règles concernant les Bâtiments ou les Personnes neutres rendant des Services contraires à la Neutralité.

Les Règlements français ne prévoient pas une telle catégorie de navires et par conséquent pas de traitement spécial à leur imposer.

Ces navires seraient considérés, suivant leur chargement, comme effectuant un transport licite ou prohibé, et se verraient appliquer, s'il y avait lieu, les règles relatives à la contrebande.

F. Militarisation en Haute Mer. — Légalité de la Transformation d'un Navire de Commerce en Bâtiment de Guerre en Haute Mer.

Tous les Etats jouissant . . . ***(s. oben S. 658).***

G. Transfert de Pavillon. — Règles relatives au Transfert des Navires de Commerce d'un Pavillon belligérant sous un Pavillon neutre au cours ou en prévision des Hostilités.

Le changement de nationalité des navires de commerce effectué après la déclaration de guerre est nul et sans effet. Le transfert antérieur à la déclaration de guerre, régulièrement intervenu, est valable. La date du transfert sous pavillon neutre antérieurement à la déclaration de guerre doit être établie par des pièces authentiques trouvées à bord, et la cession doit avoir été suivie d'un enregistrement devant les autorités compétentes.

On doit tenir pour suspect un acte de naturalisation intervenu de la part d'un Gouvernement neutre en faveur du propriétaire du navire, postérieurement à la déclaration de guerre. Il faut, dans ce cas, agir suivant les circonstances et les autres indices recueillis, notamment suivant le lieu de construction du navire, la composition de son équipage, l'observation des conditions nationales imposées au pavillon arboré.

H. Caractère ennemi. — Doit-on adopter la nationalité ou le domicile des propriétaires comme élément dominant pour décider si la propriété est propriété ennemie?

Est marchandise ennemie toute marchandise dont le propriétaire est ennemi. Est neutre toute marchandise dont le propriétaire est neutre.

Est ennemi tout propriétaire de nationalité ennemie. Est neutre tout propriétaire de nationalité neutre.

On doit tenir pour suspect un acte de naturalisation intervenu, de la part d'un Gouvernement neutre en faveur du propriétaire, postérieurement à la déclaration de guerre.

Le 4 Août, 1908.

VI. England.

Memorandum setting out the views of His Majesty's Government, founded upon the Decisions in the British Courts, as to the Rules of International Law on the points enumerated in the Programme of the Conference.

Note. — Reference to Authorities.

In order to avoid the danger of misinterpreting the practices of other nations, the authorities cited in the notes to the Memoranda have been practically confined to decisions or passages in the judgments of the British Courts from which the Rules to which they are appended have been deduced. In a very few instances, where no such authority exists, reference has been made to other precedents.

The Reports of the British cases are mostly to be found in the following publications:

1. „Decisions in the High Court of Admiralty during the time of Sir George Hay and Sir James Marriott, late Judges of that Court, 1776—1779" (referred to as „Hay and Marriott").

2. „Reports of Cases argued and determined in the High Court of Admiralty, commencing with the Judgments of the Right Honourable Sir William Scott, Michaelmas term, 1798"; six volumes by Chr. Robinson, LL.D., 1798—1808 (referred to as „C. Rob."); one volume by Thomas Edwards, LL.D., 1808—1812 (referred to as „Edw."); two volumes by John Dodson, LL.D., 1811—1822 (referred to as „Dodson").

3. „Reports of Cases argued and determined before the Most Noble and Right Honourable the Lords Commissioners of Appeal in Prize Cases; also on Appeal to the King's Most Excellent Majesty in Council."

Two volumes by Thomas Harman Acton, 1809—1811 (referred to as „Acton").

„Reports of Cases decided during the present War in the Admiralty Prize Court and the Court of Appeal", edited by Thomas Spinks, D.C.L., 1854—1856 (referred to as „Spinks").

4. „Reports of Cases heard and determined by the Judicial Committee and the Lords of Her Majesty's Most Honourable Privy Council", by Edmund F. Moore, vols. 9, 10, 11, 12, 1854—1859 (referred to as „Moore, P. C.").

5. Many of these cases are reprinted in an abridged form in two volumes, entitled „English Prize Cases", edited by E. S. Roscoe, and published by Stevens and Sons, London (referred to as „E.P.C."). Some caution is necessary in using these volumes, as in several instances passages in the original Reports are omitted in the reprint.

Where reference is made to other works the title is given in full in the note.

1. Contraband.

Note.

The cases relating to this subject decided in the British Courts, being always concerned with some particular cargo, do not contain any lists of articles which may, or which may not, be regarded as contraband. In many cases the actual decisions relate to articles which cannot now be considered to be contraband, and to that extent they must be considered out of date.

The rules upon which the Courts acted can, however, be ascertained from the cases, and applied to the circumstances of the present time.

It is believed that the list of absolute contraband agreed to at the Second Peace Conference is in exact accord with such rules.

Definition.

1. The term „contraband" is applied to neutral property on board ship on the high seas or in the territorial waters of either belligerent which (1) is by nature capable of being used to assist in, and (2) is on its way to assist in, the naval or military operations of the enemy.

2. In determining whether the second of these conditions is fulfilled, the Court is bound to distinguish between goods which are primarily used, or particularly adapted, for purposes of war, and goods which are capable of being used for the purposes of either peace or war, and which do not fall within the former description. The former are usually known as absolute contraband and the latter as conditional contraband.[1])

Presumption as to Absolute Contraband.

3. There is an irrebuttable presumption that absolute contraband is on its way to assist in the operations of the enemy when its destination is an enemy fleet or any place in the territory or in the occupation of the enemy.[2])

[1]) „Jonge Margaretha", 1 C. Rob. 188, 1 E.P.C. 100; „Neptunus", 3 C. Rob. 108, 1 E.P.C. 264.

[2]) „Charlotte", 5 C. Rob. 305, 1 E.P.C. 490.

Presumption as to Conditional Contraband.

4. There is a presumption that conditional contraband is on its way to assist in the operations of the enemy only if there is proof that its destination is for the naval or military forces of the enemy, or for some place of naval or military equipment in the occupation of the enemy, or if there has been fraudulent concealment or spoliation of papers.[1])

Destination.

5. The destination of the cargo is generally presumed to be that of the ship. Where the ship is to call at more than one port, the presence on board of goods, which are „bonâ fide" documented for discharge at a neutral port before the ship reaches an enemy port, cannot be made a ground for detention; but, if there is no such documentary evidence, that port which is least favourable to the neutral will be presumed to be the destination of such cargo as would be contraband if carried to that port.[2]) If it is proved that the contraband cargo has an ulterior hostile destination, different from that of the ship, to which such cargo is to be forwarded as part of a single mercantile transaction, the destination of the ship will not protect the cargo. [3])

Liability to Seizure.

6. A ship carrying contraband as defined in section 1 may be seized at any moment throughout the whole course of her voyage so long as she is on the high seas or in belligerent waters. The liability to seizure is not affected by the fact that the vessels is intending to touch at some neutral port of call before reaching the hostile destination.

When the contraband goods have been discharged, the liability to seizure is at an end.[4]) In exceptional cases it has been held that a ship which has carried contraband to the enemy on her outward voyage under circumstances aggravated by fraud and simulated papers is still liable to capture and condemnation on her return voyage.[5])

Convoy.

7. A neutral vessel is not entitled to resist the exercise of the right of search by a belligerent war-ship on the ground that she is under the

---

[1]) „Jonge Margaretha", 1 C. Rob. 188, 1 E.P.C. 100; „Edward", 4 C. Rob. 68, 1 E.P.C. 350; „Ringende Jacob", 1 C. Rob. at p. 92, 1 E.P.C. 60; „Twende Brodre", 4 C. Rob. 32, 1 E.P.C. 332.

[2]) See dicta of Lord Stowell in „Trende Sostre", 6 C. Rob., p. 391, note, 1 E.P.C. 590, and „Richmond", 5 C. Rob. p. 328.

[3]) Hobbs *v.* Henning, Law Journal Reports, Common Pleas, vol. 34, p. 117; Seymour *v.* London and Provincial Marine Insurance Company, same series, vol. 41, p. 193, and vol. 42, p. 111.

[4]) „Imina", 3 C. Rob. 168, 1 E.P.C. 289, and see reference to practice by Lord Stowell in „Frederick Molke", 1 C. Rob. 86, 1 E. P.C. 58.

[5]) „Nancy", 3 C. Rob. 122; „Margaret", 1 Acton 333, 2 E.P.C. 113.

convoy of a war-ship of her own nationality; forcible resistance by her or by the neutral war-ship to the exercise of the right of search is ground for condemnation of both ship and cargo.[1])

Penalty.

8. The contraband is liable to condemnation as prize. Any other cargo on board belonging to the owner of the contraband is also subject to condemnation. Innocent cargo, not belonging to the owner of the contraband, will be restored to its owner, but no compensation will be paid for loss arising from the detention of the goods.

Any interest in the ship carrying the contraband which belongs to the owner of the contraband is also subject to condemnation.

The ship is also subject to condemnation if she has made forcible resistance to the captor, or if she carries false or simulated papers, or if there are other circumstances amounting to fraud. In the absence of the above conditions the ship will be restored, but no compensation will be paid for loss of freight, or for the detention.[2])

Compensation.

9. If a ship is brought in for adjudication on the ground that she was carrying contraband, and no part of her cargo is condemned, the captor must make full compensation for the losses sustained by the claimants, unless there was at the time of seizure some evidence of facts which, if established, would be a ground for condemnation, and also reasons for believing that upon further inquiry such facts would be established.[3])

2. Blockade.

Definition.

1. A blockade is an act of war carried out by the war-ships of a belligerent detailed to prevent access to or departure from a defined part of the enemy's coast.

Requisites of a Blockade.

2. A blockade, in order to be binding, must be effective, that is to say, it must be maintained by a force sufficient to render hazardous the ingress to or egress from a port.[4])

---

[1]) „Maria", 1 C. Rob. 340, 1 E.P.C. 152; „Elsabe", 4 C. Rob. 408, 1 E.P.C. 167.

[2]) „Jonge Tobias", 1 C. Rob. 329, 1 E.P.C. 146; „Staadt Emden", 1 C. Rob. 26, 1 E.P.C. 37; „Oster Risoer", 4 C. Rob. 199, 1 E.P.C. 382; „Neutralitet", 3 C. Rob. 295, 1 E.P.C. 309.

[3]) „Ostsee", 9 Moore P.C. 150, 2 E.P.C. 432; „Leucade", Spinks 217, 2 E.P.C. 473.

[4]) „Betsy", 1 C. Rob. 93, 1 E.P.C. 63; „Nancy", 1 Acton 57, 2 E.P.C. 106; Franciska", Spinks, at p. 115, 2 E.P.C., at p. 373 *et seq.*

3. If the blockade be effective, as defined in section 2, the question as to the number and disposition of the ships of the blockading force is not a matter for the consideration of the Court. Thus if the blockade were effectively maintained by one vessel alone it would be sufficient.[1])

4. A blockade must be impartially enforced against the ships of all nations.[2])

Creation of a Blockade.

5. A blockade must be imposed by a Naval Officer on the authority of his Government; in the absence of express instructions, such authority will be presumed to have been conferred upon any Naval Officer in command of a force which is at the time so situated that he is unable to obtain such instructions.[3])

6. If a blockade is imposed by a Naval Officer without express instructions, his action must be approved and adopted by his Government, and such approval and adoption will relate back to the date of imposition of the blockade.[4])

7. The officer in command of the blockading force should take such steps as he conveniently can to bring the blockade to the knowledge of the authorities of the ports blockaded, and also of the foreign Consuls in such ports.

8. When a blockade has been imposed by the instructions of a Government, or when the action of a Naval Officer in imposing a blockade has been adopted and approved, the Government must notify the fact by the ordinary diplomatic channels to neutral Powers, and must also publish the fact to its own subjects.[5])

9. A notification of blockade, in order to raise a presumption of knowledge of its existence, must specify the limits of the portion of the coast blockaded and the time of the commencement of the blockade.

A declaration of blockade, or a notification to a neutral Government, or a warning given to a vessel by a war-ship of the blockading Power must not announce a blockade of greater extent than is in fact effectively maintained.[6])

Termination of a Blockade.

10. A blockade comes to an end if it is declared either by the blockading Government or by the Naval Officer in command of the blockading force to have been raised, or if the blockaded port or territory is occupied by

---

[1]) *Ibid.*

[2]) „Franciska", Spinks, at p. 293 *et seq.*, 2 E.P.C., at p. 355 *et seq.*

[3]) „Rolla", 6 C. Rob. 364, 1 E.P.C. 573; „Franciska", Spinks, at p. 114, 2 E.P.C., at p. 372.

[4]) *Ibid.*

[5]) „Neptunus", 2 C. Rob. 110, 1 E.P.C. 195.

[6]) „Hendrick and Maria", 1 C. Rob. 146, 1 E.P.C. 84; „Franciska", Spinks, at p. 299, 2 E.P.C., at p. 362.

the forces of the blockading Power, or if the blockade is not maintained effectively or enforced impartially against the ships of all nations, or if the blockading forces are driven off by a superior force or are temporarily withdrawn for some other service.[1])

11. A blockade is not terminated by the fact that the blockading ships are temporarily driven off by stress of weather, nor by the fact that vessels occasionally succeed in getting in or out of a blockaded port.[2])

12. Information conveyed to an individual vessel by war-ships of a blockading Power that a blockade has been raised will not invalidate the blockade, if given under a misapprehension; but it will entitle the vessel in question to a warning from one of the ships detailed to the duty of maintaining the blockade.[3])

Extent of a Blockade.

13. A blockade must be confined to the ports and coasts of the enemy, but it may be instituted of one port or of several ports, or of the whole seaboard of the enemy. It may be instituted to prevent ingress only or egress only, or both.[4])

Situation of the Blockading Forces.

14. The blockading forces may be disposed at any distance from the ports or coast blockaded that the naval authorities think fit, provided that they are not so placed as to obstruct access to a neutral seaboard. The true criterion of the legality of a blockade is not the place where the blockaded fleet is stationed, but the capability of the force, wherever stationed, to maintain the blockade.[5])

Breach of Blockade.

15. A vessel cannot be guilty of breach of blockade unless she has had notice of its existence. Notice may be actual or presumptive.[6])

16. The master of a vessel will be held to have had actual notice if he is proved to have had knowledge of the blockade, however acquired.[7])

17. Notice will be presumed—

(1.) If notification of the blockade has been made to the proper authorities of the State from whose port the vessel last sailed, and sufficient time,

---

[1]) „Circassian", Moore's „International Arbitrations", p. 3911; „Hoffnung", 6 C. Rob. 112, 1 E.P.C. 533; „Franciska", Spinks, pp. 124, 290, 2 E.P.C., pp. 380 357.

[2]) „Frederick Molke", 1 C. Rob. 86, 1 E.P.C. 59; „Columbia", 1 C. Rob. 154, 1 E.P.C. 91; „Franciska", Spinks, at p. 124, 2 E.P.C., at p. 380.

[3]) „Neptunus", 2 Rob. 110, 1 E.P.C. 195.

[4]) See facts set out in the case of „Gerasimo", 11 Moore P.C., at p. 115, 2 E.P.C., at p. 597.

[5]) „Francika", Spinks, at p. 118, 2 E.P.C., p. 376; Naylor *v.* Taylor, 1 Moody and Malkin, 207.

[6]) „Betsy", 1 C. Rob. 93, 1 E.P.C. 63.

[7]) „Franciska", Spinks, at p. 298, 2 E.P.C., at p. 361.

has elapsed for such authorities to notify the information at that port before the vessel sailed;[1])

(2). If the blockade, whether notified or not, be proved to have been notorious at the port from which the vessel last sailed before her departure.[2])

(3.) If the master refuses to attend to the summons of a war-ship of the blockading force.

18. In the absence of notice, either actual or presumptive, a vessel is entitled to be warned of the blockade by a war-ship of the blockading force. No evidence of such warning will be accepted unless it has been indorsed on the ship's papers.[3])

19. A vessel, unless compelled by stress of weather or other necessary cause, is guilty of breach of blockade if, with notice of the blockade—

(1.) She comes or attempts to come out of a blockaded port after the expiration of such time as may have been allowed for egress from that port;

(2.) She goes or attempts to go into a blockaded port;

(3.) Approaches a blockaded port in order to enquire as to the continuance of the blockade;[4])

(4.) Remains in the vicinity of a blockaded port in such a position as to be able to take advantage of any opportunity to enter, or to take up a cargo from, or to discharge a cargo into, lighters or similar craft which might succeed in breaking the blockade.[5])

20. A ship is not guilty of breach of blockade by reason only of loading a cargo brought to her from a blockaded port or coast in lighters after being transported overland or by inland waters to an open port; nor by reason only of carrying a cargo destined ultimately for a blockaded port, provided that such cargo is to be discharged at some open port.[6])

Liability to capture.

21. Breach of Blockade Inwards. — When there exists the intention to break the blockade if an opportunity should occur, the act of sailing towards the blockaded port is an overt act sufficient to put the vessel „in delicto" until that intention is abandoned. But if the ship's papers and the evidence of the master and crew are consistent with an alternative destination, or an intention to enquire at some open port not near the blockaded port as to the continuance of the blockade, then the vessel is presumed to have an innocent intention, unless she has reached a position inconsistent

---

[1]) „Neptunus", 2 C. Rob. 110, 1 E.P.C. 195; „Adelaide", *ibid.*, note; „Jonge Petronella", 2 C. Rob. 131, 1 E.P.C. 208.

[2]) *Ibid.*

[3]) „Neptunus", 2 C. Rob. 110, 1 E.P.C. 198.

[4]) „Spes" and „Irene", 5 C. Rob. 76, 1 E.P.C. 427; „Union", Spinks 164.

[5]) „Charlotte Christine", 6 C. Rob. 101.

[6]) „Ocean", 3 Rob. 297, 1 E.P.C. 310; „Stert", 4 C. Rob. 65, 1 E.P.C. 348; „Jonge Pieter", 4 C. Rob. 79, 1 E.P.C. 353.

with a course to such open port, or, after being warned, acts in a manner inconsistent with a course to such open port.[1])

22. Breach of Blockade Outwards. — A vessel which has succeeded in coming out of a port in breach of blockade is liable to capture until the conclusion of the voyage, whether she has touched at an intermediate port or not.[2])

23. After a blockade has come to an end, a vessel cannot be seized for breach of it, either by ingress or egress, except in the case where the blockaded port is captured and a vessel found therein which has entered in breach of blockade.[3])

Penalty for Breach of Blockade.

24. The penalty for breach of blockade is the condemnation of both the ship and the cargo.

Where the blockade is, or might have been, known to the owners of the cargo or their agents at the time of shipment, privity to an intention of violating the blockade is an irrebuttable presumption of law.

Where the blockade could not have been known to the owners of the cargo or their agents at the time of shipment, the cargo will be released.[4])

3. Continuous Voyage.

1. When an adventure includes the carriage of goods to a neutral port, and thence to an ulterior destination, the doctrine of „continuous voyage" consists in treating for certain purposes the whole journey as one transportation, with the consequences which would have attached had there been no interposition of the neutral port.

2. The doctrine is only applicable when the whole transportation is made in pursuance of a single mercantile transaction preconceived from the outset. Thus it will not be applied where the evidence goes no further than to show that the goods were sent to the neutral port in the hopes of finding a market there for delivery elsewhere.

Application to Prohibited Trade.

3. Where a neutral vessel undertakes in time of war a voyage which is not open to her in time of peace, as, for instance, if she engages during war in a trade reserved exclusively in time of peace to vessels of enemy

[1]) „Columbia", 1 C. Rob. 154, 1 E.P.C. 89; „Vrouw Johanna", 2 C. Rob. 109, 1 E.P.C. 194; „Imina", 3 C. Rob. 167, 1 E.P.C. 289; „James Cook", Edw. 261, 2 E.P.C. 53; „Little William", 1 Acton 141; „Dispatch", 1 Acton 163; „Haabet", 6 C. Rob. 54, 1 E.P.C. 524; „Gliertigheit", 6 C. Rob. 58, 1 E.P.C. 527; „Aline and Fanny", Spinks 322, 2 E.P.C. 537; „Fortuna", Spinks 307.

[2]) „Welvaart van Pillaw", 2 C. Rob. 128, 1 E.P.C. 207; „General Hamilton", 6 C. Rob. 61, 1 E.P.C. 528.

[3]) „Lisette", 6 C. Rob. 387, 1 E.P.C. 587.

[4]) „Panaghia Rhomba", 12 Moore P.C. 168, 2 E.P.C. 635, and cases there cited.

nationality, the interposition of a neutral port in the course of the voyage will not exempt her or her cargo from liability to condemnation.[1]) Tere must, however, be evidence that it was always intended to carry the goods on to the ultimate destination.[2] In the absence of such evidence, and if the presence of the goods on board during the second stage of the voyage is consistent with inability to find a good market at the neutral port, neither ship nor cargo is liable to condemnation.[3])

4. It has also been held that goods which are liable to condemnation on the ground that they belong to a British subject trading with the enemy,[4]) or on the ground that they are consigned to traders in the enemy country, in such circumstances as to be deemed to be enemy property,[5]) are not exempt from condemnation on the ground that the destination to which the vessel was carrying them was neutral.

Application to Contreband.

5. There is no reported case in the British Prize Courts in which the doctrine of continuous voyage has in specific terms been applied to the carriage of contraband. His Majesty's Government, however, raised no objection to the condemnation as contraband of goods on board a British ship, seized while making a voyage to a neutral port, where it was proved that the goods had been shipped for transhipment at the neutral port and subsequent conveyance to the enemy territory.[6]) In litigation arising out of the insurances on cargoes so seized and condemned, the British Court held that the goods were properly described as contraband.[7])

6. His Majesty's Government have also enforced the right to detain vessels carrying goods of a contraband nature to a neutral port, where the territory of the belligerent to whom they were destined had no access to the sea.[8]) No contraband was found on board such vessels, and no case was brought before a Prize Court for decision.

Application to Blockade.

7. There are passages in the judgments of cases decided in the British Prize Courts which indicate that, where an ulterior port is blockaded, a

---

[1]) „William", 5 C. Rob. 385, 1 E.P.C. 505; cases cited in the judgments in the „Maria", 5 C. Rob. 365, 1 E.P.C. 495, and the „William", *supra.*

[2]) *Ibid.*

[3]) „Maria", 5 C. Rob. 365, 1 E.P.C. 495.

[4]) „Jonge Pieter", 4 C. Rob. 79, 1 E.P.C. 353.

[5]) „Mashona", 10 „Cape Times" Law Reports, 163.

[6]) „Peterhoff", Wallace's Reports (United States' Supreme Court), vol. 5, p. 28.

[7]) Seymour *v.* London and Provincial Marine Insurance Company, Law Journal Reports, Common Pleas, vol. 41, p. 193, and vol. 42, p. 111; but see also Hobbs *v.* Henning, same series, vol. 34, p. 117.

[8]) This right was also maintained by the Italian Prize Court in the case of the „Doelwyck" (see „Journal du Droit International Privé", vol. 24, 1897, p. 268).

vessel intending to attempt to enter such blockaded port at a later stage of her voyage would not be exempt from condemnation if seized while making for a neutral port, provided that such seizure and condemnation were consistent with the principles set out in section 21 of the Memorandum of blockade. But the fact that there is no reported case where condemnation under such circumstances has been decreed, suggests that in practice this doctrine can hardly ever be applied.[1])

Where the ship does not intend to proceed to the blockaded port, the fact that goods on board are to be sent on by sea or by inland transport is no ground for condemnation.[2])

A ship which has succeeded in coming out of a blockaded port is liable to capture until the conclusion of the voyage, as indicated by her papers, and such voyage is not terminated by the mere touching at an intermediate port.[3])

4. Destruction of Prizes.

1. The duty of a belligerent captor is to bring in, for adjudication by a Prize Court, any merchant-ship which he has seized. Where this is impossible, she may, if she is an enemy ship, be destroyed after removal of the crew and papers; if the nationality of the ship is neutral, or if there is any doubt as to the nationality, she should be dismissed, for her destruction cannot be justified as between the neutral owner and the captor by any necessity on the part of a belligerent.[4])

2. Innocent neutral cargo on board an enemy ship not being liable to seizure,[5]) the owner of such cargo is entitled to compensation where the enemy ship is destroyed.

5. Unneutral Service.

1. A neutral vessel employed by, or on behalf of, a belligerent to carry combatants or intending combatants for purposes connected with the war is liable to condemnation together with the cargo on board.[6]) The fact that the master is ignorant that the vessel is being so employed is no ground for exemption;[7]) nor will it make any difference that the employment of the ship originated in acts of violence or duress on the part of the bellig-

---

[1]) „Little William", 1 Acton 141; „Imina", 3 Rob. 167, 1 E.P.C. 289.

[2]) „Jonge Pieter", 4 C. Rob. 79, 1 E.P.C. 353; „Ocean", 3 C. Rob. 297, 1 E.P.C. 310; „Stert", 4 C. Rob. 65, 1 E.P.C. 348.

[3]) „General Hamilton", 6 C. Rob. 61, 1 E.P.C. 528.

[4]) „Actaeon", 2 Dodson 48, 2 E.P.C. 209; „Felicity", 2 Dodson 381, 2 E.P.C. 233; see also dictum of Dr. Lushington in the „Leucade", Spinks at p. 231, 2 E.P.C. at p. 488.

[5]) Declaration of Paris, Article 3.

[6]) „Friendship", 6 C. Rob. 420, 1 E.P.C. 599; „Orozembo", 6 C. Rob. 430, 1 E.P.C. 605.

[7]) „Orozembo", *ib.*

erent.[1]) The vessel is liable to condemnation although at the time of seizure the service on which she had been employed had come to an end, provided that she was still subservient to the purposes of the belligerent.[2])

2. The same rule applies where the vessel is employed to carry officers in the civil service of the Government on the public service and at the public expense.[3])

3. A neutral vessel chartered or employed by a belligerent Government to carry a cargo on its behalf and acting under the orders or direction of that Government or of its officers is liable to condemnation as an enemy ship, together with the cargo so carried.[4])

4. Neutral vessels in the service of the belligerent, within the meaning of the above sections, and under the orders and control of the belligerent, may, if found taking part in military operations or in the immediate vicinity of an enemy fleet, be sunk.[5])

5. A vessel knowingly carrying persons in the naval or military service of the belligerent is liable to capture and condemnation,[6]) but this penalty would not necessarily be enforced where such persons were merely travelling in the ordinary way as private passengers at their own expense.[7])

6. A neutral vessel carrying the public despatches of the enemy is liable to condemnation, at any rate if there has been concealment of the despatches or other circumstances of fraud, or if their presence was known to the master. If the master or other agent of the cargo was privy to their carriage, the cargo will also be liable to condemnation.[8])

The above rule will, however, not be applied in the case of despatches between a Diplomatic Representative of the belligerent State in a neutral country and his own Government; [9]) or in the case of postal correspondence within the scope of Articles 1 and 2 of the Convention relating thereto signed at The Hague in 1907.[10])

---

[1]) „Carolina", 4 C. Rob. 256, 1 E.P.C. 385.

[2]) „Carolina", *ib.*

[3]) Dictum of Lord Stowell in the „Orozembo", at p. 434 of 6 C. Rob.

[4]) „Rebecca", 2 Acton 119.

[5]) No such case has actually been decided in the British Prize Courts, but in 1894 a British ship, the „Kowshing", was sunk by the Japanese when so employed.

[6]) „Hope", 6 C. Rob. 463 n.

[7]) Dictum of Lord Stowell in the „Friendship", 6 C. Rob. at p. 429, 1 E P.C. at p p. 604.

[8]) „Atalanta", 6 C. Rob. 441, 1 E.P.C. 607; „Susan", 6 C. Rob. 461 n, 1 E.P.C. 614 n.

[9]) „Caroline", 6 C. Rob. 461, 1 E.P.C. 615.

[10]) „Convention relative to certain restrictions on the exercise of the right of capture in maritime war."

6. Conversion of Merchant-Vessels into War-Ships on the High Seas.

No general practice of nations has prevailed in the past on this point from which any principles can be deduced and formulated as the established rules of international law. So far as can ascertained there are no precedents on the subject.

The question is regarded by His Majesty's Government as one to be decided by reference to the rights of neutrals. Resistance on the part of a neutral merchant-vessel to the exercise of the admitted belligerent right of visit and search, involving as it does the possible condemnation of the vessel as good prize, is so serious a matter for the neutral, that it is essential that there should be no possibility of doubt as to the ships that are entitled to exercise this right. It is submitted that the true rule to be deduced from the principles which govern the relations between belligerents and neutrals is that the exercise of the right to visit and bring in neutral merchant-vessels is strictly limited to ships being, and known to be, public ships of the belligerent fighting fleet flying the pendant. It would be a grave extension of that right if it were held to be permissible to exercise those powers by means of vessels, believed by neutrals to be peaceful merchant-vessels, suddenly and without warning converted into ships of war, possibly in the immediate neighbourhood of vessels which they desire to stop and search. Any further limitation to the security of peaceful commerce or of the freedom of neutral vessels to navigate the seas is opposed to the general interests of nations, while the excerise of belligerent force against neutrals in the manner indicated above would almost inevitably lead to friction, with the attendant danger of bringing other nations into the arena of war. The somewhat arbitrary powers accorded to belligerents as against neutrals for the protection of the vital interests of the former should not, it is submitted, be increased by according sanction to proceedings which, however they may be argumentatively sustained, are entirely novel and without support of any existing principles of international law. His Majesty's Government, therefore, regard it as of great importance to neutrals that units of the fighting force of a belligerent should not be created except within the jurisdiction of that Power.

The only cases decided in the British Prize Courts, where any point of this kind has arisen, are some decisions on the rights of the original British owners of ships, which had been captured by the enemy, to restitution of their property on its subsequent recapture by the British forces.[1]) The British Prize Act deprived the original owner of his right to restitution, if the vessel had been set forth as a ship or vessel of war. These cases deal only with the rights of the respective groups of British claimants, as determined by Act of Parliament, and have, therefore, little or no bearing on the general question.

[1]) „Ceylon", 1 Dodson 105, 2 E.P.C. 133; „Georgiana", 1 Dodson 397, 2 E.P.C. 193.

7. Transfer of Merchant-vessels to a Neutral Owner during or in Contemplation of Hostilities.

1. The assignment, either by sale or gift, to a neutral of an enemy ship, other than a ship of war, is not rendered invalid merely by the fact that it was made during or in contemplation of hostilities.[1])

2. Such an assignment is not, however, valid if:

a) It is made in a blockaded port.[2])

b) It is made in the course of a voyage. For this purpose a voyage is at an end as soon as the ship reaches a port where she can actually be delivered into the possession of the transferee.[3])

c) The vendor retains any share in the ship, or if there is an agreement to reconvey her at the end of the war.[4])

3. The onus of proving that the transfer is genuine lies on the claimant, and the assignment must be complete, „bonâ fide", and for good consideration.

A vessel, transferred to a neutral flag is, therefore, still liable to be condemned by the Prize Court if the circumstances of the transfer are attended with suspicion not removed by the claimant; [5]) as, for example, if:

a) No documentary evidence of the assignment is found on board at the time of the seizure;

b) The transferor has any control over the ship, reservation of profits, or power to revoke the assignment;

c) Possession has not been taken by the alleged transferee, or by some agent of his who is not an enemy;

d) The ship is under the control of an enemy;

e) The master or other person in command is in the service of an enemy.

8. Enemy Property.

1. The principle adopted by the British Courts has been to treat the domicile of the owner as the dominant factor in deciding whether property captured in time of war is enemy property; but for this purpose the prin-

---

[1]) „Benedict", Spinks 314, 2 E.P.C. 527; „Baltica", 11 Moore P.C. 141, 2 E.P.C. 628; „Minerva", 6 C. Rob. 396, 1 E.P.C. 591.

[2]) „General Hamilton", 6 C. Rob. 62, 1 E.P.C. 528.

[3]) „Danckebaar Africaan", 1 C. Rob. 112, 1 E.P.C. 74; „Vrow Margaretha", 1 C. Rob. 336, 1 E.P.C. 149; „Jan Frederick", 5 C. Rob. 128, 1 E.P.C. 435; „Baltica", 11 Moore P.C. 141, 2 E.P.C. 628.

[4]) „Sechs Geschwistern", 4 C. Rob. 100, 1 E.P.C. 363; „Noydt Gedacht", 2 C. Rob. 137, note.

[5]) „Vigilantia", 1 C. Rob. 1, 1 E.P.C. 31; „Endraught, 1 C. Rob. 19; „Welvaart", 1 C. Rob. 122; „Juffrouw Anna", 1 C. Rob. 124, 1 E.P.C. 76; „Noydt Gedacht", 2 C. Rob. 137, note; „Jemmy", 4 C. Rob. 31, 1 E.P.C. 331; „Soglasie", Spinks 105; „Ernst Merck", Spinks 99, 2 E.P.C. 338; „Ariel", 11 Moore P.C. 110, 2 E.P.C. 600; „Christine", Spinks 82, 2 E.P.C. 320.

ciple is not limited in all respects to the domicile of origin or residence, and is applied in the following way: [1])

a) A person domiciled in a neutral country, but having a house of trade in an enemy country, is deemed to acquire a commercial domicile in the enemy country in respect of transactions originating there; [2]) but the other property of such an owner is not affected thereby.[3])

b) A commercial domicile not being the domicile of nationality is terminated when actual steps are taken „bonâ fide" to abandon such domicile for a different one „sine animo revertendi".[4])

2. This principle applies equally to the cases of an individual, a partnership, or a corporation, residence in the two latter cases being understood to mean the place whence the business is controlled.[5])

3. In the case of a partnership where one or more of the partners is domiciled in enemy territory, property not liable to be seized as enemy property on other grounds is presumed to be divided proportionately between the partners, and the share attributed to a partner domiciled in enemy territory is deemed to be enemy property.[6])

July 1, 1908.

VII. Italien.

Mémorandum du Gouvernement Italien concernant les règles de droit reçues en Italie sur les différents Points du Programme de la Prochaine Conférence de Londres pour la Codification du droit Maritime International en Temps de Guerre.

L'ordre suivi dans la rédaction du Mémorandum est le même que celui adopté au n. 6 de la note circulaire de Sir E. Grey, en date du 27 février 1908, concernant le programme de la Conférence.

Chaque question a sa réponse à part, et chaque matière est marquée par la même lettre qui sert à la désigner dans la note susdite.

---

[1]) „Postillion", Hay and Marriott 245, 1 E.P.C. 20; „Harmony", 2 C. Rob. 322, 1 E.P.C. 241; „Aina", Spinks 8, 2 E.P.C. 247; „Gerasimo", 11 Moore P.C. 88, 2 E.P.C. 577 at p. 582.

[2]) Dictum of Lord Stowell in „Jonge Klassina", 5 C. Rob. at p. 302, 1 E.P.C. at p. 488; cases cited in „Vigilantia", 1 C. Rob. 1, 1 E.P.C. 31.

[3]) „Portland", 3 C. Rob. 43.

[4]) „Indian Chief", 3 C. Rob. 11, 1 E.P.C. 251.

[5]) Cases cited in „Vigilantia", 1 C. Rob. 1, 1 E.P.C. 31; see judgment of Lord Lindley in Janson *v.* Driefontein Consolidated Mines, Limited, Law Reports, 1902, Appeal Cases, p. 505.

[6]) „Citto", 3 C. Rob. 38; „Harmony", 2 C. Rob. 322, 1 E.P.C. 241.

Chaque règle est suivie de l'indication de la loi, de l'acte du pouvoir exécutif, ou de la source de jurisprudence où elle a été puisée. Les abréviations suivantes ont été adoptées à cet égard:

Cod. M. M. = Code de la marine marchande (Texte approuvé par décret royal du 24 octobre 1877, n. 4156);

Instructions = Instructions aux Commandants des navires de la marine royale, à l'occasion de la guerre contre l'Autriche, approuvées par décret royal du 20 juin 1866, n. 2981;

Règlement = Règlement pour le service à bord des navires de la marine royale en armement ou en réserve, approuvé par S. M. le Roi le 31 mars 1898;

Comm. prises = Décision de la Commission des prises;

Cont. dipl. = Avis du Conseil du contentieux diplomatique.

a) Contrebande de Guerre.

I. Objets considérés comme contrebande de guerre.

Si les objets considérés comme contrebande, en cas de guerre, ne sont pas énumérés par des traités préalablement conclus (tels, par exemple, l'art. 15 du Traité de commerce et de navigation entre l'Italie et les Etats-Unis d'Amérique, du 26 février 1871, et quelques autres conventions conclues par le gouvernement royal avec des Etats de l'Amérique méridionale et centrale), cette spécification sera faite au début des hostilités, par un acte spécial du gouvernement.

A défaut de traités ou de déclaration spéciale, sont considérés comme contrebande de guerre les objets suivants: „les canons, les fusils, les carabines, les revolvers, les pistolets, sabres et autres armes, à feu ou portatives, de toute espèce; les munitions de guerre, les objets d'équipement militaire de tout genre, et en général tout ce qui, sans manipulation, peut servir immédiatement pour l'armement maritime ou terrestre." — (Cod. M. M., art. 216.)

II. Pénalité pour le transport de la contrebande de guerre.

1. „Les navires neutres dirigés vers un pays ennemi dont la cargaison est formée, en totalité ou en partie, par des objets de contrebande de guerre, seront capturés et conduits dans un des ports de l'Etat, où le navire et les marchandises de contrebande seront confisqués, et les autres marchandises seront laissées à la disposition des propriétaires." — (Cod. M. M., art. 215.)

2. La disposition susdite a été interprétée et appliquée dans ce sens, que le caractère de contrebande de guerre dépend de la destination finale et intentionnelle de la cargaison, et non pas de la destination immédiate et matérielle du navire. Dans un cas particulier il a été jugé que la contrebande existe lorsque le navire est dirigé vers un port neutre afin d'y décharger les marchandises destinées à rejoindre par voie de terre le pays ennemi, particulièrement si le pays en question n'a aucun débouché sur la mer. — (Comm. prises, 8 décembre 1896, capture du „Doelwijk".)

3. Il a été jugé également que le navire n'est pas sujet à confiscation, lorsqu'il résulte que le propriétaire ignorait l'usage auquel on se proposait d'affecter son navire, savoir au transport de la contrebande. — (Comm. prises, idem, idem.)

4. Lorsque les relations pacifiques ont été rétablies entre les belligérants, la confiscation du navire neutre légalement capturé à cause du transport de la contrebande de guerre, ne serait plus justifiée en droit. La confiscation constituerait en effet, dans ces circonstances, une limitation de la propriété privée, sans que les nécessités actuelles d'une défense légitime puissent désormais lui fournir une justification suffisante. Cependant, la Commission des prises doit connaître de la légitimité de la capture, à l'effet des indemnités réclamées par les propriétaires de la cargaison et du navire. — (Comm. prises, idem, idem.)

III. Exemption du droit de visite des navires neutres de commerce naviguant sous l'escorte de navires de guerre.

„Les navires neutres sous l'escorte de navires de guerre seront exempts de toute visite.

„La déclaration du commandant du bâtiment de guerre suffira pour justifier du pavillon et de la cargaison des navires escortés.“ — (Cod. M. M., art. 218.)

Il pourra toutefois lui être demandé une déclaration par écrit, contenant la liste des navires placés sous sa protection, et l'assurance qu'aucun objet de contrebande de guerre, pour le compte ou à destination de l'ennemi, ne se trouve à leur bord. — (Instructions, art. XI.)

Une déclaration verbale du commandant suffit, d'après le Traité de commerce et de navigation avec les Etats-Unis du 26 février 1871 (art. 19); une disposition pareille est insérée en d'autres conventions conclues par le gouvernement royal avec des Etats de l'Amérique méridionale et centrale.

S'il existait des motifs pour supposer que la bonne foi du commandant du navire a été surprise, communication de ces soupçons sera faite au commandant, qui procédera, seul, à la visite du navire suspect. — (Instructions, art. XI.)

IV. Indemnisation due en cas de capture de navires n'ayant pas de contrebande à leur bord.

Les navires et les marchandises capturés doivent être restituér aux propriétaires qui les réclament, aussitôt que leur caractère inoffensif aura été dûment constaté. — (Comm. prises, 28 novembre 1857 et 27 février 1858, capture du „Cagliari“.)

Lorsque la capture a eu lieu dans les cas et avec les formes établies par les usages internationaux ou par les traités, il ne pourra pas être réclamé d'indemnité, même si le tribunal des prises n'a pas déclaré la confiscation. L'omission de quelques formalités secondaires (concernant, par exemple, le procès-verbal de capture) ne pourrait pas nuire à la légitimité de la capture; surtout s'il s'agit de formalités établies dans l'intérêt du capteur (telle l'apposition des sceaux). — (Comm. prises, 8 décembre 1906, précitée.)

b) Blocus.*)

I. Conditions de validité du blocus.

1. Ne peuvent pas être bloqués les détroits donnant accès à une mer qui baigne des Etats neutres. — (Cont. dipl., 11 avril 1878, capture des navires „Britannia" et „Matilde Bellagamba".)

Sont également exempts du droit de blocus les endroits neutralisés par disposition de droit conventionnel.

2. Le blocus, pour être obligatoire, doit être effectif et déclaré. — (Cod. M. M., art. 217.)

Le blocus doit être annoncé publiquement par le commandant naval, qui le déclare moyennant une notification indiquant exactement les limites de son extension, le jour de son commencement et les modalités à observer pour traverser la ligne du blocus. — (Règlement, art. 909, n. 2.)

Doit être également annoncé le délai dans lequel la sortie du port est permise aux navires neutres entrés avant le commencement du blocus; ce délai doit être suffisant pour protéger la navigation et le commerce de bonne foi. — (Instructions, art. VI.)

3. Le blocus est effectif lorsqu'il est maintenu par des forces bloquantes, disposées de façon à pouvoir surveiller les accès du port et du littoral bloqué et apercevoir tout navire qui voudrait y aborder, et étant en condition de pouvoir, le cas échéant, en empêcher effectivement l'entrée. — (Règlement, art. 909, n. 6; Cont. dipl.. 11 avril 1878 précité.)

II. Notification spéciale de blocus.

Un blocus n'est connu de plein droit par un navire faisant route vers un port bloqué qu'après en avoir reçu une notification spéciale. Par conséquent, chaque navire se présentant devant la ligne du blocus doit être averti, par un des navires de guerre bloquants, de l'existence du blocus, et des modalités selon lesquelles il a été établi; mention de cet avis doit être inscrite sur les papiers de bord du navire. Sans cela on ne pourrait pas procéder contre le navire du chef de violation de blocus. — (Instructions, art. VII; Règlement, art. 909, n. 5.)

Le Traité de commerce et de navigation en vigueur avec les Etats-Unis d'Amérique (art. 14) et d'autres conventions conclues par le gouvernement royal avec quelques Etats de l'Amérique méridionale et centrale, contiennent des dispositions analogues.

III. Violation du blocus.

1. La destination du navire vers le port bloqué ne suffit pas pour le considérer comme coupable de violation de blocus.

Est coupable de violation de blocus le navire saisi au moment de franchir la ligne d'un blocus effectif et déclaré, soit qu'il tente d'entrer dans l'endroit

*) La proposition d'un règlement international du blocus, présentée par la Délégation italienne à la deuxième Conférence internationale de la paix (IV commission, annexe n. 18), est inspirée des principes ci-dessus, qui représentent l'état actuel du droit italien en cette matière.

bloqué, soit qu'il tente d'en sortir. — (Cod. M. M., art. 217; Instructions art. VII.)

2. Un navire qui tente de sortir du port bloqué, peut être saisi même en dehors de la ligne du blocus, pourvu qu'il ait été poursuivi au moment où il la franchissait, et rejoint avant qu'il n'ait pu toucher un port neutre. Si le navire a pu franchir sans difficulté et sans obstacles la ligne du blocus, il ne pourra plus être saisi, même s'il arrivait dans un port de la Puissance bloquante. — (Cont. dipl., 11 avril 1878, précité.)

3. Il sera permis aux navires neutres d'entrer dans un port bloqué en cas de relâche à cause de mauvais temps, défaut de vivres, etc., sur justification préalable de la force majeure. — (Instructions, art. IX.)

4. Des concessions spéciales pourront être accordées aux navires de guerre d'une Puissance neutre, lorsqu'elles seront compatibles avec les objectifs de la guerre. — (Règlement, art. 909, n. 8.)

IV. Pénalité pour la violation du blocus.

„Les navires sous pavillon neutre, surpris au moment de forcer un blocus effectif et déclaré, seront capturés et confisqués avec leur cargaison." — (Cod. M. M., art. 217.)

V. Cessation du blocus.

1. La cessation du blocus doit être notifiée publiquement. — (Règlement, art. 909, n. 3.)

2. Le blocus n'est pas considéré comme levé et pourra être repris sans qu'il y ait besoin de notification ultérieure, quand les navires bloquants ont dû s'éloigner momentanément à cause de force majeure et non par suite des actes de l'ennemi. — (Règlement, art. 909, n. 4.)

c) La Doctrine du „Voyage Continu" par rapport à la Contrebande et au Blocus.

La réponse à ces questions est contenue implicitement dans les dispositions citées ci-dessus à la lettre a), II, n. 1 et 2, pour ce qui a trait à la contrebande, et à la lettre b), III, n. 1, pour ce qui concerne le blocus.

d) Destruction des navires neutres avant le Jugement du Tribunal des Prises.

Les questions concernant le droit de procéder à la destruction des navires marchands, soit ennemis que neutres, avant que le tribunal des prises se oit prononcé, ne sont pas réglées expressément par le droit positif italien.

Dans un cas spécial il a été décidé que le propriétaire d'un navire neutre de commerce, détruit avant que la capture n'en ait été soumise au jugement régulier du tribunal des prises, n'aurait aucune raison et aucun intérêt à porter plainte, lorsque le navire se trouvait dans des conditions qui en justifiaient légalement la capture et la confiscation. — (Cont. dipl., 16 décembre 1859, capture du navire „Fama Argentina".)

e) Assistance Hostile.

Cette matière n'est non plus réglée par des dispositions particulières du droit positif italien. Il y a lieu toutefois à considérer comme parfaitement conforme à l'esprit de ce droit, ainsi qu'aux règles du droit international, le principe que les navires neutres perdent les privilèges qui leur dérivent de cette qualité lorsqu'ils se rendent coupables d'actes hostiles envers une des parties belligérantes, ou lorsqu'ils accomplissent des actes destinés à prêter assistance à l'adversaire dans ses opérations de gerre: spécialement le transport de troupes ou la transmission de renseignements dans l'intérêt de l'ennemi.

Les Commissions des prises et les Corps administratifs consultatifs italiens n'ont pas eu lieu d'examiner et de résoudre les nombreuses questions qui se rattachent à l'application de ce principe.

Il a été cependant décidé, en des circonstances tout à fait spéciales, qu'un navire marchand étranger qui se rend coupable d'actes hostiles envers l'Etat doit être considéré comme ennemi et comme tel peut être légalement capturé et confisqué. — (Comm. prises, capture du „Vesuvio", sanctionnée par Rescrit royal du 10 janvier 1850; Comm. prises, 28 Novembre 1857, précitée.)

f) Transformation des navires de commerce en bâtiments de guerre en pleine mer.

Cette question . . . *(s. oben S. 659).*

g) Transfert de navires marchands du Pavillon Ennemi au Pavillon Neutre, en Prévision de l'Ouverture des Hostilités ou en Temps de Guerre.

„La nationalité italienne ne pourra être accordée à aucun navire provenant de la vente qui en aurait été faite par un individu sujet d'une Puissance se trouvant en état de guerre avec une autre Puissance qui serait en état de paix avec le Gouvernement du Roi.

„Le ministre de la marine pourra toutefois, si la vérité de la vente est constatée, accorder la nationalisation du navire." — (Cod. M. M., art. 42.)

Il résulte de cette disposition que, selon l'esprit du droit positif italien, la vente d'un navire ennemi à un acheteur neutre, après l'ouverture des hostilités, est présumée fictive, et, comme telle, ne saurait être reconnue. La preuve du contraire est toutefois admise avec des garanties tout à fait spéciales.

Le Conseil du contentieux diplomatique s'est prononcé dans un sens analogue. Il a déclaré, en effet, que la translation de la propriété d'un navire ne saurait être considérée valable si elle ne résulte pas des papiers de bord, et qu'il n'y aurait pas lieu de tenir compte d'une vente qui n'aurait pas pu être enregistrée sur ces documents par suite du fait que le navire se trouvait en cours de voyage. Il résulte toutefois de l'ensemble de l'avis que la preuve de la réalité et de la légalité de la vente est admise. — (Cont. dipl., 16 juin 1866, capture du navire „Venezia".)

h) S'il y a lieu de tenir Compte de la Nationalité du Propriétaire ou bien de son domicile pour établir le caractère ennemi de la propriété.

Cette question peut se poser soit pour le navire que pour la marchandise.

1. Pour ce qui concerne le navire, il y a lieu à considérer comme conforme au droit italien le principe d'après lequel le caractère neutre ou ennemi du navire dépend du pavillon; et c'est d'après la loi de l'Etat à qui ce pavillon appartient qu'on doit juger du droit du navire à arborer légitimement le pavillon en question.

2. D'après le droit public et privé italien le caractère de la marchandise doit dépendre de la nationalité et non du domicile du propriétaire; et dans ce sens le législateur italien a résolu incidemment la question dont il s'agit, ainsi qu'il résulte par analogie de l'art. 42 du code de la marine marchande (voir à la lettre (g) ci-dessus).

En effet, le législateur italien, ayant à choisir, comme base de tous les rapports juridiques, même simplement patrimoniaux, entre la nationalité et le domicile, a toujours préféré la nationalité. D'ailleurs au point de vue du droit public et d'après des considérations d'ordre politique, la guerre étant un rapport essentiellement public et politique, il paraît que la qualité d'ennemi ne puisse pas logiquement s'étendre, en principe et pour tout effet, en dehors des individus appartenant à l'une ou à l'autre des communautés belligérantes. Il paraît également que l'Etat ne puisse accepter une doctrine qui le forcerait à considérer comme ennemis, à certains égards, ses propres sujets par le seul fait qu'ils auraient leur domicile à l'étranger, tandis que cette circonstance ne serait pas suffisante à les soustraire aux obligations politiques et militaires envers leur patrie.

VIII. Japan.

Mémorandum du Gouvernement du Japon.

Le gouvernement impérial du Japon, à la deuxième Conférence de la Paix, a déclaré qu'il accueillait cordialement l'idée d'une Cour internationale des Prises et qu'il lui donnerait son loyal appui, mais il s'est vu contraint en même temps d'exprimer la ferme conviction qu'il était absolument essentiel, en établissant une semblable institution, de créer simultanément un système de lois devant diriger la Cour dans ses décisions. Comme la Conférence n'a pas réussi à formuler ce système, le gouvernement impérial a eu le regret d'être, jusqu'à présent, obligé de réserver son assentiment au projet de couvention annexé à l'Acte final de La Haye, par lequel on avait l'intention de créer un semblable tribunal.

Aussi, le gouvernement impérial, nourrissant de semblables sentiments, a été heureux de donner son adhésion à la proposition du gouvernement de Sa Majesté Britannique tendant à ce que les principales puissances maritimes, savoir: l'Autriche-Hongrie, la France, l'Allemagne, l'Italie, le Japon, la Russie, l'Espagne et les Etats-Unis, se réunissent en Conférence à Londres en octobre de la présente année, dans le but de déterminer quels sont les principes généralement reconnus du droit international, en sus du projet de convention ci-dessus mentionné, et de formuler alors les règles qui, en l'absence de dispositions spéciales conventionnelles, doivent être observées par la Cour proposée. Conformément à la suggestion du gouvernement britannique, le gouvernement impérial a actuellement l'honneur de soumettre à l'examen des puissances intéressées, un exposé de ce qu'il reconnaît comme les règles du droit international sur les différentes questions qui doivent, propose-t-on, constituer le programme de la Conférence projetée, en tant que l'on puisse dire qu'il existe des règles généralement reconnues et acceptées.

En faisant cette communication, il croit nécessaire d'ajouter, à titre d'explication, qu'il n'a pas essayé de dire ce que sont, à l'heure actuelle, les principes acceptés du droit international relativement à toutes les questions mentionnées dans le programme et à l'égard desquelles il y a des vues et des pratiques divergentes. Au contraire, il s'est borné généralement à un sommaire résumé des principes pouvant se déduire de sa récente expérience, dans la pensée que ces principes s'accordent en substance avec les règles reconnues par un grand nombre de Puissances. Toutefois sur certains points, à l'égard desquels il est sans expérience pratique, il s'est permis de suggérer ce qui, d'après lui, constituerait des règles acceptables de pratique générale.

Contrebande de guerre.

I. La contrebande de guerre est classée en deux catégories générales:

a) Contrebande absolue. — Les armes, les munitions et les autres articles et matériaux employés immédiatement et ordinairement dans un but militaire, lorsqu'ils sont destinés au territoire de l'ennemi ou à un lieu occupé par lui ou à ses forces militaires ou navales.

b) Contrebande conditionnelle. — Les articles et matériaux autres que ceux ci-dessus décrits, et qui peuvent être employés dans un but militaire, lorsqu'ils sont destinés aux forces militaires ou navales de l'ennemi.

Les articles et matériaux ci-dessus mentionnés sont considérés comme destinés aux forces militaires ou navales de l'ennemi, lorsqu'ils sont destinés au territoire de l'ennemi et que, d'après les circonstances se rattachant au lieu de destination, ou peut les considérer comme devant servir à l'usage militaire de l'ennemi.

II. Lorsque le port de destination ou d'escale d'un navire est sur le territoire de l'ennemi ou est un lieu occupé par l'ennemi, ou lorsqu'il y a des raisons de croire que le navire va à la rencontre des forces militaires ou navales de l'ennemi, la destination du navire est réputée être hostile.

III. La destination du chargement est ordinairement déterminée par la destination du navire.

Les marchandises se trouvant à bord d'un navire sont présumées avoir une destination hostile, si la destination du navire est un lieu qui, géographiquement, ou d'après d'autres considérations, peut être regardé comme constituant la dernière étape dans le transport des marchandises, soit par transbordement, soit par transport terrestre, à une distination hostile.

IV. La contrebande de guerre et les marchandises se trouvant à bord du même navire appartenant au propriétaire des articles de contrebande sont sujettes à confiscation.

V. Les navires ayant de la contrebande de guerre, ainsi que le chargement se trouvant à bord et appartenant au propriétaire du navire, sont sujets à la confiscation dans les cas suivants:

a) Lorsque des moyens frauduleux sont employés dans le transport des marchandises de contrebande;

b) Lorsque le transport des marchandises de contrebande est l'objet principal du voyage.

Un navire est également sujet à confiscation, lorsque les marchandises de contrebande se trouvant à bord appartiennent au propriétaire du navire.

VI. Un navire, qui a des marchandises de contrebande à bord, n'est pas, par ce seul fait, sujet à capture si le capitaine n'a aucune connaissance, réelle ou présumée, de l'ouverture des hostilités.

Règles relatives aux navires neutres et aux personnes rendant des services contraires à la neutralité.

I. Les navires neutres ainsi que le chargement se trouvant à bord et appartenant aux propriétaires des navires sont sujets à confiscation dans les cas suivants:

a) Lorsqu'ils transportent des officiers, des hommes ou d'autres personnes au service militaire ou naval de l'Etat ennemi;

b) Lorsqu'ils transportent une correspondance officielle entre les fonctionnaires de l'état ennemi, sauf exception pour la correspondance entre les représentants diplomatiques ou consulaires et leur gouvernement.

II. Dans les cas ci-dessus, ni le navire ni le chargement ne sont sujets à confiscation s'il est prouvé:

a) Que les capitaines des navires n'avaient aucune connaissance, réelle ou présumée, de l'existence d'un état de guerre;

b) Ou que les précautions raisonnables ont été prises par les propriétaires ou les capitaines des navires pour s'assurer du caractère et de la nature inoffensifs des personnes et de la correspondance transportées par les navires.

III. Un navire neutre, effectuant une reconnaissance ou portant des renseignements ou rendant volontairement d'une autre façon des services au profit d'un belligérant ou au préjudice ou détriment de l'autre, est sujet à confiscation ainsi que les marchandises se trouvant à bord et appartenant au propriétaire du navire.

Question relative à l'exemption de visite d'un navire lorsqu'il est sous convoi.

Un navire neutre sous convoi d'un bâtiment de guerre de sa nationalité est, sauf en cas de grave suspicion, exempt d'enquête et de visite de la part du belligérant, si le commandant du convoi déclare par écrit que le navire convoyé n'a pas de contrebande à bord, n'est pas engagé dans une tentative de violation de blocus, n'accomplit pas un service contraire à la neutralité au profit de l'autre belligérant et que ses papiers de bord sont réguliers et complets. La dite déclaration doit également porter le nom et la nationalité ainsi que les ports de départ et de destination du navire.

Règles relatives aux dommages-intérêts lorsque des navires ont été saisis, mais ont été reconnus en fait ne transporter qu'un chargement innocent.

I. Lorsqu'il est reconnu que la saisie d'un navire pour transport de contrebande, pour accomplissement d'un service contraire à la neutralité ou pour violation d'un blocus, a été effectuée sans motif raisonnable de suspicion, une indemnité devrait être payée pour les dommages directs causés par la saisie.

II. Les navires neutres, saisis pour les motifs suivants, n'ont pas droit à des dommages-intérêts en raison de la saisie:

a) Lorsque des papiers de bord frauduleux sont produits;
b) Lorsqu'ils ne sont pas munis des papiers de bord voulus ou lorsque ces papiers ne sont pas produits;
c) Lorsque les papiers de bord ont été détruits ou cachés ou lorsque ces papiers ne sont pas réguliers;
d) Lorsqu'ils naviguent sous un faux pavillon ou autres fausses indications.

Blocus.

I. Le blocus n'est obligatoire que s'il est maintenu par une force suffisante pour présenter un danger évident à un navire essayant de passer.

II. Le blocus ne doit pas être considéré comme levé par le simple fait que la force bloquante quitte momentanément la zone bloquée par suite du gros temps ou pour les besoins du blocus.

III. La déclaration du blocus devrait indiquer le moment précis où le blocus commence, l'étendue de la zone bloquée et le délai accordé aux navires neutres pour quitter la zone bloquée.

IV. La déclaration du blocus devrait être communiquée, aussitôt que possible, aux autorités de la localité bloquée aussi bien qu'aux Etats neutres.

V. Les navires doivent être considérés comme ayant connaissance de l'existence du blocus dans les cas suivants:

a) Lorsqu'ils sont trouvés dans les limites de la zone bloquée;
b) Lorsqu'ils viennent d'une localité où l'existence du blocus est généralement connue.

Un navire est réputé avoir connaissance de l'existence d'un blocus, lorsque la déclaration de blocus a été communiquée aux autorités compétentes de l'Etat auquel le navire appartient, et un délai suffisant doit s'être écoulé pour permettre aux autorités de donner notification publique dudit blocus.

VI. Un navire rencontré approchant une zone bloquée, s'il n'a pas connaissance, réelle ou présumée, de l'existence du blocus, doit en recevoir la notification spéciale par un officier de la force bloquante et la dite notification doit être portée sur les papiers de bord.

VII. Un navire, en cas de gros temps ou d'incapacité absolue de continuer son voyage, peut, avec l'assentiment du commandant de la force bloquante, pénétrer dans la zone bloquée.

VIII. Si un navire, ayant comme destination ostensible un lieu autre qu'une zone bloquée est reconnu avoir l'intention de se rendre dans la zone bloquée après avoir touché audit lieu non bloqué, le voyage est réputé être continu et la destination entière être celle de la zone bloquée.

IX. Les navires, qui sciemment violent ou essayent de violer un blocus, sont sujets à confiscation ainsi que le chargement, mais s'il est prouvé que les propriétaires du chargement n'avaient pas connaissance de l'intention des navires de violer le blocus, le dit chargement est relaxé.

Légalité de la destruction des navires neutres avant leur condamnation par une Cour des prises.

Les commandants des bâtiments de guerre belligérants sont tenus d'envoyer pour être mis en jugement les navires neutres après saisie. Si, pour une raison quelconque, ils ne peuvent le faire, les dits navires doivent être relâchés. En toutes circonstances les navires ne peuvent être détruits avant condamnation.

Légalité de la transformation d'un navire de commerce en bâtiment de guerre en haute mer.

Un navire de commerce ne peut pas être transformé en bâtiment de guerre ou retransformé en navire de commerce par un belligérant, si ce n'est dans un port ou dans des eaux territoriales appartenant au dit belligérant ou à son allié, ou occupés par leurs forces militaires ou navales.

Règles concernant le transfert des navires de commerce d'un pavillon belligérant sous un pavillon neutre au cours ou en prévision des hostilités.

Le transfert de propriété d'un navire au cours ou en prévision de la guerre par l'Etat ennemi ou par une personne ennemie à une autre personne ayant son domicile dans l'autre Etat belligérant ou chez son allié ou dans un Etat neutre, n'est valable que si une preuve suffisante d'une cession complète et de bonne foi est apportée.

Dans le cas où la propriété d'un navire est cédée pendant qu'il effectue son voyage, cette cession ne doit pas être considérée comme de bonne foi et complète jusqu'à la livraison effective.

Question de savoir si la nationalité ou le domicile du propriétaire devrait être adopté comme élément dominant pour décider si la propriété est propriété ennemie.

I. Les navires ennemis sont:

a) Les navires étant au service de l'Etat ennemi, volontairement ou par contrainte;

b) Les navires naviguant sous pavillon ennemi ou avec un congé ennemi;

c) Les navires appartenant en tout ou en partie à l'Etat ennemi ou à une personne ennemie;

d) Les navires dont la propriété a été transférée au cours ou en prévision des hostilités par l'Etat ennemi ou par une personne ennemie à une autre personne ayant son domicile dans l'autre Etat belligérant ou chez son allié ou dans un Etat neutre, à moins qu'il n'y ait le preuve d'une cession de bonne foi et complète de la propriété. Si la cession de propriété est faite pendant que le navire effectue son voyage, la dite cession ne doit pas être considérée comme de bonne foi et complète jusqu'à la livraison effective.

II. Les marchandises ennemies sont:

a) Les marchandises appartenant à l'Etat ennemi ou à une personne ennemie;

b) Les produits du sol de l'Etat ennemi appartenant au propriétaire de la terre;

c) Le chargement consigné à l'Etat ennemi ou à une personne ou agent ennemis, y compris le chargement embarqué avant mais en prévision de l'ouverture des hostilités;

d) Le chargement consigné au cours ou en prévision des hostilités par l'Etat ennemi ou par une personne ou agent ennemis à une autre personne ayant son domicile dans l'autre Etat belligérant ou chez son allié ou dans un Etat neutre. Toutefois, s'il est clairement établi que la propriété du dit chargement appartient au consignataire, il est exempt de confiscation.

Les marchandises appartenant à l'Etat ennemi ou à une personne ennemie, qui sont l'objet d'une cession en cours de voyage, sont considérées comme marchandises ennemies jusqu'à la livraison effective:

III. Les personnes ennemies sont:

a) Les personnes ayant leur domicile dans l'Etat ennemi ou agissant au service de l'Etat ennemi, quelle que soit leur nationalité.

b) Les personnes engagées dans les affaires dans l'Etat ennemi, en ce qui concerne ces affaires.

IX. Niederlande.

Mémorandum indiquant les Principes qui d'après l'Opinion du Gouvernement Néerlandais pourraient servir de base à un Commun Accord des Puissances à l'égard des questions de droit International Maritime Figurant au Programme de la Conférence qui aura lieu à Londres.

I. Contrebande.

1. La notion de contrebande s'applique au transport en mer libre ou dans les eaux situées sous la juridiction des belligérants vers le territoire

ennemi, des marchandises comprises dans la liste de contrebande absolue insérée dans le rapport de la 4e Commission de la Deuxième Conférence de la Paix.

2. La contrebande relative et accidentelle sont abolies.

3. Les navires neutres escortés de navires de guerre de leur nationalité sont exempts de visite, si le commandant du convoi déclare que les papiers de bord des navires convoyés sont en ordre et qu'il ne se trouve pas de contrebande dans la cargaison.

4. La contrebande est sujette à confiscation:

Le navire transportant la contrebande n'est sujet à confiscation que:

1⁰ si une partie importante de la cargaison constitue de la contrebande à moins qu'il n'apparaisse que le capitaine, resp. le fréteur, n'a pu connaître le vrai caractère de la cargaison;

2⁰ si le capitaine résiste à l'arrestation, la visite ou la capture du navire.

5. La contrebande saisie ne peut être confisquée que contre indemnisation, si le capitaine du navire arrêté n'a pas su et n'a pas pu savoir que la guerre avait commencé.

6. La capture ou la saisie injustifiée du navire ou de sa cargaison donne lieu à réparation de dommages et intérêts. Ces dommages et intérêts ne sont pas dus si le capteur prouve que la rétention ou la destruction frauduleuse des papiers de bord justifiaient le soupçon de contrebande.

II. Blocus.

1. Le blocus est un acte de guerre dirigé contre une côte ennemie.

2. Le blocus pour être obligatoire doit être effectif, déclaré et notifié par le belligérant.

3. La déclaration de blocus détermine:

le moment précis du commencement du blocus;

un délai suffisant dans lequel la sortie est permise aux navires neutres entrés avant le commencement du blocus;

les limites embrassant la région dans laquelle le blocus sera exercé.

Ces limites ne peuvent s'étendre au delà d'une distance de la côte, répondant aux exigences militaires, nécessaire pour rendre efficace la clôture de la côte ennemie.

4. Le blocus est effectif lorsqu'il est maintenu par des forces suffisantes et stationnées de manière à pouvoir empêcher l'entrée dans et la sortie du rayon bloqué.

5. Le blocus est notifié aux autorités de la côte bloquée, aux agents diplomatiques ou consulaires et aux Gouvernements des Puissances non-belligérantes.

6. Le blocus ne s'applique aux navires de commerce qui n'ont pas pu connaître l'établissement du blocus, qu'après qu'ils en auront été avertis par un des navires bloquants. Cette notification sera inscrite sur les papiers de bord.

7. La violation du blocus a lieu au moment de la transgression de la ligne du blocus. Une poursuite pour violation de blocus pourra s'étendre

au delà de la ligne du blocus, mais finira aussitôt que le navire aura atteint un port ouvert ou au moment antérieur de la levée du blocus.

8. Les navires violant le blocus pourront être confisqués avec leur cargaison.

III. Voyage continu.

1. La théorie du „voyage continu" s'applique uniquement au transport de contrebande vers le territoire ennemi sans transbordement dans un port neutre.

IV. Destruction des prises.

1. Un navire neutre capturé doit être relâché par le capteur, s'il ne peut être conduit dans un port du capteur ou dans un port neutre, en attendant la décision du tribunal des prises (conformément à l'article 23 de la Convention concernant les droits et les devoirs des Puissances neutres en cas de guerre maritime).

2. Dans le cas visé dans l'alinéa précédent le belligérant pourra sans détruire le navire prendre toutes les mesures pour empêcher que la contrebande n'atteigne sa destination ennemie. Le Tribunal des prises appréciera le bien-fondé des mesures prises.

3. Dans les circonstances mentionnées sub 1), un navire ennemi peut être détruit après que l'équipage et les papiers de bord auront été mis en sûreté.

4. Le propriétaire sera indemnisé de la destruction de sa cargaison si celle-ci n'était pas sujette à confiscation.

V. Assistance hostile.

1. Un navire neutre ne peut se prévaloir de sa qualité de neutre, tant qu'il est employé:

1⁰ pour le transport de troupes à l'usage des belligérants,

2⁰ pour rendre des services sous les ordres ou la surveillance des belligérants,

3⁰ pour prendre part aux opérations militaires ou prêter assistance contraire à la neutralité dans le voisinage immédiat d'une flotte hostile.

2. Ne sont pas visés à l'alinéa précédent les navires neutres à bord desquels se trouvent des personnes appartenant aux forces militaires des belligérants, si ces personnes sont transportées à leurs propres frais comme voyageurs ordinaires.

VI. Transformation de navires de commerce en navires de guerre.

1. La transformation d'un navire de commerce en navire de guerre ne peut avoir lieu que dans le territoire ou les eaux territoriales de la Puissance dont il portera le pavillon.

2. Un navire de commerce transformé en navire de guerre ne pourra perdre ce caractère avant la fin de la guerre.

VII. Transfert de navires de commerce du pavillon ennemi au pavillon neutre.

1. La validité du transfert de navires de commerce du pavillon belligérant au pavillon neutre au cours ou au début des hostilités est reconnue sans restrictions.

2. Un navire de commerce transféré du pavillon belligérant au pavillon neutre dans un port ou sur une côte bloquée ne peut réclamer le traitement accordé au pavillon neutre.

VIII. Propriété ennemie.

1. Le caractère „ennemi" ou „neutre" du navire est déterminé par son pavillon.

2. Le caractère „ennemi" ou „neutre" de la cargaison dépend du domicile du propriétaire.

X. Rußland.

Mémorandum servant de réponse du Gouvernement Impérial de Russie aux questions du Programme Britannique de la Conférence de droit international Maritime de Londres.

Le présent mémorandum expose les règles du droit international maritime en temps de guerre, telles qu'elles sont actuellement reconnues par le Gouvernement Impérial de Russie, avec certaines modifications qu'il a paru équitable et opportun d'y introduire en vue de l'entente internationale projetée. Ces règles ont pour base la législation de l'Empire (Règlement des prises maritimes de 1895), ainsi que la jurisprudence russe (décisions des tribunaux) en matière de prises.

I. Contrebande de guerre.

Article 1er. Est de plein droit interdit le transport à l'ennemi des objets suivants, considérés comme contrebande de guerre absolue:

1. Armes de tout genre, montées ou en pièces détachées;
2. Munitions de combat de toute espèce;
3. Explosifs et matériaux pour leur fabrication;
4. Tout matériel appartenant aux parcs d'artillerie, du génie et du train, objets de campement, matériel d'aérostation militaire;
5. Objets d'équipement et d'habillement militaire;
6. Chevaux et autres animaux, objets d'harnachement, selles et ballots, pouvant servir pour l'usage de la guerre;
7. Objets et matériaux servant pour la construction de voies ferrées, ou pour des installations télégraphiques et radiotélégraphiques ou téléphoniques, ainsi que pour d'autres moyens de communication, susceptibles d'être utilisés pour l'usage de la guerre;
8. Vivres spécialement caractérisés comme servant à l'armée;
9. Or et argent, monnayé ou brut, ainsi que monnaie et papier-monnaie de tout genre;

10. Navires sous pavillon neutre pouvant servir pour l'usage de la guerre;
11. Embarcations de tout genre, bateaux sous-marins, docks flottants et parties de bassins, montés ou en pièces détachées, pouvant servir pour l'usage de la guerre;
12. Plaques de blindage;
13. Instruments, matières ou objets quelconques servant pour l'armement des navires ou pour la fabrication et la réparation des armes et du matériel militaire.

Il est également interdit de transporter à l'ennemi tous les autres objets en général servant exclusivement pour l'usage de la guerre que le belligérant aura expressément déclarés comme contrebande de guerre absolue.

Les objets de contrebande absolue sont sujets à confiscation, lorsqu'ils sont transportés à destination d'un pays ennemi, d'un territoire occupé par l'ennemi ou de forces armées de l'ennemi.

ART. 2. Le belligérant a, en outre, le droit, après notification préalable, d'interdire le transport d'autres objets susceptibles d'être utilisés pour la guerre par une armée ou une flotte, lorsque ces objets sont transportés à destination de forces armées de l'ennemi (contrebande de guerre relative). Ils sont sujets à confiscation, si les intéressés ne prouvent pas que les objets transportés ne sont pas destinés à être utilisés pour la guerre.

ART. 3. Sous le nom de tansport destiné aux forces armées de l'ennemi est compris le transport de la contrebande de guerre à destination:

a) De l'armée ou de la flotte de l'ennemi;
b) D'un port militaire ou d'une place fortifiée de l'ennemi;
c) D'un port occupé par l'ennemi;
d) De tout autre port de l'ennemi, si les objets de contrebande sont transportés pour le Gouvernement ennemi ou pour ses fournisseurs.

ART. 4. La destination illicite dans le sens des articles 1, 2 et 3 est considérée comme établie, lorsque les objets de contrebande se trouvent à bord d'un navire:

a) Qui se dirige directement vers un pays ennemi, un territoire occupé par l'ennemi ou vers les forces armées de l'ennemi;
b) Qui, tout en déclarant faussement une destination neutre, se dirige en réalité vers un pays ennemi, un territoire occupé par l'ennemi ou vers les forces armées de l'ennemi;
c) Dont la destination est en fait un port neutre, si les objets de contrebande qui se trouvent à bord sont destines à être expédiés ultérieurement par mer dans un pays ennemi, un territoire occupé par l'ennemi ou à ses forces armées.

ART. 5. Sont exempts de confiscation ceux des objets constituant de la contrebande de guerre qui font partie de l'armement et de l'approvisionnement du navire de commerce de nationalité neutre.

ART. 6. Les navires de commerce de nationalité neutre sont sujets à confiscation lorsqu'ils transportent:

a) De la contrebande de guerre formant, par son volume, son poids ou sa valeur, plus d'un quart de toute la cargaison;

b) Des objets de contrebande même en moindre quantité, si leur présence à bord du navire, de par leur nature même, ne pouvait évidemment ne pas être connue au capitaine.

ART. 7. Le navire transportant de la contrebande de guerre en quantité moindre d'un quart de la cargaison est passible d'une amende représentant la quintuple valeur de sa cargaison de contrebande.

ART. 8. Si la confiscation ne s'étend qu'à la cargaison de contrebande et non au navire, à bord duquel elle est chargée, ce dernier n'est retenu que jusqu'à ce qu'il ait livré la contrebande et payé l'amende (article 7).

La cargaison de contrebande peut être remise au capteur soit sur le lieu même de la capture, soit dans un port où le navire pourra être conduit, si le capteur le juge indispensable.

ART. 9. La confiscation des navires et des chargements saisis ne peut avoir lieu qu'en vertu d'une sentence d'un tribunal des prises.

ART. 10. Si à bord d'un navire saisi se trouve un chargement ne constituant pas de la contrebande de guerre, ce chargement est restitué aux propriétaires sans indemnisation.

ART. 11. Si le navire ou la cargaison qui devait être restitué est détruit par le capteur ou a péri ou est endommagé par sa faute, le propriétaire ne doit être indemnisé que pour les pertes directes subies de ce chef.

ART. 12. Indépendamment de la restitution du navire ou de la cargaison ou de leur valeur, une indemnité spéciale pourra être allouée aux propriétaires, s'il est établi que le navire ou la cargaison a été saisi sans motifs suffisants ou en violation des règles prescrites.

ART. 13. Les navires de commerce qui sont convoyés par un bâtiment de guerre neutre de leur nationalité sont exempts de visite.

II. Blocus.

ART. 1er. Le blocus pour être obligatoire doit être effectif, déclaré et notifié.

ART. 2. Le blocus est effectif, lorsqu'il est maintenu par des forces navales de guerre suffisantes pour interdire de fait le passage entre la mer et le littoral bloqué, et stationnées de manière à créer un danger réel pour les navires qui voudraient le tenter.

Le blocus n'est pas considéré comme levé si le mauvais temps a forcé les navires bloquants à s'éloigner momentanément de leur station.

ART. 3. La déclaration du blocus doit déterminer le moment précis du commencement du blocus, ses limites et le délai dans lequel la sortie du port est permise aux navires neutres entrés avant le commencement du blocus dans la localité bloquée.

ART. 4. La déclaration du blocus doit être notifiée aux Gouvernements des Etats neutres et, si possible, aux autorités de la localité bloquée.

Si la notification aux Gouvernements des Etats neutres n'a pas encore eu lieu ou si un navire neutre, se dirigeant dans la localité bloquée ou sortant de cette localité, prouve qu'il n'avait pas connaissance du blocus, la notification doit être faite au navire même et, si faire se pourra, inscrite sur les papiers de bord.

ART. 5. Tout navire qui, après la notification du blocus, se dirige sur une localité bloquée ou qui tente de forcer le blocus, peut être saisi pour violation du blocus.

ART. 6. La destination dans une localité bloquée est considérée comme établie, quand le navire:

a) Se dirige directement sur une localité bloquée, ou

b) Malgré sa destination en apparence licite, se dirige, en fait, sur une localité bloquée.

ART. 7. Il est permis aux navires de se réfugier dans une localité bloquée en cas de détresse constatée par le commandant du blocus.

ART. 8. Le navire saisi pour violation du blocus est sujet à confiscation. Il en est de même de la cargaison, à moins qu'il ne soit prouvé par les intéressés qu'elle appartient à des personnes étrangères à la violation du blocus.

ART. 9. La confiscation des navires et des cargaisons, mentionnée à l'article 8, ne peut avoir lieu qu'en vertu d'une sentence d'un tribunal des prises.

III. Doctrine du voyage continu au point de vue de la contrebande et du blocus.

Voir:

Article 4 du Projet sur la contrebande et article 6 du Projet sur le blocus.

IV. Destruction des prises.

ART. 1er. La destruction d'un navire de nationalité neutre, saisi et sujet à confiscation, est interdite, à l'exception des cas où sa conservation pourrait compromettre la sécurité du navire capteur ou le succès de ses opérations.

ART. 2. Dans les cas prévus à l'article 1er, le commandant du bâtiment capteur est tenu, avant de faire détruire le navire, d'en transborder les hommes et, autant que faire se pourra, la cargaison, ainsi que de prendre les mesures requises pour conserver tous les papiers de bord et, s'il y a lieu, d'autres objets qui pourraient être nécessaires pour le jugement par devant le tribunal des prises.

V. Services contraires à la neutralité.

ART. 1er. Les belligérants ont le droit de ne point reconnaître le caractère neutre:

1. De tout bâtiment qui transporte:

   a) Des détachements militaires de l'ennemi, appartenant à ses forces armées de terre ou de mer, ou

   b) Des passagers individuels appartenant aux forces armées de l'ennemi ou la correspondance militaire et officielle de l'ennemi, dans le cas où les transports de ce genre constituent pour le navire le but principal du voyage;

2. De tout bâtiment qui prend une part directe aux opérations militaires de l'ennemi ou bien qui se trouve, en raison de l'état de guerre, au service de l'ennemi;
3. De tout bâtiment qui oppose une résistance à l'arrêt, à la visite ou à la saisie.

ART. 2. La confiscation des bâtiments mentionnés à l'article 1er ne peut avoir lieu qu'en vertu d'une sentence d'un tribunal des prises.

ART. 3. Les personnes appartenant à l'équipage des bâtiments mentionnés à l'article 1er sont reconnues prisonniers de guerre.

VI. Transformation d'un navire de commerce en bâtiment de guerre.

La transformation d'un navire de commerce en bâtiment de guerre peut avoir lieu, au cours des hostilités, dans les eaux territoriales du belligérant ainsi qu'en haute mer. Dans les deux cas, les belligérants sont tenus d'observer les règles prescrites par la convention relative à la transformation des navires de commerce en bâtiments de guerre signée à La Haye le 18 octobre, 1907.

VII. Transfert d'un navire de commerce d'un belligérant sous un pavillon neutre au cours ou en prévision des hostilités.

Les belligérants ont le droit de ne point reconnaître le caractère neutre de tout bâtiment de commerce acheté par des personnes neutres à un Etat ennemi ou à un de ses ressortissants, à moins que le nouveau propriétaire ne prouve que l'acquisition est devenue définitive avant qu'il eût connaissance du commencement de la guerre.

VIII. Doit-on reconnaître la nationalité ou le domicile du propriétaire, comme élément dominant pour décider si la propriété est propriété ennemie?

La nationalité du navire est déterminée par le pavillon qu'il a le droit de porter.

La nationalité de la cargaison est déterminée par la nationalité de son propriétaire.

c) Die englische Vorlage („base de discussion").

(Blaubuch Cd. 4555 S. 57—122).

Die englische Regierung legte unter dem 14. November 1908 den Regierungen der Konferenzstaaten vor: I. Eine ***Einleitungsnote.*** *II. Eine Reihe von Leitsätzen als* ***„base de discussion"*** *nebst Motiven* ***„observations"*** *unter Vorausschickung der den Gegenstand der einzelnen Leitsätze betreffenden Aeusserungen der übrigen Regierungen, welche in den Memoranden (oben S. 1247 ff.) niedergelegt waren.*

Der Text dieser Stücke wird nachstehend mitgeteilt, jedoch mit der Einschränkung, dass anstatt der in der Vorlage bei jeder einzelnen Nummer befind-

lichen Wiedergabe des auf sie bezüglichen Textes der verschiedenen Memoranden (oben S. 1247 ff.) durch Ziffern, welche der Nennung der einzelnen Staaten beigegeben sind, die Seite bezeichnet ist, auf welcher die bezügliche Aeusserung der Memoranden sich in diesem Urkundenbande befindet. Die Sätze der englischen Vorlage („base de discussion") sind fett gedruckt.

I. Einleitungsnote.

(Blaubuch Cd. 4555 S. 57)

L'INVITATION, adressée le 27 février, 1908, par le Gouvernement de Sa Majesté aux diverses Puissances et que celles-ci lui ont fait l'honneur d'accepter, a déjà clairement exprimé le but et l'objet de la Conférence proposée: déterminer en commun ce que comportent les règles généralement reconnues du droit international au sens du paragraphe 2 de l'article 7 de la convention relative à l'institution d'une Cour Internationale des Prises, et formuler ainsi dans une „déclaration" les principes que les Etats se verront appliquer par la Cour, en l'absence de dispositions conventionnelles spéciales.

Le Gouvernement de Sa Majesté a ajouté son intention de faciliter le travail, auquel les autres Puissances veulent bien s'associer, et de présenter à cet effet un ensemble de proposition destinées à servir de base à l'examen en commun des principales matières du droit des gens maritime actuel.

Comme il l'a fait dans ses précédentes circulaires des 17 juin et 14 septembre derniers, le Gouvernement de Sa Majesté prend la liberté de rappeler ici le but poursuivi.

La „déclaration" proposée doit avoir objet d'énoncer, avec le plus de précision possible, les points sur lesquels il y a identité entre les principes suivis et même, s'il y a lieu, entre leur application pratique, ainsi que les points sur lesquels l'expérience acquise et la communauté des conditions modernes du commerce maritime, de la navigation et de la guerre navale permettent aujourd'hui d'exprimer les principes généraux du droit international, qui se sont fait jour peu à peu à travers les errements séparément suivis dans chaque pays. Il ne s'agit donc pas à cet égard pour la Conférence de statuer de lege ferenda, comme les Conférences de la Paix ont été ou seront appelées à le faire en vue de développer le domaine des stipulations conventionelles internationales.

A la différence d'une „convention", créant des règles particulières aux Etats Contractants, la „déclaration" projetée doit être, dans l'opinion du Gouvernement de Sa Majesté, la reconnaissance par les Puissances les mieux qualifiées et les plus intéressées, délibérant en commun, que, dans l'état actuel des relations mondiales, il existe véritablement un droit commun des nations, dont elle entend dégager les principes dans l'intérêt de tous. La force obligatoire de ce droit commun a été constatée par l'article 7 de la Convention de La Haye précitée.

A la différence encore d'une Convention, qui ne saurait être modifiée que par de nouvelles stipulations, les règles reconnues aujourd'hui pourront être appliquées ou développées, le cas échéant, avec telles modifications que la Cour trouvera nécessaires pour donner aux principes leur vraie portée en présence des progrès du jour.

Le Gouvernement de Sa Majesté se plaît à espérer qu'en formulant ainsi „les règles généralement reconnues du droit international" expressément prévues comme base des décisions devant être imposées par la Cour des Prises, la Conférence évitera à tous les pays les surprises et les doutes, nuisibles au commerce pacifique comme aux bonnes relations politiques, et qui n'ont actuellement souvent pour cause que le défaut d'expression autorisée d'un droit, auquel tous les Etats ont l'incontestable souci de se conformer.

En préparant le travail qui va suivre, le Gouvernement de Sa Majesté n'a donc nullement eu en vue de suggérer des principes nouveaux, mais seulement de cristalliser en quelques propositions simples les questions sur lesquelles une doctrine dirigeante paraît pouvoir être formulée. Sur les autres questions, il sera heureux de participer à l'examen des propositions qui ont été ou pourront être faites en vue de stipulations conventionelles particulières.

Londres, le 14 novembre, 1908.

II. „Base de discussion" nebst Motiven „observations".

(Blaubuch Cd. 4555 S. 59—123).

A. Contrebande.

Observations: On constate que d'après tous les Mémorandums, le principe de la contrebande de guerre est resté jusqu'à présent un principe consacré du droit des gens.

Tous les Mémorandums font également une distinction selon que les objets à intercepter ont un caractère hostile plus ou moins ouvertement ou nettement démontré, et consacrent ainsi, expressément ou implicitement, la classification en contrebande absolue et contrebande conditionnelle ou relative ou accidentelle.

Cette manière de voir a été maintenue dans les délibérations de la Deuxième Conférence de la Paix à La Haye, 1907.

I. Contrebande absolue.

Vues exprimées par les Mémorandums:*)

Deutschland: s. oben S. 1250, **Amerika**: s. oben S. 1262, **Oesterreich**: s. oben S. 1266, **Spanien**: s. oben S. 1276, **Frankreich**: s. oben S. 1284, **Grossbritannien**: s. oben S. 1289, **Italien**: s. oben S. 1302, **Japan**: s. oben S. 1308, **Niederlande**: s. oben S. 1312, **Russland**: s. oben S. 1311.

Observations. Tous les Mémorandums partent ici de la même idée que les articles, dont le caractère hostile est manifeste, sont de plein

*) *Im Folgenden sind bei den entsprechenden Verweisungen anstatt der Ländernamen deren Anfangsbuchstaben, und dahinter die Seitenziffern (d. h. dieses Urkundenbandes) gesetzt.*

droit susceptibles d'être saisis par le belligérant. Il semble que la liste suivante déjà consacrée à La Haye représente, aussi exactement que possible, les articles devant être classés contrebande de plein droit lorsqu'ils ont la destination hostile prévue ci-après (v. No. 4).

1. Les armes de toute nature, y compris les armes de chasse et les pièces détachées caractérisées;
2. Les projectiles, gargousses et cartouches de toute nature et leurs pièces détachées caractérisées;
3. Les poudres et les explosifs spécialement affectés à la guerre;
4. Les affûts, caissons, avant-trains, fourgons, forges de campagne et leurs pièces caractérisées;
5. Les effets d'habillement et d'équipement militaires caractérisés;
6. Les harnachements militaires caractérisés de toute nature;
7. Les animaux de selle, de trait et de bât utilisables pour la guerre;
8. Le matériel de campement et les pièces détachées caractérisées;
9. Les plaques de blindage;
10. Les bâtiments et embarcations de guerre et les pièces détachées spécialement caractérisées comme ne pouvant être utilisées que sur un navire de guerre;
11. Les instruments et appareils exclusivement faits pour la fabrication des munitions de guerre, pour la fabrication et la réparation des armes et du matériel militaire terrestre ou naval.

Base de discussion.

1. La liste de contrebande absolue qui a été inséréé dans le procès-verbal de la seconde séance du Comité de la contrebande à la Deuxième Conférence de la Paix est consacrée.

Observations.

Le principe général étant qu'en pareille matière la raison d'être du caractère absolu de la contrebande est la nature hostile manifeste des objets, on peut se demander s'il existe actuellement des motifs s'opposant à ce que au moyen d'une déclaration notifiée, les Etats, par une déclaration devant éviter les surprises, puissent ajouter à la liste de contrebande absolue d'autres articles exclusivement faits pour la guerre.

Base de discussion.

2. Les articles qui sont exclusivement employés à la guerre peuvent être ajoutés à la liste de contrebande absolue au moyen d'une déclaration notifiée.

II. Contrebande conditionelle.

Vues:

D. 1250, **A.** 1263, **Oe.** 1267, **Sp.** 1276, **Fr.** 1280, **Gr.** 1282, **It.** 1298, **Jap.** 1304, **N.** 1309, **R.** 1312.

Observations. Quoi qu'il en puisse être de la suppression conventionelle de la contrebande conditionelle, souhaitée par plusieurs Puissances, on doit constater que, d'après les idées le plus généralement admises, les Etats ont la faculté de considérer comme telle les articles susceptibles de servir aux usages de la guerre comme à des usages inoffensifs lors'qu'ils ont une destination spéciale aux forces militaires ou navales ennemies. Dans l'état actuel du commerce international et dans l'intérêt commun de sa sécurité, il est nécessaire que la contrebande conditionnelle soit l'objet d'une déclaration notifiée.

Base de discussion.

3. Les articles susceptibles de servir aux usages de la guerre comme à des usages inoffensifs peuvent être déclarés contrebande conditionelle lorsqu'ils auront la destination spéciale hostile prévue ci-après (voir No. 5). Notification en doit être donnée.

III. Destination.

Vues:

D. 1250, **A.** 1263, **Oe.** 1267, **Sp.** 1276, **Fr.** 1280, **Gr.** 1286, **It.** 1298, **Jap.** 1305, **N.** 1309, **R.** 1312.

Observations. Comme le montrent tous les Mémorandums, la simple destination hostile suffit pour la contrebande absolue, et en ce qui concerne la contrebande conditionnelle une destination spéciale militaire est nécessaire.

Base de discussion.

4. La simple destination au pays ennemi, comme la destination aux forces armées de l'ennemi ou à un territoire occupé par l'ennemi, est suffisante pour rendre saisissables les articles de contrebande absolue.

5. Une destinetion spéziale aux forces armées de l'ennemi est nécessaire pour rendre saisissables les articles de contrebande conditionelle.

Observations.

En présence du développement des moyens de communication et des multiples ramifications du trafic maritime et terrestre l'expérience des dernières guerres maritimes a conduit à appliquer certaines présomptions de la destination spéciale militaire; mais is n'apparaît pas qu'aucune de ces présomptions ait eu un caractère absolu écartant toute preuve contraire comme on a pu proposer d'en convenir dorénavant pour certains cas.

Base de discussion.

6. Jl y a présomption de la destination aux forces armées si l'envoi est adressé aux autorités ennemies au à un commerçant dont il est notoire qu'il fornit à l'ennemi des objects et matériaux pour la guerre, ou s'il est à destination d'une place fortifiée ennemie ou d'une autre place servant de base d'opérations aux forces armées ennemies, à moins qu'il ne e'agisse d'etablir le caractère du navire même qui fait route vers une de ces places.

Dans les autres cas la destination est présumée innocente. Les présomtptions ci-dessus admettent la preuve contraire.

Observations.

Sans discuter ici si des principes nouveaux devraient être introduits, on peut constater que les Mémorandums déclarant représenter les règles existantes sont unanimes à considérer que la destination de la marchandise prouve son caractère de contrebande.

Base de discussion.

7. La destination de la marchandise décide de son caractère de contrebande.

IV. Pénalités.

Vues:

D. 1231, **A.** 1262, **Oe.** 1267, **Sp.** 1276, **Fr.** 1281, **Gr.** 1286, **It.** 1258, **Jap.** 1305, **N.** 1309, **R.** 1312.

Observations. En ce qui concerne la contrebande, quelle qu'elle soit, confiscation est unanimement reconnue comme la pénalité actuellement applicable.

Base de discussion.

8. Tous articles de contrebande sont sujets à confiscation.

Observations.

L'idée commune moderne est de considérer la confiscation comme une sanction et non comme un bénéfice ou une gratification pour le capteur.

En ce qui concerne soit le navire transportant de la contrebande, soit les marchandises autres que la contrebande, se trouvant à bord du même navire, la confiscation apparaît comme subordonnée soit l'importance plus ou moins grande de la contrebande par rapport à l'expédition, soit à une complicité réelle ou présumée, sans que l'une ou l'autre de ces considération soit à elle seule unanimement consacrée.

Base de discussion.

9. La confiscation du navire transportant de la contrebande ou des marchandises autres que la contrebande se trouvant à bord du même navire est subordonnée à l'importance plus ou moins grande de la contrebande par rapport à l'expédition cu à une complicité réelle ou présumée. Lorsque la complicité est retenue comme cause de confiscation les circonstances frauduleuses la font présumer.

Observations.

Enfin c'est un principe apparaissant comme généralement acquis, qu'une saisie ne peut pas être pratiquée en raison d'un transport de contrebande antérieurement effectué et actuellement achevé.

Base de discussion.

10. Une saisie ne peut pas être pratiquée en raison d'un transport de contrebande antérieurement effectué et actuellement achevé.

V. Exemption temporaire au début des Hostilités.

Vues:

D. 1251, **A.** vacat, **Oe.** vacat, **Sp.** vacat, **Fr.** vacat, **Gr.** vacat, **It.** vacat, **Jap.** 1305, **N.** vacat, **R.** 1309.

Observations. Comme on le voit, un certain nombre de Mémorandums n'ont pas envisagé la question de l'exemption temporaire au début des hostilités. Toutefois il est permis de se demander si la proposition exprimée par les Mémorandums allemand et japonais ne représente pas une opinion aujourd'hui acceptée comme une garantie nécessaire du commerce international en temps de paix.

Base de discussion.

11. Jl y a exemption temporaire de confiscation lorsque le navire est rencontré en mer naviguant dans l'ignorance des hostilités ou de la déclaration de contrebande applicable à son chargement.

VI. Dommages-intérêts.

Vues:

D. 1252, **A.** vacat, **Oe.** 1268, **Sp.** 1276, **Fr.** 1281, **Gr.** 1287, **It.** 1299, **Jap.** 1306, **N.** 1309, **R.** 1313.

Observations. Des pratiques actuellement suivies paraît pouvoir se dégager le principe que, pour donner lieu à des dommages-intérêts, la capture doit être à tous égards injustifiable.

Base de discussion.

12. Le droit à des dommages-intérêts dépend de la question de savoir si, dans l'opinion de la Cour, il y a des motifs suffisants de capturer le navire.

VII. Convoi.

Vues:

D. 1248, **A.** 1261, **Oe.** 1268, **Sp.** 1276, **Fr.** 1281, **Gr.** 1286, **It.** 1299, **Jap.** 1305, **N.** 1309, **R.** 1313.

Observations. Le présent travail n'a pas, comme il a été expliqué au début, pour objet de discuter les propositions qui peuvent être faites en vue d'arrangements conventionnels. Sur la question du convoi les Mémorandums, qui déclarent exposer les règles existantes, reconnaissent, à l'exception du Mémorandum britannique, que le navire neutre sous convoi de son pavillon est exempt de visite. Peut-on dire que cette règle est actuellement si répandue qu'elle peut être considérée comme constituant un principe généralement reconnu du droit international?

En pareil cas ne doit-on pas reconnaître également comme un usage consacré qu'en cas de suspicion le belligérant peut demander au commandant du convoi de procéder lui-même à une visite?

Base de discussion.

13. Le navire neutre sous convoi de son pavillon est exempt de visite. Si, cependant, on a lieu de soupçonner que la religion du commandant du convoi a été surprise, on doit lui communiquer les soupçons: c'est à lui seul qu'il appartient en ce cas de procéder à la visite des bâtiments suspects.

B. Blocus.

1. Conditions d'établissement et caractère.

Vues:

D. 1248, **A.** 1263, **Oe.** 1270, **Sp.** 1276, **Fr.** 1282, **Gr.** 1287, **It.** 1300, **Jap.** 1306, **N.** 1309, **R.** 1313.

Observations. La disposition de la Déclaration de Paris, 1856, d'après laquelle „les blocus, pour être obligatoires, doivent être effectifs, c'est-à-dire maintenus par une force suffisante pour interdire réellement l'accès du littoral de l'ennemi", étant devenue d'une application générale, semble constituer aujourd'hui un principe de droit commun.

Quant à la question de savoir si un blocus est effectif, l'examen des Mémorandums conduit à penser que c'est là une question de fait.

La plupart des Mémorandums rappellent une pratique qui semble générale, d'après laquelle le blocus n'est pas considéré comme levé si par suite du mauvais temps les forces bloquantes se sont momentanément éloignées.

En outre, les Mémorandums sont d'accord pour reconnaître que le blocus doit être rendu public.

Base de discussion.

14. Conformement à la Déclaration de Paris, 1856, les blocus, pour être obligatoires, doivent être effectifs, c'est-à-dire maintenus par une force suffisante pour interdire réellement l'accès du littoral ennemie.

15. La question de savoir si le blocus est effectif est une question de fait.

16. Le blocus n'est pas considéré comme levé si, par suite du mauvais temps, les forces bloquantes se sont momentanément éloignées.

17. Les blocus, pour être obligatoires, doivent être prealablement rendus publics.

II. Déclaration et notification.

Vues:

D. 1248, **A.** 1263, **Oe.** 1270, **Sp.** 1277, **Fr.** 1282, **Gr.** 1288, **It.** 1300, **Jap.** 1306, **N.** 1309, **R.** 1313.

Observations. Les différents Mémorandums paraissent employer les mots „déclaration" et „notification" dans des acceptions tantôt semblables et tantôt différentes.

Pour éviter toute confusion il est utile d'abord de bien les définir:

Par le mot „déclaration", il semble qu'on doive entendre exclusivement l'acte par lequel la Puissance bloquante, ou les autorités navales agissant en son nom, promulgue officiellement le blocus.

Par le mot „notification", l'acte par lequel la Puissance bloquante donne aux intéressés communication de la déclaration.

Il ne semble pas qu'aucune pratique actuellement suivie s'oppose à ce que la déclaration de blocus soit faite aussi bien par les autorités navales que par le Gouvernement du belligérant.

Quant aux matières que doit contenir la déclaration, tous les mémorandums sont d'accord pour reconnaître que la déclaration doit indiquer:

1. la date et l'heure du commencement du blocus;
2. les limites géographiques du littoral bloqué.

D'autre part, la pratique générale a toujours été d'accorder un délai de sortie raisonnable aux navires neutres; la durée en est fixée dans la déclaration.

Enfin, la déclaration de blocus doit être notifiée aux autorités des lieux bloqués ainsi qu'aux Puissances neutres.

Il paraît également de pratique générale que les règles précédentes s'appliquent en cas d'extension du blocus ou de reprise du blocus après cessation.

Base de discussion.

18. La déclaration de blocus est faite soit par la Puissance bloquante soit par les autorités navales agissant en son nom. Elle précise:

1. la date et l'heure du commencement du blocus;
2. les limites géographiques du littoral bloqué:
3. le délai de sortie au profit des navires neutres.

19. La déclaration de blocus est notifiée:

1. aux autorités locales;
2. eux Puissances neutres.

20. Les règles précédentes sont applicables en cas d'extension du blocus ou de reprise du blocus après cessation.

III. Saisissabilité.

Vues:

D. 1249, **A.** 1263, **Oe.** 1270, **Sp.** 1277, **Fr.** 1282, **Gr.** 1293, **It.** 1300, **Jap.** 1306, **N.** 1309, **R.** 1313.

Observations. Comme le montrent tous les Mémorandums, on peut envisager la question de saisissabilité au point de vue:

a) de la connaissance du blocus par le navire prévenu de violation;

b) du lieu où la saisie peut être effectuée.

a) „Connaissance du blocus. — Le principe général suivant paraît pouvoir être dégagé de tous les Mémorandums que la saisissabilité d'un navire neutre pour violation de blocus est avant tout subordonné à la connaissance même du blocus.

Il est clair, d'autre part, que si le navire a reçu personnellement notification individuelle du blocus, il ne saurait arguer de son ignorance.

En présence du développement moderne des moyens de communication rapide, peut-on aller plus loin? Et existe-t-il actuellement, comme paraît le penser la majorité des Mémorandums, quelque idée commune sur le point de savoir si, et quand, la connaissance du blocus peut être présumée et quelle est alors la nature de la présomption?

Base de discussion.

21. La saisissabilité d'un navire neutre pour violation de blocus est subordonnée à la connaissance du blocus.

22. La connaissance du blocus est présumée lorsque le navire a quitté son dernier port de départ postérieurement à la notification en temps utile du blocus aux autorités dudit port.

23. Le navire qui a reçu personnellement notification individuelle du blocus ne peut arguer de son ignorance. Cette notification doit être portée au livre de bord, avec indication de la date et de l'heure ainsi que de la position géographique du navire à ce moment.

Observations.

b) „Lieu de saisie". — Si l'on examine attentivement ce que la saisie a pour but de sanctionner, on ne peut nier que c'est assurément l'interdiction que proclame le blocus, c'est-à-dire, l'interdiction d'arriver au lieu bloqué. Si parfois, en raison de la disposition tactique de la force bloquante, on a pu considérer que celle-ci formait en fait comme une barrière ou ligne dont elle surveille l'accès, on ne saurait oublier qu' àproprement parler ce n'est pas le passage même de cette ligne qui est l'objet de cette interdiction, mais bien toujours l'arrivée au lieu bloqué.

D'autre part, il est depuis longtemps incontesté que la violation d'un blocus présuppose que le blocus est effectif, c'est-à-dire, que l'interdiction est réellement maintenue par une force suffisante pour en assurer le respect.

Partant de ces idées communes, les Gouvernements en ont séparément poursuivi l'application par des voies, à l'aide desquelles l'analyse doctrinale des auteurs a peu à peu échafaudé des systèmes, qui ont plus obscurci qu'éclairci les résultats pratiquement constatés.

En réalité, les navires condamnés pour violation de blocus sont capturés avant d'avoir accompli véritablement l'acte interdit, c'est-à-dire, avant d'avoir atteint le lieu bloqué, quelque rapprochés qu'ils en puissent être.

Ce qu'exige la saisie c'est que l'acte de violation soit manifestement caractérisé et que la sanction corresponde vraiment à l'infraction.

Ce n'est qu'au fur et à mesure que le navire s'approche du lieu bloqué que l'infraction se caractérise, jusqu'au moment où l'expédition destinée au port bloqué arrive dans le rayon d'action de la force bloquante, et alors l'infraction devient manifeste, la saisie est justifiée.

Si ces considération sont exactes, il semble que les vues exprimées dans les différents Mémorandums seraient avantageusement rapportées à leur origine commune, et pourront se rencontrer dans une formule également commune énonçant ce qui est, en somme, le résultat pratique auquel elles paraissent toujours aboutir.

Base de discussion.

24. La saisie des navires neutres pour violation de blocus ne peut être effectuée que dans le rayon d'action des bâtiments de guerre chargés d'assurer la réalité du blocus.

25. Le navire qui, en violation du blocus, est sorti du port bloqué, reste saisissable tant qu'il est poursuivi. Si la chasse en est abandonnée, la saisie n'en peut plus être pratiquée.

Observations.

Un certain nombre de Mémorandums ont visé le cas où, par suite de détresse, un navire neutre se verrait forcé de relâcher dans une localité bloquée. Il est permis de penser qu'en pareil cas une faveur exceptionnelle est conforme aux sentiments universels d'humanité.

Base de discussion.

26. Un navire neutre, en cas de détresse, peut, avec l'assentiment du commandant de la force bloquante, pénétrer dans la localité bloquée.

IV. Pénalité.

Vues:

D. 1249, **A.** vacat, **Oe.** vacat, **Sp.** 1277, **Fr.** vacat, **Gr.** 1291, **It.** 1300, **Jap.** 1307, **N.** 1310, **R.** 1314.

Observations. Un premier principe général certain est celui de la confiscation du navire neutre qui est reconnu coupable de violation de blocus.

Quant à la cargaison, la confiscation est également prononcée sauf, d'après plusieurs Mémorandums, au cas où le chargeur justifi de sa parfaite ignorance, au moment de l'expédition, de l'intention d'atteindre le port bloqué.

Base de discussion.

27. Le navire reconnu coupable de violation de blocus est confisqué. Le chargement est également confisqué à moins que le chargeur justifie qu'au moment où la marchandise a été embarquée, il n'a pas connu ni pu connaître l'intention d'atteindre leport bloqué.

C. Voyage continu.

La question peut se poser soit pour la contrebande, soit pour le blocus, et pour les marchandises ou pour le navire.

I. En Matière de contrebande.

Vues:

D. 1249, **A.** 1262, **Oe.** 1270, **Sp.** 1277, **Fr.** 1282, **Gr.** 1292, **It.** 1301, **Jap.** 1304, **N.** 1310, **R.** 1314.

Observations. Quand une expédition comporte un voyage comprenant un port neutre et de là une destination ennemie, la doctrine du voyage continu consiste à traiter le voyage entier comme un seul voyage, sans tenir compte de l'interposition du port neutre.

On a cru pouvoir dégager des pratiques suivies jusqu'ici que c'est la destination de la marchandise qui détermine son caractère de contrebande. Par conséquent, si cette destination est manifestement établie, il importe peu que le voyage de la marchandise comporte ou non des transbordements et des arrêts ou escales du navire en cours de route.

Base de discussion.

28. Lorsque la destination d'une marchandise de contrebande est établie, il n'importe pas que le voyage de la marchandise comporte ou non des transbordements et des arrêts ou escales du navire en cours de route.

II. En matière de blocus.

Vues:

D. 1248, 1249, **A.** 1264, **Oe.** 1271, **Sp.** 1277, **Fr.** 1282, **Gr.** 1292, **It.** 1301, **Jap.** 1311, **N.** 1310, **R.** 1314.

Observations. En matière de blocus, il n'apparaît pas que les Mémorandums envisagent la violation du blocus par la marchandise elle-même; ce qu'ils considérent, c'est la violation du blocus par le navire. Si la violation du blocus doit être manifestement caractérisée pour autoriser la saisie (v. supra, p. 91) on ne peut pas dire que cette condition soit remplie lorsque le navire est actuellement dirigé vers un port neutre.

Base de discussion.

29. La violation du blocus est insuffisamment caractérisée pour autoriser la saisie du navire, lorsque celui-ci est actuellement dirigé vers un port neutre.

D. Destruction des prises.

Vues:

D. 1252, **A.** 1264, **Oe.** 1271, **Sp.** 1277, **Fr.** 1283, **Gr.** 1292, **It.** 1301, **Jap.** 1307, **N.** 1310, **R.** 1314.

Observations. 1. Destruction des prises neutres:

Tout le monde est d'accord pour reconnaître qu'en principe une prise neutre doit être conduite dans un port de prise et faire l'objet d'une décision de cour de prises.

Certains Gouvernements considèrent que ce prinicpe général est absolu et ne souffre pas d'exeptions. D'autres Gouvernements ont admis dans leur pratique la faculté exceptionelle pour le capteur de détruire la prise dans certains cas déterminés. Cette faculté exceptionnelle doit-elle être reconnue comme constituant une interprétation généralement acquise du principe commun?

Base de discussion.

30. En principe une prise neutre doit être conduite dans un port de prise.

31. L'obligation de conduire le navire neutre capturée dans un port de prise doit-elle être interprétée comme absolue ou comme souffrant des exceptions?

Observations.

2. Destruction des propriétés neutres à bord d'une prise ennemie:

Une question connexe à la précédente a été visée par un certain nombre de Mémorandums; il s'agit du cas où une propriété neutre à bord d'un navire ennemi s'est trouvée comprise dans la destruction de celui-ci. Des propositions de stipulation conventionnelle peuvent ou pourront été faites à cet égard; mais dans la pratique actuelle le principe général reconnu, d'après lequel la marchandise neutre sous pavillon ennemi n'est pas saisissable, doit-il être interprété en ce sens qu'en cas de destruction le propriétaire de cette marchandise doit être indemnisé de sa valeur? ou qu'en pareil cas il y a un fait de guerre ne donnant pas lieu légalement jusqu'ici à une responsabilité pécuniaire à la charge du belligérant?

Base de discussion.

32. Le principe d'après lequel la marchandise neutre se trouvant à bord d'un navire ennemie n'est pas saisissable, doit-il être interprété en ce sens qu'en cas de destruction du navire le propriétaire de cette marchandise doit être indemnisé? ou qu'en pareil cas la destruction du navire constitue un fait de guerre ne donnant pas lieu légalement à une responsabilité pécuniaire à la charge du belligérant?

E. Assistance hostile.

Vues:

D. 1247, **A.** 1258, **Oe.** 1273, **Sp.** 1278, **Fr.** 1283, **Gr.** 1293, **It.** 1302, **Jap.** 1305, **N.** 1310. **R.** 1314.

Observations. On peut constater, ainsi qu'il ressort des Mémorandums qui ont traité la question dans son ensemble, qu'une idée générale commune est admise, d'après laquelle le belligérant peut poursuivre un certain nombre d'actes, constituant de la part des navires de commerce neutres une assistance donnée à l'ennemi. Il y a là une violation de la neutralité que le belligérant est en droit d'empêcher.

On peut à cet égard faire une distinction entre:

a) Le cas de certains services hostiles qui ne sont pas le but spécial du voyage du navire (par exemple, transports de détachements militaires, de militaires isolés, de fonctionnaires ou agents ennemis, de valises diplomatiques ennemies).

En pareil cas, il semble qu'on ait généralement appliqué jusqu'ici un traitement tout d'abord analogue à celui appliqué en matière de contrebande, c'est-à-dire, la saisie du navire.

Quant à la pénalité même, tous les Mémorandums n'ayant pas envisagé la question, il paraît difficile ici de dégager actuellement un principe général.

b) Le cas où le navire est entièrement ou spécialement au service du belligérant ennemi (par exemple, affrètement total par le Gouvernement ennemi, navire adjoint à une flotte ennemie dans un but militaire quelconque).

La majorité des Mémorandums reconnaissent qu'en pareil cas le navire neutre doit subir un traitement analogue à celui qu'i lsubirait s'il était navire de commerce ennemi.

Mais dans aucun cas actuellement — et sans préjuger de la valeur des propositions de règles conventionnelles nouvelles — il ne paraît pas qu'on reconnaisse comme acquise à aucun égard l'assimilation du navire neutre, rendant une assistance hostile quelle qu'elle soit, à un navire de guerre ennemi.

Base de discussion.

33. Sont passibles de capture les navires de commerce neutres transportant de détachements militaires, militaires isolés, fonctionnaires ou agents ennemis, ou valises diplomatiques ennemis, sans que ce transport constitue le but spécial du voyage.

34. Les navires de commerce neutres entièrement ou spécialement au service du belligérant ennemie sont passibles du même traitement qu'ils subiraient s'ils étaient navires de commerce ennemis.

F. Transformation des navires de commerce.

Vues:

D. 656, **A.** vacat, **Oe.** 656, **Sp.** 657, **Fr.** 658, **Gr.** 658, **It.** 659, **Jap.** 659, **N.** 659, **R.** 659.

Observations. Les vues exprimées par les Mémorandums sur la transformation des navires de commerce en bâtiments de guerre en haute mer laissent voir que jusqu'à présent cette question, d'origine relativement récente, a été résolue par les Gouvernements selon leurs vues particulières et qu'il n'existe actuellement à cet égard aucun principe commun reconnu de tous.

Il appartiendra à la Conférence d'examiner la meilleure voie à suivre pour mettre un terme, s'il est possible, à l'incertitude du droit en cette matière.

G. Transfert de Pavillon.

Vues:

D. 1247, **A.** vacat, **Oe.** 1273, **Sp.** 1278, **Fr.** 1283, **Gr.** 1296, **It.** 1302, **Jap.** 1307, **N.** 1311, **R.** 1315.

Observations. On ne saurait admettre le transfert dont un navire est l'objet en vue d'échapper aux conséquences qu'entraîne pour lui sa qualité de navire ennemi.

La plupart des Mémorandums, exposant le droit actuel, ont suivi des voies différentes pour interpréter et pour appliquer ce principe commun. La preuve étant difficile en paraille matière, des présomptions simples ou absolues, plus ou moins justifiées, ont été posées, notamment lorsque le transfert a lieu au cours des hostilités. En pareil cas la présomption absolue de nullité ne constitue pas, d'après tous les Mémorandums, une règle générale sauf dans le cas de transfert en cours de voyage.

Avant l'ouverture des hostilités la pratique commune aboutit à reconnaître la validité du transfert toutes les fois que ce transfert est régulièrement intervenu, c'est-à-dire qu'il ne comporte rien de fictif ou d'irrégulier qui le rende suspect.

Base de discussion.

35. Un navire ne peut pas être transféré sous pavillon neutre en vue d'échapper aux conséquences qu'entarîne pour lui sa qualité de navire ennemie.

36. Le transfert effectué avant l'ouverture des hostilités est valable s'il est régulièrement intervenu, c'est-à-dire s'il ne comporte rien de fictif ou d'irrégulier qui le rende suspect.

37. Après l'ouverture des hostilités, il y a présomption absolue de nullité du transfert qui est effectué pendant que le navire est en voyage.

H. Caractère ennemi.

Vues:

D. 1247, **A.** vacat, **Oe.** 1274, **Sp.** 1278–79, **Fr.** 1284, **Gr.** 1296, **It.** 1303, **Jap.** 1307, **N.** 1311, **R.** 1315.

Observations. Jusqu'à présent c'est un principe acquis que la propriété privée ennemie sur mer est sujette à capture, mais que le commerce neutre avec l'ennemi est libre.

Toute opération commerciale supposant forcément deux ou plusieurs personnes, c'est seulement le commerce envisagé au point de vue unilatéral de l'ennemi que le belligérant est en droit de poursuivre.

Pour déterminer le caractère ennemi des navires ou des marchandises, les pratiques suivies jusqu'ici prennent en considération soit la nationalité, soit le domicile, soit le principal établissement du propriétaire.

Toutefois, en ce qui concerne spécialement les navires, la plupart des Mémorandums considérent que le caractère neutre ou ennemi est déterminé par le pavillon porté par le navire en conformité des lois qui régissent le port de ce pavillon.

En outre, il semble bien que ce soit un principe général reconnu que le navire sous pavillon ennemi est considéré comme navire ennemi.

Mais peut-on considérer également que tout navire sous pavillon neutre est neutre — abstraction faite du cas spécial où ce navire, à titre de pénalité particulière, encourrait un traitement analogue à celui d'un navire ennemi?

Base de discussion.

38. Le caractère neutre ou ennemi d'un navire est déterminé, en premier lieu, par le pavillon régulièrement porté.

Observations.

En ce qui concerne la marchandise, peut-on dire tout au moins, comme règle générale, que c'est le caractère neutre ou ennemi du propriétaire régulier qui est pris en considération, soit qu'on admette ensuite comme critérium à son égard sa nationalité, son domicile ou son principal établissement?

Base de discussion.

39. Le caractère neutre ou ennemi de la marchandise est déterminé par le caractère neutre ou ennemi de celui qui en est le propriétaire régulier.

d) Die Haager Verhandlungen von 1907 über Konterbande, Blockade, Zerstörung neutraler Prisen.*)

A. Konterbande.

a) Anträge Grofsbritanniens, Deutschlands, Frankreichs, Brasiliens, Amerikas.

„Annexes" 27—33 (Bd. III S. 1156 der Verhandlungen).

Annexe 27.**)

Déclaration lue par S. Exc. Lord Reay au nom de la Délégation Britannique, concernant la contrebande de guerre.

Afin de diminuer les difficultés que rencontre en cas de guerre le commerce des neutres, le Gouvernement Sa Majesté Britannique est prêt à

*) Über den Zusammenhang dieser Verhandlungen mit anderen Materien, ihre Überweisung an die vierte Kommission, sowie die Gesichtspunkte, welche die hier vorgenommene Einordnung dieser Verhandlungen unter die Londoner Verhandlungen, deren Vorbereitung sie bilden, rechtfertigen, s. oben S. 453—54.

**) In der Sitzung v. 2. August 1907 (Bd. III S. 890 der Verhandlungen) erklärte die spanische Delegation, daß sie dem großbritannischen Vorschlage (Annexe 27) beitrete.

abandonner le principe de la contrebande en cas de guerre entre les Puissances qui signeraient une Convention à ces fins. Le droit de visite ne serait exercé que pour constater le caractère neutre du bâtiment de commerce.

Annexe 28.

Proposition de la Délégation d'Allemagne.

La contrebande de guerre.

ART. 1. Ne pourront être considérés comme contrebande de guerre que les objets suivants:

a) les armes, y compris les armes de chasse, ainsi que les matériaux qui ne sont susceptibles que d'un usage de guerre (contrebande absolue);

b) les autres matériaux et objets pouvant servir à la guerre et destinés à la force armée de l'ennemi (contrebande relative),

s'ils forment le chargement d'un bâtiment qui a mis le cap directement sur un port ennemi ou occupé par l'ennemi ou sur la force armée de l'ennemi, et que ces matériaux et objets aient été expressément déclarés contrebande de guerre.

ART. 2. Il y a présomption péremptoire que les matériaux et objets désignés à l'article 1 b, sont destinés à la force armée de l'ennemi, quand l'envoi en question est adressé aux autorités ou à un fournisseur militaire de la puissance ennemie ou quand il est à destination d'une place fortifiée du pays ennemi ou d'une autre place servant de point d'appui aux forces de l'adversaire.

ART. 3. La spécification des matériaux et objets à considérer comme contrebande de guerre au sens de l'article 1 devra être publiée ou notifiée aux gouvernements neutres ou à leurs agents diplomatiques.

ART. 4. La contrebande de guerre est sujette à confiscation. Il en est de même du bâtiment qui la porte, si le propriétaire ou le capitaine du bâtiment a eu connaissance de la présence de la contrebande à bord et que cette contrebande forme plus de la moitié de la cargaison.

ART. 5. Le bâtiment n'est pas sujet à confiscation, si le capitaine a ignoré que la guerre ait éclaté et que cette ignorance ne puisse lui être imputée. Il y a présomption dans ce sens, si le bâtiment est rencontré en haute mer dans les huit jours qui suivent l'ouverture des hostilités et sans que, dans cet intervalle, il ait fait relâche dans un port.

Dans le cas prévu à l'alinéa ci-dessus, la contrebande de guerre qui se trouve sur le bâtiment n'est susceptible de confiscation que contre indemnisation.

ART. 6. Les bâtiments qui ont à bord des formations de troupes sont sujets à confiscation, si le propriétaire ou le capitaine du bâtiment a eu connaissance du caractère militaire des passagers en question et s'il n'y a pas lieu d'exciper des circonstances prévues à l'alinéa 1 de l'article 5. Il en est de même en cas de transport de passagers individuels qui font partie de la force armée de l'adversaire, si le bâtiment a pris la mer en vue de leur transport.

Les militaires qui se trouvent à bord restent prisonniers de guerre, quand même le bâtiment n'est pas sujet à confiscation.

Annexe 29.

Proposition de la Délégation de France.

Projet de Règlement sur la contrebande de guerre.

ART. 1. Est de plein droit aux nationaux neutres par le seul fait de l'existance connue de l'état de guerre, le trafic des objets suivants, compris sous le nom de contrebande absolue, savoir:

1. les armes de toute nature et les pièces détachées caractérisées;
2. les projectiles, gargousses et cartouches de toute nature et leurs pièces détachées caractérisées;
3. les poudres et les explosifs de toute nature;
4. les affûts, caissons, avant-trains, fourgons, forges de campagne et leurs pièces caractérisées;
5. les effets d'habillement et d'équipement militaires caractérisés;
6. les harnachements de toute nature;
7. les animaux de selle, de trait et de bât;
8. le matériel de campement et les pièces détachées caractérisées;
9. le matériel naval militaire;
10. les plaques de blindage;
11. les bâtiments et embarcations de guerre et les pièces détachées caractérisées;
12. les ballons et les pièces détachées caractérisées;
13. les instruments et appareils, spécialement faits pour la fabrication des munitions de guerre, pour la fabrication et la réparation des armes et du matériel militaire terrestre, naval ou aérien.

ART. 2. La contrebande absolue est sujette à confiscation.

Elle peut donner lieu à la confiscation du navire sur lequel elle est trouvée, si le capitaine a résisté à la saisie ou s'il est établi le capitaine ou l'armateur ont connu ou pu connaître la nature du chargement prohibé.

ART. 3. Le commerce neutre de tous articles non compris dans la contrebande absolue est libre avec les belligérants.

Toutefois ceux-ci ont la faculté d'en restreindre la liberté à la condition de faire précéder l'exercice de ce droit d'une notification, par voie diplomatique, des articles qu'ils entendent intercepter.

ART. 4. S'il est établi qu'un article spécialement déclaré contrebande de guerre, conformément à la disposition précédente, a, au moment de la saisie, non seulement une destination ennemie, mais une destination réelle aux forces militaires ou navales ou aux services de l'Etat ennemi, cet article est sujet à confiscation, sinon la saisie n'en peut être effectuée qu'à charge d'en rembourser la valeur au propriétaire.

ART. 5. Si l'ennemi n'a d'accès à la mer que par un territoire neutre, le fait que le navire transportateur est à destination de ce territoire est insuffisant à établir que le trafic est neutre.

Annexe 30.

Proposition de la Délégation du Brésil.

La contrebande de guerre.

(Pour le cas où la Proposition britannique (Annexe 27) ne serait pas acceptée.)

ART. 1. Sont contrebande de guerre, lorsque transportés par mer à destination d'un belligérant, ou pour son compte:

1. les armes de toute espèce;
2. les munitions de guerre et les explosifs;
3. le matériel de guerre, sauf les objets dont il s'agit dans la Convention du 29 juillet 1899 pour l'adaptation à la guerre maritime des principes de la Convention de Genève, Art. 1, et dans celle-ci, Art. 14 à 16;
4. les vaisseaux équipés pour la guerre;
5. les instruments spéciaux pour la fabrication de munitions ou d'autres articles d'usage exclusif à la guerre.

ART. 2. Dans la catégorie des munitions sont compris les articles qui, en se mélangeant, deviennent applicables à la guerre.

ART. 3. La destination pour l'ennemi des articles d'usage spécial et immédiat à la guerre, définis dans l'article 1er, se présume, lorsque le transport se dirige vers un de ses ports, vers ses navires de guerre ou vers un port neutre, si celui-ci, d'après les preuves évidentes et de fait incontestables, n'est qu'une étape choisie pour tromper les belligérants sur la véritable destination du chargement.

ART. 4. Les objets qui ne sont pas faits pour la guerre et y servent spécialement et immédiatement, ne sauraient être envisagés comme contrebande par cela seul qu'il existe à leur égard la possibilité, l'intention ou le fait même de leur destination ou de leur utilité à l'ennemi.

Sont abolies donc la contrebande relative et la contrebande accidentelle.

ART. 5. Néanmoins le belligérant pourra exercer, à son choix, le séquestre ou la préemption sur les vivres, le charbon, le coton brut et les articles de vêtement d'homme, destinés soit vers un port ennemi, soit vers un port neutre, lorsque celui-ci pourrait être considéré, d'après des preuves évidentes et de fait incontestables, comme une étape pour une destination ennemie.

Dans le premier cas l'Etat du capteur rendra ultérieurement au propriétaire la cargaison séquestrée, en l'indemnisant du préjudice. Dans le second il lui paiera le prix de la marchandise achetée d'après la valeur de la facture, plus le fret, ainsi que les autres charges, et 10 % en considération du bénéfice perdu.

ART. 6. La faculté admise dans l'article précédent cesse, si le capitaine du navire arrêté s'engage par écrit, en encourant, dans le cas d'infraction, toutes les peines de la contrebande de guerre, à changer la destination de son bâtiment vers un port qu'on ne pourrait soupçonner raisonnablement de dissimuler une destination hostile.

ART. 7. En cas de saisies ou de répressions pour cause de contrebande, non conformes aux règles précédentes, l'Etat du capteur sera tenu à la restitution des objets saisis et aux dommages-intérêts.

ART. 8. Les mesures pénales pour contrebande de guerre, c'est-à-dire, la capture et la condamnation par les tribunaux de prises, ne s'appliquent pas aux transports partis avant la déclaration de guerre.

Annexe 31.

Proposition de la Délégation des Etats-Unis d'Amerique.

La contrebande de guerre.

1. La contrebande absolue consistera en armes, munitions de guerre, provisions et articles qui sont employés seulement dans un but militaire ou pour des établissements militaires.

Fortsetzung S. 1335.

Annexe

Tableau des propositions concernant

I. Grande-Bretagne. (Annexe 27).	II. Allemagne. (Annexe 28).	III. France. (Annexe 29).
Afin de diminuer les difficultés que rencontre en cas de guerre le commerce des neutres, le Gouvernement de Sa Majesté Britannique est prêt à abandonner le principe de la contrebande en cas de guerre entre les Puissances qui signeraient une Convention à ces fins. Le droit de visite ne serait exercé que pour constater le caractère neutre du bâtiment de commerce.	Article 1. Ne pourront être considérés comme contrebande de guerre que les objets suivants: a) les armes, y compris les armes de chasse, ainsi que les matériaux qui ne sont susceptibles que d'un usage de guerre (contrebande absolue); b) les autres matériaux et objets pouvant servir à la guerre et destinés à la force armée de l'ennemi (contrebande relative), s'ils forment le chargement d'un bâtiment qui a mis le cap directement sur un port ennemi ou oc-	Article 1. Est de plein droit interdit aux nationaux neutres par le seul fait de l'existence connue de l'état de guerre, le trafic des objets suivants, compris sous le nom de contrebande absolue, savoir: 1. les armes de toute nature et les pièces détachées caractérisées; 2. les projectiles, gargousses et cartouches de toute nature et leurs pièces détachées caractérisées; 3. les poudres et les explosifs de toute nature 4. les affûts, caissons, avant-trains, fourgons, forges de campagne et

2. La contrebande conditionnelle consistera en provisions, matériaux et articles qui sont employés dans un double but de paix et de guerre, mais qui en raison de leur caractère ou qualités spéciales, de leur quantité, ou par leur caractère, qualité et quantité sont convenables et nécessaires pour un but militaire, et qui sont destinés à l'usage des forces armées ou pour les établissements militaires de l'ennemi.

3. La liste des articles et des provisions qui doivent être inclus dans chacune des classes sus-dites devra être dûment publiée et notifiée aux gouvernements neutres, ou à leurs agents diplomatiques, par les belligérants, et aucun article ne sera saisi ou confisqué sous le titre de contrebande conditionnelle, jusqu'à ce que cet avis n'ait été donné.

32.

la contrebande de guerre.

IV. Brésil. (Annexe 30).	V. Etats-Unis d'Amérique. (Annexe 31).	
Article 1. Sont contrebande de guerre, lorsque transportés par mer à destination d'un belligérant ou pour son compte: 1. les armes de toute espèce; 2. les munitions de guerre et les explosifs; 3. le matériel de guerre, sauf les objets dont il s'agit dans la Convention du 29 juillet 1899 pour l'adaptation à la guerre maritime des principes de la Convention de Genève, Article 1, et dans celle-ci, Aritcle 14 à 16; 4. les vaisseaux équipés pour la guerre;	1. La contrebande absolue consistera en armes, munitions de guerre, provisions et articles qui sont employés seulement dans un but militaire ou pour des établissements militaires. 2. La contrebande conditionelle consistera en provisions, matériaux et articles qui sont employés dans un double but de paix et de guerre, mais qui en raison de leur caractère ou qualités spéciales, de leur quantité, ou par leur caractère, qualité et quantité sont convenables et nécessaires pour un but militaire, et qui sont destinés à l'usage	

I. Grande-Bretagne. (Annexe 27).

II. Allemagne. (Annexe 28).

cupé par l'ennemi ou sur la force armée de l'ennemi, et que ces matériaux et objets aient été expressément déclarés contrebande de guerre.

Article 2.

I y a présomption péremptoire que les matériaux et objets désignés à l'article 1b, sont destinés à la force armée de l'ennemi, quand l'envoi en question est adressé aux autorités ou à un fournisseur militaire de la puissance ennemie ou quand il est à destination d'une place fortifiée du pays ennemi ou d'une autre place servant de point d'appui aux forces de l'adversaire.

Article 3.

La spécification des matériaux et objets à considérer comme contrebande de guerre au sens de l'article 1 devra être publiée ou notifiée aux gouvernements neutres ou à leurs agents diplomatiques.

Article 4.

La contrebande de guerre est sujette à con-

III. France. (Annexe 29).

leurs pièces caractérisées;

5. les effets d'habillement et d'équipement militaires caractérisés;
6. les harnachements de toute nature;
7. les animaux de selle, de trait et de bât;
8. le matériel de campement et les pièces détachées caractérisées;
9. le matériel naval militaire;
10. les plaques de blindage;
11. les bâtiments et embarcations de guerre et les pièces détachées caractérisées:
12. les ballons et les pièces detachées caractérisées;
13. les instruments et appareils, spécialement faits pour la fabrication des munitions de guerre, pour la fabrication et la réparation des armes et du matériel militaire terrestre, naval ou aérien.

Article 2.

La contrebande absolue est sujette à confiscation. Elle peut donner lieu à la confiscation du navire

IV. Brésil. (Annexe 30).	V. Etats-Unis d'Amérique. (Annexe 31).	
5. les instruments spéci-h aux pour la fabrication de munitions ou d'autres articles d'usage exclusif à la guerre. Article 2. Dans la catégorie des munitions sont compris les articles qui, en se mélangeant, deviennent applicables à la guerre. Article 3. La destination pour l'ennemi des articles d'usage spécial et immédiat à la guerre, définis dans l'article 1er, se présume, lorsque le transport se dirige vers un de ses ports, vers ses navires de guerre ou vers un port neutre, si celui-ci, d'après les preuves évidentes et de fait incontestables, n'est qu'une étape choisie pour tromper les belligérants sur la véritable destination du chargement. Article 4. Les objets qui ne sont pas faits pour la guerre et y servent spécialement et immédiatement, ne sauraient être envisagés comme contrebande par cela	des forces armées ou pour les établissements militaires de l'ennemi. 3. La liste des articles et des provisions qui doivent être inclus dans chacune des classes sus-dites devra être dûment publiée et notifiée aux gouvernements neutres, ou à leurs agents diplomatiques, par les belligérants, et aucun article ne sera saisi ou confisqué sous le titre de contrebande conditionnelle, jusqu'à ce que cet avis n'ait été donné.	

I. Grande-Bretagne. (Annexe 27).	II. Allemagne. (Annexe 28).	III. France. (Annexe 29).
	fiscation. Il en est de même du bâtiment qui la porte, si le propriétaire ou le capitaine du bâtiment a eu connaissance de la présence de la contrebande à bord et que cette contrebande forme plus de la moitié de la cargaison. Article 5. Le bâtiment n'est pas sujet à confiscation, si le capitaine a ignoré que la guerre ait éclaté et que cette ignorance ne puisse lui être imputée. Il y a présomption dans ce sens, si le bâtiment est rencontré en haute mer dans les huit jours qui suivent l'ouverture des hostilités et sans que, dans cet intervalle, il ait fait relâche dans un port. Dans le cas prévu à l'alinéa ci-dessus, la contrebande de guerre qui se trouve sur le bâtiment n'est susceptible de confiscation que contre indemnisation. Article 6. Les bâtiments qui ont à bord des formations de troupes sont sujets à confiscation, si le propriétaire	sur lequel elle est trouvée, si le capitaine a résisté à la saisie ou s'il est établi que le capitaine ou l'armateur ont connu ou pu connaître la nature du chargement prohibé.- Article 3. Le commerce neutre de tous articles non compris dans la contrebande absolue est libre avec les belligérants. Toutefois ceux-ci ont la faculté d'en restreindre la liberté à la condition de faire précéder l'exercice de ce droit d'une notification, par voie diplomatique, des articles qu'ils entendent intercepter. Article 4. S'il est établi qu'un article spécialement déclaré contrebande de guerre, conformément à la disposition précédente, a, au moment de la saisie, non seulement une destination ennemie, mais une destination réelle aux forces militaires ou navales ou aux services de l'Etat ennemi, cet article est sujet à confiscation, sinon la saisie n'en peut être effec-

IV. Brésil. (Annexe 30).	V. Etats-Unis d'Amérique. (Annexe 31).	
seul qu'il existe à leur égard la possibilité, l'intention ou le fait même de leur destination ou de leur utilité à l'ennemi. Sont abolies donc la contrebande relative et la contrebande accidentelle. Article 5. Néanmoins le belligérant pourra exercer, à son choix, le séquestre ou la préemption sur les vivres, le charbon, le coton brut et les articles de vêtements d'homme, destinés soit vers un port ennemi, soit vers un port neutre, lorsque celui-ci pourrait être considéré d'après des preuves évidentes et de fait incontestables, comme une étape pour une destination ennemie. Dans le premier cas l'Etat du capteur rendra ultérieurement au propriétaire la cargaison séquestrée, en l'indemnisant du préjudice. Dans le second il lui paiera le prix de la marchandise achetée d'après la valeur de la facture, plus le fret, ainsi que les autres charges, et 10 % en considération du bénéfice perdu.		

I. Grande-Bretagne. (Annexe 27).	II. Allemagne. (Annexe 28).	III. France. (Annexe 29).
	ou le capitaine du bâtiment a eu connaissance du caractère militaire des passagers en question et s'il n'y a pas lieu d'exciper des circonstances prévues à l'alinéa 1 de l'article 5. Il en est de même en cas de transport de passagers individuels qui font partie de la force armée de l'adversaire, si le bâtiment a pris la mer en vue de leur transport. Les militaires qui se trouvent à bord restent prisonniers de guerre, quand même le bâtiment n'est pas sujet à confiscation.	tuée qu'à charge d'en rembourser la valeur au propriétaire. Article 5. Si l'ennemi n'a d'accès à la mer que par un territoire neutre, le fait que le navire transportateur est à destination de ce territoire est insuffisant à établir que le trafic est neutre.

IV. Brésil. (Annexe 30).	V. Etats-Unis d'Amérique. (Annexe 31).	
Article 6. La faculté admise dans l'article précédent cesse, si le capitaine du navire arrêté s'engage par écrit, en encourant dans le cas d'infraction toutes les peines de la contrebande de guerre, à changer la destination de son bâtiment vers un port qu'on ne pourrait soupçonner raisonnablement de dissimuler une destination hostile.		
Article 7. En cas de saisies ou de répressions pour cause de contrebande, non conformes aux règles précédentes, l'Etat du capteur sera tenu à la restitution des objets saisis et aux dommages-intérêts.		
Article 8. Les mesures pénales pour contrebande de guerre, c'est-à-dire, la capture et la condamnation par les tribunaux de prises, ne s'appliquent pas aux transports partis avant la déclaration de guerre.		

Annexe 33.

Proposition de la Délégation de Grande-Bretagne.

Projet de Déclaration.

Les Soussignés, Plénipotentiaires des Puissances représentées à la Deuxième Conférence Internationale de la Paix à La Haye;

Considérant:

Que l'extension du mouvement commercial et les progrès de la science ont eu pour effet de diminuer sensiblement la valeur effective des lois et coutumes des nations pour la suppression du trafic de contrebande;

Que toute tentative d'appliquer rigoureusement un règlement à cet égard dans les conditions actuelles du commerce international serait de nature à entraver le commerce des neutres et à infliger à ceux-ci des pertes matérielles bien au delà des avantages qu'en recueilleraient les belligérants;

Que les saisies de vaisseaux neutres pour le port de contrebande font naître des difficultés sérieuses entre neutres et belligérants et peuvent mener à des conflits graves entre les états en cause;

Dûment autorisés à cet effet par leurs Gouvernements;

Déclarent:

1. La marchandise appartenant à un ressortissant d'une Puissance Contractante neutre embarquée à bord d'un navire neutre ou ennemi ne peut pas être condamnée comme étant de contrebande;

2. Le pavillon d'une Puissance Contractante neutre couvre toute la marchandise à bord.

La présente Déclaration n'est obligatoire que pour les Puissances Contractantes, en cas de guerre entre deux ou plusieurs d'entre elles.

Elle cessera d'être obligatoire du moment où dans une guerre entre des Puissances Contractantes, une Puissance non-Contractante se joindrait à l'un des belligérants.

La présente Déclaration sera ratifiée dans le plus bref délai possible.

Les ratifications seront déposées à La Haye.

Il sera dressée du dépôt de chaque ratification un procès-verbal, dont une copie, certifiée conforme, sera remise par la voie diplomatique à toutes les Puissances Contractantes.

Les Puissances non-Signataires pourront adhérer à la présente Déclaration. Elles auront, à cet effet à faire connaître leur adhésion aux Puissances Contractantes, au moyen d'une notification écrite, adressée au Gouvernement des Pays-Bas et communiquée par celui-ci à toutes les autres Puissances Contractantes.

S'il arrivait qu'une des Hautes Parties Contractantes dénonçaît la présente Déclaration, cette dénonciation ne produirait ses effets qu'un an après la notification faite par écrit au Gouvernement des Pays-Bas et communiquée immédiatement par celui-ci à toutes les autres Puissances Contractantes.

Cette dénonciation ne produira ses effets qu'à l'égard de la Puissance qui l'aura notifiée.

En foi de quoi, les Plénipotentiaires ont signé la présente Déclaration et l'ont revêtue de leurs cachets.

b) Sitzungsprotokolle der vierten Kommission. 24. bis 31. Juli 1907.

1. Huitième Séance. 24. Juli 1907.

Bd. III S. 854 der Verhandlungen.

Prèsidence de Son Excellence M. d. Martens.

Le Président propose de passer à la discussion des questions VI et suivantes du questionnaire (Annexe 1).*) La question VI est ainsi conçue:

„Sur quoi est fondé le droit des Puissances belligérantes d'interdire le commerce des objets constituant la contrebande de guerre?"

Le tableau synoptique (Annexe 32)**) qui a été dressé, expose les différentes propositions qui ont été soumises à la Commission. Avant d'aborder la discussion des questions de détail qui sont, du reste, de la compétence du Comité d'Examen, il propose de se prononcer sur le point principal, qui est de savoir si la contrebande de guerre doit être maintenue.

S. Exc. Lord Reay prend la parole en ces termes:

L'usage établi par le droit international quant à la contrebande de guerre part du principe qu'un belligérant a le droit d'empêcher que son adversaire ne reçoive d'un neutre les moyens indispensables pour faire la guerre. Au commencement, lorsque le règlement à cet égard prit une forme tant soit peu définitive, il était possible à un belligérant de priver l'ennemi de ces secours sans, pour cela, infliger un tort déraisonnable au commercci neutre. Mais les conditions du monde ont changé depuis ce temps et les belligérants ont été ainsi conduits peu à peu, pour atteindre leur but, à forcer le sens des règlements et à en étendre la portée au mépris des intérêts des neutres. Cependant, en dépit de ces agissements, les règlements restent impuissants à accomplir leur but et ne réussissent qu'à infliger de grands torts au commerce des neutres. Ainsi il est indiscutable que, dans les guerres récentes, il n'a jamais été possible à un belligérant de priver son adversaire des munitions dont celui-ci avait besoin.

Cela étant, il est clair que le seul moyen d'empêcher le commerce de contrebande est d'édicter des dispositions si sévères que la Déclaration de Paris, qui fut faite dans l'intérêt des neutres, ne serait plus qu'un vain mot.

Il n'est pas difficile de comprendre pourquoi, au commencement, on pouvait se contenter d'un règlement peu compliqué. Il suffit de se rappeler les conditions du commerce maritime à cette époque. Les navires d'alors n'avaient qu'un faible tonnage: la cargaison toute entière était consignée au même endroit et était déchargée dans un seul port: ainsi les navires ne touchaient pas à plusieurs ports au cours du même voyage pour y décharger une partie de leur cargaison et celle-ci n'était pas destinée à être ré-expédiée à l'intérieur après avoir été déchargée au port du consignataire. De plus, les articles dont pouvait avoir besoin une armée ou une flotte étaient peu nombreux. Il s'ensuit qu'il était assez facile d'exercer le droit de visite, puisque d'un côté, la destination du navire suffisait pour indiquer la présence d'articles de contrebande conditionnelle et que, de l'autre côté, un

*) *S. oben S. 487. Die „Annexes" s. oben S. 1330 ff.* — **) *S. oben S. 1334.*

navire ne portait jamais des articles de contrebande absolue, sauf à destination d'un belligérant.

Les conditions actuelles sont tout autres: l'extension énorme du transport par terre grâce aux chemins de fer, les progrès des sciences qui, en multipliant les engins de la guerre sur terre et sur mer, ont augmenté dans la même mesure le nombre des articles indispensables aux opérations d'une flotte ou d'une armée; le grand accroissement des dimensions du navire de commerce moderne, autant de raisons qui font que les vieux règlements ne répondent plus du tout au but proposé, qui est d'empêcher les neutres de faire le commerce de contrebande. C'est ainsi que le belligérant a été conduit à essayer d'adapter les règles d'autrefois aux conditions modernes et n'a en réalité réussi qu'à créer un ordre de choses qui entrave outre mesure le commerce des neutres sans donner au belligérant un avantage égal au tort commis.

Les chemins de fer permettent actuellement à toute Puissance d'importer par terre les articles de contrebande dont elle aurait besoin: les Puissances insulaires n'ont pas, sous ce rapport, tout à fait les mêmes avantages; cependant pour elles aussi, les chemins de fer remplissent un rôle analogue puisqu'il est possible de décharger dans un port purement commercial les approvisionnements dont aurait besoin un arsenal situé à des centaines de milles de ce port.

Depuis longtemps, par conséquent, la destination pure et simple de la cargaison ne fournit plus une preuve irrécusable du caractère des articles de contrebande conditionnelle: on y a donc substitué l'idée de „l'usage éventuel" auquel serait destinée la cargaison. Or, pour démontrer qu'une cargaison, consignée à un certain port, est destinée à un emploi ultérieur, il faut des preuves, qui sont très difficiles à obtenir, surtout pour le capteur du navire. On a donc été conduit à établir que c'est au propriétaire du navire à prouver la destination innocente de la cargaison et, quand il ne peut le faire, la cour des prises conclut à la culpabilité. Comme il devient de plus en plus difficile, grâce aux complications croissantes du commerce moderne, pour l'expéditeur ou le consignataire d'une cargaison de savoir exactement, et surtout de prouver, l'intention originelle qui a dicté l'envoi, il est clair que le règlement moderne ne tend pas à faciliter le commerce des neutres.

C'est encore au progrès des moyens de transport que nous devons le développement moderne de la doctrine du voyage ou transport continu. Le belligérant a tout naturellement refusé de permettre qu'un neutre échappe aux pénalités édictées pour la contrebande en se servant du simple expédient qui consiste à consigner à un port neutre une cargaison destinée à être importée ultérieurement par terre ou par mer dans le territoire de l'ennemi. L'Institut de Droit International a admis que cette attitude de la part du belligérant était juste et raisonnable: il importe néanmoins de faire remarquer que nous nous trouvons encore en présence d'un principe qui a pour résultat de restreindre indûment la liberté d'action du neutre, dans l'espoir de mettre fin au commerce prohibé.

L'existance de la doctrine du voyage continu, Messieurs, dépend uniquement de l'état de contrebande. Ainsi en abolissant l'une, vous abolissez nécessairement l'autre, mais si vous ne touchez pas au principe de la contrebande, il faudra également laisser subsister la théorie qui en est le résultat logique, et à laquelle on ne peut, par conséquent, imposer des limites.

D'abord, on ne s'est attaché qu'à la question de savoir si la cargaison devait faire un voyage ultérieur sur mer, tel le cas du „Springbok": puis on a appliqué la théorie à un voyage qui aurait lieu sur terre, comme le prouve le jugement rendue dans l'affaire du „Doelwijk". Le tribunal italien déclara en effet que „c'est à la destination du chargement plutôt qu'à celle du navire qu'il faut s'attacher pour déterminer si les objets qu'il transporte sont ou non à considérer comme contrebande de guerre, et de même que les armes destinées à un des belligérants ne cesseraient pas d'être dirigées sur l'ennemi par cela seul qu'à raison de quelque circonstance particulière, elles auraient dû en chemin être transbordées sur un autre navire neutre, de même, elles ne cessent pas d'être dirigées vers l'ennemi par cela seul qu'une partie de la route pour atteindre le belligérant ne peut se faire par mer, mais doit nécessairement se faire par terre et avec des véhicules terrestres".

La logique de ce considérant semble indiscutable. Si le port de contrebande est un délit que peut punir un belligérant, il n'y pas moyen de refuser à celui-ci le droit de saisir et de confisquer les articles de contrebande, dès que le fait matériel et l'intention auront été constatés. Mais en admettant la justice de l'idée, non seulement de la contrebande absolue mais aussi de la contrebande conditionnelle et du voyage continu, on arrive forcément à reconnaître un état de choses qui peut conduire à une interruption constante des relations commerciales entre les nations neutres situées dans le voisinage du territoire d'un des belligérants, puisque les objets rentrant dans les deux catégories ci-dessus peuvent toujours être destinés à l'usage du belligérant et qu'un tribunal de prises pourra toujours baser ses arrêts sur les décisions que je viens de citer.

Comme il a déjà été dit plus haut, Messieurs, les découvertes de la science moderne ont beaucoup augmenté le nombre des articles qui sont indispensables aux mouvements et aux opérations des forces navales et militaires: ces articles, tels les traverses pour les chemins de fer ou les fils télégraphiques, peuvent pour la plupart être utilisés dans un but pacifique autant que militaire et c'est ainsi que les belligérants ont été conduits à ajouter à la liste des articles de contrebande un grand nombre d'objets, qui sont également nécessaires aux besoins de l'industrie pacifique et à empêcher le neutre de se livrer de cette façon à un commerce parfaitement innocent.

Il y a encore une autre phase de la question de contrebande sur laquelle je désire appeler votre attention. L'usage établi permet actuellement à un belligérant de déclarer, au commencement de la guerre, quels sont les articles qu'il a l'intention de traiter comme étant de contrebande et d'en ajouter d'autres à la liste au cours des hostilités.

Il est évidemment de l'intérêt du belligérant de dresser une liste aussi complète que possible et il l'a souvent fait dans des termes si vagues que les intérêts du commerçant neutre ont été lésés au delà de ce qui est raisonnable. Il est vrai que le belligérant peut être sommé de s'expliquer sur la portée exacte d'un des termes de sa liste, mais il convient de faire remarquer qu'à moins d'un amendement formel, la cour de prises n'est pas tenu d'accepter l'explication et de donner au texte de la proclamation une interprétation qui y serait conforme.

Je prévois que l'on nous dira que les difficultés ne se font sentir qu'à l'égard des articles pouvant être employés également à des objets militaires ou pacifiques et que la vraie solution du problème consiste à abolir la contrebande conditionnelle comme l'a déjà proposé l'Institut de Droit International, ce qui ne laisserait subsister que la contrebande absolue et le droit du belligérant de saisir, moyennant remboursement, les objets qui pourraient lui être nuisibles. Une telle solution constituerait évidemment un progrès sensible dans le sens voulu, mais mon Gouvernement ne saurait admettre qu'elle mettrait fin aux difficultés que nous ressentons actuellement, et cela pour les raisons que je vais avoir l'honneur de vous exposer.

En effet, lorsqu'on aborde la question de la contrebande absolue on voit que, grâce à ces dimensions énormes, les armes et munitions embarquées sur un navire de commerce moderne ne forment en général qu'une partie plus ou moins grande de la cargaison: de plus, les articles de contrebande ont pu être chargés à bord sous une fausse désignation et peuvent par conséquent ne pas paraître sur le connaissement du navire: le capitaine lui même peut ignorer leur présence à bord. Dans ces conditions et vu la grandeur du navire, il est impossible aux officiers d'un navire de guerre belligérant d'exercer le droit de visite en mer d'une manière à la fois minutieuse et effective.

Le belligérant est ainsi souvent amené à saisir un bâtiment de commerce porteur d'une cargaison mixte sur les informations qu'il aura reçues de ses agents secrets au port de départ, et même si ces dernières étaient correctes — et je n'ai pas besoin de vous dire que souvent elles ne le sont pas — la quantité de contrebande est souvent infime en proportion du reste de la cargaison. La saisie et détention du navire, ainsi que de la cargaison innocente infligent dans ce cas au neutre un tort qui n'est pas comparable à l'avantage qu'en recueille le belligérant et donnent lieu à des demandes d'indemnités formidables.

A ces demandes le capteur ne peut opposer qu'une seule réponse qui est que, dans tous les cas où une cour des prises aurait déclaré que la saisie était justifiée, les propriétaires du navire et de la cargaison innocente doivent supporter les pertes occasionnées de ce fait. L'Etat capteur est donc tout naturellement conduit à essayer d'obtenir par tous les moyens possibles une décision dans ce sens de la cour des prises, qui lui permettra d'opposer un refus aux demandes d'indemnité présentées par le Gouvernement du neutre.

Il n'est pas douteux qu'un belligérant qui appliquerait rigoureusement les règlements et qui, se basant sur les droits qu'il possède, saisirait tout navire contenant une cargaison mixte parmi laquelle auraient pu peut-être se glisser quelques articles de contrebande, porterait un tel préjudice au commerce neutre qu'un des Etats lésés pourrait bien être amené à prendre les armes pour défendre les intérêts commerciaux de ses sujets. Or aucun Etat ne peut courir un tel risque vis-à-vis d'un Etat puissant: et il arrivera de deux choses l'une: ou le belligérant cessera de réprimer avec vigueur le commerce de contrebande, et n'agira que d'une façon intermittente, ou son attitude sera plus ou moins sévère suivant la Puissance à laquelle il aura affaire. S'il adopte le premier expédient, il ne réussira qu'à embrouiller les choses — si, par contre, il se rallie à la deuxième manière de voir, il agira d'une façon manifestement injuste.

Il convient de ne pas oublier que, dès que l'opinion publique aura été mise en éveil par les captures faites par un belligérant, soit en raison du nombre de vaisseaux capturés ou de leur importance, — comme il arriverait s'il s'agissait de paquebots de poste ou de grands vapeurs transatlantiques — la presse ne manquera pas d'attiser le feu et de fomenter les passions populaires. En présence de l'état de surexcitation publique et de clameur populaire auxquels ces événements donneraient lieu, il serait bien difficile, voire même impossible, aux deux Etats de discuter avec le calme nécessaire les questions compliquées de droit international qu'aurait suscitées l'exercice du droit de capture par l'Etat belligérant.

Une manière de tourner les difficultés, que je viens d'exposer, serait, selon les uns, de permettre au navire de commerce neutre de livrer tout de suite au navire de guerre belligérant la partie de sa cargaison qui serait suspecte et, cela fait, de continuer son voyage. Au point de vue du navire neutre, ce système aurait peut-être des avantages, mais il est peu probable que les belligérants puissent s'y conformer, même s'ils en avaient la volonté. En tout cas, les propriétaires des biens saisis souffriraient de l'adoption de ce système, puisque la cour des prises aurait à se prononcer plus tard sur la validité de la capture et que, sans avoir pris connaissance du manifeste du navire et avoir entendu les dépositions de ses officiers, sa décision ne saurait avoir aucune valeur.

Une proposition encore plus remarquable a été avancé dans ces derniers temps. Certains belligérants ont revendiqué le droit de détruire séance tenante sur le navire neutre tous les articles que les officiers du navire capteur estimeraient de contrebande. Il n'est pas besoin d'insister sur l'injustice d'un tel procédé, qui est d'ailleurs sans précédent. Il suffit de remarquer, en passant, que toutes les objections énumérées au paragraphe précédent peuvent, à plus forte raison, être élevées contre l'adoption de ce principe qui, en outre, empêcherait le belligérant de restituer les objets saisis à leur propriétaire, au cas où la cour des prises déclarerait qu'ils n'étaient pas de contrebande.

J'ai déjà fait allusion à l'incertitude qui règne quant aux règles qui pourront être appliquées pour réprimer la contrebande. Je me permets de revenir à ce sujet et de vous développer ma pensée à cet égard. En effet, la pratique des nations a revêtu des formes différentes sur lesquelles je crois devoir insister. Ainsi nous nous servons des expressions „contrebande absolue", „contrebande relative ou conventionnelle", „contrebande conditionnelle", „contrebande accidentelle" et chacun tire de ces définitions ce qu'il lui faut pour arriver à son but. Il y a là une incertitude qu'il serait bon de tirer au clair. Il en est de même des pénalités encourues pour le fait de contrebande. Faut-il confisquer les objets saisis ou convient-il de substituer à la confiscation un droit de séquestre et de préemption? Dans quels cas peut-on admettre non seulement la confiscation des objets de contrebande, mais aussi du reste de la cargaison et du navire? Faut-il imposer des limites à l'exercice du droit de visite à une certaine distance du théâtre de la guerre? Un tribunal ou conseil de prises aura-t-il pleine liberté d'action pour déclarer si les objets capturés sont des articles de contrebande ou devra-t-il toujours se conformer aux dispositions édictées par son Gouvernement sur ce point?

Pour mettre fin à ces incertitudes, Messieurs, il faudrait codifier la loi de contrebande et insérer dans ce code non seulement une liste des articles prohibés mais aussi les pénalités encourues par les neutres se livrant à ce commerce. C'est là, il me semble, une tâche herculéenne qu'aucun jurisconsulte n'oserait entreprendre et le seul moyen, à notre avis, de résoudre le problème est d'abolir l'idée même de la contrebande. Notre Gouvernement estime que les bénéfices à retirer d'un règlement universel seraient toujours de beaucoup inférieurs aux torts que celui-ci infligerait au commerce des neutres. Car le maintien du principe de la contrebande implique nécessairement le maintien du „right of search", du droit de saisie et d'examen par une cour des prises et, quelque restreinte que soit la liste des articles de contrebande, cet état des choses ne manquerait pas de porter atteinte au commerce des neutres.

Ce n'est pas dans une assemblée comme la nôtre que nous pouvons discuter les événements qui se sont produits au cours des guerres récentes. Toutefois — afin de prouver que mon Gouvernement n'a proposé ce changement dans les principes du droit international qu'après avoir mûrement réfléchi sur le problème, — il est utile de rappeler à la Commission que la Grande-Bretagne a eu l'occasion d'envisager la question aux deux points de vue — celui du belligérant et celui du neutre — depuis la réunion de la dernière Conférence en 1899. Comme belligérant, elle a essayé de réprimer le commerce de contrebande entre les neutres et son adversaire; comme neutre, elle a été témoin du désarroi de son commerce en Extrême-Orient à la suite des efforts que firent les belligérants pour réprimer le trafic de contrebande auquel se livraient indubitablement les neutres. On n'exagère en rien l'importance des incidents, qui ont lieu à ce moment là, lorsque l'on déclare que ce n'est que grâce aux qualités de tact et de patience dont firent preuve les gouvernements intéressés que ces incidents ne furent pas plus graves.

L'expérience récente, Messieurs, a donc confirmé mon Gouvernement dans son opinion. Il demeure fermement convaincu que, dans l'état actuel du commerce mondial et des sciences humaines, l'exercice du droit de saisie n'a pour résultat que d'entraver le commerce des neutres sans donner aux belligérants des avantages compensateurs, et d'amener fatalement l'ingérence de ceux-là dans la lutte. C'est donc avec la ferme conviction que le moment est venu d'écarter les dangers que je viens de signaler, que la Délégation britannique a l'honneur de vous proposer (Annexe 27) d'abolir la contrebande et de rendre au commerce des neutres la liberté dont il a besoin. Si la Conférence accepte notre proposition, elle aurait fait disparaître une cause fréquente de différends internationaux et elle aura ainsi contribué à l'oeuvre de paix et de justice qui est le but de nos travaux.

M. Kriege demande la permission d'expliquer en quelques mots à la Commission les propositions (Annexe 28) qui ont été déposées par la Délégation allemande au sujet de la contrebande de guerre.

Les 6 articles que vous avez sous les yeux, dit-il, contiennent la réponse qu'il conviendrait de donner, selon notre opinion, aux questions VI et VII du questionnaire (Annexe 1) si habilement composé par notre illustre Président.

Le droit des Puissances belligérantes d'interdire le commerce des objets constituant la contrebande de guerre est fondé sur un principe de légitime défense. Il n'a absolument rien à faire avec le droit de capture qui est l'instrument de la guerre au commerce. En effet, le belligérant ne peut tolérer que des armes, des engins de guerre, des objets de toute sorte, destinés à être employés dans la lutte, soient portés à l'ennemi. Le navire neutre qui se livre à un tel commerce, commet une violation des devoirs de la neutralité. Or, d'après un principe généralement reconnu, l'Etat, dont le navire bat le pavillon, n'est pas responsable de cette violation. Les Etats neutres ne sont pas tenus d'interdire à leurs ressortissants un commerce qui, au point de vue du belligérant, doit être considéré comme illicite. La contrepartie nécessaire de ce principe est le droit du belligérant de se faire justice lui-même. Il frappe de confiscation les marchandises qui ont un caractère de contrebande et, dans certains cas, le navire même, instrument de ce transport.

Dans notre conviction, les belligérants ne sauraient abandonner le principe de la contrebande. Il serait encore plus indispensable, si l'on parvenait à reconnaître l'inviolabilité de la propriété privée ennemie sur mer. Il devrait nécessairement être appliqué alors aux transports effectués par les navires de commerce des belligérants. C'est donc à bon droit que la proposition des Etats-Unis fait une réserve expresse à ce sujet.

Dans ces circonstances, nos efforts devraient être employés à concilier autant que possible les revendications des belligérants et les intérêts du commerce. Il s'agit de préciser la notion de la contrebande, d'écarter les abus causés par une extension injustifiée du droit de contrôle et de répression et de prémunir le commerce inoffensif contre des vexations inutiles. Si l'on considère les conflits plus ou moins aigus entre belligérants et neutres que les questions de la contrebande de guerre font naître au cours de chaque guerre, il est évident qu'en réalisant le but indiqué, la Conférence rendrait un service insigne à la cause de la paix. Dans les règles que nous proposons, nous nous sommes efforcés de trouver ce moyen terme entre les intérêts opposés.

Tout d'abord, il importe de limiter dans l'espace le droit de contrôle et de répression à exercer par les belligérants. Il paraît inadmissible qu'un belligérant puisse en se prévalant de ce droit, jeter le trouble dans le commerce du monde entier. Son intérêt lui commande de supprimer le transport des objets de contrebande à l'adversaire. Cet intérêt est sauve gardé, si on lui reconnaît qualité pour visiter les navires qui se dirigent directement vers un port ennemi ou occupé par l'ennemi ou vers sa flotte mouillée en pleine mer. Du moment, où le belligérant est autorisé à saisir la contrebande de guerre à bord d'un navire qui se trouve encore loin du pays ennemi et qui n'y doit aborder qu'après avoir fait relâche dans un port intermédiaire neutre, on ouvre la porte à toutes sortes d'abus et on risque d'exposer à un grave danger le commerce licite et inoffensif. Il s'agit donc, non seulement de proscrire la théorie de la continuité du voyage, mais d'établir en principe que le commerce entre deux ports neutres ne peut être inquiété sous le prétexte que le navire porte des objets d'un usage belliqueux, destinés à être portés plus tard à l'ennemi.

C'est dans ce sens que nous proposons de ne considérer comme contrebande de guerre que des objets qui forment le chargement d'un bâtiment qui a mis le cap directement sur un port ennemi ou occupé par l'ennemi ou sur la force armée de l'ennemi.

Quant aux objets à considérer comme contrebande de guerre, nous jugeons indispensable de maintenir la distinction des deux sortes de contrebande, à savoir la contrebande absolue et la contrebande relative. Dans la contrebande absolue, on ne comprendrait que les armes et les choses qui servent exclusivement à la guerre.

Les objets susceptibles d'usages pacifiques aussi bien que belliqueux ne pourraient être déclarés que comme contrebande relative. C'est-à-dire, que ces objets ne seraient exposés à la saisie que dans le cas où il est établi qu'ils sont destinés aux forces militaires ou navales de l'adversaire.

Nous ne sommes pas sans nous rendre compte de l'utilité qu'il y aurait à limiter le nombre des objets, qu'il est licite de porter sur la liste de la contrebande relative. Cependant, nous avons dû y renoncer, vu qu'il n'existe que peu d'objets, qui par leur nature et l'utilité qu'ils offrent à l'ennemi, ne puisse créer un intérêt, le cas échéant, à interdire le transport.

Toutefois, les belligérants seraient tenus de publier et de notifier aux Gouvernements neutres la spécification des objets qu'ils jugent nécessaire de considérer comme contrebande de guerre.

Les articles 4 et 5 ont trait à la sanction du transport de contrebande de guerre. La contrebande sera toujours confisquée. La confiscation ne sera étendue au navire qui la porte, que dans le cas où le propriétaire ou bien le capitaine a eu connaissance de la présence de la contrebande à bord, et où la contrebande forme plus de la moitié de la cargaison. Cette disposition est fondée sur l'idée que la peine doit être en rapport avec la gravité de l'acte hostile commis par le propriétaire ou par ses agents. Il serait également juste de relâcher le navire, si le capitaine a ignoré le commencement des hostilités et s'il l'ignore, sans qu'il y ait de sa faute ce qui devrait être présumé dans le cas où le bâtiment est rencontré en mer dans le courant de la semaine qui suit l'ouverture des hostilités et sans que dans ce temps ait fait escale dans un port. Dans les mêmes circonstances on accorderait une indemnité au propriétaire de la marchandise, confisquée comme contrebande de guerre.

Le dernier article se rapporte à des actes qui, à notre avis, devraient être assimilés aux transports de contrebande. Il s'agit des services rendus à un belligérant par le transport de formations de troupes ou de passagers individuels qui font partie de sa force armée. Nous pensons que, dans le premier cas, le navire doit être frappé de confiscation. Il en serait autrement, si ce ne sont que quelques passagers militaires individuels qui se trouvent à bord. Il ne serait guère juste de demander aux capitaines des grands paquebots modernes qui portent des milliers de passagers, de contrôler le caractère de chacun parmi eux, et d'infliger en cas d'erreur une peine aussi grave. Nous proposons donc de ne prononcer la confiscation du navire que dans le cas où le transport des passagers militaires constitue précisément le but du voyage. Il est bien entendu que les militaires qui sont trouvés à bord, resteront toujours prisonniers.

Il y a encore une autre question qui se rattache à celle de la contrebande et au sujet de laquelle la Délégation allemande a déposé un eproposition spéciale. Il s'agit de la protection de la correspondance postale en temps de guerre maritime. Nous pensons qu'il y aurait avantage à établir le principe que la correspondance postale expédiée par mer est inviolable.

Les relations postales ont, à notre époque, une telle importance, il y a tant d'intérêts, commerciaux et autres, basés sur le service régulier de la correspondance, qu'il est grandement désirable de la mettre à l'abri des perturbations qui pourraient être causées par la guerre maritime. De l'autre coté, il n'est guère probable que les belligérants, qui disposent pour la transmission de leurs dépêches des voies de la télégraphie et de la radiotélégraphie, aient recours au trafic ordinaire des postes en vue des communications officielles qui se rapportent aux opérations militaires. Le profit à retirer pour les belligérants du contrôle du service postal, n'est donc point en rapport avec les préjudices que l'exercice de ce contrôle entraîne pour le commerce légitime.

Le moyen le plus efficace pour atteindre au but, consisterait à exonérer de tout contrôle les navires qui font le service postal régulier. Cependant, cela ne paraît guère possible. Il faudrait se borner à édicter que les belligérants doivent tenir compte de leur caractère special et s'abstenir autant que possible, d'exercer sur eux le droit de visite. Mais l'inviolabilité devrait être absolue à l'égard de la correspondance même, quelle que fût la nationalité du navire qui la porte. Les belligérants n'auraient pas le droit, en cas de saisie d'un paquebot-poste, de desceller, dans un but de contrôle, les sacs qui contiennent les lettres, et ils seraient tenus de prendre les mesures nécessaires pour assurer leur prompte remise à destination.

Telles sont, en résumé, nos propositions (Annexe 28) au sujet de la contrebande de guerre. J'espère qu'elles contribueront à la résolution des problèmes importants qui s'y rattachent.

M. Louis Renault estime que l'exposé, qui a été fait par S.Exc. Lord Reay, devrait être soigneusement étudié par les Membres de la Commission; il propose en conséquence d'en ajourner léexamen à la séance suivante.

Le Président se rallie à cette proposition. Il déclare donc que la continuation de la discussion générale sur les questions VI et suivantes du questionnaire (Annexe 1) est remise à vendredi, 26 juillet.

2. Neuvième Séance. 26. Juli 1907.

(Bd. III S. 865 der Verhandlungen.)

Présidence de Son Excellence M. de Martens.

Sur la demande du Président, si la Commission a quelques observations à présenter au procès-verbal de la dernière séance. S. Exc. Lord Reay demande à y apporter quelques corrections. Le procès-verbal ne sera donc adopté qu'à la prochaine séance.

Le Président rappelle que l'ordre du jour comprend la discussion sur la contrebande de guerre. Il ne sera pas nécessaire à la Commission d'entrer dans les détails des différentes propositions; elle discutera sur les deux points de vue qui ont été énoncés et c'est au Comité d'Examen qu'il appartiendra de tenir compte de toutes les opinions qui se sont manifestées en établissant un texte qui sera une conciliation et qui sera proposé à la ratification de la Commission.

Sur la question VI du questionnaire (Annexe 1) qui est ainsi conçue: „Sur quoi est fondé le droit des Puissances belligérants d'interdire le commerce des objets constituant la contrebande de guerre?" S. Exc. M. Carlos Rodriguez Larreta croit nécessaire de dire quelques mots sur la position prise par la Délégation argentine, en ce qui concerne la question actuellement en discussion.

Elle votera en faveur de la proposition qui rend toujours facultatif le délai de faveur accordé aux navires de commerce qui se trouveraient dans un port ennemi au moment de l'ouverture des hostilités. — Il y a concordance absolue entre ce vote et celui que la Délégation argentine a donné sur le droit de capture et confiscation des navires marchands sous pavillon ennemi. — Il repond également à un principe qu'elle tâchera d'appliquer à toutes les questions suscitées par la guerre maritime.

La Délégation argentine s'est prononcée en faveur de l'arbitrage et de la justice internationale, mais „à la guerre comme à la guerre", sans d'autres limitations que celles qu'il faut mettre contre la cruauté et la barbarie; car, s'il n'est pas donné à la Conférence d'assurer la paix, la Délégation argentine ne saurait, pour cela, enlever à la guerre ses énergies nécessaires.

Cependant, S. Exc. M. Larreta manifeste son adhésion sans réserves à la proposition britannique (Annexe 27), relative à la définition du vaisseau auxiliaire et à celle qui supprime la contrebande de guerre.

Nous n'ignorons pas, dit S. Exc. Larreta, que l'application de ce système, entièrement nouveau dans les coutumes et selon la science du droit international, tendrait dans l'avenir à prolonger les guerres jusqu'au moment où l'un des belligérants aurait (épuisé ses ressources financières. Mais, en revanche, il éviterait les conflits, sans solution de justice, qui, en matière de contrebande de guerre, provoquent les contradictions entre les publicistes, les traités internationaux et la législation interne de chaque pays.

De plus, les bénéfices qui résulteraient du fait de son adoption seraient énormes pour le commerce des neutres, c'est-à-dire, pour le commerce universel, et nous avons toujours la conviction que les maux de la guerre devraient retomber exclusivement, si cela était possible, sur les seuls pay, belligérants.

M. Louis Renault déclare que la proposition britanniques tendant à la suppression de la contrebande de guerre, a éveillé une très vive attention non seulement au sein de la Conférence elle-même, mais aussi en dehors d'elle. Cette proposition a le mérite de devancer la doctrine; si, en effet, on a beaucoup écrit sur la contrebande de guerre, si on a édifié beaucoup de systèmes, il n'y a pas eu jusqu'ici d'auteurs qui aient fait sur ce point une proposition aussi radicale que celle de la Délégation britannique.

Elle n'est pas toutefois sans précédents, M. Ernest Nys nous apprend qu'un jurisconsulte allemand du XVIIIe siècle a déjà proposé d'admettre la suppression de la notion de contrebande de guerre, et, par suite, le libre commerce des neutres.

La Commission a entendu de la part de S. Exc. Lord Reay l'exposé le plus lumineux et le plus saisissant que l'on puisse faire des motifs à l'appui de la proposition britannique. Cet exposé est intéressant à plusieurs points de vue, mais il l'est surtout parce qu'il manifeste une grande préoccupation du droit des neutres. M. Louis Renault ne veut pas entreprendre la réfutation complète de la thèse soutenue avec tant d'autorité par S. Exc. Lord Reay, mais il désire lui répondre par quelques observations.

S. Exc. Lord Reay a fait ressortir avec une grande force la différence de la situation de la navigation marchande, telle qu'elle se présente aujourd'hui et telle qu'elle était autrefois, mais il semble que, dans son lumineux exposé, il ait donné une certaine exagération aux difficultés que présente la pratique du contrôle et de la saisie de la contrebande de guerre, pour faire admettre la suppression de cette contrebande. Il y a une certaine exagération à ne nous présenter que l'hypothèse d'un croiseur se trouvant en présence d'un grand paquebot, dont la cargaison est de nature diverse et souvent ignorée des officiers, et à montrer dans cette seule circonstance les troubles et les torts subis par les neutres. D'autres hypothèses peuvent se présenter: des navires peuvent être chargés en vrac de contrebande de guerre, dont la destination ne fait aucun doute et dont le contrôle et la saisie ne présenteront dès lors ni difficultés ni ennuis. Le droit de saisie et de confiscation peut exercer d'autre part un certain effet préventif; il fait naître des risques que l'on hésitera souvent à tenter et qui amèneront une forte hausse des primes d'assurance.

Il est aussi peut-être mauvais de donner au commerce des neutres des facilités trop grandes. La Déclaration de Paris de 1856 a été déjà, pour lui, une sensible amélioration, elle lui a permis de prendre, en temps de guerre, un très grand développement qui, du reste, est légitime, mais on voudrait aujourd'hui aller beaucoup plus loin, et ce n'est pas sans inconvénient. Si on garantit aux neutres un commerce libre sans restriction aucune, n'auront-ils pas un intérêt considérable à la durée des hostilités, puisque leur trafic y trouvera une situation plus favorable que durant le maintien de la paix?

Le droit de contrôle et de saisie peut, d'autre part, se concilier avec les idées modernes du droit de la guerre. Nous avons aujourd'hui une notion plus exacte de la neutralité des Etats; pendant longtemps, on a admis que les neutres pouvaient prêter aux belligérants une assistance plus ou moins directe, sans perdre d'une manière absolue leur situation de neutres; à l'heure actuelle, on exige une observation absolue du devoir de neutralité, et l'abstention complète de faire quoi que ce soit pour les belligérants. Cette notion, une fois bien établie, il a fallu régler les rapports des sujets neutres avec les belligérants; pendant longtemps, le belligérant a eu la prétention de vouloir isoler son adversaire; qu'il ait voulu interdire à ses propres sujets toute relation avec lui, qu'il ait vu là même un acte de trahison, c'est son droit, mais il a voulu aussi étendre la même interdiction aux sujets d'un pays neutre; c'est dans cette intention et pour arriver au même but qu'il faisait le blocus fictif des ports et côtes de son adversaire, et c'est de cette idée qu'est né le principe de la contrebande de guerre. On a admis, par la suite, que les sujets neutres pouvaient commercer avec les belligérants, mais on n'a pas pu admettre qu'ils profitent de cette liberté pour prêter leur assistance aux belligérants.

C'est ici qu'il est intéressant de définir la notion de la situation de l'Etat neutre vis-à-vis de ses propres sujets. L'Etat neutre sera-t-il obligé d'interdire, comme étant illicites, les relations de ses sujets avec les belligérants et d'exercer un contrôle sur les marchandises qu'ils peuvent expédier? Evidemment non. L'Etat neutre ne peut être obligé d'intervenir et ne doit encourir de responsabilité à raison du trafic pratique par ses ressortissants: c'est alors qu'entre neutres et belligérants est intervenu un compromis: les neutres ont laissé aux belligérants le soin de se défendre et ils ont donné la permission de contrôler et éventuellement de saisir le trafic dangereux; de l'irresponsabilité de l'Etat neutre est né pour le belligérant le droit de contrôle et de saisie. C'est pour cela que dans les déclarations de neutralité, les Etats rappellent à leurs sujets les devoirs que leur impose leur situation de neutres. Evidemment les Etats neutres ne peuvent se désintéresser du sort de leurs sujets; ils n'interviendront pas pour les soustraire aux risques qu'ils auront encourus, mais seulement si, à leur égard, des irrégularités et des abus ont été commis.

Il faut donc chercher à régler à l'avance entre les belligérants et les neutres les questions de contrebande. S'il y a eu des abus, la suppression de la contrebande de guerre est un moyen trop énergique pour les faire cesser; les Etats-Unis, qui ont proposé l'inviolabilité de la propriété privée, ont compris la nécessité du maintien de la contrebande de guerre. La notion de cette contrebande disparaîtra-t-elle entièrement avec la formule que propose la Délégation britannique concernant les vaisseaux auxiliaires?

On peut avoir à ce sujet quelques doutes; par cette théorie des vaisseaux auxiliaires, ne va-t-on pas revenir au contrôle des bâtiments neutres? ne va-t-on pas édicter à leur égard des mesures rigoureuses, lorsqu'il sera établi qu'ils ont des relations intimes avec une flotte belligérante? La notion de la contrebande de guerre va disparaître, mais on traitera avec beaucoup plus de rigueur les navires neutres qui feront un service non neutre. Il y a tout lieu de craindre que, sur ce point, il n'y ait des déceptions.

Ces considérations générales ont convaincu la Délégation française de la nécessité du maintien de la contrebande, mais, si telle est sa pensée, elle estime qu'il y a cependant des améliorations à y apporter, c'est une question sur laquelle l'opinion publique a parlé. Le Président Roosevelt s'est prononcé sur la nécessité d'un progrès, et l'on peut citer, sur la contrebande de guerre, un article intéressant de M' Lawrence qui signale le danger que font courir au maintien de la paix les difficultés de l'application des règles de la contrebande. Ce que l'on reproche surtout à la pratique actuelle, c'est son incertitude, c'est l'absence de règles précises. C'est en s'inspirant de cette idée, que la Délégation française a fait connaître les lignes principales de la proposition.

Le système qu'elle préconise a pour point de départ l'indication limitative des objets qui constituent la contrebande absolue. Cette énumération est de la compétence des militaires et des marins, elle ne trouve donc pas sa place dans le présent exposé, mais pourra être arrêtée par la Commission. Le trafic des objets de contrebande absolue, c'est-à-dire de ceux qui sont exclusivement destinés aux besoins de la guerre, est illicite par lui-même; dès que les hostilités sont ouvertes, les neutres doivent s'en abstenir, sans qu'il y ait besoin de déclaration spéciale, à l'heure actuelle, lorsque de tels objets sont l'objet d'une capture, les règles qui sont appliquées ne sont pas les mêmes dans toutes les marines, la proposition française (Annexe 29) comporte une sanction unique, elle estime qu'une règle défectueuse, mais unanimement appliquée est meilleure que l'incertitude qui porte tantôt sur la proportion de la contrebande dans la cargaison du navire, tantôt sur la bonne ou mauvaise foi du capitaine. Maintenant, il est probable que, si on se bornait à ne comprendre dans la contrebande de guerre que les objets de contrebande absolue, les intérêts des belligérants ne seraient pas satisfaits; il est des circonstances où un belligérant doit, suivant la situation sociale, économique ou militaire de son adversaire, interdire le trafic de tels ou tels objets sur l'appelation desquels la Commission pourra statuer. Ces objets présentent avec les autres une difference essentielle. Ils doivent tout d'abord faire l'objet, de la part du belligérant, d'une déclaration formelle. C'est là déjà un progrès considérable, car, en faisant, dès l'ouverture des hostilités, connaître les objets dont le trafic sera considéré comme contrebande de guerre, on met fin à une incertitude qui aujourd'hui apporte le trouble dans tout le commerce des neutres.

A l'égard des objets de cette seconde catégorie, la Délégation française propose d'appliquer des règles differentes; il peut se faire ,en effet, que l'on puisse établir qu'ils sont destinés à une flotte belligérante ou à une ville assiégée; si, en un mot, le belligérant peut prouver le but nettement hostile de la cargaison, il lui appliquera les règles de la contrebande absolue, c'est-à-dire la confiscation pure et simple. Si, au contraire, le belligérant ne peut pas faire cette preuve, il n'aura, à l'égard de la cargaison suspecte, qu'un simple droit de préemption. Cette disposition aura pour effet de mettre une barrière à la tentation du belligérant d'étendre trop longuement la liste des objets de contrebande. L'exercice deson droit de préemption sera une lourde charge qu'il ne voudra pas assumer à la légère. La Délégation française estime que cette réforme sera une notable amélioration de la situation actuelle et, comme telle, la recommande à l'attention de la Commission. (Applaudissements.)

S. Exc. M. de Hammarskjöld dit que, sur la question de contrebande, il paraît intéressant de comparer les règles qui, au commencement du XIXe siècle, étaient à peu près universellement reconnues, avec les usages mis en pratique vers la fin du 18. siècle et au commencement du siècle présent. Cette comparaison ne sera guère en faveur de nos temps. Au contraire, il faudra constater que l'on vient de reprendre l'ancienne pratique regrettable qui semblait avoir été abandonnée d'une manière définitive.

Au commencement du XIXe siècle, on était arrivé par une série de traités internationaux à l'établissement d'un catalogue des objets de contrebande.

Dans ce catalogue, dont le contenu était adopté par la plupart des Puissances de l'Europe, l'application du principe de la contrebande était minutieusement fixée et, à peu d'exceptions près, limitée à des objets exclusivement destinés à un usage militaire.

Il en est tout autrement des déclarations faites par les belligérants pendant les guerres récentes. Les termes assez vagues de ces déclarations n'empêchent aucunement qu'on ne soumette au régime de contrebande à peu près quoi que ce soit.

A notre avis, dit-il, ce fait n'est que très peu satisfaisant. Il est bien naturel que chaque projet, ayant pour but de limiter et de restreinder le domaine de la contrebande de guerre, soit assuré d'un accueil favorable de la part des Etats qui, à raison de leur situation géographique et de leur politique, ont le droit d'espérer de ne pas se voir impliqués dans une guerre.

Il va de soi que, de ce point de vue, il paraît être désirable d'abolir la contrebande, comme il vient d'être proposé (Annexe 27) par la Délégation de Grande Bretagne. Notre éminent collègue, Lord Reay, a présenté en faveur de cette proposition une argumentation dont la grande valeur s'impose à nous tous. En conséquence au degré de développement qu'ont atteint de nos jours les communications, il sera sans doute très rare qu'un Etat belligérant réussisse à couper à son adversaire, par le moyen de confiscation en mer, les provisions nécessaires à la continuation de la guerre, et à influencer par là la marche des évènements.

La question d'abolir ou de restreindre le principe de la contrebande de guerre peut donc être considérée comme une question d'intérêt plutôt pécuniaire. En tous cas, pour toutes les Puissances, même celles qui peuvent regarder la guerre comme une éventualité pas trop éloignée, l'état de guerre est un état exceptionnel. Par conséquent, les dégâts qu'une Puissance pourrait infliger, pendant la durée d'une guerre, à son adversaire par le moyen de la confiscation, ne sauraient contrebalancer les pertes auxquelles elle serait sujette elle-même quand elle est neutre et voit son commerce maritime grièvement troublé par l'application du principe de la contrebande. Je ne poursuivrai pas plus loin mes observations sur cette matière, après l'examen pénétrant et approfondi que Lord Reay lui a voué. Je me borne donc à déclarer, au nom de la Délégation de Suède, que nous appuierons tout projet tendant à diminuer les charges qu'impose au commerce neutre le principe actuellement en vigueur concernant la contrebande de guerre.

S. Exc. M. Tcharykow désire, avant que l'on ne procède au vote sur les diverses propositions qui sont soumises à la Commission, exposer le point de vue auquel la Délégation de Russie envisage la question de la contrebande de guerre.

En examinant, dit-il, les différentes solutions que cette question pourrait comporter, elle s'inspire d'abord du souci du maintien de la paix générale. Nous pensons, que le moment est venu de mettre fin, par une entente internationale, aux risques auxquels les bonnes relations entre les Etats sont exposées par suite de l'existence de pratiques divergeantes dans cette question et de l'incertitude qui règne quant aux règles qui peuvent être appliquées pour réprimer la contrebande de guerre.

Nous aimons à reconnaître le bien-fondé des importantes considérations que la Délégation britannique a fait valoir dans la séance précédente de cette Commission et nous sommes tout disposés à rechercher ensemble les moyens les plus aptes à prévenir dans cette matière, les conflits internationaux.

Nous voulons prévenir ces conflits. Mais peut-on être sur de toujours réussir à les éviter? Le doute, qui est permis à ce sujet, entraîne pour chaque Etat l'obligation de veiller à sa légitime défense, dont un des moyens est d'empêcher que l'adversaire ne reçoive d'un neutre ce qu'il lui faut pour faire la guerre.

L'usage établi à cet égard n'est pas méconnu par la Délégation britannique.

Elle a même, en proposant une définition nouvelle du terme „navire auxiliaire", insisté sur la nécessité pour un belligérant d'user de mesures de rigueur à l'endroit d'un navire, même neutre, s'il est, à quelque titre que ce soit, au service du belligérant, fut-ce seulement comme réserve de vivres et avec une cargaison ou sur lest.

Cette nécessité, nous la reconnaissons aussi. Elle découle pour nous du principe indéniable qu'un belligérant a le droit absolu de se défendre et qu'un neutre qui fournit à l'ennemi les objets, dont il a besoin pour continuer les hostilités, participe lui même à celles-ci, rompt la neutralité et s'expose ainsi, de son plein gré, aux conséquences de ses actes.

Pourtant, ce principe, tout absolu qu'il soit, admet une limitation, c'est la sauvegarde des intérêts du commerce licite des neutres.

Je n'ai pas besoin, Messieurs, de vous rappeler les soins séculaires que le Gouvernement Impérial de Russie a voués à ces intérêts.

L'éminent Premier Délégué de la Belgique, inaugurant les travaux de la Commission qu'il préside, en a retracé l'histoire avec une précision et une éloquence dont nous gardons tous le souvenir. Nous restons fidèles à ces traditions, nous nous maintenons sur ce terrain historique, confirmé depuis par maint traité. Et aujourd'hui, ce n'est plus la Russie seule, avec un groupe d'Etats continentaux, comme au temps de la „neutralité armée" du XVIIIe siècle, qui désire protéger le commerce des neutres. Nous voyons par le récent discours de S. Exc. Lord Reay que la Grand-Bretagne, de son côté, vient en prendre résolument la défense. Nous avons écouté l'exposé détaillé fait par la Délégation britannique des maux dont le commerce des neutres souffre sous le régime existant. Nous avons entendu aussi des objections fortement motivées contre l'application à ces maux, du remède suprême proposé (Annexe 27) par l'Angleterre, l'abolition de la contrebande. Nous voulons espérer que cette Commission réussira à trouver les éléments d'un accord unanime sur cette grave matière et nous sommes prêts à examiner, dans un sincère esprit de conciliation et d'entente, toute proposition qui sera faite dans ce sens. Nous sommes convaincus qu'il est possible et qu'il serait très opportun d'apporter des améliorations à une situation dont les neutres, comme les belligérants, ont à se plaindre. Nous pensons, tout comme le fait la Délégation de France, qu'on pourrait chercher ces améliorations, entre autres dans l'étude de la nomenclature des objets pouvant être déclarés de contrebande, nomenclature pour laquelle la liste proposée (Annexe 29) par la Délégation française et celle présentée par la Délégation d'Allemagne (Annexe 28) contiennent des matériaux précieux. Peut-être, serait-il aussi possible d'éclaircir dans quelle mesure on pourrait exclure, d'un commun accord à l'avenir, de cette nomenclature, certains objets qui, parfois, y ont été compris. Ces points et beaucoup d'autres encore, pourraient être discutés en détail et avec grande utilité, nous semble-t-il, par le Comité d'Examen de cette Commission. Ils pourraient alors devenir l'objet d'un arrangement, lequel, tout en assurant pleinement les intérêts de la défense nationale, offrirait des garanties sérieuses au commerce licite des neutres et à la production pacifique de toutes les nations de la terre.

Le Contre-Amiral Sperry dit que les Etats-Unis, tout en défendant l'immunité de la propriété privée sur mer, ont toujours reconnu comme dernière ressource le droit des belligérants de faire la guerre effective; c'est pourquoi ils ont toujours considéré la contrebande comme sujette à confiscation et qu'ils ont maintenu le droit de blocus.

Ils pensent que la publication d'une liste de contrebande par un belligérant n'est pas une atteinte portée aux droits des neutres, et même, si l'on n'abuse pas de ce droit, qu'elle est conforme à leurs intérêts.

La première nécessité pour un marchand, au commencement d'une guerre, est de savoir ce qu'il peut faire librement; la déclaration de contrebande le fixe à cet égard. Si le marchand se livre au commerce de contrebande, c'est qu'il y gagne certainement et fait couvrir ses risques par une assurance.

D'autre part, on soutient quelquefois que le droit de visite et de recherche porte atteinte au commerce neutre; mais, en fait, l'Etat neutre s'est désisté de ses droits naturels de juridiction envers ses propres navires en pleine mer du moment qu'il permet la visite et la recherche par le belligérant pendant la guerre, et cela en premier lieu, non en vue des intérêts du belligérant, mais en vue de permettre à l'Etat neutre de laisser à ses ressortissant la faculté de faire le commerce librement et à leur gré, sans être obligé de prendre des mesures préventives.

Ce qui est nécessaire, c'est d'éviter des mesures, conçues à l'origine dans un esprit d'utilité mutuelle et qui laisseraient subsister des abus dont le commerce souffrirait injustement.

La Délégation des Etats-Unis ne pense pas qu'il soit possible, dans des conditions toujours variables, de formuler une liste d'articles de contrebande qui pourrait rester satisfaisante pour toute une période d'années; c'est pourquoi la proposition a été faite par cette Délégation, de restreindre la contrebande de guerre, dans les termes très étroits, mais généraux, aux articles qui ont toujours un usage militaire, et de restreindre ensuite la contrebande conditionnelle par des dispositions strictes concernant sa qualtié et sa quantité; par exemple, d'après ces règles, un chargement de pétrole de chauffage ne pourrait pas être saisi comme contrebande, étant exclusivement destiné à la consommation pacifique, mais le pétrole, qui peut servir aux navires de guerre, peut certainement être considéré comme contrebande, s'il est en quantité considérable.

En ce qui concerne les déclarations faites par M. le Second Délégué Plénipotentiaire d'Allemagne (Annexe 28) à la dernière séance de la Commission, concernant l'inviolabilité de la correspondance postale, la Délégation des Etats-Unis se déclare chaleureusement en faveur de ce principe et aime à espérer qu'il sera introduit dans le projet de convention.

S. Exc. M. Hagerup déclare, au nom de la Délégation de Norvège, appuyer la proposition britannique (Annexe 27). Pour un pays, dont la marine marchande, s'élèvant à 3 millions de tonnes environ, s'est trouvée et peut se trouver encore engagée dans les parages du théâtre de la guerre, la proposition britannique touche à des intérêts vitaux et offre des avantages importants. La proposition britannique, ainsi que le discours de S. Exc. Lord Reay, restera, sur ce point, un monument intéressant de la Conférence et même, si elle ne sera pas adoptée, elle gardera une importance historique. Sans vouloir entrer dans des considérations politiques, qui, ainsi que l'a fait remarquer M. le Président, ne sont pas du ressort de la Conférence, ou peut cependant constater comme un fait remarquable que c'est la Grande-Bretagne — la plus grande Puissance du monde, qui, jusqu'ici s'est cru obligée par le but même de sa politique de se montrer favorable à l'extension des droits des belligérants et qui, à defaut de traités particuliers, s'est toujours reservée le droit d'inscrire un très grand nombre d'objets sur des listes de contrebande — que, c'est cette Puissance qui vient nous dire: Nous avons récemment fait des expériences et comme neutre et comme belligérant et ces expériences nous ont convaincu qu'à notre temps les avantages que présente, pour le belligérant, l'application de la contrebande de guerre, ne sont pas compensés par les inconvénients, les torts et les dangers que supportent les neutres. Le développement, que de nos jours, ont pris les transports par mer et les transports terrestres, a modifié les conditions de l'exercice de la contrebande de guerre; il en a, d'une part, diminué les avantages, par cette raison que les transports d'objet de contrebande se font beaucoup moins par mer; d'autre part, il en a augmenté les dangers parce que le grand tonnage des navires aggrandit les risques du belligérant ainsi que les torts causés aux neutres. S. Exc. Lord Reay a démontré que cette modification nécessaire, survenue avec le temps, dans l'exercice de la contrebande, est une cause d'inégalité et d'injustice; elle est par cela même un argument qu' ont fait valoir les partisans de l'inviolabilité de la propriété privée sur mer. S. Exc. Lord Reay a encore rappelé avec beaucoup d'à-propos que les documents diplomatiques montrent qu'il a fallu parfois beaucoup de tact et de patience pour éviter que des réclamations, survenues à propos de contrebande de guerre, ne dégénérent en conflits armés. En supprimant la source de ces conflits, la Commission travaillera pour la paix.

Le discours de M. Louis Renault, par la force des arguments qui y sont développés, par l'éloquence qui le distingue, a certainement fait, sur la Commission, une grande impression, mais il suggère trois principales remarques sur les considérations qu'il contient et qui viennent à l'encontre de la suppression de la contrebande. 1°. Dans le courant du dernier siècle, le droit des neutres a été élargi, on est arrivé, de plus en plus, à reconnaître la liberté du commerce des neutres, on veut arriver aujourd'hui à une liberté absolue; M. Louis Renault se demande si dès lors elle ne deviendra pas un danger pour la paix, si les neutres pour lesquels l'état de guerre est un profit n'auront pas un intérêt à sa prolongation. Ce sont des arguments qu'on a aussi fait valoir contre l'inviolabilité de la propriété privée sur mer. Là ils ne sont pas à mon avis, concluants non plus. Mais le point de vue se comprend plus ou moins. Mais comment les intérêts des neutres — ou plutôt les intérêts de la classe des commerçants appartenants aux nations neutres — peuvent-ils exercer une influence sur la prolongation des guerres? Ce sera en premier lieu les belligérants et non pas les neutres qui en sont les maîtres. 2°. Le développement de la notion de la contrebande de guerre est, suivant M. Louis Renault, la contre-partie de l'irresponsabilité de l'Etat à l'égard des actes de ses ressortissants. On ne saurait nier que c'est bien l'étape suivie par la question. Les Etats neutres ont certainement beaucoup gagné à dégager leur responsabilité et à laisser leurs ressortissants soumis au contrôle du belligérant; mais ne peut-on pas faire aujourd'hui une nouvelle étape? Et ne peut-on pas envisager comme possible la suppression et du contrôle des particuliers et de la responsabilité de l'Etat? La Grande-Bretagne a répondu par l'affirmative. 3°. M. Louis Renault se demande enfin, si, après avoir supprimé la contrebande de guerre (Annexe 27) et adopté la théorie britannique (Annexe 2) du vaisseau auxiliaire, l'on ne se réservera pas des déceptions; mais il semble bien ressortir de la déclaration anglaise, que la théorie du vaisseau auxiliaire n'est pas la contre-partie de la suppression de la contrebande de guerre, et sur ce point, les paroles de S. Exc. Lord Reay ont été parfaitement explicites.

S. Exc. M. Hagerup se propose de voter contre la proposition britannique concernant le vaisseau auxiliaire, mais il croit que si néanmoins, les deux propositions anglaises sont votées, les petits Etats en retireront un grand avantage; il en résultera que les navires neutres ne pourront pas entrer en rapport avec une flotte belligérante, mais pourront librement trafiquer avec les ports ennemis. M. Renault ne semble pas avoir apporté la preuve que l'on suivait une fausse route. Mais si néanmoins la Commission estime que le moment n'est pas venu de supprimer la contrebande de guerre et si elle croit opportun de la régler par une convention mondiale, il est nécessaire qu'elle fasse un pas en avant, qu'elle mette fin à l'incertitude qui règne sur les règles de la contrebande; elle y arrivera à deux conditions: 1°. en fixant des règles sur la contrebande conditionnelle; 2°. en éclaircissant la théorie du voyage continu. Aujourd'hui, les ressortissants des Etats neutres ne savent ni où ils peuvent aller, ni quels sont les objets dont le trafic est licite. Il faut aussi trancher la question de savoir si les belligérants ont le droit absolu de définir les objets qui seront considérés comme contrebande de guerre. Si l'incertitude doit subsister, il vaut mieux réserver la question à une Conférence ultérieure. Les propositions que les Délégations allemande et française (Annexes 28 et 29) ont soumises à la Conférence méritent une sérieuse considération, et si la Commission ne croit pas devoir se rallier à la proposition britannique, elles pourront servir de base à une amélioration.

S. Exc. le Marquis de Soveral s'associe de grand cœur à l'hommage si éloquemment rendu par son collègue M. le Premier Délégué de Norvège à l'esprit de la proposition de la Délégation de Grande-Bretagne, relative à l'abolition du principe de la contrebande de guerre (Annexe 27).

Il a raison. Cet acte restera comme un monument d'une haute sagesse et d'une grande abnégation. S. Exc. le Marquis de Soveral ajoute: „Je fais des vœux, Messieurs, pour que nous tous ,et la Délégation britannnique aussi, nous nous inspirions de cet esprit dans l'examen des questions très importantes qui vont venir sous peu et de la solution desquelles dépendra le bon renom de la Deuxième Conférence de la Paix."

S. Exc. M. Ruy Barbosa prend ensuite la parole et s'exprime en ces termes:

On ne saurait exagérer l'importance de la question de la contrebande de guerre dans les délibérations de la Conférence de la Paix. Ce n'est pas une de ces matières où l'on puisse dire qu'il ne s'agit que d'alléger les maux de la guerre: il y aurait là beaucoup à faire positivement au profit de la paix.

D'après ce que nous a montré, il y a longtemps, M. Westlake, toute règle tendant à empêcher le belligérant de s'approvisionner sur les marchés du monde, a pour résultat d'assurer la victoire à celui des deux ennemis qui, dès le début, est le mieux préparé, et, par conséquent, de mettre les Etats dans la nécessité de se tenir constamment prêts à la guerre, en la rendant plus probable, en obligeant les nations à entretenir sans cesse des armements ruineux, et en multipliant les occasions de guerre par l'avantage qu'elle assure aux surprises, attendu que ceux qui se croient les mieux armés d'avance, ont sur les autres, pour la rupture immédiate, une supériorité dont ils sont portés à se servir au plus tôt, en précipitant le conflit.

Donc, dans une époque où nous voyons arriver à son comble la tendance des guerres à devenir de plus en plus navales, la doctrine de la contrebande de guerre est une des causes les plus influentes de l'accroissement excessif des armements en temps de paix.

Si l'on voulait faire contre cette calamité un progrès sérieux par voie indirecte, du moment que la voie directe nous paraît inaccessible, il n'y aurait rien de plus utile à faire que de limiter simplement le régime de la contrebande, abolir tout à fait ce prétendu droit des belligérants, en maintenant seulement le blocus. C'est ce qui a été soutenu, depuis longtemps, par M. Lorimer, par M. von Bar, et dernièrement par M. Westlake.

La proposition anglaise viendrait réaliser ce progrès. Nous n'avons donc qu'à l'applaudir et à la saisir avec empressement, quoique nous ne croyons pas facile de concilier le maintien du droit, pour les belligérants, de confisquer les biens privés sur mer avec l'abandon, par les belligérants, du droit de s'emparer de la contrebande militaire. Logiquement, on ne parvient pas à comprendre que l'on puisse en même temps garantir le commerce militant, agressif, et déclarer hostile le commerce inoffensif, pacifique. D'ailleurs deux choses qui jurent de se trouver ensemble dans le terrain de la logique, pourront bien s'harmoniser dans celui de considérations d'autre nature. Mais, quoiqu'il en soit, la proposition anglaise est une grande mesure, qui s'impose aux amis des intérêts de la paix; et lorsqu'on ne peut pas aboutir à tout ce qui la logique exigerait, on doit bien se contenter de la partie que. la politique nous concède.

Malheureusement, contre cette proposition on a déjà vu poindre la divergence qui doit la tuer; ce qui nous semble vraiment lamentable. On perdra cette occasion d'éloigner du droit international, par l'initiative d'une des Puissances les plus bienfaisantes et les plus glorieuses du monde, une source toujours renaissante d'abus contre la justice, de conflits entre les belligérants et les neutres, puisqu'en matière de contrebande de guerre on n'a pas réussi à trouver, jusqu'à ce jour, une autre loi que celle du droit défini par l'intérêt des belligérants, dont les tribunaux exercent un arbitre, auquel, pour nous exprimer comme M. Holland, „il ne reste aux gouvernements neutres que le devoir passif d'acquiescement".

Tout nous annonce donc que cette institution génératric de guerres ne recevra pas le coup fatal dans cette Conférence. Nous ne ferons plus que la régler. Mais, du moins, en la réglant, cherchons à la borner d'une façon profitable. C'est ce que tachent de faire la proposition américaine (Annexe 31), la proposition française (Annexe 29) mais surtout, à ce que nous croyons, la proposition brésilienne (Annexe 30).

Permettez-moi d'oser attirer sur celle-ci votre attention. Notre projet n'a pas le mérite de l'originalité, que, d'ailleurs, on ne pourrait pas invoquer en l'honneur d'aucun autre. Dans ce sujet, toutes les explorations utiles sont déjà faites; on n'a qu'à choisir entre des solutions étudiées. Voici pourquoi je ne commenterai pas la nôtre. Elle s'inspire généralement d'idées approfondies et formulées, il y a onze ans, par l'Institut de Droit International, avec certaines modifications peu importantes.

Comme transaction, c'est la plus avancée de celles que l'on nous propose ici. Elle ne désarme pas les belligérants, auxquels elle laisse, dans le droit de préemption, une faculté précieuse par rapport aux objets de contrebande relative et accidentelle, qui cesse d'exister. Mais, en même temps, elle fait le plus possible, sous le régime de la contrebande, pour qu'elle ne devienne pas, comme il arrive jusqu'à présent, un système de guerre contre le commerce des neutres.

S. Exc. Réchid Bey déclare que, tout en se rangeant à l'opinion éloquemment émise sur la nécessité du maintien de la règle jusqu'ici en vigueur, relativement à la saisie de la contrebande de guerre, la Délégation ottomane, dans la pensée de donner les facilités et la liberté voulues au commerce, se prononce pour la limitation autant que possible des articles qui dovient être considérés comme contrebande de guerre.

S. Exc. Lord Reay se déclare un peu surpris de la position prise, en ce qui concerne la contrebande de guerre, par la Délégation des Etats-Unis (Annexe 31). Il désire leur rappeler une note éloquente que le Secrétaire d'Etat, Marcy, adressa le 28 Juillet 1856 au Ministre de France à Washington et qui est ainsi conçue:

„Il n'est pas sans intérêt de faire observer que, pour satisfaire aux justes réclamations des neutres, il serait opportun d'apporter quelques modifications à la doctrine du commerce de la contrebande et peut-être même de la supprimer. Les nations, qui veulent rester en paix, ne doivent pas être menacées dans leurs intérêts commerciaux par celles qui cherchent à se faire la guerre, pourvu que les citoyens de ces nations ne compromettent pas leur situation de neutres par une intervention dans les opérations militaires. Les règles du siège et du blocus semblent donner, à l'encontre des neutres, toutes les garanties que peuvent exiger les belligérants. Ces règles interdisent toute relation commerciale avec les places assiégées ou bloquées.

„Il serait contraire à toute idée de justice d'apporter de plus grands obstacles aux opérations commerciales des neutres qui ne sauraient être responsables de l'état de guerre existant. Si cette manière de voir était adoptée et mise en pratique par toutes les nations civilisées, le droit de visite, qui a été la source de nombreuses vexations et de tant de dommages pour le commerce neutre, serait restreint aux seuls cas où l'on pourrait légitimement soupçonner une tentative de trafic avec des places se trouvant assiégées ou bloquées.

„L'humanité et la justice exigent que les calamités de la guerre soient strictement restreintes aux belligérants eux-mêmes et à ceux qui, volontairement, prennent part aux hostilités; mais les neutres, qui, de bonne foi, s'abstiennent de toute intervention, doivent conserver la liberté de faire le commerce avec l'un ou l'autre des belligérants, quelle que soit la nature des articles qui font l'objet du trafic.

„Quoique les Etats-Unis n'aient pas l'intention de demander une modification des règles de la contrebande et d'apporter ainsi une entrave aux négociations actuellement en cours sur le droit des neutres, ils n'en sont pas moins prêts à donner leurs approbation à tout projet de ce genre, lorsqu'ils pourront envisager, de la part des autres Puissances maritimes, un accueil favorable."

Quant à M. Louis Renault, S. Exc. Lord Reay écoute toujours ses discours avec grand plaisir, lorsqu'il est de son avis; il vient de l'entendre aujourd'hui avec plus de plaisir encore, parce que, si un homme aussi éminent n'a pas des arguments plus forts à lui opposer, c'est que la thèse britannique est bien fondée. M. Louis Renault estime qu'en leur accordant une entière liberté de trafic, les neutres auront un intérêt à la prolongation des hostilités; mais la réforme que propose la Grande-Bretagne ne peut guère être combattue par cette faible possibilité pour les neutres d'influer sur la durée de la guerre. Et si l'on songe à la répercussion que peut avoir l'état de guerre sur la vie économique et financière des nations neutres, on pourra se convaincre que leur intérêt général sera dans le rétablissement de la paix.

M. Louis Renault maintient que la contrebande conditionnelle est susceptible d'une certaine atténuation, mais S. Exc. Lord Reay estime que l'arbitraire n'en subsistera pas moins du moment que le belligérant est libre de déclarer certains objets comme étant de contrebande de guerre. Le droit de préemption ne constitue pas non plus une atténuation de la contrebande conditionnelle; il n'empêchera pas les difficultés de se produire et les populations innocentes, pourront subir le sort des belligérants, et être privées de choses nécessaires à leur existence. C'est avec plaisir, que S. Exc. Lord Reay a entendu M. Louis Renault déclarer que la neutralité consiste à s'abstenir de toute assistance hostile, c'est cette pensée qui a servi de base à la théorie du navire auxiliaire, quoiqu'elle fasse l'objet d'un autre chapitre du Droit des Gens.

Répondant au Premier Délégué du Brésil, l'orateur déclare ne pas voir la connexité qui existe entre le droit de saisie de la propriété ennemie et la saisie d'objets de contrebande, propriété neutre; ce sont deux questions indépendantes l'une de l'autre. Il remercie S. Exc. M. Hagerup de son très intéressant discours et espère que la proposition britannique (Annexe 27) recevra la sanction de la Commission.

S. Exc. M. Porter répond à S. Exc. Lord Reay que, depuis la politique démodée de Marcy, le Gouvernement des Etats-Unis a acquis de l'expérience, et préfère aujourd'hui la politique plus moderne de Roosevelt.

S. Exc. M. Ruy Barbosa réplique à son tour en ces termes:

On vient d'écouter la réponse catégorique en deux mots, que notre éminent collègue Lord Reay a bien voulu faire à un incident de mon petit discours. Cette contestation nette m'oblige à une réplique.

Tout d'abord il faut qu'on le remarque; je ne suis pas suspect là dessus. Je venais d'appuyer la proposition anglaise en matière de contrebande de guerre. Ce n'est qu'incidemment que j'avais dit ne la pouvoir bien comprendre à côté de l'opposition anglaise à l'immunité de la propriété privée sur mer. C'est donc un incident, que notre honorable collègue m'a fait l'honneur de relever. Il faut que je réponde à cette distinction.

C'est de longtemps que je me suis habitué à voir dans mon illustre contradicteur un des maîtres contemporains dans cette branche du droit. Ses travaux, surtout dans l'Institut de Droit International, me sont bien connus. Ils constituent des titres à notre respect. Mais l'autorité des maîtres elle-même ne se fonde que sur la supériorité de leurs raisons. Eh bien! dans ce cas, notre respectable collègue ne m'en a donné aucune. Il s'est borné à dire carrément qu'il n'y a aucun rapport entre la question de la contrebande de guerre et celle de l'immunité de la propriété privée sur mer dans les guerres navales. Et pourquoi? Il ne nous l'a pas dit. Donc je me permets d'opposer à son affirmation pure et simple le motif de mon opinion contraire.

N'y a-t-il vraiment aucun rapport entre les deux questions indiquées? Je soutiens, au contraire, que ce rapport est direct et manifeste. En voulez-vous une preuve? Je vais vous la donner immédiate et saisissante. Dans la proposition américaine, on déclare que la propriété privée ennemie est exempte de capture sauf la contrebande de guerre. Donc, dans cette proposition, on établit en règle générale l'immunité de la propriété privée ennemie et on pose en exception à cette immunité la contrebande de guerre. Mais est-ce que l'on peut nommer comme exception à une règle des cas qui, sans l'exception, n'y seraient pas compris? Non: l'exception n'est qu'une espèce détachée du genre indiqué par la règle. Or, peut-il y avoir une relation plus intime entre deux idées que celle de l'espèce vis-à-vis du genre? Donc, entre ces deux idées, la relation est intime.

Qu'est-ce que l'on voit, maintenant, dans la manière dont les représentants de la Grande-Bretagne envisagent ici les deux questions? Ils renversent les termes de l'attitude américaine, en déclarant susceptible de capture la propriété privée sauf le cas de la contrebande de guerre. La contrebande était saisissable dans la proposition américaine. La contrebande est insaisissable dans la proposition britannique (Annexe 27). Mais laisse-t-elle pour cela d'être un cas spécial de la privée propriété sur mer?

Evidemment non. C'est toujours de la propriété privée sur mer qu'il s'agit. D'après le système de la Délégation britannique, la propriété maritime est passible de capture, mais la contrebande de guerre ne l'est pas. C'est-à-dire: on fait la guerre au commerce ordinaire et on s'abstient de le faire au commerce d'articles belliqueux. Mais c'est toujours le commerce, toujours la propriété privée. Peut-il y avoir un rapport plus intime? Si elle consiste en des produits inutiles aux opérations militaires, on peut la confisquer à titre de commerce général. Mais, si elle consiste en des produits utiles à la guerre, alors, à titre de contrebande de guerre, elle est garantie. N'est-ce pas que l'inconséquence est manifeste, aussi manifeste que le rapport est intime? Je voudrais bien que l'on me démontrât le contraire.

M. Max Huber exprime, au nom de la Délégation suisse, l'avis que la proposition de la Délégation britannique, d'abolir la défense de la contrebande, paraît présenter la solution la plus juste du problème que la Commission discute aujourd'hui, parce qu'elle protège le plus efficacement les intérêts du commerce des Etats neutres qui sont en tout temps la très grande majorité.

Si la proposition britannique pouvait être adoptée, l'on aurait aussi écarté une des difficultés les plus épineuses du droit international, et il serait plus facile de régler les autres questions connexes, de façon à concilier la liberté du commerce neutre avec les intérêts légitimes des belligérants.

Le Président constate que deux opinions différentes se sont manifestées: l'une, qui tend à abolir la contrebande et qui est soutenue par la Grande-Bretagne, la Norvège, le Portugal et la Suisse; l'autre, qui est soutenue par la France (Annexe 29) et les Etats-Unis d'Amérique (Annexe 31), et qui tend à maintenir le principe de la contrebande, tout en y apportant des améliorations. Il constate aussi que tous sont d'accord sur l'incertitude des règles de la contrebande et sur la reconnaissance aux belligérants du droit de légitime défense. On est aussi d'accord pour accorder au commerce neutre les plus larges garanties; dans ces conditions, le Comité d'Examen pourra rédiger des articles sur des bases adoptées par tous; s'il en était autrement, la Commission serait admise à exprimer son opinion par un vote.

S. Exc. Edward Fry insiste pour que la Commission vote sur le principe de l'abolition de la contrebande; il demande que ce vote soit remis à la prochaine séance, afin que les Délégations aient le temps de bien considérer les diverses propositions; il est convaincu que plus on examinera la proposition britannique, plus on la trouvera acceptable.

Le Président déclare que la discussion sur la contrebande de guerre est close; le vote sur cette question est remis à la prochaine séance; on reviendra ensuite à la discussion du délai de faveur et des autres questions qui suivent.

La séance est levée à 4 heures.

3. Dixième Séance. 31. Juli 1907.

(Bd. III S. 878 der Verhandlungen.)

Présidence de Son Excellence M. de Martens.

Le Président rappelle que l'ordre du jour porte, en premier lieu, le vote sur la proposition de la Délégation de Grande-Bretagne relative à l'abolition de la contrebande de guerre (Annexe 27). La Commission a exprimé le désir de voter sur la proposition telle qu'elle est conçue dans le tableau synoptique (Annexe 32). Le Président en donne lecture et annonce qu' avant d'exprimer leur vote, quelques Délégués ont demandé la parole.

S. Exc. le Baron de Macchio prend alors la parole et s'exprime en ces termes:

La proposition de la Délégation britannique, se rapportant à l'abolition de la contrebande de guerre, a fait aux dernières séances de cette Commission, l'objet d'une analyse hautement intéressante, dans laquelle un grand nombre de nos honorables collègues ont développé tous les arguments qui pourraient être mis en avant, pour ou contre cette proposition.

Aussi la Délégation d'Autriche-Hongrie apprécie-t-elle à sa juste valeur l'énorme avantage que la voie, dans laquelle la Délégation britannique s'est engagée par cette proposition libérale, pourra contenir pour le commerce des neutres en temps de guerre. Elle estime qu'un des buts principaux de la Conférence actuelle n'est pas seulement d'alléger les maux de la guerre, mais de limiter, dans la mesure du possible, son influence funeste sur tout ce qui est en dehors des parties belligérantes, c'est-à-dire sur la vie, les biens et le bien-être en général des neutres. S'linspirant elle-même en première ligne des intérêts importants de ceux-ci, la Délégation austro-hongroise n'hésite pas à déclarer sa sympathie au principe de l'entière suppression de la notion de la contrebande de guerre. C'est dire qu'elle votera pour la proposition britannique, si elle est mise au vote; mais il est bien entendu qu'elle tient à en exclure la question de la définition du vaisseau auxiliaire, laquelle, du reste, ainsi que la Délégation britannique l'a déclaré elle-même, ne forme nullement une contre-partie de la proposition qui nous occupe actuellement.

Cependant, la Délégation austro-hongroise ne se fait pas illusion sur les conséquences pratiques de ce vote, vu les divergences d'opinion qui se sont manifestées au cours de la discussion de cette illustre assemblée.

Elle doit donc, dès-à-présent, prévoir le cas où la proposition britannique ne pourrait pas trouver l'unanimité requise.

Or, nous avons également sous les yeux les propositions de la Délégation allemande, française et brésilienne, qui, tout en maintenant le principe de la contrebande, présentant tout de même dans leur ensemble une amélioration sensible de la situation actuelle et partent toutes du point de vue de remédier jusqu'à un certain point à l'incertitude, à l'instabilité, au manque de règles précises et généralement reconnues qui renferme actuellement, pour le commerce des neutres, les plus grands inconvénients et les plus grands risques.

La Délégation austro-hongroise se réserve donc le droit de se rallier à celui de ces projets qui donnerait au principe de la contrebande l'interprétation la plus restrictive. Elle estime que toutes ces propositions contiennent des idées extrêmement appréciables, et se permet d'exprimer l'espoir qu'une entente pourrait peut-être s'établir sur la base d'un compromis entre les projets susmentionnés.

Le Président annonce que la Commission prend acte des paroles de S. Exc. le Baron de Macchio.

Le Comte de la Mortera déclare, qu'en l'absence d'instructions, la Délégation espagnole s'abstiendra.

S. Exc. M. Keiroku Tsudzuki fait une déclaration analogue; la Délégation du Japon se réserve toutefois le droit de se prononcer ultérieurement, s'il y a lieu.

S. Exc. M. Van den Heuvel désire exposer, en quelques mots, l'attitude de la Délégation belge.

Elle a donné son adhésion aux propositions qui avaient pour objet de proclamer le respect de la propriété privée des belligérants sur mer et de l'assurer dans la même mesure que celui de la propriété privée ennemie sur terre. Elle donnera son adhésion aux propositions qui ont pour but de proclamer le respect de la liberté commerciale des neutres sur mer et d'écarter les entraves qui y ont été apportées au préjudice de l'intérêt général.

Trop souvent on a dit que les intérêts des neutres doivent fléchir devant les droits des belligérants. Ce point de vue nous semble inexact. Neutres comme belligérants ont des droits respectifs; l'essentiel est de les concilier sans les sacrifier les uns aux autres.

Le système de la contrebande, tel qu'il a été échafaudé dans ces dernières années, n'est plus un système qui découle de la légitime défense des belligérants. C'est un régime qui va bien au delà de ce que peut demander la conduite nécessaire des hostilités; il verse en plein arbitraire par ses dispositions sur la contrebande relative et par ses présomptions sur la continuité du voyage; il trouble et lèse profondément non seulement les relations pacifiques des neutres avec les belligérants, mais celles des neutres entre eux.

Les grandes routes de la mer doivent rester ouvertes au va et vient des nations sans qu'on puisse y mettre des barrières: Mare Liberum. Sur mer comme sur terre les particuliers neutres doivent pouvoir revendiquer la liberté complète de leur commerce.

Tout ce que les Etats belligérants peuvent demander, c'est que les Etats ou les particuliers neutres se maintiennent dans la réserve que commande leur neutralité; c'est par conséquent, d'une part, que les Etats neutres reconnaissent leur droit de mener les hostilités sans que les conditions de la lutte puissent être modifiées, soit par une entrave, soit par un secours; et c'est, d'autre part, qu'ils soient euxmêmes armés contre l'intervention des particuliers neutres par le droit d'arrêter les navires qui prêteraient manifestement une assistance directe aux forces adversaires et par le droit d'atteindre ceux qui tenteraient de violer un blocus déclaré et effectif.

C'est pourquoi la Délégation belge donnera un vote affirmatif à la proposition progressiste de la Délégation britannique (Annexe 27).

La suppression de la contrebande placerait en temps de guerre les Etats insulaires et ceux qui présentent un grand développement de côtes dans la même situation que les Etats continentaux qui peuvent, par de faciles transports intérieurs, continuer à subvenir librement aux multiples nécessités de leur population.

Elle bénéficierait à tous, grands et petits, aux belligérants d'aujourd'hui qui seront les neutres de demain; elle ferait disparaître mille sources de dréjudices et de conflits.

S. Exc. le Baron Marschall de Bieberstein fait observer que la proposition anglaise vise à l'abolition de la contrebande. Dans l'apparence ce serait un grand progrès en faveur de commerce neutre. Mais la proposition anglaise relativement à la définition des vaisseaux de guerre, maintient en réalité la contrebande en créant à notre avis aux bateaux marchands neutres une situation qui serait bien plus précaire que celle sous le régime actuel. Un exemple: Un bateau marchand neutre portant contrebande peut être, en vertu du système en vigueur, saisi, mais la légitimité de la prise doit être confirmée par une procédure juridique. Mais ce même bateau soupçonné de porter des provisions destinées à la flotte ennemie, pourrait d'après la proposition anglaise être considéré comme vaisseau de guerre de l'ennemi; et le bateau, la cargaison et l'équipage seront traités comme faisant partie de la flotte ennemie. Alors „causa finita". Aucun recours légal sera possible.

Il paraît donc que les deux propositions anglaises, forment un tout inséparable. S. Exc. le Baron Marschall de Bieberstein ne s'oppose pas à la proposition du Président de faire voter sur la proposition visant l'abolition de la contrebande; mais un tel vote, pouvant en dehors de la Conférence donner lieu à des interprétations fausses, il tient à dire que la Délégation allemande, en votant contre l'abolition de la contrebande, n'a nullement l'intention de refuser aux bateaux marchands neutres un avantage, mais que, bien au contraire, elle désire conserver le régime de la contrebande, parce que celui-ci paraît bien meilleur et bien plus avantageux au commerce neutre que le nouveau système proposé par la Délégation anglaise.

S. Exc. M. Choate rappelle qu'à la dernieère séance, la Délégation des Etats-Unis a déclaré préférer à l'attitude prise dans la question de contrebande par le Secrétaire d'Etat Marcy, celle du Président Roosevelt.

La Délégation des Etats-Unis, s'étant mis en rapport avec lui, est aujourd'hui à même de déclarer, en son nom, que les Etat-Unis, désirant favoriser, autant que possible, le commerce neutre, croient préférable d'apporter une certaine limitation à la contrebande de guerre plutôt que d'adopter sa suppression qui, vraisemblablement, soulèverait des questions dont la gravité rendrait la solution difficile.

S. Exc. Lord Reay désire, une fois de plus, revenir sur ce fait qu'il n'y a aucune connexité entre la question de l'abolition de la contrebande de guerre et celle de la définition du vaisseau auxiliaire. Les Délégations, qui voteront en faveur de la suppression de la contrebande de guerre (Annexe 27) restent donc libres de se prononcer contre la théorie (Annexe 2) du vaisseau auxiliaire et à l'inverse, celles qui n'admettront pas cette suppression, peuvent adopter la définition des navires auxiliaires.

Le Président rappelle que la Commission a decidé qu'elle voterait à la séance d'aujourd'hui sur la question de la contrebande. Toutes les déclarations concernant la contrebande seront insérées au procès-verbal et, en exprimant leur vote, les Délégations auront en vue ces différentes déc arations.

Au cours des débats, deux opinions se sont manifestées. La première, défendue par la Délégation britannique (Annexe 27) se prononce en faveur de l'abolition de la contrebande de guerre; la seconde, soutenue par la Délégation française (Annexe 29) s'inspire de la nécessité de laisser subsister cette contrebande; toutefois l'accord s'est manifesté sur plusieurs points: personne ne conteste au belligérant son droit de légitime défense; personne non plus ne conteste que le devoir des neutres est de ne pas intervenir dans les hostilités; on est d'accord pour laisser aux belligérants le droit de prendre des mesures contre le commerce hostile des neutres; il y a enfin un quatrième point sur lequel toutes les opinions se rencontrent: c'est qu'il y a des abus que tous ont constatés et que des réformes s'imposent, celles qui, en particulier, auront pour but de définir d'une manière exacte les objets de contrebande et qui, en conséquence, donneront au commerce neutre plus de garanties qu'il n'en a aujourd'hui.

Il est procédé au vote; trente-cinq Délégations y prennent part.

Ont voté pour 25:

République Argentine, Autriche-Hongrie, Belgique, Brésil, Bulgarie, Chili, Chine, Cuba, Danemark, République Dominicaine, Grande-Bretagne, Grèce, Italie, Mexique, Norvège, Paraguay, Pays-Bas, Pérou, Perse, Portugal, Salvador, Serbie, Siam, Suède, Suisse.

Ont voté contre 5:

Allemagne, Etats-Unis d'Amérique, France, Monténégro, Russie.

Se sont abstenus 5:

Espagne, Japon, Panama, Roumanie, Turqie.

Sur la proposition du Président, la Commission décide de charger le Comité d'Examen de préparer un texte qui conciliera toutes les propositions qui ont été faites.

S. Exc. M. Ruy Barbosa demande le vote sur la proposition de la Délégation brésilienne (Annexe 30); la Commission a pu étudier les différents systèmes qui lui ont été soumis et qui sont conçus dans une pensée plus ou moins large; elle doit se prononcer à leur égard dans l'ordre qu'elles présentent au point de vue de leur étendue. Si la Commission adopte cette manière de voir, elle doit voter en premier lieu sur la proposition brésilienne et ensuite sur les autres propositions. Le travail qui revient au Comité d'Examen se trouvera ainsi simplifié.

Le Président estime que dans ces conditions, il faut ouvrir une discussion générale, d'abord sur la proposition britannique puis, successivement, sur celles du Brésil, de l'Allemagne (Annexe 28) et de la France. Il serait peut-être préférable, pour ne pas prolonger les discussions, de laisser, comme dans les autres Commissions, le Comité d'Examen chercher un texte de conciliation entre les différentes propositions.

S. Exc. M. Ruy Barbosa se range à cette manière de procéder.

S. Exc. M. Carlos Concha prend la parole et s'exprime en ces termes:

Des projets qui ont été soumis à la Commission, ainsi que de leurs discussions, il ressort qu'il existe une tendance marquée vers le but de restreindre la contrebande relative en la circonscrivant aux articles directement destinés à l'approvisionnement des armées de terre et de mer des belligérants, et, par contre, de laisser libre de toute contrainte le commerce entre particuliers de ces mêmes articles, comme l'indiquent les propositions de l'Allemagne et de la France (Annexes 28 et 29).

La Délégation du Chili, de son côté, verrait avec plasir qu'on arrivât à l'abolition totale de la contrebande relative, non seulement dans le but de donner plus de sécurité au commerce, mais aussi afin d'eviter les nombreux cas de controverses entre nations, qui naîssent de ces questions de contrebande.

Dans l'intention de montrer les erreurs d'appréciation auxquelles donne lieu le classement des articles de contrebande, nous nous permettrons de signaler ce qui arrive avec une substance qui est employée en agriculture et dans l'industrie européenne, dans un but essentiellement pacifique et dont le marché atteint un chiffre d'affaires entre 300 et 400 millions de francs par an.

Nous voulons parler du nitrate de soude qui a toujours été classé au nombre des articles constituant la contrebande de guerre, malgré l'énorme emploi qui en est fait en agriculture et dans l'industrie. Nous nous permettons donc d'attirer sur ce point l'attention du Comité d'Examen, afin d'obtenir que cette substance soit effacée de la liste des articles réputés contrebande de guerre.

A l'appui de notre opinion, voici ce que dit Rivière dans ses „Principes du Droit des Gens":

„Sur une réclamation de négociants hambourgeois, le Gouvernement allemand s'est prononcé en principe contre la nature de contrebande (du nitrate sodique), et a promis de chercher à faire prévaloir sa manière de voir, en faveur du commerce du salpêtre ou nitrate sodique."

En effet, la proportion de nitrate qui entre dans la fabrication de la poudre est tellement insignifiante qu'elle ne mérite pas d'être prise en considération.

Le nitrate sodique est avant tout — et c'est là sa principale et plus importante qualité, — un engrais, l'engrais par excellence, le fertilisant sans lequel l'agriculture en général et tout spécialement, la culture des céréales et de la betterave se verrait menacée dans sa production en proportions telles qu'elle en pourrait être amenée à une ruine complète.

Le nitrate est, en outre, un très important facteur dans l'industrie, en particulier dans l'industrie minière où il est employé dans la préparation des explosifs nécessaires pour arracher la richesse des entrailles de la terre. La construction des ports, la perforation des tunnels et enfin toutes les grandes œuvres du progrès moderne, requièrent, pour être réalisées, l'emploi du nitrate.

On peut donc affirmer qu'en l'état actuel de l'agriculture, de l'industrie et des progrès modernes, le nitrate est un élément indispensablé, un élément de paix, de civilisation et de richesse et non un élément de destruction.

Il serait difficile, sinon impossible, d'établir d'une manière mathématique, la quantité exacte qui entre dans ses diverses et différentes destinations, mais l'on peut sans crainte de se tromper, estimer que quatre-vingt pour-cent du nitrate existant, s'emploie, comme engrais pour l'agriculture. Le vingt pour-cent restant est utilisé par l'industrie chimique et l'industrie minière. De ce vingt pour-cent, la moitié seulement, plutôt moins que plus, entre dans la composition des explosifs et une quantité insignifiante dans la fabrication de la poudre.

L'Europa seule a consommé, l'an dernier, 1906: un million deux cent quarante et un mille, quatre cent tonnes de nitrate. Cette énorme quantité s'est distribuée entre les principaux pays européens, comme suit:

Allemagne	559 040	tonnes;
France	213 180	„
Belgique	178 100	„
Pays-Bas	120 640	„
Grande-Bretagne	106 950	„
Italie	46 520	„
Autriche	6 840	„
Suède	5 320	„
Espagne	4 670	„
etc. etc. etc.		

La simple énumération de ces chiffres suffirait pour démontrer amplement quelles énormes perturbations économiques se produiraient si l'on faisait entrer le nitrate au nombre des articles qui constituent la contrebande de guerre.

L'opinion que le nitrate devait être considéré comme contrebande de guerre, parce qu'il servait à la fabrication de la poudre, avait sa raison d'être, il y a 50 ou 60 ans. A cette époque, la production du nitrate était insignifiante, si on la compare à celle d'aujourd'hui. et alors, c'était à peine si on l'employait en agriculture, car ses qualités de fertilisant n'étaient pas suffisamment connues. On l'utilisait principalement pour la fabrication des explosifs et de la poudre. Mais de cette époque à aujourd'hui, les conditions et l'importance du nitrate ont changé du tout au tout. Le nitrate est devenu un engrais, d'une efficacité universellement reconnue, et bien que sa production ait augmenté en proportions gigantesques, la presque totalité de sa production est detinée à l'agriculture.

En vue d'illustrer notre démonstration, je joins à mes quelques paroles un tableau où l'on pourra suivre l'augmentation de la production du nitrate de 1840 a 1904, calculée par périodes de 5 ans.

Il me reste le devoir de m'excuser d'avoir pris la liberté d'attirer l'attention de la Commission sur un point qui intéresse vivement le Chili, unique pays producteur du nitrate, et qui touche aux intérêts vitaux de l'agriculture et de l'industrie du Monde entier.

1840—1844	Tonnes	73 232,
1845—1849	„	94 806,
1850—1854	„	149 960,
1855—1859	„	259 394,
1860—1864	„	327 034,
1865—1869	„	487 324,
1870—1874	„	1 095 628,
1875—1879	„	1 365 418,
1880—1884	„	2 220 926,
1885—1889	„	3 318 520,
1890—1894	„	4 813 670,
1895—1899	„	6 204 636,
1900—1903 (4 ans) . .	„	5 537 396.
Total	„	25 947 944.

Le Président dit que la Commission prend acte de ces différentes déclarations et qu'elles seront soumises au Comité d'Examen.

c) Verhandlungen der Spezialkommission für die Frage der Konterbande.

1. Première Séance. 12. August 1907.

(Bd. III S. 1105 der Verhandlungen.)

Présidence de Son Excellence Lord Reay.

S. Exc. M. de Martens, en qualité de Président de la Quatrième Commission ouvre le séance, en rappelant, qu'un Comité, composé de M.

Kriege (Allemagne), le Contre-Amiral Sperry (Etats-Unis d'Amérique), S. Exc. M. Ruy Barbosa (Brésil), S. Exc. Augusto Matte (Chili), M. Louis Renault (France), S. Exc. Lord Reay (Grande-Bretagne), le Capitaine de Vaisseau Behr (Russie) et M. Fromageot (Secrétaire de la Commission), a été chargé par la Quatrième Commission de l'étude de la question de la contrebande de guerre. Il propose de constituer le bureau du Comité et de nommer S. Exc. Lord Reay président. (Vifs applaudissements.)

S. Exc. Lord Reay, ayant accepté la présidence, propose de désigner M. Fromageot rapporteur (1) du Comité. (Assentiment.)

Le Président fait observer que la proposition de la Délégation britannique (Annexe 27) d'abandonner le principe de la contrebande de guerre n'ayant pas été acceptée unanimement, le Comité d'Examen doit rechercher dans les autres propositions soumises à la Commission, les éléments d'un accord général sur cette question.

M. Kriege estime qu'il serait plus pratique, avant de procéder aux discussions, de formuler quelques questions se rapportant aux matières soumises à l'examen du Comité; il lui semble difficile de baser la discussion sur un seul des projets présentés à la Commission, procédé qui pourrait créer un avantage pour la Délégation dont il émane.

M. Louis Renault se rallie à cette manière de voir et propose au Comité de se prononcer successivement sur les points principaux des différentes propositions. Puisque l'on admet que la notion de la contrebande de guerre doit exister, il s'agit de savoir, en premier lieu, quels sont les articles qui constituent la contrebande dite absolue.

Le Contre-Amiral Sperry désire établir la théorie générale sur laquelle est basée la proposition (Annexe 31) de la Délégation des Etats-Unis d'Amérique. Il est bien difficile de dresser une liste d'objets constituant la contrebande qui ait une valeur absolue. Dans les conditions actuelles, les articles, destinés à des buts de guerre, changent si rapidement, qu'une liste de tels articles, même si elle était parfaite, ne pourrait rester satisfaisante que peu d'années. Il serait donc désirable d'établir une formule générale, dans les limites de laquelle les belligérants eux-mêmes pourraient fixer les articles constituant la contrebande; en cas de contestations, les cours de prises auraient à décider, si tel ou tel article, inscrit sur la liste, constitue en effet de la contrebande de guerre. La convention internationale à faire, devrait formuler, en premier lieu, la définition des articles de contrebande absolue, c'est-à-dire de ceux ayant toujours un usage militaire, et de restreindre ensuite la contrebande conditionnelle par des dispositions strictes concernant sa qualité et quantité.

M. Louis Renault trouve que le système défendu par le Contre-Amiral Sperry présente de graves inconvénients, puisqu'il aurait pour conséquence de créer des divergences d'interprétations; le commerce est intéressé à ce que la liste des articles de contrebande soit aussi claire et exacte que possible. Il est loin de nier que, dans les conditions actuelles, cette liste

[1]) Rapport sur la contrebande de guerre, *voir* le rapport à la Conférence (Vol. I. p. 260).

ne pourrait avoir qu'une valeur relative et estime que la suggestion d'un auteur anglais de procéder, tous les cinq ans, à une révision de cette liste ne manque pas de fondement. Mais au point de vue des intérêts des commerçants, aussi bien que de ceux des croiseurs, une liste déterminée des articles de contrebande semble être préférable à une formule abstraite.

M. Kriege fait observer que les objections de M. Louis Renault se rapportent aussi bien à la proposition de la Délégation des Etats-Unis qu'à celle (Annexe 28) de la Délégation allemande; il partage entièrement l'opinion du Contre-Amiral Sperry quant à l'impossibilité de déterminer d'avance tous les articles de contrebande. C'est pourquoi il aurait préféré une clause générale définissant la contrebande qui permettrait aux Gouvernements d'ajouter de nouveaux articles à ceux qui étaient auparavant considérés comme constituant la contrebande. Mais en même temps il convient qu'il est de la plus grande importance pour le commerce de connaître, quels sont les articles prohibés.

M. Louis Renault pense que l'idée de M. Kriege se trouve en partie consacrée dans la proposition française (Annexe 29). D'après cette dernière, les articles de contrebande absolue sont interdits de plein droit; au contraire, le belligérant aurait la faculté de fixer, par une notification spéciale, les articles de la contrebande relative. Le commerce serait suffisamment renseigné par la déclaration faite à ce sujet par le belligérant, et l'on réserverait en même temps la possibilité de tenir compte de la nécessité de compléter la liste des articles de la contrebande absolue. Les abus seront prévenus par la possibilité de recourir à des représentations diplomatiques ou à la Cour internationale des prises.

Le Capitaine de Vaisseau Behr se rallie à l'opinion de M. Louis Renault, tout en réservant la question de la Cour internationale des prises.

M. Kriege constate qu'il y a accord complet entre son point de vue et celui de M. Louis Renault, si une clause générale est admise permettant aux belligérants de complèter au besoin la liste des articles de la contrebande absolue.

Le Contre-Amiral Sperry fait une déclaration analogue. Il estime que la formule générale admise par la proposition française, ne doit pas entraîner la possibilité pour les belligérants d'apporter à la liberté du commerce des restrictions qui ne seraient justifiées que par ses propres intérêts nationaux, mais qu'un accord général devrait fixer les limites de la contrebande conditionnelle.

S. Exc. M. Ruy Barbosa pense qu'il serait désirable de ne pas permettre aux belligérants d'abuser de leur droit de fixer les articles de contrebande au commencement de la guerre et qu'à cet effet il serait nécessaire d'arriver à un accord international concernant la définition des articles prohibés.

Le Président, avant de lever la séance, propose de procéder, à la séance prochaine, à l'examen des listes des articles de la contrebande absolue contenues dans les projets français (Annexe 29) et brésilien (Annexe 30). Le droit de chaque membre du Comité d'apporter des amendements à cette liste est réservée.

Le Capitaine de Vaisseau Behr annonce qu'il a l'intention de déposer à la séance prochaine un amendement concernant la liste des objets de la contrebande absolue.

2. Deuxième Séance. 15. August 1907.

(Bd. III S. 1108 der Verhandlungen.)

Présidence de Son Excellence Lord Reay.

Le Président propose de discuter la liste des articles de la contrebande absolue, telle qu'elle est dressée par la Délégation française (Annexe 29).

Le Président donne lecture du n°. 1 de la liste:

„Les armes de toute nature et les pièces détachées caractérisées."

M. Kriege désire y insérer les mots: „y compris les armes de chasse" ces armes pouvant servir à des buts de guerre.

Cette proposition est adoptée et le n°. 1 de la liste est libellé comme suit:

1. „Les armes de toute nature, y compris les armes de chasse, et les pièces détachées caractérisées."

Le Président lit le n°. 2 de la liste, ainsi conçu:

„Les projectiles, gargousses et cartouches de toute nature et leurs pièces détachées caractérisées."

Ce texte est adopté à l'unanimité.

Le Président demande, s'il y a des observations au sujet du n°. 3 dont voici le texte:

„Les poudres et les explosifs de toute nature."

Le Contre-Amiral Sperry fait observer que le terme „explosifs de toute nature" lui paraît trop général. Il y a des explosifs dont il est fait usage dans l'industrie minière et dans d'autres industries pacifiques.

M. de Beaufort se rallie à cette observation.

Le Général de Division Amourel estime qu'il serait difficile d'établir une différence entre les explosifs qui sont destinés à un usage pacifique et ceux qui sont spécialement affectés à des buts de guerre.

Dans la discussion qui s'ouvre à ce propos, et à laquelle prennent part M. Fromageot (Rapporteur), le Contre-Amiral Sperry, le Général de Division Amourel, M. de Beaufort, M. Kriege, le Capitaine de Vaisseau Behr, M. Louis Renault et le Capitaine de Vaisseau Ottley, il est constaté que les explosifs qui sont employés pour des buts militaires diffèrent généralement des explosifs destinés à l'industrie pacifique (tels que, par exemple, les poudres comprimées de gros diamètre) et sont généralement trop coûteux. D'autre part, rien n'empêcherait d'employer les explosifs destinés à des buts militaires dans telle ou autre industrie pacifique.

Pour donner satisfaction aux objections soulevées par la rédaction du n°. 3, le Général de Division Amourel propose de la modifier comme suit:

3. „Les poudres et les explosifs spécialement affectés à la guerre."

Ce texte est adopté unanimement.

Le Comité accepte ensuite les nos. 4 et 5 de la liste (Annexe 29), ainsi conçus:

„Les affûts, caisons, avant-trains, fourgons, forges de campagne et leurs pièces caractérisées.“

„Les effets d'habillement et d'équipement militaires caractérisées.“

Au sujet du n^{0}. 6, ainsi conçu: „Les harnachements de toute nature“, le Contre-Amiral Sperry propose de restreindre sa portée par l'adjonction des mots „harnachements militaires“, la formule française lui paraissant trop vague.

M. Louis Renault accepte cet amendement.

Le n^{0}. 6 est accepté dans la rédaction suivante suggérée par le Général de Division Amourel:

6. „Les harnachements militaires caractérisées de toute nature.“

Le Président donne lecture du n^{0}. 7:

„Les animaux de selle, de trait et de bât.“

Le Contre-Amiral Sperry trouve la rédaction trop large et voudrait la restreindre en disant: „les animaux etc. . . . propres à l'usage militaire.“

Le Général de Division Amourel répond que, si des animaux de selle, de trait et de bât sont rencontrés sur un navire près du théâtre de la guerre, il paraît certain qu'ils sont le plus souvent destinés à des buts militaires et, par conséquent, constituent de la contrebande. Mais pour donner suite à l'observation du Contre-Amiral Sperry, il pourrait accepter la rédaction suivante:

7. „Les animaux de selle, de trait et de bât utilisables pour la guerre.“

Le Contre-Amiral Sperry s'étant rallié à cette rédaction, elle est acceptée par le Comité.

Le Président lit le n^{0}. 8 de la liste, qui est adopté sans discussion:

„Le matériel de campement et les pièces détachées.“

Au sujet du n^{0}. 9:

„Le matériel naval militaire.“

M. Kriege se demande, si l'expression „matériel naval militaire“ est suffisamment claire.

Le Contre-Amiral Sperry fait une observation analogue.

M. Louis Renault se déclare prêt à retirer la proposition contenue au n^{0}. 9, vu que les articles essentiels du matériel naval militaire sont mentionnés spécialement au n^{0}. 11 de la liste.

Le Capitaine de Vaisseau Behr demande, si, en supprimant le n^{0}. 9, l'on pourra néanmoins considérer des articles tels que les chaudières de torpilleurs, comme des articles de contrebande absolue.

M. Louis Renault répond que les chaudières de torpilleurs entrent certainement dans la catégorie des objets visés par le n^{0}. 11.

Le Président demande au Comité, si, en présence des déclarations de M. Louis Renault, il n'y aurait pas lieu de supprimer le n^{0}. 9 de la liste.

Il en est ainsi décidé.

Le n⁰. 10 de la liste est adopté sans discussion:

„Les plaques de blindage."

Le Président donne lecture du n⁰. 11:

„Les bâtiments et embarcations de guerre et les pièces détachées caractérisées."

Le Contre-Amiral Sperry déclare ne pouvoir accepter le texte proposé. A son avis, il peut y avoir des pièces détachées des bâtiments et embarcations de guerre dont le caractère militaire est très difficile à établir. La Délégation des Etats-Unis d'Amerique n'est pas favorable à l'extension de la liste des objets de la contrebande absolue. Parmi les pièces détachées d'un bâtiment de guerre, il n'y a que les plaques de blindage, les chaudières et les machines qui sont vraiment caractérisées comme ne pouvant être employées sur des navires de commerce. Il préfère donc que seuls les articles susindiqués soient mentionnés dans la liste et que l'expression trop large „pièces détachées caractérisées" soit omise.

Le Général de Division Amourel fait observer qu'il est bien difficile d'énumérer tous les objets appartenant à un navire de guerre et caractérisés comme tels. Outre les objets mentionnés par le Contre-Amiral Sperry, il existe d'autres dont la destination strictement militaire n'est pas douteuse, comme par exemple les appareils électriques destinés à la transmission des indications du tir ou au pointage des pièces et les appareils hydrauliques destinés aux mouvements de matériel. Ces articles ne peuvent en aucun cas être utilisés dans un bâtiment de commerce.

M. Kriege soutient la proposition du Contre-Amiral Sperry. Si quelquesunes des pièces détachées caractérisées d'un bâtiment de guerre échappaient à la formule proposée par M. le Délégué des Etats-Unis, le danger ne serait pas grand, puisque l'on se propose d'ajouter à la liste discutée une clause générale qui permettrait à un belligérant de compléter l'énumération des articles de la contrebande absolue. Tel ou autre article non mentionné spécialement dans la liste fixe des articles de la contrebande absolue pourra y être ajouté en vertu de cette clause générale. Dans ces conditions, il préférerait aller à l'encontre des objections du Contre-Amiral Sperry pour voir la liste actuellement en discussion adoptée à l'unanimité.

M. Louis Renault estime qu'il serait contraire à l'idée essentielle de la contrebande absolue d'omettre les objets mentionnés par le Général Amourel et destinés, sans nul doute, exclusivement pour la guerre.

M. Fromageot, répondant à M. Kriege, fait observer que si l'on donne une extension trop grande à la clause générale en question, la liste des objets de la contrebande absolue ne rendra pas au commerce le service qu'elle doit rendre, puisqu'il y aura toujours un doute, si tel ou autre article constitue de la contrebande. D'autre part, les craintes exprimées par le Contre-Amiral Sperry ne lui paraissent pas justifiées, la liste ne mentionnant que les „pièces détachées caractérisées".

Le Capitaine de Vaisseau Behr pense que, plus on pourrait rendre exacte et détaillée la liste des articles de la contrebande absolue, mieux cela vaudrait. Les compléments à la liste, apportés en vertu de la clause générale visée par M. Kriege, peuvent toujours donner lieu à des divergences d'interprétation et à des réclamations diplomatiques.

Le Capitaine de Vaisseau Ottley se range à l'opinion du Contre-Amiral Sperry, en déclarant qu'il tient à ce que la liste soit aussi restreinte que possible.

S. Exc. M. Auguste Matte est d'avis que la Conférence doit faire la liste des objets de la contrebande absolue aussi complète que possible et ne pas laisser aux belligérants la faculté d'abuser du droit de compléter cette liste au commencement de la guerre.

S. Exc. M. Ruy Barbosa se déclare favorable à une interprétation aussi restrictive que possible de la notion de la contrebande; la proposition brésilienne (Annexe 30) s'est inspirée de cette considération générale. C'est pourquoi il est contraire à la formule de l'article 3 de la proposition française (Annexe 29), ainsi qu'à la clause générale proposée par M. Kriege.

M. Louis Renault fait observer qu'il ne s'agit pas actuellement de la contrebande relative visée par l'article 3 de la proposition française, dont S. Exc. M. Ruy Barbosa ne rend pas, d'ailleurs, un compte exacte. Il propose donc de continuer la discussion de la liste de la contrebande absolue et de donner satisfaction aux objections du Contre-Amiral Sperry au sujet du n⁰. 11 de la liste.

M. Kriege répond à S. Exc. M. Ruy Barbosa que la clause générale qu'il défend se trouve formulée au § 5 de l'article 1 de la proposition brésilienne (Annexe 30), presque dans les mêmes termes qu'au § a de l'article 1 de la proposition allemande (Annexe 28). Les derniers mots du § 5 mentionné pourraient très bien être ajoutés à la fin de la liste française, comme un paragraphe nouveau.

M. Louis Renault rappelle que la clause générale à ajouter à la liste française a été admise pour donner suite à l'observation faite quant à la nécessité de tenir compte des nouvelles inventions dans le domaine des articles affectés à la guerre.

A la suite d'un échange de vues entre M. Kriege et S. Exc. M. Ruy Barbosa, le Président constate qu'il y a, au sein du Comité, accord complet quant à la clause générale défendue par M. le Délégué d'Allemagne qui se touve aussi indiquée au § 5 de l'article 1 de la proposition brésilienne, mais que la question d'une liste spéciale notifiée par les belligérants aux neutres demande un examen serieux. Il propose de revenir à la discussion du n⁰. 11 de la liste française.

Sur la proposition du Capitaine de Vaisseau Ottley, le Comité adopte l'amendement suivant du n⁰. 11, destiné à tenir compte des observations de M. le Délégué des Etats-Unis d'Amérique:

„Les bâtiments et embarcations de guerre et les pièces détachées spécialement caractérisées comme ne pouvant être utilisées que sur un navire de guerre."

Le Contre-Amiral Sperry se voit obligé de réserver son vote.

Le Président lit le n⁰. 12 de la liste:

„Les ballons et les pièces détachées caractérisées."

Vu l'impossibilité de distinguer les ballons destinés à la guerre et ceux qui ne le sont pas, M. Louis Renault déclare ne pas insister sur l'adoption du n⁰. 12.

Le n⁰. 12 de la liste française est supprimé.

Lecture est donnée du n⁰. 13:

„Les instruments et appareils, spécialement faits pour la fabrication des munitions de guerre, pour la fabrication et la réparation des armes et du matériel militaire terrestre, naval ou aérien."

M. M. Louis Renault et Fromageot proposent de supprimer le mot „aérien" et de remplacer le mot „spécialement" par „exclusivement".

Il en est ainsi décidé.

Le Capitaine de Vaisseau Behr rappelle qu'à la dernière séance il a suggéré d'ajouter à la liste un paragraphe ainsi conçu: „Matériel de chemins de fer, télégraphes et téléphones". Il estime qu'en fait, les constructions de chemins de fer, de télégraphes et de téléphones effectuées sur le théâtre de la guerre sont toujours destinées à des buts exclusivement militaires et que, par conséquent, le transport du matériel pour ces constructions peut être considéré comme transport de contrebande absolue.

En présence des objections de M. Kriege et le Capitaine de Vaisseau Ottley qui estiment que ce matériel rentre dans la catégorie de la contrebande relative, le Capitaine de Vaisseau Behr se déclare prêt à retirer son amendement.

Le Président demande, si le Comité veut ajouter à la liste adoptée la clause générale qui se trouve formulée au § 5 de l'article 7 de la proposition brésilienne.

M. Kriege dit que le Comité se trouve en présence de trois formules à peu près identiques: celle de la proposition allemande (Annexe 28), celle du Brésil (Annexe 30) et celle de la Délégation des Etats-Unis d'Amérique (Annexe 31); il est désirable qu'à la séance prochaine une rédaction qui pourrait combiner ces trois formules soit proposée. Les articles rentrant dans la catégorie visée par cette clause générale doivent faire l'objet d'une liste spéciale qui serait notifiée par les belligérants aux neutres.

A la suite d'un échange de vues, auquel prennent part le Président, MM. Louis Renault, Kriege, le Capitaine de Vaisseau Ottley et S. Exc. M. Ruy Barbosa, le Comité tombe unanimement d'accord qu'une clause générale, qui permettrait de tenir compte des nouvelles inventions, doit être ajoutée à la liste adoptée. M. Louis Renault est prié de vouloir bien formuler cette clause, qui sera discutée à la séance prochaine.

M. Fromageot donne lecture de la liste des articles de la contrebande absolue telle qu'elle est adoptée par le Comité.

Elle est ainsi conçue:

1. les armes de toute nature, y compris les armes de chasse, et les pièces détachées caractérisées;
2. les projectiles, gargousses et cartouches de toute nature et leurs pièces détachées caractérisées;
3. les poudres et les explosifs spécialement affectés à la guerre;

4. les affûts, caissons, avant-trains, fourgons, forges de campagne et leurs pièces caractérisées;
5. les effets d'habillement et d'équipement militaires caractérisées;
6. les harnachements militaires caractérisées de toute nature;
7. les animaux de selle, de trait et de bât utilisables pour la guerre;
8. le matériel de campement et les pièces détachées caractérisées;
9. les plaques de blindage;
10. les bâtiments et embarcations de guerre et les pièces détachées spécialement caractérisées comme ne pouvant être utilisées que sur un navire de guerre;
11. les instruments et appareils exclusivement faits pour la fabrication des munitions de guerre, pour la fabrication et la réparation des armes et du matériel militaire terrestre ou naval.

Le Président lève la séance, en constatant que le 1er alinéa de l'article 1 de la proposition française (Annexe 29), comme n'ayant pas été étudié par le Comité, est réservé.

3. Troisième Séance. 21. August 1907.

(Bd. III S. 1114 der Verhandlungen.)

Présidence de Son Excellence Lord Reay.

M. Fromageot annonce qu'il a rédigé la liste des articles discutés à la précédente séance comme articles de contrebande absolue. Il propose au Comité de faire précéder cette liste d'un préambule posant le principe et d'y joindre un n°. 12 permettant de tenir compte des inventions nouvelles. Il y a ajouté sur la contrebande relative un article 2, que la Délégation française, dans un esprit de conciliation, serait disposée à accepter.

Ce projet est ainsi conçu:

Projet de règlement sur la contrebande.

ART. 1. Est de plein droit interdit aux navires neutres à destination des forces ou du pays ennemis et par le seul fait de l'existence connue des hostilités, le trafic des objets suivants compris sous le nom de contrebande absolue:

1. les armes de toute nature, y compris les armes de chasse, et les pièces détachées caractérisées;
2. les projectiles, gargousses et cartouches de toute nature et leurs pièces détachées caractérisées;
3. les poudres et les explosifs spécialement affectés à la guerre;
4. les affûts, caissons, avant-trains, fourgons, forges de campagne et leurs pièces caractérisées;
5. les effets d'habillement et d'équipement militaires caractérisés;
6. les harnachements militaires caractérisés de toute nature;
7. les animaux de selle, de trait et de bât utilisables pour la guerre;
8. le matériel de campement et les pièces détachées caractérisées;
9. les plaques de blindage;
10. les bâtiments et embarcations de guerre et les pièces détachées spécialement caractérisées comme ne pouvant être utilisées que sur un navire de guerre;

11. les instruments et appareils exclusivement faits pour la fabrication des munitions de guerre, pour la fabrication et la réparation des armes et du matériel militaire terrestre ou naval.

12. les instruments et articles exclusivement faits pour servir à la guerre ou à la préparation de la guerre.

ART. 2. Sous la condition nécessaire d'une notification préalable par voie diplomatique, les belligérants ont le droit de déclarer également contrebande de guerre les articles susceptibles de servir à la guerre ou d'assister l'Etat ennemi, et d'en interdire le trafic aux navires neutres lorsqu'ils sont destinés aux forces ou établissements militaires ou navals ou aux services de l'Etat ennemi.

A l'avis de M. Fromageot le n°. 12 de l'article 1 du projet présente une formule suffisamment large qui permettra de tenir compte des inventions nouvelles relatives à la guerre et devant figurer dans la liste des articles de la contrebande absolue. En vertu de l'article 2 du projet les objets de la contrebande relative ne peuvent être déclarés comme tels qu'à la charge d'une notification spéciale; par contre, il lui semble que les articles visés par le n°. 12 ne nécessitaient pas de notification spéciale, ce qui permettrait d'éviter de faire au belligérant deux sortes de notification.

Le Contre-Amiral Sperry donne lecture, au nom de la Délégation des Etats-Unis, de la déclaration suivante:

Le Délégué des Etats-Unis a l'honneur d'annoncer que la réserve, faite relativement au n°. 11 de la liste de contrebande imprimée dans le procès-verbal de la deuxième séance du 15 août, est retirée et que la liste est acceptée en son entier.

Avant de continuer la considération de la question de contrebande, le Délégué naval trouve désirable de donner une courte explication des raisons qui ont motivé la procédure proposée de la part de la Délégation des Etats-Unis.

Les règles gouvernant les droits sur le commerce et la propriété sur mer pendant une guerre sont si inextricablement entreliées qu'il est impossible d'en modifier l'une sans avoir à considérer les effets les plus compliqués sur l'administration des autres, et c'est probablement pour cette raison que, malgré que l'Institut de Droit International ait considéré cette question pendant des années, un code maritime n'a pas été formulé. Il est vrai que le Code de Guerre Naval des Etats-Unis a été établi en 1900 pour la gouverne de la Marine, mais il a été retiré par ordre du Président en 1903 pour cette raison particulière qu'il a été trouvé impossible de faire harmoniser les divers systèmes de loi auxquels les officiers de la flotte pourraient avoir affaire, et il était impossible de leur lier les mains par une règle qui n'ait pas de force chez l'ennemi. Si ce grand corps de juristes instruits et éminents, de publicistes et d'hommes d'Etat, membres de l'Institut de Droit International, n'a pu préparer pour la guerre maritime une série de règles telle que la Conférence de 1899 avait à sa dipsosition concernant la guerre sur terre, et qui émanait en grande partie du dit Institut, c'est certainement à cause de la difficulté inhérente à une telle tâche.

Une liste de contrebande est une chose pour soi, et quel que soit le système de la loi, et indépendamment de la question, si les divers systèmes sont améliorés et harmonisés par des conventions, la réduction et la simplification de la liste de contrebande sera pour le commerce un grand et durable bienfait qui ne pourra manquer d'être reconnu.

A cette fin le Délégué naval demande, au nom de la Délégation des Etats-Unis:

1. Que la liste de contrebande soit étudiée et adoptée tout à fait à part de l'étude et de l'établissement des règles internationales qui ont été discutées pendant des siècles.

2. Que les seuls articles dont le commerce est prohibé par suite de l'état de guerre doivent être exclusivement les articles adaptés à l'usage militaire; et ces derniers sont en effet par leur nature et à un même degré compris dans les aritcles de contrebande soit en temps de paix, soit en temps de guerre, car l'état de guerre ne change pas leur but, mais les rend simplement sujets à la confiscation sous certaines conditions.

3. Qu'un paragraphe soit ajouté à la liste déjà approuvé par le Comité stipulant qu'aucun article ne doit être compris dans cette liste qui ne soit destiné exclusivement à l'usage militaire; et en outre, que le commerce d'un article quelconque non-compris légalement dans la liste, ne soit jamais prohibé à la suite d'un état de guerre.

Une fois la liste de contrebande définitivement établie, avec les stipulations nécessaires pour exclure une fois pour toutes la question difficile et incertaine de la contrebande conditionnelle ou accidentelle, il est certain que l'harmonisation des diverses opinions sur les lois de blocus et de prise sera comparativement facile, mais avant que la question de contrebande soit réglée, il sera presqu'impossible de prédire l'effet d'une modification proposée dans la loi.

Le Président dit que pour donner satisfaction aux opinions qui ont été émises au sein du Comité, il a préparé le projet suivant d'une clause générale qui permettra de tenir compte des inventions nouvelles et qui devra figurer à la fin du 1er article de la nouvelle proposition française (liste de contrebande absolue):

„12. Autres articles d'usage exclusif à la guerre.

Les Puissances Signataires s'engagent à déclarer par une liste quels sont les objets qui rentrent dans cette catégorie.

Cette liste et les changements que cette liste pourrait subir devra être notifiée en temps de paix et ne pourra être augmentée après l'ouverture des hostilités."

Le Général de Division Amourel fait observer que des inventions nouvelles pourront être faites après l'ouverture des hostilités et que le belligérant devrait avoir la possibilité d'interdire le transport de tel ou autre article de contrebande absolue inconnu avant la guerre. Or, le dernier alinéa de la proposition du Président priverait le belligérant de ce droit, dont la conservation paraît utile.

Le Président répond que le but de sa proposition a été d'interdire aux belligérants d'amender arbitrairement la liste des objets de la contrebande absolue au cours de la guerre; la notification préalable à l'ouverture des hostilités semble donner une garantie suffisante contre des abus de ce genre.

Le Général de Division Amourel fait observer qu'il n'était pas dans son intention de dire le contraire, mais qu'à son avis, par la formule en question, on s'interdirait de prohiber le transport des engins nouveaux, dont l'on ne soupçonnait pas l'existence avant la guerre.

M. Kriege se rallie à cette observation.

Le Capitaine de Vaisseau Behr estime que les mots „d'usage exclusif à la guerre" présentent un frein suffisant à l'arbitraire des belligérants.

Le Président reconnaît la justesse de ces objections et se déclare prêt à retirer le dernier alinéa de sa proposition, à condition, de modifier comme suit le 2e alinéa:

„Les Puissances Signataires s'engagent à déclarer par une liste, quels sont les objets qui rentrent dans cette catégorie, et à notifier cette liste."

M. Kriege propose d'ajouter „aux Gouvernements neutres ou à leurs agents diplomatiques".

Le Président fait observer qu'à son avis, il serait très utile que la liste des objets visés par le n⁰. 12 soit rédigée et notifiée en temps de paix, ce qui permettra de la discuter et de prévenir des conflits éventuels en temps de guerre. Tout en admettant qu'il est impossible de créer pareille obligation, il pense que l'on ne doit pas fermer la porte à des notifications à cet effet en temps de paix, ce qui exclut les mots proposés par l'honorable Délégué d'Allemagne.

Le Contre-Amiral Sperry dit que c'est aussi son opinion.

M. Kriege préfère, au point de vue pratique, la notification après l'ouverture des hostilités.

D'après l'avis du Capitaine de Vaisseau Ottley une notification préalable pourrait être au contraire très utile, puisqu'elle permettra à un Gouvernement d'appliquer pour sa part la liste plus ou moins longue, notifiée par son adversaire.

M. Louis Renault fait observer que la discussion actuelle ne présente qu'une importance secondaire; il est peu probable que l'on fasse des inventions qui ne rentreraient pas dans la liste des articles de la contrebande absolue, adoptée par le Comité, et l'on n'aurait pas besoin de notifier pareille liste, particulièrement en temps de paix. La question principale est de savoir, s'il y a seulement de contrebande absolue et non pas de contrebande conditionnelle. La déclaration du Contre-Amiral Sperry exclut la notion de la contrebande relative et cette opinion semble être partagée par la Délégation britannique. Pour sa part, il n'est nullement préparé à accepter une pareille proposition et pense que le Comité doit se prononcer à ce sujet, chacun gardant sa liberté.

Le Contre-Amiral Sperry dit que la Délégation des Etats-Unis d'Amérique n'est pas à même d'accepter l'article 3 du premier projet français. A son avis, le commerce des articles que ne rentrent pas dans la liste de la contrebande absolue, ne devrait pas être prohibé. On aurait seulement à admettre l'existence d'une catégorie spéciale de services rendus au belligérant qui, en vertu du droit des gens, seraient passibles de punition, comme „unneutral services"; le fait de transporter des dépêches du belligérant, par exemple, pourrait entraîner la confiscation du navire et l'emprisonnement de l'équipage.

M. Kriege déclare que la Délégation allemande ne veut pas abandonner le système de la contrebande relative tel qu'il est formulé à l'article 1 de sa proposition (Annexe 28). Il serait dangereux de permettre le transport des articles destinés au service des forces ennemies, même s'ils pouvaient être employés dans des buts pacifiques.

Le Capitaine de Vaisseau Behr partage l'opinion de M. Kriege et pense qu'il est impossible de se passer de la notion de la contrebande relative.

S. Exc. M. Augusto Matte dit qu'à son avis il serait certainement bien désirable d'arriver à supprimer la contrebande relative, mais qu'en présence des déclarations des Délégués allemand, français et russe, rejetant cette proposition, il lui semble inutile d'en continuer la discussion. Il préfère donc chercher dans les projets relatifs à la contrebande conditionnelle, soumis à la Commission, un terrain d'entente générale, qui permettra de réaliser un progrès considérable, comparée à la situation actuelle. Il renonce donc à ses sympathies personnelles pour le projet d'abolir la notion de la contrebande relative.

M. Kriege fait observer que la suppression de la contrebande relative aurait pour conséquence de rendre licite le transport direct du charbon et des vivres aux forces ennemies même sur mer, à moins que le projet britannique sur les vaisseaux auxiliaires ne soit adopté.

Le Président dit que la Quatrième Commission ne s'étant pas réunie depuis quelques semaines, la Délégation britannique n'a pas été à même de déclarer qu'elle était décidée de retirer sa proposition concernant les navires auxiliaires (Annexe 2). Cette proposition ne rentre pas dans la compétence du Comité, et elle ne sera pas soumise à l'examen de la Conférence.

M. Louis Renault fait observer qu'au cours du débat il a été fait allusion „aux services non-neutres".

Même en présence de la déclaration du Président, les conséquences de la suppression de la contrebande relative ne lui paraissent pas suffisamment éclaircies.

M. Kriege se rallie à cette manière de voir.

Le Président constate que les opinions à ce sujet au sein du Comité se trouvent partagées: la Délégation du Brésil, comme il ressort de sa proposition (Annexe 30), celles du Chili, des Etats-Unis d'Amérique et de Grande-Bretagne sont favorables à l'abolition de la contrebande relative; par contre, les Délégations d'Allemagne, de France et de Russie préfèrent conserver le droit en vigueur. Toutefois la Délégation britannique est prête à entrer en discussion sur le fond des projets relatifs à la contrebande conditionnelle soumis à la Commission.

Le Contre-Amiral Sperry rappelle la résolution de la Délégation des Etats-Unis d'Amérique de retirer pour le moment le § 2 de sa proposition (Annexe 31).

S. Exc. M. Augusto Matte pense qu'il serait désirable de finir la discussion sur la contrebande absolue. Le Comité a arrêté la liste des articles de cette contrebande; il reste à prendre une décision quant aux lieux où ces articles seront sujets à saisie. La proposition allemande ne permet de saisir la contrebande que si le bâtiment à mis le cap directement sur un port ennemi ou occupé par l'ennemi, ou sur la force armée de l'ennemi.

M. Kriege préfère fixer d'abord la définition de la contrebande relative, en réservant la question du voyage continu. Abstraction faite de cette question, il n'y a que des différences peu importantes entre les projets allemand et français. Une telle différence existe par exemple dans la définition de la contrebande relative. Tandis que la proposition allemande ne considère comme contrebande relative que les articles destinés à la force armée de l'adversaire, le projet français comprend aussi dans cette catégorie d'autres objets qui sont destinés aux services de l'Etat ennemi.

M. Louis Renault observe qu'en effet, l'article 2 du nouveau projet français a été remanié de façon à tenir compte des vues et des tendances du Comité. Le système proposé semble apporter une amélioration considérable à la situation faite aux neutres pendant les dernières guerres. Il recommande donc au Comité ce système, dont l'adoption constituera un progrès très sérieux.

Le Capitaine de Vaisseau Behr déclare que la formule proposée relativement à la destination de la contrebande conditionnelle ne lui paraît pas satisfaisante, puisqu'il sera toujours facile au propriétaire de soustraire la cargaison à la saisie en la faisant adresser à un particulier quelconque.

M. Louis Renault pense que c'est là une question de preuve.

Le Président se rallie à l'observation du Capitaine de Vaisseau Behr, en déclarant que c'est précisément à cause des difficultés pratiques signalées par M. le Délégué de Russie que la Grande-Bretagne propose de faire le sacrifice de la notion de la contrebande relative.

Dans un échange de vues, soulevé par l'observation du Capitaine de Vaisseau Behr et auquel prennent part M.M. Louis Renault, Kriege, le Contre-Amiral Sperry, le Capitaine de Vaisseau Behr et M. Fromageot, il est constaté que la preuve de la destination ennemie de la contrebande conditionnelle incombe au capteur, en vertu de la règle générale que celui prétend doit prouver; mais que l'officier qui opère la saisie aura toujours la possibilité de constater, si la destination de la cargaison, telle qu'elle se trouve inscrite sur les papiers de bord du navire, n'est pas frauduleuse. La liberté d'appréciation du capteur reste intacte, à la charge seulement de prouver, devant un tribunal de prises, la destination aux forces de l'ennemi. Des cas peuvent se présenter, où pareille destination devra être présumée; une présomption péremptoire, „praesumptio juris et de jure" se trouve établie, par exemple, par l'article 2 de la proposition allemande qui est ainsi conçue:

„Il y a présomption péremptoire que les matériaux et objets désignés à l'article 1b, sont destinés à la force armée de l'ennemi, quand l'envoi en question est adressé aux autorités ou à un fournisseur militaire de la Puissance ennemie ou quand il est à destination d'une place fortifiée du pays ennemi ou d'une autre place servant de point d'appui aux forces de l'adversaire."

Le Président, ayant demandé, si M. le Délégué d'Allemagne est disposé à admettre une liste des articles qui ne peuvent en aucun cas être considérés comme articles de contrebande, M. Kriege répond qu'il serait bien difficile de la faire: presque tous les articles peuvent servir à la guerre et être destinés à la force armée de l'ennemi.

Le Contre-Amiral Sperry déclare qu'à l'avis de la Délégation des Etats-Unis d'Amérique il sera bien difficile de trancher la question du voyage continu, ainsi que celle des conséquences du transport de la contrebande et ces questions doivent être réservées à la juridiction nationale; c'est pourquoi il propose de se borner à résoudre la question relative à la nature des objets de la contrebande conditionnelle.

M.M. Louis Renault, Kriege et le Capitaine de Vaisseau Behr pensent au contraire que les deux questions mentionnées par le Contre-Amiral Sperry présentent un interêt vital et devraient être réglées par la Conférence.

Le Président demande à M. Kriege, si l'article 4 du projet allemand (Annexe 28) relatif à la saisie du navire porteur de contrebande vise la contrebande conditionnelle aussi bien que la contrebande absolue.

M. Kriege répond par l'affirmative.

Le Président fait observer que tel n'est pas le système établi par la première proposition française (Annexe 29).

M. Louis Renault répond que le système de la préemption établi par l'article 4 de cette proposition est écarté dans le projet nouveau déposé au commencement de la séance. La question de la saisie du navire transportant la contrebande ne présente guère de grandes difficultés. On est d'accord pour penser que la cargaison constituant la contrebande est toujours sujette à saisie; les systèmes varient quant à la quantité de la contrebande qui peut entraîner la capture du bâtiment. La règle française, établie au XVIIIe siècle, fixe cette part à $^3/_4$; elle est reproduite dans la proposition de sa Délégation (Annexe 29). Toutefois il est disposé à abaisser le taux pour prévenir les actes de spéculation.

M. Kriege dit que pour sa part il est également disposé à accepter le taux d'un tiers ou d'un quart quoique la proposition allemande fixe cette part à $^1/_2$.

Le Général de Division Amourel se demande, si l'on ne doit pas faire une règle différente pour le transport de la contrebande absolue.

M. Louis Renault dit que la présence d'articles de la contrebande absolue peut être ignorée par le capitaine et que, par conséquent, il serait injuste de confisquer le navire pour le simple fait d'avoir à bord trois on quatre revolvers.

Le Capitaine de Vaisseau Behr fait ressortir que la valeur des articles de la contrebande en comparaison avec celle des objets de commerce libre transportés par un navire ne peut pas, à son avis, servir de point de départ; une caisse d'or chargée sur un navire pourrait libérer ce navire de la confiscation, quoique le reste de la cargaison soit de la contrebande. Il serait peut-être désirable d'avoir en vue non seulement la valeur, mais aussi le volume et le poids de la contrebande.

M. Fromageot propose de prendre comme base la valeur fret de la cargaison, indiquée toujours sur les manifestes de chargement et les connaissements.

M. Kriege dit que le cas signalé par le Capitaine de Vaisseau Behr sera certainement envisagé par les cours de prises comme acte „in fraudem conventionis".

Le Président propose de revenir à la discussion du n⁰. 12 de la liste de la contrebande absolue.

M. Kriege demande, si, à l'avis de la Délégation française, une notification devra être faite à l'égard des articles visés par le n⁰. 12.

M. Louis Renault veut éviter deux notifications à faire aux neutres, l'une se rapportant aux objets de la contrebande relative et l'autre objets mentionnés au n⁰. 12. Il lui semble chimérique de penser que des inventions seront faites qui ne rentreraient en aucun des articles de la liste déjà arrêtée de la contrebande absolue.

M. Kriege répond que les déclarations relatives à la contrebande faites par les belligérants au cours des dernières guerres, mentionnaient toujours les deux catégories des articles prohibés et que, par conséquent, l'inconvénient de la notification double ne serait pas très grand dans la pratique.

Le Président lève la séance, en exprimant l'espoir qu'une entente pourra être établie à la séance prochaine sur les questions qui viennent d'être discutées.

d) Bericht der vierten Kommission an die Gesamtkonferenz.*)

(Bd. III S. 256 der Verhandlungen.)

La contrebande de guerre est une des questions les plus délicates qui aient été inscrites au programme de la Conférence [1]) et confiées à l'examen de la Quatrième Commission.

Au cours des dernières guerres, on a pu constater à combien de graves difficultés a donné lieu l'absence de règles certaines et précises sur la qualification des articles susceptibles d'être interceptés par les belligérants, sur le devoir de ceux-ci de faire connaître préalablement ce qu'ils prétendent intercepter, sur les conditions nécessaires dans lesquelles la contrebande peut être légitimement saisie et sur les mesures par lesquelles il est permis de sanctionner les contraventions aux prohibitions édictées. D'autre part, si le commerce neutre est fondé à demander de meilleures garanties de sa sécurité, pour certains pays la question touche à des intérêts vitaux, et d'autres y voient un élément essentiel des moyens de coercition, dont dispose leur défense nationale.

---

*) *cf. oben S. 462, 477. — Die Kommission genehmigte den Bericht am 26. September 1907 (Bd. II S. 921 der Verhandlungen).*

[1]) Programme russe du 3 avril 1906, paragraphe 3, alinéa 5 (Voir Vol. I *in initio*); voir également la circulaire du gouvernement des Etats-Unis d'Amérique, signée de Mr. John Hay, en date du 21 octobre 1904.

Le questionnaire apporta, comme base de délibération, les trois questions suivantes: [1])

> „Sur quoi est fondé le droit des Puissances belligérantes d'interdire le commerce des objets constituant la contrebande de guerre?"
>
> „Dans quelles limites, de droit et de fait, ce droit peut-il être exercé par les belligérants?"
>
> „Dans quelles limites de droit et de fait, ce droit doit-il être respecté par les neutres?"

La Commission a été saisie sur ce sujet de cinq propositions, présentées par les Délégations de Grande-Bretagne,[2]) d'Allemagne,[3]) de France,[4]) du Brésil,[5]) des Etats-Unis d'Amérique.[6])

La proposition britannique, déposée dès la première séance de la Commission, tendait purement et simplement à la suppression de la contrebande de guerre.

La proposition allemande maintenait le droit d'interdire le trafic des objets exclusivement susceptibles de servir à la guerre (contrebande absolue), comme de ceux pouvant servir à la guerre et destinés aux forces ennemies (contrebande relative); elle y apportait la double condition d'une notification préalable et d'un chargement à bord d'un navire ayant „mis le cap directement" sur un port ennemi ou occupé par l'ennemi ou sur la force armée de l'ennemi. A l'égard de la contrebande relative, l'envoi adressé aux autorités, à un fournisseur militaire, à une place fortifiée ou servant de point d'appui, impliquait présomption absolue de destination aux forces ennemies. — La contrebande, quelle qu'elle soit, était sujette à confiscation entraînant celle du navire, si elle formait plus de la moitié de la cargaison. — Enfin la proposition visait également la capture des navires transportant des effectifs militaires.

La proposition française avait pour but de réglementer la pratique actuelle, en vue d'éviter les incertitudes et les surprises si préjudiciables au commerce, en même temps que l'arbitraire des belligérants. La proposition posait le principe de l'interdiction de plein droit, avec confiscation, par le seul fait de l'état de guerre connu, des articles destinés au pays ennemi, exclusivement et évidemment aptes à la guerre, et apportait ici une énumération limitative des catégories dans lesquelles peuvent se classer ces articles. Pour toutes les autres marchandises, comme rien, à première vue, ne permet d'y voir une violation des devoirs de neutralité, le projet proposait, comme second principe, la liberté présumée du commerce. Enfin, comme l'expérience montre que beaucoup des objets les plus inoffensifs en apparence peuvent servir à la guerre, mais qu'il est impossible de les déterminer d'avance,

---

[1]) Voir Vol. III. Quatrième Commission, *Annexe* 1, questions *VI*, *VII*, *VIII*.
[2]) Ibid. *Annexe* 27. *(S. oben S. 1330.)*
[3]) Ibid. *Annexe* 28. *(S. oben S. 1331.)*
[4]) Ibid. *Annexe* 29. *(S. oben S. 1332.)*
[5]) Ibid. *Annexe* 30. *(S. oben S. 1333.)*
[6]) Ibid. *Annexe* 31. *(S. oben S. 1334.)*

la proposition française admettait bien la faculté d'en interdire le trafic, mais sous les conditions d'une notification préalable, et d'une preuve particulière de destination aux forces ennemies entraînant la confiscation, et, en cas de doute, un simple droit de préemption.

La proposition brésilienne, inspirée des résolutions adoptées par l'Institut de Droit international en 1896, ne reconnaissait que la contrebande absolue, dont elle énumérait les catégories générales et rejetait la notion de contrebande relative et accidentelle. Exceptionnellement, elle réservait au belligérant un droit de préemption pour certains articles (vivres, charbons, coton brut, effets d'habillement). Elle admettait qu'on ne prit pas seulement en considération la destination du navire mais aussi celle de la marchandise.

Enfin, la proposition des Etats-Unis d'Amérique tendait à donner une définition de la contrebande absolue et de la contrebande conditionnelle, en en soumettant la prohibition à une notification préalable.

Les délibérations de la Commission[1]) ont porté sur la question générale de la suppression ou du maintien de la contrebande de guerre.[2])

La Délégation britannique,[3]) développant les motifs de sa proposition, a fait notamment valoir que la prohibition de la contrebande s'accorderait mal avec l'état de choses moderne. Autrefois, a-t-on fait remarquer, au temps de la navigation à voiles, les voyages par escales étaient peu fréquents, les articles de contrebande étaient surtout des articles de contrebande absolue, la destination du navire suffisait le plus ordinairement à indiquer la destination et le caractère hostile des marchandises; le tonnage étant relativement faible, l'exercice du droit de visite était facile. La prohibition de la contrebande était efficace. Aujourd'hui, les découvertes de la science ont singulièrement augmenté le nombre des articles compris maintenant sous le nom de contrebande relative; la prohibition pour être utile devrait s'étendre jusqu'à rendre lettre morte la Déclaration de Paris. En outre, la navigation à vapeur, avec ses nombreuses escales, a donné naissance à de singulières complications, contre lesquelles s'efforce de lutter la théorie du voyage continu; et, d'autre part, grâce au progrès de moyens de transports terrestres, la contrebande trouve un moyen facile de déjouer la prohibition; enfin l'importance du tonnage, la diversité des chargements, l'ignorance où se trouve forcément le capitaine relativement à la nature des colis transportés, tout tend à rendre la visite difficile, presque toujours à rendre la prohibition inefficace, et, dans tous les cas, à infliger au commerce neutre un trouble en disproportion absolue avec l'intérêt légitime du belligérant.

---

1) Voir Vol. III, 8e, 9e et 10e séances de la Quatrième Commission (24, 26 et 31 juillet 1907). *(S. oben S. 1343 ff.)*

2) Observation de S. Exc. M. de Martens, *President*, 9e séance, 26 juillet 1907, et 10e séance de la Quatrième Commission 31 juillet 1907.

3) Discours de S. Exc. Lord Reay, 8e séance, 24 juillet 1907, et 10e séance de la Quatrième Commission, 31 juillet 1907.

A l'inverse, les Délégations d'Allemagne,[1]) de France,[2]) de Russie,[3]) des Etats-Unis d'Amérique,[4]) de Turquie,[5]) se prononcèrent pour le maintien de la notion de contrebande. Elles ont rappelé comment le droit du belligérant d'interdire le transport des engins de guerre à l'ennemi était fondé sur le principe de la légitime défense, et comment le droit de contrôle et de saisie avait pour cause l'irresponsabilité de l'Etat neutre à raison du trafic de ses ressortissants. Les raisons tirées de la transformation du commerce et de la navigation maritimes, a-t-on ajouté, paraissent empreintes d'une certaine exagération; le droit de visite sur des navires chargés en vrac de vivres ou de charbon, par exemple, ne présente ni difficultés ni ennuis inutiles pour le commerce inoffensif. En laissant toute liberté au trafic des engins de guerre, ne donnerait-on pas par là même au commerce un intérêt à la continuation des hostilités? est-il convenable de favoriser une semblable source de profits? Enfin n'y aurait-il pas une certaine contradiction entre l'abolition de la contrebande et la théorie, proposée par ailleurs,[6]) traitant comme navires de guerre, avec toutes les conséquences que cette qualité entraîne, les bâtiments de tous pavillons effectuant des transports pour les forces ennemies? Si les incertitudes actuelles présentent des inconvénients, l'abolition n'est-elle pas un remède un peu trop radical, susceptible de donner lieu à de plus graves difficultés. Au surplus, a fait remarquer la Délégation d'Allemagne, en écartant, comme elle le propose, le système du voyage continu, on limiterait dans la mesure du possible l'entrave apportée au commerce.

Les Délégations de la République Argentine,[7]) de Portugal,[8]) de Suisse[9]), de Belgique,[10]) ayant en vue la diminution des maux de la guerre, se déclarèrent en faveur de la proposition britannique. La Délégation norvégienne[11]) y donna également son adhésion, ajoutant que la liberté du commerce neutre ne saurait influer sur la durée des hostilités, puisqu'en somme

---

[1]) Discours de M. Kriege. Voir Vol. III, 8e séance de la Quatrième Commission, 24 juillet 1907, et de S. Exc. le Baron Marschall de Bieberstein, 10e séance, 31 juillet 1907.

[2]) Discours de M. Louis Renault, 9e séance de la Commission, 26 juillet 1907.

[3]) Observation de S. Exc. M. Tcharykow, 9e séance, 26 juillet 1907.

[4]) Observation du Contre-Amiral Sperry, 9e séance 1907; de S. Exc. M. Choate, 10e séance, 31 juillet 1907.

[5]) Déclaration de S. Exc. Rechid Bey (9e séance, 26 juillet 1907) tout en se prononçant pour limiter autant que possible les articles à considérer comme contrebande de guerre.

[6]) La proposition britannique relative à une définition du *navire auxiliaire* a été retirée par la suite. Voir déclaration de S. Exc. Lord Reay, 13e séance de la Commission, 18 septembre 1907.

[7]) Déclaration de S. Exc. M. Larreta, 9e séance, 26 juillet 1907.

[8]) Déclaration de S. Exc. le Marquis de Soveral, *ibid.*

[9]) Déclaration de M. Max Huber, *ibid.*

[10]) Déclaration de S. Exc. M. van den Heuvel, 10e séance, 31 juillet 1907.

[11]) Discours de S. Exc. M. Hagerup, 9e séance, 26 juillet 1907.

les belligérants seuls en seraient les maîtres, que l'irresponsabilité de l'Etat neutre n'empêcherait pas la liberté des particuliers, qu'enfin, d'après les déclarations anglaises, la théorie du navire auxiliaire ne serait pas la contrepartie de l'abolition de la contrebande. Mais, à défaut de cette solution radicale, au cas où elle serait jugée prématurée, la Délégation royale émettait le vœu soit de voir édicter un règlement mettant fin aux incertitudes actuelles sur la contrebande conditionnelle et le voyage continu, soit, en tout état de cause, de réserver la question pour une entente ultérieure.

Favorables également, en principe, à la suppression de la contrebande, les Délégation d'Autriche-Hongrie [1]) et de Suède [2]) se déclarèrent toutefois disposées à se rallier aux projets les plus avantageux pour la liberté du commerce.

Dans un même esprit, la Délégation du Brésil [3]) expliqua comment, dans sa pensée, la prohibition de la contrebande, en empêchant le belligérant de s'approvisionner sur les marchés du monde, mettait les Etats dans la nécessité d'entretenir sans cesse des armements et approvisionnements ruineux et était ainsi une des causes de l'accroissement excessif des dépenses militaires en temps de paix. La Délégation de la République ajoutait que, en bonne logique, l'abolition de la contrebande était connexe avec l'abolition du droit de capture. que, neutre ou ennemie, la propriété privée et le commerce devaient rester soustraits aux troubles de la guerre, qu' enfin la proposition brésilienne d'une réglementation de la contrebande n'était présentée qu'en raison du peu de chance d'en voir aboutir l'abolition définitive.

Enfin la Délégation du Chili [4]) fit remarquer comment, dans tous les cas, il convenait, selon elle, d'abolir la contrebande relative, non seulement dans le but de donner plus de sécurité au commerce mais aussi afin d'éviter les nombreuses difficultés auxquelles elle donne lieu. La Délégation chilienne a signalé, à cet égard notamment le cas du nitrate de soude, classé jusqu'ici dans la contrebande, et dont 80 %, au moins, sont employés par l'agriculture.

C'est dans ces conditions qu'il fut procédé au scrutin sur l'abolition de la contrebande.[5])

---

[1]) Déclaration de S. Exc. le Baron de Macchio, Voir Vol. III. 10e séance de la Quatrième Commission, 31 juillet 1907.

[2]) Déclaration de S. Exc. M. de Hammerskjöld, 9e séance, 26 juillet 1907

[3]) Discours de S. Exc. M. Ruy Barbosa, 9e séance, 26 juillet 1907.

[4]) Discours de S. Exc. M. Carlos Concha, 10e séance, 31 juillet 1907.

[5]) Voir 10e séance, 31 juillet 1907. — Ont voté *pour:* République argentine, Autriche-Hongrie, Belgique, Brésil, Bulgarie, Chili, Chine, Cuba, Danemark, République Dominicaine, Espagne (Déclaration du Comte de la Mortera, 11e séance, 2 août 1907), Grande-Bretagne, Grèce, Italie, Mexique, Norvège, Paraguay, Pays-Bas, Pérou, Perse, Portugal, Salvador, Serbie, Siam, Suède, Suisse; — ont voté *contre:* Allemagne, Etats-Unis d'Amérique, France, Monténégro, Russie; — se sont *abstenus:* Japon, Panama, Roumanie, Turquie.

Sur 35 Etats votant, la proposition britannique obtînt 26 voix pour; 5 Etats ont voté contre; 4 Etats se sont abstenus.

Après ce vote sur le principe général, la question fut renvoyée au Comité d'Examen [1]) et confilée à l'étude d'un Sous-Comité spécial.

Le Sous-Comité, devant l'absence d'unanimité dans le vote de la Commission, s'occupa de rechercher les bases d'un accord général sur la réglementation de la contrebande.[2])

Il rechercha tout d'abord quels articles devaient constituer la contrebande absolue et, à cet égard, un certain nombre de catégories d'articles ont été déterminées comme susceptibles d'être ainsi classées: [3]) — 1°. les armes de toute nature, y compris les armes de chasse et les pièces caractérisées; — 2°. les projectiles, gargousses et cartouches de toute nature et leurs pièces détachées caractérisées; — 3°. les poudres et les explosifs spécialement affectés à la guerre; — 4°. les affûts, caissons, avant-trains, fourgons, forges de campagne et leurs pièces détachées caractérisées; — 5°. les effets d'habillement et d'équipement militaires caractérisés; — 6°. les harnachements militaires caractérisés de toute nature; — 7°. les animaux de selle, de trait et de bât utilisables pour la guerre; — 8°. le matériel de campement et les pièces détachées caractérisées; — 9°. les plaques de blindage; — 10°. les bâtiments et les embarcations de guerre et les pièces détachées spécialement caractérisées comme ne pouvant être utilisées que sur un navire de guerre; — 11°. les instruments et appareils exclusivement faits pour la fabrication des munitions de guerre, pour la fabrication et la réparation des armes et du matériel militaire terrestre ou naval.

L'examen des autres questions a donné lieu également à un premier échange de vues. La Délégation des Etats-Unis d'Amérique s'y est déclarée [4]) disposée, d'accord avec la Délégation britannique, à supprimer la contrebande relative, prévue dans sa précédente proposition. L'absence de temps et la complexité des intérêts en cause n'ont pas permis de parvenir, dès à présent, à l'élaboration d'un texte adopté de tous.

Actuellement, il a semblé qu'il y avait là des questions que, dans le désir sincère d'un règlement commun satisfaisant, il était nécessaire de soumettre à un nouvel examen des Gouvernements intéressés et le Sous-Comité se plaît à espérer que cette délicate matière pourra alors faire l'objet d'une entente définitive.

---

[1]) Observations de S. Exc. M. de Martens, *Président*, 10e séance de la Commission, 31 juillet 1907.

[2]) Observation de S. Exc. Lord Reay, *Président*, 1ère séance du Sous-Comité, 12 août 1907.

[3]) Voir 2e séance du Sous-Comité, 15 août 1907.

[4]) Déclaration du Contre-Amiral Sperry, Voir Vol. III. Quatr. Com. 3e séance du Sous-Comité, 21 août 1907.

B. Blockade.

a) Anträge Italiens, Amerikas, Brasiliens, Großbritaniens, der Niederlande.

„Annexes" 34—38 (Bd. III S. 1167 der Verhandlungen.)

Annexe 34.

Proposition de la Délégation d'Italie.

Le Blocus.

ART. 1. Le blocus pour être obligatoire doit être effectif, déclaré et notifié.

ART. 2. Le blocus est effectif lorsqu'il est maintenu par des forces navales de guerre suffisantes pour interdire réellement le passage, et stationnées de manière à créer un danger évident pour les navires qui voudraient le tenter.

Le blocus n'est pas considéré comme levé si le mauvais temps a forcé les navires bloquants à s'éloigner momentanément de leur station.

ART. 3. La déclaration de blocus doit déterminer le moment précis du commencement du blocus, ses limites par longitude et latitude, et le délai dans lequel la sort iedu port est permise aux navires neutres entrés avant le commencement du blocus.

ART. 4. La déclaration doit être notifiée aux autorités de la place bloquée et aux Gouvernements des Etats neutres.

Si cette notification n'a pas eu lieu, ou si le navire approchant du port bloqué prouve qu'il n'avait pas connaissance du blocus, la notification doit être faite au navire même, par un officier de l'un des bâtiments formant le blocus, et inscrite sur les papiers de bord.

ART. 5. Un navire ne peut-être saisi comme coupable de violation de blocus qu'au moment où il tente de franchir les lignes d'un blocus obligatoire.

ART. 6. Il est permis aux navires d'entrer dans le port bloqué en cas de détresse constatée par le commandant du blocus.

ART. 7. Le navire saisi pour violation de blocus pourra être confisqué ainsi que sa cargaison, à moins que le propriétaire de celle-ci ne prouve que la tentative de violation du blocus a été commise à son insu.

Annexe 35.

Proposition de la Délégation des Etats-Unis d'Amérique.

Amendements à la Proposition de la Délégation italienne concernant le blocus

(Annexe 34).

ART. 3. Supprimer les mots:

par longitude et latitude.

ART. 5. Supprimer l'article et y substituer:

Tout navire qui, après qu'un blocus a été dûment notifié, fait voile pour un port ou une place bloqués, ou qui essaie de forcer le blocus, peut être saisi pour violation de blocus.

Annexe 36.

Proposition de la Délégation du Brésil.

Amendement à la Proposition italienne sur le blocus (Annexe 34).

1) Le blocus n'est effectif, sous les conditions stipulées dans la proposition italienne (Article 2), que lorsqu'il se limite à des ports, rades, mouillages, baies, ou d'autres lieux de débarquement du littoral ennemi, ainsi qu'à des endroits y donnant accès.

2) La Conférence fixera un certain nombre de milles, comptées de la côte, à la marée basse, ou d'une ligne imaginaire entre les extrémités du port ou de la baie, ainsi que desdites extrémités le long de la côte, afin de borner l'espace dans laquelle le bloquant exercera l'action du blocus.

3) Pour un navire capturé dans ces limites, étant remplis les susdites conditions, on ne pourra soulever aucune question se rattachant à l'effectivité du blocus.

4) La notification établie dans l'article 4 de la proposition italienne sera toujours présumée connue, sauf si l'on prouve le contraire, par les navires qui auront quitté les ports dans la juridiction du Gouvernement notifié sept jours complets après celui de la dite notification.

5) Les modifications du blocus doivent être également notifiées et n'obligeront les neutres que lorsqu'elles en indiquent les bornes géographiques d'après le disposé ci-dessus. (Article 2.)

Annexe 37.

Proposition de la Délégation de Grande-Bretagne.

Amendements à la Proposition de la Délégation italienne concernant le blocus

(Annexe 34).

ART. 2, alinéa 1. Remplacer le mot „évident" par „réel".

ART. 3. Voir: amendement proposé par la Délégation des Etats-Unis d'Amérique (Annexe 35).

ART. 4, alinéa 2. Remplacer les mots „le navire approchant" par „un navire neutre approchant".

ART. 5. Voir: amendement proposé par la Délégation des Etats-Unis d'Amérique (Annexe 35).

Annexe 38.

Proposition de la Délégation des Pays-Bas.

Amendement à la Proposition italienne sur le blocus (Annexe 34).

Nouvel article 3, alinéa 2. La déclaration de blocus ne pourra être notifiée que par un belligérant à l'égard d'un littoral ennemi.

b) Sitzungsprotokolle der vierten Kommission.

1. Dixième Séance. 31. Juli 1907.

(Bd. III S. 886 der Verhandlungen.)

Présidence de Son Excellence M. de Martens.

Le Président ouvre la discussion sur les questions IX et X du questionnaire que sont ainsi conçues:

IX. „Quant au blocus en temps de guerre y a-t-il nécessité de modifier les termes de la Déclaration maritime de Paris de 1856?"
X. „Est-il désirable de déterminer dans la Convention à conclure les conséquences universellement reconnues d'une rupture du blocus effectif?"

Le Président fait observer que cette question du blocus n'est pas littéralement comprise dans le programme élaboré par le Gouvernement russe; la Commission aurait donc pu soulever à cet égard quelques objections, mais son abstention implique le consentement à passer à la discussion. La question trouve sa base dans la Déclaration de Paris de 1856 qui est, elle-même, fondeé sur l'Acte de la Ligue des Neutres de 1780.

S. Exc. M. Ruy Barbosa dépose la proposition suivante, qui est un amendement (Annexe 36) à la proposition italienne (Annexe 34) sur le blocus:

1) Le blocus n'est effectif, sous les conditions stipulées dans la proposition italienne (Article 2), que lorsqu'il se limite à des ports, rades, mouillages, baies, ou d'autres lieux de débarquement du littoral ennemi, ainsi qu'à des endroits y donnant accès.
2) La Conférence fixera un certain nombre de milles, comptés de la côte, à la marée basse, ou d'une ligne imaginaire ente les extrémités du port ou de la baie, ainsi que desdites extrémités le long de la côte, afin de borner l'espace dans lequel le bloquant exercera l'action du blocus.
3) Pour un navire capturé dans les limites, étant remplies les susdites conditions, on ne pourra soulever aucune question se rattachant à l'effectivité du blocus.
4) La notification établi dans l'article 4 de la proposition italienne sera toujours présumée connue, sauf si l'on prouve le contraire, par les navires qui auront quitté les ports de la juridiction du Gouvernement notifié sept jours complets après celui de ladite notification.
5) Les modifications du blocus doivent être également notifiées et n'obligeront les neutres que lorsqu'elles en indiquent les bornes géographiques d'après le disposé ci-dessus, article 2.

S. Exc. Le Comte Tornielli déclare ne pouvoir se prononcer sur a proposition brésilienne, sans l'avoir préalablement étudiée.

La Délégation italienne a préparé un exposé des motifs de sa proposition, dont, en attendant, M. Guido Fusinato donne lecture:

Monsieur le Président,

La contrebande et le blocus sont les deux grandes limitations que la guerre impose au commerce des neutres, à l'état actuel du droit international positif. Mais tandis que tout le monde est d'accord quant au principe sur lequel repose la prohibition de la contrebande de guerre, quelles que soient d'ailleurs les divergences et les difficultés de ses applications pratiques, un pareil accord n'existe pas en ce qui concerne le blocus. Les différentes manières d'en envisager la nature et le fondement engendrent, d'autre part, des divergences saillantes dans le règlement juridique de cet institution. Les applications les plus larges du blocus ne sauraient en quelque manière se justifier, qu'en admettant pour les belligérants le droit d'interdire tout commerce des neutres avec une partie du littoral ennemi; ce ne serait qu'à ce prix que l'on pourrait parler d'une obligation des neutres, de respecter l'interdiction prononcée à cet égard par le belligérant et de la faculté du belligérant de punir les neutres, chaque fois que leur intention d'enfreindre une telle défense, en quelque lieu qu'ils se trouvent, est clairement démontrée. L'emploi de la force ne serait que le moyen de réaliser ce droit, et le belligérant pourrait y avoir recours à son gré.

Mais cette manière d'envisager le blocus est tout à fait contraire aux principes du droit international positif, qui établissent comme règle générale la pleine liberté de commerce entre les neutres et les belligérants, à l'exception de la contrebande de guerre. En dehors de celle-ci, le belligérant n'a aucun droit d'interdire le commerce neutre et les neutres n'ont aucune obligation de lui obéir.

Cependant, de leur côté, les belligérants ont toujours la faculté de procéder à toute opération de guerre qu'ils estiment apte à atteindre le but final de la victoire, sauf les limitations que le droit international leur impose. Ils peuvent, partout, dans la guerre maritime, bloquer un port ou une partie du littoral ennemi, de même qu'ils peuvent mettre le siège à une ville dans la guerre sur terre. Le blocus n'est, en effet, que l'isolement d'une partie du littoral et la défense de son accès, par l'emploi de la force; un empêchement pour le commerce en suit, que les neutres sont forcément obligés de subir, comme ils sont obligés de se soumettre aux conséquences inévitables des actes de guerre des belligérants; c'est l'opération de guerre comme telle, qu'ils sont tenus de respecter. C'est de ces principes que découlent la justification du blocus, ainsi que les limites de son application.

Les divergences concernant la manière de considérer et de réaliser le blocus ont été l'objet de luttes historiques bien connues, entre les Etats maritimes. La Déclaration de Paris du 16 avril 1856 a tranché définitivement ces controverses. En proclamant que „les blocus, pour être obligatoires, doivent être effectifs", elle a fixé d'une manière exacte et certaine les caractères de cette institution; il s'ensuit que les neutres ne sont tenus de les respecter, qu'en tant que les blocus ont le caractère et l'aspect d'une opération de guerre; et, par conséquent, seulement dans les limites et dans les lieux où cette opération s'accomplit effectivement.

La proposition que la Délégation italienne a l'honneur de soumettre à l'examen de la haute assemblée, n'est que le développement des principes sanctionnés par la Déclaration de Paris. Cet acte ne renferme, en effet, qu'une simple définition qui, tout en contenant le germe des solutions ultérieures, ne cesse toutefois de donner lieu à des doutes et à des incertitudes quant à son application pratique. Il appartient à la Conférence actuelle de résoudre ces doutes et d'éclaircir ces incertitudes en développant l'esprit de la Déclaration de 1856 et en codifiant les conséquences logiques qui en découlent. C'est justement ce que la Délégation italienne a essayé de faire.

La définition du blocus, les modalités de sa notification, les sanctions de sa violation, — voilà les points essentiels pour le règlement juridique de cette matière.

Les dispositions que nous avous l'honneur de vous proposer par les articles 2 et 3 de notre projet ont le but de compléter et de préciser en même temps la définition de la Déclaration de Paris. L'article 4 se propose de concilier le sens pratique et la valeur respective de la notification générale et de la notification spéciale, sur le terrain de la bonne foi et du respect dû aux droits et aux intérêts en question. L'article 5 contient la conséquence la plus importante de la notion du blocus, telle qu'elle est fixée par l'article 1. Il établit qu'un navire ne pourra être saisi pour violation de blocus qu'au moment où il essaye de forcer la ligne d'un blocus obligatoire. La Délégation des Etats-Unis d'Amérique vient de présenter un amendement (Annexe 35) à cet article, qui en modifierait substantiellement la valeur. Il y a lieu toutefois d'espérer qu'on pourra s'accorder sur une base commune d'entente. Quant à nous, nous sommes d'avis que reconnaître l'effectivité du blocus comme la première condition de sa valeur obligatoire, revient à déclarer que le fondement et l'essence du blocus consiste entièrement dans l'exercice réel de la puissance militaire du belligérant sur la zône bloquée. Il s'en suit nécessairement que le blocus ne commence pas, tant que cette puissance militaire n'est pas établie, qu'il cesse, aussitôt qu'elle finit, et que son action et ses conséquences ne peuvent se réaliser là où elle n'existe pas réellement. En d'autres termes ,le blocus n'est qu'une action de guerre, inséparable des lieux où elle s'exerce, et dont la violation ne saurait être effectuée et punie que sur ces lieux mêmes.

Monsieur le Président,

Le développement extraordinaire des communications par terre a sans doute enlevé au blocus une grande partie de son ancienne importance; il ne cesse toutefois d'être encore un des plus graves attentats contre les droits du trafic pacifique. Le blocus est une mesure de guerre dirigée contre les neutres encore plus que contre l'ennemi. En effet, à l'état actuel du droit international, le blocus n'est pas nécessaire pour interdire aux navires ennemis la continuation de leur commerce. Réduire le blocus dans ses justes limites, en perfectionnant l'oeuvre commencée par les Puissances en 1856, et en fixant les conditions équitables pour harmoniser les exigences de la guerre avec les intérêts et les droits du commerce, voilà une des tâches de la Conférence actuelle; si elle parvient à l'accomplir, elle aura apporté par là une contribution remarquable à la bonne cause de la justice internationale.

S. Exc. Sir Ernest Satow, demande à apporter quelques modifications (Annexe 37) à la proposition italienne (Annexe 34):

Article 2, alinéa 1: Remplacer le mot „evident" par „réel".

ART. 3: Voir amendement proposé par la Délégation des Etats-Unis d'Amérique (Annexe 35).

ART. 4, alinéa 2: Remplacer les mots „le navire approchant" par „un navire neutre approchant".

ART. 5: Voir amendement proposé par la Délégation des Etats-Unis d'Amérique (Annexe 35).

S. Exc. le Général Porter propose, au nom de la Délégation des Etats-Unis, d'apporter à la proposition italienne (Annexe 34) l'amendement suivant (Annexe 35):

ART. 5: Supprimer l'article et y substituer:

„Tout navire qui, après qu'un blocus a été dûment notifié, fait voile pour un port ou une place bloqués, ou qui essaie de forcer le blocus, peut être saisi pour violation de blocus."

Cela est d'accord avec la pratique qui existe depuis longtemps et avec le droit international.

S. Exc. le Baron Marschall de Bieberstein déclare, au nom de la Délégation allemande, accepter purement et simplement la proposition italienne.

M. Georges Streit dit que la Délégation hellénique, en votant en faveur des propositions de la Délégation italienne sur le blocus, désirerait établir bien nettement que son vote dans cette question se rapporte uniquement au blocus exercé pendant la guerre et ne concerne pas le blocus dit pacifique, dont la légitimité et partant aussi les effets juridiques qui pourraient en découler, n'ont pas formé l'objet des délibérations de cette haute Assemblée.

S. Exc. le Baron de Macchio fait savoir que la Délégation austro-hongroise se rallie à la proposition italienne.

2. Onzième Séance. 2. August 1907.

(Bd. III S. 890 der Verhandlungen.)

Présidence de Son Excellence M. de Martens.

Le Président répond que la Commission prend acte de cette déclaration.

M. de Beaufort fait part à la Commission des regrets de S. Exc. M. Nélidow qu'une légère indisposition a empêché de venir à la séance et qui l'a chargé de donner à la Commission, lecture du télégramme suivant:

„Très sensible à votre aimable télégramme, je remercie Votre Excellence ainsi que les Représentants des Puissances réunis en Deuxième Conférence de la Paix à La Haye, très sincèrement des félicitations que Votre Excellence a bien voulu transmettre. (S.): Emma." (Vifs applaudissements).

Le Président rappelle que quinze jours se sont passés depuis le moment où la Commission a ajourné son vote sur les vœux français.

L. L. E. E. Sir Ernest Satow et le Comte Tornielli, ayant fait observer que ce vote ne figurait pas à l'ordre du jour, la Commission décide d'ajourner à la prochaine séance le scrutin sur les vœux français (Annexe 16).

* * *

Le Président rappelle que la Commission doit revenir sur la question du blocus dont la discussion générale est close. Il y a sur ce point un amendement de la Délégation brésilienne (Annexe 36) à la proposition italienne (Annexe 34).

S. Exc. M. Ruy Barbosa demande la parole pour justifier cet amendement dans les termes les plus brefs:

„Le pays que j'ai l'honneur de représenter, dit-il, embrassant dans son territoire presque la moitié de l'Amérique méridionale, allonge sur l'Océan Atlantique un littoral de six mille cinq cent kilomètres, merveilleusement riche en ports, baies et rades, semés partout sur son immense étendue. Notre côte exerce un rôle vital quant à l'approvisionnement de notre pays. Au long d'elle se trouvent nos centres principaux de richesse, les grands entrepôts de nos produits et de notre commerce. Nous avons une population de pêcheurs, la pépinière de nos marins, et un cabotage, encore faible, mais essentiel à nos besoins, qui lui assurent un large développement. Notre destin tient donc à la mer, où notre situation géographique et l'immensité de notre frontière maritime posent le problème de notre avenir.

Voilà pourquoi nous avons suivi avec une attention si vive, dans cette Conférence, les matières concernant la guerre navale. Parmi elles se détache la question du blocus. Nous n'avons pas, en ce qui le regarde, un intérêt moindre que celui des grandes Puissances. Quoique le Brésil soit une nation pacifique et ne pense qu'à se défendre, il n'est pas imprévoyant et ne se résigne pas à oublier les nécessités de son existence, d'autant plus de nature à le préoccuper qu'il n'est pas un Etat militaire.

Vous voyez bien qu'il n'est pas difficile d'expliquer notre intervention dans ce débat. Vous ne partagerez pas, certainement, l'impatience, avec laquelle on aura peut-être accueilli notre assiduité dans ces discussions, chez ceux qui dédaignent cette lointaine et inconnue Amérique latine, dont la voix ne s'était jamais fait entendre dans une assemblée de Puissances. Ne donnez aucune valeur à notre contingent, si, en effet, il ne vaut rien, à votre avis. Mais veuillez bien nous tenir compte de la volonté sérieuse que nous mettons à répondre à l'honneur de votre invitation et de votre hospitalité.

Dans la matière du blocus, nous acceptons avec plaisir la proposition italienne. Elle renferme des mesures excellentes, que nous ne voudrions pas méconnaître, ni affaiblir. C'est au contraire dans une pensée d'adhésion et de solidarité, c'est dans le même esprit que nous avons conçu notre amendement. Il ne contrevient pas au système du projet, ni n'en transforme point le mécanisme. Ce n'est qu'à le renforcer qu'il tend. Il lui ajoute quelque chose: il n'en retranche rien, ni dans le fond, ni dans la forme. C'est bien, comme nous avons déclaré dans l'entête, une simple addition.

Considérant que le blocus est „la plus grave atteinte qui puisse être portée par la guerre au droit des neutres“ (Cauchy, II. p. 126; Fiore. II, p. 446), il faut le soumettre aux conditions les plus strictes, pour qu'il ne sorte pas des limites de la nécessité, et n'expose les intérêts légitimes des neutres à des restrictions abusives de la part des belligérants. Tel est réellement le but de la proposition italienne, inspirée en général, nous semble-t-il, par les idées que l'Institut de Droit International adopta en 1883 dans sa codification du droit des prises. Et ce but il nous semble que la proposition italienne l'a atteint d'une manière presque tout à fait satisfaisante. On n'ignore pas que, chez ce peuple d'artistes et de juristes, l'exécution est toujours merveilleuse d'élégance et de tact dans les choses du droit comme dans celles de l'art.

Cependant la même préoccupation d'éviter, sous le prétexte d'énergies nécessaires à la guerre, des attentats aux droits de la neutralité, nous encourage à proposer quelques précautions additionnelles, qui renferment cet instrument d'aggression militaire dans ses fonctions naturelles.

D'abord, dans une intention plutôt déclarative, il nous a paru convenable d'imprimer une expression plus définie à l'effectivité du blocus, en déclarant qu'il doit se borner à des endroits précis d'accès à la frontière maritime, c'est-à-dire à des ports, à des rades, à des mouillages, à des baies ou à d'autres sites qui permettent de s'embarquer, ou de débarquer. C'est la conséquence exacte de la définition du blocus, donnée par Lord Stowell (The Artheer, 1814, Dodson, p. 423—425), et généralement acceptée comme complète (Smith and Sibley, p. 323) d'après laquelle la forme usuelle et régulière du blocus consiste à faire, „avec un certain nombre de bâtiments stationnés dans ce but, un arc de circonvallation autour de la barre du port interdit“. „Le blocus“, dit M. Dupuis, dans son ouvrage sur la guerre maritime, „n'a jamais été autre chose que la justification de l'interdiction du commerce des neutres avec l'ennemi au moyen d'un déploiement de forces du belligérant devant les places spécialement frappées de cette interdiction“. (Le droit de la guerre maritime, p. 202).

Il serait donc utile d'exiger la spécification des places bloquées; et c'est ce dont il s'agit à l'article 1er de notre amendement additionnel.

Mais, comme il faut enserrer dans un espace raisonnable la portée de l'interdiction, sans quoi on donnerait un champ indéfini à l'action des croiseurs belligérants contre les navires neutres, on a cru nécessaire de la borner par un certain nombre de milles linéaires, comptés du littoral, ainsi qu'au long des côtes. C'est ce que dispose notre article 2. L'idée n'est pas de nous. Elle a été accueillie par des autorités, et se trouve formulée par M. Thomas Barclay dans son ouvrage récent, dont nous nous inspirons sur ce point.

Comme corollaire de ces restrictions matérielles et infranchissables, dans lesquelles on enfermerait les rigueurs du blocus, il serait naturel d'établir qu'une fois ces conditions verifiées, la question de l'effectivité du blocus se considère fermée pour les navires saisis dans de telles limites. C'est ce que l'on déclare dans l'article 3.

Mais cela doit être subordonné à la clause de la notification, réglementée dans l'article 4 de la proposition italienne. Elle admet d'abord la notification générale, qui s'adresse, soit par voie militaire, soit par voie diplomatique, aux autorités de la place bloquée et aux gouvernements des Etats neutres; mais elle prévoit aussi les blocus sans notification, c'est-à-dire les blocus de facto, en autorisant, pour ces cas, la notification spéciale, faite par les soins des autorités de l'escadre bloquante aux vaisseaux neutres, qui, dans l'ignorance de la situation, franchiraient les lignes d'investissement, ou s'en seraient approchés. Nous sommes d'accord sur tous ces points.

Du moment, toutefois, qu'au moyen de la notification générale on donne lieu à une présomption aussi grave que celle qui dès lors se forme contre les neutres, et les expose à la pénalité de violation du blocus, il serait injuste de ne pas arrêter un laps de temps assez long pour que l'on considère comme établie la notoriété, dont résultent ces conséquences pénales. A cet effet nous estimons équitable un délai à peu près d'une semaine,puisqu'il ne faut songer seulement aux vaisseaux en rade, à la connaissance desquels la déclaration du blocus peut arriver aussitôt la notification faite grâce à l'instantanéité des communications électriques, mais encore à ceux qui sont en voyage, et ne pourront être arrivés sur-le-champ. En prévision de ce cas, on leur donne un terme, au bout duquel s'établira la prescription d'avertissement. Mais cette présomption ne peut pas être absolue, elle doit admettre la preuve contraire, vu que, maintes fois, ce délai ne sera pas suffisant à tous les bateaux en mer, pour toucher à un point quelconque de la côte, où ils reçoivent la nouvelle du blocus.

C'est ce à quoi pourvoit l'article 4.

En exigeant, enfin, que les modifications du blocus soient objet d'une notification semblable à celle de sa déclaration initiale, et que l'on borne géographiquement les places nouvellement bloquées, pour qu'il en résulte des droits de guerre contre les neutres, l'article 5 ne fait que déduire une application de l'article 4 de la proposition italienne. Elle pourrait être envisagée comme y sous entendue. Mais il ne nous semble pas superflu de la rendre explicite.

J'ai fini, M. le Président. Je serai heureux que la Délégation d'Italie ne voie dans mon amendement qu'un hommage rendu à l'importance de sa proposition.

La Commission décide que l'amendement brésilien sera soumis au Comité d'Examen.

S. Exc. le Vice-Amiral Méhemmed Pacha fait connaître à la Commission que la Délégation ottomane accepte la proposition de la Délégation italienne (Annexe 34) relative au blocus avec les amendements proposés par S. Exc. Sir Ernest Satow, à savoir: Article 2, alinéa 1, et article 4, alinéa 2. (Annexe 37).

Le Président répond que le Comité d'Examen tiendra compte des observations qui viennent d'être présentées.

M. de Beaufort s'exprime dans les termes suivants:

Dans notre dernière séance, l'honorable Délégué de la Grèce a fait une déclaration dans laquelle il a exprimé l'opinion que la proposition de la Délégation italienne ne se rapporte pas au blocus dit pacifique. Je partage cette opinion; je crois que la question de savoir si le blocus pacifique est admissible et dans quelles conditions, est une question qui doit rester entièrement en dehors de ces débats. Nous ne nous en occupons pas pour le moment. Ce qui, à mon avis, doit être bien établi, c'est que les règles qui ont été proposées se rapportent seulement et exclusivement au blocus de guerre. Je crois que c'est aussi l'idée dont a été inspirée la Délégation italienne et je me flatte que je ne rencontrerai aucune objection de sa part si je propose (Annexe 38) d'insérer dans sa proposition les deux principes élémentaires du blocus de guerre pour constater que les règles, que nous allons discuter, ne seront pas applicables au blocus dit pacifique, mais uniquement au blocus de guerre. Il va de soi que, quand le principe est adopté, je laisse la décision, quant à la place que cette disposition doit trouver dans la proposition italienne, aux honorables Délégués d'Italie.

M. Louis Renault n'entend pas critiquer la proposition néerlandaise; il ne fait des réserves que sur la rédaction qui semble lui prêter un sens différent de celui qu'elle a réellement.

M. Guido Fusinato se rallie aux observations présentées par M. Georges Streit et M. de Beaufort; la proposition italienne ne se rapporte, en effet, qu'au blocus en temps de guerre, elle correspond du reste aux termes même du questionnaire qui est très explicite en ce sens.

Le Lieutenant-Colonel van Oordt avait l'intention, dans la séance de mercredi 31 juillet, de dire quelques mots se rapportant à l'amendement américain (Annexe 35) à l'article 5 de la proposition italienne. Mais puisque l'heure était déjà avancée, il a différé jusqu'à aujourd'hui les observations qu'il a l'honneur de soumettre à la bienveillante attention de la Quatrième Commission.

Dans la séance précédente, l'honorable Second Délégué des Etats-Unis d'Amérique a dit que l'extension du droit de capture exercé sur les bâtiments neutres par rapport au blocus, contenu dans l'amendement américain, est d'accord avec la pratique qui existe depuis longtemps et avec le droit international. De cette thèse il résulterait l'amendement américain ne faisait que constater une règle à peu près généralement admise.

L'orateur estime au contraire, que la règle, stipulée par l'article 5 de la proposition italienne, contient le principe plus généralement admis, et que l'extension du droit de capture de l'amendement de la Délégation des Etats-Unis d'Amérique forme l'exception des idées courantes à ce sujet.

La pratique de capture d'un navire neutre pendant tout le voyage vers le littoral bloqué, est encore un reste des temps des blocus fictifs, puisqu'alors il n'y avait pas de ligne de blocus où les navires qui auraient le désir detenter la violation du blocus, pouvaient être arrêtés.

La capture en pleine mer était le complément nécessaire du blocus fictif qui, sans cela, aurait été lettre morte.

Mais depuis 1856, c'est-à-dire depuis qu'il a été conventionnellement stipulé qu'un blocus, pour être obligatoire, doit être effectif, la question a totalement changé.

Voici, dans la pratique, la grande différence entre les mesures qu'un belligérant prend contre le commerce de contrebande de guerre et celles qu'il prend contre l'accès d'un littoral ennemi bloqué, c'est qu'il sait que, quand le blocus répond à sa condition essentielle d'être effectif, le navire doit, pour s'approcher ou s'éloigner du littoral bloqué, passer la ligne de blocus, tandis que la contrebande peut être importée — sans danger immédiat — au lieu de destination. Et c'est ce qui fait qu'on peut considérer la ligne de blocus comme une étape bien marquée du voyage vers le port bloqué.

Il y a encore une autre observation à faire à ce sujet qui, n'est pas sans quelque importance. Un blocus n'est obligatoire que quand il est effectif, et de cette règle il résulte que chaque navire neutre, non chargé de contrebande, a le droit de continuer son voyage vers le littoral bloqué, puisque, avant qu'il ne l'ait atteint, personne ne peut savoir si le blocus sera encore effectif au moment où il y arrive.

La saisie avant que la ligne de blocus ne soit atteinte est donc un acte prématuré.

La pratique rend inévitable la saisie en pleine mer d'un navire qui porte de la contrebande de guerre, avant que l'exécution de l'entrée même dans un port ennemi quelconque n'ait commencé, c'est-à-dire à un moment où il pourrait encore changer son intention, puisque, si l'on n'admettait pas que le navire chargé de contrebande est „in delicto" pendant tout le voyage, la saisie serait presque inexécutable. La même nécessité se présentait vis-à-vis du blocus au temps des blocus fictifs, puisque alors il n'y avait pas de ligne de blocus à passer.

Aujourd'hui, au contraire, on peut, du moins vis-à-vis du blocus, suivre un chemin plus équitable, c'est-à-dire ne punir pour violation de blocus que du moment où cette violation a effectivement commencé. C'est pour cette raison que le droit de poursuite après violation de blocus pour sortir de la place bloquée, est légitime puisque le délit a été commis et que la haute mer est une partie du théâtre de la guerre.

Mais, du moment qu'on doit admettre qu'un blocus n'est obligatoire que quand il est effectif, la saisie pour violation de blocus avant le commencement même de l'exécution, ne peut pas même être expliquée par l'exception de la nécessité.

L'extension du droit de capture, contenue dans la proposition américaine, n'est en effet autre chose que l'application de la pratique des blocus fictifs aux blocus effectifs. Accorder au belligérant le droit de saisie sur les navires, qui font voile pour un port bloqué, avant qu'ils n'aient tenté d'y entrer, c'est ajouter au danger imminent du passage de la ligne du blocus (le caractère essentiel du blocus effectif) le danger d'être saisi en pleine mer; c'est au fond étendre le blocus pour ainsi dire partout, en pleine mer, où il ne peut pas être effectif; c'est enfin soumettre la saisie au hasard d'une rencontre avec un croiseur de l'Etat bloqueur; ce qui est, d'après les événemets qui ont abouti à la Déclaration de Paris de 1856, en contradiction avec l'idée même du blocus effectif.

Le Président déclare que le Comité tiendra compte des observations présentées par le Lieutenant-Colonel van Oordt.

Au nom de la Délégation argentine, S. Exc. M. Carlos Rodriguez Larreta accepte les propositions sur le blocus présentées par S. Exc. le Comte Tornielli et appuyées par M. Guido Fusinato à la dernière séance dans un discours remarquable.

Il se permet à cette occasion d'offrir ses félicitations aux Délégués d'Italie.

S. Exc. M. Hagerup fait observer, qu'en s'occupant de la question des mines sous-marines, la 1ère Sous-Commission de la Troisième Commission, les a envisagées au point de vue du blocus, et elle s'est démandé si les mines sous-marines pouvaient être considérées comme pouvant, à elles seules, rendre le blocus effectif. Elle a estimé que cette question était plutôt de la compétence de la Quatrième Commission et elle a chargé son Président de lui faire cette communication.

S. Exc. le Lieutenant-Général Jonkheer den Beer Poortugael dit que la proposition italienne se sert des mots „forces navales", il s'agit dont de savoir si les mines sous-marines peuvent être considérées comme des „forces navales".

S. Exc. le Général de Brigade de Robilant répond que ces mines sous-marines doivent être apportées par des navires nationaux et que ces navires constituent des forces navales.

S. Exc. le Comte Tornielli dit qu'au n⁰. 3 de la proposition britannique concernant l'emploi des mines on trouve la disposition suivante: „l'emploi de mines sous-marines automatiques de contact pour établir ou maintenir un blocus de commerce est interdit". (Vol. III, Com. 2, Annexe 9).

Au cours des débats qui ont eu lieu dans la Troisième Commission dont j'ai l'honneur d'être le Président, dit-il, la question a été envisagée sous ses deux aspects; c'est-à-dire on a recherché si cette disposition devait être rangée parmi celles qui règlent l'emploi des moyens de nuire dans les opérations de la guerre, ou bien si elle appartenait aux questions relatives aux moyens par lesquels l'effectivité d'un blocus peut être maintenue. Sous le premier de ces deux aspects la proposition britannique était certainement de la compétence de la Troisième Commission; mais, sous son autre aspect, elle rentre au contraire dans le programme de la Quatrième Commission.

S. Exc. M. Hagerup, en sa qualité de Président de la Sous-Commission et du Comité qui ont eu à s'occuper de cette affaire, vous a conséquemment demandé d'en vouloir bien réunir l'examen à la partie de vos travaux qui concernent le blocus. Je me joins à cette demande.

Le Président fait observer qu'il n'y a, en somme, qu'une seule Conférence et il est indifférent qu'une question soit tranchée par telle ou telle Commission.

S. Exc. Sir Ernest Satow croit que l'on pourrait réunir les deux Commissions.

Le Président propose de réunir ensemble les deux Comités d'Examen qui rédigeront un projet.

M. Guido Fusinato remercie les Délégations du Brésil et de la République Argentine de leurs appréciations à l'égard de la proposition italienne (Annexe 34). Quant aux amendements (Annexe 36) du Brésil qui, en effet, ne touchent pas au principe de ladite proposition, ils seront examinés dans le Comité d'Examen avec toute l'attention qu'ils méritent.

3. Quatorzième Séance. 26. September 1907.

(Bd. III S. 921 der Verhandlungen.)

Présidense de Son Excellence M. de Martens.

Au sujet du rapport concernant le blocus [Voir le rapport à la Conférence (Vol. I, p. 260)], M. Fromageot (Rapporteur) fait savoir que sur la demande de la Délégation néerlandaise, les mots suivants doivent être ajoutés à la fin du 5e alinéa du dit rapport:

. . . . „ce qui, dans la pensée de la Délégation néerlandaise, exclut le blocus d'un territoire neutre“. . . .

Au 10e alinéa du dit rapport (Voir Vol. I. p. 262), la Délégation britannique a demandé l'adjonction des mots suivants:

„. . . . le fait que, dans son opinion, la question du blocus n'aurait pas été littéralement comprise dans le programme de la Conférence“ . . . .

Le rapport sur le blocus est adopté sans autres modifications.

c) Verhandlungen des Comité d'Examen.

Cinquième Séance. 16. August 1907.

(Bd. III S. 963 der Verhandlungen.)

Présidence de Son Excellence M. de Martens.

L'ordre du jour portant la discussion sur le blocus, le Président rappelle, que le Comité est saisi d'une proposition italienne (Annexe 34), d'une proposition brésilienne (Annexe 36) et de deux amendements, l'un de la Délégation de Grande-Bretagne (Annexe 37) et l'autre des Etats-Unis d'Amérique (Annexe 35). La proposition italienne se trouvant être la base de ces différentes propositions peut servir de point de départ aux discussions du Comité.

Le Président croit, à ce propos, devoir faire observer que la Conférence n'a pas reçu le mandat de changer la Déclaration de Paris de 1856 qui est une limite posée à ses discussions.

M. Guido Fusinato demande à être fixé sur la portée de cette observation.

Le Président répond que la Conférence peut développer la Déclaration de Paris, qu'elle peut en préciser les conséquences, mais qu'elle ne peut pas la modifier.

M. Guido Fusinato fait ressortir que la proposition italienne est un développement de la Déclaration de Paris, mais que d'autres propositions peuvent s'inspirer d'une pensée différente. Le Comité tient ses pouvoirs de la Commission, qui, ellemême, les tient de la Conférence; aucune observation préjudicielle n'a été faite au sujet d'une limite à fixer aux discussions sur le blocus.

Le Président constate qu'au surplus la Déclaration de Paris est la base des propositions italienne et brésilienne, qui ne changent pas le caractère effectif du blocus.

S. Exc. M. Keiroku Tsudzuki demande si tous les signataires de la Convention de la Haye ont adhéré à la Déclaration de Paris.

M. Guido Fusinato répond que tous les signataires de la Déclaration de Paris sont signataires de la Convention de la Haye.

Le Président estime que cela ne change pas la nature de la Déclaration de Paris.

Le Président donne lecture de l'article 1 de la proposition italienne (Annexe 34), ainsi conçu:

ART. 1. Le blocus pour être obligatoire doit être effectif, déclaré et notifié.

ART. 2. Le blocus est effectif lorsqu'il est maintenu par des forces navales de guerre suiffsantes pour interdire réellement le passage, et stationnées de manière à créer un danger évident pour les navires qui voudraient le tenter.

Le blocus n'est pas considéré comme levé si le mauvais temps a forcé les navires bloquants à s'éloigner momentanément de leur station.

S. Exc. Sir Ernest Satow fait observer que la disposition de l'article 1 n'est qu'un commentaire de la Déclaration de Paris.

S. Exc. M. Keiroku Tsudzuki demande si, le cas échéant, la Conférence n'aurait pas, en ce qui concerne le régime de la propriété privée sur mer, modifié la Déclaration de Paris.

M. Kriege fait observer que les Etats, qui viendraient à adopter l'article 1er de la proposition italienne, auraient par cela même adhéré à un des principes essentiels de la Déclaration de Paris.

Au sujet de l'article 2, le Président rappelle que la Délégation britannique a demandé de changer le mot „évident" par le mot „réel".

S. Exc. Sir Ernest Satow estime ce mot plus conforme à la Déclaration de Paris.

M. Guido Fusinato observe que la réalité du danger résulte déjà de la première phrase de la définition du blocus effectif contenu dans l'article 2; le mot „évident" ajoute quelque chose en plus, pour mieux préciser l'esprit de la Déclaration de 1856.

M. Louis Renault dit qu'effectivement le mot „évident" a un sens plus large que le mot „réel".

S. Exc. Sir Ernest Satow désirerait être fixé sur le sens du mot „stationnés". Faut-il prendre ce mot à la lettre et en déduire que les navires devront être mouillés et ne pas évoluer? Il rappelle, à ce propos, que le Chief Justice Cockburn a déclaré qu'au point de vue de la loi, un blocus est effectif si les navires sont en nombre et situation tels que la violation du blocus devient dangereuse,quoique certains navires puissent réussir à le franchir.

S. Exc. M. Keiroku Tsudzuki déclare s'associer aux idées développées par S. Exc. Sir Ernest Satow.

M. Louis Renault propose d'employer le mot „manifeste".

S. Exc. Sir Ernest Satow dit que son amendement reproduit la phrase même de la Déclaration de Paris.

Le Capitaine de Vaisseau Behr préfère le mot „réel"; il croit que le maintien du mot „évident" créera une contradiction entre les deux paragraphes de l'article 2. Le danger peut n'être pas évident et être réel.

M. Guido Fusinato répondant à S. Exc. Sir Ernest Satow déclare que le mot „stationnés" n'implique pas le mouillage sur place, mais il estime, d'autre part, qu'il exclut le blocus par croisière. Au sujet du mot „évident" M. Guido Fusinato accepterait qu'il fut remplacé par le mot

„manifeste". Les mots „évident" ou „manifeste" ont aussi l'avantage d'exclure le blocus par mines conformément à une proposition qui a été déjà par la Délégation anglaise.

S. Exc. Sir Ernest Satow dit que la Déclaration de Paris ne vise que les navires et exclut les mines; il continue à préférer le mot „réel" et propose de substituer au mot „stationnés" celui de „manœuvrant".

M. Guido Fusinato considère ces différents changements comme modifiant le fond de sa proposition et comme tendant à reconnaître le blocus par croisière.

S. Exc. Sir Ernest Satow déclare accepter le principe de l'article 2, du moment que le mot „stationnés" ne veut pas dire mouillés.

S. Exc. M. Keiroku Tsudzuki propose de mettre les mots „distribués de manière à".

M. Guido Fusinato ne s'oppose pas à prendre en considération cette formule.

S. Exc. M. Keiroku Tsudzuki se rallie aux observations du Capitaine de Vaisseau Behr concernant le mot „réel".

S. Exc. Sir Ernest Satow accepte le mot „stationnés".

Il est procédé au vote sur le mot „évident" qui est adopté à la majorité.

S. Exc. Sir Ernest Satow se lève alors et lit la déclaration suivante:

„Vu la différence notoire entre les deux pratiques que l'on pourrait désigner sous les noms de „système continental" et „système anglo-américain", nous ne croyons pas qu'il soit possible, pour le moment, d'arriver à une transaction. Comme S. Exc. le Président de la Quatrième Commission a bien voulu nous indiquer, la question du blocus n'est pas littéralement comprise dans le programme élaboré par le Gouvernement de Russie. Aussi le Gouvernement de la Grande-Bretagne n'a-t-il pas eu besoin de nous donner des instructions à ce sujet avant la réunion de la Conférence. Le temps nous fait défaut pour examiner à fond cette question, et pour tâcher de concilier les vues divergentes des deux écoles. Afin d'arriver à une transaction, il faudrait faire des concessions de part et d'autre, auxquelles on n'est peut-être pas prêt. Il paraît donc à notre Délégation qu'il serait préférable de suspendre la discussion de cette question."

M. Guido Fusinato demande à S. Exc. Sir Ernest Satow quelle est l'exacte portée de la déclaration qu'il vient de lire.

S. Exc. Sir Ernest Satow répond n'avoir pas reçu de son Gouvernement des instructions lui permettant de faire les transactions que paraissent comporter la question du blocus et le changement de la pratique de plus d'un siècle; ces instructions seraient longues à venir, elles nécessiteraient des allées et venues à Londres, et des conférences avec l'Amirauté. Il est donc préférable de remettre la question à une prochaine Conférence, non pas que la Délégation britannique se refuse à la discussion, mais elle ne croit pas qu'on puisse arriver à une entente.

M. Guido Fusinato ne reconnaît pas au Comité le pouvoir de renvoyer la question à une prochaine Conférence, mais seulement, tout au plus, celui de proposer à la Commission de demander à la Conférence d'être relevée de l'étude des questions concernant le blocus.

Il est, personnellement, prêt à faire toutes concessions propres à résoudre les difficultés que paraît présenter sur ce point la conclusion d'un accord, et il croit qu'avant de proposer la suspension, le Comité doit s'assurer que tout espoir d'arriver à une entente est définitivement perdu.

M. Kriege rappelle que, d'après les termes de la circulaire russe, la Conférence est appelée à discuter la question des droits et devoirs des neutres sur mer. Etant donné que le blocus comporte pour les neutres des devoirs, très importants à ce point de vue, la question du blocus rentre dans la cadre du programme de la Conférence.

Le Président dit qu'au mois de juin, la distribution des questions saite dans les différentes Commissions par le Bureau de la Conférence n'a foulevé aucune protestation et qu'il n'a jamais affirmé que la question du blocus soit hors du programme du Gouvernement Impérial et de la Conférence.

M. Louis Renault estime que, seule la Conférence peut relever la Commission de sa mission de discuter le blocus.

Le Président considère que dans ces conditions, il paraît inutile de continuer la discussion au sein du Comité avant d'en avoir référé à la Commission.

d) Bericht der vierten Kommission an die Gesamtkonferenz.

(Bd. III S. 260 der Verhandlungen.)

Du blocus.

L'examen des questions que soulève le blocus ne figurait pas expressément dans le programme russe du 3 avril 1906. Mais, comme c'est là une étude rentrant dans l'étude des opérations particulières de la guerre maritime visée dans ce programme,[1]) le questionnaire de la Quatrième Commission l'y avait mentionnée sous la forme des deux questions suivantes:[2])

„Quant au blocus en temps de guerre, y a-t-il nécessité de modifier les termes de la Déclaration de Paris de 1856?“ [3])

„Est-il désirable de déterminer, dans la convention à conclure les conséquences universellement reconnues d'une rupture du blocus effectif?“

La Commission a été saisie d'une proposition présentée par la Délégation d'Italie,[4]) et de quatre amendements présentés par les Délégations

[1]) Programme russe du 3 avril 1906, paragraphe 3°, alinéa 1. Voir Vol. I. *in initio*.

[2]) Voir Vol. III. Quatr. Com. Annexe 1. *Questionnaire*, questions IX et X.

[3]) Déclaration de Paris du 16 avril 1856: „. . . . 4°. Les blocus, pour être obligatoires, doivent être effectifs, c'est-à-dire maintenus par une force suffisante pour interdire réellement l'accès du territoire de l'ennemi.“

[4]) Voir Vol. III. Quatr. Com. *Annexe* 34. *(S. oben S. 1393)*.

des Etats-Unis d'Amérique,[1]) du Brésil,[2]) de la Grande-Bretagne [3]) et des Pays-Bas.[4])

La proposition italienne avait pour objet de préciser les conditions dans lesquelles le blocus, pour être obligatoire, doit, selon les règles acquises du droit des gens, être effectif, déclaré et notifié; à cet égard, elle posait en principe le système d'une notification à la place bloquée, ainsi qu'aux Gouvernements neutres, — à défaut ou en cas d'ignorance de cette notification, une notification spéciale devant être faite sur place au navire même, approchant de la place bloquée. La proposition consacrait, en outre, le système selon lequel un navire ne peut être saisi pour violation de blocus qu'au moment où il tente de franchir les lignes de la force bloquante.

La Délégation royale motiva sa proposition en faisant remarquer [5]) que la définition du blocus, donnée par la Déclaration de Paris de 1856, tout en contenant le germe des solutions ultérieures, laissait place à de nombreuses incertitudes quant à son application pratique, qu'il lui paraîtrait heureux d'éclaircir ces doutes en complétant la définition du blocus et en précisant les modalités de sa notification, en même temps que la sanction de sa violation. Réduire le blocus dans ses justes limites, en perfectionnant l'oeuvre de 1856 et en fixant des conditions équitables conformes aux exigences de la guerre et aux intérêts du commerce, tel était le but de la proposition.

Les amendements présentés par le Brésil et par les Pays-Bas acceptaient les principes de la proposition italienne. L'amendement brésilien [6]) tendait à faire préciser les limites géographiques du blocus, à poser en règle que, dans ces limites, le caractère effectif du blocus ne pourrait être mis en question, à établir une présomption de connaissance du blocus pour les navires ayant pris la mer sept jours après la notification faite au pays de départ, enfin à assurer la notification des changements apportés au blocus. — L'amendement néerlandais [7]) se bornait à établir qu'il ne devait s'agir ici que du blocus effectué pendant la guerre et non du blocus dit pacifique.

Les amendements présentés par les Etats-Unis d'Amérique et par la Grande-Bretagne, sans contester au fond la proposition italienne quant à la définition du blocus et à sa notification, tendaient, au contraire, quant à sa violation, à faire prévaloir le système d'après lequel tout navire se dirigeant vers une place bloquée peut être saisi, aussi bien que le navire essayant de forcer la ligne même du blocus.

---

[1]) Ibid. *Annexe* 35. *(S. oben S. 1393.)*

[2]) Ibid. *Annexe* 36. *(S. oben S. 1394.)*

[3]) Ibid. *Annexe* 37. *(S. oben S. 1394.)*

[4]) Ibid. *Annexe* 38. *(S. oben S. 1394.)*

[5]) Discours de S. Exc. M. Guido Fusinato, Voir Vol. III. 10e séance de la Quatrième Commission, 31 juillet 1907.

[6]) Discours de S. Exc. Ruy Barbosa, 11e séance de la Commission, 2 août 1907.

[7]) Observations de S. Exc. M. de Beaufort, *ibid.* et du Lieutenant-Colonel van Oordt, *ibid.*

Devant la Commission, les principes consacrés par la proposition italienne obtinrent, outre l'adhésion ci-dessus rappelée du Brésil et des Pays-Bas, l'adhésion de l'Allemagne,[1]) de l'Autriche-Hongrie,[2]) de la Grèce,[3]) de la Turquie,[4]) de la République Argentine,[5]) étant reconnu par la Délégation italienne, selon les observations des Délégations hellénique et néerlandaise et conformément d'ailleurs au texte même de la question posée par le questionnaire, qu'il ne s'agissait que du blocus en temps de guerre, ce qui, dans la pensée de la Délégation néerlandaise, exclurait le blocus d'un territoire neutre.

La Première Sous-Commission de la Troisième Commission, chargée de la question des mines sous-marines, manifesta, par l'organe de son Président,[6]) l'opinion qu'il convenait de rattacher à la discussion du blocus la question de savoir si le seul emploi de ces engins destructeurs pouvait suffire à faire considérer un blocus comme effectif. Cette question parut, en effet, pouvoir être examinée conjointement par les deux Commissions. Il fut décidé [7]) que la discussion en serait confiée aux deux Comités d'Examen, dans le cas où ils établiraient un projet de Convention.

Telles sont les conditions dans lesquelles la proposition italienne et ses divers amendements furent portés devant votre Comité d'Examen.

A la première délibération, la Délégation britannique,[8]) faisant valoir la profonde divergence séparant les systèmes suivis depuis de longues années en matière de blocus par la pratique continentale d'une part et la pratique anglo-américaine d'autre part, le fait que dans son opinion, la question du blocus n'aurait pas été littéralement comprise dans le programme de la Conférence, l'absence d'instructions et le défaut de temps pour parvenir à une solution transactionnelle acceptable par les Gouvernements intéressés en une matière aussi délicate et aussi complexe, proposa de suspendre la discussion de cette question et d'en ajourner l'examen.

Il n'appartenait pas au Comité de prendre parti à cet égard. Il n'a pu que transmettre cette proposition, en souhaitant qu'en cas d'ajournement, une étude approfondie des Gouvernements permette, dans un délai rapproché, de consacrer l'uniformité, que réclament les intérêts du commerce et de la paix du monde.

---

[1]) Déclaration de S. Exc. le Baron Marschall von Bieberstein, 10e séance de la Commission, 31 juillet 1907.

[2]) Déclaration de S. Exc. le Baron de Macchio, *ibid.*

[3]) Déclaration de M. Streit, 10e séance de la Commission, 31 juillet 1907.

[4]) Sauf certaines modifications de redaction, conformément sur ce point à la proposition britannique; Déclaration de S. Exc. Mehemmed Pacha, 11e séance de la Commission, 2 août 1907.

[5]) Déclaration de S. Exc. M. Larreta, *ibid.*

[6]) Observation de S. M. Exc. Hagerup, *ibid.*

[7]) Observations de L. L. Exc. le Comte Tornielle, Sir Ernest Satow en M. de Martens, *Président*, 11e Séance de la Quatrième Commission.

[8]) Déclaration de S. Eex. Sir Ernest Satow, 5e séance du Comité d'Examen, 16 août 1907.

C. Zerstörung neutraler Schiffe.*)

1. Verhandlungen der vierten Kommission.

Douzième Séance. 7. August 1907.

(Bd. III S. 898 der Verhandlungen.)

Présidence de Son Excellence M. de Martens.

Le Président fait observer que si la Commission voulait s'en tenir aux termes mêmes de l'ordre du jour, elle devrait procéder immédiatement au vote des vœux proposés par la Délégation française, mais il suppose qu'elle ne verra pas d'inconvénient à remettre son vote jusqu'au moment où les Plénipotentiaires français seront arrivés et à commencer dès maintenant la discussion des questions XI et XII du questionnaire (Annexe 1), relatives à la destruction par force majeure des prises neutres. La Commission a reçu sur ce sujet plusieurs propositions; celles de la Grande-Bretagne (Annexe 39) et des Etat-Unis (Annexe 42) et les amendements des Délégations du Japon (Annexe 41) et de la Russie (Annexe 40).

Le Colonel de l'Amirauté Ovtchinnikow prend la parole et s'exprime en ces termes:

La question de la destruction, par force majeure, des navires de commerce sous pavillon neutre, soulève quelquefois une divergence d'opinions qui rend désirable un accord international.

On peut constater cette divergence même dans les propositions qui sont soumises à notre Commission. Deux de ces propositions demandent l'interdiction absolue de la destruction des navires de commerce sous pavillon neutre, saisis comme prises, et recommandent le relâchement de tout navire neutre qui ne peut être amené devant un tribunal de prises. D'autre part, les propositions russe et japonaise admettent, pour certains cas extraordinaires, la destruction de ces navires et donnent, comme par exemple notre proposition, certaines satisfactions et garanties aux intérêts des neutres.

Je prends à présent la parole pour présenter quelques considérations générales concernant la matière.

1) Tout d'abord je veux attirer l'attention de la haute Assemblée sur le langage confus employé dans la question, et qui peut faire naître quelquefois des malentendus.

Dans toutes les propositions, et même dans la nôtre, on se sert des expressions comme „la destruction d'une prise neutre", „un navire neutre capture" etc.

Il ne s'agit en réalité pas de „navires neutres", mais de navires de la nationalité neutre, qui ont commis des infractions à leur neutralité.

Il n'y a de raison ni pour saisir, ni d'autant plus pour détruire un navire de la nationalité neutre qui est réellement neutre. Mais un navire sous pavillon neutre, qui a violé se neutralité par un acte hostile, ne peut être traité comme un navire neutre.

C'est dans le sens que je viens d'indiquer qu'il faut comprendre la proposition russe concernant la destruction d'une prise neutre.

---

*) *Die in den folgenden Verhandlungen erwähnten „Annexes" 39 bis 43 s. unten S. 1439—40.*

2) En discutant cette question, il faut avoir en vue les considérations suivantes:

Au point de vue juridique, il existe souvent quelque malentendu au sujet du rôle veritable du fait de la capture et du jugement du tribunal de prises.

Quel est le rôle d'une décision d'un tribunal de prises, et à partir de quel moment l'Etat capteur obtient-il le droit de propriété sur le navire et la cargaison saisis?

Je réponds à cette question tout à fait catégoriquement. C'est la saisie ou capture même qui donne à l'Etat capteur la propriété du navire et de la cargaison saisis. Une décision judiciaire ne crée jamais le nouveau droit, elle ne fait que reconnaître celui qui existait déjà avant. Le tribunal de prises statue si la prise est bonne ou non; c'est-à-dire, en appréciant les conditions de la saisie, le temps et le lieu où la saisie a été effectuée, le caractère du bâtiment capteur et celui du bâtiment et de la cargaison capturés, — le tribunal de prises prononce son jugement sur la question si le navire et la cargaison ont été susceptibles de confiscation dans le moment où la saisie a été effectuée.

Dès lors, la décision d'un tribunal de prises a toujours une portée rétroactive, et, si la prise réellement est bonne, le droit de propriété existe pour l'Etat capteur à partir du moment de la saisie.

Ce fait étant établi, nous pouvons maintenant constater, qu'en détruisant le navire, qui navigue sous pavillon neutre, mais qui évidemment viole sa neutralité, le capteur détruit ses propres biens mais pas le bien d'autrui. C'est ainsi, qu'il agit contre les intérêts de sa propre fortune, et voila pourquoi seuls des cas tout à fait extraordinaires peuvent le forcer à se comporter de cette façon.

3) Pour finer avec le côte juridique et pécuniaire de la matière, je veux présenter quelques observations supplémentaires:

a) Il est bien entendu que chaque cas de destruction d'une prise doit être apporté à l'examen d'un tribunal de prises qui déclarera si la capture a été bonne ou non.

b) Sur un bâtiment détruit, outre les objets qui sont susceptibles de confiscation à titre de contrebande de guerre, — peuvent se trouver d'autres, qui auraient pu être affranchis par le tribunal de prises, s'ils avaient été amenés devant ce dernier, et restitués de cette façon au propriétaire primitif.

La question se pose: comment doivent être garantis les intérêts de ces propriétaires dans le cas de la destruction sur un bâtiment détruit de leurs objets ne constituant pas de contrebande?

La réponse sur cette question se trouve dans les articles 29 et 30 du Règlement russe du 27 mars 1895 concernant les prises maritimes. Ce Règlement porte:

Article 29. „Si le chargement qui doit être restitué a été détruit par ordre de l'autorité, le propriétaire récupérera la valeur du chargement détruit d'après une estimation basée sur les renseignements fournis.“

Article 30. „Indépendamment de cette valeur, une indemnité spéciale pour dommage, résultant de la capture, peut être allouée au propriétaire primitif s'il est reconnu que le chargement a été capturé sans motifs suffisants ou en violation des conditions prescrites.“

c) En vertu de notre loi, le même principe d'indemnisation est applicable dans le cas où, selon le jugement d'un tribunal de prises, le bâtiment lui-même a été détruit incorrectement, c'est-à-dire lorsque ce bâtiment, dans le moment de la saisie, n'était pas susceptible de confiscation.

J'ai l'honneur d'attirer l'attention de la Commission sur les articles cités 29 et 30 du Règlement russe, comme pouvant servir de matériaux pour les travaux du Comité d'Examen.

4) Il y a encore une question qui peut soulever quelques doutes. C'est la question du sort de l'équipage est des passagers qui se trouvaient sur un bâtiment détruit.

Dans notre proposition (Annexe 40) il est clairement dit que „le commandant du navire capteur ne peut user du droit de destruction qu'avec la plus grande réserve et doit avoir soin de transborder préalablement les hommes“.

On pourrait peut-être objecter à ce sujet, que l'équipage et les passagers transférés sur le navire capteur, c'est à-dire sur un bâtiment de guerre, seront ici moins en sécurité contre les dangers de guerre que s'ils étaient sur leur propre navire.

Mais je réponds à cette objection qu'une pareille aggravation du sort de l'équipage a lieu, non par la faute du capteur, mais par celle de l'armateur ou capitaine, qui out violé la neutralité d'un navire de commerce de nationalité neutre.

En tout cas, on peut constater que, pendant les dernières guerres, dans des cas de destruction des prises de nationalité neutre, la question du sort de l'équipage et les passagers n'a jamais provoqué de difficultés.

Voilà les considérations d'ordre juridique qui prouvent que la destruction est, le cas échéant, non seulement admissible, mais licite.

5) De plus, on peut invoquer dans cette matière des considérations purement pratiques et militaires.

Comme je viens de le constater, il est toujours bien préférable de conserver le bâtiment saisi et de le conduire dans un port de son pays.

Mais dans la guerre sur mer, il est souvent impossible et de conserver ce bâtiment et de le conduire dans un lieu sûr, à plus forte raison de le relâcher.

Supposons par exemple, qu' à proximité du lieu de la capture se trouve un ennemi qui est beaucoup plus fort que le capteur; le bâtiment saisi navigue sous pavillon neutre et est entièrement chargé d'objets de contrebande de guerre comme de cartouches, de projectiles, de poudres et d'explosifs de toute nature. Certainement pour le capteur ce serait beaucoup plus profitable de conserver ce bâtiment et ces objets de contrebande de guerre pour ses propres besoins. Mais la conservation et la conduite de cette prise sont impossibles à raison du voisinage d'un ennemi puissant.

Est ce qu'on peut insister dans ce cas, sur le relâchement du bâtiment saisi? Je crois qu'il est évident qu'un pareil relâchement serait pour le capteur une vraie trahison envers sa patrie. Il ne lui reste qu'à détruire cette prise.

D'autre part, la prise peut être quelquefois accidentelle. Un bâtiment de guerre, ayant un but spécial, rencontre en mer un navire entièrement chargé de contrebande de guerre, et fait la prise, pour ainsi dire, en passant. A raison de ce que les ports du capteur sont trop éloignés ou bloqués, la conservation et la conduite de cette prise pourraient compromettre la sécurité du bâtiment capteur ou le succès de ses opérations. Il faut se demander comment doit agir dans ce cas le capteur?

Certainement cette question s'élève dans toute sa gravité seulement pour les Puissances qui n'ont pas un certain nombre de ports dans les mers éloignées. L'interdiction absolue de la destruction des prises établirait une situation d'infériorité marquée pour les Puissances n'ayant pas des colonies, vis-à-vis de celles qui en possèdent.

Les tendances, qui ont été exprimées dans certaines propositions, dont la Conférence a été saisie, concernant l'admission de prises dans les ports neutres, sembleraient même propres à aggraver cette infériorité.

Ainsi, dans l'exemple que je viens d'indiquer, il est souvent facile pour le capteur de changer de cours et de conduire la prise dans un port de son pays qui est en voisinage. Si le capteur se dépêche, il peut envoyer sa prise dans ce port non éloigné sous le commandement d'un officier du bord.

On pourrait agir de même, et conduire ou envoyer la prise dans un port neutre, si l'accès et le séjour, assez prolongé pour les prises dans ces ports neutres, était admis par le droit conventionnel.

Mais, en absence d'un pareil accord international, et en présence des règles prohibant aux prises l'entrée et le séjour assez prolongé dans les ports neutres, — pour le capteur se trouvant dans les conditions que je viens d'indiquer, il ne reste qu'un choix: c'est de détruire le bâtiment saisi.

Voici les arguments d'ordre juridique, pratique et militaire, que j'ai l'honneur de présenter pour appuyer la proposition (Annexe 40) de la Délégation de Russie concernant la destruction des prises saisies, naviguant sous pavillon neutre, mais violant leur neutralité.

Je crois, qu'il est évident que l'interdiction absolue de cette destruction est inadmissible, c'est-à-dire que cette destruction est licite, aux conditions indiquées dans la proposition susmentionnée.

S. Exc. Sir Ernest Satow présente à son tour les observations suivantes (Annexe 39).

La question soulevée par la déclaration faite en notre nom est la suivante: „les principes du droit international permettent-ils actuellement à un belligérant de couler un vaisseau neutre qu'il aurait saisi?"

Nous avons cru utile de signaler ce problème à votre attention et de vous demander de statuer sur le cas de savoir s'il est désirable d'apporter des modifications aux dispositions actuelles du droit des gens à cet égard. Mais pour que la question puisse être examinée en pleine connaissance de cause, il semblerait désirable de résumer en quelques mots la situation actuelle. C'est ce que je vais essayer de faire.

La théorie, selon laquelle le belligérant a le droit de couler bas une prise neutre, a été avancée, si je ne me trompe, pour la première fois, au cours de la récente guerre en Extrême-Orient. A l'envisager d'un point de vue général, il semble que c'est là un principe bien étrange et que, l'Etat belligérant et l'Etat neutre étant en paix l'un avec l'autre, la destruction d'un navire d'une Puissance amie constitue, de la part du belligérant, un acte d'aggression qu'il lui incombe de justifier. On peut nous objecter que ce raisonnement est également applicable au cas d'un navire neutre saisi et amené devant un tribunal de prises. Je suis le premier à admettre la force de ce raisonnement, mais il ne faut pas oublier que les Puissances belligérantes exercent depuis très longtemps le droit de saisie et les droits judiciaires qui en découlent sans que les neutres s'y soient opposés, et que cette pratique, qui à première vue peut paraître illicite, a acquis de par ce fait un caractère de légalité que l'on ne saurait lui contester. Pouvons nous dire que le cas est le même lorsqu'il s'agit du prétendu droit de couler la prise neutre? Je ne le crois pas. On ne peut citer, autant que je sache,aucune occasion où un Etat neutre ait reconnu, comme étant de bonne guerre, la destruction d'un de ses navires avant qu'un tribunal de prises ne l'eût condamné. Il semble donc qu'à moins de pouvoir démontrer l'existence d'une série de précédents à l'appui de ce prétendu droit ou moins d'un consentement dans le passé à l'exercice de ce droit de la part des neutres équivalent à une reconnaissance expresse de la légitimité de l'acte, on ne saurait maintenir que le droit international permet actuellement la destruction d'une prise neutre. Il existe peut-être des raisons pour ajouter à l'avenir aux droits que possède un belligérant celui de couler les prises neutres à la condition qu'il n'en soit pas fait un usage déraisonnable: ainsi l'on pourrait invoquer des considérations d'un ordre militaire, les nécessités du moment, le manque de ports et de dépôts de houille, la grandeur du théâtre de la guerre et l'étendue du mouvement commercial pour prouver que le besoin d'un changement s'impose: mais il n'est pas possible de soutenir que l'existence du droit que l'on cherche à établir a été reconnu dans le passé. Un de nos plus éminents professeurs de droit international en Angleterre a même soutenu que les textes des jurisprudences de certains pays impliquaient l'existence de ce droit, mais une étude de ces textes nous a permis de constater qu'il avait fait erreur et que ceux-ci, quoique ne mentionnant les prises qu'en termes généraux et n'excluant pas expressément les prises neutres, visaient surtout les prises ennemies, au sujet desquelles il ne saurait y avoir aucun doute, puisque le droit de les couler dans certaines cas a été reconnu depuis longtemps aux belligérants. Mais, même si l'intention du législateur dans ces pays avait été de concéder ce droit par rapport aux prises neutres, le fait n'aurait eu aucune valeur au point de vue international, puisqu'un Etat ne peut pas introduire des éléments nouveaux dans le droit international sans le concours des autres Etats et c'est précisément ce concours qui manque dans l'espèce. Pour les mêmes raisons. il y a lieu de ne pas tenir compte des questions XI et XII du questionnaire pour autant qu'elles ont trait aux lois en vigueur dans certains Etats.

Je crois qu'il n'est pas inutile de vous rappeler que la question fut étudiée avec soin par l'Institut du Droit International, il y a une vingtaine d'années. Lors de la session à Wiesbaden en 1881 de la Commission qui avait été chargée de l'examen de la loi des prises, M. de Bulmerincq présenta un projet de règlement dont l'article 55 prévoyait cinq cas dans lesquels il serait permis au capteur de brûler ou couler une prise. Je me permets de vous citer le texte de cette proposition:

„Il sera permis au capteur de brûler ou de couler bas le navire saisi . . . dans le cas suivants:

1. Lorsqu'il n'est pas possible de tenir le navire à flot à cause de son mauvais état, la mer étant houleuse.

2. Lorsque le navire marche si mal qu'il ne peut pas suivre le navire de guerre et pourrait facilement être repris par l'ennemi.

3. Lorsque l'approche d'une force ennemie supérieure fait craindre la reprise du navire saisi.

4. Lorsque le navire de guerre ne peut mettre sur le navire saisi un équipage suffisant sans trop diminuer celui qui est nécessaire à sa propre sûreté.

5. Lorsque le port où l'on pourrait conduire le navire saisi est trop éloigné.

La Commission de Wiesbaden amenda ce texte en intercalant le mot „ennemi" entre le mot „navire" et le mot „saisi" et en ajoutant à la fin de la phrase le paragraphe suivant:

„ce même droit (celui de couler bas) est exceptionnellement reconnu au capteur en cas de saisie d'un navire neutre condamnable".

Dans sa séance plénière du 15 septembre 1882, qui fut tenue à Turin, l'Institut se prononça d'une façon encore plus catégorique dans le sens de la protection des neutres. L'addition du mot „ennemi" fut maintenue, mais, sur la proposition de M. de Montluc, l'assemblée décida la suppression du dernier alinéa de l'article 55, la majorité ayant trouvé exorbitant que l'on pût couler un navire neutre sans qu'il eût été condamné. Le mot „ennemi" fut omis du projet final, mais M. de Montluc signala l'erreur à l'assemblée qui se tint à Heidelberg et le mot fut inséré de nouveau dans le texte de l'article 55 qui fut définitivement rédigé comme suit:

„Il sera permis au capteur de brûler ou de couler bas le navire ennemi saisi, après avoir . . . etc. . . . dans les cas suivants": (suit l'énumération des cas admis).

Il est clair, qu'il résulte de ce qui précède que l'Institut de Droit International considérait qu'il était déraisonnable de couler bas une prise neutre, quels que fussent les motifs d'un tel acte.

Il est à remarquer que, dans le préambule d'une des propositions faites à ce sujet, il est dit que ce ne serait qu'un acte de justice que d'accorder aux belligérants le droit de couler bas les prises neutres, attendu que certaines Puissances se trouvent dans une situation toute particulière puisqu'elles manquent de ports et ne savent par conséquent que faire de leur prises. C'est là il me semble un argument bien faible et qui ne saurait justifier le tort immense qui, sans aucun doute, serait causé aux neutres si la proposition était adoptée. Le belligérant est censé être en paix avec l'Etat neutre et s'il se trouve, de par sa situation géographique ou l'insuffisance de ses ressources maritimes, dans l'impossibilité d'exercer d'une façon effective le droit de saisie des navires neutres porteurs de contrebande ou cherchant à violer un blocus, il doit les laisser en liberté. C'est là le principe des déclarations américaine, japonaise et britannique.

L'adoption d'un nouveau principe donnant aux belligérants le droit de couler bas les prises neutres conduirait fatalement à des abus et exposerait tout navire neutre à être coulé chaque fois qu'il rencontrerait un navire de guerre billigérant, dont le capitaine ne manquerait pas d'user de son droit comme bon lui semblerait, nonobstant les ordres qu'il pourrait avoir reçus de n'agir qu'avec circonspection. Le navire neutre se trouverait donc dans le même cas que le navire ennemi, et sa situation serait même pire, puisque son gouvernement n'aurait aucun moyen de redresser le tort commis, à moins de déclarer lui-même la guerre au belligérant capteur.

Le Gouvernement britannique est donc d'avis que l'usage établi ne permet pas la destruction de la prise neutre et il pense qu'il n'est pas du tout désirable de modifier en quoi que se soit cet état des choses (Annexe 39).

S. Exc. Sir Ernest Satow tient à ajouter que dans l'opinion de la Délégation britannique, l'exception que mentionne l'amendement de la Délégation du Japon (Annexe 41), ne peut pas s'appliquer à la prise d'un navire neutre. La proposition britannique suppose l'existence de la visite et de la capture, et elle ne trouve son application que dans l'hypothèse où la capture a été opérée. Dans ce cas, elle reste de l'avis que la destruction de la prise neutre doit rester interdite.

S. Exc. le Comte Tornielli pense que les considérations qui ont été developpées par la Délégation de Russie pourraient trouver satisfaction si on établissait que les prises de navires neutres peuvent être amenées dans les ports neutres pour y être laissées sous séquestre en attendant la décision du tribunal de prises. Il propose que cette suggestion soit recommandée au Comité d'Examen.

Il y aurait une certaine urgence à prendre cette suggestion en examen, car dans le Comité de la Troisième Commission, 2e Sous-Commission, la question de l'entrée des prises dans les ports neutres est en ce moment même à l'étude.

S. Exc. Sir Ernest Satow demande que la Commission vote sur cette proposition: „Le droit de couler les navires neutres en cas de force majeure est-il reconnu par le droit international actuel?"

Le Président estime que, préalablement, la Commission devrait se prononcer sur l'amendement déposé par la Délégation du Japon.

S. Exc. le Lieutenant-Général Jonkheer den Beer Poortugael fait observer que, si la Commission vote sur les propositions britannique (Annexe 39) et japonaise, elle écarte par cela même la suggestion de S. Exc. le Comte Tornielli. Il préfère personnellement se rallier à cette suggestion.

Le Président répond que c'est à la Commission qu'il appartient de prendre un parti à cet égard, c'est elle qui doit décider si elle veut voter ou renvoyer la question au Comité d'Examen.

S. Exc. Sir Ernest Satow insiste en faveur du vote de la proposition telle qu'il vient de l'énoncer. Il n'y a pas du reste de rapport entre cette proposition et la suggestion de S. Exc. le Comte Tornielli. La première ne vise que l'état actuel du droit, tandis que la seconde a en vue la règle à fixer pour l'avenir.

M. Louis Renault demande à faire une observation sur la manière dont la question se trouve posée. Il est difficile, étant donnée la rédaction proposée par S. Exc. Sir Ernest Satow, de lui donner une réponse. Le rôle de la Commission n'est pas de se prononcer sur le droit existant, de trancher ses controverses, ou de donner des consultations. Elle doit rechercher les règles à poser pour l'avenir. Elle doit statuer non de „lege lata" mais de „lege ferenda". Si toutefois tel n'était par le sentiment de la Commission, si elle voulait se prononcer sur le droit existant, la Délégation française s'abstiendrait de voter.

S. Exc. Sir Ernest Satow n'a pas l'intention, en matière de jurisprudence, d'opposer son autorité à celle de M. Renault; s'il a ainsi posé la question c'est qu'il avait en vue les termes mêmes des questions XI et XII du questionnaire (Annexe 1), qui semblent bien viser l'état actuel du droit et de la pratique. S. Exc. Sir Ernest Satow ne veut pas revenir sur les raisons qui l'ont empêché d'entrer dans les détails, parce qu'il ne lui paraît pas possible d'établir une règle qui ne rencontrerait pas l'unanimité des Etats. Il n'a voulu qu'une chose: établir que le droit actuel ne permet pas la destruction des prises neutres.

Le Président répond qu'en ayant ainsi rédigé les articles du questionnaire, il n'avait pas l'intention d'en faire l'objet d'un vote, mais bien de donner une certaine direction aux débats. Le questionnaire a pour but de faire rechercher quels sont le droit et la pratique actuels afin d'en tirer des conséquences pour l'avenir.

S. Exc. M. Tcharykow estime que le rôle de la Commission est en effet, d'établir des règles pour l'avenir; il se rallie en conséquence aux suggestions de S. Exc. le Comte Tornielli et il demande, au nom de la Délégation de Russie, qu'il ne soit procédé au vote qu'après que la question aurait été discutée au Comité d'Examen.

S. Exc. M. Choate désirerait savoir, avant de voter sur la proposition japonaise (Annexe 41), si le § a coïncide avec le § b de la proposition de la Grande Bretagne sur la définition du navire auxiliaire (Annexe 2), parce que s'il en était ainsi, son vote en serait modifié.

S. Exc. M. Keiroku Tsudzuki répond qu'il n'y a pas de coïncidence absolue entre le § a de sa proposition et le § b de la proposition britannique (Annexe 39); toutefois ou ne saurait nier que dans beaucoup de cas, les hypothèses pourraient être les mêmes.

S. Exc. M. Choate fait observer que les garanties accordées aujourd'hui aux neutres n'existeraient plus et que certains navires neutres ne relèveraient plus de la décision de la Cour des prises mais de l'arbitraire des officiers belligérants.

S. Exc. M. Keiroku Tsudzuki répond qu'il n'est nullement dans l'esprit de la proposition japonaise de priver les navires neutres des garanties de la juridiction des prises.

Le Président, après avoir insisté sur le véritable caractère du questionnaire, qui n'a pas d'autre objet que celui de donner une certaine base aux travaux de la Commission et de lui permettre de mieux préparer la règle à fixer pour l'avenir, résume l'état de la discussion. La Commission doit examiner si elle veut se rallier aux suggestions de la Délégation d'Italie, ou si elle veut dès maintenant voter sur la proposition britannique adoptée par les Etats-Unis et amendée (Annexe 41) par le Japon.

S. Exc. le Comte Tornielli tient à faire observer que l'adoption des suggestions qu'il a proposées aurait pour effet d'amener une suspension du vote demandé par les Délégations de Grande-Bretagne et des Etats-Unis. Il déclare que, si le vote a lieu après le rapport du Comité d'Examen, la Délégation italienne y prendra part, mais si le vote doit être immédiat, elle s'abstiendra. Il estime qu'il serait preférable d'attendre, avant de prendre une décision définitive, que le Comité d'Examen de la 2e Sous-Commission de la Troisième Commission ait réglé la question du séjour des prises dans les ports neutres.

Le Président constate que la Commission est d'avis de se rallier à la suggestion de S. Exc. le Comte Tornielli et qu'elle consent à remettre son vote jusqu'au moment où les Comités d'Examen des deux Commissions se seront mis d'accord sur un texte à lui proposer.

2. Verhandlungen des Comité d'Examen.

a) Huitième Séance. 24. August 1907.

(Bd. III S. 989 der Verhandlungen.)

Présidence de Son Excellence M. de Martens.

Le Président propose au Comité de discuter la question de la destruction des prises neutres. Il rappelle que la Commission a été saisie des propositions britannique (Annexe 39) et russe (Annexe 40) et des amendements japonais (Annexe 41). La proposition russe, présentant un caractère général, peut servir de point de départ à la discussion.

S. Exc. le Comte Tornielli fait observer qu'à la Troisième Commission, la Délégation italienne a fait une proposition tendant à permettre aux navires belligérants d'amener leurs prises neutres dans un port neutre pour y être mises sous séquestre. Du sort de cette proposition peut dépendre l'attitude, que prendront certains Etats au sujet de la destruction des prises neutres.

Le Président propose au Comité de se prononcer sur le principe général et d'ajourner à une date ultérieure l'examen de ses conséquences.

S. Exc. M. Keiroku Tsudzuki déclare qu'il y a eu, de la part de la Délégation japonaise, un léger malentendu concernant la portée de la proposition britannique. Dans la jurisprudence japonaise, les captures et les destructions des vaisseaux marchands, qui sont au service de la flotte ennemie, sont ordinairement de la compétence des tribunaux des prises. On pouvait en conclure que ces bateaux marchands étaient compris dans les mots „prises neutres" dont se sert la proposition britannique. Mais, d'après la proposition anglaise, aussi bien que dans sa jurisprudence, il se trouve que les bateaux de ce genre ne sont pas compris dans les mots „prises neutres". Il en est de même en ce qui concerne les points b et c de la proposition japonaise; ces cas se trouvent aussi en dehors de la portée de la proposition britannique, puisque, dans l'espèce, ces bateaux ne peuvent être envisagés comme des prises déjà faites. Dans ces conditions, la Délégation japonaise croit inutile d'apporter des amendements au projet britannique et retire sa proposition.

Le Président donne acte à S. Exc. M. Keiroku Tsudzuki de ses déclarations.

Le Capitaine de Vaisseau Behr prononce le discours suivant:

Dans une des déclarations faites à la séance de la Quatrième Commission du 7 août relativement à la question de la destruction des prises se trouve le passage suivant:

La théorie selon laquelle le belligérant a le droit de couler bas une prise neutre a été avancé, si je ne me troupe, pour la première fois au cours de la récente guerre en Extrême-Orient."

Je crois devoir attirer l'attention du Comité sur ce que cette assertion d'inexact. Le droit de détruire des prises neutres dans certains cas de force majeure n'est pas une innovation dans le domaine du droit des gens.

Sans vouloir entamer une discussion doctrinale et historique, je me bornerai à rappeler quelques dispositions récentes qui me semblent assez probantes.

Les instructions du Ministre de la Marine français en date du 25 juillet 1870 contiennent le passage suivant:

„Si une circonstance majeure forçait un croiseur de détruire une prise, parce que sa conservation compromettrait sa propre sécurité ou le succès de ses opérations, il devrait avoir soin de conserver tous les papiers du bord et autres éléments nécessaires pour permettre le jugement de la prise et l'établissement des indemnités à attribuer aux neutres dont la propriété non confiscable aurait été détruite. On ne doit user de ce droit de destruction qu'avec la plus grande réserve."

L'ordre général du Ministre de la Marine américain en date du 20 juin 1898 n°. 492 n'était pas moins explicite; le § 25 était ainsi conçu:

„S'il y a des raisons sérieuses de ne pas diriger les vaisseaux vers un port des Etats-Unis en vue de leur adjudication, comme par exemple: l'impossibilité où ils sont de tenir la mer, l'existence à leur bord d'une maladie infectieuse, ou le manque d'un équipage de prise, ces vaisseaux peuvent être expertisés et vendus, et si cela ne se peut pas, ils peuvent être détruits. Le danger imminent d'une recapture peut justifier la destruction, s'il n'y a pas de doutes que le vaisseau soit de bonne prise" . . . . .

Le Naval War Code de 1900 des Etats-Unis d'Amérique reproduit littéralement dans l'article 50 la règle qui vient d'être citée. Je me permets de citer cette disposition, vu que le Code Naval de 1900 présente la codification la plus récente du droit maritime international.

Les dispositions que je viens de citer ne font aucune distinction entre les prises ennemies et neutres, et je ne vois pas comment on pourrait établir qu'elles ne visaient que les prises ennemies. Voilà pourquoi je pense que ce n'est pas au temps de la dernière guerre en Extrême Orient qu'il faut chercher les origines du droit de destruction, en cas de force majeure, des prises neutres.

Si l'on consulte le droit anglais, tel qu'il ressort de la pratique, on arrive à des conclusions à peu près analogues.

Le Manuel classique du droit de prises maritimes de Lushington, dans son édition faite par le Professeur Holland et publié en 1888, contient les règles suivantes:

Article 303. „Dans les deux cas suivants:

1: si l'officier qui opère la visite rapporte que le navire n'est pas en état d'être envoyé dans un port pour adjudication; ou

2: si le Commandant n'est pas à même de disposer d'un équipage de prise pour la navigation à un port d'adjudication,

le Commandant relâchera le navire et la cargaison sans rançon, si toutefois il n'y a pas de preuve évidente qu'il appartient à l'ennemi."

Article 304. „Mais si dans un des deux cas susmentionnés il existe une preuve évidente que le navire appartient à l'ennemi, le Commandant transbordera l'équipage, les papiers du bord et la cargaison, si cela est possible, et détruira ensuite le navire."

Il n'est pas difficile de prouver que ces dispositions, qui paraissent, à première vue, ne se rapporter qu'aux prises ennemies, sont applicables à une catégorie très large des prises neutres. En effet, d'après l'article 20 du même Manuel, sont considérés comme ennemis toutes les personnes qui simplement ont leur résidence commerciale sur le territoire ennemi, indépendamment de leur nationalité. De même est considéré navire ennemi tout navire ennemi vendu à un neutre même avant que la guerre n'ait éclaté, mais en prévision de cette guerre, et différentes autres catégories de navires qui, d'après la doctrine continentale, sont considérés comme navires neutres. Il suit de ces dispositions qu'en pratique la théorie britannique reconnaît le droit de destruction de beaucoup de prises qui, au point de vue de la doctrine continentale, sont des prises neutres.

Permettez moi d'ajouter à ce qui précède quelques considérations d'ordre pratique. Supposons que la convention, interdisant de couler les navires neutres, est faite et acceptée par tout le monde. Toute prise, qui ne peut être amenée devant un tribunal des prises, doit être relachée. Je vous prie d'examiner d'un peu plus près un cas, qui n'a rien d'invraisemblable et qui pourrait se présenter dans chaque guerre.

Le commandant d'un croiseur a fait une prise. C'est un très grand navire neutre avec une cargaison de canons, d'armes et de munitions destinés à l'ennemi. Il n'existe aucun doute sur ce dernier point. Les papiers du bord l'indiquent et le capitaine du navire capturé ne le nie pas.

Malheureusement le commandant du croiseur se trouve dans l'impossibilité d'amener sa prise devant une cour de prises, parce qu'une force ennemie est à proximité, ou bien parce que les prises ayant assez de charbon pour arriver jusqu'à l'ennemi, c'est-à-dire sa destination, n'en ont pas assez pour aller jusqu'au port où se trouve la Cour de prises, ou bien parce que le port le plus rapproché du capteur se trouve à une telle distance que lui-même ne pourra l'atteindre sans relâcher dans des ports neutres dont l'accès lui est défendu avec une prise.

Il devra donc, en vertu de notre convention, laisser partir sa prise pour sa destination. Il sera obligé d'envoyer lui même à l'ennemi tout ce dont celui-ci a besoin pour nuire à son pays.

Il devra presque se constituer en ce moment son fournisseur de canons et de munitions. Ne croyez-vous pas, Messieurs, que vous exposez ce pauvre commandant à une torture bien cruelle, parce qu'il sera certainement obligé de se dire: c'est avec ces canons, que je lui envoie, que l'ennemi tirera sur les miens; c'est peut-être avec un des projectiles, qui font le chargement de ma prise relâchée, qu'il coulera bas mon croiseur?

Ne croyez-vous pas qu'il lui semblera qu'il serait traître à son pays, s'il obéissait à la convention et envoyait à l'ennemi ces canons et ces projectiles?

Et c'est en vertu des pensées généreuses et humanitaires que nous ferions une loi qui aurait de pareilles conséquences!

Et alors tout le monde verra que tandis que la Deuxième Commission défend à l'ennemi envahisseur de demander à la population du territoire occupé toute participation aux opérations militaires contre leur patrie, la Quatrième Commission exigera d'un chef naval qu'en certains cas il prête une assistance réelle à l'ennemi et lui envoie lui-même les canons, armes, etc. dont cet ennemi a besoin pour mieux nuire aux siens.

L'idée, au nom de laquelle une pareille loi pourrait être faite, n'a pas, à mes yeux, le mérite d'être généreuse et humanitaire; c'est pourquoi, je voterai contre la défense absolue de détruire les prises neutres, tout en reconnaissant le droit à une indemnité, si le tribunal des prises se prononçait contre la légitimité de la capture et de la destruction.

La parole est donnée à M. Kriege, qui fait la déclaration suivante:

La Délégation allemande partage entièrement la manière de voir de la Délégation russe en ce qui regarde la destruction des navires neutres. Elle est d'avis que la destruction est permise par le droit international actuel, qu'elle est indispensable au point de vue militaire et qu'elle ne comporte pas de rigueurs excessives à l'encontre du propriétaire du navire.

Le droit international ne s'oppose pas à la destruction des navires neutres. Il me sera permis, de citer, à cet égard, l'opinion d'un des plus célèbres écrivains contemporains en matière de droit international, le Professeur anglais Holland, qui dans ses lettres au „Times" pendant la guerre russo-japonaise a soutenu la thèse que la destruction des prises neutres par un belligérant est de bonne guerre. Pour prouver qu'une règle fait partie du droit international, on ne peut mieux faire, à mon avis, que démontrer que cette règle est suivie par la plupart des Puissances. Or, c'est le cas dans la question soumise à l'examen du Comité. Le Professeur Holland a exposé que la destruction des prises neutres est, ou a été permise d'après les législations française, des Etats-Unis d'Amérique, du Japon et de la Russie. L'Allemagne a reconnu le droit du belligérant de détruire les prises neutres pendant la dernière guerre. Les Etats-Unis ont refusé d'adopter dans la question de la destruction d'un navire anglais pendant cette guerre la manière de voir du Gouvernement anglais. Dans la plupart des législations nationales il y a donc des dispositions, permettant dans des circonstances exceptionnelles de couler bas des prises neutres.

En Angleterre, on s'est toujours référé dans cette question à l'opinion des juges de prises, notamment à l'opinion de Lord Stowell dans l'affaire de la „Felicity". Or, c'est de nouveau le Professeur Holland qui a démontré que Lord Stowell n'a nullement voulu soutenir que la destruction des navires ne soit jamais permise. Lord Stowell a seulement dit que la destruction n'est justifiée que dans les cas

> „of the greatest importance to the captor's own state after securing the ships papers and subject to the right of neutral owners to receive full compensation".

Cette opinion est partagée par l'éminent auteur américain Woolsey dans son „Introduction to the study of International Law". Il me sera permis de citer les mots de cet auteur:

> „According to English decisions the destruction of neutral vessels taken as prises, can be justified only by the most urgent reasons of public service."

Je pourrais vous citer, parmi les auteurs continentaux, toute une série, qui se rangent à la même opinion.

Il paraît donc qu'il faut bien convenir que la destruction des prises est admise par le droit actuel.

A envisager la question „de lege ferenda," les raisons d'ordre militaire indiquées à la séance de la Sous-Commission par le Colonel de l'Amirauté Ovtchinnikow et développés tantôt par le Capitaine de Vaisseau Behr me semblent devoir écarter tout doute. En effet, le commandant d'un croiseur manquerait à son devoir en laissant échapper un navire neutre portant des armes et des munitions aux forces ennemies, pour la seule raison que l'occasion lui manque de l'amener dans un port. Dans ce cas, les nécessités militaires demandent impérieusement la destruction de la prise, et personne n'en voudra contester la légitimité.

Il me sera permis, enfin, de dire quelques mots sur les appréhensions des propriétaires des navires neutres coulés. Il n'y a que deux cas possibles: la capture du navire est justifiée ou elle ne l'est pas. Dans la première hypothèse, la juridiction des prises devra confirmer la prise, le propriétaire perdra son navire qu'il soit amené dans le port ou qu'il soit détruit. Le propriétaire ne serait donc pas fondé à se plaindre de la destruction. Dans le second cas, il n'y a aucun doute que l'Etat capteur doit répondre des actes du croiseur et dédommager le propriétaire de la perte qui en est résultée. Si la prise a été détruite, il sera donc tenu de lui payer la valeur entière du bâtiment et de sa cargaison. Le tribunal des prises en prononçant la non-validité de la capture sera appelé à fixer le montant de cette indemnité. Si nous parvenons, comme nous pouvons espérer, à établir une juridiction des prises internationales, les intérêts du propriétaire du navire et des marchandises, détruits à tort, seraient désormais entièrement sauvegardés.

Ce sont les raisons, Messieurs, qui nous conduisent à appuyer la proposition russe.

S. Exc. Sir Ernest Satow fait observer que le Professeur Holland, cité par M. Kriege, a sans doute fait, sur le même sujet, deux lettres (Annexe 43), ayant un sens opposé. Il est aussi au courant de la législation des différents Etats sur la matière, et il sait que le Gouvernement russe a fait distribuer une compilation très utile qui permet de se rendre compte de l'état des questions de droit maritime dans le monde entier. On ne saurait oublier enfin que le Règlement américain de 1899, concernant la destruction des prises vient d'être retiré. Mais il ressort de cet ensemble de législations que celles de quelques Etats ne peuvent pas créer, à elles seules, le Droit international, et que la Conférence a pour mission de rechercher un terrain d'entente pour l'avenir.

La Délégation britannique demande que les prises neutres soient relâchées si elles ne peuvent pas être conduites dans un des ports belligérant où se trouve un tribunal des prises. On ne saurait nier que cette proposition, qui tend à garantir l'existence de la propriéte privée d'une nation amie, n'ait pour elle la justice et la logique.

S. Exc. le Comte Tornielli rappelle de nouveau l'attention particulière du Comité sur la discussion, qui doit avoir lieu, lundi prochain, au sein du Comité de la Troisième Commission sur la faculté laissée aux belligérants d'amener leurs prises neutres dans les ports des neutres. La solution de cette question ne peut manquer d'avoir une grande influence sur la décision, que prendront les Etats au sujet de la destruction des prises neutres. L'un des principaux arguments, que font, en effet, valoir les partisans du faculté de destruction, est l'inégalité qui existe, sur ce point, entre les Etats qui ont de nombreuses possessions coloniales et par conséquent des ports dans toutes les parties du monde, et les Etats qui n'ont pas le même avantage. Il est évident que ces derniers seront très souvent forcés de relâcher des prises neutres qu'ils sont dans l'impossibilité de conduire dans un port. Or la proposition, soumise à la Troisième Commission, aura pour effet de faire tomber cette inégalité et de permettre à tous les Etats de consentir à l'abandon du droit de détruire les prises neutres. Les ports neutres garderont les prises, à titre de séquestre, jusqu'au moment où elles pourront être amenées devant un tribunal des prises.

Le Président estime qu'il est, en effet, préférable d'ajourner la discussion sur la destruction des prises neutres après la solution de la question soumise à la Troisième Commission. Il sera peut-être alors possible d'arriver à une entente.

S. Exc. Sir Ernest Satow pense que la discussion de la question soumise à la Troisième Commission prendra vraisemblablement plus d'un jour; la modification, que l'on propose d'apporter à la législation coutumière, comporte la création de toute une procédure nouvelle et l'élaboration de règles précises tant sur la durée du séquestre que sur les pièces à fournir, les témoins à faire appeler. Cette innovation entraînera donc une foule de détails sur lesquels il faudra s'entendre. Rien ne permet de supposer d'abord que tout serait fini en un jour et ensuite que les Etats neutres consentiront à admettre dans leurs ports les prises que les belligérants voudront y amener; la Grande-Bretagne, en particulier, n'est pas du tout disposée à laisser envahir ses ports par les prises.

Le Président propose au Comité d'ajourner la discussion de la destruction des prises après lundi prochain. Le Comité sera peut-être alors mieux à même de prendre une décision.

b) Neuvième Séance. 28. August 1907.

(Bd. III S. 995 der Verhandlungen.)

Présidence de Son Excellence M. de Martens.

Le Président revient à la discussion sur la destruction des prises neutres qui avait été commencée à la dernière séance. Il rappelle que, sur la proposition de S. Exc. le Comte Tornielli, le Comité avait subordonné sa décision à celle que devait prendre la 2e Sous-Commission de la Troisième Commission sur la faculté laissée aux Gouvernements neutres de recevoir dans leurs ports les prises neutres, qui y seraient gardées sous séquestre.

Le Président donne lecture d'une lettre par laquelle S. Exc. le Comte Tornielli lui donne connaissance du résultat des délibérations qui, sur ce point, ont eu lieu au sein de la Sous-Commission. Neuf Délégations se sont prononcées pour l'affirmative, et cinq Délégations, qui attendent les instructions qu'elles ont demandées à leurs Gouvernements, ont fait des réserves.

Dans ces conditions, le Président propose au Comité de faire, au sujet de la destruction des prises neutres, un échange de vues, qui aurait pour objet d'éclaircir le terrain et d'essayer de trouver un terrain de conciliation. Son vote serait réservé jusqu' au moment où la 2e Sous-Commission de la Troisième Commission aurait pris une décision définitive.

M. Guido Fusinato fait ressortir que la décision à prendre à cet égard peut beaucoup modifier la situation. Il est hors de doute que la faculté, laissée aux Gouvernements neutres d'accepter dans leurs ports les prises neutres, aura pour effet de rétablir l'inégalité existant entre les différents Etats qui ont plus ou moins de possessions coloniales et par conséquent, de faire tomber la plupart des objections que rencontre la proposition anglaise.

Le Président s'associe à ces observations.

M. Guido Fusinato ajoute que la Sous-Commission de la Troisième Commission attend, de son côté, pour se prononcer, le sort que la Quatrième Commission réserve à la proposition britannique concernant la destruction des prises neutres (Annexe 39).

M. Kriege demande si la proposition, soumise à la Troisième Commission, crée, pour les Gouvernements neutres, une obligation de recevoir les prises neutres dans leurs ports ou si elle ne crée, qu'une faculté. Il estime pour sa part, que la proposition ne doit laisser qu'une faculté et non créer un devoir.

S. Exc. le Comte Tornielli explique qu'il n'a jamais été question de créer un devoir pour les Etats neutres et que la proposition leur laisse une faculté. La question se présente ainsi: La défense de conduire les prises dans les ports d'un Etat neutre est absolue, sauf trois exceptions: l'état de la mer, l'existence d'une avarie, ou enfin le consentement de l'Etat neutre d'accepter dans un de ses ports la prise neutre qui y serait gardée sous séquestre.

S. Exc. M. Van den Heuvel envisage la question à deux points de vue. Il ne peut pas d'abord, au point de vue du principe, reconnaître que le droit de capture d'une prise neutre puisse donner le droit de la détruire. S'il s'agit d'une prise ennemie. la plupart des Etats ne revendiquent que dans des cas exceptionnels le droit de la détruire avant la validation de leur capture par la juridiction compétente des prises; pour justifier ce droit si grave on dit que les contestations à résoudre sont alors rares et simples, et que les intérêts du capteur doivent primer les intérêts du citoyen ennemi. De semblables exceptions ne peuvent être admises s'il s'agit de prises neutres. Les contestations sont alors délicates, fréquentes et on se trouve en présence de la propriété du sujet d'un Etat ,avec lequel on est en bonnes relations; on ne peut lui porter une atteinte aussi grave que la destruction tant que les circonstances de la prise n'ont pas été appréciées par une juridiction compétente. Donc indépendamment de toute solution prise par la Troisième Commission, S. Exc. M. Van den Heuvel se rallie à la proposition de la Grande-Bretagne. Mais il faut aussi considérer un autre point de vue, celui de la convenance qu'il peut y avoir à continuer la discussion immédiatement. Il y a des Etats qui hésitent à entrer dans la voie tracée par la Grande-Bretagne et font valoir des objections tirées des difficultés pratiques. Il croit, pour cette raison, préférable d'ajourner une discussion, qui suivant les solutions admises par l'autre Commission, pourrait prendre une tournure différente.

S. Exc. le Comte Tornielli fait observer que la Conférence est en somme indivisible et que la solution des questions sera indéfiniment ajournée si les Commissions attendent mutuellement leurs décisions.

M. Kriege fait observer, qu'au point de vue juridique, la théorie de S. Exc. M. van den Heuvel sur le droit de la destruction de prises neutres ne lui semble guère fondée. La thèse d'après laquelle on doit épargner la prise neutre parce qu'elle est la propriété d'un particulier, n'est pas juste; on peut en dire autant de la prise ennemie, qui jusqu'à la condamnation par le tribunal des prises n'est pas la propriété de l'Etat capteur, mais celle d'un particulier. Du moment que la capture de la propriété neutre est, dans certaines conditions, admise comme celle de la propriété ennemie, on ne doit établir aucune différence.

S. Exc. M. Van den Heuvel estime qu'on ne peut pas traiter la propriété d'un particulier appartenant à un Etat neutre comme celle d'un particulier qui appartient à l'Etat ennemi.

M. Kriege répond que ce sont là des considérations plutôt politiques que juridiques.

S. Exc. M. Van den Heuvel pense que l'on doit envisager différemment les prises neutres et les prises ennemies et que si l'on estime pouvoir enlever dans certains cas aux prises ennemies la garantie d'une décision préalable de justice, l'on ne peut dans aucun cas être autorisé à disposer de prises neutres sans une décision préalable de la juridiction des prises.

M. Guido Fusinato fait ressortir qu'il y a cependant une différence de traitement. En faveur du neutre, il peut y avoir une indemnité, si telle est la décision de la Cour des prises. S'il s'agit, au contraire, d'un navire ennemi, il n'aura droit à aucune indemnité; il ne faut pas oublier que le droit de couler n'exclut pas l'indemnité.

M. Kriege dit qu'en effet, dans tous les cas, la juridiction des prises aura le dernier mot, elle doit même relâcher une prise ennemie si, en vertu de traités ou de la législation de l'Etat capteur, la saisie du navire n'étant pas légitime, par exemple dans le cas où un navire aurait été capturé sans tenir compte d'un délai de faveur qui lui était accordé.

Le Président fait ressortir que l'impartialité de la juridiction des prises sera une garantie pour les neutres. La Cour permanente qui siégera à La Haye en temps de guerre et qui fera office de Cour d'appel, sera la meilleure des garanties. Le Président demande si, même au cas où le gouvernement neutre accepterait être séquestre, il y aura néanmoins des cas où le belligérant aura le droit de détruire.

Le Capitaine de Vaisseau Behr répond qu'il est certain que la proposition, faite à la Troisième Commission, aura pour effet de restreindre les cas où la destruction sera une mesure nécessaire, mais elle ne les fera pas tous disparaître, il restera, en particulier, celui de la proximité de l'ennemi et celui du chargement de contrebande absolue.

M. Kriege estime que la proposition soumise à la Troisième Commission ne suffira pas à faire disparaître la destruction des prises neutres: 1⁰: parce qu'il n'est pas sûr que les ports neutres acceptent d'être séquestres; 2⁰: parce qu'il y a des cas où il est impossible d'amener le navire dans le port neutre; par exemple si le mauvais état du bâtiment en rend la conduite impossible ou si l'approche des forces ennemies ou d'autres raisons en font craindre la reprise ou si l'équipage du vaisseau de guerre est insuffisant pour amariner convenablement le bâtiment.

Le Président demande si l'on ne pourrait pas fixer, par une formule quelconque, les cas d'exception.

Le Capitaine de Vaisseau Behr propose la formule, dont se sert la proposition russe (Annexe 40) dans son § 1 et qui est ainsi conçue: „La destruction d'une prise neutre est interdite à l'exception des cas où sa conservation pourrait compromettre la sécurité du navire capteur ou le succès de ses opérations."

S. Exc. le Comte Tornielli constate que d'après l'exposé des motifs de la proposition russe, le Comité est fixé sur les raisons qui s'opposent à l'adoption de la proposition britannique et sur les difficultés que présente un accord sur les cas d'exception. Il demande si l'on ne pourrait pas distinguer suivant que le navire neutre est ou n'est pas chargé de contrebande absolue;

il ne fait pas une proposition mais une simple suggestion. Quant au vote de la Délégation italienne, il dépendra de l'accueil que la 2e Sous-Commission de la Troisième Commission fera à sa proposition. Ne pourrait-on pas arriver à une solution en réunissant les deux Comités de la Quatrième Commission et de la Sous-Commission de la Troisième Commission.

Le Président propose de former un petit Comité composé de membres désignés par ces deux Comités.

S. Exc. Sir Ernest Satow déclare n'avoir pas d'instructions lui permettant de prendre une décision sur la question; ces instructions n'arriveront pas avant 8 jours. Il ne faut pas perdre de vue que l'on veut changer des règles qui existaient depuis plus d'un demi-siècle et qui avaient eu pour but de mettre fin aux abus auxquels a donné lieu le séjour des prises dans les ports neutres où elles étaient oubliées.

S. Exc. le Comte Tornielli répond que la réforme proposée n'est pas tellement contraire aux règlements de la Grande-Bretagne; il faut bien admettre que beaucoup de choses ont changé depuis un siècle, que les conditions du commerce maritime ne sont plus les mêmes et que, surtout, malgré les hésitations que l'on peut avoir, la nouvelle pratique n'est pas en opposition complète avec les règlements.

S. Exc. Sir Ernest Satow croit difficile de déraciner les idées qui existent chez les hommes d'Etat et les marins depuis un si long laps de temps.

Le Président propose d'ajourner la discussion jusqu'au moment où la Délégation britannique aura reçu ses instructions. Il espère en avoir bientôt de bonnes nouvelles.

S. Exc. Sir Ernest Satow attend aussi de bonnes nouvelles de l'opposition, que rencontre la Cour des Prises et la suppression du droit de destruction.

Le Président dit que, si la Conférence actuelle ne pourrait pas se mettre d'accord sur les principes essentiels du droit maritime international, la Cour internationale des prises ne sera pas en état de fonctionner régulièrement et d'établir une jurisprudence par ses décisions. Sur quoi se baseront ses arrêts en absence des principes de droit formellement reconnus par les Etats? Est-ce sur „les principes de droit international" qui sont bien contradictoirement exposés par les écrivains? Je suis profondément convaincu, a conclu le Président, que les créateurs de la Cour internationale des prises à La Haye sont moralement obligés de lui donner un fonds législatif qui deviendra la base de ses décisions. Le manque de fonds aura pour conséquence inévitable une formidable et fatale diversité des jugements qui apportera le plus dangereux trouble dans les relations internationales.

Le Contre-Amiral Sperry estime indispensable de se mettre d'accord sur la question de la contrebande de guerre qui est la base de celle concernant la destruction des prises neutres.

Le Président ne voit là qu'une raison de plus, pour le Comité spécial, de se mettre d'accord sur la contrebande.

c) Onzième Séance. 4. September 1907.

(Bd. III S. 1015 der Verhandlungen.)

Présidence de Son Excellence M. de Martens.

S. Exc. Sir Ernest Satow présente les observations suivantes:

Je me permets de revenir aux objections formulées par M. le Capitaine de Vaisseau Behr et M. Kriege, au cours de la huitième séance de ce Comité d'Examen, le 24 août, au sujet de la proposition britannique (Annexe 39) *) quant à la destruction des prises neutres. En effet, après avoir lu le procès-verbal de cette séance, je crois qu'il convient de répondre plus en détail que je ne le fis séance tenante à ces objections telles qu'elles ressortent du texte de ce document.

M. le Capitaine de Vaisseau Behr cite les paroles de mon discours du 7 août, dans lequel je déclarai que „la théorie selon laquelle le belligérant a le droit de couler bas une prise neutre a été avancée, si je ne me trompe, pour la première fois, au cours de la récente guerre en Extrême-Orient" et il soutient que cette assertion est inexacte. Il maintient au contraire que „le droit de détruire des prises neutres dans certains cas de force majeure n'est pas une innovation dans le domaine du droit des gens" et il cité à l'appui de cette thèse, les instructions du Ministre de la Marine française du 25 juillet 1870 et un décret du Ministre de la Marine des Etats-Unis à la date du 20 juin 1898. Il ajoute que le règlement américain à laquelle je viens de faire allusion, a été reproduit dans „Naval War Code" des Etats-Unis de 1900 et il déclare que ce code présente „la codification la plus récente du droit maritime international". Or Messieurs, la Délégation britannique ne saurait attribuer un caractère international à ces règlements et à d'autres de la même catégorie. Il s'agit, dans l'espèce, de règles nationales, pour lesquelles aucune sanction internationale ne peut être invoquée et qui, par conséquent, ne peuvent pas être considérées comme faisant partie du droit international. En effet, il faudrait démontrer au moins un consentement de la part des Etats neutres à l'application de ses règlements aux vaisseaux et cargaisons de leurs ressortissants.

M. le Capitaine Behr ajoute que „si l'on consulte le droit anglais tel qu'il ressort de la pratique récente, on arrive à des conclusions à peu près analogues". A l'appui de cette thèse, il cite très exactement le texte de l'article 303 et une partie du texte de l'article 304 du „Manual of Naval Prize Law" par Monsieur Godfrey Lushington dans l'édition revue par le Professeur Holland en 1888. Ces articles sont identiques avec l'article 100 et partie de l'article 101 de l'oeuvre originelle (édition de 1866). Il soutient que ces stipulations, quoique ne paraissant viser à première vue que les prises ennemies, sont en réalité également applicables à une très grande catégorie de prises neutres. D'accord, mais ce fait ne se prête pas à l'interprétation que lui donne l'orateur. L'article 303 déclare en réalité qu'un vaisseau que le belligérant ne peut pas amener dans un port devant une cour de prises doit être relâché à défaut de preuves établissant son caractère

*) *S. unten S. 1439.*

ennemi. A plus forte raison doit-on agir de même, lorsqu'il s'agit d'un vaisseau dont le caractère neutre a été établi d'une facon indiscutable.

De l'existence de certaines différences d'opinion au sujet de ce qui constitue la nationalité d'un vaisseau, l'orateur a conclu que l'observation du règlement britannique ne manquerait pas d'amener la destruction de prises qui, en réalité, seraient neutres. Libre à lui de tirer de ce désaccord théorique les conclusion qu'il lui plaira; je me permettrai seulement d'observer qu'il est aisé de se convaincre par une comparaison de l'article 53 du manuel naval du Professeur Holland avec l'article 7 du règlement russe quant aux prises maritimes, que les divergences de vues sur ce point ne sont pas très importantes. Les points de vue restent relativement les mêmes, puisque d'un côté, l'on soutient que dans certains cas de force majeure, le capteur doit être libre de couler la prise neutre, tandis que de l'autre côté, il est déclaré avec non moins d'énergie qu'il est des cas où la prise neutre doit être relâchée. Je n'ai pas besoin d'en dire plus long pour dissiper la notion que les règlements anglais différent peu ou presque pas des instructions données par les autorités françaises et américaines. Il ne faut pas non plus perdre de vue que le Manuel en question ne vise que le règlement anglais et ne traite nullement de la question du point de vue du droit international.

Puis, on nous a fait valoir qu'il serait injuste d'exiger d'un belligérant qu'il ne coulât pas une prise neutre chargée entièrement d'armes et de munitions de guerre. C'est là, me semble-t-il, un cas tout à fait exceptionnel et un bien faible argument à l'appui de l'exercice d'un droit qui inflige des torts déraisonnables aux navires neutres porteurs de cargaisons comparativement innocentes.

S. Exc. M. Kriege nous a cité comme étant l'expression de l'opinion de l'écrivain certaines lettres du Professeur Holland au „Times" dans lesquelles il soutient la thèse que la destruction d'une prise neutre par le belligérant est de bonne guerre. Nous possédons une lettre du Professeur au „Times", à la date du 6 août 1904, dans laquelle il résume comme suit la doctrine énoncée par Lord Stowell:

„Le navire ennemi peut être coulé après que l'équipage a été mis en sûreté. Toutes les fois qu'il y aura lieu de croire que le navire, ou une partie quelconque de la cargaison, est la propriété d'un neutre, ce droit (de couler bas) ne doit être exercé que dans des cas de „la plus haute importance pour l'Etat capteur". Les papiers du navire doivent être conservés et les propriétaires neutres auront droit à une compensation pleine et entière".

Ce sont là, il me semble, des paroles qui ne s'accordent guère avec les vues qu'on attribue au Professeur, qui, s'il est cité correctement, a tiré des jugements de Lord Stowell des déductions que ne justifient pas les textes de ceux-ci.

Les deux jugements en question sont ceux se rapportant aux navires l'„Actaeon" et la „Felicity".

L'„Actaeon" était un vaisseau américain naviguant avec un permis délivré par le Gouvernement britannique à la date du 12 août 1812 et renouvelé le 27 février 1813, lequel avait pour effet de placer le navire sur le même pied qu'un navire neutre. A la date du 12 mai, il fut saisi (après avoir été visité maintes fois au cours du voyage par des vaisseaux britanniques) par le navire de guerre „La Hogne" et brûlé le même jour.

Le droit du propriétaire à la restitution, c'est-à-dire à être remboursé de la valeur du navire et de la cargaison, ne fut pas contesté. La Cour n'a donc eu à décider que la question des dommages-intérêts, à savoir si le propriétaire devait recouvrer les frais de la procédure et toucher en plus un dédommagement.

Après avoir examiné en détail les arguments à l'appui de l'acte du commandant anglais — tels la présence à bord de lettres à destination d'Amérique, l'impossibilité de mettre un équipage à bord du navire saisi et le danger qu'il y aurait eu à laisser le naviere gagner le port américain le plus proche (Boston) et donner ainsi des renseignements importants aux Américains — le jugement déclare que: „these are circumstances which may have afforded very good reasons for destroying this vessel and may have made it a very meritorious act in Captain Capel as far as his own Government is concerned, but they furnish no reason why the american owner should be a sufferer".[1])

La Cour décréta, par conséquent, la restitution, avec dommages-intérêts, ce qui revenait à déclarer que; — quelque nécessaire que fût la destruction de la prise à l'envisager du point de vue des intérêts de l'Etat capteur — c'était là un acte préjudiciable et une violation des droits des propriétaires neutres que ne tolérait pas l'usage établi du droit international. C'est précisément le point de vue que nous soutenons actuellement.

„Felicity". Ici encore nous avons à faire un navire américain, naviguant avec un permis, qui fut coulé à la date du 1 janvier 1814: la plainte, cependant, ne fut déposée qu'à la date 13 octobre 1818.

Le jugement déclara, entre autres „if impossible to bring in, their next duty is to destroy enemy's property. Where doubtful whether enemy's property, and impossible to bring in, no such obligation arises, and the safe and proper course is to dismiss. Where it is neutral, the act of destruction cannot be justified to the neutral owner by the gravest importance of such an act to the public service of the captor's own state: to the neutral it can only be justified, under any such circumstances, by a full restitution in value. These rules are so clear in principle and established in practice that they require neither reasoning nor precedent to illustrate or support them."[2])

---

[1]) L'on se trouve en présence de certains faits qui ont pu justifier la destruction du navire, et rendre l'acte commis par le Capitaine Capel très méritoire vis-à-vis de son propre Gouvernement: mais on ne saurait en conclure que le propriétaire américain doit être lésé dans ses intérêts.

[2]) S'ils ne peuvent l'amener ,il leur incombe de détruire la propriété de l'ennemi. Quand létat d'ennemi est douteux et que le navire ne peut être amené devant une cour de prises, un tel devoir n'existe plus et le navire doit être relâché. S'il s'agit de propriété neutre l'acte de destruction ne peut pas être justifié aux yeux du propriétaire neutre en invoquant l'importance sérieuse que comporte cet acte pour le service public de l'état capteur; il ne peut être justifié à ses yeux, en toute circonstance, que par une restitution pleine et entière. Ces règles sont en principe tellement claires et leur application est tellement établie qu'il n'est nécessaire de citer à leur appui ni raisonnements ni précédents.

Ce cas fut compliqué de par le fait qu'il existait un permis de navigation que le capitaine cependant ne produisit qu'après que le navire eût été incendié et dont le second et le subrécargue déclarèrent ne pas connaître l'existence. Il n'y avait donc aucun moyen de distinguer le navire d'une prise ennemie. D'aucuns pensent que, selon le langage tenu par Lord Stowell à cette occasion, le capteur a le droit de détruire la prise, pourvu qu'il soit prêt à en rembourser la valeur. C'est là une erreur. La loi défend au capteur de détruire la prise neutre et condamne celui qui passe outre à en dédommager le propriétaire. En ce qui concerne celui-ci, par conséquent, la destruction de la prise neutre ne saurait être justifiée et la seule manière de faire amende honorable, selon Lord Stowell, c'est de payer la valeur de la prise et des dommages-intérêts. La présence même de contrebande ne peut pas servir d'excuse: la règle est absolue.

M. Kriege fait valoir aussi que, si nous réussissons à établir une haute Cour internationale d'appel en matières de prises, nous aurons ainsi accordé au propriétaire d'une cargaison ou d'un vaisseau détruit toute la protection dont celui-ci pourra avoir besoin. A ce propos il convient d'observer, d'abord que la Cour n'existe pas encore, et ensuite que l'argument pêche par sa base, puisque, poussé à sa conclusion logique, il implique que dans un Etat bien organisé un homme aurait le droit de commettre tous les crimes parce que les tribunaux sont là pour protéger les victimes.

Le Capitaine de Vaisseau Behr fait observer qu'il n'a jamais été dans son intention de considérer la loi nationale des Etats-Unis, ainsi que les jugements de Lord Stowell comme une loi internationale; ils n'en constituent pas moins des matériaux qui offrent une certaine utilité pour discerner les vues des différentes nations sur les questions de droit international et pour établir un code international.

S. Exc. Sir Ernest Satow pensait que le Capitaine de Vaisseau Behr considérait le „Naval War Code" de 1900 comme une loi internationale.

Le Contre-Amiral Sperry rappelle que ce Code a été abrogé en 1904, parce que les règles qu'il contenait n'étaient pas universellement admises par les autres Etats.

M. Kriege pense qu'il est difficile de donner, sans avoir sous les yeux le texte des observations de S. Exc. Sir Ernest Satow, une réponse suffisamment complète. Il n'ose entrer avec S. Exc. Sir Ernest Satow dans une discussion sur la véritable portée des jugements de Lord Stowell. Il tient cependant à déclarer que, de la lecture des jugements, il a retenu sur l'opinion de Lord Stowell une impression opposée à celle de Sir Ernest Satow. Il constate, en outre, que la manière dont il croit devoir interpréter ces jugements est partagée par un juriste aussi compétent en matière de droit de prises que le Professeur Holland et qu'elle ne semble donc pas entièrement dénuée de fondement. M. Kriege se réfère aux lettres adressées par le Professeur Holland au journal „The Times" le 17 (Annexe 43) et le 30 août 1904 (Annexe 43), ainsi qu'à un rapport qui fut présenté à la „British Academy" et dont le texte a été publié par la „Revue de Droit international" de 1905 (p. 359) où le Professeur Holland s'exprime ainsi:

„En principe, il n'est nullement à désirer que la propriété neutre soit exposée à être détruite sans une enquête préalable, mais des cas peuvent se présenter où le belligérant se résoudra difficilement à admettre que semblable propriété lui échappe parce qu'il n'est pas à même de l'envoyer vers un port pour la faire adjuger par une cour de prises. A mon avis, l'opinion contraire s'est formée en grande partie de l'appui fourni par des passages isolés de jugements prononcés par Lord Stowell sur le point dont il s'agit. Considérés dans leur ensemble, ces jugements montrent tout au plus que, dans l'esprit de ce magistrat, nul argument tiré de l'intérêt national ne saurait faire repousser la prétention d'un propriétaire neutre à obtenir une compensation complète de la valeur de sa propriété, quand elle a été détruite sans qu'il y ait eu une preuve judiciaire de son caractère coupable. „Quand il est douteux", dit Lord Stowell, „que le navire soit propriété ennemie et qu'il est impossible de l'emmener, le parti sûr et sage est de le renvoyer." Aussi le Manuel de l'Amirauté publié, en 1888, par le Gouvernement britannique ordonne-t-il aux commandants qui ne sont pas à même d'envoyer leur prise dans un port de „relâcher le navire et la cargaison sans rançon, à moins qu'il n'y ait la preuve claire que le navire appartient à l'ennemi." Il est difficile néanmoins de proclamer que cette indulgence constitue une règle établie du droit international devant le fait que, dans certaines circonstances, les codes des prises non seulement de la Russie mais aussi de pays comme la France, les Etats-Unis et le Japon, permettent de couler bas des prises neutres."

Pour répondre aux dernières observations de S. Exc. Sir Ernest Satow, M. Kriege fait remarquer que la destruction d'une prise ne constitue pas, en elle-même, un tort fait au propriétaire; elle ne l'est que dans le cas où la capture du navire n'est pas justifiée. Or la capture injustifiée d'un navire entraîne toujours un dommage pour le propriétaire. En ce sens il n'y a pas de différence essentielle entre le cas où le navire a été détruit et celui où il a été amené dans un port pour y être gardé pendant un procès qui dure peut-être plusieurs années. Si la saisie du navire est déclarée illégitime, il y aura lieu dans les deux hypothèses de réparer le tort qu'on a causé au propriétaire. Il n'en résulte nullement que le capitaine d'un croiseur ait le droit de saisir ou de détruire un navire, ayant conscience que la capture n'est pas justifiée. Mais dans le cas où se trompe dans l'appréciation des faits, et qu'il saisisse ou détruise un navire inoffensif, ce sont, en effet, les tribunaux qui sont appelés à protéger les victimes; dans le premier cas, ils ordonneront la restitution du navire et fixeront le montant des dommages intérêts; dans le second cas, ils alloueront au propriétaire une indemnité suffisante à le dédommager de toute perte subie du fait de la destruction. L'institution d'une juridiction internationale servirait à augmenter les garanties que dans le cas d'une capture injustifiée, le propriétaire obtiendra pleine satisfaction.

Le Contre-Amiral Sperry se réserve le droit de revenir sur cette discussion lorsque le Comité l'abordera de nouveau.

Le Président constate que le droit de détruire les prises neutres n'a donné lieu à aucune nouvelle discussion. D'autre part, les différentes opinions soutenues par les arrêts de Lord Stowell et les lettres du Professeur Holland, sont très intéressantes, mais elles n'ont pour nous aucune force ni obligatoire ni pratique. Les jugements des tribunaux des prises sont des points de vue personnels aux juges, les opinions du Professeur Holland lui sont également personnelles. Toutefois ces divergences d'opinions qui existant dans la magistrature, la science et les Gouvernements, les arguments qui ont été tirés de l'existence du „Naval Code" de 1900 et de son abrogation en 1904, prouvent une fois de plus la nécessité impérieuse de trouver un accord et de mettre un terme au chaos de ces différentes matières. D'après ma profonde conviction, ajoute en finissant ses observations, le Président c'est notre devoir moral d'apporter aux Gouvernements quelques éléments susceptibles de servir de base à une loi internationale ou à des principes universellement reconnus. Il me paraît presque impossible de créer une Cour internationale des prises sans lui donner une base de juridiction au moins dans quelques principes de droit formellement reconnu par les Puissances du monde civilisé.

d) Treizième Séance. 9. September 1902.

(Bd. III S. 1048 der Verhandlungen.)

Présidence de Son Excellence M. de Martens,

— — — — — — — — — — — — — — — — — — — —

Conformément à l'ordre du jour, le Président aborde la question de la destruction des prises neutres qui a déjà fait l'objet de discussion au sein du Comité.

M. Kriege présente à ce sujet les observations suivantes:

Je ne veux pas reprendre la discussion qui s'est engagée ici sur l'opinion du juge des prises anglais, Lord Stowell, relativement à la destruction des prises neutres. Je tiens cependant à faire connaître aux membres de la Commission le contenu des lettres du professeur Holland auxquelles je me suis référé au cours de cette discussion. J'ai l'honneur d'en déposer copie et je prie Votre Excellence de les faire imprimer et distribuer (Annexe 43).*)

Le Général de Brigade Davis:

La Délégation des Etats-Unis d'Amérique désire soumettre les observations suivantes à l'appui de sa proposition (Annexe 42)*) soumise le 19 juillet, et ainsi conçue:

Cette proposition est identique en effet à celle qui a été soumise par la Délégation de Grande-Bretagne, le 24 juin. (Annexe 39):

„La destruction d'une prise neutre par le capteur est interdite. Le capteur doit relâcher tout navire neutre qu'il ne peut pas amener devant un tribunal de prises."

Pour des raisons, qui seront expliquées tout à l'heure, la Délégation des Etats-Unis se trouve dans l'impossibilité d'appuyer aucune des propositions soumises qui autorisent la destruction de prises neutres dans la guerre maritime. Elle admet que les règles actuelles de la Loi internationale autorisent la destruction de navires marchands et de marchandises appartenant à l'ennemi, mais il lui est impossible d'admettre qu'une règle pareille s'applique à un navire neutre ou à des marchandises neutres capturés, occupés du commerce de contrebande ou du commerce avec un port bloqué en temps de guerre.

Le sujet neutre, quoiqu'occupé dans un service illicite, a évidemment droit, en ce qui concerne et sa personne et sa propriété, à toute présomption d'innocence; le navire et la marchandise qui constituent son entreprise sont, prima facie, exempts de capture et de confiscation jusqu'à ce qu'il soit établi judiciairement qu'ils sont sujets à capture et à condamnation. Ses droits de propriété ne peuvent donc lui être enlevés, excepté à la suite de la décision d'une cour ayant la juridiction nécessaire pour établir la sujétion de sa propriété à la capture. Une cour de prises constitue une telle cour: sa juridiction pour décider la question de sujétion à capture est plénière, et sa décision dans un cas qui lui est convenablement présenté, est obligatoire non seulement pour les parties intéressées mais aussi pour leurs Gouvernements.

Jusqu'à ce qu'une telle adjudication ait eu lieu, donc, le titre ne peut pas être ôté et le capteur belligérant qui détruit la propriété d'un neutre agit contrairement aux règles de la Loi internationale, telles qu'elles ont été comprises et appliquées, pendant un siècle ou plus, par les Gouvernements de l'Angleterre et des Etats-Unis et par d'autres Puissances qui ont en somme les mêmes opinions quant à la sujétion à la capture de la propriété neutre.

Le principe que défend cette Délégation est énoncé clairement dans l'affaire de „The Acteon" (2 Dodson, 48) et „The Felicity" (Ibid. 381) qui furent décidées par Sir Wm. Scott, en 1815 et 1819. Une opinion similaire a été adoptée par la même autorité dans l'affaire antérieure de „The See Star" (4 Robinson 71) qui fut décidée en 1801. Sans donner cette décision in extenso la citation suivante rendra l'opinion de la Cour, dans l'affaire de „The Felicity":

„Considérant ce navire et sa cargaison comme simplement américains, leurs propriétaires n'auraient pas le droit de se plaindre de cet acte d'hostilité, car leur propriété y était sujet, en sa qualité à ce moment là de propriété ennemie. Il n'existe pas de doute que l'„Endymion" avait pleinement le droit de l'infliger, si quelque grave appel du service public l'exigeait. D'ordinaire, un capteur est sujet à la loi de son propre pays, se conformant à la loi générale des nations d'amener pour adjudication, afin de s'assurer si c'est de la propriété ennemie; et afin que les capteurs, dans l'âpre poursuite du gain, ne fassent pas d'erreurs qui feraient de l'injustice à des sujets neutres, et ne causent pas de querelles nationales avec les Etats étrangers auxquels ils appartiennent. Voici un navire et une cargaison manifestement américains, allégués tels par les réclamants, et par conséquence actuellement la propriété d'ennemis. Ces derniers ne souffrent pas du fait qu'ils n'ont pas été amenés pour la condamnation qui aurait sûrement eu lieu si la propriété en question était simplement américaine; et les capteurs se justifient pleinement auprès des lois de leur propre pays, qui prescrivent que le navire soit amené; en démontrant que le service dans lequel ils étaient actuellement occupés, celui de surveiller le navire de guerre de l'ennemi, le „President", avec intention de le rencontrer, quoique de force inférieure, ne leur permettrait pas de se dispenser d'une partie de leur équipage pour le conduire à un port britannique. Dans cette collision de devoirs, il ne restait qu'à détruire le navire, car ils ne pouvaient pas, en conformité à leur devoir général envers leur propre pays, et même à ses injonctions formelles, permettre à la propriété ennemie de s'en aller sans être molestée. S'il est impossible de l'amener, il leur reste le devoir de détruire la propriété ennemie. Lorsqu'il est douteux que la propriété soit ennemie, et qu'il est impossible de l'amener, une telle obligation ne se lève pas, et la méthode la plus sûre et convenable à adopter est de renvoyer. Lorsque la propriété est neutre, l'acte de destruction ne peut être justifié auprès du propriétaire neutre, par la plus grave importance d'un tel acte au service public du propre état du capteur; auprès du neutre, il ne peut être justifié, sous aucune circonstance, que par une entière restitution de valeur. Ce sont là des règles si claires en principe et si bien établies en pratique, qu'elles n'ont besoin ni de raisonnement ni de précédent pour les illustrer ou les appuyer." (The Felicity, 2 Dodson, 381).

La même opinion que la destruction d'une prise neutre est un acte non justifié par la Loi internationale, et dont le Gouvernement des capteurs est entièrement responsable, a été adoptée par le Dr. Lushington en 1855 dans l'affaire de „The Leucade" (Spinks, 217) et par la Cour Suprême des Etats-Unis dans l'affaire du „Dos Hermanos" (10 Wheaton, 316) et l'affaire „Jecker contre Montgomery", (13 Howard, 498). Cette opinion est celle adoptée à présent par les plus grandes autorités non-judiciaires et est indiquée dans les décisions à ce sujet qui ont été faites par l'Institut de Droit international à sa séance de Heidelberg en 1887. Cette action est caractéristique en vue du fait qu'une décision contraire a été faite à la séance de Turin en 1882 et de Munich en 1883, qui ont été renversées formellement, au sujet de navires neutres et leurs cargaisons, à la Conférence de Heidelberg de 1887.

A part cependant, du côté légal du cas, il y a certaines questions de justice et d'humanité qui ne doivent pas être perdues de vue en considérant la question de la sujétion de prises neutres à la destruction par un capteur belligérant.

La construction actuelle des navires de guerre n'offre que peu de commodité pour les prisonniers, en particulier pour les sujets neutres qui ne sont ni des belligérants combattants, ni même des ennemis légaux du capteur, et ne doivent pas, pour cette raison, perdre leur liberté comme prisonniers de guerre. Outre ce manque de commodité, les prisonniers ainsi détenus sur des navires de guerre, sont maintenant livrés à un degré bien plus haut aux accidents de bataille qu'ils ne l'étaient lorsque les flottes du monde étaient construites en bois et marchaient au moyen de voiles, comme c'était le cas lorsque les décisions de Sir William Scott furent énoncées au commencement du dernier siècle. Le sujet neutre, qui s'occupe de contrebande est sujet à la confiscation de son entreprise illégale, mais il n'est pas sujet, et n'a jamais été considéré comme sujet, à la perte de sa vie ou à l'infliction de maux corporels pour s'être occupé d'un commerce qui est défendu sous simple peine de confiscation et qui n'entraîne aucun dommage ou à destruction de la vie.

La proposition soumise par la Délégation des Etats-Unis, fournit une méthode juste et humaine pour le traitement de navires neutres, avec leurs officiers et leurs équipages, qu'un capteur belligérant ne peut pas amener devant une cour de prises pour l'adjudication. Son application rend possible à un belligérant de se protéger contre les conséquences de commerce illicite tout en gênant le moins possible les droits et immunités des Etats neutres et leurs sujets.

En terminant je désire ajouter un mot au sujet de l'autorité d'une décision rendue par une cour de prise compétente en exerçant la juridiction légale. La loi qui s'applique par les cours de prises est la loi des nations et les décisions qui sont rendues par elles engagent non seulement les parties, mais constituent des précédents qui, comme interprétations de la loi internationale, font autorité. Elles ne sont en aucune façon les opinions d'individus, et ne peuvent pas être comparées aux opinions de jurisconsultes ou d'écrivains.

Sir William Scott, en décidant l'affaire du „Maria" dit avec beaucoup de vérité, concernant la loi appliquée aux décisions d'affaires de prise ainsi que le caractère et l'effet de leur jugement sur la décision en question:

„En faisant cette décision, j'espère que je n'aurai pas oublié pour un seul instant ce que les devoirs de ma place exigent de moi, notamment de me considérer placé ici non pas pour émettre des opinions occasionnelles et variables servant aux buts actuels des intérêts nationaux particuliers, mais bien pour administrer avec indifférence cette justice que la loi des nations étend sans distinction aux Etats indépendants, qu'ils soient neutres ou qu'ils soient belligérants. Le siège de l'autorité judiciaire se trouve en effet ici, en pays belligérant, selon la loi connue et la pratique des nations; mais la loi même n'a pas de localité. C'est le devoir de la personne qui siège ici de déterminer cette question exactement de la même manière qu'elle la déterminerait si elle siégeait à Stockholm — de ne pas mettre en avant des prétentions de la part de la Grande-Bretagne qu'elle ne concéderait pas à la Suède dans les mêmes circonstances, et de n'ignorer aucun des devoirs de la Suède, comme pays neutre, qu'elle nierait appartenir à la Grande-Bretagne dans la même qualité. Si, donc, je me trompe sur la loi dans cette affaire, je me trompe sur ce que je considère, et que je veux voir considérer, comme la loi universelle sur cette question." Le „Maria" (1. C. Robinson 349). Le „Flad Oyen" (1 Ibid. 114); 30 hogsheads de sucre (13 U. S., 9 Cranch 191)., Cushing Adm. contre les Etats-Unis (22 Cour de Réclamations 1).

Si une cour de prises de l'Etat „A" décide le cas d'une prise portant le pavillon de l'Etat „B", Etat neutre, „par référence aux principes bien établis desquels la règle de la Loi internationale a été graduellement formée", elle exerce des fonctions comparables à celles exercées par tout autre juge de la loi. Si, toutefois, elle se déclare, ou se trouve en effet, dans l'impossibilité de questionner la légalité d'un manifeste promulgué ad hoc par son Gouvernement, e. g. une liste d'articles de contrebande, elle cesse d'administrer la loi et devient la créature d'un système qui est la négation même de la loi." (Smith & Sibley, Int. Law. p. 3.)

La pratique du Gouvernement des Etats-Unis relative à la destruction de prises neutres a été, en conformité à la règle de Loi internationale, comme énoncée par Sir Wm. Scott et par la Cour Suprême des Etats-Unis. Ce Gouvernement n'est pas prêt à abandonner la pratique ainsi établie, et cette Délégation ne peut pas préconiser l'adoption d'une règle qui accorde à des navires neutres et à leurs cargaisons un traitement moins favorable que celui dont ils jouissent à présent.

Le Président rappelle que le Comité avait subordonné la décision qu'il devait prendre au sujet de la destruction des prises neutres à celle que devait prendre la Troisième Commission sur la faculté des belligérants d'amener leurs prises neutres dans les ports neutres pour y être gardés sous séquestre.

M. Guido Fusinato déclare que S. Exc. le Comte Tornielli aurait voulu renseigner lui-même le Comité sur les décisions prises sur ce sujet par la Troisième Commission, mais, se trouvant retenu dans une autre Commission, S. Exc. le Comte Tornielli a chargé M. Guido Fusinato de le remplacer. La Troisième Commission a examiné la question du séjour des prises neutres dans les ports neutres et elle a pris une décision provisoire, qui fait l'objet de l'article 23. Cet article, qui ne fait pas de distinction entre les prises neutres et les prises ennemies, reconnaît aux Puissances neutres la faculté, mais non le devoir de recevoir les prises dans leurs ports. S. Exc. le Comte Tornielli estime que l'acception par la Délégation italienne de la proposition anglaise, dépend de la décision qui sera prise au sujet de l'article 23 (Voir Vol. III. Com. III. Annexe 63), alors même que cet article ne crée qu'une faculté et non un devoir.

S. Exc. Sir Ernest Satow estime que le Comité de la Quatrième Commission n'est pas compétent pour discuter l'article 23. Il ne peut que voter sur la proposition britannique (Annexe 39) en réservant son vote d'après la décision prise au sujet de cet article.

M. Guido Fusinato rappelle qu'il avait été question de réunir les deux Comités de la Quatrième et de la Troisième Commission pour discuter les deux questions qui sont dépendantes l'une de l'autre. Il insiste sur la nécessité de cette réunion.

Le Président pensait que le Comité de la Quatrième Commission avait ajourné sa décision sur la destruction des prises neutres à celle du Comité de la Troisième sur le séjour des prises dans les ports neutres.

M. Guido Fusinato demande que les deux Comités se réunissent demain pour examiner les deux questions.

M. Louis Renault dit que l'exposé fait par M. Fusinato, concernant le point où en est la question à la Troisième Commission, est tout à fait exact. Le Comité de la Troisième Commission doit incessamment entendre la seconde lecture du projet concernant les droits et les devoirs des neutres sur mer, mais comme il faut en finir, le Comité d'Examen de la Quatirème Commission pourrait venir à la séance de celui de la Troisième, pour trancher les deux questions qui dépendent l'une de l'autre.

Le Président demande au Comité s'il se rallie à cette proposition.

S. Exc. Sir Ernest Satow demande quelle sera la manière de procéder; les deux Comités se réuniront-ils pour voter l'article 23, et remettront-ils ensuite la question de la destruction des prises neutres à une séance ultérieure, ou bien continueront-ils leurs discussions sur ce dernier point?

M. Guido Fusinato estime qu'il est préférable de réunir les deux questions. Ce sont au surplus à peu près les mêmes Puissances qui sont représentées aux deux Comités et qui, par conséquent, peuvent prendre une décision sur des points étant de leur ressort.

S. Exc. Sir Ernest Satow fait observer que la Chine et l'Espagne sont représentées au Comité de la Troisième Commission et non à celui de la Quatrième.

M. Guido Fusinato n'en croit pas moins nécessaire d'avoir sur les deux questions une discussion unique et de les renvoyer aux deux Comités.

Le Comité se rallie à cette proposition.

e) Quatorzième Séance. 10. September 1901.*)

Séance des Comités d'Examen de la Quatrième Commission et de la Deuxième Sous-Commission de la Troisième Commission réunis.

(Bd. III S. 1070 der Verhandlungen.)

Présidence de Son Excellence M. de Martens.

Le Président propose de passer à la question de la destruction des prises neutres. Il rappelle que la Quatrième Commission a été saisie

---

*) Die sich auf die Materie beziehenden „Annexes" Nr. 39—43 (Bd. III S. 1170—1172 der Verhandlungen) lauten:

Annexe 39.

Proposition de la Délégation de Grande-Bretagne.

La destruction des prises neutres.

La destruction d'une prise neutre par le capteur est interdite. Le capteur doit relâcher tout navire neutre qu'il ne peut pas amener devant un tribunal de prises.

Annexe 40.

Proposition de la Délégation de Russie.

La destruction des prises neutres.

Estimant que l'interdiction absolue de la destruction des prises neutres par les belligérants aurait pour conséquence d'établir une situation d'infériorité marquante pour les Puissances n'ayant pas de bases maritimes hors des côtes de la métropole et étant d'avis que tout accord international doit être fondé sur le principe de réciprocité et d'opportunité égale,

la Délégation Impériale de Russie soumet à la considération de la 4em Commission le projet suivant d'une disposition se rapportant à la destruction des prises, disposition qui lui paraît tenir compte de tous les intérêts en jeu:

„La destruction d'une prise neutre est interdite à l'exception des cas où sa conservation pourrait compromettre la sécurité du navire capteur ou le succès de ses opérations. Le commandant du navire capteur ne peut user du droit de de-

de trois propositions se rapportant à cette question. La Délégation britannique (Annexe 39) et celle des Etats-Unis (Annexe 42) ont formulé les

struction qu'avec la plus grande réserve et doit avoir soin de transborder préalablement les hommes et, autant que faire se pourra, le chargement et en tous cas, de conserver tous les papiers de bord et autres éléments nécessaires pour permettre le jugement de la prise ainsi que, le cas échéant, l'établissement des indemnités à attribuer aux neutres.

Il est bien entendu qu'en cas de saisie ou destruction des prises neutres reconnues illégales par la Cour des Prises ou par les Autorités compétentes, les intéressés ont le droit à une action en dommages-intérêts."

Annexe 41.

Proposition de la Délégation du Japon.

Amendement aux Propositions britannique (Annexe 39) et russe (Annexe 40) sur la destruction de vaisseaux neutres.

La destruction d'une prise neutre par le capteur est interdite. Le capteur doit relâcher tout navire neutre qu'il ne peut pas amener devant un tribunal des prises.

Toutefois, il est fait exception à la règle ci-dessus dans les cas suivants:

a) Si le vaisseau est au service militaire ou naval de l'ennemi, ou sous son contrôle pour des buts militaires ou navals.

b) Si le vaisseau résiste par la force à la visite ou à la capture.

c) Si le vaisseau tente d'echapper à la visite ou à la capture par la fuite.

Annexe 42.

Proposition de la Délégation des Etats-Unis d'Amérique.

La destruction des prises neutres.

Si pour une raison quelconque un navire neutre capturé ne peut être amené pour l'adjudication, ce navire devra être relâché.

Annexe 43.

Lettres du Professeur Holland sur la destruction des Prises neutres.

The Times, August 17, 1904.

Russian Prize Law.

To the Editor of the Times.

Sir,

From this hilltop I observe that, in the debate of Thursday last, Mr. Gibson Bowles, alluding to a letter of mine which appeared in your issue of August 6, complained that I „had not given the proper reference" to Lord Stowell's judgments. Mr. Bowles seems to be unaware that in referring to a decided case the page mentioned is, in the absence af any indication to the contrary, invariably that on which the report of the case commences. I may, perhaps, also be allowed to say that he, in my opinion, misapprehends the effect of the passage quoted by him from the „Felicity", which decides only that, whatever may be the justification for the destruction of a neutral prize, the neutral owner is entitled, as against the captor, to full compensation for the loss thereby sustained.

I am, Sir, your obedient servant.

T. E. Holland.

Eggishorn, Valais, Suisse, Aug. 14.

The Times, August 30, 1904.

Russian Prize Law.

To the Editor of the Times.

Sir,

Mr. Gibson Bowles has, I find, addressed to you a letter in which he attempts to controvert two statements of mine by the simple expedient of omitting essential portions of each of them.

1. pp.

propositions tendant à interdire pareille destruction. L'amendement à la proposition britannique proposé par la Délégation japonaise (Annexe 41) a été ensuite retiré. D'autre part, la Délégation russe (Annexe 40) a soumis à la Commission un projet d'après lequel la destruction des prises neutres serait interdite sauf quelques cas de force majeure. Il ouvre la discussion sur ces trois propositions.

S. Exc. le Baron de Macchio fait la déclaration suivante:

C'est en m'inspirant de l'esprit qui guide la Délégation d'Autriche-Hongrie dans toutes les questions du droit maritime, que j'applaudis en ce qui concerne la question de la destruction des prises, au principe énoncé par la proposition de la Délégation britannique qui tend à stipuler de façon absolue l'interdiction de cette destruction.

Toutefois, en appliquant ce principe à la réalité et aux cas si divers qui peuvent se présenter dans la pratique, il me semble qu'il est bien difficile de ne pas se rendre compté des conditions bien différentes dans lesquels l'état des choses place les Puissances, et de ne pas admettre des exceptions, où il serait tout à fait impossible au commandant d'une force navale de renoncer à cette destruction. Ce sont ces exceptions que vise la proposition russe qui forme l'annexe 40 des documents qui nous ont été soumis. Dans la huitième séance du Comité d'Examen, M. le Capitaine de Vaisseau Behr les a plus amplement développées et donné des exemples qui montrent combien difficile peut être sous ce rapport la situation créée à un commandant par les circonstances.

Il m'a paru impossible de me soustraire à la force de ces arguments et c'est pourquoi la Délégation d'Autriche-Hongrie se verra obligée de se prononcer pour le principe qui interdit la destruction, mais aussi pour l'admission des exceptions que le projet russe voudrait voir reconnues.

Acte est donné de cette déclaration.

S. Exc. Turkhan Pacha est favorable au principe de l'interdiction de la destruction des prises neutres; mais il estime que si, dans certains cas de force majeure, la destruction ne saurait être complètement interdite, au moins serait-il nécessaire de stipuler que le commandant devra prendre

2. I had summarized the effect, as I conceive it, of the group of cases above mentioned in the following terms: „Such action is justifiable only in cases of the gravest importance to the captor's own State, after securing the ship's papers, and subject to the right of the neutral owners ot receive full compensation". Here, again, while purporting to quote me, Mr. Bowles omits the all-important words now italicized. I am, however, maltreated in good company. Mr. Bowles represents Lord Stowell as holding that destruction of neutral property cannot be justified, even in cases of the gravest importance to the captor's own State. What Lord Stowell actually says, in the very passage quoted by Mr. Bowles, is that „to the neutral it can only be justified, under any such circumstances, by a full restitution in value". I would suggest that Mr. Bowles should find an opportunity for reading in extenso the reports of the „Actaeon" (2 Dods., 48) and the „Felicity" (ib., 381), as also for re-reading the passage which occurs at p. 386 of the latter case, before venturing further into the somewhat intricate technicalities of prize law.

I am, Sir, your obedient servant.
T. E. Holland.

Eggishorn, Suisse, Aug. 26.

toutes les mesures, afin de sauvegarder les équipages, ainsi que les papiers de bord.

S. Exc. Sir Ernest Satow pense que tous les arguments, auxquels prêtent les propositions sur cette question, semblent avoir été épuisés au cours des longues discussions qui ont eu lieu au sein de la Commission et du Comité; il ne reste qu'à voter sur ces propositions dans l'ordre de leur présentation à la Commission.

S. Exc. le Comte Tornielli a entendu l'exposé très précis et très clair fait par S. Exc. Sir Ernest Satow des motifs qui empêchent la Délégation britannique de voter favorablement pour la disposition contenue dans l'article 23 du projet de convention concernant les droits et les devoirs des Puissances neutres en cas de guerre maritime. Sir Ernest Satow est parfaitement dans son droit, et il se conforme à la vérité, en faisant observer que cet article n'a pas été encore voté par le Comité d'Examen de la 2e Sous-Commission de la Troisième Commission.

L'article dont il s'agit a été cependant l'objet d'un échange de vues dans le Comité. Il a même subi une assez importante modification. Celle-ci a été introduite dans le but de rendre cette disposition plus facilement acceptable par ceux qui se préoccupent de n'imposer aucune obligation spéciale et non nécessaire aux neutres. On n'est pas arrivé, cependant à un vote sur la disposition de l'article 23, car, depuis un certain temps, Sir Ernest Satow nous avait dit qu'il attendait pour la discussion et l'acceptation de cet article, des instructions de son Gouvernement. Dans ces circonstances, il a paru que la disposition de l'article 23 pouvait continuer à figurer dans le projet réimprimé pour servir à la deuxième lecture que nous aurons, dit S. Exc. le Comte Tornielli, à commencer aujourd'hui.

Il me faut, ajoute-t-il, répondre brièvement à l'une des objections que le très distingué Délégué de Grande-Bretagne a faite aujourd'hui contre le texte de l'article 23. Il vient de nous dire que la règle établie par cet article, s'applique sans distinction aux prises belligérantes et aux prises neutres, tandis que la proposition britannique, relative à la non destruction des prises, vise seulement les prises neutres. Je constate que dans quelques cas, surtout à cause du chargement, même la prise belligérante devra être amenée devant le tribunal spécial. D'ailleurs aucune discussion n'ayant été engagée jusqu'ici sur ce point, on ne saurait dire en ce moment, si un amendement de l'article 23 pour en restreindre l'application aux prises neutres seulement, n'aurait pas eu la chance d'être adopté. Ceci dit, pour ce qui concerne le débat précédent sur l'article qui vient maintenant en discussion, qu'il me soit permis de faire observer que, quand la Délégation britannique a déposé devant la Conférence sa proposition relative à l'interdiction absolue de détruire des prises neutres qui ne peuvent pas être amenées, devant un tribunal de prises, la Délégation d'Italie l'a examinée attentivement, mais avec une grande sympathie. Cependant, deux questions se sont de suite posées devant nous. Au point de vue juridique et même au point de vue humanitaire, la proposition anglaise se présentait à nous sous une forme des plus attrayantes. Mais des circonstances de fait dépendant des conditions géographiques des différents Etats s'imposaient également à notre considération.

La proposition anglaise qui est substantiellement la même que celle qui a été présentée plus tard par la Délégation des Etats-Unis de l'Amérique du Nord, vient à dire précisément qu'un navire neutre capturé doit être relâché toutes les fois que le capteur n'est pas en mesure de la conduire dans un port de sa nationalité.

Par une disposition sur laquelle tout le monde semble être d'accord, il est en effet interdit au belligérant de constituer sur le territoire ou dans les eaux neutres un Tribunal de Prises. Il y a des Etats pour lesquels ces interdictions ne constituent point un empêchement à la capture des bâtiments belligérants ou neutres qui si sont mis dans la condition de subir cette sévère mesure. Il y en a d'autres, qui n'ayant pas de colonies sur toute la face du globe, se verraient, par ces interdictions, empêchés d'une manière presque absolue d'exercer le droit de capture.

La Délégation italienne, bien qu'elle ait entendu citer à plusieurs reprises un droit maritime coutumier qui remonte à plus d'un siècle, se rend compte que tout dans la marine a changé depuis un nombre d'années fort court. Aujourd'hui le capteur qui coule bas une prise importante, ne sait pas qui il frappe. On ne s'embarrasse pas actuellement de petits bâtiments appartenant à de modestes armateurs.

Le navire que l'on détruit représente une grosse valeur, qui dans bien des cas, n'appartient pas au pays sous le pavillon duquel il navigue. Les porteurs des actions de la compagnie à laquelle le navire a appartenu, les actionnaires de la société auprès de laquelle le navire et le chargement sont assurés, les négociants de différentes nationalités auxquels ont appartenu les marchandises qui étaient à bord, tout ce monde souffrira des pertes sérieuses: et, dans ce cas, il est certain que la destruction d'une richesse considérable qui ne frappe ni directement ni peut-être même pas indirectement l'ennemi, semble n'être qu'un acte de vandalisme.

Mais il y a néanmoins des cas où le droit de capture ne peut être négligé. L'Italie n'est pas suspecte. Elle a voté pour le respect de la propriété privée sur mer. Elle a applaudi à la suppression de la contrebande de guerre. Elle professe, on le sait, les règles les plus limitatives pour le blocus. Le projet, qu'elle a deposé devant vous, en fait foi. Mais elle ne croit pas pouvoir consentir à se laisser mettre dans une condition d'absolue infériorité relativement au droit de faire des prises, tant que ce droit existe et est reconnu aux autres Etats.

Elle a pensé que, par la règle de l'article 23 de la future Convention, une certaine compensation pourrait être établie. Je sais bien que des personnes compétentes croient que cette compensation serait si minime qu'elles la jugent illusoire et tout à fait insuffisante. Mais nous l'avons demandée et nous l'avons reliée au vote que l'on nous demande sur la proposition britannique.

C'est bien malgré moi que je ne puis pas séparer les deux questions et que je suis forcé par l'attitude de la Délégation britannique de déclarer que je ne voterai l'interdiction de la destruction des prises neutres que dans le cas où le droit de mettre la prise en séquestre dans le port neutre aura été admis.

Le Président demande à dire quelques mots, non en sa qualité de membre de la Délégation de Russie, mais en qualité de Président. Pendant le cours des débats, on a cité beaucoup de jurisconsultes, on a rappelé des arrêts émanés de tribunaux de prises et de Loid Stowell en particulier. De l'ensemble de ces citations on peut conclure que, sur la destruction des prises neutres, il n'y a pas d'opinion bien établie, qu'elle n'existe pas dans la jurisprudence et encore moins dans la doctrine, puisque, chez un même auteur on peut percevoir des divergences et des contradictions d'opinion. Il n'entre pas dans le rôle de la Conférence d'entrer dans la discussion des différents systèmes qui ont été soutenus, c'est aux Gouvernements qu'il appartient de faire savoir, avant l'ouverture des hostilités, celui auquel ils entendent se ranger et quelles instructions ils adresseront aux commandants de leurs forces navales. Toutefois, on devrait reconnaître que, dans cette matière comme dans toutes les autres, c'est le bon sens qui doit dominer; le bon sens que Guizot appelait le génie de l'humanité, ne gouverne pas toujours nos actes et pourtant c'est lui qui devrait dicter notre décision. Il y a des faits que ne devront méconnaître ni les Gouvernements ni la Cour internationale de prise, dont est aujourd'hui le jour de naissance. Lorsque, dans la guerre sur terre, le belligérant voit son adversaire se cacher derrière une maison ou un palais, il n'a aucune scrupule à détruire cet obstacle et si quelque fois cette maison contient des munitions de guerre, il la détruit sans indemnité. Dans la guerre maritime, il est admis que la destruction ne doit pas avoir lieu sans un jugement de la Cour des prises et ce jugement constitue un grand progrès sur les lois et coutumes de la guerre sur terre.

La proposition que, sur la destruction des prises, déposa puis retira ensuite la Délégation du Japon (Annexe 41) obligeait le Commandant de relâcher les prises qu'il n'était pas à même d'amener devant un tribunal des prises, sauf toutefois les cas où le navire avait résisté par la force à la visite ou à la capture, ou se trouvait au service des forces navales de son adversaire; il semble que cette proposition est conforme au bon sens. A l'heure actuelle, que fera l'Etat belligérant si l'un des commandants de ses escadres coule, dans ces conditions, une prise neutre? Il lui décernera tous les honneurs, car il estimera que ce Commandant a eu en vue les intérêts vitaux de son pays es s'est conformé aux ordonnances qui lui prescrivaient d'agir de la sorte. Maintenant que la Cour internationale des prises est établie, elle connaîtra des causes que lui soumettront les neutres dont les navires auront été capturés et coulés. Elle devra, d'après son acte de constitution, appliquer les Conventions en vigueur, à défaut de Conventions, elle s'en référera aux principes généraux ou aux règles de la justice et de l'humanité. Dans cette question de destruction des prises neutres, les principes généraux font défaut et les procès-verbaux prouveront que la Conférence n'a pris aucune résolution. Les Juges de la Cour des prises ne trouveront donc aucune base juridique pour se prononcer et ils seront dans une situation très difficile dont il serait opportun que la Conférence se rendit compte.

S. Exc. le Comte Tornielli s'exprime en ces termes:

Je tiens à expliquer le vote que nous sommes appelés à émettre sur la proposition britannique. Il me faut constater d'abord que l'article 23 du projet de Convention pour les droits et les devoirs des neutres en cas de guerre maritime a été approuvé par 10 voix contre 2 et 6 abstentions. Le Comité d'Examen de la Troisième Commission aura à décider si la majorité un peu faible que la règle contenue dans cet article a obtenue, est suffisante pour maintenir cette disposition dans le projet; pour le moment, il y a eu un vote favorable pour l'article 23; j'ai donc le droit de le considérer comme existant. C'est sous cette condition d'existence du dit article que je voterai conséquemment en faveur de la proposition britannique. Le vote des Comités n'ayant qu'un caractère provisoire, il est entendu que le vote de la Délégation italienne deviendrait négatif si la disposition de l'article 23 venait à disparaître dans la codification du droit maritime pendant la guerre.

Le Président propose au Comité de mettre d'abord aux voix les propositions britannique et américaine, ensuite la proposition russe.

Ces propositions sont ainsi conçues:

Proposition britannique (Annexe 39).

La destruction d'une prise neutre par le capteur est interdite. Le capteur doit relâcher tout navire neutre qu'il ne peut pas amener devant un tribunal de prises.

Proposition des Etats-Unis d'Amérique (Annexe 42).

Si pour une raison quelconque un navire neutre capturé ne peut être amené pour l'adjudication, ce navire devra être relâché.

Proposition russe (Annexe 40).

Estimant que l'interdiction absolue de la destruction des prises neutres par les belligérants aurait pour conséquence d'établir une situation d'infériorité marquante pour les Puissances n'ayant pas de bases maritimes hors des côtes de la métropole et étant d'avis que tout accord international doit être fondé sur le principe de réciprocité et d'opportunité égale,

la Délégation Impériale de Russie soumet à la considération de la Quatrième Commission le projet suivant d'une disposition se rapportant à la destruction des prises, disposition qui lui paraît tenir compte de tous les intérêts en jeu:

„La destruction d'une prise neutre est interdite à l'exception des cas où sa conservation pourrait compromettre la sécurité du navire capteur ou le succès de ses opérations. Le commandant du navire capteur ne peut user du droit de destruction qu' avec la plus grande réserve et doit avoir soin de transborder préalablement les hommes et, autant que faire se pourra, le chargement et en tous cas, de conserver tous les papiers du bord et autres éléments nécessaires pour permettre le jugement de la prise ainsi que, le cas échéant, l'établissement des indemnités à attribuer aux neutres.

„Il est bien entendu qu' en cas de saisie ou destruction des prises neutres reconnues illégales par la Cour des Prises ou par les Autorités compétentes, les intéressés ont le droit à une action en dommages-intérêts.“

S. Exc. le Baron de Macchio demande si, en votant pour la proposition britannique, il ne fera qu'affirmer un principe susceptible d'exception ou s'il se prononcera pour une situation de fait.

Le Président répond que la proposition britannique ne comporte pas d'exception dans son application.

S. Exc. M. de Hammarskjöld déclare qu'à son avis, il faut rester sur la base du vote qui vient d'être émis, vote, dont la valeur pratique semble se soustraire à l'appréciation des Comités réunis; dans cet ordre d'idées il n'hésite pas à voter pour la proposition britannique, en considérant comme acquis l'article 23 qui donne aux Etats neutres la faculté de recevoir dans leurs ports les prises qui y sont menées par les belligérants.

S. Exc. Sir Ernest Satow fait observer que le maintien de l'article 23 n'empêche pas de voter pour la faculté de détruire les prises neutres; cet article ne garantit pas les neutres contre tous les cas où la destruction paraîtrait nécessaire au belligérant. Deux Délégations ont annoncé que, même avec cet article, elles ne pourraient pas renoncer au droit de couler les prises neutres. L'article 23 a donc, au point de vue de la destruction, une valeur minime qui ne diminuera en rien les cas où on la juge nécessaire.

Il est procédé au vote sur les propositions britannique et américaine

Ont voté pour:

Etats-Unis d'Amérique, Belgique, Danemark, Espagne, Grande-Bretagne, Italie, Japon, Norvège, Pays-Bas, Suède et Turquie;

Ont voté contre:

Allemagne, Autriche-Hongrie, France et Russie;

Se sont abstenus:

Brésil et Serbie.

Le Président propose au Comité de voter sur la proposition russe.

S. Exc. le Comte Tornielli néclare n'avoir voté pour la proposition britannique que sous la réserve du maintien de l'article 23. Il est, sur ce point, parfaitement d'accord avec S. Exc. M. de Hammarskjöld, qui a très bien posé la question du maintien de cet article. La proposition russe n'admet pas que la prise soit détruite, mais elle pose des exceptions qui s'inspirent d'une pensée humanitaire et qui, par conséquent, sont très dignes d'intérêt; mais S. Exc. le Comte Tornielli, s'étant déjà prononcé en faveur de l'interdiction absolue sous la réserve du maintien de l'article 23, ne pourra pas voter la proposition russe (Annexe 40) et s'abstiendra.

Il est procédé au vote.

Ont voté pour:

Allemagne, Autriche-Hongrie, France, Russie, Serbie et Turquie.

Ont voté contre:

Etats-Unis d'Amérique, Belgique, Grande-Bretagne et Japon.

Se sont abstenus:

Brésil, Danemark, Espagne, Italie, Norvège, Pays-Bas et Suède.

Le Président, après avoir constaté que le vote sur la proposition russe a donné 6 oui, 4 non et 7 abstentions, déclare que le rapport fera mention de ces differents chiffres et en référera à la Conférence.

3. Bericht der vierten Kommission an die Gesamtkonferenz.

(Bd. III S. 262 der Verhandlungen.)

Destruction des prises neutres.

La question de la destruction des prises neutres en cas de force majeure, qui figure au programme russe du 3 avril 1906 [1]), a été confié, par la Conférence à l'examen de la Quatrième Commission.

Dans la pensée de donner aux débats une direction et pour faciliter le travail,[2]) notre Président avait posé, dans son questionnaire, les questions suivantes.[3])

„Est-ce que la destruction des navires de commerce, sous pavillon neutre, chargés en temps de guerre du transport de troupes ou de contrebande de guerre, est défendue par les législations ou par la pratique internationale?"

„Est-ce que la destruction, par force majeure, de toutes prises neutres est illicite d'après les législations actuellement en vigueur et d'après la pratique des guerres navales?"

Quatre propositions ont été présentées par les Délégations de Grande-Bretagne, de Russie, des Etats-Unis d'Amérique et du Japon.[4]) La Commission en a discuté le principe et les a renvoyées au Comité d'Examen dans les conditions suivantes.

La Délégation russe [5]) proposait de poser en principe que la destruction d'une prise devait être interdite, à l'exception des cas où sa conservation pourrait compromettre la sécurité du navire capteur ou le succès de ses opérations. Le droit de destruction ne devrait être exercé par le capteur qu'avec la plus grande réserve, en veillant à la sécurité des personnes, en conservant les papiers de bord et sous la condition éventuelle de dommages intérêts.

Devant la Commission, la Délégation imperiale [6]) fit valoir notamment que, selon elle, le navire qui viole la neutralité n'aurait plus droit aux benéfices de la qualité de neutre, — que le fait même de la capture, dans les conditions reconnues comme justifiant sa validité, en ferait passer la propriété au capteur, devenu libre ainsi de la détruire comme son propre bien, — que, dans tous les cas, la capture serait soumise à un jugement de prises et pouvait donner lieu à indemnité. Pour des raisons militaires ou pratiques, a-t-on ajouté, il peut y avoir pour le capteur impossibilité de conserver la

[1]) Programme russe du 3 avril 1906 paragraphe 3 alinéa 5. (Vol. I. *in initio.*)

[2]) Observations le S. Exc. M. de Martens, *Président*, 12e séance de la Commission, 7 août 1907.

[3]) Voir Vol. III. Quatr. Com., *Annexe* 1, questionnaire, questions XI et XII.

[4]) Cette dernière proposition, présentée par le Gouvernement Impérial comme un amendement à la proposition britannique, a été retirée en Comité d'Examen (Voir Vol. III. Déclaration de S. Exc. M. Tzudzuki, 8e séance de Comité, 24 août 1907).

[5]) Vol. III. Quatr. Com. *Annexe* 40.

[6]) Discours du Colonel Ovtchinnikow, 12e séance de la Commission, 7 août 1907.

prise et de la conduire en lieu sûr; la relâche serait alors une véritable trahison — et l'interdiction absolue de détruire établirait une infériorité injustifiée pour les pays n'ayant pas de ports hors de leurs côtes métropolitaines.

La proposition britannique [1]) et la proposition des Etats-Unis d'Amérique [2]) avaient, au contraire, pour but l'interdiction absolue de détruire et l'obligation de relâcher la prise, faute de pouvoir la conduire devant un Tribunal des prises.

La Délégation de Grande-Bretagne, pour motiver [3]) sa proposition, s'est placée au point de vue du droit actuel, qu'elle a présenté comme n'autorisant pas la destruction; répondant à l'argument ci-dessus rappelé, tiré de la différence des situations géographiques des Etats, elle a ajouté que si, en fait, cette situation géographique empêche un Etat d'exercer d'une façon effective le droit de saisie des navires neutres, porteurs de contrebande ou forceurs de blocus, il doit néanmoins les laisser en liberté.

La Commission, unanime à penser qu'il ne s'agissait nullement pour elle de rechercher ce qu'est le droit actuel, mais seulement ce que pourrait être le droit à édicter, qu'il n'y avait pas à discuter ici „de lege lata" mais „de lege ferenda", reconnut [4]) qu'il y avait connexité entre la question de la destruction des prises et la question du libre accès des prises dans les ports neutres, soumise à l'étude de la Troisième Commission, et qu'en conséquence il y avait lieu d'attendre une étude conjointe des deux Comités d'Examen.[5])

Devant votre Comité d'Examen, le système russe de la faculté de destruction et le système anglo-américain de l'interdiction de détruire furent respectivement repris et développés [6]), la Délégation d'Allemagne [7]) déclarant partager entièrement la manière de voir de la Délégation de Russie.

La Délégation italienne [8]) rappela la connexité qu'il y aurait, selon elle, entre cette question et celle de la faculté pour les prises d'entrer dans les ports neutres, visée à l'article 23 du projet de règlement sur l'accès et

---

[1]) Vol. III. Quatr. Com. *Annexe* 39.

[2]) Ibid. *Annexe* 42.

[3]) Discours de S. Exc. Sir Ernest Satow, 12e séance de la Commission, 7 août 1907.

[4]) Observations de S. Exc. le Comte Tornielli, *ibid*.

[5]) Observations de S. Exc. M. de Martens, *Président*, *ibid*.

[6]) Voici, à l'appui de la proposition russe, le discours du Commandant Behr, 8e séance du Comité, 24 août 1907 (Voir Vol. III); — à l'appui des propositions anglo-américaines, les observations de S. Exc. Sir Ernest Satow, *ibid*; et 11e séance du Comité, 4 Septembre 1907, ainsi que les observations du Général G. B. Davis, au nom de la Délégation des Etats-Unis d'Amérique, 13e séance du Comité, 9 Septembre 1907.

[7]) Déclarations de M. Kriege, 8e séance du Comité, 24 août 1907; 9e séance, 28 août; 11e séance, 4 septembre; 13e séance, 9 septembre; et les documents imprimés à l'*annexe* 43.

[8]) Observations de S. Exc. le Comte Tornielli et de S. Exc. M. Fusinato, 8e séance du Comité, 24 août 1907; 9e séance, 28 août.

le séjour des navires belligérants dans les ports neutres, élaboré par le Comité d'Examen de la Troisième Commission.

D'accord avec ce dernier, une réunion des deux Comités d'Examen eut lieu.[1]) Il y fut successivement procédé d'abord au scrutin sur le principe du libre accès des prises dans les ports neutres consacré par ledit article 23; ce scrutin aboutit à un vote de 9 voix pour, de 2 voix contre, et de 6 abstentions. Il fut ensuite procédé au scrutin sur la proposition anglo-américaine (interdiction de détruire les prises) aboutissant à un vote de 11 voix pour, 4 voix contre, et 2 abstentions, — et enfin au scrutin sur la proposition russe (faculté de détruire) aboutissant à un vote de 6 voix pour, 4 voix contre et 7 abstentions.

Tel est le résultat de ces délibérations, qu'on peut résumer, semble-t-il, comme il suit: le libre accès des ports neutres pour les prises des belligérants est l'objet d'une faible majorité, — l'interdiction de détruire, plus ou moins subordonnée par la plupart à ce libre accès, est l'objet d'une majorité un peu plus marquée, — enfin, en toute hypothèse, le droit de détruire est l'objet lui-même d'une faible majorité et de nombreuses abstentions et dans ces conditions il a semblé qu'une entente était actuellement difficile.

. . . .

B. Die Londoner Verhandlungen: 4. Dezember bis 26. Februar 1909.

(Blaubuch Cd. 4555 S. 126.)

a) Protokolle der Plenarsitzungen. 4. bis 14. Dezember.*)

I. Séance d'Ouverture. Le 4 décembre 1908.

L'Allemagne, les Etats-Unis d'Amérique, l'Autriche-Hongrie, l'Espagne, la France, la Grande-Bretagne, l'Italie, le Japon, les Pays-Bas, et la Russie:

Ayant, sur la proposition de Sa Majesté le Roi du Royaume-Uni de Grande-Bretagne et d'Irlande et des Territoires Britanniques au delà des Mers, Défenseur de la Foi, Empereur des Indes, accepté de prendre part à une Conférence ayant pour but de déterminer les règles de droit maritime applicables par la Cour Internationale des Prises prévue par la Convention de La Haye du 18 octobre, 1907, MM. les Délégués des dites Puissance sse sont réunis en Conférence aujourd'hui, le 4 décembre, 1908, à midi, au Foreign Office à Londres.

(Folgen die Namen.)

Sir Edward Grey, Secrétaire d'Etat pour les Affaires Etrangères de la Grande-Bretagne, ouvre la séance et prononce le discours suivant:

Messieurs, — Permettez-moi, d'abord, au nom du Gouvernement Britannique, de remercier les Gouvernements que vous représentez d'avoir

---

[1]) Voir 14e séance du Comité, 10 septembre 1907. *(S. oben S. 1439.)*

*) *Die Protokolle der 5. und 6. Plenarsitzung — 14. und 18. Dezember — interessieren nicht. Das Protokoll der 8. Plenarsitzung s. unten S. 1533.*

consenti à prendre part à cette Conférence et souffrez que, par les quelques paroles que je voudrais vous adresser, je vous offre à tous l'accueil le plus cordial. Le Gouvernement de Sa Majesté a le désir le plus sincère de faire son possible pour faciliter la tâche de la Conférence. Il n'a en vue que le seul but d'assurer le succès de la convention pour l'établissement de la Cour Internationale des Prises élaborée par la Conférence de La Haye.

Cette convention, une fois mise en vigueur, aplanira de nombreuses difficultés qui auraient pu, jusqu'à présent, donner lieu à des disputes internationales. Dans le passé, chaque belligérant s'est arrogé le droit d'être seul juge de ses différends avec un neutre et d'en décider devant ses propres tribunaux. Mais d'après la convention projetée, les Puissances Signataires et Adhérantes déféreraient, en dernier ressort, leurs disputes à un tribunal international.

Toutefois, lorsque des nations se mettent d'accord pour soumettre leurs droits au jugement d'un tribunal étranger, il est naturel que leurs Gouvernements et leurs fonctionnaires responsables exigent une définition du code ou règlement à appliquer par le tribunal.

La question de savoir jusqu'à quel point un tel code fait déjà partie du droit des gens sera sans doute traitée dans vos discussions et j'ai le ferme espoir que les travaux accomplis par cette Conférence aboutiront à l'établissement de pareilles règles là où elles font défaut.

Cette Conférence représente des nations puissantes et des intérêts importants. Elle possède, en même temps, par la compétence des Délégués qui la composent, les connaissances les plus approfondies et l'expérience la plus étendue des questions qu'elle est appelée à résoudre. Le respect du monde entier est acquis aux décisions unanimes d'une telle Conférence, à l'accord des hommes illustres réunis ici. Un tel accord aidera à rapprocher les unes des autres les nations représentées; il établira solidement, j'espère, la base du tribunal futur et il permettra aux Puissances Signataires et Adhérantes de la convention relative à l'établissement d'une Cour internationale des prises d'attendre l'établissement de ce tribunal avec des sentiments de soulagement, d'espoir et de confiance.

Je vous remercie de nouveau de votre présence à Londres; je vous souhaite cordialement la bienvenue au nom du Gouvernement Britannique et je vous exprime son vif désir que vos travaux réalisent tous les espoirs que l'on attend de vos efforts.

Messieurs, je vous laisse à la tâche qui vous attend, et qui, je crois, doit commencer par le choix d'un Président.

Puisque j'aurai sous peu l'occasion de vous rencontrer de nouveau, je vous dis au revoir tout en exprimant le plaisir que j'ai eu à faire votre connaissance.

M. Renault, comme doyen d'âge des Délégués présents, remercie Sir Edward Grey de son accueil. Il s'associe au vœu émis par le Secrétaire d'Etat pour le succès de la Conférence, et propose que M. le Premier Délégué de Grande-Bretagne préside ses séances. Ce choix lui semble indiqué tant au point de vue de la courtoisie internationale qu'à celui de la compétence connue du Comte de Desart dans la matière.

M. Kriege dit que la délégation de l'Allemagne s'associe pleinement à la proposition faite par M. Renault.

Sir Edward Grey soumet la proposition à la Conférence qui l'accepte à l'unanimité.

Sir Edward Grey ayant quitté la Salle de la Conférence, M. le Comte de Desart prend place au fauteuil de la présidence.

Le Président remercie en ces mots la Conférence de l'honneur qu'elle vient de lui décerner:

Permettez-moi, messieurs, de vous exprimer ma profonde reconnaissance de l'honneur que vous venez de me faire en m'appelant à présider notre Conférence.

Les mots si sympathiques de MM. Renault et Kriege et le bienveillant accueil qui m'a été fait par les collègues qui participeront avec moi aux travaux que nous allons commencer me mettent dans une position assez embarrassante, car je ne trouve pas de mots suffisants pour exprimer mes remerciements et pour dire combien je suis sensible à l'honneur qui vient de m'être fait et que j'apprécie hautement, tout en sentant les responsabilités que m'impose une telle situation.

Etre élu président d'une assemblée composée d'hommes si éminents, soit comme juristes, soit comme diplomates, soit comme officiers de marine, voilà un honneur dont je me sens tout à fait indigne. C'est une responsabilité que je serais incapable de supporter sans la conviction de pouvoir me fier à votre bienveillance et de compter sur votre concours à la fois savant et amical, qui sera pour moi le plus précieux des soutiens dans l'exécution du devoir qui m'incombe et dans la solution, de la manière la plus efficace et la plus satisfaisante aux yeux de nous tous, des questions qui seront soumises à notre examen.

Je m'exprime mal, messieurs, parce que j'emploie une langue qui n'est pas la mienne, mais j'aime à croire que, malgré l'imperfection du langage, vous saurez reconnaître la bonne intention qui anime mes paroles. Je désire surtout vous assurer que je tiens pour le plus grand honneur qui m'ait jamais été décerné d'avoir été élu Président d'une assemblée composée d'hommes si distingués et de leur être associé dans une tâche qui, comme j'en ai le ferme espoir, aboutira à un accord satisfaisant pour les Gouvernements et pour les nations que nous avons l'honneur de représenter.

Le Président: J'estime, messieurs, qu'il convient de constituer sans plus de retard le secrétariat de la Conférence. Vu le nombre relativement restreint des Puissances représentées ici, il me paraît inutile de constituer un secrétariat très nombreux.

Le Foreign Office a déjà mis à la disposition de la Conférence trois secrétaires, et comme la rédaction des procès-verbaux exige une connaissance approfondie de la langue française, je crois que nous serions très reconnaissants à la Délégation de France si elle voulait bien, pour nous faciliter notre tâche, nous prêter le concours de ses secrétaires. La Délégation Française consent-elle à un tel arrangement?

M. Renault exprime l'assentiment de cette Délégation.

Le Président: Si quelque autre Délégation désire se faire représenter au secrétariat, je lui serais très reconnaissant de me le faire connaître dans le courant de l'après-midi.

En attendant une solution définitive de cette question, les services des trois secrétaires anglais restent provisoirement à la disposition de la Conférence.

Quant à la procédure à adopter à nos séances, je me suis permis de faire circuler parmi MM. les Délégués un document qui donne quelques indications pouvant servir de bases à un règlement de procédure. Comme plusieurs Délégués n'ont pu arriver à Londres que hier soir, il se peut bien que quelques-uns parmi eux préféreraient avoir le temps et l'occasion d'étudier cette pièce plus à fond avant de se prononcer sur les suggestions qu'elle contient.

Dans ces conditions je vous propose de mettre la discussion du projet de procédure à l'ordre du jour de notre prochaine séance qui pourrait avoir lieu lundi prochain, 7 décembre, à 11 heures du matin, si toutefois cette heure vous convient.

La Conférence accepte cette proposition.

Le Président: De cette manière MM. les Délégués auront à leur disposition un certain temps qui permettrait un échange de vues sur cette question, et peut-être encore sur d'autres qui demandent une solution et sur lesquelles ils désirent s'entendre.

Conviendrait-il à MM. les Délégués Plénipotentiaires de se réunir à titre nonofficiel pour faciliter cet échange de vues? S'ils y consentent, il n'est pas besoin de leur dire que je serai heureux de les recevoir ici à l'heure qui leur conviendra.

MM. les Délégués Plénipotentiaires expriment leur assentiment à cette suggestion.

Le Président: Je propose donc que cette réunion ait lieu demain à midi, dans cette même salle.

2. Deuxième Séance Plénière. Le 7. décembre 1908.

— — — — — — — — — — — — — — — — — — — —

Le Président prononce ensuite les paroles suivantes:

Selon l'ordre du jour, nous allons passer à notre tâche principale en commençant par la discussion des bases qui vous ont été soumises par mon Gouvernement. Si, comme votre Président, je me permets de vous adresser quelques mots avant d'aborder ce travail, c'est seulement comme introduction; et j'aurai soin, comme il convient dans un tel „speech", d'éviter toute question de controverse.

Nous nous sommes réunis à Londres afin de chercher à nous mettre d'accord sur les règles de droit international destinées à gouverner les décisions d'une Cour internationale de Prises en conformité avec la convention qui a été adoptée à ce sujet par la Deuxième Conférence de la Paix. La tâche qui nous est imposée est donc de chercher un accord unanime sur les règles du droit international qui doivent gouverner les décisions de cette

Cour. De quelle manière constaterons-nous le résultat de nos travaux? C'est une question que nous examinerons plus tard.

Aux yeux du Gouvernement britannique, messieurs, un grand service serait rendu au monde civilisé, si les Puissances les plus intéressées et les plus qualifiées pour le faire se mettaient d'accord pour résumer ou établir de telles règles et les adapter aux conditions actuelles de la guerre et du commerce maritimes, de manière à faire accepter l'institution de la Cour internationale des Prises, prévue par la convention conclue à ce sujet, qui est l'un des fruits des travaux accomplis par les hommes illustres réunis à la Deuxième Conférence de la Paix.

C'est dans ce but que le Gouvernement de Sa Majesté britannique a cru devoir préparer et communiquer aux Gouvernements représentés à cette Conférence un document, en date du 14 novembre, élaboré avec le concours inestimable de notre éminent collègue, M. Fromageot, et qui renferme des propositions destinées à servir de bases de discussion. Cette pièce s'explique d'elle-même, et elle est soumise à votre considération.

. . . . Base 1. . . . .

M. Renault dépose l'amendement suivant relatif à la base de discussion No. 1 (Annexe 1):

„Au paragraphe 11 de la liste des articles de contrebande absolue, ajouter le mot ‚matières' après le mot ‚instruments', et remplacer le mot ‚faits' par les mots ‚utilisables pour la guerre'.

Le texte entier se lirait comme suit:

‚11. Les instruments, matières, et appareils exclusivement utilisables pour la guerre, pour la fabrication des munitions de guerre, pour la fabrication et la réparation des armes et du matériel militaire terrestre ou naval.'

Motifs de la propostion.

Le but de la liste est de comprendre tous les articles ayant ce caractère commun essentiel de servir exclusivement à la guerre. A cet égard, le paragraphe 11 a pour objet les articles présentant ce caractère et qui ne se trouveraient pas déjà expressément visés dans les paragraphes précédents. Comme ces articles peuvent être aussi bien des ‚matières' que des ‚instruments et appareils', on ne voit pas de raison d'en omettre la mention.

La substitution des mots ‚utilisables pour la guerre' au mot ‚faits' n'a d'autre but et d'autre portée que d'employer une expression applicable aux ‚matières' comme aux ‚instruments et appareils'."

M. le Comte de la Mortera lit une déclaration (Annexe 2):

„La Délégation d'Espagne déclare accepter la liste des articles qui doivent être classés comme contrebande absolue, dressée par la Quatrième Commission de la Deuxième Conférence de la Paix, et pour se rapprocher du point de vue des autres nations, exprimé dans leurs Mémorandums, consent à ajouter les articles suivants:

Le No. 2, qui concerne les projectiles, gargousses, et cartouches de toute nature et leurs pièces détachées caractérisées, sera ainsi rédigé:

,2. Les projectiles, gargousses, et cartouches de toute nature, les torpilles et accessoires, les caisses pour mines, en quelque matière que ce soit, et leurs pièces détachées caractérisées.' (Mémorandum des Etats-Unis d'Amérique.)

Le No. 10 sera ainsi rédigé:

,10. Les bâtiments et embarcations de tout genre, bateaux sous-marins, docks flottants, et parties de bassins, montés ou en pièces détachées, pouvant servir pour l'usage de la guerre.' (Mémorandum russe.)

La liste sera complétée comme suit:

,12. Objets et matériaux servant pour la construction de voies ferrées, ou pour des installations télégraphiques et radiotélégraphiques téléphoniques, ainsi que pour d'autres moyens de communication susceptibles d'être utilisés pour l'usage de la guerre.' (Mémorandum russe.)

13. Les aérostats, ainsi que leurs pièces détachées caractérisées et les accessoires, objets et matériaux caractérisés comme devant servir à l'aérostation (qui est le No. 14 de la liste allmeande, en y ajoutant la disposition finale du No. 7 de la liste russe), et susceptibles d'être utilisés pour l'usage de la guerre.

14. Les télémètres portatifs, et les pavillons-signaux à l'usage de la marine.' " (Mémorandum des Etats-Unis d'Amérique.)

M. Kriege: Tout en adhérant à l'article 1er, la Délégation allemande propose de faire quelques modifications à la liste de la contrebande absolue fixée à La Haye. Je me permettrai de donner en peu de mots les motifs de ces propositions:

De l'avis des experts que nous avons consultés, il est impossible d'établir une distinction entre les poudres et explosifs „spécialement affectés à la guerre" et les explosifs servant à des buts pacifiques. On devrait donc rédiger le No. 3 de la liste comme suit:

„3. les poudres et les explosifs de toute nature."

Il nous paraît désirable d'ajouter à la liste quelques objets et articles dont le transport au pays ennemi, pendant une guerre, a ordinairement pour but de servir aux troupes de l'ennemi; on pourrait même dire qu'il y a presque une présomption juris et de jure dans ce sens. Je vous donnerai lecture des amendements proposés (Annexe 3):

„7 bis. les conserves alimentaires pouvant servir à l'usage des troupes;

8 bis. les rails de chemin de fer, ainsi que les locomotives et véhicules destinés à rouler sur rails, et leurs pièces détachées caractérisées;

8 ter. les télégraphes, radiotélégraphes, et téléphones, et leurs pièces détachées caractérisées;

10 bis. les aérostats, ainsi que leurs pièces détachées caractérisées et les accessoires, objets, et matériaux caractérisés comme devant servir à l'aérostation."

L'addition des conserves alimentaires à la liste de la contrebande absolue ne peut guère être considérée comme une innovation absolue. Le Mémorandum français reconnaît que les vivres peuvent être déclarés contrebande de guerre suivant les circonstances de la guerre; le Mémorandum russe nomme parmi les articles de la contrebande absolue „les vivres spécialement caractérisés comme servant à l'armée.“ C'est la même idée qui a inspire notre proposition, mais nous croyons qu'il serait préférable d'avoir une rédaction nette et précise et qui rendrait impossibles des mesures trop sévères de la part des belligérants. C'est pourquoi nous proposons d'insérer dans la liste „les conserves alimentaires“, notamment les viandes et les légumes en boîtes d'étain, qui sont particulièrement utilisables pour les troupes en campagne.

Les propositions concernant les rails, locomotives, et autres véhicules destinés à rouler sur rails, les télégraphes, téléphones, et les pièces détachées. caractérisées de tous ces objets ne demandent point d'explication spécialee Les membres techniques des Délégations vous diront que, dans une guerre moderne, tous ces articles sont de première importance.

Il en est de même pour les aérostats. Les nouvelles inventions dans le domaine de l'aérostation, notamment la solution du problème des ballons dirigeables, font que, dans une guerre future, les aérostats pourraient jouer un rôle assez important. Il semble impossible de permettre leur transport au pays ennemi.

M. le Vice-Amiral Baron Sakamoto: Le Gouvernement impérial du Japon, à la Deuxième Conférence de la Paix, a déclaré qu'il accueillait cordialement l'idée d'une Cour internationale des Prises et qu'il lui donnerait son loyal appui, mais il s'est vu contraint en même temps d'exprimer la ferme conviction qu'il était absolument essentiel, en établissant une semblable institution, de créer simultanément un système de lois devant diriger la Cour dans ses décisions. Comme la Conférence n'a pas réussi à formuler ce système, le Gouvernement impérial a eu le regret d'être, jusqu'à présent, obligé de réserver son assentiment à la convention annexée à l'Acte final de La Haye, par lequel on avait l'intention de créer un semblable tribunal.

Dans cet ordre d'idées, la Délégation du Japon doit rendre hommage d'abord au Gouvernement de Sa Majesté Britannique, qui a conçu l'heureuse idée de convoquer cette Conférence maritime, et ensuite féliciter sincèrement le Gouvernement Britannique d'avoir fourni à la Conférence, avec le concours de M. Fromageot, juriscousulte distingué, les bases de discussion dans lesquelles il a réussi à réunir les vues communes manifestées sur divers points par tous les Mémorandums, alors qu'il existait sans doute tant de divergences entre ces Mémorandums.

Quant au No. 1 de la base de discussion (contrebande absolue), la Délégation du Japon accepte, en principe, comme contrebande absolue les articles insérés dans la liste dressée par le sous-comité de la contrebande à la Deuxième Conférence de la Paix, à condition de l'adoption du No. 2 de la base de discussion. Néanmoins, nous nous permettons de proposer la suppression du No. 7 de la liste, en considérant la difficulté de savoir si „les animaux de selle, de trait et de bât utilisables pour la guerre“ sont, en réalité, destinés à être employés à la guerre ou bien à un but paisible. De plus, nous considérons que les animaux susdits, servant aux usages de la guerre comme à des usages inoffensifs, ne doivent pas être classés parmi les articles caractérisés comme contrebande absolue qui doivent être exclusivement employés à la guerre (Annexe 4).

M. le Baron Taube: La Délégation de Russie accepte entièrement les résultats obtenus à La Haye concernant la liste de contrebande absolue, tout en s'associant aux observations de la Délégation d'Allemagne. En effet, le Mémorandum russe (et spécialement les points 7 et 8 de sa liste de contrebande absolue) contient tous les objets de contrebande visés par les explications de M. Kriege. Quant au point 9 de la liste russe („or et argent, &c.“, qui ne figurent dans aucun autre Mémorandum), je conviens que, au premier abord, en tant que contrebande absolue, il pourrait paraître étrange, mais j'appelle l'attention sur sa très grande importance. Lorsqu'on parle d'or et d'argent expédiés à l'ennemi, il ne s'agit certainement pas des intérêts des particuliers (ni spécialement des maisons de banque), car ces derniers, bien entendu, ne se feront pas expédier, en temps de guerre, de l'argent en espèces ou en lingots, mais plutôt sous forme de lettres de change, chèques, mandats, &c. Voilà pourquoi on pourrait affirmer qu'il y a présomption „juris“ et presque „de jure“ que ces envois sont destinés aux forces armées ou à l'État de l'ennemi, et, dans ce cas, cet article, qui, par lui-même, est un „nervus rerum“ en temps de guerre, devra être considéré comme un article de contrebande absolue et non-relative. L'expérience de la dernière guerre l'a, du reste, prouvé: le principe du point 9 de la liste russe se trouve magistralement interprété et consacré par des décisions remarquables des tribunaux de prises japonais. (Affaires „Hsi-ping“ et „Pei-ping“.)

Le Président croit nécessaire, pour qu'une discussion utile puisse avoir lieu, que les propositions et amendements divers soient d'abord imprimés et distribués. (Assentiment.)

Base 2.

M. Kriege: La Délégation allemande accepte la disposition de l'article 2. Comme le sommaire anglais ne dit rien de la manière dont la déclaration sera notifiée, nous proposons d'ajouter à l'article les mots suivants (Annexe 5):

„La notification se fait par voie d'une communication adressée aux Gouvernements des Puissances neutres ou à leurs représentants diplomatiques auprès du belligérant dont émane la déclaration.“

M. le Comte de la Mortera: La Délégation d'Espagne déclare ne pas bien comprendre quelle serait l'utilité d'une liste énumérant les articles dont le commerce sera interdit aux neutres pendant une guerre maritime, si chaque belligérant garde le droit d'en ajouter d'autres auctoritate propriâ.

Les différents Mémorandums sont unanimes à désirer que la liste susdite ne soit formée que d'articles exclusivement employés à la guerre. Si, au moyen d'une déclaration notifiée, un belligérant ajoute à cette liste un article qui peut aussi bien être employé dans un but de paix, les neutres doivent avoir le droit de s'y opposer, même avant qu'un de leurs ressortissants n'ait été victime de cette transgression des règles du droit international.

Nous proposons donc, au sujet de la deuxième base de discussion, la rédaction suivante (Annexe 6):

„Les Puissances ici représentées peuvent d'un commun accord ajouter d'autres articles à la liste susmentionnée."

M. le Vice-Amiral Baron Sakamoto accepte la base 2.

M. Dumba pose la question de savoir si les belligérants devraient avoir le droit de publier un nombre illimité de listes supplémentaires de contrebande absolue, ou seulement une seule, au début des hostilités.

M. Crowe répond que rien ne s'oppose á ce qu'on fasse plus d'une liste. Toute addition à la liste première devra cependant se borner à des objets d'un usage exclusif à la guerre. Or, la liste telle qu'elle se trouve rédigée est si complète que l'on serait fort embarrassé d'avoir à indiquer à ce moment un article quelconque qui pût être ajouté dans les conditions posées. La faculté d'ajouter, bien loin d'être illimitée, est en effet très rigoureusement restreinte, quelque large qu'elle puisse paraître dans la théorie.

M. Dumba: En ce cas, il serait utile d'ajouter les mots „en temps utile". D'ailleurs, le besoin de cette base 2 paraît très minime. C'est une simple opinion que j'émets sans qu'il s'agise d'une proposition ferme, et je préfère attendre pour une discussion plus approfondie la présence du Délégué d'Italie.

Le Président: Je m'associe à la suggestion de M. Dumba, et je propose de réserver la base 2 et de passer à l'examen de la base 3.

Base 3.

M. Kriege: J'ai deux remarques à faire, une pour la forme de la notification et une pour le fond de l'article.

En ce qui concerne la forme de la notification aux Puissances neutres, je recommande à la Conférence d'adopter celle prévue dans notre amendement à la base 2 (Annexe 5). La Délégation propose donc d'ajouter à la fin les mots suivants (Annexe 7):

„De la manière prévue à l'article 2."

Quant au contenu de l'article 3, j'ai à faire la réserve qui suit:

Dans l'article 3, nous trouvons pour la première fois l'expression „destination", que nous rencontrons encore dans les articles 4 à 7. Sans vouloir entrer, à ce moment, dans une discussion sur la portée de cette expression, il nous paraît pourtant utile d'attirer l'attention de la Conférence sur le fait que le sens attaché au terme „destination" dans le sommaire anglais donnerait à ces dispositions une portée qui ne correspond pas à notre notion sur le droit international actuellement en vigueur et qui ne pourrait être accepté „de lege ferenda". Nous nous réservons donc de revenir plus tard sur cette question.

M. le Vice-Amiral Roëll: Il me semble utile, au commencement de nos discussions, d'aborder un sujet un peu général, qui toutefois est tout à fait du cadre de l'article 3 de la base des délibérations présentée par le Gouvernement britannique, et quoique les vues que j'aurai à exposer à mes collègues soient, à ce que je crains, tant soit peu hors de la portée que la Grande-Bretagne a désiré donner à nos travaux, c'est-à-dire en dehors du cadre de codification du droit actuel, j'espère que vous, M. le Président, et mes collègues dans cette honorable assemblée, voudrez bien me permettre d'exposer mes vues.

Ce que j'ai l'intention de formuler est de la plus haute importance pour la réussite de nos travaux. Dans l'article 3 de la base, on parle de contrebande conditionnelle, et je me suis demandé s'il est bien nécessaire de garder cette sorte de contrebande et s'il ne vaut pas mieux l'abolir purement et simplement comme il a été proposé dans le Mémorandum de mon Gouvernement.

Je prends la liberté de présenter mes idées à ce sujet dès maintenant, parce que le résultat de nos discussions au sujet de la contrebande domine tous nos travaux, non seulement en ce qui concerne la contrebande, mais encore relativement à beaucoup d'autres sujets, notamment à celui du voyage continu.

En étudiant la base de discussion, il m'a semblé que le voyage continu était un sujet qui, à mon avis, causerait la plus grande différence d'opinion, sans qu'il me paraisse possible de concilier les différentes idées à ce sujet, ce qui mettrait en péril la réussite de tous nos travaux. Si la contrebande relative et conditionnelle était abolie maintenant, la question du voyage continu serait de beaucoup simplifiée, et peut-être que les Gouvernements qui maintenant sont opposés à ce système changeraient d'idées et s'y rallieraient pour la contrebande purement militaire.

Je m'abstiendrai d'examiner toutes les difficultés qui sont les conséquences du développement du commerce mondial quand le système de contrebande relative existe, et qui s'opposent à la confiscation des articles de commerce qui ne sont pas spécialement destinés à la guerre. Pendant la Deuxième Conférence de la Paix, de plus habiles que moi ont dit tout ce qu'il y avait à dire à ce sujet; je me bornerai à demander si, dans la position et le développement actuels du commerce, même en l'envisageant au point de vue militaire, le maintien du système de contrebande relative est défendable, et alors je crois qu'on ne peut faire autrement qu'y répondre négativement.

Si la liste des articles de contrebande absolue paraît à ce moment incomplète à quelque Gouvernement, il y aurait peut-être lieu d'y ajouter d'autres articles, pourvu que ceux-ci servent à des buts purement militaires, mais je crois qu'en délivrant le monde du système de la contrebande relative, nous augmenterions grandement par là même les chances de réussite de nos travaux.

J'ai donc l'honneur de présenter un amendement aux Nos. 1 et 2 des bases des délibérations, qui tend à supprimer dans le texte le mot „absolu" (Annexe 8).

M. le Comte de la Mortera: La Délégation d'Espagne, tout en se réservant le droit de présenter plus tard à la Conférence une proposition concernant l'abolition de la contrebande relative et accidentelle, et en soutenant toujours son opinion que seuls les articles prévus dans une liste doivent être considérés comme contrebande absolue, a l'honneur de présenter maintenant la proposition suivante (Annexe 9):

„Le belligérant a le droit d'empêcher que les neutres ne fassent parvenir à l'ennemi d'autres objets susceptibles d'un usage de guerre et destinés effectivement à des forces ou établissements militaires. L'exercice de ce droit est subordonné à la condition d'une notification Gouvernements neutres par voie diplomatique."

M. le Vice-Amiral Baron Sakamoto: La Délégation du Japon accepte la base No. 3, car elle est essentielle pour sauvegarder les intérêts de belligérants d'autant qu'elle se concilie avec le droit des neutres. Quant aux détails, je les exposerai au cours des discussions ultérieures.

M. Dumba: La Délégation d'Autriche-Hongrie se réfère aux arguments exposés dans le Mémorandum d'Autriche-Hongrie, d'après lequel la suppression de la contrebande relative serait en principe la solution la plus désirable. Mais, même si cette suppression n'était possible, il faudrait tout de même préciser d'une manière moins vague la nature de la contrebande relative, de manière à en exclure certaines matières premières qui, pour être utilisables dans la guerre, doivent être préalablement transformées par un procédé technique.

M. le Contre-Amiral Stockton dit que la Délégation américaine juge bon de faire la proposition suivante (Annexe 10):

„Les articles suivants sont de la contrebande absolue lorsqu'ils sont destinés au territoire qui se trouve sous la juridiction de l'adversaire ou à un emploi militaire ou naval:

a) Le matériel militaire, comme armes, poudre, &c.
b) Les instruments qui ne sont utilisables que pour des buts militaires, comme machines pour la fabrication du matériel de guerre.
c) Tout autre article destiné à être employé exclusivement à la guerre."

Dans le projet de code naval soumis par son Gouvernement à la considération de la Conférence, se trouve un article contenant une liste de la contrebande. Toutefois, puisqu'il peut y avoir des obstacles à l'adoption de cette liste ou de toute autre liste définitive et détaillée, la Délégation américaine a fait cette proposition, qui parait plus susceptible de réaliser un accord général que celle qui a été faite par la Délégation des Pays-Bas, visant l'abolition totale de la contrebande conditionnelle.

Le Président fait remarquer que la base No. 3 ne prétend qu'exposer en termes généraux un principe important. Il demande si la Conférence préfère discuter cette base immédiatement et passer ensuite à l'examen de la question posée par M. le Premier Délégué des Pays-Bas, quand celle-ci sera imprimée et distribuée, ou bien de discuter sur-le-champ la proposition de la Délégation des Pays-Bas.

M. Kriege est d'avis qu'il vaudrait mieux ajourner à une séance ultérieure la discussion de la proposition de la Délégation des Pays-Bas, et se borner à présent à l'examen de la base No. 3.

M. Renault fait remarquer qu'il y a de graves inconvénients à discuter immédiatement la proposition de la Délégation des Pays-Bas, car ainsi on sortirait totalement du cadre défini par le Gouvernement britannique, qui a en vue de déterminer les règles existantes du droit international, tandis que la proposition Néerlandaise vise quelque chose de nouveau à faire. Le principe qui s'y trouve contenu ne devrait donc point faire partie d'une Déclaration prétendant résumer la loi existante, mais bien d'une convention à élaborer ensuite. Une autre manière d'agir comporterait une interruption brusque de l'ordre d'idées dans lequel la Conférence est entrée. Il faut donc plutôt qu'elle poursuive d'abord ses travaux en vue de rédiger une Déclaration. Il partage donc l'opinion de M. Kriege quant à l'ajournement de la discussion de la proposition Néerlandaise.

M. le Vice-Amiral Roëll s'associe à la suggestion d'ajourner la discussion de sa proposition. Il est cependant d'avis que l'on pourrait déclarer, dès à present, qu'il n'y a pas de contrebande conditionnelle. En faisant une telle déclaration, on ne sortirait point du cadre défini. Il tient seulement à démontrer que les questions de la contrebande conditionnelle et du voyage continu sont connexes.

M. le Vice-Amiral Baron Sakamoto se range également à l'avis de M. Kriege.

Le Président demande que la discussion de la proposition soit ajournée en conformité de l'opinion de MM. Kriege et Renault. (Assentiment.)

Base 4.

Le Président demande si quelqu'un désire présenter une observation.

Personne ne demandant la parole, la base 4 est acceptée comme étant la règle actuelle du droit commun.

Base 5.

Le Président donne lecture de la base No. 5.

M. Kriege: Pour l'article 5, la Délégation allemande propose l'amendement qui suit (Annexe 11):

„Seront insérés après les mots ‚aux forces armées' les mots ‚ou aux administrations de l'Etat ennemi', en supprimant les mots ‚de l'ennemi'."

Selon notre avis, à la destination aux forces armées de l'ennemi devrait être assimilée la destination à ses administrations. La même idée a déjà été exprimée dans les propositions françaises relatives à la contrebande, soumises à la Deuxième Conférence de la Paix, dont l'article 4 était ainsi conçu:

„S'il est établi qu'un article spécialement déclaré contrebande de guerre a, au moment de la saisie, non seulement une destination ennemie, mais une destination réelle aux forces militaires ou navales ou aux services de l'Etat ennemi, cet article est sujet à confiscation. . ."

C'est surtout vrai, en ce qui concerne l'or et l'argent, pour les raisons qui ont été développées avec infiniment de justesse par M. le Délégué plénipotentiaire de Russie, le Baron Taube.

Le Président propose de discuter toutes les questions de contrebande en même temps et passe à la base No. 6.

Base 6.

M. Kriege: La Délégation allemande a pu constater avec plaisir que l'article 6 du sommaire a été calqué sur l'article 18, alinéa 3, de son Mémorandum. Seulement on y a omis les trois mots „ou de ravitaillement". Bien que je ne doute pas qu'une base de ravitaillement doive être considérée comme base d'opérations, il semble tout de même préférable de rétablir la rédaction choisie dans le Mémorandum allemand pour éviter des interprétations fautives (Annexe 12).

M. le Vice-Amiral Roëll: Dans le No. 6 des bases de discussion, il est stipulé qu'il y a présomption de la destination aux forces armées si l'envoi est adressé à un commerçant dont il est notoire, &c.

Or, je ne trouve pas cette définition très claire; il se peut, selon la rédaction de l'article, qu'on envisage un commerçant neutre ou seulement un commerçant ennemi. Quant à moi, je crois que l'intention vise seulement les commerçants ennemis, et c'est pour cela que je propose de faire suivre le mot „commerçant" des mots „résidant dans le pays ennemi" (Annexe 13).

M. Crowe fait remarquer que la nature du commerce du destinataire peut modifier la présomption de contrebande. C'est ainsi que des commerçants appelés „agents commissionnaires", tout en ayant un contrat avec leur Gouvernement pour la livraison de certains articles, reçoivent des objets de nature tout à fait variée, et que la marchandise prohibée qui leur serait adressée, peut très bien être tout à fait en dehors de la catégorie d'articles qui tombent sous l'application de leur contrat avec le Gouvernement, de sorte que l'envoi ne présente pas, dans ce cas, le même caractère de violation des droits de la neutralité. C'est pour cette raison qu'il y aurait lieu d'ajouter au texte de la base dont il s'agit les mots „de cette nature".

M. Kriege se rallie à la proposition de M. Crowe, qui correspond au Mémorandum allemand.

M. le Baron Taube demande à connaître l'exacte portée des mots: „à moins qu'il ne s'agisse d'établir le caractère du navire même qui fait route vers une de ces places."

M. Crowe explique que certains peuvent avoir eux-mêmes le caractère de contrebande, et sont par suite saisissables.

Sous réserve de ces observations, le principe de la base 6 est adopté.

Base 7.

M. Kriege: Je me suis déjà permis, à l'occasion de la discussion sur l'article 3, de faire remarquer que nous ne pourrions reconnaître comme droit existant les règles concernant la „destination" de la marchandise telles qu'elles sont contenues dans le sommaire.

Je me réserve d'expliquer notre attitude quand la Conférence sera arrivée à l'examen de l'article 28, qui a un rapport des plus étroits avec l'article 7. Je dirai dès maintenant que nous proposerons de substituer à l'article 7 du sommaire une disposition conforme à l'article 16 de notre Mémorandum, et qui sera conçue comme suit (Annexe 14):

„Une destination hostile dans le sens des articles 4 et 5 ne peut être considérée comme établie que lorsque les articles de contrebande se trouvent chargés à bord d'un navire qui fait route vers le territoire de l'ennemi, ou vers un territoire occupé par lui, ou vers sa force armée, et qui ne doit pas les débarquer dans un port intermédiaire neutre.

Les papiers de bord font preuve complète de la route du navire, ainsi que du lieu de déchargement de la cargaison, à moins que le navire, au moment où il est rencontré, n'ait manifestement dévié de l'itinéraire indiqué par les papiers de bord et sans pouvoir justifier d'une manière suffisante cette déviation."

M. le Comte de la Mortera fait la proposition suivante (Annexe 15):

„La destination de la marchandise décide de son caractère de contrebande, lorsqu'elle est trouvée à bord d'un navire ayant mis le cap directement vers une destination prévue par la base de discussion No. 4."

M. le Vice-Amiral Baron Sakamoto: La Délégation japonaise s'associe entièrement au principe de l'article 7. Néanmoins, elle se permet, pour compléter et élucider le sens et la portée de cette base, d'y ajouter une disposition ainsi conçue (Annexe 16):

„Lorsque la destination du navire est hostile, la destination hostile de la marchandise est présumée.

Cette présomption admet la preuve contraire."

M. le Vice-Amiral Roëll voit de graves objections à la vue exprimée par cette base, mais il se réserve le droit de la discuter à une séance ultérieure, quand la question du voyage continu sera traitée.

M. le Baron Taube partage les vues exprimées par les Délégations d'Allemagne, du Japon et des Pays-Bas, et propose que cette question soit discutée plus à fond du chef de la base 28. (Assentiment.)

Base 8.

M. Dumba: La Délégation d'Autriche-Hongrie pose la question de saovir si, de l'avis de la Grande-Bretagne, le droit existant soumet la contrebande relative, comme la contrebande absolue, à la confiscation pure et simple ou bien s'il y a lieu à indemnité dans le premier cas.

M. Crowe explique que cette base représente les conclusions que l'on a cru pouvoir déduire de l'ensemble des Mémorandums des différents Gouvernements, comme exprimant le droit existant. La Délégation britannique ne s'oppose pas à ce qu'on examine la question de savoir si un système de préemption pourrait remplacer le régime de confiscation. C'est là une question que l'on pourrait envisager et peut-être régler au point de vue d'un accord ultérieur sous forme de convention.

Le Président propose d'accepter cette base et de passer à la suivante.

M. Kriege: Je propose d'insérer, après la base 8 du sommaire, une nouvelle, disposition analogue à celle de l'article 19 du Mémorandum allemand. Il y est statué que des objets destinés à l'usage du navire, de l'équipage des passagers ne peuvent jamais être considérés comme contrebande. Quoique cela n'ait jamais été contesté, il importe, à mon avis, de le dire expressément.

La disposition dont je parle pourrait être conçue comme suit (Annexe 17):

„Ne peuvent jamais être considérés comme contrebande de guerre les objets et matériaux qui sont destinés et nécessaires à l'usage du navire, de l'équipage ou des passagers pendant la traversée."

M. Renault se rallie à la proposition de M. Kriege, et estime qu'il convient d'ajouter au navire, à l'équipage et aux passagers le capitaine du vaisseau. Il tient cette proposition pour tout à fait conforme à la jurisprudence.

Le Contre-Amiral Sir Charles Ottley, de la part de la Délégation de la Grande-Bretagne, se rallie à la proposition de M. Kriege.

M. le Comte de la Mortera: La Délégation d'Espagne a l'honneur de soumettre à la Conférence, au sujet de la base de discussion No. 8, la rédaction suivante (Annexe 23):

„Les articles visés par la liste de la contrebande absolue sont sujets à la confiscation. Le belligérant a, en outre, le droit de tenir sous séquestre jusqu'à cessation des hostilités tout autre objet susceptible d'un usage de guerre trouvé à bord d'un navire neutre et destiné effectivement à des forces ou établissements militaires de l'ennemi. Si le capteur juge bon de l'utiliser lui-même, il est dans l'obligation d'en retourner la valeur au propriétaire. S'il le lui rend, il ne sera tenu à autre indemnisation que celle qui provient des préjudices causés par sa faute dans la custode de la marchandise."

Le Président propose de renvoyer la discussion de cette base et de passer à la base 9. (Assentiment.)

Base 9.

M. Kriege: En ce qui concerne les circonstances dans lesquelles le transport des marchandises de contrebande entraîne la confiscation du navire, nous nous trouvous en présence de deux systèmes, dont l'un a pour point de départ la quantité de la contrebânde se trouvant à bord, et l'autre la complicité du propriétaire ou du capitaine. Il nous semble que la complicité seule ne puisse être prise comme base, parce qu'il sera difficile de la constater et que, d'après ce système, une très petite part de la cargaison suffirait pour entraîner la confiscation du navire. Nous attribuons de l'importance à ce que les deux systèmes soient réunis. En outre, la résistance du capitaine à l'arrêt, à la visite et à la saisie devrait aussi entraîner la confiscation. Nous proposons donc de rédiger la base 9 comme suit (Annexe 19):

„La confiscation du navire transportant de la contrebande est permise
1. si le propriétaire, ou celui qui a affrété le navire en totalité, ou le capitaine, a connu ou a dû connaître la présence de la contrebande à bord, et que cette contrebande forme, par sa valeur, par son poids, ou par son volume, plus d'un quart de la cargaison;
2. si le capitaine a opposé une résistance manifeste à l'arrêt, à la visite, ou à la saisie.

Les marchandises non de contrebande de guerre qui se trouvent à bord du même navire et qui appartiennent au propriétaire de la contrebande sont sujettes à confiscation."

M. le Vice-Amiral Roëll: Il me semble que le contenu de cet article est, en partie, en conflit avec la Déclaration de Paris de 1856, qui déclare que la marchandise neutre, sous pavillon ennemi, sauf la contrebande, n'est pas saisissable.

Je propose donc de supprimer les mots:

„Ou des marchandises autres que la contrebande se trouvant à bord du même navire" (Annexe 18).

Le Président demande l'opinion de la Conférence sur cette proposition.

M. Kriege estime que, au point de vue juridique, on ne peut répondre immédiatement à la question soulevée par M. le Vice-Amiral Roëll, qui demande un examen approfondi. D'après son avis, une disposition pénale, qui, comme sanction du transport illicite, frappe aussi les marchandises innocentes en tant qu'elles appartiennent au propriétaire de la contrebande, ne serait pas contraire à la Déclaration de Paris. Il fait remarquer que l'article 21, alinéa 3, du Mémorandum allemand partage ce point de vue.

M. Fromageot: Parmi les observations présentées par M. le Premier Délégué d'Allemagne, il y a une qui vise un point sur lequel il semble qu'il y ait un usage général non contesté. C'est le cas de résistance opposée à la visite et à l'exercice légitime des droits du belligérant. En pareil cas, les pratiques des différents pays admettant la confiscation du navire. Puisque, sur ce point, il n'y a pas de contestation, il y aurait avantage à dégager dès maintenant cette règle commune. Elle pourrait être formulée comme règle No. 9 bis:

„La résistance opposée par le capitaine à l'exercice du droit d'arrêt, de visite et de saisie entraîne, dans tous les cas, la confiscation du navire."

Le Contre-Amiral Sir C. Ottley dit que la Délégation de la Grande-Bretagne se range à l'avis de M. Fromageot.

Base 10.

On passe à la base 10, qui est adoptée sans modification comme étant la règle actuelle du droit commun.

Base 11.

M. Kriege: Nous estimons qu'il serait préférable d'adopter la rédaction donnée par notre Mémorandum (voir l'article 21). Notamment il serait nécessaire de dire que la confiscation des articles de contrebande sera permise contre indemnisation si le navire est rencontré naviguant dans l'ignorance des hostilités. Un belligérant doit être à même d'empêcher dans tous les cas le transport de la contrebande à son adversaire, même dans le cas où le navire transportant ces objets est de bonne foi. Et, s'il ne peut confisquer les marchandises, il devrait avoir la possibilité de les acheter. Dans ces cas, la confiscation serait remplacée par la préemption. Nous proposons donc de donner à la base 11 la rédaction suivante (Annexe 20):

„La confiscation des articles de contrebande n'est permise que contre indemnisation et la confiscation du navire, ainsi que de la cargaison non de contrebande, est interdite si, au moment où le navire a été rencontré en mer, le capitaine ne connaissait ni ne devait connaître l'ouverture des hostilités ou, lorsqu'il s'agit d'objets ou matériaux déclarés contrebande par application des articles 2 ou 3, ne connaissait ni ne devait connaître cette déclaration, ou, enfin, si le capitaine, après avoir eu connaissance de l'ouverture des hostilités ou de la déclaration, n'a pu encore débarquer les articles de contrebande.

L'ignorance est présumée lorsque le navire n'a touché à aucun port postérieurement à la notification en temps utile de l'état de guerre ou de la déclaration de contrebande aux autorités de ce port."

M. Crowe estime qu'il est utile d'exposer la considération qui rend difficile de faire entrer l'article 21 du Mémorandum allemand dans une Déclaration de droit existant. C'est que la période de huit jours prescrite par cet article comme celle pendant laquelle l'ignorance de l'ouverture des hostilités peut être présumée de la part d'un capitaine de vaisseau semble trop précise. Il ne convient pas d'établir un délai fixe, bien que celui de huit jours puisse être parfois utile. C'est pour cette raison que l'on en a omis toute mention dans la Base. Il est d'avis que la question est de celles qu'il convient de régler par une convention.

M. Kriege: Je me rallie à l'opinion de M. Crowe, qu'il ne paraît pas désirable de fixer un délai précis; c'est ce qui explique qu'on ne retrouve pas le passage en question dans notre amendement à la base 11 dont j'ai donné lecture.

M. le Vice-Amiral Roëll n'admet pas que, dans le cas en question, la confiscation puisse avoir lieu sans indemnisation.

M. le Vice-Amiral Baron Sakamoto: La Délégation du Japon partage l'opinion exprimée par notre collègue M. Kriege sur l'exemption temporaire de confiscation prévue par la base 11, mais elle regrette de ne pouvoir admettre la proposition concernant la confiscation avec indemnité.

Base 12.

M. le Baron Taube demande des explications sur le sens de l'expression „dommages-intérêts" qu'il tient pour trop peu précise. Ces dommages-intérêts sont-ils exigibles en cas de toutes espèces de pertes ou des seules pertes directes? Il voudrait aussi savoir si le mot „capturer" doit être interprété dans le sens de „confisquer" ou tout simplement dans celui de „saisir".

M. Renault estime que cette question exige des éclaircissements et il se demande si le principe est bien placé là où il est. La Cour des prises peut relâcher un navire tout en décidant que sa capture était justifiée. Dans ce cas-là, des dommages-intérêts ne sont pas dus. Cette considération des dommages-intérêts est, de même que celle du convoi, d'ordre général, et la règle est applicable au cas de vaisseaux saisis pour cause de contrebande aussi bien qu'au cas de ceux qui sont saisis pour violation de blocus, bien que, jusqu'à présent, ce principe n'ait pas été réalisé. La question de savoir si des dommages-intérêts doivent être exigés n'a soulevé des difficultés qu'en ce qui concerne les pertes indirectes. Il préfère, en conséquence, réserver son opinion à ce sujet.

M. Kriege partage l'opinion de M. Renault et dit que c'est pour cette raison que le Mémorandum allemand traite cette question d'une manière générale dans le chapitre relatif au traitement des navires et marchandises capturés.

Base 13.

M. Kriege fait remarquer que les observations de M. Renault sur la base 12 peuvent être appliquées également à celle-ci. Il propose que cette question soit discutée du chef du blocus.

M. Renault demande si l'on ne pourrait pas dès maintenant exprimer une opinion sur le principe du convoi qui est traité par la base 13. Il demande si le principe exprimé par cette base est admis.

Le Contre-Amiral Sir C. Ottley dit que la Délégation de la Grande-Bretagne admet ce principe en ce qui concerne les vaisseaux saisis pour contrebande, mais qu'elle réserve son opinion sur le cas de ceux qui sont arrêtés pour violation de blocus.

M. Kriege fait remarquer qu'il ne visait pas le cas d'un vaisseau sous convoi qui franchirait la ligne du blocus, mais qu'il pourrait arriver qu'un convoi longeât cette ligne et se trouvât ainsi dans le rayon d'action des bâtiments bloquants. D'après la base 24, un tel navire serait passible de la capture, ce qui, à ce qu'il croit, n'est point l'opinion de la Conférence.

Le Contre-Amiral Sir C. Ottley dit qu'il a bien saisi l'argument de M. Kriege. Au sujet du convoi en relation avec le blocus, il y a beaucoup à dire.

La base 13 est ensuite adoptée.

Base 14.

La base 14 est aussi adoptée sans discussion.

Bases 15—17.

M. le Capitaine Comte Lovatelli demande s'il est dans l'esprit de la base 15 que le blocus puisse être maintenu par des torpilleurs, tandis que les gros navires se tiendraient à l'abri d'un coup de main, mais prêts à soutenir les torpilleurs en cas de besoin.

M. Crowe répond que la question du maintien effectif du blocus est une question de fait. Il peut être maintenu par des navires de n'importe quelle catégorie, pourvu que son maintien soit effectif.

Les bases 15, 16, et 17 sont adoptées sans discussion.

Base 18.

M. Kriege: Les mots de l'article 18, alinéa 3, semblent indiquer qu'on a voulu accorder aux navires neutres un délai obligatoire au commencement du blocus. Mais, pour écarter tous les doutes à cet égard, il nous paraît utile de remplacer les mots „au profit des“ par les mots „à accorder aux“. Par cette formule il serait dit qu'un délai — et naturellement un délai raisonnable — doit toujours être accordé.

M. le Contre-Amiral Slade explique que les mots en question ont été employés pour ne pas trop préciser, puisqu'il n'existe pas sur ce point de règle générale.

M. Kriege fait remarquer que lorsque la déclaration du blocus doit préciser „le délai de sortie au profit des navires neutres“, il paraît s'ensuivre qu'on est tenu d'accorder un tel délai. L'amendement allemand (Annexe 21) ne changerait donc rien au fond de la disposition.

M. le Contre-Amiral Slade dit que la proposition de M. Kriege tranche des questions importantes, lesquelles, à sons sens, il convient d'étudier plus à fond avant de les résoudre.

Base 19.

M. Kriege: D'après la base 17, le blocus, pour être obligatoire, doit être préalablement rendu public. Si la notification aux Puissances neutres ne pouvait être faite que par la voie diplomatique au siège du Gouvernement, le commandant d'une force détachée ne serait pas en mesure d'établir un blocus juridiquement obligatoire, et, tout en ayant formé une ligne de blocus, il devrait laisser passer tous les navires. Il est cependant indispensable de lui ménager cette faculté, qui répond sans aucun doute au droit actuel. La Délégation allemande propose donc d'assimiler la notification faite aux consuls des Puissances neutres à celle qu'on adresse à ces Puissances mêmes, et d'ajouter à la base 19 la phrase suivante:

„La notification à ces Puissances se fait par une communication adressée, soit au Gouvernement même, soit à son représentant diplomatique auprès du belligérant bloquant, soit enfin au consul ou à un des consuls de la Puissance neutre qui exercent leurs fonctions dans la place ou sur le littoral bloqué“ (Annexe 22).

La base 19 est adoptée en principe.

Le Président: De nombreux amendements et propositions ont été déposés aujourd'hui. Il serait peut-être difficile de poursuivre la discussion des bases avant d'avoir étudié leurs textes. Si la proposition d'ajourner nos travaux à mercredi rencontre votre assentiment, le secrétariat pourra distribuer avant cette date les textes sur lesquels vous aurez à vous prononcer.

Ce jour-là, d'ailleurs, nous serons plus au complet; le Premier Délégué d'Italie sera présent, et nous pourrons reprendre plus utilement l'examen de la question de la contrebande et du blocus qui sera inscrite à l'ordre du jour. (Assentiment.)

3. Troisième Séance Plénière. Le 9 décembre 1908.

M. Fusinato, Délégué plénipotentiaire de l'Italie, nouvellement arrivé, assiste à la séance.

Le Président propose de procéder, selon l'ordre du jour qui a été adressé à MM. les Délégués, à l'examen des bases de discussion. On sera ainsi à même de constater les divergences de vues d'une manière générale. Il est d'avis qu'il n'y aurait pas d'utilité à procéder dès maintenant au vote. La discussion actuelle aurait plutôt le caractère d'un échange de vues. On traiterait les amendements proposés à chaque base d'une manière sommaire, et, quand ils auraient été suffisamment discutés, on passerait à la base suivante. Cette procédure permettrait aux membres de la Conférence d'examiner l'ensemble des vues exprimées sur les différentes questions de façon à pouvoir aborder une discussion définitive après les vacances de Noël.

La proposition du Président est adoptée.

Le Président donne lecture de l'amendement français sur la base 1 (Annexe 1).

M. Fromageot expose les motifs de cette proposition, qui ont été imprimés et distribués (voir le procès-verbal de la séance précédente).

M. Dumba demande des explications sur le sens du mot „matières". Quelles matières sont „exclusivement utilisables pour la guerre"? Il prie M. Fromageot d'en citer quelques exemples afin d'éclaircir la portée exacte des termes de l'amendement.

M. Fromageot répond que l'amendement n'a pas pour but de préciser, mais de couvrir d'une façon générale les articles exclusivement utilisables pour la guerre. Il peut y avoir des matières qu'on ne connaît pas encore et qui dans l'avenir seront inventées et employées exclusivement à la guerre. Le paragraphe 11 a été introduit lors des travaux préparatoires de La Haye comme mesure de prudence afin d'embrasser les articles de cette nature qui n'auraient pu être expressément visés dans les paragraphes précédents.

M. le Baron Taube fait ressortir que l'alinéa 13 du Mémorandum russe emploie déjà l'expression proposée par l'amendement français. Il s'associe donc à cette proposition.

M. le Contre-Amiral Slade: En ce qui concerne l'amendement français à la base 1, la Délégation britannique se trouve en présence de la difficulté suivante: La suggestion d'une liste détaillée d'articles de contrebande absolue a pour motif de porter exactement à la connaissance de l'armateur neutre les catégories de marchandises qui ne sauraient être transportées en sûreté sans exposer le navire au risque d'être capturé et traduit en cour des prises. Si la liste de la contrebande absolue est acceptée telle qu'elle est, il est loisible de traiter de contrebande les articles qui y sont contenus sans notification ultérieure de la part du belligérant. Si, au contraire, on ajoute à l'alinéa 2 toute une catégorie d'articles comprenant tous ceux qui sont exclusivement utilisables pour la guerre, sans toutefois en préciser la nature, les commerçants et les armateurs neutres seront dépourvus des renseignements précis qui leur seraient fournis par la liste. Pour ces raisons la Délégation britannique préférerait que toute addition à la liste des articles de contrebande absolue fût faite, en vertu de la base de discussion 2, par le moyen de la déclaration prévue par celle-ci.

M. Fromageot: Si les craintes de la Délégation britannique reposent sur ce que l'amendement proposé introduirait des articles sans en préciser la nature, ces craintes sont peut-être excessives: la nature des articles en question est parfaitement précisée, puisqu'il est dit qu'il s'agit d'instruments, matières et appareils expressément destinés à la guerre. Il serait, semble-t-il, difficile de préciser davantage, et les travaux préparatoires de La Haye semblent le confirmer.

M. le Contre-Amiral Slade croit, néanmoins, qu'il vaudrait mieux énumérer les articles et matières dont il s'agit.

M. Fromageot dit que tous les articles et toutes les matières susceptibles d'énumération figurent déjà dans les paragraphes précédents.

Le Président demande s'il ne serait pas préférable de discuter ensemble les trois amendements suivants (espagnol, allemand, japonais), puisqu'ils concernent tous la liste de la contrebande absolue.

M. le Vice-Amiral Baron Sakamoto croit devoir réserver son opinion, car il n'a reçu les amendements en question que la veille et n'a pas encore eu l'occasion de prendre connaissance du procès-verbal de la séance précédente.

M. le Comte de la Mortera explique que la proposition espagnole (Annexe 2) n'est pas un amendement: elle n'est que le résumé des points contenus dans les Mémorandums des Gouvernements auxquels la Délégation d'Espagne peut se rallier pour ce qui regarde la base 1.

M. Crowe: Je crois qu'il serait bon d'exposer dès à présent le point de vue de la Délégation britannique au sujet des différents amendements qui ont été proposés aux articles 1 et 2 des bases de discussion.

Avant d'entrer dans les questions de détail, la Délégation britannique tient à déclarer très franchement qu'elle envisagerait avec le plus vif regret toute modification des termes de la liste de contrebande absolue qui a été adoptée l'année dernière à La Haye. Cette liste, je n'ai guère besoin de vous le rappeler, était le fruit des discussions soigneuses et laborieuses du comité chargé de l'étude de la contrebande de guerre. Elle constitue un compromis entre les vues des Etats qui, en s'appuyant surtout sur les intérêts des neutres, sont en faveur d'une stricte limitation des articles de contrebande, et de ceux qui voudraient étendre la portée des droits des belligérants, et qui, par conséquent, désirent ajouter à la liste de la contrebande. L'accord intervenu se base sur une adhésion aussi rigoureuse que possible aux principes essentiels dont les nations se sont inspirées dans le passé en soumettant certains articles au régime de la contrebande absolue. L'accord n'a pas été atteint sans qu'on eût fait des concessions de part et d'autre. Il finit par être accepté par toutes les Puissances représentées au sous-comité. Or, si, en ce moment, on propose d'ajouter à la liste toute une nouvelle série d'articles, rien ne peut empêcher la reprise de la discussion sur tous les numéros de la liste.

C'est dans cet ordre d'idées que la Délégation britannique croit devoir attirer l'attention sérieuse de la Conférence sur l'avantage évident qu'il y aurait à accepter la liste telle qu'elle a été formulée à La Haye et de maintenir ainsi l'accord déjà établi.

Si la Conférence n'entre pas dans cette voie, la Délégation britannique doit se réserver le droit d'insister sur l'exclusion de plusieurs articles qui se trouvent à présent inscrits à la liste, articles à l'égard desquels la Délégation est d'avis qu'il serait conforme à la justice que l'occasion fût donnée aux commerçants de prouver que leur chargement, bien que consigné au territoire ennemi, n'était pas destiné aux forces belligérantes.

Je m'adresse à l'examen en détail des amendements proposés. Il y a tout d'abord la proposition allemande (Annexe 3) pour la suppression des mots à la fin de l'alinéa 3, touchant les explosifs „spécialement affectés à la guerre". Nous ne sommes pas prêts à admettre cet amendement. Il est peut-être vrai que, en général, des explosifs de presque toutes les espèces peuvent servir, en temps de guerre, dans un but belliqueux, et il n'est guère improbable que, dans le cas où de tels explosifs sont consignés à un pays dans lequel des opération militaires sont en progrès, une cour des prises admettrait difficilement qu'ils ne soient pas destinés à l'usage des forces militaires. La Grande-Bretagne, cependant, possède des colonies où des explosifs sont employés en grande quantité aux opérations minières et où ils sont importés par voie de mer.

On prétend qu'il existe, sous beaucoup de formes, des explosifs ne pouvant être employés dans des buts paisibles et que la difficulté de les distinguer des autres explosifs préparés à un tel usage ne serait point grande. L'amendement allemand, s'il était accepté, aurait pour résultat, dans le cas où la Grande-Bretagne serait engagée dans une guerre, de paralyser l'industrie minière de ses colonies, bien que celles-ci fussent dépourvues de troupes et qu'elles ne fussent menacées d'aucune façon par les hostilités en cours. La Délégation britannique n'a rien à objecter à ce que, si, dans de telles circonstances, il y a lieu de croire que les explosifs sont destinés à un usage militaire, le belligérant jouisse, à juste titre, du droit de les saisir en vue de faire examiner les faits par une cour des prises, mais elle n'est pas prête à accepter une règle selon laquelle il serait défendu à la cour de relâcher la marchandise, si sa destination au territoire ennemi avait été démontrée, bien qu'il fût clairement prouvé que les explosifs devaient servir à un usage paisible et qu'aucune opération belligérante n'était en cours sur le territoire en question.

M. Renault fait observer que le point de vue de la Délégation britannique qui vient d'être exposé par M. Crowe avec beaucoup de clarté et de précision est entièrement partagé par la Délégation française. La liste adoptée à la Haye est en effet le fruit d'un examen très détaillé et consciencieux en même temps que le résultat de concessions réciproques. Si on accepte le principe sage de ne pas toucher aux résultats déjà obtenus, la Délégation française serait volontiers disposée à retirer son amendement par esprit de conciliation. Ce n'est que dans le cas contraire qu'elle maintient ses propositions et qu'elle se réserve le droit de faire des additions à la liste.

M. le Comte de la Mortera s'associe, au nom de la Délégation d'Espagne, au point de vue des Délégations britannique et française et consent, lui aussi, à retirer, le cas échéant, son amendement.

M. Kriege déclare que la Délégation allemande désire réserver son opinion sur ce point.

Le Président demande si les Délégations qui ont proposé des amendements désirent continuer la discussion ou bien passer à l'examen de la base 2.

En l'absence d'une telle demande, le Président donne lecture de la proposition allemande sur la base 2 (Annexe 5).

Base 2.

M. Crowe: La Délégation d'Allemagne a proposé, à propos des bases 2 et 3, que la notification soit faite par voie d'une communication adressée aux Gouvernements des Puissances neutres ou à leurs représentants diplomatiques auprès du belligérant dont émane la déclaration (Annexes 5 et 7).

La Délégation britannique n'a pas d'objection à admettre que c'est là un moyen convenable de faire la notification nécessaire. Toutefois, l'utilité d'insérer dans l'article une clause semblable lui paraît douteuse. Une telle déclaration aurait pour effet que la cour des prises, si elle jugeait que la notification n'avait pas été faite de manière à suivre exactement la méthode prévue par cet article, tiendrait la déclaration de contrebande pour nulle et non avenue, quelle que fût la précision avec laquelle elle aurait pu être portée à la connaissance du neutre.

Une autre objection au texte de l'amendement consiste dans l'emploi des mots „neutres" et „belligérant", car, avant le commencement de la guerre, les „neutres" et les „belligérants" n'ont, en fait, aucune existence. L'emploi de ces mots excluerait, en conséquence, la publication en temps de paix des objets déclarés de contrebande en vertu des articles 2 et 3. D'après l'avis de la Délégation britannique, un grand bien pourrait résulter d'un système par lequel les articles destinés à être classés comme de contrebande en temps de guerre seraient exactement portés à la connaissance des commerçants en temps de paix.

M. Göppert fait remarquer que la Délégation allemande a proposé cet amendement pour rendre la notification plus claire et plus précise, car il est très important que celle-ci se fasse d'une manière effective, dès l'ouverture des hostilités.

Il ne voit pas de difficulté à faire la notification de la manière prévue dans l'amendement, et il croit qu'il serait préférable de ne pas admettre que la déclaration se fasse en temps de paix.

M. Crowe est d'avis qu'on ne peut pas défendre aux Gouvernements de faire la déclaration en temps de paix, et une telle procédure aurait même des avantages notoires au point de vue du commerce neutre.

M. Dumba pense qu'il s'agit d'une question de rédaction. Quoiqu'on ne puisse pas parler de „belligérants" et de „neutres" avant l'ouverture de la guerre, il ne subsiste pas de doute sur l'identité des Puissances ainsi désignées. La notification par voie diplomatique ne lui paraît pas présenter de difficultés. Il serait facile de la faire par l'entremise des consuls.

M. Renault n'est pas convaincu qu'il n'y a là qu'une question de rédaction. Selon lui l'amendement allemand renferme deux questions bien différentes. La première, qui est tout simplement une question de forme, est de savoir s'il faut préciser la manière de procéder à la notification ou se contenter du langage de la base. La seconde question est celle de savoir quand la notification pourrait avoir lieu. L'amendement allemand suppose que la notification ne pourrait se faire qu'après la déclaration de la guerre. C'est bien là une question de fond. Pourquoi la notification de la liste complémentaire de celle qui sera adoptée ici ne pourrait-elle pas se faire en temps de paix? Il serait même désirable qu'elle se fît de cette manière, ainsi que l'a dit M. Crowe, car il est très important, au point de vue du commerce, de connaître en temps utile les dispositions sur la contrebande. Selon M. Renault, il n'y a pas de raison d'interdire la notification en temps de paix, puisqu'il s'agit d'un complément à la liste que nous aurons établie ici en temps de paix.

M. Kriege: Dans mon opinion, il y a deux raisons qui rendent préférable de ne faire la déclaration qu'après l'ouverture des hostilités. En premier lieu, la question de savoir si certains articles seraient des articles de contrebande serait tranchée de façon différente selon la personnalité de l'adversaire et selon les circonstances de la guerre. En second lieu, la notification de la déclaration en temps de paix pourrait avoir comme conséquence d'inquiéter l'opinion publique. Pour ces raisons, la Délégation allemande préfère une disposition d'après laquelle la déclaration ne devrait être notifiée qu'après l'ouverture des hostilités. Toutefois, la question est d'une importance secondaire, et au cours des discussions on arrivera certainement à une solution satisfaisante.

Le Président dit qu'il y a là évidemment une question de fond. Si l'on ne veut pas la discuter à présent, on passera à l'examen de la proposition espagnole relative à la base 2 (Annexe 6).

M. le Comte de la Mortera: Les différentes propositions que nous avons présentées au sujet de la contrebande répondent à un système, et il me sera permis de les appuyer dans leur ensemble en quelques mots, et d'éviter ainsi à la Conférence de trop fréquentes interventions de ma part.

Le commerce des objets qui ne sont utilisables que pour la guerre doit être interdit aux neutres. Une liste sera dressée à cet effet qui pourra être complétée d'un commun accord. Nous proposons cette formule, mais nous en accepterons une autre, pourvu qu'elle donne des garanties suffisantes qu'aucun article qui ne soit exclusivement destiné à la guerre ne soit compris dans la liste de la contrebande absolue. Le commerce de contrebande est un délit qu'on poursuit actuellement en vertu d'une règle de droit international, comme il l'a été jusqu'à présent par les lois municipales. Les marchandises seront confisquées. Le propriétaire ou l'armateur du navire à bord duquel elles ont été trouvées, s'il a connu ou a pu connaître leur présence, devra payer une rançon équivalente à trois fois la valeur de la contrebande et au quintuple du montant du fret, punition que nous jugeons suffisante.

C'est ainsi que la question se pose quant aux neutres. Les belligérants auront, en outre, le droit d'empêcher qu'on ne fasse parvenir à l'ennemi d'autres objets susceptibles d'un usage de guerre, et à cet effet rien qu'en le notifiant préalablement aux Gouvernements neutres par la voie diplomatique; ils pourront les saisir à bord des navires neutres, exercer sur eux le droit de préemption ou les maintenir sous séquestre jusqu'à la fin des hostilités, sans que, dans ce dernier cas, il soit tenu à une autre indemnisation que celle provenant des préjudices causés par sa faute au temps du séquestre.

M. Hurst fait remarquer qu'on ne peut ajouter que les objets exclusivement destinés à la guerre. Une Puissance ne pourra pas ajouter auctoritate propriâ à la liste de la contrebande un article qui peut aussi bien être employé dans un but de paix.

M. Crowe: D'après l'amendement proposé par M. le Plénipotentiaire d'Espagne, on ne pourrait rien ajouter à la liste de contrebande sans le consentement préalable de toutes les Puissances. Or, il peut y avoir accord sur le point de savoir si tel ou tel objet est contrebande; mais il faut du temps pour se prononcer à ce sujet et, en attendant, le belligérant se trouve dans l'impossibilité d'agir. Avec le système de la base 2, c'est à la cour des prises qu'il appartient de décider ultérieurement si un objet est ou n'est pas exclusivement utilisable pour la guerre, de sorte qu'un abus sérieux de la faculté d'ajouter à la liste n'est pas à craindre.

M. le Comte de la Mortera conclut que, si l'on a le temps nécessaire, il sera bon de se mettre d'accord au préalable.

Sur la suggestion du Président, M. le Vice-Amiral Roëll accepte d'ajourner la discussion de son amendement, qui touche à la question de la contrebande conditionnelle. (Annexe 8.)

Base 3.

M. Fusinato propose de supprimer le mot „conditionnelle“ après le mot „contrebande“ dans le texte de la base 3. (Voir Annexe 27.) En effet, du moment où certains objets de contrebande conditionnelle sont déclarés contrebande, ils deviennent prohibés au même titre que ceux de contrebande absolue, et il n'y a plus lieu de faire de distinction, la „condition“ s'étant réalisée. Mais, à son avis, c'est là une question de forme plutôt que de fond qui pourrait être utilement renvoyée au Comité de Rédaction.

M. Renault fait remarquer qu'au moment où le Gouvernement fait la déclaration, la contrebande est bien conditionnelle. La condition n'est accomplie que postérieurement, suivant la destination de la contrebande. Il se rallie, d'ailleurs, à l'avis de M. Fusinato, et pense que le comité de rédaction est compétent pour trancher cette petite question.

Le Président donne lecture de la proposition de la Délégation des Etats-Unis d'Amérique relative à la base 3. (Annexe 10.)

M. le Contre-Amiral Stockton: La Délégation américaine n'est pas prête, à présent à indiquer quelle sera son attitude à l'égard de la contrebande relative, et elle demande à la Conférence de remettre pour le moment la discussion de sa proposition.

M. Dumba propose d'ajouter un nouvel article 3 bis comme suit: „Ne doivent jamais être considérés comme contrebande de guerre les objets servant exclusivement à soigner les malades et blessés" (Annexe 31).

M. Kriege s'associe à cette motion.

M. Renault donne également son adhésion.

Le Président: Cette proposition, si personne n'y fait d'objection, est donc acceptée.

Base 4.

M. Kriege réserve son opinion sur l'expression „destination" dans les bases 3 et 4, ainsi que dans les autres bases qui seront discutées, pour les raisons qu'il a données à la séance précédente.

Le Président: Sauf ces observations, la base 4 est donc adoptée.

Base 5.

Le Président lit l'amendement allemand (Annexe 11), dont M. Kriege a donné les motifs dans la séance précédente.

M. Crowe: La Délégation britannique pense qu'il convient de soumettre à une discussion et à un examen ulterieurs l'amendement allemand à la base 5. A l'heure qu'il est, un nombre si considérable d'entreprises de caractère purement pacifique — telles que les services des postes, des tramways, et des eaux — dépend du Gouvernement et forme des „administrations publiques", que, d'après l'avis de la Délégation, le principe de la contrebande conditionnelle subirait, par l'adoption de l'amendement, un développement excessif, et l'occasion de démontrer l'innocence du chargement serait exclue dans des cas nombreux où, dans l'opinion de la Délégation, elle devrait être admise.

D'autre part, il existe des cas où la disposition de la base devrait être appliquée, bien que le chargement de contrebande conditionnelle ne fût pas consigné aux forces armées, comme, par exemple, pour les lingots adressés à une banque d'Etat.

La Délégation britannique estime que cette question exige une discussion plus à fond. Elle n'est pas convaincue que les droits des belligérants ne soient pas sauvegardés d'une manière efficace par la présomption prévue par la base 6 dans le cas où le chargement serait consigné „aux autorités ennemies".

M. Kriege estime que les explications de M. Crowe ne tiennent pas compte de toutes les éventualités. Il y a des matières et articles, comme, par exemple, l'or, l'argent, et les rails de chemin de fer, dont le transport au pays de l'adversaire est aussi nuisible au belligérant, si ces objets son destinés aux administrations civiles, que s'ils sont à destination des autorités militaires. La base 6 ne suffirait pas, dans ces cas, pour sauvegarder les intérêts du belligérant. Car, comme l'article 6 ne crée qu'une présomption „juris tantum", on ne pourrait confisquer les marchandises si la preuve est fournie qu'elles sont, en réalité, destinées aux autorités civiles.

Le Président donne lecture de la proposition de la Délégation italienne de substituer aux mots „aux forces armées de l'ennemi" les mots „aux usages de la guerre" (voir Annexe 28).

M. Fusinato fait remarquer que l'emploi de la même expression „destination" dans les bases 4 et 5 peut être une cause d'obscurité. En effet, dans la base 4, on fait allusion à la destination d'un pays ennemi. Dans la base 5, on a en vue, au contraire, à ce qu'il paraît, une destination, non de lieu, mais d'usage final. La substitution proposée par la Délégation italienne a pour objet précisément d'éclaircir ce point. Il y a une autre considération à faire: à la base 3 on envisage la notion juridique de la contrebande conditionnelle, en la faisant dépendre la de destination aux usages de la guerre. Il faut employer ici les mêmes termes, du moment que la destination aux forces armées de l'ennemi est bien loin de comprendre tous les cas de destination aux usages de la guerre. D'ailleurs, la proposition est strictement connexe à l'autre proposition faite également par la Délégation italienne concernant la base suivante.

M. Crowe a pris connaissance avec intérêt de l'amendement proposé par la Délégation italienne. Il croit, cependant, que ses termes semblent, à première vue, contrecarrer les efforts que l'on fait ici pour obtenir de la précision, et il appelle l'attention sur le danger qu'il y a à élargir les définitions: il faut strictement déterminer les conditions qui permettent de confisquer les objets comme contrebande. Il propose, en conséquence, d'ajourner la discussion de façon à permettre un examen plus approfondi.

M. Fusinato se rallie à cette proposition, qui doit s'appliquer également à la proposition faite par la Délégation italienne à la base 6.

M. Fromageot fait une remarque au sujet du sens exact de expressions françaises employées aux bases 4 et 5. Il ne faut pas confondre la „destination" avec „l'affectation" des objets. La question d'affection ou d'usage a été exprimée dans les bases 1, 2 et 3; c'est la destination, c'est-à-dire, la question de savoir quel est le destinataire, qui est l'objet des bases 4 et 5. Pour la contrebande absolue, dit la base 4, il suffit que le destinataire soit le pays ennemi. Pour la contrebande relative, ajoute la base 5, il est nécessaire que le destinataire soit la force armée ennemie elle-même.

Base 6.

Le Président donne lecture de l'amendement allemand à la base 6 (Annexe 12).

M. le Contre-Amiral Slade: La proposition de la Délégation allemande d'ajouter, après les mots „base d'opérations", les mots „ou de ravitaillement" présente containes difficultés au point de vue de l'interprétation.

Quel est le sens exact qu'on doit attribuer au terme „base de ravitaillement"? L'article 6 établit nombre de présomptions dont l'effet pratique est d'imposer au neutre, au lieu du capteur, l'obligation de prouver l'innocence de la cargaison en certaines circonstances. Si la Délégation britannique a bien compris l'expression „base de ravitaillement", il lui semble difficile de distinguer dans la pratique entre ce qui constitue une base de ravitaillement et une base d'opérations. Peut-être les auteurs de l'amendement n'ont-ils voulu qu' assimiler les deux choses. Dans ce cas-là, il paraîtrait inutile d'ajouter un terme nouveau qui est déjà compris dans les mots „base d'opérations". Mais, si l'intention de la Délégation allemande est d'étendre encore la sphère d'application du système des présomptions, cela nous paraîtrait difficile à justifier. On imposerait de cette manière aux neutres l'obligation d'établir l'innocence d'une cargaison à destination d'un grand port commercial, pour la seule raison que c'est de ce port qu'une garnison stationnée dans le voisinage reçoit ses provisions. Il se peut que, dans l'espèce, ce port soit véritablement une base d'opérations pour la force armée de la garnison. L'application de l'article 6 serait alors assurée. Mais la Délégation britannique ne saurait admettre que le seul fait de diriger une cargaison de vivres sur un port commercial qui se trouve à une distance peu éloignée d'une garnison militaire, suffît pour établir une présomption de ce que le chargement était destiné aux forces armées, et pour dispenser le capteur de l'obligation de la preuve. Elle préfère donc laisser le texte de l'article 6 tel qu'il a été proposé dans la rédaction soumise par le Gouvernement britannique.

M. le Capitaine de vaisseau Starke est d'avis qu'une base d'opérations peut être autre chose qu'une base de ravitaillement. La première a un but exclusivement militaire et sert à l'attaque ou à la défense. Au contraire, une place de ravitaillement peut être éloignée du théâtre des opérations de guerre et, par suite, ne pas être une base militaire proprement dite. Il ne s'agit pas d'une place où l'on prend par hasard une fois du charbon, mais d'un vrai centre de ravitaillement, avec des magasins, des dépôts, des vivres et des munitions pour les forces armées. Il paraît naturel d'appliquer la présomption, qui existe au sujet des places servant comme bases d'opérations, à celles que nous regardons comme bases de ravitaillement.

M. le Contre-Amiral Slade: Il est dangereux d'émettre des présomptions de cette nature qui peuvent viser de grands ports commerciaux. Il serait préférable de garder les seuls mots de „base d'opérations" et d'avoir à prouver s'il y a ou non une base d'opérations proprement dite.

M. le Vice-Amiral Roëll demande si les grands magasins de ravitaillement d'une flotte ne seront pas toujours, en fait, dans une place fortifiée. Il en sera toujours ainsi, à son avis, et on se hâterait de fortifier les magasins qui pourraient ne pas l'être.

M. le Capitaine de vaissau Starke pense que ce n'est pas là une conséquence forcée, et que tout dépend des circonstances, notamment de la supériorité d'un des belligérants: la supériorité peut être telle et la distance qui sépare la base de ravitaillement du champ des opérations tellement grande, qu'on a pu négliger de la fortifier. Pour répondre à une autre objection, il faut remarquer que la base d'opérations peut se confondre avec la base de ravitaillement dans certains cas et, dans d'autres cas, s'en distinguer.

M. Fusinato fait remarquer qu'avec la rédaction suivante, propose pour la qu'il base 6, et dont la discussion a été renvoyée, ces difficultés disparaîtraient:

„La destination spéciale aux usages de la guerre sera établie par des circonstances se rattachant soit à la destination territoriale ou à la personne du destinataire, soit aux modalités du chargement. La preuve contraire est admise“ (Annexe 29).

Le Président donne lecture de la proposition des Pays-Bas sur la base 6 (Annexe 13).

M. le Vice-Amiral Roëll motive ainsi sa proposition: Dans le No. 6 des bases de discussion, il est dit qu'il y a présomption de la destination aux forces armées si l'envoi est adressé à un commerçant, &c. Si ce texte est conservé, il me semble que ce „commerçant“ peut être ennemi ou neutre, ce qui n'est probablement pas l'intention du rédacteur. Pour cette raison je propose d'ajouter après le mot „commerçant“ les mots „résidant dans le pays ennemi“.

M. Kriege se rallie à cette proposition.

Base 7.

Le Président propose d'ajourner la discussion de la base 7 jusqu'au moment où on abordera la question du „voyage continu“ et de la base 28. (Assentiment.)

M. le Contre-Amiral Stockton propose d'ajourner la séance afin de donner à MM. les Délégués le temps d'étudier plus à fond les différents amendements déjà proposés, mais que l'on n'a pu distribuer aux membres de la Conférence que la veille, ainsi que de prendre connaissance du procès-verbal de la dernière séance, qui n'a pas encore été remis entre leurs mains.

Le Prèsident soumet à la Conférence cette proposition, qui est adoptée.

Le Président demande l'avis de la Conférence sur la procédure à suivre à la prochaine séance. Faut-il reprendre et pousser plus à fond la discussion des bases qui ont déjà fait l'objet d'un échange de vues, ou bien faut-il examiner les bases suivantes, qui n'ont pas encore été discutées et les traiter sommairement comme on l'a déjà fait pour les précédentes?

M. Dumba estime qu'il vaut mieux passer à la discussion sommaire des bases qui n'ont pas encore été discutées. Une telle procédure aurait l'avantage de tirer au clair le sens de la Conférence et permettrait de savoir sur quels points l'unanimité existe et, sur les autres, de constater la nature et l'étendue des divergences de vues. On reprendait alors sur une base plus nette, plus claire, et, pour ainsi dire, plus détaillée, la discussion de tous les articles dès le commencement afin d'aboutir à un accord définitif. L'orateur fait ressortir la connexité qui existe entre certaines des bases de discussion: il serait en conséquence difficile de les traiter séparément. Il cite à ce propos l'exemple de la contrebande et du voyage continu. Cette connexité fait ressortir l'avantage qu'il y aurait à suivre le plan qu'il préconise.

M. Kriege se rallie au point de vue de M. Dumba.

M. Renault désire présenter quelques obseravtions sur la méthode de discussion à suivre. Il est d'avis qu'il vaut mieux continuer la discussion générale comme l'a proposé M. Dumba, mais, cette discussion une fois terminée, il convient de procéder avant les vacances de Noël à une nouvelle lecture des bases de discussion et des amendements afin de s'arrêter sur chaque point jusqu'à ce que l'on ait abouti à un résultat pour ainsi dire définitif et que l'opinion de la Conférence ait été exprimée, de façon à savoir sur quels points elle estime que l'accord est possible. Avant de se réunir de nouveau en janvier, les Membres de la Conférence auront reçu des instructions de leurs Gouvernements et auront eu le temps de réfléchir: ils pourront ainsi reprendre leurs travaux avec l'espoir d'un résultat satisfaisant. Il s'associe donc à la proposition de M. Dumba.

M. Dumba fait ressortir la différence qu'il y a entre les séances plénières de la Conférence et ses séances en commission: de ces dernières, il n'est pas dressé de procès-verbal sans l'autorisation du Président. Cette absence de procès-verbaux laisse à MM. les Délégués plus de liberté et rend la discussion plus facile. Il préfère donc que les travaux dont a parlé M. Renault soient accomplis en commission.

M. Renault répond que, en faisant tout à l'heure ses observations, il ne songeait pas à la question de savoir si les séances en commission ont quelque avantage sur les séances plénières, question sur laquelle il n'a pas entendu exprimer d'opinion.

Le Président propose de reprendre la discussion des bases à la prochaine séance de la Conférence.

4. Quatrième Séance Plénière. Le 11 décembre 1908.

Présidence de Lord Desart.

Le Président: A notre dernière séance, nous sommes arrivés à la base 9, après une courte discussion des bases précédentes en relation avec les amendements qui ont été formulés. Il serait commode, il me semble, de procéder de la même façon à la discussion des bases suivantes en examinant les amendements qui ont été formulés à leur égard. De cette manière, chaque Délégation aura eu l'occasion de connaître la manière de voir de la Conférence, d'une façon générale, sur les questions visées par les bases.

Il y a lieu de croire que, au cours de la séance d'aujourd'hui, nous serons en bonne voie de conclure cette discussion générale, et il me semble, en conséquence, qu'il serait bon de prendre les dispositions nécessaires pour constituer une Commission, laquelle, comformément aux vues générales de la Conférence, pourra se livrer à une étude plus sérieuse et plus approfondie des sujets sur lesquels nous cherchons à nous mettre d'accord, et, pour ainsi dire, nous consacrer aux travaux pratiques que nous avons le devoir d'accomplir.

Il est certain que la connaissance des vues qui ont été, ou qui seront, exprimées par quelques Délégations au cours de notre discussion préliminaire aura pour la Commission une grande valeur. Il me paraît, cependant, que c'est des discussions en Commission qu'il résultera le plus de progrès réel pour ce qui regarde tant les questions de principe que celles de détail. Je me permets donc de proposer à mes collègues de réunir la Commission, aussitôt que nous aurons accompli la tâche de parcourir les bases et les amendements qui nous restent à considérer comme nous l'avons fait à la dernière séance.

M. Kriege: Je ne vois que des avantages à adopter le mode de procéder qui a été proposé par M. le Président. Si la Conférence décide de confier à une Commission certains de ses travaux, nous serions très heureux de voir M. le Comte de Desart, notre éminent Président, présider aussi cette Commission. Cependant, comme il m'a donné à entendre qu'il hésiterait à se charger de la double tâche de Président de la Conférence et de la Commission, nous ne pouvons insister, et devons procéder à l'élection d'un autre Président pour la Commission. Je suis sûr de l'assentiment général en proposant de nommer à ces fonctions le Délégué Plénipotentiaire de France, M. Renault, que sa rare expérience, son amabilité, son impartialité, sa science et son zèle infatigable pour le travail désignent à notre choix. Je crois pouvoir parler au nom de tous les Délégués en priant M. Renault de bien vouloir consentir à accepter cette charge. Ce serait un gage de plus pour le succès de nos travaux.

M. Renault: Je ne puis qu'être très touché de la proposition que vient de faire M. le Délégué Plénipotentiaire d'Allemagne, ainsi que de la façon dont elle a été accueillie. Je tiens d'abord à vous dire que vous pouvez être assuré de mon impartialité et de mon zèle. Mais je crois devoir tout d'abord demander quelques éclaircissements sur les conditions dans lesquelles doit fonctionner la Commission, afin qu'aucune équivoque ne puisse exister à ce sujet. La Conférence doit-elle se constituer simplement en Commission, dans les conditions prévues par le règlement, c'est-à-dire, sans que des procès-verbaux enregistrent les délibérations, ou bien s'agit-il d'une Commission restreinte, dans la forme du comité de rédaction qui sera appelé ultérieurement à donner leur forme définitive aux textes adoptés?

Quoi qu'il en soit, je demanderai, en mon nom personnel, le cas échéant, à quitter la présidence pour prendre part aux discussions et défendre les idées de la Délégation de France. (Assentiment.)

En acceptant avec reconnaissance l'offre qui m'est faite dans ces conditions, je crois devoir ajouter que, de toute manière, je me mets complètement à la disposition de la Conférence.

Le Président: Pour répondre à l'observation de M. Renault, je crois pouvoir indiquer qu'il me paraîtrait préférable que la Conférence siégeât pour le moment en Commission plénière, en réservant pour une date ultérieure la constitution de souscommissions et d'un comité de rédaction. (Approbation.)

Contrebande.

Base 8.

L'ordre du jour appelant la suite de l'examen des bases de discussion, à partir de l'article 8, le Président donne lecture de l'amendement proposé par la Délégation allemande à ce sujet au cours de la deuxième séance (Annexe 17) sans qu'aucune objection soit formulée.

Base 9.

Le Président, passant à la base 9, met en discussion l'amendement proposé par la Délégation néerlandaise, à la deuxième séance (Annexe 18).

M. Crowe: Par la rédaction adoptée pour l'article 9 des bases de discussion, on a eu en vue de concilier les différents systèmes en vigueur. Selon l'un de ces systèmes, si la contrebande à bord d'un navire dépasse les trois quarts du chargement, le navire et le reste du chargement, aussi bien que la contrebande elle-même, sont passibles de la confiscation. Selon un autre, la seule partie du chargement à condammer est la marchandise de contrebande elle-même et, selon un troisième, la contrebande et le chargement innocent appartenant au propriétaire de la contrebande peuvent être condamnés.

La question de savoir jusqu'à quel point les Puissances Signataires de la Déclaration de Paris et celles qui lui ont donné leur adhésion ont aujourd'hui le droit de confisquer des chargements autres que la marchandise de contrebande, mérite un examen attentif et ma Délégation n'aurait pas d'objections à ce que cette question fût prise en considération sérieuse par la Conférence.

Il est évident que la rédaction actuelle de cet article est excessivement vague, et il serait à désirer que la question fût règlée d'une manière plus précise par voie conventionnelle.

Ma Délégation trouve de la difficulté à se rallier à l'amendement de la Délégation des Pays-Bas, mais elle est prête à l'examiner dans un esprit de conciliation.

M. le Vice-Amiral Roëll: J'ai l'honneur de présenter un amendement à l'article 9 du sommaire des bases de discussions, tendant à supprimer les mots „ou des marchandises autres que la contrebande se trouvant à bord du même navire". Comme je l'ai déjà indiqué pendant la séance de lundi dernier, la confiscation de marchandises innocentes me paraît en conflit avec la troisième règle de la Déclaration de Paris de 1856, qui défend implicitement la saisie de marchandise neutre, à l'exception de la contrebande de guerre, sous pavillon ennemi. Bien que le cas „de marchandises neutres sur un navire neutre" ne soit pas expressément nommé dans la Déclaration de Paris, je crois juste, à plus forte raison, que la marchandise neutre sur navire neutre soit déclarée insaisissable.

On pourrait admettre quelque punition pour le transport d'une cargaison de contrebande si celle-ci est d'une importance suffisante, mais, à mon avis, cette punition doit se borner à la confiscation du navire en délit sans jamais atteindre la cargaison innocente.

Par rapport à ce même article, je veux observer que nous pouvons admettre la confiscation du navire dans le cas où la contrebande conditionnelle serait abolie. Si ce but n'est pas atteint, je dois indiquer que, pour nous, l'expression „contrebande" ne vise ici que la contrebande absolue, et que nous devons faire des réserves au sujet de cet article.

M. le Baron N o l d e: Les règles du droit moderne en matière de pénalités pour le transport de contrebande ne sont pas identiques dans différents pays. Deux idées générales paraissent se dégager le l'étude de ces règles: (1) les articles mêmes de contrebande sont confisqués, et (2) la peine doit être plus sévère quand il s'agit de transports qualifiés comme plus nuisibles, et moins sévère quand il s'agit de transports moins dangereux. Sans vouloir discuter pour le moment quels sont les cas où il y a transport dangereux donnant lieu à une peine supplémentaire, je constate que, dans tous les systèmes, on cherche à proportionner l'acte à réprimer et la mesure répressive. Telle est l'idée maîtresse qui paraît être acquise.

Or, cette idée fondamentale ne peut pas être réalisée avec justice si l'on se tient sur le terrain du système préconisé dans plusieurs législations modernes. Celles-ci ne connaissent que cette alternative: la confiscation du navire ou sa libération, c'est-à-dire tout ou rien. Il nous a paru que l'on pourrait trouver un moyen de procéder avec plus d'équité. Pour les cas moins graves de transports illicites, on pourrait s'abstenir de confisquer le navire, tout en punissant ces actes par une amende. L'idée d'une telle amende n'est pas tout à fait nouvelle. Jusqu'à la seconde moitié du XIXe siècle, l'on admettait que la confiscation du navire peut être remplarée par une rançon fournie par le capitaine. La rançon est admise, par exemple, pour ne pas citer les dispositions anciennes, dans les instructions françaises de 1870 (article 17) et dans le Manuel de Holland (1888), quoique à titre exceptionnel. Ce système nous paraît contenir une idée saine et conforme à la logique du droit existant. Pour rendre la peine équivalente au délit — but que l'on cherche à atteindre dans le droit moderne — il faut pouvoir graduer. Ce n'est possible que si l'on fait revivre sous une forme nouvelle l'idée ancienne de rançon. C'est dans cet esprit que le Gouvernement rus e a formulé les propositions contenues dans les articles 7 et 8 de son Mémorandum (p. 56). Il a été heureux de constater qu'il s'est rencontré sur ce point avec le Gouvernement espagnol.

En conséquence, la Délégation russe a l'honneur de déposer l'amendement suivant, qui reproduit avec quelques modifications de forme les dispositions du Mémorandum russe relatives à l'article 9 (Annexe 37):

Remplacer l'article 9 du projet par les dispositions suivantes:

Art. 9. Les navires de commerce de nationalité neutre sont sujets à confiscation lorsqu'ils transportent:
- a) de la contrebande de guerre formant, par son volume, son poids, ou sa valeur, plus d'un quart de toute la cargaison;
- b) des objets de contrebande, même en moindre quantité, si leur présence à bord du navire , de par leur nature même, ne pouvait évidemment ne pas être connue du capitaine.

Art. 9 bis. En dehors des cas prévus à l'article 9, le navire transportant de la contrebande est passible d'une amende représentant la quintuple valeur de sa cargaison de contrebande.

Art. 9 ter. Si la confiscation ne s'étend qu'à la cargaison de contrebande et non au navire à bord duquel elle est chargée, ce dernier n'est retenu que jusqu'à ce qu'il ait livré la contrebande et payé l'amende (art. 9 bis). La cargaison de contrebande peut être remise au capteur, soit sur le lieu même de la capture, soit dans un port où le navire pourra être conduit, si le capteur le juge indispensable.

Le Président donne lecture de l'amendement allemand. (Annexe 19.)

M. Kriege: Les raisons de la proposition formulée à ce sujet par la Délégation allemande ont déjà été expliquées à la séance précédente.

M. Renault: Avant d'envisager la proposition qui vient de nous être soumise par le Baron Nolde, je crois devoir tout d'abord présenter quelques observations en ce qui concerne le point de vue auquel s'est placé M. le Vice-Amiral Roëll. Je crois que la question soulevée par le Premier Délégué des Pays-Bas, au sujet de la Déclaration de Paris, ne rentre pas dans le cadre de nos travaux. Elle vise, en effet, l'interprétation d'une convention préexistante, qui n'a de valeur qu'entre les Puissances signataires, et à laquelle notamment un des Gouvernements représentés ici n'a pas adhéré, tandis que nous nous occupons actuellement de règles de droit commun indépendantes de l'idée de lien contractuel.

En ce qui concerne l'amendement russe, il est évident qu'il n'y a pas de difficulté pour la contrebande, qui est reconnue par tout le monde comme saisissable. Quant au sort de la marchandise innocente, c'est une question délicate à résoudre. Il semble qu'au point de vue de la Délégation de Russie, la confiscation de tout navire à bord duquel se trouve de la contrebande, soit excessive dans certains cas, et qu'elle désire en conséquence voir graduer la pénalité en prévoyant des amendes proportionnelles à la quantité des marchandises prohibées. Mais cela suppose que le navire a été au préalable régulièrement saisi, et, si je comprends bien qu'il s'agit de substituer une amende à la confiscation, je crains qu'il y ait une confusion entre l'amende et la rançon. Il y a là une question de synonymes qu'il faut élucider. Autrefois, quand un croiseur rencontrait en mer un navire saisissable, il pouvait lui imposer une rançon et le laisser partir. Dans le cas qui nous occupe, au contraire, il ne s'agit pas de laisser partir le navire, mais, une fois la capture et l'amarinage effectués, et même la prise validée, de substituer une amende à la confiscation, comme conséqeunce de la présence de la contrebande qui se trouve à bord.

Si nous nous demandons enfin par qui sera fixée l'amende, il semble que c'est au tribunal des prises qu'il appartiendra de décider. Je ne crois, pour l'instant, devoir insister que sur la suppression du mot „rançon", qui peut prêter à équivoque.

M. le Baron Nolde: Je suis d'accord avec M. Renault pour considérer que le mot „rançon" doit être entendu dans le sens d'amende. L'idée commune des deux institutions consiste en ce que l'on donne, dans les deux cas, certaines facilités au navire neutre, en lui permettant d'échapper, moyennant versement d'une somme d'argent, aux conséquences fâcheuses du transport de contrebande.

M. le Vice-Amiral Roëll dit que la question soulevée par M. Renault au commencement de son discours est une question d'opportunité.

M. Dumba appuie la proposition de la Délégation allemande, qui répond aux principes des auteurs continentaux et qu'il considère comme une transaction équitable entre les intérêts en jeu, ceux des neutres et ceux des belligérants. Deux éléments doivent être envisagés pour la confiscation, un élément de fait et un élément psychologique. La question de savoir dans quelle proportion le navire, pour être confisqué, doit contenir de la contrebande est secondaire. Il lui semble raisonnable, à cet égard, de suivre la pratique de la plupart des nations.

Le Président: Un troisième amendement à la base 9 a été déposé par la Délégation d'Espagne. Il est conçu comme suit:

„La confiscation du navire transportant de la contrebande absolue ne peut avoir lieu que si le capitaine ou l'armateur a connu ou a pu connaître la présence de la contrebande à bord et s'il n'a pas payé une rançon ou compensation équivalente à trois fois la valeur de la contrebande et au quintuple du montant du fret. Même si la rançon n'est pas payée, le capteur ne pourra procéder à des mesures d'exécution que contre le navire et tant que celui-ci restera entre ses mains" (Annexe 24).

M. le Comte de la Mortera: Toutes les propositions présentées par la Délégation espagnole avaient pour but de faire connaître ses tendances, particulièrement pour le cas où une convention sur des points nouveaux interviendrait. Mais elle tient à déclarer qu'elle est d'accord en principe avec toutes les bases déduites par la Délégation britannique qu'elle considère comme la „lex lata". Elle fait, à ce sujet, une seule réserve en ce qui concerne la base 28 sur le voyage continu.

Base 10.

Le Président donne lecture de la base 10, et demande s'il peut la considérer comme acceptée, aucun amendement n'ayant été déposé à ce sujet.

M. le Vice-Amiral Baron Sakamoto: Je comprends que cette séance doit être consacrée à un échange de vues général, de sorte que je réserve l'examen détaillé de toutes les bases pour les discussions ultérieures, soit en Commission, soit au comité de rédaction. J'espère donc que mon silence en ce moment ne pourra pas être interprété comme impliquant en aucune façon un acquiescement complet sur ces matières, cette réserve s'appliquant naturellement à tous les articles.

Base 11.

Le Président donne lecture de l'amendement allemand relatif à la base 11. (Annexe 20.)

M. Kriege se réfère aux motifs donnés par lui à la deuxième séance pour expliquer cette proposition.

M. Crowe: Le principe énoncé dans la proposition soumise par M. le Premier Délégué d'Allemagne ne rencontrera aucune opposition de la part de la Délégation britannique, bien qu'elle ne l'ait pas prévu. Ce principe se trouve également formulé dans les Mémorandums présentés par les Gouvernements du Japon et des Pays-Bas. Au simple point de vue de la rédaction, le texte de l'article 5 (chapitre I) du Mémorandum néerlandais semble offrir l'avantage de la simplicité. C'est pourquoi la Délégation britannique préférerait l'adoption de ce texte, qui devrait cependant être complété dans le sens de cette partie de la proposition allemande qui porte sur la déclaration de contrebande. Il ne suffit pas, en effet, de faire appliquer le système de l'indemnisation au cas de l'ignorance de l'ouverture des hostilités. Pour que la confiscation sans indemnisation soit justifiée, il faut encore que le capitaine du vaisseau arrêté ait eu connaissance des déclarations de contrebande que les belligérants sont tenus de notifier.

M. Kriege constate avec satisfaction que la Délégation britannique partage en principe le point de vue allemand à ce sujet. Quant à la question de forme, c'est au comité de rédaction qu'il appartiendra de la régler.

M. le Baron Taube et M. le Vice-Amiral Roëll s'associent à cette manière de voir.

Dommages et intérêts.

Base 12.

Le Président lit la base 12, qui n'a encore été l'objet d'aucun amendement.

M. Crowe présente quelques observations au sujet de la rédaction de cette base. Il résulte des Mémorandums des diverses Puissances que l'élément décisif dont il faut tenir compte réside dans le point de savoir s'il y avait de la part de l'officier capteur des motifs suffisants de capturer le navire. Il a paru préférable à la Délégation britannique de laisser à la Cour des Prises le soin de se prononcer à ce sujet.

M. le Baron Taube: J'ai déjà formulé à la première séance certains doutes en ce qui concerne cette disposition. Je ne puis que m'y référer; mais je formule d'expresses réserves (1) sur la question des dommages-intérêts; (2) sur le sens du mot „capturé", que je trouve peu clair.

M. Fromageot explique que par le mot capture on entend une saisie suivie d'amarinage.

M. le Baron Taube fait remarquer que, dans la base 33, le mot „capture" paraît employé dans un autre sens, et demande si, dans ce dernier cas, il n'est pas synonyme de confiscation.

M. Fromageot répond négativement. En dégageant, dit-il, la solution de la base 33 comme règle générale, il n'a pas semblé qu'on pût aller plus loin que de signaler la saisie et l'amarinage du navire, sans parler du traitement qui lui sera ultérieurement infligé.

M. le Baron Taube se déclare satisfait de cette explication en ce qui concerne le mot „capturer", mais constate que la question très compliquée des dommages-intérêts reste intacte.

Convoi.

Base 13.

M. Fromageot fait remarquer que l'exemption de visite sous convoi donne lieu à la question de savoir qui doit être, en cas de suspicion, juge du caractère innocent ou non de la cargaison convoyée. S'il appartient au commandant du convoi de procéder, sur la demande du croiseur belligérant, à la visite des bâtiments convoyés, cela ne veut pas dire que c'est à lui à décider du caractère de la marchandise convoyée. Le commandant du convoi n'a qu'à se conformer à la prétention de celui du bâtiment belligérant. S'il juge cette prétention mal fondée, il en référera à son Gouvernement, et la question restera à régler entre ce dernier et le Gouvernement belligérant.

M. Fusinato dit que les explications données par M. Fromageot éclaircissent la question en tant qu'il s'agit de déterminer si un objet est, ou non, de contrebande, ce qui n'est pas difficile à constater en vertu d'une liste existante, soit d'après une convention générale, soit d'après la déclaration du belligérant; mais la question n'est pas aussi simple lorsqu'il s'agit de déterminer la qualité de contrebande d'un objet en relation avec sa destination, conformément aux règles prévues à la base 6. Jusqu'à quel point le commandant du navire capteur peut'il se faire juge du caractère de contrebande du chargement en relation avec sa destination?

M. Fromageot: La destination est une question de fait et non pas d'appréciation personnelle.

M. Fusinato fait observer que des doutes pourraient se présenter dans le cas où il faudrait déterminer si le lieu de destination est une place fortifiée ou non, si le destinataire est, ou non, fournisseur de l'ennemi, et ainsi de suite. Dans ces cas, le commandant du navire capteur pourrait avoir des responsabilités très graves.

Blocus.

Bases 14, 15, 16, et 17.

Le Président donne lecture de la proposition de la Délégation des Pays-Bas (Annexe 26) d'insérer après l'article 13 un article nouveau ainsi conçu:

Le blocus est un acte de guerre dirigé contre une côte ennemie ou occupée par l'ennemi.

M. Ruyssenaers dit que la proposition de la Délégation des Pays-Pas a pour but de bien établir le caractère du blocus comme acte de guerre, tel qu'il a été défini dans la plupart des Mémorandums des Puissances. Il se permet de signaler les articles suivants: Allemagne, article 8; Autriche-Hongrie, (B), alinéas 2 et 3; Espagne, (B), 10; Etats-Unis d'Amérique, article 36, section 7; Grande-Bretagne, 2 (1); et, en dernier lieu, le Mémorandum des Pays-Bas à l'Article 2.

D'après l'avis de la Délégation des Pays-Bas, il est désirable d'adopter la définition susmentionnée, afin qu'il soit bien établi que les règles qui seront proposées se rapportent exclusivement au blocus de guerre contre un territoire ennemi, ce qui exclut forcément tout blocus d'un territoire neutre.

M. Fusinato dit que, à part quelques réserves pour ce qui regarde la rédaction, il approuve entièrement l'esprit de l'amendement proposé par la Délégation des Pays-Bas. Il observe toutefois que les mots en question,

„le blocus est un acte de guerre“, pourraient être interprétés de façon à compromettre la question du blocus pacifique, qui ne doit absolument pas être préjugée; elle ne saurait pas même être comprise dans le programme de la conférence actuelle, qui a pour but de régler exclusivement les question de droit maritime international en temps de guerre.

MM. Renault, Dumba, Kriege, et le Baron Taube déclarent, au nom de leurs Délégations, se rallier à la manière de voir de M. Fusinato.

M. le Comte de la Mortera attire l'attention sur la rédaction des bases 14, 15, et 17, qui, selon lui, ne précisent pas suffisamment les conditions et n'établissent pas la notion de la transgression du blocus. Il propose en conséquence d'insérer un nouvel article 16 A, conçu comme suit (Annexe 45):

„Le blocus doit être impartial — c'est-à-dire, appliqué uniformément aux divers pavillons.

Le commandant de la force bloquante peut accorder aux navires de guerre neutres la permission d'entrer dans le port bloqué et d'en sortir ultérieurement.“

M. le Contre-Amiral Slade dit que, à part les règles établies dans les bases en question, il existe une règle britannique d'après laquelle l'entrée et la sortie d'un port bloqué peuvent s'effectuer avec l'assentiment du commandant de la localité bloquée.

M. Fusinato dit que la proposition de M. le Comte de la Mortera tendrait à exempter les navires de guerre neutres de l'obligation d'observer le blocus. Il fait à ce sujet toutes ses réserves. Tout au plus pourrait-il admettre une disposition dans l'esprit de celle qui se trouve dans le Mémorandum italien, à la lettre b, III, 4.

M. le Comte de la Mortera exprime le désir que des règles précises soient formulées par rapport à cette matière.

M. Fusinato est d'avis que le silence au sujet des navires de guerre indique suffisamment leur exclusion.

Base 18.

Le Président donne lecture de la proposition de la Délégation d'Allemagne (Annexe 21) tendant à remplacer au point 3 de la base de discussion No. 18 les mots „au profit des“ par les mots „à accorder aux“.

Le Contre-Amiral Sir C. Ottley, au nom de la Délégation britannique, se rallie entièrement à cette proposition, qui est conforme à l'usage suivi en Angleterre de tout temps.

Base 19.

Le Président donne lecture de l'amendement de la Délégation d'Allemagne (Annexe 22).

M. Kriege dit qu'il a déjà exposé les motifs de cette proposition à la deuxième séance plénière.

M. Crowe: La Délégation britannique ne méconnaît pas le principe d'ordre logique dont s'inspire la proposition déposée par M. le Premier

Délégué d'Allemagne au sujet de la notification du blocus. Si, néanmoins, elle croit devoir soulever un doute, c'est que cette proposition lui semble apte à donner lieu à certaines équivoques d'interprétation qu'il est important d'écarter.

L'article 19 prévoit la notification de la déclaration de blocus:

1. aux autorités locales;
2. aux Puissances neutres.

On pourrait se demander si ces deux espèces de notification ont un caractère alternatif ou cumulatif. Il est dit à l'article 18 que „la déclaration de blocus est faite, soit par la Puissance bloquante, soit par les autorités navales agissant en son nom." Or, il pourrait sembler à première vue que si la déclaration est faite par la Puissance bloquante, elle devra être notifiée aux Puissances neutres, sans qu'il soit nécessaire de la notifier aux autorités locales, tandis que la notification aux autorités locales suffirait dans le cas où la déclaration de blocus est faite en premier lieu par les autorités navales.

La Délégation britannique ne croit pas que ce soit là l'interprétation correcte de l'article 19 des bases de discussion. Il est, au contraire, à présumer que, dans tous les cas, la déclaration de blocus devra être notifiée et aux Puissances neutres et aux autorités locales. C'est plutôt l'ordre dans lequel se feront les notifications qui sera changé dans les deux cas. Si c'est le Gouvernement belligérant qui commence par promulguer la déclaration de blocus. il est tout naturel qu'il en adresse la notification dès le commencement aux Gouvernements des Puissances neutres, par l'intermédiaire soit de ses représentants diplomatiques accrédités auprès de ces Puissances, soit par celui des représentants des Puissances neutres dans le territoire national, soit enfin par d'autres voies de communication desquelles il pourra être contraint de se servir dans certaines éventualités, par exemple, dans le cas d'une rupture préalable et temporaire de relations diplomatiques. Il est difficile de se figurer que le Gouvernement central de la Puissance bloquante s'adresse directement aux consuls représentant les Gouvernements neutres sur le littoral à bloquer. Ce mode de notification reste loisible aux autorités navales de la Puissances bloquante. Mais il est probable que, en général, un commandant naval se bornera à s'adresser, dans ce but, aux autorités locales, qui, de leur part, sont en mesure de faire les communications nécessaires aux consuls étrangers exerçant leurs fonctions sur le littoral bloqué.

D'autre part, dans le cas où c'est le commandant d'une force navale qui, le premier, déclare et notifie le blocus, il incombe à son Gouvernement de compléter les formalités prescrites en adressant plus tard une notification aux Puissances neutres. Il est bon, toutefois, de faire remarquer que dans ce cas-là blocus date effectivement de la déclaration et de la notification faites par le commandant naval, qui est en plein droit de le maintenir dès ce moment, avec la condition, bien entendu, que la saisissabilité d'un navire pour violation de blocus dépend toujours de la connaissance de l'état de blocus de la part du capitaine.

Voilà la manière dont la Délégation britannique croit devoir envisager la question traitée à l'article 19. Le principe fondamental est que le blocus, pour être obligatoire, doit avoir été préalablement déclaré et notifié. Les dispositions des articles 18 et 19, telles qu'elles se trouvent rédigées dans nos bases de discussion, prescrivent les points à préciser par la déclaration de blocus et indiquent la destination des notifications à faire. Y a-t-il utilité à vouloir préciser encore davantage le mode exact d'exécution de ces dispositions? La Délégation britannique ne le croit pas. Il tient, au contraire, à écarter toute formule pouvant avoir pour résultat de subordonner la réalité du blocus à l'observation étroite de règles précises sur la méthode à suivre en notifiant les déclarations de blocus. Il devrait, à son avis, suffire que la notification fût faite de manière à assurer que les neutres en fussent pleinement avertis en temps utile.

M. Kriege: La Délégation allemande s'associe, en général, à la manière de voir de la Délégation britannique. Il importe de trouver une solution de la question qui permette au commandant d'une force détachée qui n'est pas en communication avec son Gouvernement d'établir un blocus obligatoire.

La Délégation allemande interprète les dispositions de la base 19 dans le sens que la déclaration de blocus doit être notifiée aussi bien aux autorités locales qu'aux Puissances neutres. Ces dispositions doivent donc être considérées comme cumulatives et non pas comme alternatives. Ce principe une fois établi, il s'agit de connaître les démarches à faire par l'officier détaché pour notifier la déclaration de blocus. Il sera toujours à même de faire cette notification aux autorités locales, mais s'il ne se trouve pas en communication avec son Gouvernement, il n'y aura pas moyen de faire la notification aux Puissances neutres par la voie diplomatique. Il serait donc nécessaire de remplacer la notification diplomatique par un autre mode de procéder. C'est dans cet ordre d'idées que la proposition allemande prévoit la possibilité de regarder les consuls résidant dans la place bloquée comme représentants de leurs Gouvernements et de leur adresser la notification.

La rédaction de notre amendement actuel peut donner lieu à des doutes, mais je suis sûr que l'on tombera facilement d'accord sur une formule satisfaisante.

M. Renault résume la discussion en faisant ressortir qu'on semble être d'accord sur le principe et qu'il ne s'agit que d'une simple question de rédaction.

Base 20.

En l'absence de toute proposition relative à cette base, la discussion en est renvoyée à une séance ultérieure.

Bases 21, 22, et 23.

Le Président donne lecture de la proposition de la Délégation italienne (Annexe 36) de substituer à la base 23 l'article suivant:

„Si la notification n'a pas eu lieu ou si le navire approchant du port bloqué prouve qu'il n'avait pas connaissance du blocus, la notification doit être faite au navire même par un officier de l'un des bâtiments formant le blocus. Cette notification doit être portée au livre de bord, avec indication de la date et de l'heure, ainsi que de la position géographique du navire à ce moment."

M. Fusinato donne des explications sur cette proposition. Il dit que la base 17, qui prescrit que „les blocus, pour être obligatoires, doivent être préalablement rendus publics", n'établit pas clairement si cette publicité s'effectue par la déclaration ou par la notification du blocus. Selon lui, elle comporte et l'une et l'autre, mais à condition, bien entendu, que la notification puisse être tout aussi vien une notification générale, comme celle qui est prévue par la base 19, qu'une notification spéciale. C'est, en effet, à cette dernière que se rapporte l'amendement proposé par la Délégation d'Italie, qui a pour but de combler une lacune dans les bases de discussion en indiquant les cas dans lesquels la notification spéciale doit être considérée comme obligatoire.

M. Fromageot dit qu'il est indispensable de distinguer clairement entre les termes déclaration et notification. Selon les observations qui précèdent les bases en discussion, la déclaration ne comporte que l'action du Gouvernement donnant l'ordre d'établir le blocus, tandis que la notification est l'acte de publication.

Quant à la notification spéciale, personnelle, et particulière, telle que la pratique française l'exige depuis longtemps, la Délégation de France, après étude des différents Mémorandums, a constaté que ce n'était plus là une pratique généralement suivie. Il faut reconnaître que les raisons qui la justifiaient ont peu à peu disparu par suite du perfectionnement des moyens de communication, et aussi en raison des précautions prises dans les bases précédentes pour assurer l'effectivité du blocus et la connaissance des données exactes de ce dernier. La Délégation de France accepte donc les bases 21 et 22.

Le Contre-Amiral Sir C. Ottley partage cette manière de voir, et pense qu'il ne s'agit que d'une question de rédaction que l'on pourra soumettre à la Commission en temps utile.

Bases 24 et 25.

Le Président donne lecture de la proposition de la Délégation allemande relative à la base 24 (Annexe 32), qui est conçu comme suit:

Seront remplacés les mots „la réalité du blocus" par les mots „l'effectivité du blocus."

M. Kriege: L'article 24 dit que la saisie ne peut être effectuée que dans le rayon d'action des bâtiments de guerre chargés d'assurer la réalité du blocus. Il n'y a pas de doute que, par „bâtiments chargés d'assurer la réalité du blocus", on ne doive comprendre les bâtiments par lesquels le blocus est rendu effectif. Dans l'intérêt de la concordance entre les dispositions des articles 14 et 15, où l'on parle de blocus effectif, et celle de l'article 24, j'attacherais cependant un certain prix à ce qu'on ne parle pas de bâtiments chargés d'assurer la réalité du blocus, mais qu'on se serve d'un substantif dérivé de l'adjectif" effectif". L'article serait ainsi conçu comme suit:

„La saisie des navires neutres pour violation de blocus ne peut être effectuée que dans le rayon d'action des bâtiments de guerre chargés d'assurer l'effectivité du blocus."

Je ne suis pas sans savoir que nous collègues de France auront à surmonter certains scrupules d'une nature linguistique pour laisser passer le mot „effectivité". Mais je les prierais d'en faire le sacrifice.

M. Dumba s'associe à la proposition allemande.

M. Crowe remarque que le mot „réalité" a été employé comme traduction fidèle du mot anglais „effectiveness". La Délégation a cru pouvoir constater que c'est en effet le mot „réalité" qui a toujours été choisi par les auteurs français pour exprimer l'idée du caractère effectif du blocus, et que, d'autre part, ce mot „réalité" se trouve généralement rendu par „effectiveness" dans les traductions anglaises des ouvrages français. Il a paru douteux que l'expression „effectivité" fût reconnue dans la littérature classique. Toutefois, si la Délégation française croit pouvoir l'admettre, la Délégation britannique est toute prête à l'employer pour bien préciser ce qu'elle a voulu dire en se servant du mot „réalité".

M. le Vice-Amiral Baron Sakamoto: L'expression rayon d'action employée à la base 24 semble à la Délégation du Japon un peu vague pour concilier les vues énoncées par les divers Gouvernements et pour préciser les bases des décisions qui pourront être rendues par la Cour internationale des Prises; la Délégation propose en conséquence de fixer une zone bien déterminée, par exemple, de 1 000 milles marins autour du port ou de la côte bloquée dans laquelle la saisie du navire forçant le blocus pourra être effectuée.

M. Crowe explique les raisons qui ont amené le Gouvernement britannique à accepter le principe du rayon de blocus. D'après la doctrine anglaise, un navire est considéré comme coupable de violation de blocus dès qu'il a clairement manifesté l'intention de le violer, même s'il est rencontré à une très grande distance de la localité bloquée. L'étude des décisions des Cours des Prises britanniques démontre l'impossibilité d'appliquer cette doctrine dans toute sa rigueur théorique. Ces Cours n'ont, en effet, jamais condamné pour violation de blocus un navire qui ne se trouvât pas, au moment de la saisie, tout près de la côte bloquée, et cela parce que c'était dans ces conditions seulement que les juges ont cru pouvoir admettre qu'il n'y avait aucun doute sur la vraie destination ultérieure du navire. La pratique de la Grande-Bretagne ne serait donc pas si éloignée de la théorie continentale, et c'est pourquoi le Gouvernement britannique s'est déclaré disposé, dans un esprit de conciliation et en vue de faciliter les travaux de la Conférence, à faire la concession de sa doctrine.

M. le Contre-Amiral Stockton: Notre Gouvernement a toujours maintenu la même pratique que la Grande-Bretagne, quant aux conditions dans lesquelles un navire qui a violé, ou a essayé de violer un blocus est sujet à être capturé. Toutefois, la Délégation américaine, dans un esprit de conciliation, se joint à la Délégation de la Grande-Bretagne, pour faire une concession, et elle accepte en principe les articles 24 et 25. Néanmoins, la Délégation reconnaît la difficulté qu'il y aura à appliquer ces articles dans la pratique, et elle est disposée à accepter un rayon d'action bien défini et déterminé, qui ne doit pas dépasser 800 ou 1 000 milles.

Le Président exprime combien il apprécie l'attitude de M. le Contre-Amiral Stockton, et propose de renvoyer la question devant la Commission.

Base 26.

Le Président donne lecture de l'amendement suivant de la Délégation française (Annexe 25):

Modifier la rédaction comme il suit:

„Un navire neutre, en cas de détresse constatée par le commandant de la force bloquante, peut pénétrer dans la localité bloquée."

Motifs de la Proposition.

Comme l'indiquent les observations présentées par le Gouvernement britannique à l'appui de la base de discussion numéro 26, le motif de cette disposition est un motif d'humanité. L'intervention du commandant de la force bloquante apparaît seulement comme une mesure de précaution en vue d'éviter les abus et de garantir la loyale application de la règle admise.

Tel qu'il est rédigé, le texte pourrait faire croire que, même en cas de détresse réelle et de péril évident du navire approchant, le commandant de la force bloquante aurait le droit de refuser la relâche. Une telle interprétation semblerait contraire à l'esprit de la disposition. La modification, ci-dessus proposée, a pour but d'éviter tout malentendu à cet égard.

M. Fromageot exprime l'espoir que l'amendement proposé ne soulèvera pas d'objections, puisqu'il ne fait que rendre cette base plus conforme à la pensée qui se dégage des différents Mémorandums.

Base 27.

Le Président donne lecture de l'amendement suivant relatif à cette base, proposé par la Délégation allemande:

Ajouter à cet article un article 27 bis, comme suit:

„Les dispositions des articles 12 et 13 sont applicables en cas de blocus" (Annexe 33).

M. Kriege: Pour les raisons que je me suis déjà permis d'indiquer lors de la discussion des bases 12 et 13, on devrait chercher une formule qui établisse clairement que les règles concernant l'indemnisation en cas de saisie injustifiée et concernant l'efficacité du convoi s'appliquent aussi en cas de blocus comme d'ailleurs dans tous les cas traités par le sommaire. La tâche de trouver cette formule serait convenablement laissée à un comité de rédaction. La proposition allemande n'a d'autre but que de fournir l'occasion d'un échange de vues sur le principe en tant qu'il touche le blocus.

M. Crowe, au nom de la Délégation britannique, s'associe à cette manière de voir, et fait observer que, selon elle, le principe énoncé par la Délégation d'Allemagne devrait être, par extension, applicable également au cas de la saisie d'un navire neutre pour assistance hostile ou d'un navire soupçonné d'avoir été transféré illégalement à un pavillon neutre, car de tels navires peuvent être ensuite relâchés comme innocents. Il estime qu'il serait peut-être utile de soumettre à un comité d'examen les conditions dans lesquelles des dommages-intérêts devraient être accordés.

Voyage continu.

Base 28.

Le Président donne lecture de l'amendement proposé par la Délégation allemande (Annexe 34) par lequel le voyage continu serait supprimé.

M. Fusinato propose de renvoyer la discussion de cet amendement devant la Commission qu'on a décidé de constituer.

MM. Dumba, Kriege, et le Baron Taube se rallient à cette suggestion.

M. Wilson donne lecture du texte suivant de la décision de la Cour Suprême des Etats-Unis d'Amérique:

„L'interposition entre le point de départ et la destination belligérante a toujours été un stratagème des transporteurs de contrebande, et de ceux qui voulaient violer le blocus. Mais cette interposition ne les protège pas lorsque la destination finale a été établie. Le transport d'un point à un autre reste continu aussi longtemps que l'intention subsiste sans changement, quelle que soit la nature des arrêts ou des transbordements qui interviennent."

Le contenu de cette opinion de la Cour Suprême a été affirmé maintes fois, et a constitué la politique adoptée par les Etats-Unis d'Amérique. Le principe consigné dans cette décision a été entièrement admis et maintes fois réaffirmé par les Tribunaux des Prises et par la Cour Suprême des Etats-Unis d'Amérique.

M. Crowe croit que, par les observations qu'il a faites, M. Wilson ne veut pas dire que la Délégation des Etats-Unis d'Amérique s'oppose au renvoi de cette question devant la Commission. La Délégation britannique aura, elle aussi, beaucoup à dire à ce sujet, mais elle le dira en Commission. Il espère que la Délégation des Etats-Unis d'Amérique consentira à en faire autant.

M. Wilson ne s'oppose pas au renvoi de la question devant la Commission. Il a tout simplement voulu donner acte de la pratique actuelle de son Gouvernement sur ce point.

Le Président prend acte de sa déclaration, et le renvoi de la discussion devant la Commission est décridé.

Base 29.

Le Président donne lecture de l'amendement suivant de la Délégation allemande (Annexe 35):

Sera supprimé le mot de la fin, „neutre", et seront ajoutés les mots „non bloqué, quelle que soit la destination ultérieure de la cargaison".

M. Kriege: La Délégation allemande a voulu faire une suggestion touchant la rédaction de la base 29. Le mot final de cette base „neutre" ne nous semble pas tout à fait répondre à l'idée qu'on a voulu exprimer. On devrait plutôt dire „port non bloqué". Outre cela, on pourrait encore préciser la portée de l'article en ajoutant les mots „quelle que soit la destination ultérieure de la cargaison".

Le Contre-Amiral Sir C. Ottley dit que la Délégation britannique accepte la proposition allemande entière sans modification.

M. le Comte de la Mortera dit que la Délégation espagnole se rallie au point de vue de la Délégation britannique.

MM. Dumba et le Vice-Amiral Roëll s'expriment dans le même sens.

M. le Vice-Amiral Baron Sakamoto: La Délégation du Japon estime qu'on ne pourra empêcher de saisir un navire qui se dirige ostensiblement vers un port neutre, tout en ayant, en réalité, pour objectif de se rendre dans un port bloqué.

Le Président propose de renvoyer le point soulevé par la Délégation japonaise devant la Commission. (Assentiment.)

Destruction des Prises.

Bases 30, 31, et 32.

M. Crowe explique que le Gouvernement britannique a cru trouver, parmi les Mémorandums des différentes Puissances, une concordance suffisante pour lui permettre de poser le principe général exprimé par la base 30, laquelle, il lui semble, représente l'état actuel du droit commun. Cependant quant à la base 31, les divergences entre les diverses vues qui ont été exprimées sont tellement marquées qu'il n'y a pas lieu, à l'égard de cette base, de poser de principe. Il a semblé préférable, en conséquence, de lui donner la forme d'un questionnaire, ce qui, pour les mêmes raisons, est également le cas pour la base 32.

M. le Baron Taube estime que ces questions ont été posées d'une manière régulière. Elles sont, dit-il, de la plus haute importance, et exigent, en conséquence, un plus ample examen. Il propose donc de les renvoyer devant la Commission. Il ajoute qu'il lui paraît superflu en ce moment d'insister sur le point de vue du Gouvernement russe, qui est bien connu, qu'un belligérant doit avoir, avec certaines réserves, le droit de détruire les prises neutres.

M. Fromageot dit que les observations de M. le Baron Taube pourraient peut-être justifier une distinction. Il y a ici deux questions: d'abord la question du principe, selon lequel toute prise doit être conduite dans un port de prise, et sur ce point il ne paraît pas qu'il y ait de grandes divergences entre les Mémorandums. Il y a ensuite la question des exceptions que l'on devrait, ou non, admettre à ce principe. M. le Baron Taube, propose-t-il que la Commission statue sur les deux questions, ou accepte-t-il le principe exprimé par la base 30 en renvoyant à la Commission le seul examen des exceptions visées à la base 31?

M. le Baron Taube dit qu'il a voulu proposer que la base 30, aussi bien que la base 31, soit discutée en Commission.

M. Kriege s'associe à cette proposition. (Assentiment.)

Assistance Hostile.

Bases 33 et 34.

M. Kriege: La Délégation allemande ne peut accepter purement et simplement l'article 33 du sommaire. Il nous semble par trop rigoureux de vouloir édicter que le transport d'un militaire isolé, d'un fonctionnaire ou agent de l'ennemi, ou d'une valise diplomatique, entraîne toujours la capture du navire, et je ne crois pas que cette règle draconienne réponde au droit en vigueur. La capture du navire ne paraît justifiée qu'en présence de circonstances particulièrement graves. Il a y une analogie incontestable entre les transports illicites dont il est question et les transports de contrebande qui sont, selon la gravité du cas, passibles de sanctions diverses. Dans cet ordre d'idées nous avons rédigé les dispositions qui se trouvent dans notre mémorandum à l'article 23. Il va sans dire que nous n'attachons pas une importance particulière aux détails de cette disposition. Nous n'avons notamment pas d'objections à supprimer le passage concernant le délai de huit jours et à le remplacer par une formule analogue à celle qui se trouve dans notre proposition relative à la base 11 (Annexe 20).

M. le Baron Taube s'associe à la manière de voir de M. Kriege.

M. le Vice-Amiral Roëll en fait autant. Son Gouvernement n'admettrait jamais que la pénalité infligée soit aussi grave que celle qui est prévue par la base 33.

M. Crowe fait ressortir la difficulté qu'il y a eu à formuler des règles précises sur la question de l'assistance hostile. Cette difficulté provient en partie du fait que la pratique est d'origine récente à ce point que quelquesuns parmi les Mémorandums des Puissances en omettent même toute mention pour la raison qu'elles n'ont jamais établi de règles à ce sujet.

La question traitée par la base 33 est de la plus haute importance D'après les vues exprimées par les Mémorandums, il n'était pas possible, en rédigeant cette base, d'aller plus loin que d'affirmer le principe que des navires dont il est question dans cette base sont passibles de capture. Il faut se livrer à un examen approfondi de ce sujet au sein de la Commission afin de décider, si c'est possible, quel doit être le sort éventuel de ces navires. L'opinion a été émise que les personnes suspectes trouvées à bord de ces navires sont passibles de reddition au capteur. La Grande-Bretagne n'a jamais voulu admettre le principe qu'une personne placée sous la protection d'un pavillon neutre soit rendue de cette manière; elle ne se refuse pas cependant à ce que l'on traite ces cas comme des questions de contrebande par analogie.

M. le Vice-Amiral Baron Sakamoto propose l'amendement suivant à la base 34 (Annexe 40):

Sera ajouté un nouvel alinéa ainsi conçu:

„Quant aux navires susdits, les belligérants pourront prendre toutes les mesures nécessaires selon les nécessités de la guerre si ces navires sont soumis au commandement ou au contrôle de l'ennemi ou bien s'ils se livrent à quelques actions pouvant se rapporter à des hostilités.“

M. Kriege: Comme il ressort des observations relatives à l'article 34 du sommaire, l'expression „entièrement ou spécialement au service de l' ennemi" est destinée à indiquer un principe général commun à tous les Mémorandums. Il paraît, cependant, dangereux d'employer dans un acte international des termes aussi vagues, et qui pourraient prêter à des interprétations divergentes. On devrait plutôt énumérer les cas spéciaux de l'assistance hostile.

M. Crowe ne voit aucune objection à ce que l'on précise et que l'on développe le principe posé par la base 34. Cet article est fondé sur les conditions de la guerre maritime aux temps modernes, car il ne croit pas que, dans le passé, les flottes belligérantes aient eu besoin de l'assistance de toute une escadre de navires non combattants comme aujourd'hui. Du temps des voiliers, par exemple, la nécessité d'affréter des charbonniers neutres ne se faisait naturellement pas sentir. Il en résulte que le principe exprimé par l'article n'a pas encore subi les développements que l'on peut constater pour d'autres principes du droit international dont l'histoire remonte à une époque plus reculée. Il est à souhaiter que ce principe reçoive ces dévéloppements au sein de la Commission.

Le Président propose de renvoyer devant la Commission l'amendement japonais.

Transformation d'un navire de commerce en Bâtiment de guerre.

(Abgedruckt oben S. 659.)

Transfert de Pavillon.

Bases 35, 36, et 37.

M. Kriege: Nous sommes d'accord avec les auteurs du sommaire *) sur le principe qu'un navire ne peut pas être transféré sous pavillon neutre en vue d'échapper aux conséquences qu'entraîne pour lui sa qualité de navire ennemi. Mais au point de vue du droit existant, comme pour des considérations d'ordre pratique, nous voudrions bien voir adopter le système de notre Mémorandum, qui aurait le double avantage de faciliter la tâche des commandants de croiseurs et d'éviter des surprises au commerce neutre. Les commandants de croiseurs sauraient toujours s'ils devraient, oui ou non, respecter le pavillon neutre d'un navire qu'ils recontreraient en mer. Les armateurs neutres, d'autre part, sauraient à quoi s'en tenir, et ne courraient pas le risque de voir saisir, et, peut-être, déclarer de bonne prise un navire dont le transfert, opéré de bonne foi, serait, pour une raison quelconque, suspect à ces officiers navals.

M. Crowe explique que le principe que l'on a voula exprimer dans la base 35 est celui que le Gouvernement britannique a cru pouvoir dégager des Mémorandums, c'est-à-dire qu'un commerçant, sujet de l'Etat belligérant, ne saurait éluder les conséquences de la guerre en transférant ses navires sous pavillon neutre. Pour l'application de ce principe, il est difficile de trouver parmi les Mémorandums une règle à la fois précise et généralement reconnue. Le principe une fois accepté dans ses conséquences, il ne serait pas difficile, après un examen suffisamment approfondi, de trouver quelques règles pour gouverner sa mise à exécution. Ainsi, par exemple, dans la base 37 on a formulé une présomption utile et qui paraît être à peu près universellement reconnue.

Il est certain que, au cours de chaque guerre, les cours des prises auront à se prononcer sur nombre de ventes faites de bonne foi, puisqu'il y aura toujours un commerce régulier en navires comme en d'autres objets. Le caractère licite ou illicite d'une vente de ce genre est naturellement une pure question de preuve. Il s'agit de pourvoir à la protection de telles transactions en formulant des règles qui laissent toute liberté à ce commerce en tant qu'il est fait de bonne foi, et si, comme il le croit, les Puissances désirent préciser de telles règles, le Gouvernement britannique est tout disposé à leur prêter son concours.

Caractère ennemi.

Base 38.

M. Kriege: Le texte de l'article 38 du sommaire ne résout pas d'une manière définitive la question de savoir ce qui décide du caractère neutre ou ennemi d'un navire. On pose le principe que c'est le pavillon, mais on ajoute que ce n'est qu'en premier lieu. Il semble nécessaire de préciser quelles sont les exceptions qui tombent sous le coup de cette clause restrictive. De l'avis de la Délégation allemande, on devrait dire que le caractère du navire est déterminé par son pavillon, sauf dans les cas de transfert non valable et dans les cas où, d'après les décisions de la Conférence, des navires seraient passibles du même traitement qu'ils subiraient s'ils étaient navires de commerce ennemis.

M. le Baron Taube est d'avis que les mots „en premier lieu" peuvent donner lieu à des doutes et qu'il vaudrait mieux les supprimer pour écarter toute possibilité d'équivoque. Il se rallie à l'opinion exprimée par M. Kriege.

M. le Vice-Amiral Baron Sakamoto croit que les vues de son Gouvernement sur ces questions sont nettement exposées dans son Mémorandum; mais, comme il existe des divergences de vues entre les différents Gouvernements, il espère que l'on pourra arriver à une entente en faisant preuve d'un esprit de conciliation.

Le Président fait remarquer qu'il s'agit de détails qu'il serait préférable de discuter au sein de la Commission.

Base 39.

M. Fusinato exprime l'opinion que l'article 39 non seulement ne peut être considéré comme une solution de la difficulté en présence de laquelle on se trouve, mais n'offre même pas une base de discussion. Au fond il ne fait que poser une question. De son côté il insiste sur la solution en faveur de la nationalité pour les raisons qui se trouvent exposées dans le Mémorandum italien. Mais pour le cas probable où on ne pourrait pas obtenir l'unanimité sur ce point, il propose, dans un esprit de conciliation, l'article suivant (Annexe 39):

„Le caractère neutre ou ennemi de la marchandise est déterminé selon la loi du pays dont le propriétaire est le ressortissant."

M. Fromageot: M. Fusinato paraît regretter que la rédaction de la base 39 ne donne pas de solution. Je me permettrai de faire observer que la question dont il s'agit est de savoir quelle est la personne dont le caractère neutre ou ennemi doit être pris en considération en vue de qualifier la marchandise neutre ou ennemie. Certaines Puissances, notamment l'Allemagne, ont laissé entendre dans leurs Mémorandums qu'il convient de prendre en considération, par exemple, la personne de elui qui supporte les risques de l'expédition. Il semble résulter des pratiques généralement suivies jusqu'ici que c'est la personne du propriétaire qui a été considérée. C'est ce qu'a pour but de constater la base 39, et, dans ces conditions, il semble donc bien que cette base comporte autre chose que la position d'une question.

M. Fusinato admet l'exactitude de l'explication donnée par M. Fromageot, mais il fait remarquer qu'il y a une autre question encore plus importante à résoudre, qui est celle de savoir si c'est la nationalité ou le domicile qui détermine le caractère neutre ou ennemi du propriétaire. C'est à cette question exclusivement qu'il se référait, et c'est pour la trancher qu'il propose l'amendement.

M. Kriege: En ce qui concerne la question traitée dans la base 39, notre Mémorandum contient une solution qui, à première vue, semble s'écarter du droit existant, mais qui, en réalité, correspond entièrement aux vues déjà mises en avant par Lord Stowell au commencement du siècle passé.

Le caractère neutre ou ennemi de la marchandise ne serait pas déterminé par le caractère neutre ou ennemi du propriétaire, mais plutôt par le caractère de celui qui porte les risques d' une perte fortuite en cours de route. Il s'agit non pas d'une modification, mais plutôt d'une interprétation de la troisième règle de la Déclaration de Paris du 16 avril, 1856, qui est ainsi conçue: „La marchandise neutre, à l'exception de la contrebande de guerre, n'est pas saisissable sous pavillon ennemi."

D'après la base 39, l'expression „marchandise neutre" aurait la signification de „marchandise dont le propriétaire régulier est une personne neutre." Il est vrai qu'on a généralement donné à la Déclaration de Paris cette interprétation, qui paraît conforme au sens le plus proche des termes. On ne saurait cependant méconnaître les inconvénients inséparables de l'application d'une règle qui rattache le droit de la capture de la marchandise à la question de la propriété.

Tout d'abord la question de savoir qui est le propriétaire de la cargaison d'un navire en voyage est susceptible de solutions différentes selon qu'on se fonde sur les règles de telle législation ou sur les dispositions de telle autre. Cette divergence se fait surtout remarquer lorsque le transport se produit par suite d'un contrat de vente consenti entre des personnes établies en des pays différents et n'ayant pas la même nationalité.

D'après la législation et les coutumes et usages en vigueur dans le commerce de certains pays, le contrat de vente est, non seulement productif d'obligation, mais en même temps translatif de propriété. La convention même opère une mutation de propriété. La marchandise vendue appartient donc à l'acheteur, du moment où il a passé le contrat de vente. Selon le droit de certains autres pays, la propriété de la marchandise passe sur la tête de l'acheteur dès qu'elle a été remise au fréteur pour être chargée à bord du navire qui doit la porter à destination.

D'autres législations, celle de l'Allemagne entre autres, ont conservé la règle du droit romain, d'après laquelle la convention seule ne déplace pas la propriété. Ce résultat n'est produit que par un acte nouveau et postérieur au contrat. Il est dès lors possible que la marchandise vendue et chargée à bord d'un navire pour être remise à l'acheteur continue pendant la traversée à appartenir au vendeur et que la propriété n'est transférée qu'après l'arrivée du navire au port de destination.

Pour savoir si la marchandise appartient encore à l'expéditeur ou si elle est déjà la propriété du destinataire, il faut donc commencer par résoudre cette autre question: quelle est la législation dont il faut appliquer les dispositions? Et alors, on se trouve en présence d'un problème qui est un des plus épineux du droit international privé.

Dans les législations et dans la doctrine, on y a donné les solutions les plus diverses. Selon les uns, le cas serait régi par la loi personnelle du vendeur; selon d'autres, par la loi du lieu où l'obligation du contrat de vente doit être accomplie, („lex loci solutionis") ou par la loi du pavillon du navire sur lequel la marchandise se trouve être chargée. D'autres encore se prononcent en faveur de la loi du lieu où le contrat est intervenu; mais quel est ce lieu lorsque la convention a été conclue par correspondance? — question qui, elle aussi, a trouvé toute une série de réponses diverses. Il s'ensuit que la stricte application de la règle de Paris comprise dans le sens indiqué par la base 39 pourrait amener bien des difficultés. On devrait s'attendre à des décisions contradictoires des tribunaux nautionaux et on ne pourrait guère prévoir quelle serait la décision de la Cour Internationale des Prises.

En outre, la règle, comprise de cette manière, entraînerait quelquefois des conséquences qui iraient à l'encontre du but que le belligérant peut uniquement viser en exerçant le droit de capture. Ce but consiste à atteindre la Puissance ennemie en infligeant des pertes à elle-même et à ceux qui, en raison du lien qui les unit à cette Puissance, sont considérés comme ennemis.

Or, si l'on s'en prend toujours à la marchandise appartenant à un ennemi et à elle seule, on risque de manquer l'ennemi et de nuire aux neutres.

Par la confiscation d'une marchandise on n'atteint pas toujours celui qui en est le propriétaire. Ce serait le cas si la marchandise était nécessairement aux risques et périls de ce dernier. Telle n'est pas, cependant, la manière dont la question concernant la charge des risques est réglée par toutes les législations. La charge des risques ne dépend pas essentiellement de la propriété. Il suffit de donner un exemple. D'après l'article 447 du code civil allemand, une marchandise vendue et chargée à bord d'un navire pour être remise à l'acheteur peut rester la propriété du vendeur; pendant le transport, elle est, tout de même, aux risques et périls de l'acheteur, et ce dernier subirait les conséquences d'une perte fortuite en cours de route. Supposé que dans un tel cas le vendeur soit un ennemi et l'acheteur un neutre, la confiscation de la marchandise ne toucherait pas ses intérêts; le préjudice en retomberait, au contraire, sur l'acheteur, qui. malgré la confiscation de la marchandise, devra remplir l'obligation corrélative dont il est tenu envers le vendeur. Lorsque, dans un cas analogue, le vendeur serait neutre et l'acheteur ennemi, il faudrait, si l'on devait s'attacher à la propriété de la marchandise, restituer comme propriété d'un neutre la marchandise, et manquer de la sorte l'occasion de nuire à l'ennemi.

Le système qui fait dépendre le droit de confiscation de la marchandise du caractère neutre ou ennemi du propriétaire est donc caractérisé d'une part par une grande difficulté d'application, d'autre part par des résultats contraires au but même du droit de capture.

En présence d'une situation semblable, il convient d'examiner le point de savoir si la Déclaration de Paris n'est pas susceptible d'une autre interprétation plus pratique et plus conforme aux idées générales qui régissent la matière. Il faut se rappeler que la règle en question a pour but de protéger les intérêts des neutres, tout en livrant à la discrétion du belligérant les intérêts de l'adversaire qui se rattachent à un navire ennemi. On sera fondé à croire qu'en admettant la saisie de la marchandise ennemie et en interdisant celle de la marchandise neutre chargée, l'une et l'autre, à bord d'un navire ennemi, elle n'avait ni l'intention de faire porter le droit du belligérant sur les intérêts des neutres, ni de couvrir les intérêts ennemis. En vue du fait, indiqué ci-dessus, que le propriétaire n'est pas, dans l'état actuel des législations, toujours le même que celui qui subit les conséquences d'une perte de la marchandise, on arrivera à mieux comprendre le but de la règle de Paris lorsqu'on considère comme ennemie la marchandise dont la confiscation nuit à l'ennemi; c'est-à-dire celle dont il supporte les risques, et, au contraire, comme marchandise neutre celle qui est aux risques et périls d'un neutre.

De cette manière on arriverait au même résultat auquel s'est arrêté Lord Stowell dans l'affaire du paquebot de Bilbao, où il s'est prononcé dans les termes suivants: „Le véritable critérium de la propriété, c'est que si vous êtes celui qui doit supporter la perte, vous serez considérés comme étant le propriétaire."

Lord Stowell se trompait en tant qu'il semblait croire que le port des risques est une conséquence nécessaire du droit de propriété. Mais on devrait le suivre dans cette argumentation que, pour l'application du droit de capture, l'élément décisif est constitué par le fait que c'est un ennemi qui devrait supporter la perte.

Cette manière de voir a, en même temps, l'avantage de tourner les difficultés que pourrait faire naître la diversité des lois sur le transfert de la propriété. Il semble, en effet, que les législations de tous les pays, qui jouent un rôle considérable dans le commerce universel, sont d'accord sur ce point que l'acheteur subit les risques d'une perte fortuite survenant pendant que la marchandise est transportée vers le lieu où il doit en prendre livraison. Les tribunaux de prises pourront donc régulièrement se dispenser d'examiner la question préliminaire de savoir quelle législation il y aurait lieu d'appliquer. Ils resteront dans le vrai en présumant que c'est l'acheteur qui porte les risques, et en statuant, selon le caractère neutre ou ennemi de celui-ci, sur la confiscation de la marchandise. Ce n'est pas à dire que les intéressés ne soient pas admis à prouver que, dans l'espèce, il faut appliquer des dispositions légales d'un sens opposé. Mais ces cas seront relativement très rares.

On pourrait également écarter les difficultés signalées et arriver à un résultat analogue, en adoptant la règle appliquée par les cours des prises anglaises et américaines, et qui porte que le consignataire de la marchandise expédiée en vertu d'un ordre est censé en être le propriétaire, du moment où elle est remise au capitaine du navire. Ce serait alors une fiction. En apparence, on maintient le système qui considère la propriété comme l'élément décisif. Mais, en réalité, on fait passer pour le propriétaire celui qui, à vrai dire, n'est que le porteur des risques.

Il paraît préférable de constater en termes précis et conformes à la terminologie d'usage dans le droit commun, l'élément décisif dont dépend en réalité le caractère neutre ou ennemi de la marchandise. C'est ce que fait l'article 4 du Mémorandum allemand en faisant dépendre le caractère neutre ou ennemi de la marchandise du caractère neutre ou ennemi de celui qui en supporte les risques.

En insérant cet article dans notre Mémorandum, nous n'avons pas voulu formuler une proposition que nous recommandons, telle qu'elle est, à l'approbation de la Conférence. Notre intention était plutôt d'inviter nos collègues des autres Délégations à examiner de leur côté les questions assez compliquées qui paraissent se rattacher à ce point du programme, et de donner une suggestion pour leur solution.

Je demande pardon d'avoir abusé de la patience de la Conférence en donnant ce long exposé purement juridique. Je l'ai fait parce que j'avais observé que le sens de notre Mémorandum n'avait pas été bien compris de tous les côtés.

En ce qui concerne la seconde question de grande importance, savoir, si le caractère neutre ou ennemi de la marchandise est déterminé par le domicile ou par la nationalité, la Délégation allemande se prononce pour la nationalité, comme cela a été exprimé dans l'article 4 de notre Mémorandum. Cela nous mènerait trop loin d'en développer maintenant les raisons; je me réserve donc de les fournir au courant des délibérations de la Commission.

M. Renault se félicite de la façon dont le Premier Délégué d'Allemagne a magistralement exposé cette question délicate, et demande à faire quelques observations pour en préciser la portée.

Il faut remarquer que la personnalité qui doit supporter le risque n'est pas nécessairement la même d'après les diverses législations. Dans la législation française, par exemple, c'est le propriétaire qui supporte les risques: „res perit domino". Dans le cas où un négociant vend des marchandises livrables chez l'acheteur, c'est le vendeur qui supporte les risques. Si, aucontraire, l'acheteur demande que la chose soit livrée à un transporteur, le risque est supporté par l'acheteur depuis le moment où la livraison a eu lieu.

D'autre part, au point de vue du transport de la propriété, les législations ne diffèrent pas autant qu'il semble au premier abord. Ainsi, on dit que, d'après la législation française, la propriété se transfère par la seule convention, tandis que, d'après d'autres législations, la tradition est nécessaire. Mais, le plus souvent, dans les ventes commerciales, même en France, la propriété n'est transférée que par la tradition, parce qu'on ne peut être propriétaire que d'un objet individuellement déterminé; s'il s'agit de 100 hectolitres de blé qui ont été vendus, aucune propriété n'est transférée tant qu'ils n'ont pas été livrés.

Ces explications purement doctrinales ont pour but principal de montrer les difficultés de la question. L'exposé allemand a fait beaucoup pour les faire disparaître. Pour y réussir, il faut des efforts communs. C'est une question de droit privé, qui devra être examinée dans un petit comité composé de juristes.

Nous devons, en tous cas, remercier encore la Délégation allemande des explications si précises qu'elle a bien voulu nous donner.

Le Président fait remarquer que les questions abordées par MM. Kriege et Renault se prêtent à une discussion postérieure par un comité spécial composée d'un nombre de membres tout à fait restreint.

Il rappelle à la Conférence qu'elle a exprimé le vœu de se réunir en Commission sous la présidence de M. Renault; il reste donc à savoir si la Commission veut commencer dès maintenant ses délibérations ou les renvoyer au lundi prochain 14 décembre.

La Conférence choisit cette dernière alternative.

M. Renault propose comme ordre du jour de la première séance de la Commission une étude plus approfondie des bases de discussion, afin de pouvoir s'entendre sur tous les détails et d'écarter ainsi toute possibilité d'équivoque. (Assentiment.)

5. Cinquième Séance Plénière. Le 14 décembre 1908.

Présidence de Lord Desart.

Se référant à la résolution adoptée par la Conférence à la séance plénière précédente, le Président propose de lever dès maintenant la séance et de procéder en Commission à la discussion des bases. (Assentiment.)

Le Président cède sa place à M. Renault, Président de la Commission.

Le Secrétaire-Général, H. Norman. — Le Président, Desart.

b) Die „Résumés“ der Kommissionssitzungen 14. Dezember bis 17. Februar.*) **)

I. Première Séance de la Commission. Le 14 décembre 1908.

Présidence de M. Louis Renault.

Le Président, après avoir remercié la Conférence de l'honneur qui lui est fait, trace en quelques mots le plan de travail de la Commission. Tout le monde a certainement à cœur d'obtenir un résultat efficace, mais particulièrement les représentants des quatre Puissances qui ont pris l'initiative de faire instituer, à La Haye, une Cour internationale des Prises. Les bases de discussion préparées par le Gouvernement britannique peuvent être considérées comme des espèces de photographies de la coutume maritime. Mais ces photographies peuvent avoir besoin de retouches, et c'est pour cela qu'il est fait appel à la collaboration de tous.

La discussion a déjà montré qu'il existe des points qui réunissent l'unanimité et d'autres qui font apparaître des divergences. La Commission devra donc en premier lieu constater les premiers; elle examinera ensuite s'il y a lieu d'établir des règles nouvelles à propos des seconds; elle fixera, en dernier lieu, la forme la meilleure à donner aux décisions de la Conférence. Pour les questions de rédaction, il y aura lieu de faire appel à un comité restreint, qui recueillera les indications de chacun. La Conférence présente une triple compétence, diplomatique, maritime et juridique, et peut espérer aboutir à un résultat qui fera honneur à tous.

Sur la proposition du Baron Taube, appuyée par M. Kriege, la Commission décide d'examiner d'abord les matières au sujet desquelles un accord paraît facile à obtenir. On passera ensuite aux autres. En conséquence, on commencera par le blocus.

Blocus.

Définition.

La Délégation des Pays-Bas a proposé à ce sujet un texte (Annexe 26). Le principe en est admis avec cette réserve, qu'il est bien entendu qu'on ne touche pas au „blocus pacifique“. Le comité de rédaction fixera le texte en tenant compte également de l'amendement italien (Annexe 42) sur le même point.

Base 14.

Pas d'observations. La base reste acquise, sauf rédaction.

Base 15.

Il est entendu que la „question de fait“, à laquelle il est fait allusion dans cette base, peut être appréciée par la Cour des Prises.

Le texte, ainsi expliqué, est adopté.

---

*) *Die Aufzeichnungen über die 11 Sitzungen der Kommission (14. Dezember 1908 bis 19. Februar 1909) tragen eine jede die Überschrift „Résumé“. Vgl. dazu unten S. 1505 am Schluss.*

**) *Die im Folgenden angeführten „Annexes“ s. unten S. 1555 ff.*

Base 16.

Après quelques observations sur la question de savoir s'il ne vaudrait pas mieux remplacer l'expression „mauvais temps“ par celle de „force majeure“, le principe de la base est adopté sauf rédaction.

Base 17.

Après un échange de vues entre les Délégations d'Allemagne, de France, de la Grande-Bretagne, et du Japon sur la rédaction trop absolue de cette base, qui ne paraît pas distinguer avec une netteté suffisante les différentes conditions de la déclaration et de la notification du blocus, la base est renvoyée devant le comité de rédaction, puisqu'il n'existe pas de désaccord quant au fond de la question. Le principe de la base reste donc acquis.

Base 18.

Acceptée avec l'amendement de la Délégation d'Allemagne au point 3 (Annexe 2) et renvoyée devant le Comité de Rédaction.

Base 19.

La discussion de cette base, complétée par l'amendement de la Délégation d'Allemagne (Annexe 22) est remise.

Base 20.

A la suite d'une observation constatant le défaut de règles relatives à la levée et cessation du blocus, une proposition est déposée par la Délégation d'Autriche-Hongrie d'ajouter à la base 20 un alinéa ainsi conçu:

„Doivent être également déclarées et notifiées la restriction et la levée du blocus.

„Sera nulle toute déclaration incomplète ou fausse.“

Base 21.

Cette base est adoptée sans observations.

Base 22.

L'expression „notification en temps utile“ ne précisant pas suffisamment, de l'avis de plusieurs Délégations, le caractère et la portée d'une notification (soit technique soit officielle), cette base est renvoyée devant le comité de rédaction.

Base 23.

La discussion de cette base est remise à l'après-midi. Quant aux amendements présentés par les Délégations d'Allemagne et d'Italie (Annexes 43 et 36), ils ne pourront faire l'objet d'un examen qu'après leur distribution à la séance prochaine.

La séance, interrompue à 1 heure, est reprise à 2 heures 50.

Discussion de la base 23.

On considère d'abord la proposition de la Délégation d'Espagne sur le blocus, qui est rédigée comme suit:

„Le blocus doit être impartial, c'est-à-dire, appliqué uniformément aux divers pavillons.

Le commandant de la force bloquante peut accorder aux navires de guerre neutres la permission d'entrer dans le port bloqué et d'en sortir ultérieurement."

Le principe de cette proposition est accepté sauf rédaction.

On passe ensuite à la discussion de la proposition de la Délégation d'Autriche-Hongrie (voir base 20, supra) relative à la notification à faire en cas d'extension et de levée de blocus. En réponse à l'objection qu'il n'y a pas de sanction pour la nonobservation de cette formalité, on fait ressortir que, en fait, il y en a bien une qui consiste à réclamer des dommages-intérêts par la voie diplomatique.

Il est décidé de charger le comité de rédaction de trouver la formule nécessaire pour exprimer ce principe.

Le Président donne lecture de l'amendement de la Délégation d'Italie concernant la base 13 (Annexe 42). On décide de remettre la discussion de cette proposition à une date ultérieure.

La Délégation de Russie propose d'insérer après les mots „doit être portée" les mots „si cela est possible", et fait remarquer que le cas doit être prévu où la notification se ferait par un signal. Il en serait ainsi si le gros temps empêchait une chaloupe du vaisseau de guerre d'aborder le navire.

Il résulte de la discussion ouverte sur ce point qu'il n'y a pas de désaccord sur le fond de la base. Il s'agit de trouver une formule qui prévoie la possibilité de faire la notification autrement que par inscription sur le livre de bord. On décide de renvoyer cette base devant le comité de rédaction.

A la demande si la présomption de la base 22 admet la preuve contraire, on répond affirmativement.

Base 24.

Lecture est donnée de l'amendement de la Délégation d'Allemagne (Annexe 32).

La Délégation du Japon réserve son attitude vis-à-vis de cette base, en attendant la réception d'instruction de son Gouvernement.

La base est adoptée sauf cette réserve.

MM. les Contre-Amiraux Le Bris et Stockton donnent un exposé de leurs vues sur le „rayon d'action" (Annexes 67 et 68).

La Délégation des Etats-Unis accepte la base, sous la réserve des explications données dans l'exposé susmentionné.

Base 25.

La Délégation du Japon réserve de nouveau son attitude.

M. le Contre-Amiral Stockton donne lecture d'un exposé des vues de son Gouvernement sur la question du droit de poursuite (Annexe 69).

Le principe important contenu dans cette base, et qui a trait à l'abandon du droit de suite, donne lieu à un échange de vues, au cours duquel il est spécifié que la chasse ne peut être donnée que par un bâtiment de la force bloquante, et non par un autre bâtiment, qui, par exemple, aurait été avisé par voie radiotélégraphique. Cette distinction est admise, sous réserve qu'il s'agit de tous les bâtiments de la force bloquante, même répartis sur plusieurs lignes.

M. le Vice-Amiral Roëll indique en outre qu'il serait utile d'ajouter que le navire poursuivi est libre aussitôt qu'il a atteint un port ouvert.

Enfin, une nouvelle hypothèse est envisagée: celle d'un navire qui a échoué dans une tentative de forcer un blocus et qui est poursuivi. Ce cas n'ayant pas été prévu dans l'article 25, la question est réservée, et toute décision à ce sujet est remise à mercredi.

Quant au point de savoir si un navire peut être poursuivi hors du rayon d'action de la force bloquante, il résulte des explications données qu'il suffit que le commencement de la poursuite ait eu lieu dans le rayon d'action.

Base 26.

Les explications fournies à l'appui de l'amendement proposé par la Délégation de France (Annexe 25) donnent l'occasion de préciser que l'entrée du port bloqué en cas de détresse ne doit pas être subordonnée à une autorisation de la part du commandant de la force bloquante, mais à la constatation de la réalité de la détresse.

En ce qui concerne la question de savoir si un navire entré par suite de détresse pourra sortir du port bloqué, le principe admis par la Commission est qu'il serait équitable de lui permettre de sortir dans l'état où il est entré, sans qu'il ait été touché à la cargaison.

Base 27.

Cette base est acceptée sans observations.

Une proposition allemande, distincte de l'article 27, tend à compléter les dispositions relatives au blocus par un article ainsi conçu:

„Les dispositions des articles 12 et 13 sont applicables en cas de blocus."

Cette proposition visant, d'une part, des dispositions générales, relatives aux dommages-intérêts, qu'il paraît préférable de ne pas introduire dans un chapitre spécial, et, d'autre part, une question, celle du convoi, dont l'examen a été réservé pour l'étude du chapitre de la contrebande, il est décidé d'en ajourner la discussion.

Avant de se séparer, la Commission fixe comme suit l'ordre du jour de la séance prochaine:

1. Examen des questions spéciales au blocus qui ont été réservées aujourd'hui;
2. Questions du transfert de pavillon et du caractère ennemi.

2. Deuxième Séance de la Commission. Le 16 décembre 1908.

Le Président remercie le secrétariat d'avoir pris l'initiative de faire un „résumé" des débats de la Commission. Ce résumé lui paraît utile pour fixer les conclusions auxquelles on aboutit sur chaque point, et il n'est nullement contraire à l'esprit de la résolution prise, qui exclut les procès-verbaux „in extenso".

L'ordre du jour appelle l'examen des questions relatives au blocus qui ont été réservées dans la précédente séance.

La discussion s'engage sur la „définition“ du blocus au sujet de laquelle les Délégations des Pays-Bas et d'Italie ont déposé des propositions. Cette dernière, rédigée pour bien fixer le sens de la proposition néerlandaise (Annexe 42), est ainsi conçue:

„Un blocus doit être limité aux ports et aux côtes ennemis ou occupés par l'ennemi.

Les forces bloquantes ne peuvent pas être placées de manière à barrer l'accès d'une côte neutre.“

Cette définition est comparée à celle qu'a donnée la Délégation de Grande-Bretagne dans son Mémorandum (p. 35, No. 14).

M. le Contre-Amiral Slade, parlant au nom de la Délégation de Grande-Bretagne, insiste sur ce principe que le commandant des forces bloquantes doit avoir entière liberté d'action pour disposer ses navires, sous cette réserve que leur position ne doit pas empêcher l'accès d'un port neutre (Annexe 70). Il n'est pas évident que le mot „barrer“ exprime exactement la doctrine généralement admise sur ce point. D'autre part, il est fait allusion à l'emploi des navires éclaireurs qui restent en communication avec le commandant bloquant par la télégraphie sans fil; sauf le cas exceptionnel où des papiers de bord indiqueraient la destination vers le port bloqué, les éclaireurs n'ont pas le droit de capturer un vaisseau neutre.

En ce qui concerne le blocus établi dans les parages d'un détroit donnant accès à des ports et côtes neutres, le principe qu'on ne peut bloquer le détroit lui-même est confirmé, mais il peut être utile aux navires bloquants d'y exercer leur surveillance par le moyen du droit de visite.

La Délégation des Etats-Unis d'Amérique réserve le droit de visiter des navires en route pour des ports neutres.

M. le Capitaine de vaisseau Starke donne un exposé des vues de la Délégation d'Allemagne sur les questions soulevées par la base 24 (Annexe 72).

La conclusion générale de la discussion sur ce point est qu'il y a deux intérêts à concilier: d'une part, sauvegarder le droit d'accès aux ports neutres voisins du port bloqué; d'autre part, maintenir la liberté du commandant des forces bloquantes de disposer ses vaisseaux comme bon lui semble pour obtenir une réelle effectivité. Ces deux conclusions ayant reçu l'assentiment général, il est entendu que le comité d'examen s'en inspirera pour rechercher le texte le meilleur.

Bases 16 et 17.

Aucune observation n'est faite au sujet de ces bases.

Bases 18, 19, et 20.

Après l'exposé des motifs donné par le Premier Délégué d'Autriche-Hongrie à l'appui de la proposition consignée dans le résumé de la séance de la Commission du 14 décembre (base 20), le Président croit pouvoir interpréter le silence de la Commission dans le sens d'un renvoi de la question devant le comité d'examen. La sanction exigée par la proposition austro-hongroise pouvant paraître, en quelques cas, excessive, la Commission laisse au comité d'examen pleine liberté de trouver une formule qui, tout en établissant une sanction, en trouve une qui soit moins sévère. Est également renvoyé devant le comité d'examen l'amendement de la Délégation d'Espagne d'insérer dans la proposition austro-hongroise, entre les mots „levée" et „du blocus", le mot „volontaire", et entre les mots „déclaration" et „incomplète" le mot „volontairement".

Base 22.

Proposition de la Délégation d'Autriche-Hongrie:

„Remplacer cette base par la disposition suivante:

Art. 22. Dès que la notification du blocus sera parvenue aux Puissances neutres, leurs autorités de port devront l'inscrire sur les papiers de bord des navires de commerce neutres en partance pour un port appartenant à l'un des belligérants.

A défaut d'une telle indication sur les papiers de bord, il y aura présomption d'ignorance du blocus."

Cette proposition, nouvellement déposée, n'ayant pas encore été imprimée et distribuée, la discussion en est renvoyée à la prochaine séance.

Base 23.

Les vues de la Commission se trouvant partagées sur la question de l'utilité qu'il y aurait à insérer dans cet article, après le mot „portée", les mots „si possible", selon la proposition de la Délégation de Russie (Annexe 46), la discussion de cette question, ainsi que de celles concernant la notification spéciale au navire, soulevées par la Délégation d'Italie, est renvoyée devant le comité d'examen.

La séance, suspendue à 1 heure 10, est reprise à 2 heures 45.

Avant de reprendre la discussion des bases, le Président, parlant au nom de Lord Desart, Président de la Conférence, prie les Délégations de procéder chacune à la désignation d'un membre du comité d'examen.

Ce comité est, en conséquence, constitué comme suit:

Pour l'Allemagne, M. Kriege.
les Etats-Unis d'Amérique, M. Wilson.
l'Autriche-Hongrie, M. Dumba.
l'Espagne, M. le Comte de la Mortera.
la France, M. Renault.
la Grande-Bretagne, M. Hurst.
l'Italie, M. Fusinato.
le Japon, M. le Vice-Amiral Baron Sakamoto.
les Pays-Bas, M. Ruyssenaers.
la Russie, M. le Baron Taube.

M. Renault est nommé président du comité et rapporteur.

Le Secrétaire-Général est prié de désigner un membre du secrétariat pour servir de secrétaire du comité. MM. de Sillac et le Baron Clauzel sont désignés pour faire ce service à tour de rôle.

Le Comité fixe sa première séance pour le lendemain, jeudi, 17 décembre, à 4 heures de l'après-midi.

Base 24.

Les vues de M. le Contre-Amiral Le Bris, exposées par son discours prononcé à la séance de la Commission du 14 décembre (Annexe 67), sont favorablement accueillies de tous les côtés.

Il est décidé que les discours prononcés le matin par M. le Contre-Amiral Slade et M. le Capitaine de vaisseau Starke seront imprimés et distribués aux membres de la Commission afin que, en discutant cette question, on ait sous les yeux les vues des deux Délégations (Annexes 70 et 72).

M. le Vice-Amiral Baron Sakamoto appelle l'attention de la Commission sur la réserve qu'il a formulée l'avant-veille.*)

La discussion de la base est renvoyée à la prochaine séance.

Base 25.

Discussion de l'amendement de la Délégation de Russie (Annexe 47) visant l'hypothèse d'un navire qui a échoué dans une tentative de forcer un blocus et qui est poursuivi.

On tombe d'accord sur le principe de cet amendement, qui est en conséquence adopté, sauf rédaction.

En ce qui concerne la fin de la poursuite, on estime qu'après la levée du blocus il ne peut plus y avoir lieu à saisie pour violation de blocus. Quant aux navires qui se sont réfugiés dans un port neutre, il faut distinguer deux cas différents, savoir, le cas où un navire n'entre que provisoirement dans le port pour en sortir le plus vite possible et pour continuer sa fuite, et le cas où un navire y décharge sa cargaison et change de propriétaire. Pour ce dernier cas, il s'agit d'une question de fait à trancher par la cour des prises, ce qui est également le cas pour la question de savoir si la chasse d'un navire a été abandonnée.

Base 26.

Le Président fait remarquer que cette base a été acceptée à la séance précédente.

La Délégation de France constate que sa proposition concernant cette base (Annexe 25) est en correspondance avec les termes du Mémorandum russe.

Base 27.

La Délégation de Russie attire l'attention de la Conférence sur le fait que, bien qu'aucun Mémorandum ne parle de „chargeur", mais bien de „propriétaire", la base elle-même emploie ce premier mot. Le motif de cet emploi ayant été donné, il est dit que, „de lege ferenda", il serait peut-être plus pratique de se servir du mot „chargeur".

La discussion de l'amendement de la Délégation d'Allemagne (Annexe 33) est réservée pour le moment où les bases 12 et 13 seront traitées.

---

*) Résumé de la 1re Séance de la Commission (14 décembre) oben S. 1502.

Transfert de Pavillon.

Bases 35, 36, et 37.

La Délégation d'Allemagne observe qu'il n'y a pas de règle généralement reconnue à ce sujet et qu'elle préfère que le système du Mémorandum allemand soit adopté. Mais, pour le cas où la Commission ne partagerait pas cette vue, elle propose d'insérer un nouvel article 35 bis (Annexe 52) rédigé comme suit:

„Article 35 bis. Une pareille intention illicite est présumée lorsque le transfert est intervenu après l'ouverture des hostilités. La bonne foi des contractants est, au contraire, présumée lorsque le transfert a été effectué avant l'ouverture des hostilités."

La Délégation des Etats-Unis d'Amérique dépose la proposition suivante (Annexe 50) et se déclare prête à lui joindre la proposition allemande:

„Substituer aux bases 35, 36, et 37 les articles suivants:

35. Le transfert d'un navire d'un pavillon à un autre avant l'ouverture des hostilités est valable, même dans le cas où il est fait en vue des hostilités, pourvu qu'il soit fait en conformité avec les lois nationales du vendeur et de l'acheteur.

36. Le transfert, au cours des hostilités, d'un navire privé portant le pavillon d'un belligérant n'est valable que lorsqu'il est de bonne foi, et que le transfert des droits du propriétaire est entier; encore faut-il que la livraison du navire à l'acheteur soit complétée dans un port en dehors de la juridiction des Etats belligérants conformément aux lois nationales du vendeur et de l'acheteur."

Cette proposition exprime les principes dont se sont inspirées des conventions conclues par les Etats-Unis d'Amérique avec nombre de Puissances étrangères dont plusieurs sont représentées à la Conférence.

Le Président fait ressortir le désaccord qu'il semble y avoir entre ces deux propositions, et prie la Délégation des Etats-Unis d'Amérique de déposer une nouvelle rédaction de nature à les concilier. La Délégation des Etats-Unis d'Amérique consent à donner suite à cette demande.

La Délégation de Grande-Bretagne donne lecture de la proposition suivante (Annexe 49):

„Substituer aux bases 35, 36, et 37 les articles suivants:

35. La bonne foi est nécessaire dans le cas du transfert d'un navire sous pavillon neutre en vue d'hostilités.

36. Le transfert effectué avant l'ouverture des hostilités est présumé être régulièrement intervenu, c'est-à-dire, ne rien comporter de fictif ou d'irrégulier qui le rende suspect. La preuve contraire est admise.

37. Après l'ouverture des hostilités, il y a présomption absolue de nullité du transfert:
   a) S'il est effectué en cours de voyage ou dans un port bloqué;
   b) S'il y a faculté de réméré ou de retour;
   c) Si, après le transfert, le navire a été maintenu dans le service auquel il était affecté auparavant;

d) Si les conditions auxquelles est soumis le droit de pavillon, d'après la législation du pavillon arboré, n'ont pas été observées.

37 bis. Le transfert est présumé être nul si l'acte de transfert ne se trouve pas à bord alors que le navire a perdu la nationalité belligérante au cours des hostilités ou moins de deux mois avant l'ouverture des hostilités. La preuve contraire est admise.

Motifs de la proposition.

Comme il a été expliqué par les „observations" (voir p. 114) sur les bases 35 et 36, ces bases ont l'intention d'exprimer le principe commun sur lequel sont fondées les différentes règles comprises dans les Mémorandums.

De ces Mémorandums il n'a été possible de déduire qu'une seule règle, applicable en pratique, de laquelle on puisse dire qu'elle a été acceptée à l'unanimité. C'est celle qui est consignée dans la base 37.

Au moment, cependant, où les représentants des différentes Puissances ont l'occasion d'entrer en discussion directe de cette question, la Délégation britannique se croit justifiée à déposer la proposition suivante par laquelle elle a formulé des règles que les Gouvernements représentés pourront considérer comme offrant une garantie suffisante du principe commun.

Si ces règles, dans leur ensemble, sont de nature à obtenir les résultats pratiques visés par les règles divergentes jusqu'à présent en vigueur, la Délégation aime à croire que, bien qu'elles aient été prises à des sources différentes et qu'elles représentent l'usage de nations diverses, elles puissent, néanmoins, être considérées comme faisant partie du droit généralement reconnu."

Après discussion, le Président constate que la plupart des Délégations paraissent être, à première vue, d'accord sur cette proposition et la proposition allemande.

La Délégation d'Allemagne fait remarquer qu'elle adhère à la base 37, telle qu'elle se trouve dans les bases de discussion préparées par le Gouvernement britannique.

La décision est réservée en attendant la distribution de la nouvelle rédaction promise par la Délégation des Etats-Unis d'Amérique.

Caractère ennemi.

Base 38.

Quelques explications sont données sur les motifs qui ont inspiré la rédaction de cette base. Il en résulte que c'est surtout un compromis entre les vues exprimées par les divers Gouvernements dans leurs Mémorandums; mais la Conférence garde toute latitude de l'améliorer, en supprimant notamment, si elle le juge possible, les mots „en premier lieu".

Il semble, d'ailleurs, que la question du pavillon neutre, qui se retrouve dans d'autres chapitres du programme, et en particulier dans celui de l'assistance hostile, sera plus facile à élucider quand la Conférence aura passé en revue l'ensemble des règles qui lui sont soumises.

Il paraît, en outre, admis par plusieurs Délégations, animées du même esprit de conciliation et de simplification, que le pavillon régulièrement porté décide de la nationalité du navire, sans que l'on ait à rechercher d'autre présomption.

Sous le bénéfice de ces observations, la base 38 est adoptée.

Base 39.

La Délégation d'Italie propose de substituer au texte de cette base la rédaction suivante (Annexe 39):

„Le caractère neutre ou ennemi de la marchandise est déterminé selon la loi du pays dont le propriétaire est le ressortissant."

Cette proposition, conçue dans un esprit transactionnel par suite des grandes difficultés qui paraissent empêcher une entente unanime sur le principe de nationalité, donne lieu à un échange d'explications sur le point de savoir si c'est le domicile ou la nationalité du propriétaire qui détermine le caractère de la marchandise.

M. Kriege lit à ce sujet une note (Annexe 71), dans laquelle il indique les préférences de la Délégation d'Allemagne pour le principe de la nationalité, par analogie avec ce qui a été fait à la deuxième Conférence de La Haye pour la guerre sur terre.

Quant à la question subsidiaire de savoir s'il faut s'attacher à la qualité du propriétaire ou de celui qui supporte les risques, elle est réservée, comme la précédente, pour la séance prochaine.

L'ordre du jour de cette séance est fixé comme suit:

Examen des questions relatives au transfert de pavillon et au caractère ennemi, qui ont été réservées.

3. Troisième Séance de la Commission. Le 18 décembre 1908.

Résumé.

La Commission examine d'abord quelques questions relatives au blocus qui n'ont pas été tranchées.

Base 22.

Un amendement de la Délégation d'Autriche-Hongrie à la base 22 s'exprime ainsi (Annexe 51):

Remplacer cet article par la disposition suivante:

„Dès que la notification du blocus sera parvenue aux Puissances neutres, leurs autorités de port devront l'inscrire sur les papiers de bord des navires de commerce neutres en partance pour un port appartenant à l'un des belligérants.

A défaut d'une telle indication sur les papiers de bord, il y aura présomption d'ignorance du blocus."

Cette proposition a été faite dans l'intérêt des neutres, en faveur desquels elle cherche à établir une présomption très acceptable pour les belligérants, si l'Etat neutre se charge de faire parvenir la notification aussitôt que possible aux autorités de ses ports.

On a objecté que l'amendement proposé imposerait aux neutres une obligation nouvelle qui resterait dépourvue de sanction. Avec ce système il serait facile à des Etats neutres, nullement intéressés au blocus, de négliger la formalité de l'inscription sur les papiers de bord des navires en partance, et à rendre ainsi le blocus illusoire.

L'amendement à la base 22 est retiré.

Base 24.

Un échange de vues a lieu afin d'éviter tout malentendu en ce qui concerne la disposition des forces bloquantes dans le cas où le port bloqué se trouve dans le voisinage d'une frontière et à proximité d'un port neutre. On fait observer à ce sujet que la réserve d'un secteur, comportant un détour obligatoire pour les navires à destination du port neutre, fournirait en même temps aux navires qui voudraient forcer le blocus le moyen de le faire, et l'on demande si, dans le cas où ces derniers atteindraient en nombre, par ce chenal, le port bloqué, le blocus ne risquerait pas de ne plus être considéré comme effectif.

La situation est reconnue comme difficile, mais non comme irréductible. En l'absence de toute proposition formelle à cet égard, l'examen de la base 24 est renvoyé devant le comité de rédaction, dont le rapport devra s'inspirer de toutes les explications données en Commission et dont les propositions seront soumises à la Conférence.

Transfert de Pavillon.

Bases 35, 36, et 37.

M. Kriege expose la façon dont, selon lui, cette question devrait être traitée dans les bases de discussion. Cet exposé, avec les motifs qui l'ont inspiré, se trouve consigné dans l'Annexe 73.

Après un exposé des motifs qui avaient inspiré les rédacteurs de la base 35 à employer le mot „échapper", qu'il serait peut-être préférable de remplacer par le mot „éluder", pour mieux rendre l'idée d'une transaction d'intégrité douteuse, le Président résume la discussion en constatant qu'on se trouve dans un domaine de transaction et qu'on semble être d'accord sur le fond de la question. Le nouvel article britannique 35 (Annexe 49) ne renfermant, selon lui, qu'une règle générale, trop vague, sans application directe, il propose de suggérer au comité de rédaction, devant lequel seront renvoyés les articles 35, 36, et 37, d'établir d'abord des règles distinctes pour le transfert antérieur et le transfert postérieur à l'ouverture des hostilités. Une règle générale pourra être formulée plus tard en cas de nécessité.

Cette suggestion est acceptée également par la Délégation des Etats-Unis d'Amérique, dont l'amendement (Annexe 50) n'avait pas d'autre but que de conformer la rédaction de la base aux traités en vigueur entre leur pays et d'autres Puissances.

Caractère ennemi.

Bases 38 et 39.

La Commission est d'avis qu'il convient de soumettre la question du „caractère ennemi" à un comité restreint composé, par exemple, de cinq membres, dont le choix serait confié au président de la Commission. Ce comité, de caractère purement juridique, serait saisi de la question et s'en occuperait dès la reprise des séances au mois de janvier.

La discussion de l'ordre du jour étant ainsi épuisée, le Président propose de fixer l'ordre du jour de la première séance après la rentrée, et la Commission décide la discussion de la contrebande de guerre.

4. Quatrième Séance de la Commission. Le 13 janvier 1909.

Résumé.

Le Président fait remarquer que l'ordre du jour appelle des questions sur lesquelles l'accord semble facile. Ainsi sera continuée la méthode déjà employée avec succès pour le blocus, et qui consiste à traiter d'abord les problèmes les plus simples pour permettre de réfléchir aux plus compliqués et de les aborder ensuite: au nombre de ceux-ci se trouve au premier rang la matière de la contrebande. Si cette méthode convient à la Commission, ou pourra inscrire à l'ordre du jour de sa prochaine séance les sujets suivants:

Transformation des navires de commerce en bâtiments de guerre.
Destruction des prises.
Assistance hostile.
Transfert de pavillon.
Caractère ennemi.

Convoi.

Base 13.

Tandis que la plupart des Mémorandums admettent que les navires convoyés sont dispensés de la visite, les Mémorandums anglais et allemand consacrent le droit pour un croiseur belligérant de visiter les navires convoyés. Se rangeant à l'opinion de la presque unanimité, les Délégations d'Allemagne et de Grande-Bretagne se déclarent prêtes à se conformer à la pratique la plus généralement suivie dans un but de conciliation. Il est décidé que le discours prononcé à ce sujet par Lord Desart sera imprimé et distribué (Annexe 74).

La question se pose de savoir ce qui adviendra dans le cas où un vaisseau convoyé aurait été convaincu, á la suite de la visite faite par le commandant du convoi, à la demande d'un croiseur belligérant, de transporter de la contrebande.

Deux solutions sont présentées. D'après la première, appuyée par M. le Baron de Jedina-Palombini (voir l'Annexe 75), le commandant du convoi doit continuer à exercer se surveillance sur le navire incriminé, sauf à le faire conduire dans un port voisin et à exercer les sanctions qu'exige le droit: puisqu'on a eu confiance en lui pour „visiter“ ces bateaux, on peut en effet avoir la même confiance quant à la punition à infliger.

D'après la seconde solution, un navire qui a trompé le commandant du convoi perd tout droit à sa protection et se trouve dans la situation d'un navire isolé rencontré en pleine mer par un croiseur belligérant. Celui-ci, ayant constaté par l'entremise du commandant du convoi que la cargaison n'était pas innocente, peut saisir le bateau.

Entre ces deux solutions le comité d'examen aura à se prononcer.

Dommages-Intérêts.

Base 12.

On fait ressortir qu'il faut distinguer trois cas différents dans lesquels la capture n'est pas maintenue: La saisie peut être amenée par la faute du navire. Dans ce cas des dommages-intérêts ne sont pas dus. Si, au contraire, la faute est au capteur, une indemnité devrait être accordée.

Dans un troisième ordre de cas, la saisie est provoquée sans qu'il y ait une faute de part et d'autre, par une conduite irrégulière du navire, causée par des circonstances malencontreuses, et qui aura donné au capteur des motifs suffisants pour son soupçon. En pareil cas, une indemnisation devrait être payée, selon le Mémorandum allemand, qui prévoit des dommages-intérêts chaque fois que la saisie n'est pas causée par la faute du navire. D'après la base 12, au contraire, une indemnisation ne pourrait pas avoir lieu, parce qu'il y a eu des motifs suffisants de capturer le navire. Toutefois, la Délégation d'Allemagne n'insiste pas sur sa proposition et se range à l'opinion de la majorité.

La Délégation d'Autriche-Hongrie, tout en émettant l'opinion que le soin de décider si les dommages-intérêts sont dus pour les seules pertes directes ou aussi pour les pertes indirectes soit laissé à la Cour des Prises, se déclare prête à se conformer à la manière de voir de la Délégation allemande (voir l'Annexe 76).

On constate la distinction qui subsiste entre la saisie et la confiscation d'un navire ou d'un chargement, qui peut donner lieu à trois hypothèses différentes en ce qui concerne le jugement de la Cour des Prises, qui peut 1) approuver la saisie et la confiscation, cas dans lequel il ne saurait y avoir question de dommages-intérêts; 2) ne reconnaître la validité ni de la saisie ni de la confiscation, cas dans lequel les dommages-intérêts sont dus pour les actes effectués indépendamment de la restitution des biens retenus, et 3) reconnaître que la saisie a été effectuée pour des motifs suffisants sans, toutefois, que la confiscation soit justifiée. Dans ce cas, la prise et sa cargaison (n'étant pas de contrebande) doivent être restituées au propriétaire sans indemnité.

Il est fait remarquer par les Délégations d'Allemagne et d'Autriche-Hongrie qu'il y a lieu d'appliquer au dédommagement du propriétaire le principe général du droit international d'après lequel on n'adjuge des dommages-intérêts que pour les pertes directes, sans toutefois trop restreindre ce principe au point de rendre trop précaire la situation du propriétaire dont les biens auront été saisis à tort. Ainsi on ferait rentrer dans la catégorie des pertes susceptibles de compensation non seulement la détérioration du navire, la perte du fret, qui ne peut être touché par l'armateur à cause de l'interruption du voyage, les gages à payer à l'équipage du navire, &c., mais aussi le chômage auquel le navire est condamné par suite de la saisie. Toutefois, les pertes ultérieures qui ont pu résulter de la saisie, comme, par exemple, la faillite du propriétaire, sont des dommages indirects qui n'ont pas droit à la compensation.

Après un exposé donné par la Délégation de Grande-Bretagne (Annexe 77), il est convenu qu'elle consignera dans un amendement à la base 12 (voir l'Annexe 57) sa manière d'envisager cette question et que, puisqu'il ne subsiste pas de divergence sérieuse sur le principe en discussion, cet amendement soit accepté sauf règlement des détails par le comité de rédaction.

Résistance manifeste.

Cette question, soulevée à la deuxième séance plénière de la Conférence lors de la discussion de la base 9 (voir p. 141), n'est traitée par aucune des bases de discussion.

On émet l'avis que la simple tentative de fuite d'un navire devant un vaisseau de guerre belligérant ne suffit pas à constituer un cas de résistance et que, pour amener la confiscation du navire, il faut qu'il y ait résistance par force.

La question de savoir si la confiscation du navire doit entraîner de la cargaison innocente donne lieu à un échange de vues, sans toutefois recevoir une solution définitive. D'une part, on fait remarquer que la sort de la cargaison doit dépendre de celui du navire, tandis que, d'autre part, on insiste sur ce que le capitaine du navire ne peut être considéré comme l'agent du propriétaire de la cargaison à bord.

On cherche aussi à établir une distinction entre les différents degrés de résistance, en relation avec les motifs qu'il y aurait pour détruire le navire. En raison du doute qui subsiste sur la solution à donner à cette question, on décide d'y réfléchir et de soumettre au comité d'examen les conclusions auxquelles on aura abouti.

La séance est levée à midi 40.

5. Cinquième Séance de la Commission. Le 15 janvier 1909.

Présidence de M. Louis Renault.

M. Fromageot rend compte à la Commission des travaux du comité juridique, et lui demande de vouloir bien préciser l'objet de la mission de celui-ci. Il est entendu qu'elle comportera l'examen de toutes les questions relatives à la détermination du caractère ennemi des navires et des marchandises transportées par mer. Il est reconnu en outre qu'en raison de l'importance des intérêts politiques qui se joindront aux intérêts purement juridiques, toutes les Délégations y seront représentées. Ce Comité se trouve en conséquence constitué de la façon suivante:

Allemagne	M. Göppert.
Amérique (Etats-Unis d') . . .	M. Wilson.
Autriche-Hongrie	Baron Hold de Ferneck.
Espagne	M. le Capitaine de vaisseau Estrada.
France	M. Fromageot.
Grande-Bretagne	M. Hurst.
Italie	M. Ricci-Busatti.

Japon . . . . M. Tachi.
Pays-Bas . . . . M. Surie.
Russie . . . . Baron Nolde.

L'ordre du jour appelle la question de la transformation des navires de commerce en bâtiments de guerre.

Un échange de vues a lieu au cours duquel le Baron Taube, M. Kriege, Lord Desart, M. Fusinato, M. Dumba, le Vice-Amiral Roëll, et le Contre-Amiral Stockton exposent l'opinion de leurs Délégations (Annexes 78 à 85).*)

Le Président, constatant que la Commission se trouve en présence de vues opposées d'une part, et d'un mutuel désir de conciliation, d'autre part, croit préférable de renvoyer l'examen définitif de la question au comité d'examen dans lequel chaque Délégation se fera représenter au mieux de ses intérêts et de ses convenances.

Bases 30, 31, et 32.

Destruction des prises neutres.

De l'échange de vues et de la lecture de plusieurs exposés (qui sont consignés dans les Annexes 86 à 95), se dégage l'opinion générale que, en principe, la destruction des prises neutres ne peut être admise que dans des cas exceptionnels, qu'il est nécessaire de préciser.

Il est reconnu que cette question ne peut être, à présent, utilement discutée au sein de la Commission, et il est décidé en conséquence de la confier à l'étude du comité d'examen qui aura la tâche d'essayer de concilier les vues divergentes exprimées par les différentes Délégations, dont les déclarations seront imprimées et distribuées dans le plus bref délai possible.

Bases 33 et 34.

Assistance hostile.

La séance, interrompue à 1 heure, est reprise à 2 heures 45.

Lecture est donnée d'un discours exposant les vues de la Délégation d'Allemagne sur cette question (voir l'Annexe 96), vues qui d'ailleurs sont consignées dans une proposition dont le texte vient d'être distribué aux membres de la Commission (Annexe 55).

On appelle l'attention sur les expressions „sont passibles de capture" et „sont passibles du même traitement qu'ils subiraient s'ils étaient navires de commerce ennemis". Tandis que le sens de la première expression est évident, il serait bon d'avoir des éclaircissements sur celui de la seconde, et de savoir quelles sont les conséquences pour un navire d'un traitement semblable. En réponse à cette question l'on explique le traitement de navire de commerce ennemi peut entraîner les conséquences suivantes: 1) mise en jugement devant une cour des prises; 2) confiscation du navire; 3) destruction du navir; et 4) confiscation des marchandises ennemies à bord.

Les remerciements de la Commission sont offerts à la Délégation d'Allemagne pour l'exposé de sa manière de voir, et l'on propose d'adopter le

---

* *S. oben S. 660.*

texte nouvellement distribué par elle comme base de discussion et de procéder dès à présent à l'examen approfondi de la question.

A cette proposition l'on objecte la gravité des intérêts en jeu, qui exige qu'un temps suffisant soit donné aux membres de la Commission pour étudier ce texte, afin d'être qualifiés pour le discuter en pleine connaissance de cause. Cette objection est admise, et l'ordre du jour de la prochaine séance est fixé comme suit:

Discussion de la proposition de la Délégation d'Allemagne sur l'assistance hostile.

6. Sixième Séance de la Commission. Le 18 janvier 1909.

Caractère ennemi.

Avant d'aborder l'ordre du jour, le Président donne la parole à M. Fromageot, qui rend compte à la Commission des travaux du comité juridique constitué pour étudier la question de la substitution du porteur de risques au propriétaire pour la détermination du caractère ennemi des marchandises transportées par mer.

M. Fromageot donne lecture d'un rapport (Annexe No. 97) dont les conclusions tendent à ne pas innover en cette matière, en raison de l'absence d'uniformité légaslative ou d'une coutume commerciale identique.

M. Kriege, comme auteur d'une proposition relative à cette question, remercie M. Fromageot et les membres du comité juridique de leur consciencieux travail; M. Renault et Lord Desart joignent leurs remerciements aux siens au nom de la Commission, et se félicitent du résultat de la proposition de M. Kriege et des travaux du comité, qui ont permis de constater, après réflexion, qu'il paraissait préférable, quant à présent, de maintenir la pratique actuelle.

Assistance hostile.

L'ordre du jour appelle l'examen de la question de l'assistance hostile, qui correspond aux bases 33 et 34 et au sujet de laquelle la Délégation d'Allemagne a fait un exposé, accompagné d'une proposition (Annexe No. 55) qui doit servir de base de discussion. Aucune observation d'un caractère général n'est faite; mais des explications sont données au sujet du traitement que les navires neutres subiraient dans les cas prévus par la deuxième partie de la proposition allemande, à savoir, mise en jugement devant la cour des prises, confiscation ou destruction du navire, confiscation des marchandises ennemies trouvées à bord, tandis que dans les cas mentionnés dans la première partie de cette proposition, le navire est traité comme s'il transportait de la contrebande, et il est sujet à confiscation, sans toutefois perdre les garanties spéciales qui résultent de la nationalité neutre.

La Commission procède ensuite à l'examen de chacun des cas particuliers visés par la proposition allemande.

Sur le premier point du paragraphe 1er, un échange d'explications a lieu, afin de préciser la signification des mots „actuellement" et „exclusivement", qui s'appliquent soit au cas où un navire fait une opération unique de transport de troupes ou de transmission de nouvelles, soit au cas où le navire, en vertu d'un contrat, est destiné à faire plusieurs opérations de ce genre. Dans la première éventualité le navire n'est plus passible de confiscation après avoir accompli l'opération, tandis que, dans la seconde, il reste exposé à ce danger pendant toute la durée du contrat, même si, dans l'espèce, il n'a ni troupes ni dépêches à bord.

En ce qui concerne la transmission des nouvelles, il est rappelé que le transport de la correspondance postale est régi par la convention de La Haye de 1907 relative à certaines restrictions à l'exercice du droit de capture dans la guerre maritime. Il est expliqué, en outre, que la proposition a entendu donner un sens très général à la transmission des nouvelles, quelle que soit la manière de les transmettre, soit par dépêches, soit par télégraphie sans fil, soit même par voie orale. C'est une question de preuve, qui sera seulement difficile à établir dans le dernier cas.

Au sujet des cas prévus par le 2°, des précisions sont données sur les différences qui existent avec les précédents, le mot „spécialement' 'visant le cas d'un navire qui n'a pas pour seul but les opérations en question, mais dont l'assistance est caractérisée par le fait qu'il se détourne de sa route pour cet objet spécial.

Sur la question de la définition des „passagers individuels" visés par le 2°, on explique qu'il faut considérer comme rentrant dans cette catégorie des personnes enrôlées dans les cadres de l'armée et soumises aux lois et à la discipline militaires, mais non des recrues et des réservistes en route pour leur pays pour remplir leurs devoirs militaires. Cette définition paraît justifiée parce qu'il est impossible de regarder des individus qui ne sont pas soumis aux lois de la guerre comme faisant déjà partie de l'armée ennemie et comme susceptibles, en conséquence, d'être faits prisonniers de guerre. Si l'on voulait aller plus loin et soumettre au droit de la contrebande par analogie toutes les personnes obligées à faire un service militaire d'après la loi de leur pays, on empêcherait presque tout sujet mâle d'un Etat où le service militaire est obligatoire, de faire des voyages à bord de navires neutres, et l'on aurait ainsi l'air de vouloir légaliser des mesures vexatoires contre ces navires, résultat qui ne répondrait assurément pas aux intentions de la Conférence. L'intention de cette disposition est, en somme, d'assimiler la solution de cette question à celle que reçoit la question analogue dans la guerre sur terre, ou le belligérant envahissant un territoire ennemi n'a pas le droit de faire prisonniers les jeunes gens qui pourraient être appelés sous les drapeaux en qualité soit de recrues soit de réservistes, mais bien les seules personnes qui portent déjà les armes.

La Délégation de France croit devoir réserver son opinion sur le sens à donner au mot „incorporés".

Sur la question de savoir quel est le sens exact de l'expression „assistance directe aux opérations de l'ennemi" dans le 3°, il est dit que celle-ci ne vise que la seule assistance prêtée à l'ennemi au cours même du voyage actuel, et non pas celle que pourraient prêter de telles personnes après la terminaison de ce voyage. L'on propose en conséquence de préciser la signification de cette expression en y ajoutant les mots „au cours du voyage".

Pour ce qui regarde l'alinéa suivant, l'on explique qu'il a été ainsi rédigé avant l'élaboration des règles relatives au blocus et que l'on est prêt à lui apporter les modifications nécessaires pour le mettre en harmonie avec la rédaction de celle d'entre elles qui vise le point en question.

L'on demande de savoir pourquoi le cas de la transmission de nouvelles dans l'intérêt de l'ennemi est omis à cet alinéa, tandis qu'il trouve une place au 2° de l'article 1er de la proposition. Il est répondu à cette question que, pour le cas de la transmission de telles nouvelles, la capitaine est en mesure de l'empêcher dès le moment où il l'aura constatée, tandis que, pour celui du débarquement des personnes transportées, cette opération ne saurait s'effectuer sans que le navire touchât à un port. Il serait donc injuste, dans ce dernier cas, que le navire fût confisqué.

Au sujet de l'alinéa 3 il est expliqué qu'il se rapporte au cas de transport de militaires où la confiscation du navire n'est pas permise. Dans ces cas les militaires se trouvant à bord pourront être faits prisonniers de guerre, car ce serait en effet trop demander à un belligérant que d'exiger qu'il laisse passer, par exemple, des régiments ou des détachements entiers de l'ennemi pour la seule raison qu'ils se trouvaient à bord d'un navire non passible de confiscation. Cette disposition vise, en outre, le cas d'un militaire isolé qui se trouverait à bord d'un tel navire et qui pourrait être un officier supérieur des forces ennemies.

La Délégation de Grande-Bretagne réserve son opinion sur ce point, et demandera des instructions ultérieures de son Gouvernement.

L'on passe à l'examen de l'article 2 de la proposition.

Il est clair que les navires visés par cette disposition ne sont plus, en effet, des navires de commerce neutres au sens véritable de cette expression. La situation qu'ils occupent vis-à-vis du belligérant les distingue essentiellement des navires qui transportent la contrebande et la contrebande par analogie.

On décide de remplacer, au 2°, les mots „chef militaire" par les mots „agent d'un belligérant".

La proposition d'insérer après les mots „sous les ordres" les mots „ou sous le contrôle" est renvoyée devant le comité d'examen, cette hypothèse étant, d'ailleurs, prévue implicitement au 3°.

Quant à la disposition du 3°, elle vise, en premier lieu, les bateaux charbonniers et d'autres navires qui accompagnent une flotte ennemie. A première vue il pourrait paraître excessif que les navires affectés au transport de troupes soient sujets à la seule confiscation, traitement moins sévère que celui que subissent les bateaux charbonniers dans certaines circonstances, mais il va sans dire que ces premiers navires sont passibles du traitement prévu par l'article 2 lorsqu'ils sont affrétés entièrement par le Gouvernement ennemi. A l'article 1er il s'agit donc seulement du cas où le Gouvernement ennemi a passé un contrat avec un entrepreneur et, en conséquence, ne dispose pas directement du navire affrété, tandis que, entre le bateau charbonnier et le Gouvernement ennemi, il subsiste un lieu juridique direct. Ces cas seraient souvent, dans la pratique, difficiles à résoudre.

Comme il s'agit ici de considérations juridiques, on juge préférable de confier également au comité le soin de procéder au classement des cas ou un navire doit être considéré comme affrété entièrement par le Gouvernement ennemi.

La question traitée au 4^{0}, qui est celle des navires licenciés, présente de grandes difficultés, et si la solution proposée ne rencontrait pas l'assentiment de la Commission, on serait disposé à en accepter une autre. Un échange de vues a lieu, au cours duquel on fait ressortir, d'une part, que le cas prévu ne rentre pas dans la catégorie de l'assistance hostile, tandis que, d'autre part, on refuse aux navires neutres le droit de se livrer en temps de guerre à un commerce, comme, par exemple, le cabotage, exercé, en temps de paix, exclusivement par les nationaux du belligérant, sans que, par cela, ils perdent leur caractère neutre.

Les Délégations de France et de Grande-Bretagne réservent leur opinion sur cette question, qui est remise à un examen ultérieur.

Il est décidé de se réunir en Commission le vendredi, 22 janvier, pour examiner les règles relatives au blocus arrêtées par le comité.

7. Septième Séance de la Commission. Le 27 janvier 1909.

Blocus.

Le Président rend compte à la Commission des travaux du comité d'examen sur la question du blocus en temps de guerre. Le rapport (Annexe 110) qu'il a rédigé au nom du comité ayant été distribué, il paraît inutile d'en donner lecture.

Avant d'aborder la discussion générale, Lord Desart remercie M. Renault du soin qu'il a apporté à l'élaboration de ce consciencieux travail.

M. le Contre-Amiral Stockton déclare que la Délégation des Etats-Unis d'Amérique regrette de ne pouvoir donner son adhésion à l'article 19 et qu'elle entend faire des réserves sur cette question. Dans l'opinion de sa Délégation, en effet, la question du „voyage continu" en matière de blocus comme en matière de contrebande et comme en matière de cabotage, même après avoir été examinée séparément à ces divers points de vue, devrait être examinée dans son ensemble, ainsi qu'il a été fait dans les bases de discussion soumises par le Gouvernement britannique. Il propose, en conséquence, que cette question soit examinée de nouveau dans son ensemble, après qu'elle aura été examinée séparément pour chacune des matières qui la concernent. En attendant, et en vue d'obtenir dès à présent un accord unanime sur l'ensemble du texte soumis à la Commission, il propose d'en distraire l'article 19.

Le Président pense pouvoir conclure tout d'abord de l'exposé de l'Amiral Stockton qu'il accepte toutes les autres règles proposées. En ce qui concerne le voyage continu, il reconnaît qu'il est exact que cette question se présente pour le blocus et pour la contrebande. Il a paru préférable d'étudier le premier point en même temps que le blocus, mais il est bien entendu que les règles actuellement élaborées à ce sujet devront être mises en concordance avec celles qui seront formulées ultérieurement sur les autres points et que la Délégation des Etats-Unis d'Amérique conservera le droit de présenter alors un projet d'ensemble sur la matière.

Quant à l'article 19, la Commission émet l'avis qu'il est préférable de ne pas l'éliminer et qu'il suffit, pour donner satisfaction à la demande de la Délégation des Etats-Unis Amérique, d'enregistrer la réserve que l'Amiral Stockton a formulée à ce sujet, et de supprimer, en outre, à la cinquième ligne du rapport du comité les mots „à l'unanimité".

Cette manière de procéder est adoptée sans objections.

M. le Vice-Amiral Baron Sakamoto donne lecture d'une déclaration (Annexe 98), au sujet de la base 24 (article 17), dont la Délégation du Japon accepte le principe par esprit de conciliation, tout en maintenant certaines réserves en ce qui concerne l'étendue du rayon d'action.

Aucune autre observation n'étant faite, le rapport et les articles relatifs au blocus sont considérés comme adoptés par la Commission dans leur ensemble, pour être soumis à la Conférence quand elle se réunira en séance plénière.

Contrebande.

L'ordre du jour appelle ensuite la question de la contrebande de guerre. La discussion s'engage sur un projet d'articles élaboré par la Délégation de Grande-Bretagne (Annexe 63), pour remplacer les bases de discussion déjà soumises, et au sujet desquelles Lord Desart fournit quelques explications, destinées à en faire ressortir le caractère transactionnel.

M. Kriege, après avoir rendu hommage à l'esprit d'entente qui a présidé à l'élaboration de ce projet et qui permet d'espérer un succès prochain et complet des travaux consacrés à cette importante matière, croit pouvoir dire dès à présent, abstraction faite des points de moindre importance, dont il y aura lieu de parler dans la discussion spéciale, que la Délégation d'Allemagne s'associe aux idées fondamentales du projet. Il constate seulement que la solution donnée par Lord Desart à la question du voyage continu, et d'après laquelle l'application de cette doctrine serait interdite à l'égard de la contrebande conditionnelle, tandis qu'elle serait reconnue comme légitime à l'égard de la contrebande absolue, est en contradiction avec le principe qui a toujours été suivi par le Gouvernement allemand, et qui se trouve consigné dans l'article 16 de son Mémorandum. Il préférait en conséquence que la Commission supprime les articles 8 à 10 du projet et raye le mot „conditionnelle" à la première ligne de l'article 13. Il est cependant autorisé à déclarer que, si un accord ne pouvait être obtenu, sans une règle admettant la doctrine du voyage continu au sujet de la contrebande absolue, et si, par cette concession, l'acceptation unanime de l'arrangement et le succès de la Conférence étaient assurés, la Délégation d'Allemagne ne se montrerait pas intransigeante, à condition qu'il soit bien entendu qu'en aucun cas elle ne pourrait accepter la liste libre si la doctrine en question n'était pas entièrement abolie à l'égard de la contrebande conditionnelle.

M. le Contre-Amiral Stockton déclare que la Délégation des Etats-Unis d'Amérique, pour donner un témoignage de son esprit de conciliation, et tout en considérant que les questions de la contrebande et du voyage continu doivent être étudiées ensemble, est prête à accepter la liste de contrebande absolue, telle qu'elle a été admise à La Haye, ainsi que la liste de contrebande conditionnelle, avec faculté de l'étendre après examen, et la liste des articles qui ne doivent jamais être considérés comme de contrebande. En ce qui concerne la doctrine du voyage continu, il accepte son abolition pour le blocus et pour la contrebande conditionnelle, sous condition qu'elle sera maintenue pour la contrebande absolue, dans le sens d'une disposition qui pourrait être rédigée comme suit:

„Les articles de contrebande absolue sont saisissables lorsqu'il est établi qu'ils sont destinés au territoire de l'ennemi ou à un territoire occupé par lui ou à sa force armée."

Il fait, en outre, toutes réserves au sujet de l'article 10.

Le Président remercie, au nom de la Commission, la Délégation des Etats-Unis d'Amérique de son grand effort de conciliation.

Les Délégations de France, du Japon, d'Autriche-Hongrie, des Pays-Bas, d'Italie, et d'Espagne déclarent accepter l'ensemble du projet, sous réserve de la discussion ultérieure à laquelle donnera lieu chaque article.

M. le Baron Taube s'associe à ses collègues, tout en formulant d'expresses réserves sur les articles 1 et 5 du projet britannique (liste de La Haye et „liste libre") et sous condition que la question du voyage continu sera réglée conformément aux intérêts russes.

ART. 1. Cet article est adopté par la Commission, sauf une réserve de M. le Baron Sakamoto concernant le N° (7) de la liste de La Haye, et la nécessité de mettre les trois listes en concordance.

ART. 2. M. Kriege pense que la manière dont la notification de la déclaration est réglée par l'article 2 n'est pas entièrement satisfaisante. Lorsqu'on parle d'une notification par voie diplomatique, on n'a généralement en vue que la notification qu'une Puissance fait par l'intermédiaire de ses représentants auprès des autres Puissances. On ne voudra cependant pas exclure ici la possibilité d'adresser la notification aux représentants diplomatiques accrédités auprès de la Puissances dont émane la déclaration. C'est là une question qui se présente également au sujet de l'article 4 et dont le comité d'examen pourrait s'occuper.

M. le Comte de la Mortera fait un exposé (Annexe 99) et dépose une proposition (Annexe 60) tendant à faire dépendre de l'assentiment de toutes les Puissances Signataires de la Convention la faculté d'un belligérant, prévue par cet article, d'ajouter à la liste de contrebande absolue, ainsi que celle de faire la même chose pour la liste de la contrebande conditionnelle prévue par l'article 4.

En vue de la grande importance de la question ainsi soulevée, il est décidé de faire imprimer et distribuer ces pièces avant de les mettre en discussion.

M. le Comte de la Mortera se déclare prêt à rechercher une solution transactionnelle de la difficulté, dont l'examen est, en conséquence, réservé.

ART. 3. M. Kriege dit que, d'après le texte du projet, l'établissement de la liste de la contrebande conditionnelle n'aurait d'autre but que d'éviter des contestations au sujet du point de savoir si, oui ou non, tel article est suscesptible de servir aux usages de la guerre. Il semble qu'il y aurait une certaine utilité à ne pas en rester là. Il est très important pour le commerce de savoir d'avance et d'une manière certaine qu'un article sera considéré comme contrebande de guerre. D'autre part, les belligérants auront l'intérêt légitime de ne pas voir multiplier les cas où ils seraient tenus d'après l'article 20 d'indemniser le propriétaire de la contrebande. On devrait donc modifier l'article 3 dans ce sens que les articles énumérés dans la liste seront de plein droit et dès l'ouverture des hostilités considérés comme de contrebande conditionnelle.

M. le Baron Taube se rallie à cette proposition.

M. Fromageot s'y associe également, et fait ressortir les avantages qui résulteraient de son adoption au point de vue de la logique.

M. Crowe fait observer que l'idée qui a inspiré la Délégation de Grande-Bretagne en formulant cette liste a été celle d'établir d'une manière générale les catégories des articles susceptibles d'être déclarés de contrebande. Il dépendrait alors du belligérant de décider quels articles il voulait déclarer de contrebande. Ainsi, par exemple, il lui serait loisible de comprendre dans sa déclaration, du chef des vivres, le riz ou de l'en exclure selon sa convenance. Il est prêt, cependant, à accepter la solution proposée par M. Kriege, d'après laquelle le belligérant annoncerait, le cas échéant, par une notification spéciale, son intention de ne pas traiter comme contrebande de guerre tel ou tel article qui se trouve actuellement compris dans les listes de contrebande.

Il y a des catégories d'articles qui ne figurent point à la liste de contrebande conditionnelle, mais qui ne sont pas, non plus, mentionnées à la liste de l'article 5 (celle des articles qui ne peuvent jamais être considérés comme de la contrebande de guerre). Cette liste étant incomplète, il ne faut pas considérer les articles ainsi omis comme rentrant nécessairement dans la deuxième liste et ainsi comme susceptibles, par implication, d'être déclarés de contrebande.

La première partie de l'article est acceptée en principe, et l'on passe à l'examen de la liste y annexée, qui donne lieu à quelques observations en ce qui concerne sa rédaction. Il est décidé de l'accepter dans son ensemble et de la renvoyer devant le comité d'examen, qui lui apportera les modifications nécessaires.

ART. 4. M. Kriege propose de supprimer les mots „qui n'aura d'effet que dans un délai de — — jours“. Selon lui, les droits des neutres sous ce rapport sont suffisamment sauvegardés par l'article 20, d'après lequel le belligérant doit payer la valeur de la contrebande confisquée lorsque le capitaine du navire n'a pas pu connaître la déclaration de contrebande. Il serait toutefois excessif de demander à un belligérent de laisser passer les navires chargés d'articles dangereux, et de risquer, par ce fait, de manquer le but qu'il a poursuivi en faisant la déclaration. L'ennemi pourrait profiter du délai pour se munir de ces articles pour le reste de la guerre.

M. Dumba s'associe à la manière de voir de M. Kriege.

A la question de savoir si le délai proposé s'applique également à l'article précédent, Lord Desart répond négativement. L'article 20 ne protège pas assez les neutres, puisqu'il s'y agit uniquement de l'ignorance du capitaine; il n'y a pas questions là de celle du chargeur.

Il est décidé de confier au comité d'examen l'étude de cette question.

ART. 5. M. le Baron Taube fait ressortir que certains articles compris dans cette liste, tel que le coton, sont, en effet, utilisables pour la guerre.

Cette objection est admise, et il est décidé de renvoyer le premier alinéa de l'article devant le comité d'examen, qui trouvera la rédaction qui convient par l'écarter.

On passe à la discussion de la liste elle-même.

M. le Baron Taube réserve l'opinion de son Gouvernement sur le traitement qui doit être accordé au „coton", et propose de mentionner à l'alinéa (1) le lin.

Cette proposition est acceptée.

La séance, interrompue à 1 heure 10, est reprise à 2 heures 40.

Sur la proposition de M. le Baron Taube il est admis que les résidus bruts des graines mentionnées dans le No. 2 bénéficient de la même exemption que les graines elles-mêmes.

M. Ruyssenaers propose d'ajouter au No. 3 le tabac en feuilles, dont un commerce important se fait entre les Pays-Bas et leurs colonies, et qui ne peut du reste sous cette forme être considéré comme un produit pouvant servir aux usages de la guerre.

M. le Comte de la Mortera se rallie à cette proposition.

M. Kriege dit qu'il est à même d'accepter la liste; cependant ses instructions ne lui permettent pas de se rallier à une proposition qui ne s'arrête pas à fournir de simples explications mais qui tend à en élargir la portée.

M. Fusinato est muni d'instructions analogues, malgré l'intérêt que son Gouvernement aurait à voir insérés dans la liste certains objets qui n'y figurent pas.

En vue de l'absence d'unanimité sur cette question, M. Ruyssenaers déclare retirer sa proposition.

Les alinéas (4) à (10) sont acceptés sans discussion, et la proposition de M. Fusinato d'ajouter à l'alinéa 7 les marbres ne rencontre pas d'opposition.

En ce qui concerne l'alinéa (11), M. le Baron Taube demande des éclaircissements sur l'utilité, à un point de vue commercial, des matériaux qui y sont énumérés.

Il est décidé de demander à l'administration britannique compétente de fournir au comité d'examen une explication concise de cet alinéa, qui sera ensuite examinée par celui-ci (voir l'Annexe 101).

M. Dumba croit devoir réserver son opinion sur l'alinéa (12). Il trouverait préférable une rédaction qui exclût toutes les machines utilisables pour la fabrication d'objets et matériaux pouvant être employés à la guerre et qui comprît, en conséquence, toutes les autres.

On est d'accord pour constater que c'est là la vraie intention de l'alinéa qui est renvoyé devant le comité d'examen.

Les alinéas (13) à (16) sont acceptés sauf rédaction.

ART. 6. M. le Vice-Amiral Baron Sakamoto lit une déclaration ayant pour but de concilier les obligations de l'humanité avec les droits des belligérants en cette matière comme ils se trouvent définis, en ce qui concerne la guerre par terre, par les conventions de Genève et de La Haye.

En vue de l'importance de cette question, il est décidé de faire imprimer et distribuer cette déclaration (voir l'Annexe 100). Le comité d'examen cherchera alors une rédaction convenable.

Pour ce qui regarde l'alinéa (2), M. le Baron Taube demande des explications sur le sens du mot „destinés", et il est convenu que ce mot est appliqué aux objets et matériaux nécessaires au navire même à bord duquel ils se trouvent.

Le comité d'examen est chargé de trouver une rédaction qui fera ressortir cette conclusion.

ART. 7. M. Kriege fait remarquer que la situation envisagée par cet article, où il est question de la destination aux forces armées de l'ennemi, et celle qui est envisagée par l'article 13, où l'on parle du transport vers la flotte ennemie, est la même. On devrait donc employer la même expression pour la caractériser. C'est; là une question de rédaction qu'il signale à l'attention du comité d'examen.

M. le Contre-Amiral Stockton donne lecture d'un article (Annexe 103) qu'il voudrait substituer à l'article 7.

Le principe dont s'inspire sa proposition n'est pas très différent de celui de l'article actuel, mais son adoption faciliterait beaucoup les travaux de la Délégation des Etats-Unis d'Amérique.

Il accepte la proposition de confier l'étude des deux textes au comité d'examen. Cette proposition est en conséquence adoptée.

ART. 8, 9, et 10. M. Kriege demande des explications sur le sens de ces articles. Il lui semble qu'on doit les interpréter ainsi: Il y a une première règle qui porte que la marchandise qui doit être débarquée dans tel pays est présumée être destinécé à ce pays. Si le pays était neutre, il incomberait donc au capteur de prouver que la marchandise devrait ultérieurement être transportée, soit par terre soit par mer, dans le pays ennemi.

Il y a en second lieu des présomptions destinées à faciliter la preuve au sujet de la question de savoir si la marchandise doit être débarquée soit en pays ennemi soit en pays neutre. Lorsque le navire ne doit toucher qu'à un seul port ou seulement à des ports qui sont tous ou neutres ou ennemis, il n'y a évidemment aucun doute. Mais il faut envisager le cas, où le navire, au cours de son voyage, doit entrer dans plusieurs ports parmi lesquels se trouve un port ennemi. Alors il est présumé que la marchandise de contrebande doit être débarquée dans le port ennemi. Pour détruire cette présomption, il suffit de prouver que le cas n'est pas tel, mais que la marchandise doit être débarquée dans un des ports neutres, que celui-ci soit situé en deçà ou au delà du port ennemi.

Il prie la Délégation de Grande-Bretagne de bien vouloir lui dire s'il a bien traduit son idée, et il se permet d'ajouter que ce système ne répond peut-être pas entièrement aux nécessités de la pratique. Dans le cas où le navire doit toucher à plusieurs ports dont l'un serait ennemi, il semble plus naturel de distinguer. Si la marchandise devait être débarquée dans un port neutre situé au delà du port ennemi et que le navire n'atteindrait donc qu'après avoir touché au pays ennemi, il serait présumé que l'indication d'après laquelle la marchandise devait être transportée dans le pays neutre n'était pas sincère, et qu'elle était en réalité destinée à être débarquée dans le port ennemi. Lorsque, au contraire, le port neutre ou la marchandise devait être débarquée serait situé en deçà du port ennemi, le propriétaire n'aurait qu'à prouver le fait pour s'assurer le bénéfice de la présomption générale d'après laquelle la marchandise est destinée définitivement au pays neutre dont relève le port.

M. Crowe demande le temps de réfléchir avant de donner une réponse sur ce point.

A la question de savoir quel est le sens du mot „généralement", Lord Desart répond que la présomption dont il est question est admissible en l'absence de preuve contraire.

M. le Contre-Amiral Stockton ne peut pas accepter les articles 8 et 10, qui, selon lui, sont trop vagues. En pareil cas la présomption ne doit pas être admise, mais le capteur doit visiter le navire capturé et son chargement sans parti pris. Il accepte cependant, sans modification, l'article 9.

Le Président demande comment l'on voudrait que le capteur fournit des preuves une fois que la présomption ne serait pas admise.

M. Dumba signale la connexité qu'il y a entre les articles 8 et 13. Il serait désirable que l'on appliquât les dispositions de ce dernier à tous les cas et pas aux seuls cas de la contrebande conditionnelle, et que, en conséquence, ces dispositions trouvassent aussi une place à l'article 8.

Il est décidé de revenir sur ce point lors de la discussion de l'article 13.

En présence des objections aux articles 8 et 10 soulevées par la Délégation des Etats-Unis d'Amérique, le Président prie celle-ci de préparer un court exposé de sa manière de voir dont les membres de la Commission prendront connaissance avant de continuer la discussion de cette question.

M. le Contre-Amiral Stockton se déclare prêt à donner satisfaction à cette demande (voir l'Annexe 102), et la discussion de ces articles dans leur ensemble est renvoyée au vendredi, 29 janvier, à 11 heures.

8. Huitième Séance de la Commission. Le 29 janvier 1909.

Contrebande.

L'ordre du jour appelle la suite de la discussion du projet britannique visant la contrebande de guerre (Annexe 63).

Avant d'aborder les articles relatifs à la contrebande conditionnelle, le Président rappelle qu'au cours de la séance de mercredi dernier la Délégation des Etats-Unis d'Amérique a formulé certaines observations au sujet des articles 7, 8, 9, et 10, qui concernent la contrebande absolue. M. le Contre-Amiral Stockton ayant consigné les observations dont il s'agit dans une déclaration, il est décidé que cette déclaration (Annexes 102 et 103) sera soumise à l'examen du comité auquel la commission a renvoyé les articles en question.

ART. 11. M. Kriege constate que la rédaction de cet article se trouve en conformité avec les vues de sa Délégation. Elle vise en effet le cas d'articles destinés aux forces armées et aux administrations de l'Etat ennemi, et la manière de voir exprimée à ce sujet paraissait d'autant plus nécessaire à adopter que le projet britannique ne tient pas compte des propositions tendant à ajouter à la liste des objets de contrebande absolue certains articles, tels que l'or, l'argent, les rails de chemins de fer, qui, tout en étant susceptibles d'usages pacifiques, peuvent servir à augmenter la force militaire d'un belligérant. Il enregistre donc avec satisfaction le fait que l'article 11 permet la saisie de ces articles quand ils sont destinés à être employés dans l'intérêt de la Puissance ennemie.

Aucune autre observation n'étant faite, l'article 11 est déclaré adopté, sauf rédaction.

ART. 12. M. Fusinato constate que l'amendement déposé par la Délégation d'Italie au sujet de la base 6 (Annexe 29), s'applique à l'article 12 du nouveau projet britannique. Il fournit à ce sujet des explications (Annexe 104) dont il sera tenu compte par le comité auquel son amendement est renvoyé en même temps que l'article 12.

ART. 13. M. Kriege indique que le texte de cet article, qui tend à rendre la même idée que l'article 16 du Mémorandum allemand, en diffère par la suppression de la disposition d'après laquelle le transport des marchandises destinées à être débarquées dans un port intermédiaire neutre situé en deçà du port ennemi n'est pas regardé comme transport de contrebande. Il préférait, en conséquence, que la première phrase de l'article 13 soit rédigée comme suit:

„Les articles de contrebande conditionnelle ne sont saisissables que lorsqu'ils sont trouvés à bord d'un navire qui fait route vers le territoire de l'ennemi ou vers un territoire occupé par lui, ou vers sa force armée, et qui ne doit pas les débarquer dans un port intermédiaire neutre."

La Délégation de Grande-Bretagne se déclare d'accord avec la Délégation d'Allemagne pour que l'article 13 soit renvoyé au comité d'examen, qui tiendra compte des observations de M. Kriege.

ART. 14. M. le Baron Taube demande que cet article soit renvoyé au comité, en raison des liens qui le rattachent à ceux qui lui ont déjà été soumis.

ART. 15. M. Dumba demande des explications sur la dernière disposition portant qu'un navire transportant de la contrebande reste saisissable même s'il a l'intention de toucher à un port d'escale avant d'atteindre la destination ennemie.

Il résulte des explications fournies par Lord Desart et par M. Fromageot que la disposition dont il s'agit paraît conforme au droit commun admis par toutes les nations, et qu'elle ne vise pas, en outre, une question de voyage continu, puisque la marchandise ne quitte pas le bord et que c'est le navire qui est dirigé vers un port ennemi avec la contrebande qu'il transporte. Les escales dans un port neutre ne modifiant en rien l'infraction commise à la neutralité, infraction qui a pris naissance dès le départ du navire, il ne paraîtrait pas juste de la rendre exempte de sanction par le fait seul que le navire touche dans un port neutre.

M. le Baron Taube déclare s'associer au sens général de ces observations, mais croit qu'il y a là une question de rédaction à régler. Il fait, toutefois, ressortir que les articles précédents traitent les marchandises de contrebande d'après leur caractère, et non pas d'après leur destination. Pris dans ce sens, l'article 15 pourrait faire croire que tout navire ayant à bord de la marchandise reconnue de contrebande reste saisissable même s'il a l'intention de faire escale dans un port neutre. Selon lui, il est nécessaire de formuler spécialement une règle qui tiendrait compte de la destination.

L'article est ensuite adopté, sauf rédaction, et en tenant compte des observations qui ont été faites.

ART. 16 et 17. Les articles 16 et 17 sont adoptés, sauf rédaction.

ART. 18. M. le Vice-Amiral Roëll demande à la Délégation de Grande-Bretagne quelques explications au sujet de cet article, pour mieux se rendre compte s'il répond entièrement aux idées de son Gouvernement. Cet article ne parle que d'une catégorie de contrebande, et il lui semble que le transport de contrebande conditionnelle ne saurait être jugé de la même façon, quant à la responsabilité du capitaine, que celui de la contrebande absolue. Il se pourrait très bien qu'un capitaine transportât une cargaison de riz, par exemple, destinée à un fournisseur ordinaire de l'ennemi sans toutefois connaître le vrai caractère de cette destination. Dans un cas pareil la pénalité de la confiscation du navire serait excessive. Si, au contraire, cette pénalité était subordonnée à la connaissance du vrai caratère de la destination, la Délégation des Pays-Bas aurait moins de difficulté à accepter l'article. Le comité d'examen devrait, cependant, en amender la rédaction en vue de rendre son intention plus claire.

M. Crowe dit que la dernière interprétation donnée à l'article par la Délégation des Pays-Bas est celle qui est conforme à l'idée qui a inspiré sa rédaction. Il s'agit d'établir si le capitaine du navire a connaissance du caractère de contrebande, absolue ou conditionnelle, de la cargaison.

M. le Vice-Amiral Roëll se déclare satisfait de cette explication, et croit que le comité trouvera une formule plus claire.

M. Fusinato est prêt à accepter l'article, bien qu'il soit en contradiction avec le Code de la Marine Marchande italien, tout en faisant des réserves touchant la question de la proportion de la contrebande à bord qui entraînera la confiscation du navire et du mode de fixation d'après son poids, sa valeur ou son volume.

M. Fromageot fait également des réserves au sujet de cet article. Il fait remarquer (Annexe 105) que, dans la pratique, il est le plus souvent matériellement impossible pour un capitaine de connaître le caractère de la marchandise embarquée à bord de son navire et bien souvent même la destination de celui-ci, quand cette destination est à ordre. Le critérium de la connaissance est donc trompeur. Selon lui, le critérium de la quantité ou de l'importance de la contrebande est le seul qui doive être retenu, d'autant plus qu'il est facile à établir par rapport à la valeur du fret, qui apparaît sur le manifeste et sur le connaissement. Quant à la proportion à fixer, la Délégation de France serait disposée, par esprit de conciliation, à accepter celle de la moitié.

M. le Baron Taube fait également des réserves. Il est d'avis qu'il serait peut-être possible de trouver une solution de la difficulté en observant exactement la distinction à faire entre la contrebande absolue et conditionnelle.

Le Président suggère que les Délégations désireuses d'établir cette distinction déposent des propositions à cet effet.

M. Dumba suggère un article additionnel (Annexe 61) dans le but d'adoucir la rigueur du traitement à infliger à un navire n'ayant à bord qu'une proportion minime de contrebande.

M. Fromageot est d'avis que, d'une part, l'on ne saurait laisser au capteur la responsabilité de décider si la proportion de la contrebande à bord suffit pour justifier la confiscation du navire. D'autre part, le transbordement de la contrebande en pleine mer serait difficile, voire même souvent impossible, à effectuer.

M. le Vice-Amiral Baron Sakamoto partage l'opinion de M. Fromageot, en ce qui concerne la difficulté qui existera en cas de transbordement en pleine mer. De plus, en considérant que des difficultés pourraient surgir au point de vue de la preuve en cas de jugement, il faut donc, absolument, selon lui, conduire le navire à un port de prises.

M. le Vice-Amiral Roëll se rallie en principe à la suggestion de M. Dumba, sans toutefois méconnaître la haute valeur des observations de M. Fromageot.

Il est décidé que les suggestions de MM. Dumba et Fromageot (Annexes 61 et 62) seront imprimées et distribuées. Le comité d'examen aura à se prononcer sur la question.

ART. 19. M. Ruyssenaers trouve que la pénalité imposée au propriétaire de la contrebande par la confiscation des marchandises innocentes qui lui appartiennent à bord du même navire, est disproportionnée avec sa culpabilité dans le cas où la contrebande ne forme qu'une partie minime de son chargement.

M. Fromageot fait remarquer qu'il s'agit ici non seulement d'une peine à infliger, mais aussi d'une mesure de prévention. L'acceptation du principe posé dans cet article constitue une dérogation à la pratique française. Le Gouvernement français est prêt à faire cette concession dans l'intérêt d'un accord général, mais il abandonnerait difficilement son principe jusqu'au point indiqué par M. Ruyssenaers.

Lord Desart remercie la Délégation de France de la concession qu'elle a bien voulu faire en cette matière. Cet article exprime le principe qui a toujours été admis par la Grande-Bretagne.

Etant donnée l'absence d'adhésion de la part des autres Délégations, M. Ruyssenaers retire sa proposition.

L'article est adopté sauf rédaction.

ART. 20. M. Kriege dit que la disposition de l'article 20 ne paraît pas comprendre tous les cas où l'équité exige l'indemnisation du propriétaire de la contrebande. On devrais encore tenir compte de la situation où le capitaine du navire, soit par la télégraphie sans fil, soit par un navire rencontré en mer, aurait appris la nouvelle de l'ouverture des hostilités ou la déclaration de contrebande, mais n'aurait pas encore eu l'occasion de débarquer les articles dont il s'agit.

Il proposerait, en outre, d'établir des présomptions pour faciliter au capitaine la preuve qu'il a ignoré les faits en question. On pourrait dire que l'ignorance est présumée lorsque le navire n'a touché à aucun port postérieurement à la notification en temps utile de l'état de guerre ou de la déclaration de contrebande au Gouvernement dont relève le dit port.

Lord Desart se rallie à la suggestion de M. Kriege, qui est renvoyée au comité d'examen.

Le Président dit que la première discussion de toutes les questions soumises à l'examen de la Commission est à présent terminée. Des rapports sur plusieurs d'entre elles sont déjà en préparation et seront examinés par le comité d'examen, qui abordera cette tâche le mardi, 2 février, à 11 heures. Il propose, en conséquence, que la Commission lui laisse le soin de la convoquer de nouveau aussitôt que le comité aura achevé cette besogne.

9. Neuvième Séance de la Commission. Le 6 février 1909.

Rapport sur le convoi (Annexe 116).

Ce rapport, qui a été imprimé et distribué, ne soulevant aucune observation, est adopté, ainsi que le projet.

Le Président propose de supprimer de l'ordre du jour la question des dommages-intérêts, qui pourra être plus utilement traitée après la contrebande.

Cette proposition est adoptée.

Rapport sur la résistance violente (Annexe 117).

M. Fusinato lit une déclaration (Annexe 106).

Le rapport et le projet sont adoptés.

Rapport sur le transfert de pavillon (Annexe 114).

La Délégation des Etats-Unis d'Amérique fait une réserve (Annexe 107), au sujet de l'article 1er du règlement.

Le Président fait remarquer qu'il ne paraît pas y avoir contradiction entre le projet actuel et la convention de La Haye relative à l'ouverture des hostilités. Il cite à ce sujet le rapport inséré dans les actes de la Deuxième Conférence de la Paix, Tome 3, p. 49.

Après une observation de la Délégation des Etats-Unis d'Amérique relative à l'intérêt qu'il y avait à ne prendre des décisions qu'à l'unanimité, le Président fait obserevr que tout le monde est du même avis sur ce point. Il s'agit seulement de savoir quel sera le meilleur moment pour se prononcer définitivement sur la question soulevée par la Délégation. Ce sera vraisemblablement à la fin des travaux de la Conférence, lorsque l'on pourra avoir une vue d'ensemble des textes, et que l'on pourra utilement éviter les contradictions et les discordances.

Il est entendu que le rapport sur la résistance violente est adopté, ainsi que le projet sur le transfert de pavillon, sauf le point visé par la réserve de la Délégation des Etats-Unis d'Amérique, qui fera l'objet d'un examen ultérieur.

Rapport sur la transformation des navires de commerce en navires de guerre (Annexe 119).

Après une rectification faite par le Président au sujet d'une erreur qu'il avait commise, le rapport est adopté.

10. Dixième Séance de la Commission. Le 10 février 1909.

Résumé.

Présidence de M. Louis Renault.

Le Président adresse à Lord Desart les compliments de la Conférence pour son rétablissement et se félicite qu'il lui soit possible de prendre part de nouveau aux travaux de la Commission.

Il le prie également de vouloir bien faire parvenir à Sa Majesté le Roi les remerciements de la Conférence pour l'accueil particulièrement aimable que les Délégués ont trouvé à Windsor, au cours d'une charmante visite dont ils conserveront le meilleur souvenir.

Lord Desart exprime à la Commission toute sa gratitude pour le témoignage de sympathie personnelle qui vient de lui être donné, et annonce qu'il va adresser à Lord Knollys les remerciements que M. Renault lui a demandé de transmettre à Sa Majesté.

Rapport sur la destruction des prises neutres (Annexe 113).

L'ordre du jour appelle l'examen du rapport présenté à la Commission au nom du comité d'examen au sujet de la destruction des prises neutres.

M. le Baron Taube soumet une observation relative aux explications données dans le rapport pour la règle 3. Il y est dit que „la justification sera faite contradictoirement avec le neutre qui, s'il n'est pas content de la décision du tribunal national des prises, pourra se pourvoir devant la juridiction internationale.“ Il fait remarquer qu'en ce cas deux procédures distinctes sont engagées, l'une préalable, et l'autre sur le fond, et demande si l'appel introduit par les intéressés devant la juridiction internationale doit arrêter tout le procès, ou si, en cas de réponse affirmative du tribunal national, disant que la destruction était justifiée, le procès peut continuer. C'est là une question très délicate, qui n'a pas encore été soulevée.

Le Président résume la situation et rappelle que la question se pose ainsi: un navire neutre a été détruit. Il faut savoir si c'est dans des circonstances exceptionnelles justifiant la destruction. La question préalable est posée au tribunal national. S'il décide que le capteur était dans son droit, le capturé peut faire appel de cette décision devant la cour internationale. Peut-il y avoir un recours immédiat contre cette décision, empêchant la juridiction nationale de statuer sur le fond? En principe, les recours à la juridiction internationale ne sont pas suspensifs et n'empêchent pas, par exemple, une décision de vente de produire effet. Alors la juridiction nationale peut statuer sur le fond, pendant que la cour internationale statue sur la question préalable.

Il semble préférable que le recours devant la juridiction internationale soit réservé pour l'ensemble de l'affaire et vise en même temps les décisions rendues par le tribunal national tant au préalable que sur le fond. Cette solution, qui serait, au point de vue juridique, la seule logique, et qui éviterait dans la pratique beaucoup de difficultés, paraît pour ces raisons très désirable à MM. Kriege et Crowe, qui se sont spécialement occupés à La Haye de l'élaboration de la convention relative à l'établissement d'une cour internationale des prises. Elle donne d'ailleurs complète satisfaction aux observations du Baron Taube. Aussi la Commission décide-t-elle qu'une explication sera donnée à ce sujet dans le rapport, sans qu'il y ait lieu de modifier le texte des articles.

Aucune autre observation n'étant faite, le rapport est considéré comme adopté, sous réserve, cependant, des retouches qu'il pourrait y avoir éventuellement lieu d'y apporter, quand les dispositions relatives à la contrebande de guerre auront été définitivement adoptées, certaines d'entre elles pouvant trouver place dans la matière de la destruction des prises.

Rapport sur l'assistance hostile (Annexe 112).

On passe au rapport du comité d'examen sur l'assistance hostile.

M. le Vice-Amiral Roëll remarque que le deuxième alinéa du rapport ne prévoit pas la question des dommages-intérêts auxquels les propriétaires de marchandises neutres à bord d'un navire ennemi auraient droit en cas de destruction de ce dernier, par analogie à la règle 3 de la Déclaration de Paris.

Le Président explique que la destruction des navires ennemis n'est pas en question ici, puisqu'elle sort de la compétence de la Conférence et qu'elle rentre évidemment dans le domaine général du droit de guerre.

M. Wilson dit que la Délégation des Etats-Unis d'Amérique réserve son opinion sur la règle 3, jusqu'à réception d'instructions ultérieures de son Gouvernement à ce sujet.

A la demande de M. Dumba sur le point de savoir quelle serait la juridiction compétente dans le cas prévu par la règle 3, le Président répond que ce cas ne peut être résolu que par voie diplomatique et qu'il sort de la compétence de la juridiction nationale aussi bien qu'internationale.

L'ensemble des propositions est, en conséquence, adopté, sauf la réserve de la Délégation des Etats-Unis d'Amérique.

Rapport du Comité Juridique sur le caractère ennemi (Annexe 115).

Au sujet de la règle 2, M. Hurst dit qu'il avait proposé au comité de consacrer quelques dispositions auxquelles pourraient adhérer sous réserves les Etats partisans de la règle absolue du domicile, ces dispositions devant être soumises à l'examen de la Commission. Cependant, après mûre réflexion, il a paru préférable à la Délégation de Grande-Bretagne d'abandonner cette proposition, de sorte que la question reste absolument ouverte.

M. Fusinato craint que le deuxième alinéa de la règle 4 ne puisse donner lieu à des fraudes. Après un échange de vues et des explications données par M. Fromageot qui fait ressortir que l'intervention judiciaire, obligatoire dans des cas de faillite, est de nature à rendre les abus difficiles, il est convenu d'introduire dans le rapport une phrase qui établisse que la faillite ne devra pas être simulée et qui, par conséquent, reconnaisse la compétence de la Cour des Prises aussi sur ce point.

A la question posée par M. le Comte de la Mortera de savoir si le cas d'un transfert de marchandises par succession rentre dans l'alinéa 2 de la règle 4, M. Fromageot explique que le cas ne rentre pas dans l'alinéa cité; en effet, dans l'hypothèse du dit alinéa il n'y a pas, à proprement parler, un transfert, mais la résiliation d'un transfert antérieur. En outre, en cas de translation de la propriété de marchandises au commerce par l'effet d'une succession, on peut considérer que la marchandise englobée dans la valeur de la maison de commerce passe telle qu'elle est, c'est-à-dire, le cas échéant, avec le caractère ennemi.

Le rapport est adopté et le Président remercie le comité juridique et son rapporteur, M. Fromageot.

c) Protokoll der Plenarsitzung vom 17. Februar.

Le Président fait part à la Conférence des regrets de MM. le Comte de la Mortera et Fusinato d'être obligés de la quitter avant la fin de ses travaux.

Il propose ensuite l'approbation des procès-verbaux des quatrième, cinquième, sixième, et septième séances plénières (des 11, 14, et 18 décembre, 1908, et du 11 janvier, 1909).

Cette proposition est adoptée.

Le Président dit que l'ordre du jour appelle l'examen des travaux accomplis par la Commission, qui, sous la présidence de M. Renault, a traité l'ensemble du programme soumis à la Conférence. Il remercie, en sa qualité de Président, son éminent collègue du zèle et de l'impartialité qu'il a apportés à sa tâche ardue et exprime en même temps sa reconnaissance aux autres membres de la Commission et des Comités de leurs travaux consciencieux. (Applaudissements.)

Il soumet ensuite à l'approbation de la Conférence les rapports déjà présentés au comité d'examen et à la Commission.

Rapport sur le blocus (Annexe 110).

M. le Contre-Amiral Stockton: La Délégation américaine a dû faire une réserve sur l'article 19 visé par ce rapport. En effet, jusqu'à ce que la matière de la contrebande ait été complètement réglée, il n'est pas possible à la Délégation américaine de se prononcer sur l'article 19. Néanmoins, il a grand espoir d'aboutir à un résultat heureux, et il espère que le Gouvernement des Etats-Unis d'Amérique enverra des instructions favorables qui lui permettront d'accepter l'article 19.

Quant aux autres parties du rapport, elles ont sa complète approbation.

M. le Vice-Amiral Baron Sakamoto est heureux de déclarer qu'il accepte le projet sans réserve.

Dans la séance du 27 janvier, en rapportant le texte de l'article 17 concernant le blocus, il avait cru devoir formuler quelques réserves au sujet du „rayon d'action".

Or, l'objet que la Délégation du Japon avait en vue en faisant cette réserve était d'empêcher tout malentendu qui pourrait surgir en ce qui concerne l'application de la règle adoptée par la Commission relativement au „rayon d'action" d'une force bloquante, et de s'assurer que la liberté dont jouit le commandant bloqueur de répartir les navires mis à sa disposition et d'organiser les zones de surveillance de chacun d'eux suivant la configuration de la côte et la situation géographique des points bloqués, que cette liberté ne soit limitée que par la condition que le blocus soit effectif, et qu'il ne barre pas l'accès à un port ou à une côte neutre.

Le nouvel examen auquel la Délégation s'est livrée et les éclaircissements données par le rapport lui permettent de reconnaître qu'en effet, l'ensemble des dispositions sur le blocus, tel qu'il a été approuvé par la Commission, laisse au belligérant la liberté d'établir un blocus effectif. Il est donc heureux de pouvoir déclarer que sa Délégation accepte le projet sans réserve.

M. Ricci-Busatti: Je tiens à ce qu'il soit constaté que la notification du blocus „aux autorités locales", dont il est question à l'article 11 No. 2 du règlement adopté, pourra en tout cas être valablement faite aux autorités maritimes des ports ou de la côte bloqués, quelles qu'elles soient, dans telle forme que le commandant de la force bloquante jugera la plus convenable — voire au moyen de la poste ou du télégraphe — pourvu, naturellement, qu'il soit en mesure de prouver, au besoin, que la notification a été effectivement reçue par les destinataires.

M. Renault: Il ne peut y avoir de difficultés sur ce point. D'après le texte, le blocus doit être notifié aux autorités locales, c'est-à-dire de telle sorte que ces autorités en soient réellement informées. Quant aux procédés à employer, on ne peut guère entrer dans leur énumération et prévoir tous les moyens variés qui pourraient être utilisés; il va sans dire que la poste et le télégraphe en font partie. La seule nécessité est de prouver que la notification a été réellement faite.

M. Kriege se rallie à ces explications et pense que son collègue d'Italie aura entière satisfaction si elles sont consignées au procès-verbal.

M. Ricci-Busatti déclare que les explications données par MM. Renault et Kriege, et qui seront mentionnées dans le procès-verbal, lui donnent satisfaction entière, puisqu'elles contiennent les éclaircissements désirés par son Gouvernement.

Le rapport est adopté sauf la réserve des Etats-Unis d'Amérique sur l'article 19.

Rapport sur la destruction des prises neutres (Annexe 113).

Sur une observation de M. Renault, il est sursis à l'examen du rapport sur la destruction des prises, au texte duquel il pourra être nécessaire d'apporter des modifications.

Rapport sur l'assistance hostile (Annexe 112).

M. le Vice-Amiral Roëll: D'après les instructions que j'ai reçues de mon Gouvernement, j'ai l'honneur de demander à la Conférence de bien vouloir exprimer son opinion décisive sur une question, qui nous paraît être très importante. L'Article 3 de la convention de 1907 concernant la Cour Internationale des Prises pose comme règle, par rapport à la compétence de cette cour, le principe de neutralité, c'est-à-dire que le recours ne peut être fait que par les neutres. Il s'agit de savoir si un neutre inculpé d'avoir commis un acte qui, d'après les règles établies par cette Conférence, le ferait considérer comme ennemi n'a pas néanmoins le droit de s'adresser à la Cour Internationale des Prises en vertu de l'article 3 ci-dessus mentionné.

Pour être plus explicite: dans l'article 3 de la convention de 1907 sur la Cour Internationale des Prises, il est dit que les neutres seuls pourront se pourvoir en appel des décisions des cours nationales. Est-ce qu'un navire qui doit être considéré comme navire ennemi d'après les règles posées pour l'assistance hostile, d'après celles pour la résistance manifeste, et aussi, mais d'une manière un peu différente, d'après celles pour le transfert de pavillon et pour le caractère ennemi, pourra profiter, oui ou non, de la compétence donnée par l'article 3 de la convention de La Haye susnommée?

Mon opinion personnelle là-dessus est bien fixée, mais d'accord avec mon Gouvernement, je crois qu'il est très désirable que la question soit décidée par cette Conférence et clairement formulée dans un acte quelconque émanant de celle-ci afin de rendre impossible des divergences d'opinion à l'avenir.

Je vous prie, donc, M. le Président, de bien vouloir soumettre la question à la Conférence.

M. Renault: Nous devons tous remercier la Délégation des Pays-Bas d'avoir soulevé cette question. En principe, le recours devant la Cour Internationale des Prises n'est admis qu'au profit des particuliers neutres. Mais l'assimilation d'un navire neutre à un navire ennemi ne va-t-elle pas le priver du recours devant la Cour des Prises? La négative ne paraît pas douteuse: ce navire n'est pas un navire ennemi, c'est un navire neutre assimilé. La juridiction internationale des prises a été établie surtout pour sauvegarder la propriété neutre; or la question de savoir si le navire a vraiment perdu sa qualité de neutre relève de la Cour des Prises. En effet, l'assimilation à un navire ennemi est une sorte de punition qu'on veut lui infliger, mais la question de savoir s'il a encouru cette punition est essentiellement du domaine de la Cour des Prises. J'espère que cette opinion, nettement enregistrée au procès-verbal, pourra satisfaire aux desiderata du Gouvernement néerlandais.

Le Président et M. Kriege approuvent cette façon de procéder.

M. le Vice-Amiral Roëll remercie la Conférence de l'assentiment qu'elle donne à l'interprétation suggérée par le Gouvernement des Pays-Bas et déclare qu'il aura entière satisfaction par l'insertion au procès-verbal.

M. Wilson déclare que la Délégation des Etats-Unis d'Amérique fait une réserve sur l'Article 3 du projet.

Le rapport et le projet sont adoptés sauf cette réserve.

Rapport sur la transformation des navires de commerce (Annexe 119).

Le rapport sur la transformation des navires de commerce en bâtiments de guerre est adopté sans observations.

Rapport sur le transfert de pavillon (Annexe 114).

M. Renault demande de surseoir à la discussion de ce rapport jusqu'à ce qu'on ait pris connaissance d'une nouvelle proposition qui pourra, il y a lieu d'espérer, réunir les suffrages de la Conférence en faveur d'un texte modifié.

Rapport sur le caractère ennemi (Annexe 115).

En réponse à la remarque faite par M. Renault, que la Délégation britannique serait peut-être prête à offrir une explication de son attitude sur cette question, M. Hurst fait observer qu'il semble avoir surgi un malentendu. Au sein du comité juridique il a été question de l'élaboration de quelques articles auxquels pourraient adhérer certains Etats partisans de la règle du domicile. Il a, cependant, été décidé que la question devait rester ouverte. La Délégation britannique est d'avis qu'il faudrait supprimer les deux alinéas du rapport qui précèdent le texte de la règle 3, ce qui rendrait le Rapport acceptable à tout le monde.

M. Fromageot fait observer que les deux alinéas en question exposent un fait et non pas une appréciation: ils constatent ce qui s'est passé au sein du comité. Toutefois, leur suppression serait possible si la Délégation des Etats-Unis d'Amérique, qui est la principale intéressée à cet égard, y consent.

M. Wilson accepte, au nom de sa Délégation, de supprimer les deux alinéas, mais demande que l'on supprime également les deux alinéas précédents depuis les mots: „malgré divers ajournements".

M. Fromageot pense qu'il est impossible de retirer purement et simplement ces quatre alinéas; il est essentiel d'expliquer que l'accord a finalement échoué; sans cela le reste du texte devient inintelligible.

M. Hurst ayant suggéré l'adjonction d'une phrase explicative, M. Fromageot propose la rédaction suivante:

„Malgré divers ajournements, l'unanimité désirée par tous n'a pu être atteinte. Dans ces conditions, le Comité s'est vu contraint de limiter les règles au texte actuel.“

Le rapport est ensuite adopté avec le changement indiqué.

Rapport sur le convoi (Annexe 116).

Le rapport sur le convoi est adopté sans discussion.

Rapport sur la résistance opposée à la visite (Annexe 117).

M. le Comte Lovatelli: Le rapport sur la résistance opposée à la visite parle de la poursuite des navires de commerce sommés par un croiseur. Puisqu'un vaisseau de guerre de toute espèce peut exercer les droits des belligérants envers les navires de commerce neutres en fuite, et faire usage de ses armes, il va sans dire qu'un torpilleur ou contre-torpilleur — vaisseaux surtout indiqués pour jouer le rôle dont il s'agit — peut faire usage de la torpille contre un navire qui refuse d'obéir à une sommation.

Il est fait remarquer que la question soulevée est tranchée par le rapport, qui est ensuite adopté avec le projet.

Projet de Déclaration.

Le Président: La Délégation britannique a cru de son devoir de préparer un projet de Déclaration dans l'espoir qu'il sera généralement accepté par la Conférence. Le texte de ce projet a déjà été distribué à MM. les Délégués (Annexe 66), et sur ce texte j'ai l'honneur d'inviter les observations.

M. le Baron Taube n'a, à première vue, aucune objection à faire au sujet de la proposition britannique sur la forme à donner aux résolutions de la Conférence. Voyant cependant, dans le préambule du „projet de Déclaration“, une allusion à la convention du 18 octobre, 1907, relative à l'établissement d'une cour internationale des prises — et tout en appréciant, du reste, la manière délicate dont cette allusion est faite — il se voit obligé de formuler, au nom de son Gouvernement (qui n'a pas signé la convention susmentionnée), une réserve expresse quant à sa complète liberté d'action en ce qui concerne l'adhésion ou la non-adhésion de la Russie à cette convention.

M. Renault trouve qu'il est difficile et qu'il serait prématuré de discuter en Conférence le projet de Déclaration proposé par la Délégation britannique et croit qu'il serait préférable d'instituer dans ce but un **comité spécial** qui prendra le nom de **comité de rédaction.**

Sur l'invitation du Président, les Délégations désignent comme suit leurs représentants au sein de ce comité:

Allemagne	MM.	Kriege.
Amérique (Etats-Unis d')		Wilson.
Uutriche-Hongrie		Dumba.
Espagne		le Capitaine Estrada.
France		Renault, Président.
Grande-Bretagne		Hurst.
Italie		Ricci-Busatti.
Japon		Tachi.
Pays-Bas		Ruyssenaers.
Russie		le Capitaine Behr.

Le Président demande à la Conférence de désigner un Rapporteur-Général.

M. Renault demande que la Conférence ne se croie pas obligée de le nommer Rapporteur-Général parce qu'il a fait des rapports particuliers. Il trouve qu'il a été suffisamment honoré et chargé pour avoir droit au repos. Il prie donc la Conférence de confier cette tâche à M. Kriege, dont la haute compétence dans la matière est appréciée à sa valeur par tous les membres de la Conférence.

M. Kriege: Je remercie M. Renault du grand honneur qu'il m'a fait en proposant de me désigner comme Rapporteur-Général. Je crois, cependant, que, abstraction faite des raisons qui s'opposeraient à la désignation de ma personne, il y a une raison décisive qui exige que l'on ne sépare pas les fonctions de Rapporteur-Général de celles du Rapporteur de la Commission. Je crois que le résultat de nos travaux souffrirait si l'on devait renoncer au concours de M. Renault, pour donner le dernier coup de main à ce qui est en grande partie son œuvre personnelle.

Nous comprenons très bien que le surmenage auquel M. Renault a dû s'exposer pendant les dernières semaines l'a beaucoup fatigué et qu'il préférerait ne pas prendre sur lui cette nouvelle mission. Mais je crois vraiment que, dans l'intérêt général de la Conférence, nous devons insister et le prier de faire cet effort suprême.

Je crois donc exprimer un sentiment commun à nous tous, en lui demandant avec instance de ne pas refuser les fonctions de Rapporteur-Général.

M. le Contre-Amiral Stockton félicite la Conférence de ce qu'elle compte parmi ses membres deux hommes si bien qualifiés à jouer le rôle de Rapporteur-Général, et s'associe à M. Kriege pour prier M. Renault de bien vouloir céder au désir général. Il exprime en même temps la reconnaissance de sa Délégation pour les services inestimables que M. Renault a rendus à la Conférence.

M. Renault remercie vivement la Conférence de ce nouveau témoignage de confiance et accepte la mission qu'elle lui confie. Sur sa proposition il est décidé de réunir le nouveau comité dès l'après-midi.

d) „Résumé" der Kommissionssitzung vom 19. Februar.

Rapport sur le transfert de pavillon (Annexe 114).

Le Président donne lecture d'une proposition de la Délégation de Grande-Bretagne (Annexe 64). Cette proposition, faite dans l'intérêt du commerce neutre, vise l'insertion dans l'article 1er du projet, d'un nouvel alinéa fixant à trente jours la période avant l'ouverture des hostilités pendant laquelle le transfert légalement intervenu pourra être contesté. Cette idée, déjà émise au sein du comité d'examen, a obtenu l'approbation de la Délégation des Etats-Unis d'Amérique, et il est à espérer qu'elle pourra réunir les suffrages delà Conférence tout entière.

En l'absence de toute objection, le rapport et le texte des règles avec la modification proposée sont adoptés.

Rapport sur les dommages et intérêts (Annexe 118).

M. Kriege fait remarquer que la règle acceptée en comité d'examen ne s'appliquerait pas dans le cas où le navire saisi et conduit dans un port serait relâché sans l'intervention des tribunaux des prises. Cependant on devrait faire la règle telle que toute saisie exercée sans motifs suffisants donnerait aux intéressés le droit à des dommages et intérêts, indépendamment de la question de savoir si oui ou non la saisie a été suivie de capture. Il propose de modifier le texte de la règle comme suit:

„Si la nullité de la capture du navire ou des marchandises est prononcée par la juridiction des prises ou si, sans qu'il y ait eu une mise en jugement, la saisie n'est pas maintenue, les intéressés ont droit à des dommages et intérêts, à moins qu'il y ait eu des motifs suffisants de saisir le navire ou les marchandises."

M. le Vice-Amiral Roëll se rallie à cette proposition en faisant observer qu'elle va au-devant du désir de son Gouvernement, et qu'il en avait préparé une dans le même sens.

Lord Desart dit que la proposition est d'accord avec le principe britannique, et qu'elle comble une lacune dans le projet. Il l'accepte donc également.

M. le Vice-Amiral Baron Sakamoto se rallie aussi à la proposition de M. Kriege.

M. le Baron Taube exprime en principe son consentement, mais demande des explications sur la portée des expressions „saisie" et „capture".

Le Président fait ressortir que le mot „saisie" est une expression proprement juridique qui désigne le fait de la main mise sur un navire opérée par un vaisseau de guerre belligérant; elle s'emploie même dans le cas où l'intention n'existe pas de capturer le navire même, par exemple, parce qu'il ne contient pas une proportion suffisante de contrebande. Cette expression a donc un sens plus large que le mot „capture", qui veut plutôt exprimer le fait brutal de s'emparer d'un navire, en vue d'en obtenir la confiscation ultérieure. La cour des prises doit d'ailleurs se prononcer sur la validité de la saisie.

Il accepte, au nom de la Délégation française, la proposition de M. Kriege, mais pour écarter toute possibilité d'équivoque, il voudrait lui apporter la modification suivante:

„Si la saisie du navire ou des marchandises n'est pas validée par la juridiction des prises,“ &c.

M. Kriege n'a pas d'objection à faire à la modification ainsi proposée.

Le rapport et le texte ainsi rédigé sont adoptés.

Rapport sur la destruction des prises neutres (Annexe 113).

Le rapport et le texte sont adoptés sans observations.

Rapport sur la contrebande de guerre (Annexe 111).

M. le Contre-Amiral Stockton fait ressortir que l'article 9 du projet ne peut être accepté par son Gouvernement dans sa forme actuelle. Si cet article était supprimé, il pourrait retirer sa réserve à ce sujet, aussi bien que celle qu'il a faite sur l'article 19 du projet de règles sur le blocus.

Le Président dit que la Délégation de France reconnaît toujours l'utilité à l'article 9; cependant, dans un esprit de conciliation, elle est prête à consentir à sa suppression pour donner satisfaction au Gouvernement des Etats-Unis d'Amérique et pour faciliter ainsi un accord général.

M. Kriege se rallie à ce point de vue.

Lord Desart aurait préféré le maintien de l'article; il consent cependant à sa suppression pour les motifs exposés par le Président.

Les autres Délégations expriment leur assentiment.

M. le Contre-Amiral Stockton remercie ses collègues de leur attitude conciliante, qui aplanira pour sa Délégation de nombreuses difficultés. Il retire sa réserve sur l'article 19 du projet de règles sur le blocus et accepte ce projet dans son ensemble, ainsi que celui sur la contrebande.

Le Président rappelle à la Conférence qu'il y a encore deux réserves qui n'ont pas été retirées et fait ressortir le bien qui résulterait de leur retrait. Il prie les Délégués des Etats-Unis d'Amérique de tenir compte de l'esprit de conciliation dont la Conférence vient de faire preuve à leur égard, et de faire tous leurs efforts pour que leur réserve sur l'article 3 du projet sur l'assistance hostile soit également retirée.

M. le Contre-Amiral Stockton se déclare prêt à faire tout son possible pour amener ce résultat.

Le Président fait remarquer que la réserve faite par la Délégation du Japon au sujet du No. 7 de la liste de contrebande absolue pourrait donner lieu à de grandes difficultés. Chaque pays pourrait agir de même, ce qui mettrait le résultat de la Conférence en danger. Il invite M. le Vice-Amiral Baron Sakamoto de mettre fin à une situation excessivement grave en faisant un effort pour assurer l'unanimité sur la matière de la contrebande.

M. le Vice-Amiral Baron Sakamoto se dit cependant obligé de se conformer aux instructions de son Gouvernement en donnant lecture d'une déclaration (Annexe 109) par laquelle il maintient sa réserve.

Le Président fait remarquer que la Convention entière se trouve ainsi tenue en échec, et que l'article dans son ensemble peut être de nouveau mis en discussion.

M. le Vice-Amiral Baron Sakamoto se rend bien compte de la gravité de la situation. Il fera des efforts auprès de son Gouvernement, dont il espère obtenir un résultat favorable.

M. Ricci-Busatti donne lecture d'une déclaration (Annexe 108), exprimant la résolution du Gouvernement italien d'accepter les conclusions de la Commission sur la confiscation du navire et la remise de la contrebande, malgré certaines objections qu'il expose.

Sauf la réserve de la Délégation du Japon et la suppression de l'article 9, le rapport et les règles sur la contrebande sont adoptés.

Lord Desart, au nom de la Commission, remercie M. Renault de son zèle infatigable et de la peine qu'il s'est donnée pour guider les travaux de la Commission, qui, grâce à lui, ont pu aboutir à de si heureux résultats.

Le Président remercie les membres de la Commission de leur collaboration et déclare la Commission close.

La séance est levée à midi un quart.

e) Die Protokolle der letzten Plenarsitzungen (19. bis 26. Februar 1909.)

I. Neuvième Séance Plénière. Le 19 février 1909.

Présidence de Lord Desart.

Le Président soumet à l'approbation de la Conférence les quatre derniers rapports de la Commission (Annexes 114, 118, 113 et 111) sur

1. Le transfert de pavillon.
2. Les dommages et intérêts.
3. La destruction des prises neutres, et
4. La contrebande de guerre.

M. Renault fait remarquer que les quatre projets dans leur forme actuelle sont aujourd'hui entre les mains de la Conférence pour la première fois. Pour ce qui regarde le projet de la contrebande, il n'est pas sûr que l'article 22 est bien placé là où il se trouve et qu'il ne devrait pas trouver sa place à la fin du projet de la destruction des prises neutres. Il y a là une simple question de rédaction, puisque les deux projets ont été adoptés intégralement en commission.

Le Président propose que l'on laisse au comité de rédaction la faculté de placer l'article là où il jugera bon de le faire.

M le Baron Taube fait une réserve relative à l'article 18 du projet sur la contrebande de guerre, qui est en contradiction avec la législation russe. Toutefois, il s'engage à faire tous ses efforts pour obtenir l'autorisation de son Gouvernement de retirer cette réserve.

Les quatre rapports avec leurs textes sont ensuite adoptés, avec la réserve de M. le Baron Taube, et la séance est levée à midi 35.

2. Dixième Séance Plénière. Le 22 février 1909.

Der erste Teil des Protokolls ist abgedruckt oben S. 1232—1237.

M. le Vice-Amiral Baron Sakamoto: La Délégation du Japon avait fait ses réserves sur le No. 7 de la liste de contrebande absolue, comme il a déjà été exposé à la dernière séance de la Commission. Mais, toujours dominée par l'esprit de conciliation et en présence des difficultés que ses réserves pourraient soulever au moment où nos travaux prennent fin, la Délégation du Japon, animée du plus vif désir d'aboutir à un bon résultat, déclare accepter sans aucune réserve la liste de contrebande absolue.

M. le Capitaine de vaisseau Behr: La Délégation de Russie avait formulé une réserve sur l'article 40 de la Déclaration (autrefois article 18 du chapitre sur la contrebande) relative à la proportion de contrebande qui rend le navire confiscable. Cet article est en contradiction avec notre législation. En même temps le Baron Taube avait promis de faire des démarches pour obtenir l'autorisation de notre Gouvernement de retirer cette réserve.

Je suis très heureux de pouvoir déclarer aujourd'hui que ces démarches ont abouti et que la Délégation retire sa réserve et accepte l'ensemble des dispositions sur la contrebande sans aucune restriction.

Le Président propose d'aborder dès à présent la question de la publication des documents et actes de la Conférence. Il s'agit de décider quelle sera la date de cette publication et quelle forme on donnera au volume lui-même. Faut-il, par exemple, publier les résumés des séances de la Commission avec leurs annexes?

M. Kriege: M. le Président a soulevé la question de savoir dans quelles conditions les actes et documents de la Conférence Navale pourraient être publiés. Je me permets de faire remarquer que nous touchons ici à une question de principe. Jusqu'à présent les conditions de la publication des actes des Conférences internationales n'ont pas été déterminées, à ce que je sache, par les Conférences mêmes.

Mon Gouvernement est d'avis que, les conférences diplomatiques étant secrètes, la publication de leurs actes doit être approuvée par tous les Gouvernements intéressés. Cette manière de voir a été adoptée, par rapport à la publication des actes et documents de la deuxième Conférence de la Paix. Il est vrai que le premier volume des matériaux de cette conférence a été publié sans que l'assentiment des Gouvernements eût été préalablement obtenu, mais dans ce cas il n'y avait pas d'objection possible, parce que ce volume se rapportait seulement aux délibérations qui avaient eu lieu en public. Pour la publication des autres volumes le Gouvernement néerlandais a demandé le consentement de tous les Gouvernements représentés à La

Haye. En faveur de ce système il paraît y avoir cette raison décisive que chaque Gouvernement doit rester maître de juger lui-même jusqu'à quel point les déclarations faites par son représentant portent un caractère confidentiel qui exclue la publication. Je pense qu'il faudrait, dans l'espèce, appliquer ce principe. Pour obtenir l'assentiment voulu, il serait peut-être pratique que le Gouvernement britannique s'adressât aux différents Gouvernements intéressés.

Je passe à une autre question qu'il faut résoudre: Quels sont les actes qu'il conviendra de publier? Il y a la note d'invitation; les Mémorandums des Gouvernements; les Bases de Discussions; les procès-verbaux et les résumés des séances avec leurs annexes; les rapports du comité; le Protocole final; et enfin la Déclaration. La décision sur la publication des différents documents me semble devoir dépendre de la résolution qu'on prendra sur la communication des documents à la cour internationale des prises et aux Puissances qui auront manifesté l'intention d'adhérer à la Déclaration. Les documents qu'il faudrait communiquer à la cour et à ces Puissances pourraient immédiatement être rendus publics. Or, quoique je n'aie pas sur ce point une opinion bien arrêtée, il me paraît difficile de refuser à la cour des prises ou à une Puissance adhérente la communication d'aucun des documents qui serviraient à les éclairer sur la portée de la Déclaration.

En ce qui concerne l'attitude de l'Allemagne, je suis sans instructions, mais je ne doute pas que mon Gouvernement ne consente à donner la publicité la plus large à l'ensemble des actes et documents de la Conférence sans aucune exception. Pour le cas où le Gouvernement britannique ne désirerait publier qu'une partie des actes de la Conférence, de sorte que, pour le reste de ces actes, le caractère confidentiel des délibérations serait maintenu, je ne crois non plus qu'il puisse y avoir la moindre difficulté de la part de mon Gouvernement.

En ce qui concerne le moment où la publication sera faite, il va de soi que, pour le fixer, il faut en premier lieu tenir compte des vœux du Gouvernement qui a convoqué la Conférence. Notamment, en ce qui concerne la publication de la Déclaration, personne ne voudra faire une proposition qui puisse tant soit peu ne pas correspondre aux vues de la Grande-Bretagne.

M. Crowe remercie M. Kriege, au nom de la Délégation britannique, de ses observations, ainsi que de l'esprit qui les a inspirées. La seule préoccupation du Gouvernement britannique est de soumettre aux autres Gouvernements représentés avec le moins de retard possible l'ensemble des pièces que l'on décidera de publier, et non pas de leur présenter d'abord les textes et ensuite, séparément, le commentaire. Le Gouvernement britannique n'a ni d'objection à la publication ni parti pris pour ce qui regarde le choix des pièces qui trouveront leur place au volume. Il faudra cependant demander aux Gouvernements intéressés l'autorisation de publier leurs Mémorandums, si toutefois l'on décide de la faire. En tout cas, puisque l'œuvre de la préparation exige un certain délai, il serait bon d'établir une date avant laquelle les Puissances représentées s'engageraient à ne donner au monde aucun renseignement sur les résultats de la présente Conférence. Il propose que l'on fixe cette date au 20 mars.

Les différentes Délégations acceptent, au nom de leurs Gouvernements respectifs, un engagement à cet effet.

M. Crowe revient sur la question de savoir si les résumés des séances de la Commission avec leurs annexes doivent, ou non, trouver une place au volume qui sera publié. Il conçoit qu'il peut y avoir des arguments pour et contre leur publication. On pourrait faire ressortir, d'une part, que ces résumés ont eu, dès le commencement, le caractère de simples aide-mémoire qui ne sauraient engager personne et que, en raison de ce caractère temporaire, ils n'avaient pas subi la revision soigneuse qu'exige un document destiné à la publication. Si l'on décidait cependant de les publier il faudrait les soumettre préalablement à un examen et à une revision rigoureux. D'autre part, il est loisible d'arguer que les déclarations et exposés faits en commission ne sont pas sans valeur. Quoi que l'on décide, il faut obtenir une décision unanime sur le parti à prendre et éviter tout risque de voir publier dans tel pays des pièces qui ne paraîtront pas dans tel autre.

M. Renault a un grand doute sur l'avantage de publier les résumés de la Commission, qui, pour les raisons citées par M. Crowe, ne reproduisent pas toujours avec une parfaite exactitude les observations de MM. les Délégués. Il s'agit ou de se livrer à une revision minutieuse de ces pièces ou de les supprimer tout à fait. Il est opposé à la publication de trop de documents qui, selon lui, aura pour effet d'obscurcir les résolutions de la Conférence, et peut donner lieu à des controverses sans toutefois fournir aucun renseignement utile.

M. Dumba partage la manière de voir de M. Renault. Il est d'avis que les annexes aux résumés ne sont pas sans intérêt, mais que la difficulté de leur publication consiste en ceci, que sans les résumés des séances où ces déclarations ont été faites elles se trouveront, pour ainsi dire, en l'air. Son Gouvernement gardera le secret le plus absolu sur les documents euxmêmes, mais il serait peut-être difficile au Gouvernement britannique de se soustraire à la nécessité de faire quelque communication à la presse qui donnerait une idée générale et succincte des débats et des résolutions de la Conférence.

M. Crowe dit que son Gouvernement n'a pas pensé à faire dès à présent une communication à la presse, sinon pour lui annoncer qu'un accord a été signé. Il partage l'opinion de M. Dumba sur les inconvénients de publier les annexes sans les résumés. Il y a là des difficultés qui paraissent insurmontables.

M. le Vice-Amiral Baron Sakamoto partage cette manière de voir, mais il ne voit pas d'objection à la communication à la presse d'un résumé des résolutions de la Conférence.

M. le Contre-Amiral Stockton propose que cette question soit renvoyée devant un comité qui l'étudiera et qui fera ensuite un rapport à la Conférence.

M. le Vice-Amiral Baron Sakamoto se rallie à cette proposition.

Le Président dit que, si cette proposition est acceptée, la question pourra être examinée par le comité juridique, qui n'a plus beaucoup d'occupation.

M. le Contre-Amiral Stockton préférerait un comité composé de MM. les Premiers Délégués, comme celui qui a été proposé tout à l'heure par M. Kriege.

Après un échange de vues il est décidé que la solution la plus commode est de renvoyer la question devant l'ancien comité d'examen, qui serait le plus qualifié pour la trancher.

3. Onzième Séance Plénière. Le 25 février 1909.

Le Président annonce le dépôt du Rapport Général sur les travaux de la Conférence.

M. le Contre-Amiral Slade: Avec votre permission, je demanderai quelques explications sur le dernier alinéa de l'article 16, qui concerne le blocus.

D'après le langage de cet alinéa, il paraît que, dans le cas où les autorités locales refusent d'admettre toute communication avec le dehors, tout navire neutre dans un port bloqué doit recevoir une notification spéciale pour que les vaisseaux de l'escadre bloquante aient le droit de le saisir s'il essaie d'en sortir. Il me semble que le fait de l'établissement du blocus sera généralement connu dans le port après le retour d'un ou de plusieurs navires qui auraient essayé d'en sortir et qui auraient été obligés d'y rentrer après inscription de la notification du blocus sur leur livre de bord. Dans ces circonstances, il semble à la Délégation britannique qu'il serait utile d'ajouter au Rapport quelques mots tendant à écarter toute équivoque sur cette question.

M. Renault croit que l'observation est tout à fait fondée; dans le cas visé, le navire n'a pas le droit de gagner le large. Si un autre navire veut faire la même tentative, la connaissance du blocus peut être présumée, et cela suffit aux termes de l'article 14; ce navire s'exposera à la saisie et à la confiscation; il n'y a donc pas lieu de faire de notification spéciale pour chaque navire voulant sortir du port. Satisfaction sera donnée à la Délégation britannique par l'addition au texte du Rapport de quelques mots dans le sens indiqué.

M. le Vice-Amiral Baron Sakamoto se rallie à l'explication donnée par l'Amiral Slade.

M. Wilson: Il me semble que l'expression „navires de commerce“, qui se trouve dans le Rapport, est susceptible de recevoir des interprétations différentes. Dans l'expression „navires de commerce“ sont généralement compris les navires que nous appelons „merchant ships“. Nous considérons que les navires se divisent en deux catégories: 1) les navires d'Etat; 2) les navires privés. Dans le terme „navires privés“ nous comprenons toute espèce de navire privé (les navires de commerce, les yachts des particuliers, &c.). Je désire seulement demander une interprétation par la Conférence de l'expression „navires de commerce“.

Après explication, il est entendu que le sens indiqué par M. Wilson sera considéré comme le sens exact du mot „navire de commerce“, qui, ainsi que l'indique M. Renault, comprend tous les navires autres que les navires d'Etat.

M. Renault propose une modification à l'article 67. Il s'agit du dépôt des ratifications. A propos des mots „copie certifiée conforme", &c., on peut se demander s'il s'agit seulement des instruments de ratification qui sont donnés pour les ratifications ultérieures. On pourrait préciser qu'il ne s'agit, en effet, que des ratifications ultérieures. Il suffirait d'ajouter les trois mots, „qui les accompagnent", à la fin de l'alinéa visé. Ainsi, il ne peut y avoir de doute: la nécessité de donner copie des instruments de ratification est restreinte à celles qui font l'objet d'un dépôt ultérieur. En un mot, il faut donner à cet article la même interprétation qu'à l'article correspondant de la Convention de La Haye.

M. le Capitaine de vaisseau Behr: J'accepte la Déclaration dans son ensemble, mais, pour écarter toute équivoque, je tiens à déclarer que le Gouvernement russe réserve son entière liberté d'action en ce qui concerne son adhésion ou non-adhésion à la Convention relative à l'établissement d'une Cour internationale des prises, dont mention est faite au préambule et aux divers articles de la présente Déclaration.

Folgt der oben S. 1240—1243 abgedruckte Teil des Protokolls.

La Conférence prend acte de cette Déclaration.

. . . .

Le Président: Le Rapport Géneral est accepté par la Conférence.

4. Douzième Séance Plénière. Le 26 février 1909.

Le Président demande l'approbation de la Conférence pour les procès-verbaux des huitième, neuvième, et dixième séances plénières (du 17, 19, et 22 février), ainsi que pour celui de la onzième séance plénière (25 février), qui n'a pas encore pu être imprimé et distribué, mais dont le Secrétaire-Général donnera lecture.

Le Secrétaire-Général donne lecture de ce procès-verbal, qui sera éventuellement distribué en épreuve comme les précédents, afin que MM. les Membres de la Conférence aient la possibilité de revoir les observations qui leur sont attribuées.

Les quatre procès-verbaux susmentionnés sont adoptés.

Le Président invite MM. les Délégués à présenter leurs observations sur la Déclaration.

M. Renault dit que le titre de la Déclaration ne doit pas être entendu dans un sens trop restrictif. Par exemple, en cas de guerre entre deux Puissances Signataires de la Déclaration ou y adhérentes, dont l'une ne posséderait pas de côte maritime, les dispositions de la Déclaration seraient quand même applicables, quoiqu'il ne puisse pas y avoir, à proprement parler, de guerre maritime entre les deux adversaires; cela résulte, d'ailleurs, du texte même de l'article 36.

La Déclaration est ensuite adoptée.

On passe à l'examen du Protocole de clôture.

M. le Vice-Amiral Baron Sakamoto tient à déclarer que les mots „des Puissances qui ont signé ou qui ont exprimé l'intention de signer la Convention de La Haye en date du 18 octobre 1907", ne doivent en aucun cas être interprétés comme applicables au Japon.

La Conférence prend acte de cette déclaration, qui sera consignée dans le procès-verbal de la séance.

Le Protocole de clôture est adopté.

Le Président: Messieurs et chers Collègues, — Nous avons atteint la fin des travaux dont nous avaient chargés nos Gouvernements, et j'aime à croire que, vu la complexité de la tâche à laquelle nous nous consacrons depuis le mois de décembre, nous pouvons, sans trop de vanité, nous féliciter d'avoir fait, grâce au bon vouloir des Délégués de toutes les Puissances représentées à cette Conférence, un grand pas vers l'institution éventuelle d'un code de droit maritime qui sera accepté par l'ensemble du monde civilisé.

A l'occasion de notre première réunion, le 4 décembre, Sir Edward Grey a prononcé, au cours de son discours d'ouverture, les paroles suivantes:

„Cette Conférence représente des nations puissantes et des intérêts importants. Elle possède, en même temps, par la compétence des Délégués qui la composent, les connaissances les plus approfondies et l'expérience la plus étendue des questions qu'elle est appelée à résoudre. Le respect du monde entier est acquis aux décisions unanimes d'une telle Conférence, à l'accord des hommes illustres réunis ici. Un tel accord aidera à rapprocher les unes des autres les nations représentées; il établira solidement, j'espère, la base du tribunal futur, et il permettra aux Puissances Signataires et Adhérentes de la Convention d'attendre son institution avec des sentiments de soulagement, d'espoir et de confiance.

Je vous remercie de nouveau de votre présence à Londres; je vous souhaite cordialement la bienvenue au nom du Gouvernement britannique, et je vous exprime son vif désir que vos travaux réalisent tous les espoirs que l'on attend de vos efforts."

Même si notre travail n'obtient pas l'approbation unanime que nous pourrions désirer, même si les dispositions que nous avons formulées ne s'appliquent pas à tous les cas imaginables, du moins un grand pas en avant résulte de l'accord atteint par les Représentants des grandes Puissances maritimes sur les principes consacrés par les articles qui ont été adoptés par la Conférence. Jusqu'à ce point-là, les espérances de Sir Edward Grey sont déjà réalisées, et telle est, en effet, son opinion. Aujourd'hui, malheureusement, les exigences de ses hautes fonctions officielles l'empêchent d'être des nôtres, comme il l'aurait bien voulu, et j'ai pour instructions de vous exprimer ses regrets les plus sincères de se trouver dans l'impossibilité d'assister à la dernière séance de notre Conférence comme il l'a fait pour la première.

Il m'a autorisé à vous exprimer la profonde satisfaction qu'il éprouve du bon résultat auquel ont abouti nos travaux, résultat qui constitue une notable avance dans le domaine du droit international. Il se félicite encore davantage de la bonne volonté qui a inspiré les délibérations de la Conférence. Il constate avec le plus vif plaisir que nous avons tous été animés du même désir d'atteindre par la voie de la conciliation la solution des questions soumises à notre examen et que les Représentants des grandes Puissances qui lui ont fait l'honneur de se rendre à l'invitation du Gouvernement britannique ont prêté un concours aussi énergique que bienveillant à l'aplanissement des difficultés qui ont surgi au cours de nos débats. Il m'a spécialement chargé, en conséquence, de prier tous les Délégués de bien vouloir agréer l'expression de sa profonde reconnaissance pour les efforts qu'ils ont faits afin de concilier tous les intérêts et pour l'esprit de courtoisie et de bonne volonté qu'ils ont su apporter à cette tâche.

J'ai parcouru, il y a quelques jours, le procès-verbal de la séance de clôture de la Deuxième Conférence de la Paix, et j'y ai rencontré les paroles prononcées à cette occasion par un compatriote distingue — d'une rare expérience, et connu partout pour sa sagesse, son impartialité, et sa bienveillance — qui a eu l'honneur de prendre part aux travaux de cette Conférence comme Plénipotentiaire de la Grande-Bretagne. Je parle de Sir Edward Grey, dont les paroles m'ont semblé tellement applicables au cas de la Gonférence actuelle que je me permets de les citer ici:

„Je n'ai pas l'intention de passer en revue les travaux de cette Conférence. Je me bornerai à faire remarquer que, de tous les projets que nous avons adoptés, le plus remarquable, à mon avis, est celui de la Cour des Prises, parce que c'est la première fois dans l'histoire du monde qu'on a organisé une Cour vraiment internationale. La loi internationale d'aujourd'hui n'est guère autre chose qu'un chaos d'opinions qui souvent se contredisent, et de décisions des cours nationales, basées sur les lois nationales. Nous espérons voir peu à peu se former dans l'avenir, autour de cette Cour, un système de lois vraiment internationales, qui ne devra son existence qu'aux principes de justice et d'équité et qui, par conséquent, aura droit non seulement à l'admiration du monde, mais au respect et à l'obéissance des nations civilisées."

N'est-il pas vrai, Messieurs, que, en consacrant les règles élaborées avec tant de soin au cours de nos délibérations, nous faisons un pas important vers la réalisation de l'espoir exprimé par mon éminent compatriote? Je me rends bien compte que le fait d'avoir accepté l'invitation de prendre part aux travaux de cette Conférence n'engage point nécessairement les Puissances représentées à ratifier la Convention pour l'établissement d'une cour internationale des prises, mais il me paraît être d'une grande importance de poser des règles qui pourront être appliquées par cette Cour si, toutefois, comme je l'espère, ce tribunal se met éventuellement à fonctionner.

L'examen minutieux des Mémorandums que les Puissances avaient, eu l'obligeance de fournir, ainsi que l'expérience acquise au cours des premières séances de cette Conférence, a démontré l'existence, du moins apparente, de divergences sérieuses, soit de principe, soit de pratique, entre les diverses législations maritimes appliquées par les Cours et Commissions des prises des différents pays. J'avoue, pour ma part, que, au commencement de nos travaux, la tâche de concilier ces divergences et de trouver le moyen d'amener un accord m'a paru assez formidable. Ensuite, cependant, nous avons constaté par un examen approfondi de la pratique en ce qui concerne certains points très importants, que les divergences étaient parfois moins marquées qu'elles n'avaient semblé l'être à première vue, et, quelquefois même, qu'elles n'étaient que des variations de pratique, partant d'un principe identique qui leur sert de base à toutes. J'ai donc aperçu qu'il n'y avait pas lieu de désespérer d'atteindre une entente qui, sans sacrifier les principes dominants, assurerait leur bénéfice aux neutres tout en sauvegardant les droits des belligérants.

Si, d'ailleurs, j'ai eu au début quelques doutes sur la possibilité d'aboutir à un semblable résultat, c'est que, à ce moment, je n'avais pas eu l'occasion de me rendre compte de la force de cet esprit de conciliation, de cette grande impartialité, de cette largeur de vues qui distinguent tous nos collègues. Il serait superflu de faire ressortir ici comment la possibilité d'un accord s'est fait tout d'abord sentir, comment elle s'est développé chaque jour davantage, jusqu'au moment où l'unanimité a été obtenue sur les points les plus importants de notre programme, unanimité que nous sommes aujourd'hui à même de confirmer par nos signatures.

Je suis bien sûr, Messieurs, que notre principale satisfaction est celle de sentir que nous avons consacré une série de règles de droit maritime qui, si elles sont généralement acceptées, comme nous l'espérons, non seulement par les Puissances représentées à cette Conférence, mais par tous les pays du monde civilisé, constitueront un vrai adoucissement des rigueurs de la guerre pour les neutres et pour les personnes non-belligérantes susceptibles d'être victimes de ce fléau, sans, toutefois, porter atteinte aux droits reconnus des belligérants sur mer.

Mais, au cas d'un semblable résultat, nous aurons aussi le droit de nous féliciter d'avoir eu l'occasion d'y contribuer nous-mêmes comme Représentants de nos Gouvernements, qui sont certainement tous animés de la meilleure volonté et du désir de faire généralement reconnaître la vraie fraternité des nations, et de resserrer les liens qui unissent tous les pays du monde.

En posant les règles qui ont été consignées dans la Déclaration que nous avons élaborée, notre objet a été d'appliquer aux conditions actuelles de la guerre maritime et du commerce sur mer les vrais principes du droit maritime.

Grâce aux travaux consciencieux des juristes si savants, des diplomates d'une expérience si étendue et des officiers de marine d'une si haute compétence qui sont réunis ici, nous sommes parvenus à statuer sur la plupart des questions soumises à notre examen, et si, sur certaines de ces questions, un accord complet n'a pas été possible, il est néanmoins permis d'espérer que l'évolution même des événements leur apportera tôt ou tard une solution conforme aux conditions du droit et de la justice.

Mon Gouvernement éprouvera toujours la plus vive satisfaction d'avoir eu l'honneur de convoquer une Conférence qui a si heureusement abouti à un accord tellement important pour le droit maritime et de partager cette distinction avec les grandes Puissances représentées ici.

Il n'y a pas lieu, Messieurs, d'utiliser le temps qui nous reste pour vous présenter un compte rendu détaillé de ce que nous avons accompli ici, mais je me permets de signaler à votre attention le fait que, dans les articles sur la contrebande de guerre, sur le droit de détruire, sauf restrictions, les prises neutres, et sur l'assistance hostile, aussi bien que dans les articles sur le blocus, nous avons posé des règles qui définissent nettement, au profit tant du commerçant neutre que du belligérant, la situation de l'un vis-à-vis de l'autre, et qui substituent ainsi au doute une certitude qui faisait défaut jusqu'à présent et qui me semble très nécessaire.

Grâce à cette certitude, les commerçants pourront poursuivre tranquillement leurs entreprises, passer leurs contrats et se soustraire au danger des pertes qu'a entraîné jusqu'à présent le doute qui subsistait sur les droits des neutres en temps de guerre sur mer. Elle adoucira en même temps les relations entre les Gouvernements belligérants et neutres, en écartant toute équivoque sur les droits et obligations des officiers de marine d'une Puissance belligérante, qui, dans le passé, a occasionné tant de difficultés.

L'incertitude sur ces points constitue un danger constant en temps de guerre, car il suffit d'une imprudence pour soulever des questions critiques entre des Puissances pour étendre, comme conséquence, le théâtre des hostilités. Les règles que nous avons posées, une fois généralement adoptées, auront pour effet d'écarter ce danger et rendront ainsi un service inestimable à l'humanité tout entière.

Messieurs, les observations que j'ai cru de mon devoir de vous adresser, en qualité de Président en titre, touchent à leur fin, mais avant de nous séparer, je voudrais consacrer quelques mots à la question de nos relations personnelles.

J'occupe ce fauteuil au seul titre de Plénipotentiaire de la Puissance qui a eu l'honneur de réunir cette Conférence dans sa capitale. L'expérience dont jouissent à un si haut degré plusieurs des hommes éminents ici présents me fait défaut, et, si j'ai joué même passablement mon rôle, je le dois au concours et à l'appui généreux qui m'ont toujours été prêtés par mes collègues, à leur amabilité, à leur bonne volonté, à leur courtoisie, à leur sagesse et à leur expérience.

Je dois à tous mes collégues la reconnaissance la plus profonde, mais je suis sûr de jouir de l'appui général pour signaler de nouveau les services inestables rendus à la Conférence entière par M. Renault. Tant comme Président de la Commission et des Comités que comme Rapporteur, il nous a fait profiter de sa faculté inlassable de travail, de son expérience et de son impartialité, et maintes fois ses conseils ont été pour moi au-dessus de tout prix. Nous sommes tous ses débiteurs, et ce sont là des dettes que l'on ne peut régler qu'en remerciements venant droit du cœur.

Pour moi — et je suis fier de pouvoir le dire — j'ai à me louer de tous mes collègues, et je suis bien heureux que la situation que j'occupe aujourd'hui me fournisse l'occasion de porter ce témoignage de profonde reconnaissance envers toutes les Délégations et envers nos Secrétaires.

A mon grand regret, j'étais absent alors que, avant-hier, notre éminent collègue, M. Kriege — qui, lui aussi, par sa capacité de travail énorme, par son dévouement consciencieux, par son expérience et par sa compétence reconnue par tous, a tant contribué au succès de la Conférence — prononça avec une si haute éloquence l'éloge de M. Renault, et si, dans un langage moins choisi, j'ai répété une partie de son discours, je suis bien sûr que la Conférence me le pardonnera.

Au cours de nos débats, on a eu la bonté de constater que le „livre rouge" préparé par ma Délégation pour servir de base aux discussions de la Conférence avait nettement posé les questions à étudier, et qu'il avait sa valeur comme œuvre préparatoire. Or, vous n'ignorez pas, Messieurs, que, si la Délégation britannique porte toute la responsabilité de sa préparation, elle a joui du concours précieux de M. Fromageot pour la rédaction française et de l'avantage inestimable de ses conseils en ce qui concerne la revision, tant pour la forme que pour le fond. Pour ce concours et pour ces conseils je tiens à exprimer hautement ma reconnaissance.

Messieurs, pour terminer les observations que je me suis permis de faire sur les résultats de nos travaux, je citerai les paroles que l'éminent Président de la Deuxième Conférence de La Haye a employées dans son discours de clôture, paroles qui, il me semble, sont également à leur place ici:

> „Notre œuvre est là. Nous avons tous le sentiment d'y avoir collaboré consciencieusement et d'avoir travaillé de notre mieux. Il ne nous a pas été possible de tout faire. Laissons à ceux qui viendront après nous le soin de développer ce que nous n'avons pu qu'ébaucher, et de préparer à leur tour pour les Conférences futures les éléments des travaux qu'ils n'auront pas réussi à accomplir eux-mêmes."

Messieurs, nous ne sommes plus collègues, mais il restera toujours le souvenir de nos relations personnelles, si intimes et si agréables, relations d'amitié que, je l'espère, nous aurons l'occasion de renouveler un jour, en gardant le souvenir de la tâche accomplie en commun à la Conférence Navale de Londres.

M. Kriege: M. le Président, Messieurs et chers Collègues, — Après les paroles si éloquentes que notre éminent Président vient de prononcer et dont je le remercie cordialement, il me sera également permis de jeter un regard sur les travaux des semaines passées et sur le résultat que nous pouvons en espérer.

Lorsque nous avons commencé nos délibérations, il y a trois mois, on devait avoir de graves doutes sur la possibilité de résoudre ici des problèmes qui, quinze mois, auparavant, avaient paru insolubles à la Deuxième Conférence de la Paix. Si, néanmoins, nous avons atteint ce but, c'est grâce à cet esprit d'entente et de conciliation dont on a tant parlé, mais dont on a encore plus souvent prouvé la sincérité. Tous les Gouvernements représentés ici ont fait de leur mieux pour mener à bonne fin les travaux de la Conférence. Peut-être ce bon vouloir seul n'aurait-il pas suffi pour triompher de tous les obstacles présentés par les intérêts souvent divergents et par les opinions contradictoires.

Il a fallu que cet état d'esprit existât à un plus haut degré encore chez les agents qui ont servi d'organes à ces Gouvernements, par l'intermédiaire desquels ces derniers ont agi à cette Conférence et ont eu connaissance des suggestions et des propositions des autres Délégations, ainsi que des idées générales qui s'y manifestaient. J'entends parler de mes très honorés collègues les Délégués Plénipotentiaires. Chacun de nous s'est trouvé dans la situation délicate de recommander à son Gouvernement l'acceptation, dans l'intérêt de tous, de telle ou telle règle qui, isolée de l'ensemble, ne paraissait pas répondre entièrement aux intérêts particuliers de ce Gouvernement. Nous avons tous un sentiment très vif de la grande responsabilité qu'un Plénipotentiaire prend sur lui en appuyant auprès de son Gouvernement une proposition qui cadre mal avec les instructions qu'il a reçues, qui va peut-être à l'encontre d'une pratique de tout temps observée par son pays. Avant de prendre une initiative pareille, on devait consciencieusement étudier la situation, peser les divers intérêts en jeu, mettre dans un plateau de la balance les intérêts particuliers qu'il s'agissait de sacrifier et dans l'autre les intérêts généraux, commerciaux et politiques, qui semblaient exiger de ne pas faire échouer l'œuvre de la Conférence.

Notre travail a été grandement facilité par l'heureuse harmonie qui n'a cessé de présider à nos travaux et qui a permis de résoudre en des entretiens intimes et confidentiels des questions qu'il aurait été autrement difficile d'arranger dans une séance officielle. A notre grand regret, les Plénipotentiaires d'Espagne, d'Italie, et de Russie ont été obligés de nous quitter avant de voir couronner leurs efforts. Je tiens à cœur de rendre témoignage de la grande reconnaissance qui leur est due pour les services insignes rendus par eux à la Conférence.

L'œuvre de la Conférence a été inspirée par le grand intérêt qu'il y a à faire cesser l'incertitude qui, jusqu'à présent, dans le cas malheureux d'une guerre, rendait si précaire la situation du commerce neutre sur mer. Pour arriver à ce but, il fallait concilier entre eux les intérêts des neutres avec ceux des belligérants et trouver ce moyen terme qui pût donner satisfaction aux uns comme aux autres, et qui fût acceptable aux Gouvernements représentés ici comme en dehors de la Conférence. Je crois que, en toute modestie, nous pouvons nous dire que ce but a été atteint autant que le permet la défectuosité de toute œuvre humaine. Il ne sera donc peut-être pas téméraire d'espérer que les diplomates et les militaires, aussi bien que le commerce et la navigation, feront un accueil favorable à l'ensemble de nos résolutions.

Je voudrais, en terminant, émettre un double vœu. Que notre œuvre survive aux générations, à l'instar de la Déclaration de Paris, et qu'elle soit un „monumentum œre perennius", mais que jamais l'occasion ne se présente de mettre à l'épreuve l'utilité pratique de ses dispositions!

M. Dumba: Messieurs et chers Collègues, — Permettez-moi de prononcer quelques paroles à l'occasion de la clôture de nos travaux, et ne craignez pas que je sois long, car je sais très bien que cette illustre assemblée ne demande pas mieux que de mourir de sa belle mort. Je ne parlerai pas de l'œuvre de la Conférence, et cela pour une excellente raison — je crois que c'est plûtot l'œuvre qui doit parler pour nous. Mais je voudrais citer les paroles que Sir Edward Grey a bien voulu m'adresser à la seconde soirée de l'Amirauté. Il m'a dit: „It was a good Conference: a good Conferece all round". (C'était une bonne Conférence à tous les points de vue.) En effet, je crois que la solution transactionnelle à laquelle nous nous sommes arrêtés représente un juste milieu très heureux. Nous avons donné aux forces armées de César — même quand ce César est un Président de République — ce qui est dû à César, et, d'un autre côté, au commerce neutre ce qui lui est également dû. A ce propos j'avoue que ceux de mes collègues qui, à diverses reprises, m'ont reproché de plaider la cause du commerce avec conviction ont parfaitement raison. A mon avis, le commerce pacifique est l'agent le plus puissant, non seulement du développement du bien-être matériel et des richesses nationales, mais aussi du rapprochement des nations et de leurs idées, et, en conséquence, du progrès général. En établissant de nouvelles garanties pour la sécurité du commerce pacifique, nous contribuons donc tant au progrès matériel qu'à la marche ascendante de la civilisation en général.

Mes chers collègues, un autre reproche que j'ai aussi mérité avait trait à l'impatience que je manifestais de temps à autre à propos de la longue durée de la Conférence. J'avoue que j'avais tort quand je laissais échapper ces cris de cœur. Tout au contraire, il me semble que nous avons tous lieu de nous féliciter de l'occasion qui nous a été donnée de faire plus ample connaissance les uns avec les autres. Par le contact intime et quotidien où nous sommes trouvés, il nous a été donné de former des liens précieux d'amitié et d'estime réciproque, non pas pour une période de six ou de douze ans, mais pour la vie, et, j'espère bien, sans la possibilité de les dénoncer un an à l'avance.

Mais laissez-moi finir par où j'aurais dû commencer. Laissez-moi remplir un devoir agréable en exprimant, aussi bien que je le puis, toute la sympathie et toute l'estime que nous éprouvons pour Lord Desart. Nous n'avons eu qu'à nous louer de sa haute compétence, de sa parfaite courtoisie, de son impartialité rare, et de sa patience à toute épreuve. Nous sommes tous sous le charme de sa gracieuse hospitalité et de cette affabilité si simple qui est le privilège du vrai gentilhomme.

Quant aux collaborateurs distingués de notre aimable Président, lesquels représentent si bien les différents côtés du caractère anglais — Sir Charles Ottley le feu et la fougue, l'Amiral Slade le phlegme imperturbable, M. Hurst la rigueur de la loi, M. Crowe la souplesse et la finesse diplomatiques — ils nous ont comblés de marques de prévenance amicale, d'égards et de soins délicats. Par leur compétence, par leur tact et par leur esprit de modération ils ont puissamment contribué à la réussite de nos travaux.

Je prie Lord Desart et les membres de la Délégation britannique de bien vouloir agréer l'assurance de notre profonde gratitude et l'expression de notre sympathie la plus vive et la plus cordiale.

M. Renault appelle l'attention sur les services rendus à la Conférence par les Secrétaires en général et par le Secrétaire-Général en particulier, et il leur offre les remerciements de MM. les Délégués. Il signale aussi à la Conférence la compétence de l'imprimerie du Foreign Office. C'est lui qui, en sa qualité de Président de la Commission et de Rapporteur, a eu le plus occasion de l'utiliser: il croit de son devoir de constater que l'impression a été faite avec une correction et une rapidité exemplaires, ce qui est encore plus remarquable si l'on songe que toutes les pièces qui ont été imprimées à l'usage de la Conférence sont rédigées dans une langue étrangère aux personnes chargées de l'exécution de ce travail. Mais il soupçonne que cette correction des textes est surtout l'œuvre du Secrétaire-Général, auquel un remerciement spécial est dû. Il est sûr d'obtenir l'approbation de ses collègues en priant le Président de bien vouloir faire parvenir aux intéressés, de la part de la Conférence, l'expression de ses félicitations pour de la manière dont l'impression a été faite.

Le Président se charge volontiers de cette tâche.

M. le Vice-Amiral Baron Sakamoto: Après tant d'éloquents discours, la Délégation du Japon ne saurait ajouter que quelques mots.

Jusqu'à présent, les questions du droit international étaient sujettes à de fréquentes divergences de vue, car les doctrines des Puissances étaient souvent contradictoires; aussi leurs applications offraient-elles de nombreuses difficultés quand il s'agissait de les concilier.

Mais, grâce à l'heureuse initiative du Gouvernement britannique qui provoqua et convoqua cette Conférence et dont les heureux efforts ont été couronnés de succès, grâce à l'esprit de conciliation qui n'a cessé de dominer les Représentants des Puissances à la Conférence Navale de Londres, nous sommes heureux de constater que nous avons atteint des résultats magnifiques, nous dirions presque inattendus.

L'importance capitale de ces résultats est dans le progrès moral et matériel qui en découle pour le monde maritime. Maintenant, en effet, nous avons une uniformité remarquable en ce qui concerne les principes généraux du droit international, et cela assure, pour l'avenir, un avantage incomparable à ceux qui ont souci du développement pacifique de leur pays par le commerce maritime. C'est pourquoi le Japon sera une des premières Puissances à accueillir ces résultats avec le plus d'enthousiasme.

Je tiens à honneur de rendre hommage au très honorable Président de la Conférence Navale Internationale, Lord Desart, qui a dirigé nos débats avec tant de sollicitude et de sagesse, et aussi à notre très éminent Président de Commission et Rapporteur-Général, M. Renault, dont les insignes qualités, l'expérience, le travail infatigable et la haute impartialité ont contribué si puissamment à l'heureuse issue de nos travaux; et, enfin, nous devons offrir un légitime tribut de reconnaissance au Secrétariat qui a suivi assidûment tous nos travaux et les a aidés sans ménager ses peines.

Et maintenant que nous allons nous séparer, qu'il me soit permis, en présentant mes respectueux hommages à tous nos éminents collègues et en remerciant Sa Majesté le Roi et le Gouvernement britannique pour leur large hospitalité, qu'il me soit permis de me féliciter avec vous de l'entente qui a régné à cette Conférence et qui est un symbole de la paix et de la concorde.

Le Président prie la Conférence de bien vouloir approuver séance tenante le procès-verbal de la réunion actuelle, sauf les rectifications qui pourront y être apportées lors de sa prochaine distribution en épreuve, qui aura lieu comme pour les séances précédentes.

La Conférence acquiesce à cette demande.

Le Président annonce que les pleins-pouvoirs de MM. les Plénipotentiaires, examinés au Protocole du Foreign Office, ont été trouvés en bonne et due forme et que, par conséquent, rien n'empêche plus de procéder à la signature.

f) Die „Annexes".

(Blaubuch Cd. 4555 S. 231.)

Annexe No. 1.

Délégation de France.

Proposition relative à la base de discussion No. 1.

Au paragraphe II de la liste des articles de contrebande absolue, ajouter le mot „matières" après le mot „instruments", et remplacer le mot „faits" par les mots „utilisables pour la guerre".

Le texte entier se lirait comme il suit:

„II. Les instruments, matières, et appareils exclusivement utilisables pour la guerre, pour la fabrication des munitions de guerre, pour la fabrication et la réparation des armes et du matériel militaire terrestre ou naval."

Motifs de la proposition.

Le but de la liste est de comprendre tous les articles ayant ce caractère commun essentiel de servir exclusivement à la guerre. A cet égard le paragraphe II a pour objet les articles présentant ce caractère et qui ne se trouveraient pas déjà expressément visés dans les paragraphes précédents. Comme ces articles peuvent être aussi bien des „matières" que des „instruments et appareils", on ne voit pas de raison d'en omettre la mention.

La substitution des mots „utilisables pour la guerre" au mot „faits" n'a d'autre but et d'autre portée que d'employer une expression applicable aux „matières" comme aux „instruments et appareils".

Annexe No. 2.

Délégation d'Espagne.

Proposition relative à la base de discussion No. 1.

La Délégation d'Espagne déclare accepter la liste des articles qui doivent être classés comme contrebande absolue, dressée par la Quatrième Commission de la Deuxième Conférence de la Paix, et pour se rapprocher du point de vue des autres nations, exprimé dans leurs Mémorandums, consent à y ajouter les articles suivants:

Le No. 2, qui contient les projectiles, gargousses, et cartouches de toute nature et leurs pièces détachées caractérisées sera ainsi rédigé:

„2. Les projectiles, gargousses, et cartouches de toute nature, les torpilles et accessoires, les caisses pour mines, en quelque matière que ce soit, et leurs pièces détachées caractérisées." (Mémorandum des États-Unis.)

Le No. 10 sera ainsi rédigé:

„10. Les bâtiments et embarcations de tout genre, bateaux sous-marins, docks flottants, et parties de bassins, montés ou en pièces détachées, pouvant servir pour l'usage de la guerre." (Mémorandum russe.)

La liste sera complétée comme suit:

„12. Objets et matériaux servant pour la construction de voies ferrées, ou pour des installations télégraphiques et radiotélégraphiques, ou téléphoniques, ainsi que pour d'autres moyens de communication susceptibles d'être utilisés pour l'usage de la guerre." (Mémorandum russe.)

„13. Les aérostats, ainsi que leurs pièces détachées caractérisés et les accessoires, objets, et matériaux caractérisés comme devant servir à l'aérostation (qui est le No. 14 de la liste allemande, en y ajoutant les mots finals du No. 7 de la liste russe), et susceptibles d'être utilisés pour l'usage de la guerre.

„14. Les télémètres portatifs, et les pavillons-signaux à l'usage de la marine." (Mémorandum des Etats-Unis.)

Annexe No. 3.

Délégation d'Allemagne.

Proposition relative à la base de discussion No. 1.

Seront ajoutés à la fin les mots suivants:

„Sauf les modifications et additions suivantes:

„3. les poudres et les explosifs de toute nature;

„7 bis. les conserves alimentaires pouvant servir à l'usage des troupes;

„8 bis. les rails de chemin de fer, ainsi que les locomotives et véhicules destinés à rouler sur rails, et leurs pièces détachées caractérisées;

„8 ter. les télégraphes, radiotélégraphes, et téléphones, et leurs pièces détachées caractérisées;

„10 bis. les aérostats, ainsi que leurs pièces détachées caractérisées et les accessoires, objets, et matériaux caractérisés comme devant servir à l'aérostation."

Annexe No. 4.

Délégation de Japon.

Proposition relative à la base de discussion No. 1.

Quant à No. 1 de la base de discussion (contrebande absolue), la Délégation du Japon accepte, en principe, comme contrebande absolue, les articles insérés dans la liste dressée par le Comité de la Contrebande à la Deuxième Conférence de la Paix, à condition de l'acceptance du No. 2 de la base de discussion. Néanmoins, nous nous permettons de proposer la suppression du No. 7 de la liste, en considérant la difficulté de savoir si „les animaux de selle, de trait et de bât utilisables pour la guerre" sont, en réalité, destinés à être employés à la guerre ou bien à un but paisible. De plus, nous considérons que les animaux susdits, servant aux usages de la guerre comme à des usages inoffensifs, ne doivent pas être classés parmi les articles caractérisés comme contrebande absolue qui doivent être exclusivement employés à la guerre.

Annexe No. 5.

Délégation d'Allemagne.

Proposition relative à la base de discussion No. 2.

Sera ajoutée la phrase suivante:

„La notification se fait par voie d'une communication adressée aux Gouvernements des Puissances neutres ou à leurs représentants diplomatiques auprès du belligérant dont émane la déclaration."

Annexe No. 6.

Délégation d'Espagne.

Proposition relative à la base de discussion No. 2.

La Délégation d'Espagne déclare ne pas bien comprendre quelle serait l'utilité d'une liste énumérant les articles dont le commerce sera interdit aux neutres pendant une guerre maritime, si chaque belligérant garde le droit d'en ajouter d'autres „auctoritate propriâ".

Les différents Mémorandums sont unanimes à désirer que la liste susdite ne soit formée que d'articles exclusivement employés à la guerre. Si au moyen d'une déclaration notifiée un belligérant ajoute à cette liste un article qui peut aussi bien être employé dans un but de paix, les neutres doivent avoir le droit de s'y opposer, même avant qu'un de leurs ressortissants n'ait été victime de cette transgression des règles du droit international.

Nous proposons donc, au sujet de la deuxième base de discussion, la rédaction suivante:

„Les Puissances ici représentées peuvent d'un commun accord ajouter d'autres articles à la liste susmentionnée.“

Annexe No. 7.
Délégation d'Allemagne.
Proposition relative à la base de discussion No. 3.

Seront ajoutés à la fin les mots suivants:

„De la manière prévue à l'article 2.“

Annexe No. 8.
Délégation des Pays-Bas.
Proposition relative aux bases de discussion Nos. 1 et 2.

Supprimer dans le texte le mot „absolu“.

(L'exposé des motifs de cette proposition se trouve dans le discours de M. le Premier Délégué des Pays-Bas relative à l'abolition de la contrebande dite conditionnelle.)

Annexe No. 9.
Délégation d'Espagne.
Proposition relative à la base de discussion No. 3.

La Délégation d'Espagne, tout en se réservant le droit de présenter plus tard à la Conférence une proposition concernant l'abolition de la contrebande relative et accidentelle, et en soutenant toujours son opinion que seuls les articles prévus dans une liste doivent être considérés comme contrebande absolue, a l'honneur de présenter maintenant la proposition suivante:

„Le belligérant a le droit d'empêcher que les neutres ne fassent parvenir à l'ennemi d'autres objets susceptibles d'un usage de guerre et destinés effectivement à des forces ou établissements militaires. L'exercice de ce droit est subordonné à la condition d'une notification aux Gouvernements neutres par voie diplomatique.“

Annexe No. 10.
Délégation des Etats-Unis d'Amérique.
Proposition relative à la base de discussion No. 3.

Les articles suivants sont de la contrebande absolue, lorsqu'ils sont destinés au territoire qui se trouve sous la juridiction de l'adversaire ou à un emploi militaire ou naval:

a) Le matériel militaire, comme armes, poudre, &c.
b) Les instruments qui ne sont utilisables que pour des buts militaires, comme les machines pour la fabrication du matériel de guerre.
c) Tout autre article destiné à être employé exclusivement à la guerre.

Annexe No. 11.
Délégation d'Allemagne.
Proposition relative à la base de discussion No. 5.

Seront insérés après les mots „aux forces armées“ les mots „ou aux administrations de l'Etat ennemi“, en supprimant les mots „de l'ennemi“.

Annexe No. 12.
Délégation d'Allemagne.

Proposition relative à la base de discussion No. 6.

Seront insérés dans la première phrase, après les mots „base d'opérations", les mots „ou de ravitaillement".

Annexe No. 13.
Délégation des Pays-Bas.

Proposition relative à la base de discussion No. 6.

Ajouter au mot „commerçant", ligne 4, les mots „résidant en pays ennemi".

Annexe No. 14.
Délégation d'Allemagne.

Proposition relative à la base de discussion No. 7.

„Une distination hostile dans le sens des articles 4 et 5 ne peut être considérée comme établie que lorsque les articles de contrebande se trouvent chargés à bord d'un navire qui fait route vers le territoire de l'ennemi ou vers un territoire occupé par lui ou vers sa force armée et qui ne doit pas les débarquer dans un port intermédiaire neutre.

Les papiers de bord font preuve complète de la route du navire ainsi que du lieu de déchargement de la cargaison, à moins que le navire ne soit rencontré ayant manifestement dévié de l'itinéraire indiqué par les papiers de bord et sans pouvoir justifier d'une cause suffisante de cette déviation."

Annexe No. 15.
Délégation d'Espagne.

Proposition relative à la base de discussion No. 7.

„La destination de la marchandise décide de son caractère de contrebanae, lorsqu elle est trouvée à bord d'un navire qui aura mis le cap directement vers une destination prévue par la base de discussion No. 4."

Annexe No. 16.
Délégation de Japon.

Proposition relative à la base de discussion No. 7.

La Délégation Japonaise admet entièrement le principe de l'article 7. Néanmoins, elle se permet, pour compléter et élucider le sens et la portée de cette base, d'ajouter une disposition ainsi conçue:

„Lorsque la destination du navire est hostile, la destination hostile de la marchandise est présumée.

„Cette présomption admet la preuve contraire."

Annexe No. 17.
Délégation d'Allemagne.

Proposition relative à la base de discussion No. 8.

Ajouter à cet article un article 8 bis, comme suit:

„Ne peuvent jamais être considérés comme contrebande de guerre les objets et matériaux qui sont destinés et nécessaires à l'usage du navire, de l'équipage, ou des passagers pendant la traversée."

Annexe No. 18.
Délégation des Pays-Bas.

Proposition relative à la base de discussion No. 9.

Supprimer les mots:

„Ou des marchandises autres que la contrebande se trouvant à bord du même navire."

Annexe No. 19.
Délégation d'Allemagne.
Proposition relative à la base de discussion No. 9.

„La confiscation du navire transportant de la contrebande est permise:

1. si le propriétaire, ou celui qui a affrété le navire en totalité, cou le capitaine a connu ou dû connaitre la présence de la contrebande à bord, et que cette contrebande forme par sa valeur, par son poids, ou par son volume plus d'un quart de la cargaison;
2. si le capitaine a opposé une résistance manifeste à l'arrêt, à la visite, ou à la saisie.

Les marchandises non de contrebande de guerre qui se trouvent à bord du même navire et qui appartiennent au propriétaire de la contrebande sont sujettes à confiscation."

Annexe No. 20.
Délégation d'Allemagne.
Proposition relative à la base de discussion No. 11.

„La confiscation des articles de contrebande n'est permise que contre indemnisation et la confiscation du navire, ainsi que de la cargaison non de contrebande, est interdite si, au moment où le navire a été rencontré en mer, le capitaine ne connaissait ni ne devait connaître l'ouverture des hostilités ou, lorsqu'il s'agit d'objets ou matériaux déclarés contrebande par application des articles 2 ou 3, ne connaissait ni ne devait connaître cette déclaration, ou, enfin, si le capitaine, après avoir eu connaissance de l'ouverture des hostilités ou de la déclaration, n'a pu encore débarquer les articles de contrebande.

L'ignorance est présumée lorsque le navire n'a touché à aucun port postérieurement à la notification en temps utile de l'état de guerre ou de la déclaration de contrebande aux autorités de ce port."

Annexe No. 21.
Délégation d'Allemagne.
Proposition relative à la base de discussion No. 18, point 3.

Remplacer les mots „au profit des" par les mots „à accorder aux".

Annexe No. 22.
Délégation d'Allemagne.
Proposition relative à la base de discussion No. 19.

Sera ajoutée après le point No. 2 la phrase suivante:

„La notification à ces Puissances se fait par une communication adressée soit au Gouvernement même, soit à son représentant diplomatique auprès du belligérant bloquant, soit enfin au consul ou à un des consuls de la Puissances neutre qui exercent leurs fonctions dans la place ou sur le littoral bloqué."

Annexe No. 23.
Délégation d'Espagne.
Proposition relative à la base de discussion No. 8.

La Délégation d'Espagne a l'honneur de soumettre à la Conférence, au sujet de la base de discussion No. 8, la rédaction suivante:

„Les articles visés par la liste de la contrebande absolue sont sujets à la confiscation. Le belligérant a, en outre, le droit de tenir sous séquestre jusqu'à cessation des hostilités tout autre objet susceptible d'un usage de guerre trouvé à bord d'un navire neutre et destiné effectivement à des forces ou établissements militaires de l'ennemi. Si le capteur juge bon de l'utiliser lui-même, il est dans l'obligation d'en retourner la valeur au propriétaire. S'il le lui rend, il ne sera tenu à autre indemnisation que celle qui provient des préjudices causés par sa faute dans la custode de la marchandise."

Annexe No. 24.
Délégation d'Espagne.
Proposition relative à la base de discussion No. 9.

La Délégation d'Espagne propose à la Conférence la rédaction suivante de la base No. 9:

„La confiscation du navire transportant de la contrebande absolue ne peut avoir lieu que si le capitaine ou l'armateur a connu ou pu connaître la présence de la contrebande à bord et s'il n'a pas payé une rançon ou compensation équivalente à trois fois la valeur de la contrebande et au quintuple du montant du fret. Même si la rançon n'est pas payée, le capteur ne pourra procéder à des mesures d'exécution que contre le navire et tant que celui-ci restera entre ses mains."

Annexe No. 25.
Délégation de France.
Proposition relative à la base de discussion No. 26.

Modifier la rédaction comme il suit:

„Un navire neutre, en cas de détresse constatée par le commandant de la force bloquante, peut pénétrer dans la localité bloquée."

Motifs de la Proposition.

Comme l'indiquent les observations présentées par le Gouvernement Britanniqe à l'appui de la base de discussion No. 26, le motif de cette disposition est un motif d'humanité. L'intervention du commandant de la force bloquante apparaît seulement comme une mesure de précaution en vue d'éviter les abus et de garantir la loyale application de la règle admise.

Tel qu'il est rédigé, le texte pourrait faire croire que, même en cas de détresse réelle et de péril évident du navire approchant, le commandant de la force bloquante aurait le droit de refuser la relâche. Une telle interprétation semblerait contraire à l'esprit de la disposition. La modification, ci-dessus proposée, a pour but d'éviter tout malentendu à cet égard.

Annexe No. 26.
Délégation des Pays-Bas.
Proposition relative des bases de discussion.

Blocus.

Inserer un article nouveau 13 a:

„Le blocus est un acte de guerre dirigé contre une côte ennemie ou occupée par l'ennemi."

Annexe No. 27.
Délégation d'Italie.
Proposition relative à la base dediscussion No. 3.

Supprimer à la troisième ligne le mot „conditionnelle".

Annexe No. 28.
Délégation d'Italie.
Proposition relative à la base de discussion No. 5.

Substituer les mots „aux forces armées de l'ennemi" par les mots „aux usag es de la guerre.

Annexe No. 29.
Délégation d'Italie.
Proposition relative à la base de discussion No. 6.

Substituer la proposition suivante:

„La destination spéciale aux usages de la guerre sera établie par des circonstances se rattachant soit à la destination territoriale ou à la personne du destinaire, soit aux modalités du chargement. La preuve contraire est admise."

Annexe No. 30.
Délégation de Grande-Bretagne.
Proposition relative à la base de discussion No. 6.
Ajouter aux mots „objets et matériaux“ les mots „de cette nature“.

Annexe No. 31.
Délégation d'Autriche-Hongrie.
Proposition relative aux bases de discussion sur la contrebande.
Nouvel Article 3 a
„Ne doivent jamais être considérés comme contrebande de guerre les objets servant exclusivement à soigner les malades et blessés.“

Annexe No. 32.
Délégation d'Allemagne.
Proposition relative à la base de discussion No. 24.
Seront remplacés les mots „la réalité du blocus“ par les mots „l'effectivité du blocus“.

Annexe No. 33.
Délégation d'Allemagne.
Proposition relative à la base de discussion No. 27.
Ajouter à cet Article un Article 27 bis, comme suit:
„Les dispositions des Articles 12 et 13 sont applicables en cas de blocus.“

Annexe No. 34.
Délégation d'Allemagne.
Proposition relative à la base de discussion No. 28.
Cet Article sera supprimé (voir amendement à l'Article 7*).

Annexe No. 35.
Délégation d'Allemagne.
Proposition relative à la base de discussion No. 29.
Sera supprimé le mot de la fin, „neutre“, et seront ajoutés les mots „non bloqué, quelle que soit la destination ultérieure de la cargaison.“

Annexe No. 36.
Délégation d'Italie.
Proposition relative à la base de discussion No. 23.
Substituer l'article suivant:
Si la notification n'a pas eu lieu ou si le navire approchant du port bloqué prouve qu'il n'avait pas connaissance du blocus, la notification doit être faite au navire même par un officier de l'un des bâtiments formant le blocus. Cette notification doit être portée au livre de bord, avec indication de la date et de l'heure, ainsi que de la position géographique du navire à ce moment.“

Annexe No. 37.
Délégation de Russie.
Proposition relative à la base de discussion No. 9.
Remplacer l'article 9 du projet par les dispositions suivantes:
Art. 9. Les navires de commerce de nationalité neutre sont sujets à confiscation lorsqu'ils transportent:
a) de la contrebande de guerre formant, par son volume, son poids ou sa valeur, plus d'un quart de toute la cargaison;

*) Annexe No. 14.

b) des objets de contrebande, même en moindre quantité, si leur présence à bord du navire, de par leur nature même, ne pouvait évidemment ne pas être connue au capitaine.

Art. 9 bis. En dehors des cas prévus à l'article 9, le navire transportant de la contrebande est passible d'une amende représentant la quintuple valeur de sa cargaison de contrebande.

Art. 9 ter. Si la confiscation ne s'étend qu'à la cargaison de contrebande et non au navire à bord duquel elle est chargée, ce dernier n'est retenu que jusqu'à ce qu'il ait livré la contrebande et payé l'amende (art. 9 bis)

La cargaison de contrebande peut être remise au capteur soit sur le lieu même de la capture, soit dans un port où le navire pourra être conduit, si le capteur le juge indispensable.

Annexe No. 38.

Délégation des Etats-Unis d'Amérique.

Proposition relative à la base de discussion No. 5.

Ajouter après le mot „armées" les mots „on aux usages de la guerre„.

Annexe No. 39.

Délégation d'Italie.

Proposition relative à la base de discussion No. 39.

Substituer la proposition suivante:

„Le caractère neutre ou ennemi de la marchandise est déterminé selon la loi du pays dont le propriétaire est le ressortissant."

Annexe No. 40.

Délégation de Japon.

Proposition relative à la base de discussion No. 34.

Sera ajouté un nouvel alinéa ainsi conçu:

„Quant aux navires susdits, les belligérants pourront prendre toutes les mesures nécessaires selon les nécessités de la guerre si ces navires sont soumis au commandement ou au contrôle de l'ennemi ou bien s'ils se livrent à quelques actions pouvant se rapporter à des hostiliés."

Annexe No. 41.

Délégation des Etats-Unis d'Amérique.

Proposition relative à la base de discussion No. 6.

Supprimer les mots „d'opérations".

Annexe No. 42.

Délégation d'Italie.

Proposition relative aux bases de discussion sur le blocus.

Insérer un article nouveau après la base de discussion No. 13:

„Un blocus doit être limité aux ports et aux côtes ennemis ou occupés par l'ennemi.

„Les forces bloquantes ne peuvent pas être placées de manière à barrer l'accès à une côte neutre."

Annexe No. 43.

Délégation d'Allemagne.

Proposition relatives aux bases de discussion Nos. 17, 19, et 23.

ART. 17. „Les blocus doivent être déclarés et notifiés.

ART. 19. 2. . . . aux Puissances neutres. La notification à ces Puissances se fait par une communication adressée soit au Gouvernement même, soit à son représentant diplomatique auprès du belligérant bloquant, et dans le cas où la déclaration du blocus est faite par des autorités navales au consul ou à un des consuls de la Puissance neutre qui exercent leurs fonctions dans la place ou sur le littoral bloqué.

ART. 23. Si le navire approchant du port bloqué n'a pas connaissance du blocus, la notification doit être faite au navire même par un officier de l'un des bâtiments formant le blocus. Cette notification . . . . ."

Annexe No. 44.

Délégation d'Autriche-Hongrie.

Proposition relative à la base de discussion No. 20.

1. Sera ajoutée la phrase suivante:
   „Doivent être également déclarées et notifiées la restriction et la levée du blocus."
2. Nouvel article 20 a:
   „Sera nulle toute déclaration incomplète ou fausse."

Annexe No. 45.

Délégation d'Espagne.

Proposition relative aux bases de discussion sur le blocus.

Insérer un nouvel article 16 a:

„Le blocus doit être impartial — c'est-à-dire appliqué uniformément aux divers pavillons.

„Le commandant de la force bloquante peut accorder aux navires de guerre neutres la permission d'entrer dans le port bloqué et d'en sortir ultérieurement."

Annexe No. 46.

Délégation de Russie.

Proposition relative à la base de discussion No. 23.

Ajouter les mots „si possible" après les mots „Cette notification doit".

Le texte entier se lirait comme il suit:

„Le navire qui a reçu personnellement notification individuelle du blocus ne peut arguer de son ignorance. Cette notification doit, si possible, être portée au livre du bord, avec indication de la date et de l'heure, ainsi que de la position géographique du navire à ce moment."

Motifs de la proposition.

D'après la base de discussion 23, la notification individuelle du blocus reçue par un navire personnellement n'est valable que lorsque cette notification est portée au livre du bord. Cette disposition ne paraît pas répondre à l'idée générale du premier alinéa de cette base de discussion, qui a pour but d'interdire à un navire prévenu d'arguer de soni gnorance.

En effet, des cas peuvent se présenter où le mauvais temps empêcherait le commandant d'un navire bloquant d'envoyer un officier à bord du navire marchand pour faire l'inscription requise sur le livre de bord. Dans ce cas, le navire marchand sera prévenu par un signal, et il est évident qu'une pareille notification doit être tout aussi valable que si elle était inscrite sur le livre de bord.

Un cas plus ou moins analogue se trouve, du reste, déjà prévu par l'article 4 de la Convention pour l'adaptation à la guerre maritime des principes de la Convention de Genève (1907), dont l'alinéa 6 est conçu en ces termes:

„Autant que possible, les belligérants inscriront sur le journal de bord des bâtiments hospitaliers les ordres qu'ils leur donneront."

Annexe No. 47.

Délégation de Russie.

Proposition relative à la base de discussion No. 25.

Remplacer dans le texte les mots „en violation du blocus, est sorti du port bloqué" par „aura violé ou tenté de violer le blocus".

Annexe No. 48.

Délégation des Pays-Bas.

Proposition relative à la base de discussion No. 25.

Remplacer le deuxième alinéa par un nouvel alinéa ainsi conçu:

„Si la chasse en est abandonnée, ou si le navire atteint un port neutre, ou bien si le blocus est levé, la saisie n'en peut plus être pratiquée."

Annexe No. 49.

Délégation de Grande-Bretagne.

Proposition relative aux bases de discussion Nos. 35 à 37.

Substituer aux bases 35, 36, et 37 les articles suivants:

35. La bonne foi est nécessaire dans le cas du transfert d'un navire sous pavillon neutre en vue d'hostilités.

36. Le transfert effectué avant l'ouverture des hostilités est présumé être régulièrement intervenu, c'est-à-dire, ne rien comporter de fictif ou d'irrégulier qui le rende suspect. La preuve contraire est admise.

37. Après l'ouverture des hostilités, il y a présomption absolue de nullité du transfert:

a) S'il est effectué en cours de voyage ou dans un port bloqué;
b) S'il y a faculté de réméré ou de retour;
c) Si, après le transfert, le navire a été maintenu dans le service auquel il était affecté auparavant;
d) Si les conditions auxquelles est soumis le droit de pavillon, d'après la législation du pavillon arboré, n'ont pas été observées.

37 bis. Le transfert est présumé être nul si l'acte de transfert ne se trouve pas à bord alors que le navire a perdu la nationalité belligérante au cours des hostilités ou moins de deux mois avant l'ouverture des hostilités. La preuve contraire est admise.

Motifs de la proposition.

Comme il a été expliqué par les „observations" (voir p. 59) sur les bases 35 et 36, ces bases ont l'intention d'exprimer le principe commun sur lequel sont fondées les différentes règles comprises dans les Mèmorandums.

De ces Mémorandums il n'a été possible de déduire qu'une seule règle, applicable en pratique, de laquelle on puisse dire qu'elle a été acceptée à l'unanimité. C'est celle qui est consignée dans la base 37.

Au moment, cependant, où les représentants des différentes Puissances ont l'occasion d'entrer en discussion directe de cette question, la Délégation britannique se croit justifiée à déposer la proposition précédente par laquelle elle a formulé des règles que les Gouvernements représentés pourront considérer comme offrant une garantie suffisante du principe commun.

Si ces règles, dans leur ensemble, sont de nature à obtenir les résultats pratiques visés par les règles divergentes jusqu'à présent en vigueur, la Délégation aime à croire que, bien qu'elles aient été prises à des sources différentes et quelles représentent l'usage de nations diverses, elles pourront, néanmoins, être considérées comme faisant partie du droit généralement reconnu.

Annexe No. 50.

Délégation des Etats-Unis d'Amérique.

Substituer aux bases 35, 36, et 37 les articles suivants:

35. Le transfert d'un navire d'un pavillon à un autre avant l'ouverture des hostilités est valable, même dans le cas où il est fait en vue des hostilités, pourvu qu'il soit fait en conformité avec les lois nationales du vendeur et de l'acheteur.

36. Le transfert au cours des hostilités d'un navire privé portant le pavillon d'un belligérant n'est valable que lorsqu'il est de bonne foi, et que le transfert des droits du propriétaire est entier. Encore faut-il que la livraison du navire à l'acheteur soit complétée dans un port en dehors de la juridiction des Etats belligérants conformément aux lois nationales du vendeur et de l'acheteur.

37. La bonne foi des contractants n'est présumée que lorsque le transfert a été effectué avant l'ouverture des hostilités.

Lorsque le transfert est intervenu après l'ouverture des hostilités, c'est aux contractants à établir sa validité.

Annexe No. 51.

Délégation d'Autriche-Hongrie.

Proposition relative à la base de discussion No. 22.

Remplacer cet article par la disposition suivante:

„Dès que la notification du blocus sera parvenue aux Puissances neutres, leurs autorités de port devront l'inscrire sur les papiers de bord des navires de commerce neutres en partance pour un port appartenant à l'un des belligérants.

„A défaut d'une telle indication sur les papiers de bord, il y aura présomption d'ignorance du blocus.“

Annexe No. 52.

Délégation d'Allemagne.

Proposition relative aux bases de discussion sur le transfert de pavillon.

Insérer un nouvel article 35 bis:

„Une pareille intention illicite est présumée lorsque le transfert est intervenu après l'ouverture des hostilités. La bonne foi des contractants est, au contraire, présumée lorsque le transfert a été effectué avant l'ouverture des hostilités.“

Annexe No. 53.

Proposition à discuter à la séance du 13 janvier.

Insérer un nouvel Article conçu comme suit:

,La résistance par la force opposée à l'exercice du droit d'arrêt, de visite et de saisie résultant des chapitres précédents entraîne dans tous les cas la confiscation du navire.“

Annexe No. 54.

Délégation des Pays-Bas.

Proposition relative au No. 19 des Règles relatives au Blocus en Temps de Guerre.

A la fin de la Règle ajouter la clause suivante:

„Le navire cesse également d'être saisissable si, après avoir pénétré dans un port neutre il y a changé de propriétaire et débarqué sa cargaison.“

Annexe No. 55.

Délégation d'Allemagne.

Proposition relative aux bases 33 et 34.

Remplacer ces Articles par les dispositions suivantes:

Assistance hostile.

1.

Un navire de commerce neutre est sujet à confiscation:

1° s'il est actuellement et exclusivement affecté soit au transport de troupes ennemies soit à la transmission de nouvelles dans l'intérêt de l'ennemi;

2° s'il fait le voyage spécialement en vue du transport de passagers individuels, incorporés dans la force armée de l'ennemi ou en vue de la transmission de nouvelles dans l'intérêt de l'ennemi;

3° si, à la connaissance soit du propriétaire, soit de celui qui a affrété le navire entièrement, soit enfin du capitaine, il transporte un détachement militaire de l'ennemi ou une ou plusieurs personnes qui prêtent une assistance directe aux opérations de l'ennemi.

La confiscation du navire n'est pas permise si, au moment où le navire a été rencontré en mer, le capitaine ne connaissait ni ne devait connaître l'ouverture des hostilités, ou si, après en avoir en connaissance, il n'a pu encore débarquer les personnes transportées. L'ignorance est présumée lorsque le navire n'a touché à aucun port postérieurement à la notification en temps utile de l'état de guerre aux autorités de ce port.

Dans tous les cas, les personnes incorporées dans la force armée de l'ennemi pourront être faites prisonniers de guerre.

2.

Les navires de commerce neutres sont passibles du même traitement qu'ils subiraient s'ils étaient navires de commerce ennemis:

1° lorsqu'ils prennent une part directe aux hostilités;
2° lorsqu'ils sont placés sous les ordres d'un chef militaire qui se trouve à bord;
3° lorsqu'ils sont affrétés entièrement par le Gouvernement ennemi;
4° lorsqu'ils font actuellement et avec l'autorisation du Gouvernement ennemi un trajet auquel ils n'ont été autorisés qu'après l'ouverture des hostilités ou dans les deux mois qui l'ont précédée.

Annexe No. 56.

Délégation d'Allemagne.

Proposition relative aux dommages et intérêts (base de discussion No. 12).

Lorsque la capture du navire ou des marchandises effectuée pour des raisons visées dans un des chapitres précédents est déclarée nu le par la juridiction des prises, les intéressés ont droit à des dommages et intérêts, à moins qu'il n'y ait eu des motifs suffisants de capturer le navire ou les marchandises.

Annexe No. 57.

Délégation de Grande-Bretagne.

Proposition relative aux dommages et intérêts (base de discussion No. 12).

En cas de nullité de la prise, la propriété relâchée a droit à des dommages et intérêts, à moins qu'une faute ou une irrégularité dans les papiers de bord ayant permis le soupçon ne soit relevée à la charge du navire capturé.

Annexe No. 58.

Retransformation de bâtiments de guerre en navires de commerce.

1. Proposition de la Délégation d'Autriche-Hongrie:
   „Les navires de commerce transformés en bâtiments de guerre ne pourront être retransformés en navires de commerce pendant toute la durée de la guerre."
2. Proposition subsidiare de la Délégation des Pays-Bas:
   „La transformation en pleine mer d'un bâtiment de guerre en navire marchand est interdite pendant la guerre.
   „La retransformation d'un navire marchand en bâtiment de guerre dans le cas où ce navire a déjà une fois changé de caractère pendant la guerre doit être communiquée aux différents Gouvernements neutres au moins quinze jours d'avance."

Annexe No. 59.

Délégation de Grande-Bretagne.

Proposition relative à la destruction des prises neutres.

Par exception, un navire neutre saisi qui, d'après les dispositions des chapitres précédents, est sujet à confiscation, peut être détruit en présence d'une nécessité exceptionnelle et particulière, et si sa conservation [ou son relâchement] pouvait compromettre la sécurité du bâtiment de guerre ou le succès des opérations dans lesquelles il est actuellement engagé.

Annexe No. 60.

Délégation d'Espagne.

Projet d'Articles visant la contrebande de guerre.

Amendement proposé à l'Article 2:

„Les objets et matériaux qui sont exclusivement employés à la guerre peuvent être ajoutés à la liste de contrebande absolue d'un commun accord entre les Puissances."

Annexe No. 61.

Délégation d'Autriche-Hongrie.

Suggestion relative au projet britannique visant la contrebande de guerre.

Nouvel article 18 a.

Le navire arrêté pour cause de contrebande, et qui n'est pas lui-même passible de confiscation, échappe à la saisie si la valeur de la contrebande à son bord ne dépasse pas fr. et que le capitaine est prêt à la livrer au capteur.

Celui-ci indiquera les objets livrés dans le livre de bord du navire arrêté et se fera remettre copie certifiée de tout papier de bord utile.

La contrebande livrée au sens de la disposition de l'alinéa (1) peut être détruite par le capteur à bord de l'un ou de l'un ou de l'autre navire.

Lorsque le caractère licite des objets livrés est établi, le propriétaire a droit à des dommages-intérêts.

Annexe No. 62.

Délégation de France.

Texte suggéré pour l'Article 18 du projet sur la contrebande.

Pénalité à appliquer au navire transporteur de contrebande.

18. Le navire arrêté pour cause de contrebande de guerre peut être autorisé, suivant les circonstances, à continuer sa route si la contrebande est inférieure à la moitié valeur en fret, et si le capitaine est prêt à livrer la contrebande au bâtiment belligérant.

18 (1). La remise de la contrebande est mentionnée par le capteur sur le livre de bord du navire arrêté.

18 (2). Le capteur se fera remettre copie certifiée conforme par le capitaine de tous papiers utiles.

18 (3). La contrebande livrée comme il est dit ci-dessus peut être détruite par le capteur.

Annexe No. 63.

Projet d'Articles visant la Contrebande de Guerre.

Suggestions soumises par le Premier Délégué de Grande-Bretagne.

1. Sont de plein droit considérés comme contrebande de guerre les objets et matériaux suivants compris sous le nom de contrebande absolue, savoir:

(1.) Les armes de toute nature, y compris les armes de chasse, et les pièces détachées caractérisées;

(2.) Les projectiles, gargousses, et cartouches de toute nature, et les pièces détachées caractérisées;

(3.) Les poudres et les explosifs spécialement affectés à la guerre;

(4.) Les affûts, caissons, avant-trains, fourgons, forges de campagne, et les pièces caractérisées;

(5.) Les effets d'habillement et d'équipement militaires caractérisés;

(6.) Les harnachements militaires caractérisés de toute nature;

(7.) Les animaux de selle, de trait, et de bât utilisables pour la guerre;

(8.) Le matériel de campement et les pièces détachées caractérisées;

(9.) Les plaques de blindage;

(10.) Les bâtiments et embarcations de guerre et les pièces détachées spécialement charactérisées comme ne pouvant être utilisées que sur un navire de guerre;

(11.) Les instruments et appareils exclusivement faits pour la fabrication des munitions de guerre, pour la fabrication et la réparation des armes et du matériel militaire terrestre ou naval.

2. Les objets et matériaux qui sont exclusivement employés à la guerre peuvent être ajoutées à la liste de contrebande absolue au moyen d'une déclaration notifiée aux autres Puissances par voie diplomatique.

3. Peuvent être déclarés contrebande de guerre les objets et matériaux, susceptibles de servir aux usages de la guerre comme à des usages inoffensifs, rentrant dans les catégories suivantes, et compris sous le nom de contrebande conditionnelle, savoir:

(1.) Les vivres.
(2.) Les vêtements et les tissus d'habillement, utilisables pour les besoins militaires.
(3.) La monnaie et le papier-monnaie de tout genre, ainsi que les lingots pouvant servir pour en frapper.
(4.) Les véhicules de tout genre utilisables pour la guerre, ainsi que les pièces détachées caractérisées.
(5.) Les combustibles et les matières lubréfiantes.
(6.) Les navires de tout genre, les docks flottants, ainsi que les pièces détachées caractérisées.
(7.) Les matériaux de chemin de fer, de télégraphe, de radiotélégraphe, et de téléphone.
(8.) Les aérostats et aéroplanes, ainsi que les pièces détachées caractérisées.
(9.) Les poudres et les explosifs non spécialement affectés à la guerre.
(10.) Le fil de fer barbelé ainsi que les instruments servant à le fixer et à le couper.
(11.) Les fers à cheval, les clous et les outils de maréchal ferrant.
(12.) Les harnachements et la sellerie.
(13.) Les jumelles, les télescopes, et les chronomètres.

La déclaration visée au premier alinéa du présent article doit être notifiée aux autres Puissances par voie diplomatique.

4. Les objets et matériaux susceptibles de servir aux usages de la guerre comme à des usages inoffensifs, autres que ceux qui sont visés aux articles précédents, peuvent être ajoutés à la liste de contrebande conditionnelle au moyen d'une déclaration, qui n'aura d'effet que dans un délai de   jours. La déclaration doit être notifiée aux autres Puissances par voie diplomatique.

5. Les objets et matériaux qui ne sont pas susceptibles de servir aux usages de la guerre ne peuvent pas être déclarés contrebande de guerre. Rentrent dans cette catégorie les objets et matériaux suivants:

(1.) Le coton, la laine, la soie, le jute et le chanvre bruts, ainsi que d'autres matières premières des industries textiles et leurs filés.
(2.) Les graines et les noix oléagineuses.
(3.) Le caoutchouc, les résines, les gommes, et les laques; le houblon; le coprah.
(4.) Les peaux brutes, les cornes, les os et l'ivoire.
(5.) Les engrais naturels et artificiels.
(6.) Les minerais.
(7.) Les terres, les argiles, la chaux, la craie, la pierre, les briques, les ardoises, et les tuiles.
(8.) La porcelaine et la verrerie.
(9.) Le papier et les matières servant à sa fabrication.
(10.) Le savon, les couleurs, et le vernis.
(11.) L'hypochlorite de chaux, les cendres de soude, la soude caustique, le sulfate de soude en pains, l'ammoniaque, le sulfate d'ammoniaque, et le sulfate de cuivre.
(12.) Les machines servant à l'agriculture, aux opérations minières, aux industries textiles et à l'imprimerie.

(13.) Les pierres précieuses et les pierres fines, les perles, la nacre, et les coraux.
(14.) Les horloges, pendules et montres autres que les chronomètres; les articles de fantaisie.
(15.) Les plumes et le crin de tout genre.
(16.) Les ameublements de domicile et de bureau et les accessoires de bureau.

6. Ne peuvent jamais être considérés comme contrebande de guerre:
(1.) Les objets et matériaux servant exclusivement à soigner les malades et blessés.
(2.) Les objets et matériaux qui sont destinés et nécessaires à l'usage du navire, du capitaine, des officiers, de l'équipage ou des passagers pendant la traversée.

7. La simple destination de la marchandise au pays ennemi, comme la destination aux forces armées de l'ennemi ou à un territoire occupé par l'ennemi, est suffisante pour rendre saisissables les articles de contrebande absolue.

8. La destination du chargement est généralement présumée être celle du navire.

9. Si le navire doit toucher à un port hostile les marchandises de contrebande absolue à bord seront présumées avoir une destination hostile. La preuve contraire est admise.

10. La destination est présumée innocente lorsque la marchandise de contrebande absolue doit être débarquée dans un port neutre. La preuve contraire est admise.

11. Une destination spéciale aux forces armées de l'ennemi ou à l'administration de l'Etat ennemi est nécessaire pour rendre saisissables les articles de contrebande conditionnelle.

12. Il y a présomption de la destination visée à l'article 11 si l'envoi est adressé aux autorités ennemies ou à un commerçant établi en pays ennemi, dont il est notoire qu'il fournit à l'ennemi des objets et matériaux de cette nature, ou si l'envoi est à destination d'une place fortifiée ennemie, ou d'une autre place servant de base aux forces armées ennemies, à moins qu'il ne s'agisse d'établir le caractère du navire même qui fait route vers une de ces places. Dans les autres cas la destination est présumée innocente. Les présomptions établies par le présent article admettent la preuve contraire.

13. La contrebande conditionnelle n'est saisissable que sur le navire qui la transporte vers un port ennemi ou occupé par l'ennemi ou vers la flotte ennemie. Les papiers de bord font preuve complète de la route du navire ainsi que du lieu de déchargement de la cargaison, à moins que le navire ne soit rencontré ayant manifestement dévié de l'itinéraire indiqu épar les papiers de bord et sans pouvoir justifier d'une cause suffisante de cette déviation.

14. Toutefois, si le territoire de l'ennemi n'a pas de frontière maritime, les articles de contrebande conditionnelle sont saisissables lorsqu'il est établi qu'ils ont la destination prévue à l'article 11.

15. Le navire transportant de la contrebande peut être saisi à tout moment pendant tout le cours de son voyage, tant qu'il est en haute mer ou dans les eaux belligérantes. Il reste saisissable même s'il a l'intention de toucher à un port d'escale avant d'atteindre la destination ennemie.

16. Une saisie ne peut pas être pratiquée en raison d'un transport de contrebande antérieurement effectué et actuellement achevé.

17. Les articles de contrebande sont sujets à confiscation.

18. La confiscation du navire transportant de la contrebande est permise si le propriétaire, ou celui qui a affrété le navire entièrement, ou le capitaine, a connu, ou a dû connaître, la présence de la contrebande à bord, et que cette contrebande forme plus de la moitié de la cargaison.

19. Les marchandises, autres que la contrebande, se trouvant à bord du même navire ne sont point confiscables à moins qu'elles n'appartiennent au propriétaire de la contrebande.

20. Ni les articles de contrebande saisis, ni le navire qui les transporte, ne peuvent être confisqués que contre indemnisation, si le capitaine du navire n'a pas connu, et n'a pas pu connaître, l'ouverture des hostilités ou la déclaration de contrebande applicable à son chargement.

Annexe No. 64.

Délégation de Grande-Bretagne.

Nouveau Texte proposé des Règles relatives au Transfert du Pavillon.

1. Le transfert sous pavillon neutre d'un navire ennemi, effectué avant l'ouverture des hostilités, est valable à moins qu'il ne soit établi que ce transfert a été effectué en vue d'éluder les conséquences qu'entraîne le caractère de navire ennemi.

Toutefois, il y a présomption absolue de validité si le transfert a été effectué plus de trente jours avant l'ouverture des hostilités, et s'il est absolu, complet et conforme à la législation des pays intéressés, et s'il a pour effet que ni le contrôle du navire, ni le bénéfice provenant de son emploi ne reste plus entre les mêmes mains qu'avant le transfert.

Il y a présomption de nullité si l'acte de transfert ne se trouve pas à bord, alors que le navire a perdu la nationalité belligérante moins de deux mois avant l'ouverture des hostilités. La preuve contraire est admise.

2. Le transfert sous pavillon neutre d'un navire ennemi, effectué après l'ouverture des hostilités, est valable s'il est établi que ce transfert n'a pas été effectué en vue d'éluder les conséquences qu'entraîne le caractère de navire ennemi.

Toutefois, il y a présomption absolue de nullité:

a) Si le transfert a été effectué pendant que le navire est en voyage ou dans un port bloqué;

b) S'il y a faculté de réméré ou de retour;

c) Si les conditions, auxquelles est soumis le droit de pavillon d'après la législation du pavillon arboré, n'ont pas été observées.

Annexe No. 65.

Délégation des Etats-Unis d'Amérique.

Abgedruckt oben S. 1238.

Annexe No. 66.

Délégation de Grande-Bretagne.

Projet de Déclaration.

Eu égard aux termes de l'invitation par laquelle le Gouvernement de Sa Majesté Britannique a proposé aux diverses Puissances de se réunir en conférence afin de déterminer en commun ce que comportent les règles généralement reconnues du droit international, au sens de l'Article 7 de la Convention du 18 octobre, 1907, relative à l'établissement d'une cour internationale des prises;

Vu les divergences qui subsistent actuellement dans les pratiques des diverses Puissances en cas de guerre sur mer, et les incertitudes en résultant dans le domaine du droit des gens;

Animés du désir de mettre fin aux difficultés créées par cette absence d'une doctrine uniformément appliquée;

Jugeant nécessaire, dans ce but, de formuler, dans la mesure du possible, des règles communes;

Estimant que l'utilité de ces règles serait grandement augmentée par leur adoption générale et formelle,

Ont résolu de faire une Déclaration à cet effet, et ont nommé pour leurs Plénipotentiaires, savoir:

[Noms des Plénipotentiaires.]

Lesquels, après s'être communiqué leurs pleins pouvoirs respectifs, trouvés en bonne et due forme, sont convenus des Articles suivants:

Disposition préliminaire.

ART. 1. Les Puissances Signataires sont d'accord pour constater que les dispositions des Chapitres suivants répondent, en substance, aux règles généralement reconnues du droit international.

Ch. I: Du Blocus en Temps de Guerre. — Ch. II: De la Contrebande de Guerre. — Ch. III: De l'Assistance hostile. — Ch. IV: De la Destruction des Prises neutres. — Ch. V: Du Transfert de Pavillon. — Ch. VI: Du Caractère ennemi. — Ch. VII: Du Convoi. — Ch. VIII: De la Résistance opposée à la Visite. — Ch. IX: Des Dommages et Intérêts. — Dispositions finales.

Annexe No. 67
au Résumé de la Premiere Séance en Commission
(14 décembre).

Exposé par M. le Contre-Amiral Le Bris: Rayon d'action d'un blocus.

La Délégation française a introduit dans son Mémorandum l'expression „rayon d'action" pour déterminer les lieux dans lesquels les navires de commerce neutres se dirigeant vers des ports bloqués pouvaient être saisis par les navires bloqueurs.

Cette expression ayant été adoptée dans la base de discussion No. 24, il nous paraît nécessaire de préciser le sens que nous avons entendu lui donner.

Lorsqu'un Gouvernement décide d'entreprendre une opération de blocus contre une partie quelconque de côte ennemie, il désigne un certain nombre de navires de guerre qui devront participer au blocus, et il en confie le commandement à un officier qui aura pour mission d'assurer par leur moyen l'effectivité du blocus. Le commandant de la force navale ainsi constituée répartit les navires mis à sa disposition suivant la configuration de la côte et la situation géographique des points bloqués, et donne à chacun d'eux des instructions sur le rôle qu'il aura à remplir, et en particulier sur la zone confiée à sa surveillance. C'est l'ensemble de ces zones de surveillance, organisées de telle manière que le blocus soit effectif, qui forme le rayon d'action de la force navale bloquante.

Le rayon d'action ainsi compris est étroitement lié à l'effectivité du blocus et aussi au nombre des bâtiments qui y sont affectés.

Il peut se présenter des cas où un seul navire suffira pour maintenir un blocus effectif — par exemple, à l'entrée d'un port ou à l'embouchure d'un fleuve dont l'estuaire est peu étendu — à la condition que les circonstances permettent au bloqueur de se tenir suffisamment rapproché de l'entrée. Dans ce cas le rayon d'action est lui-même rapproché de la côte. Mais si les circonstances le forcent, au contraire, à se tenir éloigné, il pourra, se faire que le navire soit insuffisant pour assurer l'effectivité, et il deviendra alors nécessaire de lui adjoindre d'autres pour la maintenir. De ce fait le rayon d'action devient plus étendu et plus éloigné de la côte. Il pourra donc varier suivant les circonstances et suivant le nombre des navires bloqueurs, mais sera toujours limité par la condition que l'effectivité soit assurée.

Il ne semble pas possible d'assigner au rayon d'action des limites en chiffres fixes et invariables, pas plus qu'il n'est possible de fixer à l'avance et invariablement le nombre des bâtiments nécessaires pour assurer l'effectivité de tout blocus. Ces éléments doivent être déterminés suivant les circonstances pour chaque cas particulier de blocus; peut-être pourrait-on le faire au moment de la déclaration.

Il est évident qu'un blocus ne sera pas établi de la même façon pour une côte sans défense et pour une côte possédant tous les moyens modernes de défense. Il ne saurait être question dans ce dernier cas d'appliquer une règle telle que celle qui exigeait autrefois des vaisseaux arrêtés et suffisamment proches des points bloqués; la situation serait trop dangereuse pour les navires de la force bloquante qui, par ailleurs, possèdent aujourd'hui des moyens plus puissants leur permettant de surveiller d'une façon effective une zone beaucoup plus étendue que jadis.

Le rayon d'action d'une force navale bloquante pourra s'étendre assez loin mais, comme il dépend du nombre des bâtiments concourant à l'effectivité du blocus, et comme il reste toujours limité par la condition d'effectivité, il n'atteindra jamais des mers éloignées sur lesquelles naviguent des navires de commerce, peut-être destinés aux ports bloqués, mais dont la destination est subordonnée aux modifications que les circonstances sont susceptibles d'apporter au blocus au cours du voyage. En résumé, l'idée de rayon d'action liée à celle d'effectivité telle que nous avons essayé de la définir, c'est-à-dire comprenant la zone d'opérations des forces bloquantes, permet au belligérant d'exercer d'une manière efficace le droit de blocus qui lui est reconnu et d'un autre côté elle évite aux neutres d'être exposé à grande distance aux inconvénients du blocus, tout en leur laissant courir les dangers auxquels ils s'exposent sciemment en s'approchant des points dont l'accès est interdit par le belligérant.

Annexe No. 68
au Résumé de la Première Séance en Commission (14 décembre).
Exposé par la Délégation des Etats-Unis d'Amérique: „Rayon d'action" d'un blocus.

La Délégation américaine accepte en principe la base No. 24, sous la réserve que le belligérant ou le commandant de la force bloquante ait le droit de fixer l'étendue du rayon d'action qui, selon notre désir, ne devrait pas excéder 1 000 milles Le rayon d'action ou la zone d'opération devrait être délimitée, dès la déclaration du blocus, par le commandant de la force bloquante, conformément à l'article 18 La Délégation américaine n'a pas le désir d'imposer aux belligérants des règles fixes en ce qui concerne l'étendue du rayon d'action, mais tout simplement de demander le droit de fixer un maximum de 1 000 milles quand les circonstances l'exigent. La Délégation s'associe aux observations de M. le Contre-Amiral Le Bris quant à la nature du rayon d'action variable apec les conditions géographiques la proximité des ports neutres et les intérêts du commerce neutre, aussi bien qu'avec la force employée.

En fixant l'étendue de la zone d'opération, la Délégation entend demander que la force employée soit en rapport avec cette zone. Aucun pays n'a été plus tenace que les Etats-Unis dans son opposition au blocus fictif, et ils estiment que la forcé chargée d'exécuter le blocus doit être proportionnelle à la zone intéressée.

La Délégation ajoute, pour expliquer la grande étendue du rayon d'action réclamé, que cette demande est motivée par le fait que la violation du blocus devient de plus en plus une opération nocturne et que, le navire une fois en mer, sa capture avant l'aube devient difficile. Là où, à proprement parler, la ligne extérieure de la force bloquante est stationnée, la chasse finale et la capture ont lieu. L'éloignement de cette ligne varie avec la durée de l'obscurité de la nuit, qui peut être de seize heures, et la vitesse des vaisseaux, qui peut être de 30 nœuds. Cet éloignement peut ainsi représenter une zone de 480 milles, et même davantage, si la ligne intérieure est très distante de l'entrée du port.

Annexe No. 69
au Résumé de la Première Séance en Commission (14 décembre).
Exposé par la Délégation des Etats-Unis d'Amérique: Poursuite des navires en cas de violation de blocus.

En ce qui concerne l'article 25, la Délégation, tout en estimant que cet article pourrait être avantageusement combiné avec l'article 24, afin de traiter l'ensemble de la question du blocus, accepte l'article, sous la réserve qu'une poursuite est considérée comme continue et pas abandonnée, selon le sens de l'article, même si elle est abandonnée par une ligne de la force bloquante pour être reprise après un intervalle par un vaisseau de la seconde ligne, jusqu'à ce que la limite du rayon d'action soit atteinte. Dans certaines conditions il peut même y avoir plusieurs lignes, chacune ayant respectivement sa zone de poursuite.

Annexe No. 70
au Résumé de la Deuxième Séance en Commission (16 décembre).

Exposé par M. le Contre-Amiral Slade: Droits du commandant d'une force bloquante sur la disposition de ses bâtiments.

Je me permets de dire, de la part de la Délégation britannique, qu'elle s'associe entièrement au point de vue de la Délégation française, qui a été si nettement présenté par M. l'Amiral Le Bris.*) Il me semble, néanmoins, utile de faire quelques observations pour mieux préciser les détails sur lesquels il peut y avoir des malentendus.

Comme a si bien dit notre éminent collègue, l'étendue du rayon d'action dépend du seul nombre de vaisseaux affectés au maintien du blocus, pourvu que l'effectivité du blocus soit assurée. Il est évident, alors, que l'amiral commandant l'escadre bloquante est libre de disposer ses vaisseaux comme il le veut afin d'assurer la réalité du blocus. Il n'est tenu à les disposer à une distance déterminée des côtes bloquées qu'à la seule condition qu'ils n'empêchent pas l'accès des ports neutres. Il peut les disposer de façon à ce que les vaisseaux qui essayent de violer le blocus soient obligés de passer en plein jour par une, au moins, des lignes, ou il peut stationner des éclaireurs pour l'avertir en temps utile par le télégraphe sans fil de l'approche des navires soupçonnés. Les éclaireurs doivent être toujours en communication avec le gros de l'escadre, mais s'ils se trouvent sur la route vers des ports neutres, ils ne peuvent pas effectuer des saisies pour tentative de violation de blocus à moins que les papiers de bord et les preuves obtenues à bord du navire visité ne laissent aucun doute sur sa destination. Les éclaireurs ont le droit de visiter les navires, de s'assurer de leur destination, et de leur notifier l'existence du blocus, et, s'il y a lieu de soupçonner la sincérité de leurs déclarations, même de les garder sous observation afin de constater qu'ils ne s'écartent pas de la route directe vers le port qu'ils ont désigné comme destination. Quant à un navire qui essaie de violer le blocus vers l'extérieur, les éclaireurs, avertis par le télégraphe de la poursuite qui a été commencée par les croiseurs de la ligne intérieure, ont toujours le droit de venir en aide à ceux-ci et, le cas échéant, de capturer le navire poursuivi.

On ne saurait préciser en chiffres exacts les limites du rayon d'action de l'escadre bloquante. Lorsque la côte bloquée est tout à fait ouverte et l'escadre bloquante assez nombreuse, ce rayon peut avoir une étendue très considérable, mais quand il s'agit de bloquer un port situé sur une mer étroite, entourée de ports neutres. il est évident que le rayon d'action doit être beaucoup plus restreint.

Il s'ensuit, donc, que la répartition des vaisseaux affectés au maintien du blocus dépend des conditions géographiques de la zone bloquée et du nombre des bâtiments à la disposition de l'amiral; et, pourvu que l'effectivité du blocus soit assurée et que le gros de l'escadre ne barre pas l'accès des ports neutres, il n'y a aucune limitation à la discrétion de l'officier chargé de la surveillance du blocus. Le point de savoir si ces deux conditions sont dûment réalisées est toujours une question de fait.

Dans cet ordre d'idées la Délégation britannique n'a aucune objection à accepter l'amendement proposé par M. le Délégué plénipotentiaire d'Italie, mais il lui semble important de ne pas séparer l'énonciation du principe que l'accès des ports neutres ne doit pas être empêché de l'autre principe que, sauf cette restriction, les forces navales peuvent être librement disposées d'après les exigences militaires dont le commandant des forces bloquantes est seul juge.

Nous proposons donc de consigner dans un article spécial, qui trouverait sa place entre les articles 23 et 24, la disposition suivante, prise à l'alinéa 14 du Mémorandum britannique:

„23 bis. Les forces bloquantes peuvent être placées à la distance des ports et de la côte bloqués que les autorités navales estimeront convenable, pourvu que leur position n'empêche as l'accès d'une côte neutre."

---

*) Annexe 67.

Annexe No. 71
au Résumé de la Deuxième Séance de la Commission (16 décembre).

Exposé par M. Kriege: Caractère ennemi. Les principes de nationalité et de domicile.

La question de savoir si c'est la nationalité ou plutôt le domicile d'une personne qui décide de son caractère neutre ou ennemi devrait, dans notre opinion, être résolue dans le sens de la première alternative. Je me permettrai de résumer, très succinctement, les raisons qui paraissent militer en faveur du principe de la nationalité et contre le principe du domicile.

1. D'abord, suivant la Déclaration de Paris le sort de la marchandise dépend du pavillon du navire à bord duquel elle est chargée. Dans les lois qui règlent dans les différents pays le droit de porter le pavillon national, la nationalité des propriétaires joue le rôle décisif. En Allemagne comme en Russie et en Grande-Bretagne le droit du pavillon n'est accordé qu'aux navires qui appartiennent exclusivement à des indigènes; en d'autres pays on se contente de la preuve qu'une certaine partie, les trois quarts, les deux tiers ou la moitié du navire, représentent la propriété de nationaux. Il paraît logique, quand il s'agit de la marchandise, d'observer le même principe qui domine à l'égard du navire.
2. Dans le système du droit international adopté par les Etats continentaux le principe de la nationalité l'a emporté sur celui du domicile. C'est sur le principe de la nationalité que se basent les Conventions de La Haye de 1902 et de 1904. En ce qui concerne la guerre sur terre, la Convention concernant les droits et les devoirs des Puissances et des personnes neutres élaborée par la Deuxième Conférence de la Paix a reconnu à l'article 16 que les nationaux d'un Etat qui ne prend pas part à la guerre sont, indépendamment de leur domicile, considérés comme neutres. Il y aurait donc une certaine contradiction à traiter en ennemi par rapport à la guerre maritime une personne domiciliée en pays ennemi qui, grâce à sa nationalité neutre, doit être regardée comme neutre dans la guerre terrestre.
3. Le principe du domicile semble être d'une application bien difficile au point de vue du droit comme au point de vue de l'appréciation des faits. Il faut considérer les circonstances où le séjour dans telle place s'est fait, la durée du séjour et les intentions de la personne. Le commandant du croiseur se trouverait dans une situation bien embarrassante s'il devait décider tous les problèmes qui se rattachent à la question du domicile.
4. L'adoption du principe du domicile entraînerait d'ailleurs des conséquences qui semblent difficiles à admettre.

a) Avec ce principe, le belligérant serait forcé à traiter en ennemis ceux de ses propres nationaux qui sont établis dans le pays de son adversaire. Ce serait en contradiction irréductible avec notre manière d'envisager la situation des nationaux vis-à-vis de l'Etat, et ce serait aussi absolument incompatible avec notre système de défense nationale. Qu'on se figure, par exemple, un officier de réserve ou de territoriale établi en pays ennemi où il est le chef d'une maison de commerce. Au commencement de la guerre, il rentre dans son pays pour remplir ses obligations militaires, mais par ce fait, il ne cesse pas d'avoir son domicile commercial dans le pays ennemi. Ses biens expédiés sous pavillon ennemi seraient donc passibles de confiscation. On ne saurait objecter qu'on n'aurait pas besoin de tirer cette conséquence étrange et que, en pareil cas, le belligérant pourrait faire une exception à la règle qui soumet à la capture les biens de l'ennemi transportés par mer sous pavillon ennemi. Car, du moment où il épargnerait ses propres nationaux ou les dédommagerait de la perte causée par la capture, les Etats neutres seraient fondés à demander le même traitement à l'égard de leurs nationaux qui, en raison de leur domicile dans le pays de l'adversaire, devraient être considérés comme ennemis. Il est, en effet, de droit incontestable qu'en pareil cas le belligérant ne peut traiter les sujets neutres d'une manière moins favorable que ses propres ressortissants. Le belligérant se trouverait alors placé dans l'alternative ou de confisquer les biens de ses propres nationaux ou de restreindre l'exercice du droit de capture aux biens des sujets ennemis établis en pays ennemi. Il nous semble aussi difficile d'accepter l'une que l'autre de ces éventualités.

b) Le principe du domicile aurait encore cette autre conséquence, que les marchandises appartenant à un ressortissant ennemi qui habite le pays de l'adversaire ne seraient pas confiscables, tandis que le navire appartenant à la même personne et battant son pavillon national serait passible de confiscation en vertu du droit de capture.

Pour ces raisons la Délégation allemande se prononce en faveur de la règle qui, dans les rapports créés par la guerre maritime, d'accord avec ce qui a été arrêté pour la guerre sur terre, fait dépendre de la nationalité le caractère neutre ou ennemi d'une personne.

Annexe No. 72
au Résumé de la Deuxième Séance de la Commission (16 décembre).

Exposé par M. le Capitaine de vaisseau Starke: Rayon d'action d'un blocus.

Je ne puis que me rallier à la manière dont les questions relatives au rayon d'action d'un blocus sont ènvisagées dans le remarquable exposé de M. l'Amiral Le Bris.*) En effet, l'étendue de ce rayon dépend de la configuration de la côte bloquée, ainsi que de la situation géographique, et ne saurait, une fois pour toutes, être limitée en chiffres fixes. La seule définition possible est celle selon laquelle le rayon d'action du blocus est formé par les zones de surveillance confiées à chacun des bâtiments de la force bloquante, lesquelles, disposées sans interruption, doivent, dans leur ensemble, assurer l'effectivité du blocus.

En ce qui concerne les observations de M. l'Amiral Slade, je me permets de faire remarquer que la manière dont il vient de caractériser le rôle des bâtiments éclaireurs pourrait donner lieu à une interprétation qui, assurément, n'est pas conforme à son idée.

Je partage entièrement l'avis de M. l'Amiral Slade que l'officier commandant le blocus pourrait, en pareilles circonstances, juger bon de charger des bâtiments éclaireurs de la mission de l'avertir en temps utile de l'approche de navires qui auraient l'intention de tenter une violation du blocus. Ce qui me paraît douteux c'est que des bâtiments semblables puissent être regardés comme faisant partie des forces bloquantes dans ce sens, qu'ils auraient caractère pour exercer le droit de saisie pour violation de blocus.

Tout d'abord on ne saurait dire que les bâtiments en question soient chargés d'assurer l'effectivité du blocus. Cette effectivité doit exister sans eux et, dans le cas contraire, leur concours est impuissant à corriger ce défaut.

Le seul fait que ces bâtiments se trouvent placés sous les ordres de l'officier commandant le blocus et maintiennent de communications ininterrompues avec lui ne suffit pas, comme les paroles de M. l'Amiral Slade pourrait le faire croire, pour leur donner le caractère voulu. Autrement, étant donné que la communication radiotélégraphique peut, aujourd'hui déjà, fonctionner à une distance de centaines de milles marins, les bâtiments de la force bloquante pourraient, de relais en relais, couvrir toute l'étendue de l'océan. Telle ne peut être l'idée de la Délégation britannique, qui, dans la séance du 11 décembre, a expressément déclaré qu'elle était disposée à renoncer à l'ancienne doctrine anglaise permettant de saisir un navire comme coupable de violation de blocus dès qu'il avait manifesté l'intention d'un tel acte. Ce serait aussi en contradiction avec l'opinion de M. l'Amiral Le Bris, d'après laquelle „l'idée de rayon d'action liée à celle d'effectivité évite aux neutres d'être exposés à grande distance aux inconvénients du blocus .

*) Annexe 67.

Une théorie qui étendrait aux navires en question les prérogatives des forces bloquantes aurait des conséquences auxquelles on ne voudrait certainement pas consentir. Si les éclaireurs détachés n'étaient pas contraints à se contenter de visiter les navires neutres, et de garder sous observation ceux qui leur paraîtraient suspects, ils seraient fatalement entraînés, au delà des limites qui leur sont tracées dans l'exposé de M. l'Amiral Slade; ils ne se borneraient pas à opérer la saisie dans le cas où les papiers de bord et les preuves obtenues à bord du navire ne laisseraient aucun doute sur la destination illicite, mais ils arriveraient facilement à considérer comme coupable tout navire au sujet duquel ils auraient conçu un soupçon plus ou moins fondé.

L'exercice du droit de saisie par des bâtiments semblables se trouverait aussi en opposition avec le principe mis en avant dans les observations qui accompagnent les bases de discussion Nos. 24 et 25. La saisie pour violation de blocus ne pouvant avoir lieu que si l'infraction est manifeste, cette sanction ne serait pas applicable aux navires qui, en pleine mer et loin de toute ligne de blocus, rencontreraient un éclaireur dans sa croisière.

Dans mon opinion, le droit de saisie ne devrait point être exercé dans les conditions dont je viens de parler. Ce droit doit être limité aux bâtiments chargés de surveiller un rayon qui peut être fermé au passage de tout navire neutre.

Annexe No. 73
au Résumé de la Troisième Séance de la Commission (18 décembre).

Exposé par M. Kriege: Transfert de pavillon.

Je désire appeler l'attention de la Commission sur une divergence qui paraît exister entre la proposition des Etats-Unis d'Amérique d'une part et, d'autre part, les propositions de la Grande-Bretagne et de l'Allemagne.

Il s'agit de la signification du terme „bonne foi". Les propositions sont, toutes les trois, d'accord pour prescrire que les transferts faits pendant la guerre ou immédiatement avant la guerre doivent être effectués „de bonne foi". Seulement il semble que, dans l'idée de la Délégation des Etats-Unis d'Amérique, la bonne foi existerait si la Convention relative au transfert était sincère et définitive et ne comportait rien de fictif ou d'irrégulier. D'autre part, les propositions allemande et britannique entendent par bonne foi l'absence — parmi les motifs du transfert — de l'intention de soustraire le navire à l'effet du droit de capture. Dans le sens de ces propositions, comme d'après le texte original de la base 35, le transfert serait nul et sans effet du moment où il aurait été amené par le désir du vendeur de se mettre à l'abri de la perte que lui infligerait la confiscation du navire; le transfert serait, au contraire, reconnu comme valable lorsqu'il y aurait lieu de croire qu'il aurait été aussi effectué si la guerre n'était pas survenue ou n'avait pas été imminente au moment de la conclusion du contrat.

Je pense qu'on devrait accepter cette dernière manière d'envisager la question. On conserverait alors la base 35, comme elle est actuellement rédigée dans le sommaire. On y ajouterait les présomptions „juris tantum", qui font présumer la „bonne foi" avant l'ouverture des hostilités, l'absence de bonne foi et l'intention illicite à partir de ce moment. On conserverait enfin les présomptions péremptoires consignées dans le No. 37 du texte primitif, ainsi que l'autre présomption absolue proposée dans les nouveaux Nos. 37 et 37 bis de la proposition britannique.

Annexe No. 74
au Résumé de la Quatrième Séance de la Commission (13 janvier).

Exposé par Lord Desart: Convoi.

Des discussions qui ont déjà eu lieu, MM. les membres de la Conférence se seront rendu compte de la disposition du Gouvernement Britannique d'admettre le principe de l'exemption du droit de visite dans le cas des navires sous convoi. Il est peut-être désirable que j'expose d'une façon concise le motif de cette attitude.

Tous ceux qui ont étudié le droit des gens doivent savoir que, sur ce point, il existe depuis plus de cent ans une divergence de principe très marquée entre la Grande-Bretagne et la plupart des autres nations. En raison de ce que, à présent, les guerres n'ont lieu que rarement, l'on fait moins d'attention et l'on attache moins d'importance à cette question aux temps modernes que l'on ne faisait au commencement du dix-neuvième siècle, époque à laquelle les controverses qui ont surgi au sujet du convoi ont été très sérieuses. La question n'a, cependant, jamais été décidée, et elle pourrait de nouveau amener de graves difficultés à l'avenir à moins qu'elle ne fût résolue par la présente Conférence.

A l'égard de cette question, la Grand-Bretagne a occupé, on peut le dire, une position à peu près isolée, ce qui a amené mon Gouvernement à se demander s'il ne serait pas possible de se conformer à la pratique qui a été plus généralement adoptée ailleurs et d'admettre que, puisque la règle qu'il a maintenue jusqu'à présent a cessé d'être en harmonie avec l'usage communément suivi, elle ne peut guère être considérée comme exprimant un principe généralement reconnu du droit international. Une telle concession de notre part, qui ne serait point insignifiante, aurait naturellement pour motif le désir de mon Gouvernement que cette Conférence réussisse à concilier les principes opposés qui existent à l'égard des droits des belligérants et des neutres ainsi que la pratique divergente à laquelle ces principes ont donné lieu. Un tel accord nous a paru impossible sans que des concessions réciproques soient faites, et c'est justement sur des questions semblables, qu'une seule Puissance voit d'un œil différent des autres, que des concessions faites dans un esprit de conciliation sont les plus raisonnables.

C'est pour ces motifs que mon Gouvernement est prêt à adopter, comme faisant partie d'un accord général, le principe plus communément accepté, et d'admettre qu'un vaisseau neutre sous convoi d'un bâtiment de guerre de sa nation est exempt de l'exercice du droit de visite. En faisant cette concession mon Gouvernement a voulu prêter au principe „cessante ratione legis, cessat ipsa lex' une interprétation peut-être plus libérale que celle qu'approuveraient ses juristes, mais il a agi ainsi en vue de contribuer au succès de la Conférence qu'il a tellement à cœur.

Il n'est fait mention, ni dans la base de discussion, ni dans les observations qui la précèdent, ni dans aucun des Mémorandums, du degré des responsabilités et des obligations qui incombent au Gouvernement neutre à l'égard de cette question. Il y aurait donc pour nous intérêt et utilité notables à connaître de la bouche des représentants des autres Puissances la nature et la portée des instructions données à leur force navale au sujet du convoi des navires marchands.

Il est évident que l'on ne doit pas s'attendre à ce qu'un belligérant admette le droit de convoi à moins d'être à peu près certain que ce droit ne sera pas mis à profit pour le transport de la contrebande. Il a donc le droit d'exiger que le Gouvernement neutre exerce une surveillance suffisante en vue d'empêcher les navires porteurs de contrebande de se placer sous le convoi de ses vaisseaux de guerre.

Donc, étant donné que la présente Conférence aboutisse à quelque accord général dont ferait partie l'admission du principe du convoi, il serait désirable que les différentes Puissances fussent également convenues sur la responsabilité qui leur incomberait, en qualité de neutres, à l'égard de la question du convoi.

C'est surtout, comme on sait, en relation avec la contrebande que cette question surgit, mais il faut en même temps l'étudier en relation avec le blocus. En ce qui concerne ce point-là, nous croyons pouvoir conclure que l'Etat neutre a l'obligation de s'assurer que les navires convoyés ne font pas route vers un port bloqué et qu'ils ne s'écartent pas du convoi pour tenter d'entrer dans un tel port pendant que le convoi se trouve dans son voisinage.

En ce qui concerne des navires qui prêtent l'assistance hostile, nous croyons pouvoir conclure que, d'après l'admission de tout le monde, un Gouvernement neutre doit s'assurer que les navires placés sous le convoi de ses bâtiments de guerre ne se livrent point au transport des troupes ou de la correspondance officielle de l'ennemi, et qu'ils ne se sont point fait affréter dans des conditions qui les rendent passibles du traitement à accorder aux navires ennemis.

Il est naturellement entendu que l'article 1 des bases de discussion en question ne vise que les navires de commerce neutres placés sous le convoi d'un bâtiment de guerre de leur pavillon et que les navires neutres placés sous le convoi d'un bâtiment de guerre ennemi continuent à être, comme par le passé, passibles de la saisie et de la condamnation pour ce seul motif.

Annexe No. 75
au Résumé de la Quatrième Séance de la Commission (13 janvier).
Exposé par M. le Baron de Jedina-Palombini: Convoi.

La Délégation d'Autriche-Hongrie accepte intégralement la base 13 de discussion. Elle doit toutefois faire remarquer que cette base ne pose aucune règle pour le cas où le commandant du convoi, sur la communication de soupçons, ayant procédé à la visite des bâtiments suspects, y trouverait de la contrebande. Il surgit la question de savoir si le belligérant aura le droit de saisir le navire en question pour l'amener à un port de prise, ou bien si le commandant du convoi pourra continuer sa route, en s'obligeant toutefois à débarquer les marchandises qualifiées de contrebande au port neutre le plus proche.

La Délégation d'Autriche-Hongrie propose la seconde alternative.

Annexe No. 76
au Résumé de la Quatrième Séance de la Commission (13 janvier).
Exposé par M. le Baron Hold de Ferneck: Dommages et Intérêts.

La question concernant les dommages et intérêts, telle qu'elle se trouve traitée dans l'Article 12 du sommaire des bases de discussion, ne rentre pas exclusivement dans le domaine de la contrebande. On devra également réparer le dommage qu'a subi, dans des circonstances semblables, le propriétaire d'un navire saisi pour avoir tenté de violer un blocus ou de prêter assistance à un des belligérants.

Il est en outre à remarquer que, dans tous ces cas, la question des dommages-intérêts contient deux problèmes:

1. Le problème de savoir si le dommage doit être réparé. Cette question de principe est solutionnée par l'article cité du sommaire, article qui répond entièrement à la manière de voir du Gouvernement commun d'Autriche-Hongrie et développée dans son Mémoire. Toutefois, notre Délégation se conformerait avec plaisir au point de vue exposé dans le Mémoire allemand, d'après lequel „le propriétaire a droit à des dommages et intérêts, à moins que la saisie n'ait été amenée par sa propre faute ou par celle du capitaine". Ce point de vue est plus favorable aux neutres sans altérer aucunement les intérêts légitimes des belligérants.

2. Dans la base de discussion précitée il n'est pas fait mention de l'autre question qui serait à traiter par la Cour des Prises: c'est la question de savoir si la Cour devra se borner à statuer sur la réparation des dommages directs qu'a subis le propriétaire lésé (l'ainsi-dit „damnum emergens"), ou bien si elle aura le droit de prendre également en considération la perte de bénéfices (l'ainsi-dit „lucrum cessans).

Seul notre Mémoire a entamé cette question. Nous avons cru devoir prouver qu'il n'y a pas de motifs suffisants pour rejeter, en principe, la réparation des pertes de bénéfices éprouvées par le propriétaire d'un navire indûment saisi.

Mais nous croyons néanmoins qu'il serait mieux de ne pas trancher cette question au sein de cette Conférence, mais de laisser, à cet égard, pleine liberté à la Cour des Prises, vu les différentes circonstances qui pourraient se produire dans les différents cas et dont la Cour devrait tenir compte.

Annexe No. 77
au Résumé de la Quatrième Séance de la Commission (13 janvier).

Exposé par M. Hurst: Dommages et Intérêts.

A l'avis de la Délégation britannique, il y a de graves doutes que l'article 12 des bases de discussion soit assez précis pour répondre aux besoins du commerce moderne; mais les principes posés par les Mémorandums des diverses Puissances n'offrent pas les éléments nécessaires pour la rédaction d'une règle plus compréhensive.

L'évolution accomplie en matière de la construction des steamers aux temps modernes, et le grand nombre de chargements qui composent souvent leurs cargaisons, ont notablement aggravé les pertes qu'infligent à l'armateur la saisie d'un navire neutre et la durée de sa détention pendant l'instruction et les délibérations de la cour des prises. Nous croyons donc qu'il y a lieu de développer les règles sur les dommages et intérêts au cas d'un navire saisi sans motifs suffisants.

Les règles suivies par les cours des prises britanniques pendant les guerres du commencement du dix-neuvième siècle étaient sans doute rigoureuses en ce qui concerne l'attribution des dommages et intérêts aux navires neutres qu'on relâchait, et bien que, pendant la guerre de Crimée, un développement ait eu lieu vers des principes plus libéraux, je pense que, à présent, même ceux-ci, tels qu'ils ont été formulés, ne répondent plus aux conditions du commerce moderne.

Le principe est admis par quelques Mémorandums que le navire saisi sans motifs suffisants a droit à des dommages et intérêts; mais quelles sont les circonstances qui justifient la capture dans le cas où la cour des prises constate ultérieurement que le navire n'était pas saisissable? Nous estimons que dans ce cas le capteur doit établir que la conduite du navire lui-même a donné lieu à la saisie, c'est-à-dire, soit qu'il y avait des irrégularités dans les papiers de bord, soit que le navire a dévié notablement de sa route, soit que la conduite du capitaine a donné lieu à des soupçons légitimes.

En l'absence de telles preuves, le navire ou l'autre propriété relâchée a droit à des dommages et intérêts.

Si la Conférence partage notre manière de voir, nous sommes prêts à déposer un amendement à cet effet.

Annexes No. 78—85
sind abgedruckt oben S. 660/1.

Annexe No. 86
au Résumé de la Cinquième Séance de la Commission (15 janvier).

Exposé par M. le Colonel Ovtchinnikow: Destruction des prises neutres.

La question de la destruction des prises neutres a été soigneusement étudiée pendant les séances de la Deuxième Conférence de la Paix. La proposition russe concernant cette question a abouti d'après le vote au Comité d'Examen de la Quatrième Commission à 6 voix pour, 4 voix contre, et 7 abstentions.

Les arguments que j'ai présentés alors à la Conférence de La Haye étant presque épuisés, je pourrais aujourd'hui me référer simplement aux travaux de la Quatrième Commission. Toutefois, considérant qu'il se trouve parmi nous un certain nombre de nouveaux collègues, je me permets de revenir succintement sur ce que j'avais dit à La Haye.

En premier lieu, j'attire l'attention de la Commission sur la terminologie très inexacte employée généralement dans cette matière — ce qui donne souvent lieu à des malentendus. On se sert presque toujours d'expressions dans le genre de „destruction des prises neutres", „navire neutre capturé", &c. Or, il ne s'agit pas en réalité de „navires neutres" proprement dits, mais bien de navires de nationalité neutre, qui ont commis des actes contraires à ce caractère neutre — des infractions à leur neutralité. De fait, il ne peut y avoir aucune raison pour saisir, et encore moins pour détruire un navire de nationalité neutre qui est réellement neutre, c'est-à-dire qui se comporte comme tel. Par contre, un navire, quoique sous pavillon neutre, qui aura commis un acte hostile envers le belligérant — tel que, par exemple, le transport de la contrebande, et qui, pour cette raison, est sujet à confiscation — doit être traité comme un navire ennemi et non neutre. C'est pourquoi, entre autres, notre mémorandum parle de la destruction de navires de „nationalité neutre".

Et il est à remarquer sous ce rapport que le mémorandum anglais lui-même, précisément dans notre ordre d'idées, reconnaît au belligérant le droit de détruire les navires neutres, s'ils sont coupables „d'assistance hostile". Or, il nous paraît illogique d'admettre le droit de destruction dans un cas et de le rejeter dans l'autre.

Pour ce qui est du fond de la question, voici quelques considérations — d'ordre juridique, humanitaire, et militaire — que je me permets de faire valoir en faveur du point de vue russe.

Au point de vue juridique, d'après l'opinion russe, c'est la saisie même ou capture qui transfère à l'Etat capteur la propriété du navire et de la cargaison saisis. Une décision judiciaire, d'après nous, ne crée aucun nouveau droit, elle ne fait que reconnaître celui qui existe déjà. Le tribunal de prises statue si la prise est bonne ou non; c'est-à-dire, en appréciant les conditions de la saisie, le moment et le lieu où elle a été effectuée, le caractère du bâtiment capteur et celui du navire et de la cargaison capturés, le tribunal de prises prononce son jugement sur la question de savoir si le navire et la cargaison ont été susceptibles de confiscation au moment où la saisie a été effectuée. Dès lors, la décision d'un tribunal de prises, d'après nous, a toujours une portée rétroactive, et, si la prise est reconnue bonne, le droit de propriété existe pour l'Etat capteur à partir du moment de la saisie.

Ce fait étant établi, on peut avancer qu'en détruisant un navire, battant pavillon neutre, mais qui a manifestement violé sa neutralité, le capteur détruit par là son propre bien et non celui d'autrui. C'est donc contre ses propres intérêts qu'il agit en pareils cas en détruisant le navire capturé, et voilà pourquoi seuls des cas tout à fait exceptionnels peuvent le forcer à agir de cette façon.

Au point de vue humanitaire on a eu des scrupules en ce qui concerne le sort de l'équipage et des passagers qui se trouvent à bord du bâtiment détruit et que l'on transborde sur le navire de guerre capteur. Mais cette aggravation incontestable du sort des passagers doit être mise à la charge, non pas du capteur, mais de l'armateur ou du capitaine, lesquels, tout en se rendant compte des risques auxquels ils exposent l'équipage et les passagers, se décident néanmoins à commettre un acte hostile contre un des belligérants. Du reste, comme cela a déjà été constaté à La Haye, cette question du sort de l'équipage et des passagers, dans le cas de la destruction d'un prise de nationalité neutre n'a jamais provoqué de difficultés pendant les dernières guerres.

Enfin, au point de vue militaire, la nécessité de détruire une prise de nationalité neutre peut se présenter même en dépit des intérêts les plus manifestes du capteur qui réclameraient la conservation du navire saisi. Le navire capturé peut être entièrement chargé, par exemple, d'objets de contrebande de guerre de grand prix — de canons, de projectiles et d'autres, destinés à l'ennemi. Il n'y a aucun doute que ce navire et sa cargaison ne soient sujets à confiscation et ne soient adjugés au capteur par le tribunal de prises. Dans des cas pareils, s'il est réellement impossible au capteur de conduire dans un port le navire capturé, le capteur serait coupable presque de trahison envers sa patrie en relâchant sa prise et en la laissant aller à sa destination, c'est-à-dire en envoyant lui-même à l'ennemi des armes dont celui-ci a besoin pour combattre son pays.

Je crois donc qu'il est tout à fait évident que l'interdiction absolue de la destruction des prises de nationalité neutre est inadmissible, et que, par contre, cette destruction doit être déclarée licite dans certains cas indiqués par la proposition russe.

Annexe No. 87
au Résumé de la Cinquième Séance de la Commission (15 janvier).
Exposé par M. le Baron Taube: Destruction des prises neutres.

Si, dans la question de la destruction des prises, je me permets de prendre une fois de plus la parole pour défendre le principe énoncé dans le mémorandum russe — c'est-à-dire le droit du belligérant de détruire, dans certains cas exceptionnels, les prises neutres — c'est uniquement pour bien dégager devant la Conférence la question du véritable droit existant en cette matière. Il est notamment incontestable, à mon avis, que la manière de voir du Gouvernement Russe — qu'elle nous paraisse bonne ou mauvaise ou point de vue de l'équité internationale abstraite — est loin, avant tout, de représenter une sorte d'abus que certains belligérants voudraient imposer aux neutres. Bien au contraire, il y a lieu d'affirmer que notre manière de voir correspond exactement aux idées générales sur le droit existant, qui, jusqu'à ce tout dernier temps, ont prévalu dans cette matière chez la plupart des Grandes Puissances maritimes. Des deux principes, diamétralement opposés, dont il est question actuellement (droit de destruction dans certains cas, d'un côté, et défense absolue de détruire les prises neutres, de l'autre), c'est bien plutôt le premier et non le second qui pourrait prétendre représenter fidèlement le droit général existant.

Je me permettrai, sous ce rapport, d'attirer l'attention de la Conférence sur les trois points suivants:

1. Il est bon de rappeler ici, avant tout, que lors de l'examen de cette question en 1907, à la Deuxième Conférence de la Paix, quatre Grandes Puissances, qui sont également représentées ici, ont voté catégoriquement pour la formule russe et contre la formule anglaise. C'était l'Allemagne, l'Autriche-Hongrie, la France, et la Russie. On pourrait, en outre, ranger dans la même catégorie une autre Grande Puissance encore, l'Italie, bien qu'elle ne se soit pas prononcée définitivement à La Haye, car ses sympathies penchaient alors, si je ne me trompe, visiblement du côté de la doctrine continentale, laquelle, d'autre part, ne se trouve pas répudiée, non plus, dans son mémorandum actuel.

   Je déduis de cette première catégorie de faits la conclusion suivante: La majorité des Grandes Puissances de notre continent européen sont unanimes — ou l'étaient, du moins, il y a de cela un an — à reconnaître que, dans le droit actuel, les prises, même neutres, peuvent être détruites dans certains cas exceptionnels. Mais —

2. Il y a plus. Car nous pouvons affirmer que, des trois Grandes Puissances (l'Angleterre, les Etats-Unis d'Amérique, et le Japon) qui ont expressément voté à La Haye contre la formule russe et pour la formule britannique, les deux dernières Puissances — c'est-à-dire, les Etats-Unis et le Japon — ne se sont rangées à cette manière de voir que dans le tout dernier temps; il y a à peine quelques années leur législation proclamait hautement ce même principe de la destruction des prises neutres. Il suffit de jeter, sous ce rapport, un coup d'œil sur l'Article 50 d'u „Naval War Code" américain de 1900, de l'Amiral Stockton, ici présent; et sur l'Article 91 du Règlement des Prises japonais de 1904.

   J'en tire ma deuxième conclusion. Des trois plus grands adversaires actuels de la doctrine continentale en matière de destruction des prises, il y en a deux qui, encore à la veille de la Deuxième Conférence de la Paix, ne doutaient guère de la justesse de cette doctrine que nous défendons encore en ce moment.

3. Reste, en troisième lieu, l'Angleterre. Mais, ici encore, bien qu'aucun doute ne soit possible, du moins après la publication du „Manual of Naval Prize Law" de 1888, sur la manière de voir du Gonvernement Britannique dans cette question, il est à remarquer que cette opinion gouvernementale est loin d'être partagée par les publicistes anglais

eux-mêmes. Je me borne à citer le célèbre jurisconsulte de ce pays, M. T. E. Holland, qui déclare catégoriquement que la règle du Manuel susmentionné ne saurait aucunement être „proclamée comme une règle établie du droit international" („Neutral Duties in a Maritime War," p. 13).

Dans ces conditions, la Délégation Russe ne peut que recommander à la bienveillante attention de la Conférence le projet de règles qui se trouve formulé dans son mémorandum et qui forme un résumé succinct des règles plus détaillées du Règlement des Prises russe de 1895, actuellement en vigueur.

Annexe No. 88
au Résumé de la Cinquième Séance de la Commission (15 janvier).
Exposé par M. Kriege: Destruction des prises neutres.

M. le Délégué Plénipotentiaire de Russie a fait remarquer avec justesse que l'Allemagne était parmi les Puissances qui, à la Deuxième Conférence de la Paix, ont voté pour la formule russe suivant laquelle, en certains cas exceptionnels, le capteur a la faculté de détruire des prises sous pavillon neutre, avant qu'elles soient jugées par un Tribunal de Prises. Je tiens à déclarer très expressément que notre attitude n'a pas changé à cet égard. Aujourd'hui comme alors nous estimons que la destruction des prises neutres n'est pas absolument interdite par le droit existant et nous ne saurions admettre „de lege ferenda" une règle qui établisse une interdiction pareille.

Dans la pratique mon Gouvernement a reconnu l'existence du droit de destruction lorsqu'il avait été pendant la dernière guerre appliqué par le Gouvernement Russe contre le navire allemand „Théa". Ce navire ayant été saisi pour cause de contrebande et coulé à fond en raison de l'impossibilité de le conduire dans un port de prise, le Gouvernement Allemand s'est abstenu de toute protestation contre cette mesure et s'est borné à soutenir la réclamation des propriétaires allemands contre la légitimité de la capture. Au cours de l'instruction devant la juridiction des prises la capture du „Théa" n'a pas été maintenue et les intéressés ont obtenu dédommagement plein et entier des pertes qu'ils avaient subies. Ce cas me paraît particulièrement intéressant au point de vue des conséquences du droit de destruction, parce que, en l'espèce, la capture et partant la destruction n'étaient pas justifiées et que, malgré cela, les intéressés n'ont pas eu de quoi se plaindre et se sont trouvés bien en fin de compte de la manière dont ils ont été traités. Il paraît donc que le droit de destruction ne recèle point les dangers qu'on a voulu signaler.

Parmi les Puissances nommées dans l'exposé de M. le Baron Taube, il y a encore une autre qui pendant la dernière guerre a observé dans une situation analogue une attitude pareille à celle de l'Allemagne. Le navire anglais „Knight Commander", qui avait été détruit par un bâtiment de guerre russe, avait eu une cargaison appartenant en partie à des citoyens des Etats-Unis d'Amérique. Le Département d'Etat de Washington, ayant été saisi d'une réclamation de ce chef, a alors pris position dans un télégramme, en date du 6 août, 1904. Il y déclare expressément ne pas pouvoir fonder une réclamation sur la thèse suivant laquelle un belligérant capteur ne serait pas en droit de détruire une prise en cas de nécessité impérieuse.

En ce qui concerne les raisons qui militent en faveur de la formule russe et la valeur des arguments qu'on a voulu leur opposer, je me rallie entièrement aux vues exprimées d'une manière aussi complète que convainquante par mes très honorés collègues de la Délégation russe. Il ne me reste qu'à y ajouter quelques explications d'importance secondaire.

Pour motiver la proposition tendant à interdire d'une manière absolue la destruction des prises qui battent pavillon neutre, on a surtout insisté sur le fait que les navires constituent la propriété d'un ressortissant neutre et que le belligérant, en les coulant bas, dispose non pas de son propre bien, mais du bien d'autrui. M. Ovtchinnikow a fait ressortir que, d'après la jurisprudence russe, la capture même, dans les conditions reconnues comme justifiant sa validité, fait passer la propriété au capteur. L'argument en question n'est donc pas de mise en ce qui concerne des prises faites par des croiseurs russes. Il est vrai que d'autres législations ont adopté un système différent et d'après lequel la propriété de la prise n'est transférée au capteur que par le jugement du tribunal de prises. Mais on ne voudra pas dire que le caractère licite ou illicite de la destruction puisse dépendre de la manière dont ce point est envisagé par la législation du capteur. La question ne se borne d'ailleurs pas aux prises neutres. Elle se présente exactement de la même façon à l'égard des prises ennemies, dont plusieurs législations ne font passer la propriété qu'au moment où la décision du tribunal de prises est prononcée. Il résulte donc qu'on ne peut s'attacher à ce point accidentel de savoir à quel moment se produit la mutation de la propriété.

Il faut plutôt examiner si, indépendamment de la question juridique, le navire est en fait définitivement perdu pour le propriétaire et acquis au capteur. En cas de réponse affirmative, le capteur peut en disposer comme de son propre bien. Par conséquent, nous réclamons le droit de détruire une prise neutre en cas de nécessité lorsqu'elle est sujette à confiscation. Si, au contraire, le navire lui-même ne peut pas être confisqué, le fait qu'il a de la contrebande à bord ne suffit pas pour justifier sa destruction. Il est vrai que le capitaine du croiseur pourrait par suite d'une appréciation erronée des faits détruire comme passible de confiscation un navire qui ne le serait pas en réalité. Mais la grave responsabilité qu'entraînerait un abus du droit de destruction rendra bien rares des cas semblables et le propriétaire n'aurait pas à en souffrir. Car, au lieu du navire qui ne pourrait être restitué, le tribunal des prises devrait lui allouer une indemnité qui le dédommagerait entièrement de sa perte. En ce qui concerne la cargaison d'un navire qu'on a le droit de détruire, les marchandises confiscables peuvent librement être détruites avec le navire. Le reste de la cargaison doit être transbordé sur un autre navire, si les circonstances le permettent. Dans le cas où ces marchandises seraient coulées avec le navire, nous proposons, à la différence du mémorandum français, de reconnaître au propriétaire le droit à une indemnité convenable.

Je passe à une autre objection qu'on a voulu soulever contre le droit de destruction. On a dit que la destruction ne saurait être reconnue comme licite, puisqu' elle préjugerait indûment les chances de la guerre, en rendant impossible la reprise de la prise neutre par l'adversaire. Mais, abstraction faite du peu d'importance de cet argument, la même objection pourrait être faite à propos des navires sous pavillon ennemi. La situation est analogue en ce qui concerne les considérations d'ordre humanitaire alléguées contre la destruction des prises neutres. On a dit que les passagers qui s'embarquent sur un navire ennemi savent à quel danger ils s'exposent; mais cela n'est plus vrai lorsqu'il s'agit d'un navire ennemi qui a quitté son dernier port de départ avant le commencement de la guerre et qui est rencontré en mer ignorant des hostilités. Tout de même, la Convention concernant le régime des navires de commerce ennemis au début des hostilités, élaborée par la Deuxième Conférence de la Paix, reconnaît expressément le droit des belligérants de détruire ces navires.

Je me résume. Nous maintenons notre opinion que le droit de détruire en cas de nécessité les prises sous pavillon neutre existe „de lege lata" et ne saurait être aboli „de lege ferenda". Nous estimons que les règles qui se trouvent dans les articles 24 à 26 de notre Mémorandum sont de nature à concilier les intérêts légitimes des belligérants avec ceux du commerce neutre, mais nous sommes prêts, dans un sincère désir d'arriver à une entente, à examiner de notre côté toute autre proposition qui puisse aboutir au même résultat.

Annexe No. 89
au Résumé de la Cinquième Séance de la Commission (15 janvier).

Exposé par M. le Contre-Amiral Stockton: Destruction des prises neutres.

La Délégation américaine accepte la base de discussion No. 30. Toutefois, la Délégation reconnaît qu'il peut, dans certains cas, être impossible de conduire la prise dans un port soumis à la juridiction du belligérant. Dans ce cas, la prise doit être relâchée à moins que des nécessités militaires impérieuses n'exigent sa destruction, mais alors les officiers et l'équipage du navire coulé doivent être mis en sécurité.

Les cours des prises décideront, s'il y a lieu, à accorder des dommages-intérêts et en fixeront le montant.

Annexe No. 90
au Résumé de la Cinquième Séance de la Commission (15 janvier).

Exposé par M. le Contre-Amiral Slade: Destruction des prises neutres.

La question soulevée par la base 31 a été l'objet d'un examen et d'une discussion approfondis à la Deuxième Conférence de la Paix, et MM. les Délégués n'ignorent sans doute pas les arguments mis en avant à cette occasion par celles des Puissances qui estiment qu'un navire neutre soupçonné de porter de la contrebande et capturé en pleine mer par un vaisseau belligérant ne doit en aucun cas être détruit si, pour des raisons intéressant le seul belligérant, celui-ci se trouve dans l'impossibilité de le conduire devant une cour des prises pour être jugé. Ils connaissent également les vues de ces Puissances qui, tout en admettant que, en principe, une prise doit être amenée pour être jugée, considèrent qu'il peut se produire une situation qui justifie sa destruction avec celle de sa cargaison après retrait de l'équipage, des passagers et des papiers de bord.

Cette question a de l'importance pour le commerce maritime tout entier et, bien que, à la Deuxième Conférence de la Paix, les vues divergentes que j'ai citées aient paru inconciliables, le Gouvernement Britannique, en dressant la liste des questions à traiter par la Conférence actuelle, y a compris celle de la destruction des prises neutres, dans l'espoir qu'une discussion ultérieure, inspirée par cet esprit de conciliation qui, jusqu'à présent, a caractérisé à un degré si remarquable nos délibérations, pourra amener une solution de ce problème difficile et épineux.

Tout le monde est d'accord pour estimer que, en règle générale, toute prise, qu'elle soit ennemie ou neutre, doit être, si c'est possible, conduite devant un tribunal des prises pour être jugée. En ce qui concerne les prises ennemies, on est, si je ne me trompe, également d'accord pour considérer que, si le capteur belligérant se trouve dans l'impossibilité d'amener sa prise. il est justifié à la couler après retrait de l'équipage, des passagers, et des papiers de bord. Ce n'est, que je sache, qu'en ce qui concerne les prises neutres qu'il se soit produit une divergence de vues sur la procédure qu'il convient d'adopter dans le cas où il serait impossible au capteur belligérant d'amener le navire neutre suspect devant un tribunal des prises. Même dans ce cas-là il y a unanimité sur le principe général, et les Puissances qui, dans certaines circonstances, revendiquent le droit de détruire une prise neutre, déclarent que ce droit ne doit être exercé qu'avec la plus grande réserve et, selon l'expression employée par le Mémorandum français, considéré comme „tout à fait exceptionnel".

Trois questions sont donc soumises à la considération de la Conférence, qui sont celles de savoir: (1) S'il peut se produire des circonstances dans lesquelles un capteur belligérant est justifié à détruire une prise neutre soupçonnée de transporter de la contrebande; (2) étant donné que de telles circonstances peuvent se produire, quelle est leur nature? (3) quelles doivent être, pour ce qui regarde les relations d'un belligérant avec un neutre, les conséquences de la destruction du navire neutre?

Au sens du Gouvernement Britannique, comme la Conférence le sait, la réponse à la première question doit être négative, et quoiqu'il soit probable que MM. les Délégués n'ignorent point les motifs généraux de cette vue, je crois qu'il serait bon de citer quelques autorités qui, il me semble, exposent, dans un langage plus éloquent que le mien, les considérations qui, à notre avis, devraient exempter de cette pénalité le commerce neutre en temps de guerre. Le transport de la contrebande, par un commerçant particulier, d'un pays neutre à un pays belligérant, n'étant pas, comme je pense, illégal en lui-même et ne constituant point une violation de la neutralité, peut être de prime abord considéré comme permis. En opposition cependant avec ce droit se trouve le principe depuis longtemps reconnu que, bien qu'un commerçant porteur de la contrebande ne commette par cela aucune action illégale, le belligérante a le droit de prendre des dispositions pour empêcher cette contrebande d'atteindre son adversaire, auquel elle fournirait les moyens de poursuivre ses opérations. C'est là, comme je pense, le vrai motif pour lequel un belligérant est justifié à employer la force pour empêcher le transport à son adversaire de munitions de guerre, &c., et, conformément à ce principe, pour décourager un tel commerce dans l'intérêt des belligérants, on a investi ces derniers non seulement du droit d'arrêter le navire porteur de la contrebande et de le conduire dans un de leurs ports, mais aussi du droit ultérieur, après décision d'un tribunal, de confisquer la contrebande et, dans certains cas, le navire lui-même. Ce droit est reconnu de si longue date qu'il faut l'admettre comme principe du droit international, mais en vue de son origine et de la thèse générale que la guerre ne doit nuire aux personnes qui n'y sont pas directement intéressées que dans le degré qui est absolument nécessaire, ce principe ne devrait, il nous semble, subir aucune évolution vis-à-vis des neutres, mais devrait être strictement borné aux droits actuellement existants des belligérants. Je cite le passage suivant de l'oeuvre de Kleen „La Neutralité" (tome ii, p. 531), parce qu'il expose une manière d'envisager la question qui, selon moi, mérite la considération de la Conférence, tout en l'exprimant en termes plus choisis que ceux que je saurais employer. Il commence par énumérer les cas dans lesquels on peut prétendre que la destruction est justifiée:

„(1.) Que le navire soit si délabré, ou marche si mal par suite du mauvais temps, qu'il ne puisse être tenu à flot ou remorqué; (2) que, devant l'approche d'un vaisseau de guerre ennemi, le navire puisse être pris par celui-ci, ou empêché de l'éviter ou de lui cacher les opérations; (3) que le capteur manque de l'équipage nécessaire pour amariner le navire; (4) que le port soit bloqué ou trop éloigné, ou que le navire ait trop peu de valeur pour y être mené; (5) que le capteur, étant pressé, n'ait pas de loisir de s'occuper du navire.

„Aucun de ces prétextes ne soutient un examen sérieux. Le fait qu'un capteur voit dans les événements naturels, dans des risques pour lui-même, dans le manque d'équipage ou dans d'autres inconvénients pratiques un obstacle à opérer telle saisie peut bien constituer pour lui — ainsi qu'il a été généralement remarqué, surtout en ce qui concerne des prises neutres — un motif de l'omettre, mais non pas un motif de commettre une violation du droit d'un neutre ou un acte de piraterie. La destructon d'une propriété neutre n'est jamais une nécessité de la guerre, car e belligérant ne se défend pas par cela contre son ennemi. D'ailleurs, le droit de la guerre repose tout entier sur la force comme seul titre juridique, condition „sine quâ non". Le croiseur qui ne dispose pas de la force requise — soit en armement, en équipage, &c. — pour pouvoir remplir toutes les conditions d'une saisie légale (protection contre l'ennemi, amarinage, conduite au port, direction, &c.), n'est plus un capteur compétent. Comment un acte remplaçant la saisie pourrait-il être un titre d'appropriation, alors que la saisie elle-même ne l'est pas? Le croiseur qui, en pleine mer, détruit de la propriété privée non encore jugée et dont partant aucune preuve formelle n'a encore rendu manifeste le caractère ennemi ou coupable, s'arroge les attributions d'un juge, qualité qui ne lui revient pas.

„Sur ces fondements et d'autres semblables, la défense absolue de détruire sur mer des prises neutres est à peu près unanime; une telle destruction est partout qualifiée de criminelle. L'interdiction se rencontre déjà pendant les guerres maritimes de la révolution française — alors que tant d'autres violations des droits des neutres furent pourtant tolérées — par la règle qu'une destruction pareille ne peut jamais être légitimée; tout au plus peut-elle être excusée en cas de force majeure, et encore dans ce cas, l'Etat du capteur doit réparation pleine et entière aux lésés. Depuis lors, la défense contre ces sortes de destructions est devenue sévère.“

Les vues divergentes qui ont été adoptées sur cette question se trouvent résumées de façon commode au 5e volume du „Droit International“ de Calvo. En principe, toute prise neutre doit être conduite dans une cour des prises et un belligérant qui aura détruit une prise neutre doit être en mesure, pour justifier son acte, de plaider quelque nécessité militaire urgente et rigoureuse. Etant donné, pour faciliter la discussion du problème, qu'il peut exister des circonstances dans lesquelles le devoir militaire du belligérant capteur l'oblige à détruire une prise neutre, surgit la question épineuse de la nature de telle nécessité militaire. On a suggéré que le simple manque de l'équipage nécessaire pour former un équipage de prise, la distance d'une cour des prises nationale, le défaut, à bord de la prise ellemême, de charbon suffisant pour l'amener dans la cour des prises, et le risque de la reprise, constituent une justification de la destruction d'une prise neutre. Il semble au Gouvernement Britannique que, en admettant la validité d'une telle contention, on abandonnerait complètement le principe que la destruction d'une prise neutre doit être tout à fait exceptionnelle, car dans les circonstances de certaines guerres les conditions citées se reproduiraient fréquemment.

L'équipage d'un bâtiment de guerre moderne ne suffit, à de rares exceptions près, qu'à manoeuvrer le vaisseau et à combattre. De plus, la mission d'intercepter les navires de commerce serait souvent confiée à de petits vaisseaux de vitesse élevée, dont la capacité de défense serait insignifiante, tandis que leurs moyens d'attaque seraient considérables. Il est évident que de pareils vaisseaux ne pourraient porter, au delà de leur équipage ordinaire, un nombre de marins suffisant pour fournir des équipages de prise. Ainsi, dans un tel cas, même si une cour nationale des prises se trouvait à une distance peu considérable, le capteur belligérant ne serait que rarement en mesure, soit de mettre un équipage de prise à bord du neutre, soit de l'amener lui-même dans la cour des prises, sans que sa puissance d'attaque ou le succès de ses opérations militaires en souffrît. Dans d'autres cas encore où le belligérant, opérant loin de tout port national, se trouverait à même de fournir l'équipage nécessaire pour amariner le navire capturé, il y aurait forcément un danger considérable de la reprise de celui-ci pendant qu'il faisait route du point où il avait reçu l'équipage de prise vers le port national où on voulait l'amener. Pour l'une ou l'autre de ces hypothèses, si l'on admet le principe que les circonstances indiquées constituent une nécessité militaire, la tentation pour les commandants de vaisseaux de guerre de couler leur prise, qu'elle soit ennemie ou neutre, serait très forte, et la destruction des prises neutres dans une telle guerre tendrait à devenir non pas exceptionnelle mais bien la règle, et par cela en conflit avec le principe, commun à toutes les nations, qui gouverne cette matière. Un belligérant, à notre sens, n'a point le droit d'adopter une procédure qui puisse de cette manière réagir sur le commerce neutre en général pendant tout le cours d'une guerre, et il est donc d'une importance capitale que, si l'on admet le droit de détruire les prises neutres dans des cas exceptionnels, on se mette d'accord pour établir les conditions dans lesquelles ce droit peut être exercé. L'étude de cette question pourrait, avec avantage, être confiée à un comité d'un nombre de membres restreint. Pour l'instant, il suffit, me semble-t-il, de dire que, à mon sens, la nécessité militaire, pour être impérieuse, devrait intéresser quelque opération à l'égard de laquelle la permission à la prise neutre de reprendre son chemin comporterait pour le belligérant un danger indubitable et imminent ou un dommage capital.

Je passe à la troisième question, qui est celle de savoir quelles doivent être les conséquences de la destruction d'une prise neutre, même dans le cas où les circonstances seraient telles que je les ai indiquées, c'est-à-dire, de nature à justifier l'acte du belligérant. A cet égard je me permets de suggérer que le vrai principe est celui qui a été établi par Lord Stowell par sa décision dans l'affaire de l' „Actaeon“, que je cite:

„Si le capteur ne s'est rendu coupable d'aucun méfait conscient et n'a agi que par erreur et par mégarde, la partie lésée a néanmoins droit à pleine indemnité pourvu, comme je l'ai déjà fait remarquer, qu'elle n'ait point contribué, par sa conduite, à amener la perte. La destruction des biens par le capteur a pu être un acte méritoire au point de vue de son propre Gouvernement, et cependant le propriétaire de ces biens ne doit pas en souffrir. Quant à lui, c'est une perte de laquelle il a le droit d'être indemnisé par celui qui la lui a infligée, et si le capteur, par l'acte de destruction, a conféré un bienfait au public, c'est au Gouvernement que le propriétaire doit avoir recours pour recevoir une indemnité. Il ne faut pas permettre que la perte vienne frapper la victime innocente."

Je cite le même savant magistrat dans l'affaire de la „Felicity":

„Là où il y a doute sur le caractère ennemi des biens et où il est impossible d'amariner la prise, une semblable obligation n'existe pas, et la procédure la plus sûre et la plus juste est de relâcher le navire capturé. Là où les biens sont neutres, on ne saurait justifier l'acte de destruction vis-à-vis du propriétaire neutre même en plaidant l'importance capitale d'un tel acte au point de vue du bien public de l'Etat auquel appartient le capteur lui-même. Un tel acte ne se justifie vis-à-vis du neutre, en n'importe quelles circonstances, que par le remboursement de la valeur entière des biens détruits. Ces règles, tellement claires en principe et tellement bien reconnues en pratique, n'ont besoin ni de raisonnements ni de précédents pour les illustrer et pour les appuyer."

Je cite également une partie de la décision du Dr. Lushington dans l'affaire du „Leucade", devant le Conseil Privé:

„La règle générale est donc celle-ci, que si un navire sous pavillon neutre n'est pas conduit devant un tribunal des prises pour être jugé, les demandeurs ont droit, vis-à-vis du capteur, aux dommages et intérêts. Si le capteur doute de ses moyens de conduire un navire neutre devant le tribunal, il a même le devoir, dans des circonstances ordinaires, de le relâcher.

On trouvera dans le Mémorandum britannique des références à toutes les affaires citées.

Je me permets d'émettre l'opinion que ce raisonnement est parfaitement logique. J'estime que, en principe, une prise neutre ne doit pas être détruite, mais bien conduite dans un port de prise, et que, si le capteur, n'étant pas en mesure de l'y conduire, exerce contre sa prise, pour des raisons qui lui sont propres, pour sa protection ou pour son salut, le degré suprême de la force, il n'y a pas injustice à ce que le propriétaire du navire et du chargement soit indemnisé, quelles que soient les conditions de ce navire à l'égard du transport de la contrebande.

Si le capteur belligérant réalise le principe que la destruction doit être tout à fait exceptionnelle, cette proposition ne devrait en effet ni lui créer des embarras excessifs ni lui infliger des dommages sérieux en ce qui concerne la conduite de la guerre. Vu les frais énormes d'une guerre maritime, la destruction, de temps à autre et comme exception, d'un navire neutre ne saurait guère augmenter d'une manière sensible les dépenses entraînées par les hostilités, et il ne serait que dans le cas où, étant donné que l'on se mettrait à détruire des prises pour les motifs que j'ai cités, cette destruction, d'exceptionnelle, deviendrait presque habituelle, qu'elle coûterait au belligérant des sommes vraiment considérables.

Dans le cas d'un navire ennemi les conditions sont autres, parce que, bien que la règle doive viser tous les cas, il est admis que la destruction d'une prise ennemie est en elle-même un acte légitime et que le belligérant a le droit de prendre possession du navire ennemi sans égard à sa condamnation par une cour des prises. Pour ce qui regarde le vaisseau neutre, la situation est celle-ci: le belligérant a exercé un droit exceptionnel de la guerre parce que des circonstances se sont produites desquelles le neutre n'est nullement responsable, et il me semble en conséquence que, toutes les fois qu'un pareil cas surgit, l'armateur neutre a toujours droit à la pleine indemnisation de la perte de son navire et de son bénéfice, comme l'ont aussi l'équipage et les passagers du dérangement et des souffrances auxquels ils ont été exposés. J'estime que, en traitant la question, la Conférence doit tenir largement compte de cette dernière considération, car elle est excessivement grave. Il se pourrait bien que, à l'occasion de la destruction d'un navire neutre, il ne se trouvât dans le voisinage aucun navire privé pour recevoir l'équipage et les passagers — au nombre desquels pourraient être des femmes et des enfants — c'est-à-dire que les seuls vaisseaux présents fussent ceux de la flotte belligérante. A part la considération qu'il ne saurait y avoir à bord de ces vaisseaux les moyens d'installer convenablement de telles personnes, celles-ci seraient exposées à un danger imminent au cas où le bâtiment sur lequel elles se trouvaient se livrerait à un combat avec un adversaire. Ces personnes seraient absolument exemptes de toute responsabilité, et n'ayant aucune relation avec le transport du chargement suspect, ne prendraient aucune part et n'auraient aucun intérêt à la guerre. Il me paraît donc que MM. les Délégués doivent tenir compte de la considération que c'est chose extrêmement grave que d'exercer la force belligérante de façon à exposer des neutres innocents non seulement à des souffrances et à des dérangements personnels, mais même au risque actuel d'être tués ou blessés. La pénalité établie pour le transport de la contrebande consiste en la perte pécuniaire infligée aux personnes responsables, et les droits conférés aux belligérants à cet égard ne doivent pas s'exercer de manière à comporter en même temps la peine de la mutilation, voire même de la mort.

Je me suis permis de faire ressortir avec un détail peut-être excessif les motifs pour lesquels le Gouvernement Britannique se voit dans la nécessité de maintenir et d'appuyer la manière de voir qu'il a exprimée à la Deuxième Conférence de la Paix, ainsi que par son Mémorandum élaboré à l'usage de la présente assemblée, mais je tiens à ajouter qu'il a en même temps le vif désir d'aboutir à quelque accord sur cette question, et de tenir compte, dans le plus large esprit de conciliation, de toute proposition que l'on puisse déposer en vue d'aplanir les difficultés qu'il éprouve.

Annexe No. 91
au Résumé de la Cinquième Séance de la Commission
(15 janvier).

Exposé par M. le Vice-Amiral Baron Sakamoto:
Destruction des prises neutres.

La Délégation du Japon estime que les prises neutres doivent toujours être conduites dans un port de prises; autrement elles doivent être relâchées. Dans le cas de destruction d'un navire de commerce ennemi, le propriétaire des marchandises neutres à bord doit, en principe, être indemnisé à l'exception des cas suivants:

1. Lorsque le navire est au service ou sous le contrôle de l'ennemi;
2. Lorsque le navire résiste à la visite ou à la capture, ou tente d'y échapper par la fuite.

Annexe No. 92
au Résumé de la Cinquième Séance de la Commission
(15 janvier).

Exposé par M. Fusinato:
Destruction des prises neutres.

La Délégation italienne tient à déclarer qu'elle est prête à accepter, en principe, la règle qui défend, en tout cas, la destruction des prises neutres, comme celle qui sauvegarde le mieux les droits des tiers et la sécurité du commerce. Mais elle est d'avis que cette règle ne saurait être admise et recommandée à tous les Etats qu'à la condition qu'on admette généralement, en même temps, le principe que les prises pourront, en tout cas, être amenées dans un port neutre, pour y être gardées sous séquestre, en attendant la décision du tribunal, selon la disposition insérée à cet égard à l'article 23, premier alinéa, de la Convention de La Haye concernant les droits et les devoirs des Puissances neutres en cas de guerre maritime. L'abandon du droit de détruire les prises neutres devrait, par conséquent, être subordonné à l'acceptation simultanée de ce principe comme faisant partie du droit international en vigueur.

Annexe No. 93
au Résumé de la Cinquième Séance de la Commission (15 janvier).

Exposé par M. Dumba: Destruction des prises neutres.

Dans notre Mémoire nous avons constaté que la destruction des prises neutres à titre d'exception, répond au droit existant, vu qu'elle est autorisée non seulement par les règlements de plusieurs Etats, mais aussi par un grand nombre d'auteurs remarquables.

Nous ne méconnaissons pas les dangers qui pourraient en résulter pour le commerce neutre, mais nous croyons néanmoins devoir refuser notre assentiment à une solution qui rendrait inférieure la situation des Puissances manquant, en dehors de la métropole, de ports où leurs croiseurs pourraient amener les prises.

Il ne me reste donc qu'à déclarer que la Délégation d'Autriche-Hongrie se rallie à la disposition de l'article 25 du projet de Convention présenté par le Gouvernement Allemand.

Annexe No. 94
au Résumé de la Cinquième Séance de la Commission (15 janvier).

Exposé par M. le Vice-Amiral Roëll: Destruction des prises neutres.

La Délégation des Pays-Bas, tout en se conformant à l'opinion émise par elle à la Deuxième Conférence de la Paix, tient à constater que, dans un but de conciliation, elle est maintenant prête à accepter la solution émise par la Délégation britannique que seulement en cas très exceptionnels la destruction des prises serait permise. Il serait peut-être possible de dresser une liste des cas où il serait permis au capteur de détruire.

Annexe No. 95
au Résumé de la Cinquième Séance de la Commission (15 janvier).

Suggestion de M. Renault au sujet de la destruction des prieses neutres.

1. Le navire neutre capturé ne peut être détruitpar le capteur, mais il doit être amariné et conduit dans tel port qu'il appartiendra pour y être statué ce que de droit sur la validité de la prise.

2. Le capteur, qui, contrairement à la disposition précédente, a détruit un navire neutre capturé, doit préalablement, à tout jugement sur la validité de la prise, justifier en fait n'avoir agi qu'en présence d'une nécessité exceptionnelle et particulière.

Faute par lui de ce faire, il est tenu à indemnite vis-à-vis des intéressés au navire et au chargement détruits, sans qu'il y ait à rechercher si la prise était valable ou nulle.

3. Si une eprise neutre, dont la destruction a été justifiée, est ensuite reconnue nulle, le capteur en doit indemnité aux intéressés en remplacement de la restitution à laquelle ils ont droit.

Annexe No. 96
au Résumé de la Cinquième Séance de la Commission (15 janvier).

Exposé par M. Kriege: Assistance hostile.

Jusqu'à présent, la notion de l'assistance hostile n'était pas connue dans le droit allemand, mais je peux déclarer, aujourd'hui, que nous sommes prêts à entrer dans des négociations, pour fixer les cas qui seront regardés comme assistance hostile. Pour faciliter les travaux de la Commission, nous avons préparé un texte qui reproduit les idées que j'ai déjà eu l'honneur de soumettre à la Conférence, lors de la première discussion des bases 33 et 34 du sommaire (Annexe 55). Comme le sommaire lui-même, nous avons fait la distinction entre deux catégories de cas. Le premier article de notre projet vise les cas connus généralement sous le nom de la contrebande par analogie; le second article traite des cas plus graves, à savoir, où il y a, de la part d'un navire neutre, une véritable intervention dans les hostilités et où il s'agit d'une incorporation dans la flotte marchande de l'ennemi.

Le transport de la contrebande par analogie paraît se présenter sous trois aspects. Il y a d'abord, comme le dit le premier paragraphe de notre artcile 1, le cas du navire qui est actuellement et exclusivement affecté soit au transport de troupes ennemies soit à la transmission de nouvelles dans l'intérêt de l'ennemi. Pour justifier la capture, il devrait suffire que le navire soit affecté à cet usage; il ne serait pas nécessaire que les troupes se trouvent á bord au moment de la visite.

Le paragraphe 2 vise les cas où le navire neutre fait le voyage spécialement en vue d'un transport de militaires ou de la transmission de nouvelles pour l'ennemi. Dans ces cas, qui ont une certaine ressemblance avec le transport de contrebande, le navire ne pourrait être capturé que s'il était rencontré se livrant actuellement à un transport semblable.

Le paragraphe 3, enfin, a en vue le transport soit d'un détachement militaire de l'ennemi soit de personnes prêtant une assistance directe à l'ennemi dans ses opérations militaires. Le transport n'est pas le but unique du voyage, comme au paragraphe 2, mais le capitaine ou le propriétaire ou celui qui a affrété le navire en entier doit avoir connaissance du caractère des persónnes qui se trouvent à bord du navire. Il ne nous paraît pas justifié d'aller plus loin et d'édicter que la présence d'un militaire isolé voyageant dans ces conditions entraîne la confiscation d'un grand navire. Cela ne répondrait pas aux conditions de la navigation moderne, puisque le capitaine d'un grand paquebot ayant à bord des milliers de personnes n'est pas en mesure de se tenir au courant sur le caractère de chaque passager individuel. Mais la situation est toute autre lorsqu'un détachement entier de l'ennemi fait le voyage à bord du paquebot, ce qui ne peut guère échapper à l'attention du capitaine. Une saisie du navire doit être possible dans ce cas, ainsi que dans le cas où le capteur trouve à bord une ou plusieurs personnes qui prêtent à l'ennemi une assistance directe dans ses opérations, qui, par exemple, donneront des signaux à l'adversaire. Le capitaine d'un navire marchand sera toujours à même d'empêcher de pareils agissements à bord de son navire. S'il ne le fait pas, il doit en subir les conséquences.

La sanction de tous ces actes devrait être la même que pour les cas les plus graves du transport de contrebande, savoir, la confiscation du navire. Les dispositions relatives à la protection de la bonne foi devraient être appliquées d'une manière analogue aux transports interdits.

Nous sommes d'avis que, dans tous les cas, même si la confiscation du navire n'était pas permise, les personnes incorporées dans la force armée de l'ennemie rencontrées à la visite d'un navire neutre, peuvent être faites prisonniers de guerre. Je ne crains pas qu'une telle disposition ne puisse prêter à des abus, vu la grande responsabilité qui incomberait au commandant du vaisseau capteur s'il excédait ses pouvoirs et s'emparait de personnes innocentes. Il ne fera prisonniers que les personnes dont il connaît sûrement le caractère militaire.

Je passe à la seconde catégorie de cas qui sont énumérés dans notre article 2, et dont l'idée générale est celle-ci: par certains actes les navires se départent en réalité de leur neutralité et sont, pour cela, susceptibles du même traitement que des navires de commerce ennemis. C'est le cas lorsque les navires prennent une part directe aux hostilités, lorsqu'ils sont placés sous les ordres d'un chef militaire se trouvant à bord du navire même, et lorsqu'ils sont affrétés en totalité par le Gouvernement ennemi (ce sont notamment les bateaux charbonniers qui accompagnent une flotte de guerre). Nous avons, enfin, reproduit une disposition qui se trouve notamment dans le droit anglais et à laquelle fait allusion le Mémorandum anglais au chapitre relatif au voyage continu. D'après cette disposition, les navires qui font actuellement et avec l'autorisation du Gouvernement ennemi un trajet auquel ils n'ont été autorisés qu'après l'ouverture des hostilités ou pendant une certaine période précédant ce moment, seraient regardés comme des navsire ennemis et seraient traités en conséquence. Mais, puisqu'une telle règle ne se trouve pas dans la loi de toutes les Puissances, nous n'insistons pas à ce qu'elle soit insérée dans la Convention. Nous laissons à la Conférence de décider cette question et sommes prêts à retirer notre proposition si la Conférence se place à un autre point de vue.

Si nous précisons ainsi les cas spéciaux de l'assistance hostile, nous rendrons un plus grand service au droit international que si nous adoptons les termes assez vagues de la base 34 du sommaire, qui n'écarteraient pas les doutes existant à présent, mais qui, au contraire, les augmenteraient par une formule prêtant à des interprétations diverses.

Annexe No. 97
au Résumé de la Sixième Séance de la Conférence réunie en Commission (18 janvier).

Rapport à la Commission de la Conférence au nom du Comité chargé d'examiner la question de la substitution du „porteur de risques" au propriétaire pour la détermination du caractère ennemi des marchandises transportées par mer.

Messieurs,

En Conférence [1]) et en Commission [2]) vous avez jugé convenable de confier à une commission spéciale restreinte l'étude de la question du „caractère ennemi" des marchandises transportées par mer.

En conformité de cette décision, un Comité de cinq délégués techniques a été constitué,[3]) et, en son nom, je viens, par le présent Rapport, vous rendre compte de ses délibérations.

Le Comité s'est tout d'abord préoccupé de rechercher quel est l'état actuel du droit sur la question qui lui était confiée.

A cet égard, nous avons cru pouvoir constater que, comme l'indique le „Livre Rouge[4]) britannique", une marchandise transportée par mer est, avant tout, considérée comme neutre ou ennemie selon qu'elle est la propriété d'un neutre ou d'un ennemi; ou, en d'autres termes, c'est la qualité neutre ou ennemie du propriétaire qui détermine le caractère de la marchandise. C'est là une règle très ancienne, déjà constatée au quatorzième siècle dans le Consulat de la mer.

C'est également une pratique généralement constante jusqu'ici que, jusqu'à preuve du contraire, la marchandise trouvée sur un navire ennemi est présumée être une propriété ennemie.

Par contre, ce que M. le Premier Délégué d'Allemagne avait déjà exposé à la Conférence [5]) n'a pas manqué d'attirer aussi notre attention. Le système traditionnel est loin d'être sans inconvénients.

En premier lieu, il laisse place à la question de savoir qui est propriétaire, question souvent délicate que peuvent compliquer la diversité des lois civiles et commerciales des différents pays et la solution de leur conflit. En second lieu, comme, d'après certaines législations, il y a des hypothèses où celui qui a le droit de propriété et celui qui supporte les risques de perte d'une même chose sont des personnes différentes, on peut penser qu'en pareil cas le but de la guerre au commerce ennemi serait mieux atteint dans la personne du porteur de risques que dans celle du propriétaire.

Dans la pensée de remédier à ces inconvénients on a proposé d'abandonner le système actuel de la propriété et de stipuler l'adoption d'un système nouveau, d'après lequel le risque de perte serait seul retenu; la qualité neutre ou ennemie du porteur de risques déciderait alors du caractère de la marchandise transportée.

---

[1]) Procès-verbal de la quatrième séance plénière, 11 décembre, 1908. p. 170.

[2]) Résumé de la troisième séance en Commission, 18 décembre, 1908, p. 183.

[3]) Ce Comité a été composé de MM. Göppert (Allemagne), Fromageot (France), Hurst (Grande-Bretagne), Ricci Busatti (Italie), Baron Nolde (Russie).

[4]) pp. 115—119; base de discussion 39.

[5]) Procès-verbal de la quatrième séance plénière, p. 168.

Le Comité a été amené à considérer également d'autres propositions, tendant à substituer au propriétaire soit le destinataire, soit l'expéditeur.

En examinant les résultats qu'entraîneraient ces diverses propositions, nous avons été frappés des conditions, assez délicates, dans lesquelles se présenterait une modification de la pratique actuelle. Et, avant de discuter au fond ce que vaudrait telle ou telle modification, il paraît nécessaire de faire les remarques générales suivantes.

La première vise la règle de la Déclaration de Paris, d'après laquelle „la marchandise neutre, à l'exception de la contrebande de guerre, n'est pas saisissable sous pavillon ennemi".

Dans les observations si complètes présentées à la Conférence à l'appui du Mémorandum allemand, on a fait valoir qu'en proposant la substiution du risque à la propriété, il ne s'agirait que d'interpréter et non de modifier la règle précitée.[1])

Il semble bien, cependant, comme le prouve la pratique que la Déclaration de Paris a voulu consacrer et qui a été suivie depuis jusqu'à ce jour, que, par marchandise neutre ou ennemie, on entendait en 1856 la propriété neutre ou ennemie, et non le risque ou la destination. On a laissé la propriété privée ennemie soumise aux rigueurs de la guerre maritime, alors qu'on a proclamé l'inviolabilité de la propriété privée neutre.

S'il en est ainsi, il peut paraître difficile, même en vue de remédier à certaines difficultés, de rester dans les limites de l'interprétation d'un Acte, tout en s'écartant aussi manifestement de l'esprit et de l'intention qui ont présidé à sa signature.

La seconde remarque vise également le droit conventionnel actuel. Le système, quel qu'il soit, qui, sur notre question, prendrait en considération un autre élément que la propriété et reconnaîtrait à une personne autre que le propriétaire le droit d'agir en restitution de la marchandise saisie et, le cas échéant, le droit de se faire indemniser, s'écarterait des dispositions de la Convention de La Haye sur l'établissement de la Cour Internationale des Prises.

En effet, aux termes des Articles 1 et 3 [2]) il a été stipulé que le jugement de la capture suppose qu'il s'agit „de propriétés neutres ou ennemies"; le recours à la Cour Internationale est reconnu lorsqu'il s'agit des „propriétés" d'une Puissance ou d'un particulier neutres et, en certains cas, des propriétés ennemies. L'Article 4 [3]) ajoute que, pour pouvoir agir, la Puissance ou le particulier doivent se trouver atteints dans leurs „propriétés" par la décision du Tribunal national. Enfin l'Article 8 [4]) dit, plus explicitement encore, qu'en cas de nullité de la capture et de destruction ou vente du navire et de la cargaison, c'est au propriétaire que la Cour doit accorder des dommages-intérêts.

---

[1]) Procès-verbal de la quatrième séance plénière, p. 168.

[2]) Convention de la Cour Internationale des Prises, Article 1er: „La validité de la capture d'un navire de commerce ou de sa cargaison est, s'il s'agit de propriétés neutres ou ennemies, établie devant une juridiction des prises, conformément à la présente Convention." Article 3: „Les décisions des Tribunaux des Prises Nationaux peuvent être l'objet d'un recours devant la Cour Internationale des Prises: 1) lorsque la décision des Tribunaux Nationaux concerne les propriétés d'une Puissance ou d'un particulier neutre; 2) lorsque la dite décision concerne des propriétés ennemies et qu'il s'agit: a) de marchandises chargées sur un navire neutre; b) d'un navire ennemi . . . ." &c.

[3]) Convention de la Cour Internationale des Prises, Article 4: „Le recours peut être exercé: 1) par une Puissance neutre, si la décision des Tribunaux Nationaux a porté atteinte à ses propriétés ou à celles de ses ressortissants . . . . 2) par un particulier neutre, si la décision des Tribunaux Nationaux a porté atteinte à ses propriétés . . . . 3) par un particulier rèlevant de la Puissance ennemie, si la décision des Tribunaux a porté atteinte à ses propriétés dans les conditions . . . ." &c.

[4]) Convention de la Cour Internationale des Prises, Article 8, alinéa 2: „Si la nullité de la capture est prononcée, la Cour ordonne la restitution du navire ou de la cargaison et fixe, s'il y a lieu, le montant des dommages-intérêts. Si le navire ou la cargaison ont été vendus ou détruits, la Cour détermine l'indemnité à accorder de ce chef au propriétaire.

Dans ces conditions, il apparaît que l'adoption d'un élément de décision, autre que la propriété nécessiterait une modification de la Convention arrêtée en 1907 et actuellement signée par trente et une Puissances.

Quoi qu'il en fût de ces observations préalables, le Comité a successivement examiné en eux-mêmes les systèmes proposés.

Nous avons tout d'abord recherché si la substitution du porteur de risques au propriétaire présenterait pratiquement des avantages appréciables. Nous avons envisagé, à cet égard, l'état des diverses législations, les usages commerciaux qui pouvaient nous être connus, les différentes formes que revêtent en pratique les ventes et les transports maritimes.

Au point de vue des difficultés auxquelles, dans le système actuel, le conflit des lois peut donner lieu, ces difficultés seront-elles supprimées par l'adoption du système du porteur de risques? Il est permis d'en douter.

En ce qui concerne les lois elles-mêmes, s'il y a des divergences entre certaines législations sur le transport de la propriété, il n'y en a pas moins, semble-t-il, sur la question de savoir qui supporte les risques en cas de vente. Certains codes ont consacré le principe „res perit domino"; d'autres ont suivi la règle des Instituts de Justinien „res perit creditori". Entre les législateurs des différents pays il semble que la vieille controverse des jurisconsultes romains ait survécu et notre Comité avoue modestement ne pas oser prendre parti.

A défaut d'uniformité législative, nous avons recherché si les conditions dans lesquelles voyagent les marchandises constituaient en pratique une coutume commerciale uniforme. Nous avons dû reconnaître que cela n'apparaissait pas.

Si, dans certains cas, la marchandise voyage en exécution d'un contrat de vente contenant une stipulation spéciale relative aux risques, dans beaucoup d'autres cas il en est différemment. Et ne serait-il pas dangereux, pour poser une règle fixe de droit écrit, de s'appuyer sur l'existence éventuelle de stipulations insérées dans des contrats qui peuvent eux-mêmes être contestés, résiliés, inexécutés, et annulés?

D'autre part, serait-il bien pratique de faire ainsi dépendre de ces stipulations le sort de la marchandise si on exige, en cas de prise, que la preuve résulte des papiers de bord, ou même si on considère seulement que les papiers de bord doivent pouvoir renseigner le mieux possible à première vue l'officier capteur?

Au point de vue du but poursuivi par le belligérant et qui consiste à atteindre la nation ennemie dans son commerce, on peut remarquer qu'en fait le porteur de risques, tout comme le propriétaire, si ce sont personnes distinctes, est toujours ou presque toujours couvert par une assurance et que finalement la perte est subie par les assureurs. La question est-elle de savoir qui supporterait la prime de guerre, ou faudrait-il rechercher le caractère neutre ou ennemi du, ou le plus souvent des assureurs?

D'ailleurs, en semblables matières, rien n'empêche la liberté des Conventions si nécessaire au commerce et qu'il serait bien difficile de limiter. Il ne paraît guère douteux que l'acheteur ennemi, porteur de risques sans être propriétaire, s'efforcerait de se décharger du risque de prise sur le vendeur neutre désormais parfaitement à l'abri. S'il ne le faisait pas, ses assureurs le lui imposeraient au besoin. Le but de la capture deviendrait illusoire; il n'en resterait qu'un trouble inutile au belligérant et nuisible aux transactions internationales.

En présence de ces difficultés, le Comité a recherché s'il y aurait avantage à s'attacher, non pas à un rapport de droit plus ou moins délicat à établir, mais à un fait facile à déterminer.

A cet égard, on a proposé de s'attacher uniquement au caractère neutre ou ennemi du destinataire ou encore de l'expéditeur; car n'est-il pas plus facile de constater en fait qui sont ces derniers, que de rechercher, en droit, qui est propriétaire ou porteur de risques?

Mais ici encore, nous nous sommes heurtés à de graves difficultés.

On peut se demander si, par le système de la destination ou de l'expédition, on ne serait pas amené, pour déterminer le destinataire ou l'expéditeur, en cas de transit, aux mêmes complications qu'en matière de destination hostile de la contrebande. Jusqu'à présent, la doctrine du voyage continu et les présomptions de destination étaient restées étrangères à la capture des marchandises ennemies. Serait-il opportun de les y introduire?

D'autre part, s'attacher uniquement au destinataire ennemi, c'est restreindre presque entièrement à l'importation ennemie la guerre au commerce de l'adversaire; à l'exportation ou au transit entre ports neutres, un destinataire ennemi n'apparaîtra que bien rarement.

Devrait-on donner le choix entre le destinataire ou l'expéditeur? Ce serait aggraver singulièrement les risques du commerce et porter une atteinte nouvelle aux opérations, dans lesquelles les neutres sont intéressés.

Qui ne voit d'ailleurs que, s'il suffisait d'un destinataire neutre pour assurer le caractère neutre de la cargaison, il sera plus facile encore qu'aujourd'hui de cacher le véritable caractère de l'expédition?

Dans tous les cas, serait-ce bien atteindre les ressources commerciales de la nation ennemie que de confisquer des marchandises, sans s'occuper de ceux qui, au point de vue économique, doivent en profiter et en faire profiter le pays, mais en raison d'un fait apparemment étranger à la richesse qu'elles procurent?

Enfin, le Comité a recherché si, sans modifier le système actuel du caractère neutre ou ennemi basé sur la propriété, il conviendrait de saisir la Commission du conflit des lois qui peut parfois s'élever sur la question de savoir qui est propriétaire.

Nous ne le croyons pas. Il y a là, nous a-t-il semblé, une question spéciale de droit international privé touchant à de nombreux intérêts commerciaux, et qui ne paraît par rentrer dans le programme de la Conférence.

Jusqu'à présent, lorsqu'un conflit de lois s'est présenté sur ces questions, les Tribunaux ont appliqué, sinon leur propre loi concernant le fond du litige, du moins leurs propres principes sur la solution des conflits de lois.

La Commission appréciera s'il convient de consacrer cette manière de faire ou s'il n'est pas préférable de laisser de côté cette question, dont elle n'est, en somme, qu'indirectement saisie.

Pour ces diverses considérations, il n'a pas paru au Comité qu'il y ait avantage, quant à présent, à innover sur la pratique suivie depuis des siècles et universellement connue. Elle est sans doute imparfaite. Mais vouloir faire mieux serait risquer, peut-être, de faire plus mal encore.

Annexe No. 98

au Résumé de la Septième Séance de la Commission (27 janvier).

Exposé par M. le Vice-Amiral Baron Sakamoto: Règles sur le blocus.

La Délégation du Japon a l'honneur de déclarer à la Commission qu'elle avait fait, jusqu'à présent, des réserves sur la base de discussion 24, qui a été incorporée dans les règles sur le blocus sous le numéro 17. Aujourd'hui, elle peut déclarer que, par esprit de conciliation, elle accepte le principe de l'article 17 sous réserves que le belligérant ait le droit de fixer l'étendue du rayon d'action, et que, au cas où les circonstances l'exigent, il ait la faculté d'étendre son rayon d'action jusqu'à 1 000 milles marins de la côte soumise au blocus.

Cette déclaration a pour but de laisser aux belligérants la liberté d'agir selon les circonstances qui se présentent, soit en vue des nécessités géographiques ou stratégiques, soit en vue d'empêcher efficacement toute violation de blocus par les navires modernes de grande vitesse.

Il serait superflu de faire remarquer que l'étendue du rayon d'action devra être en rapport avec l'effectivité du blocus, pour laquelle le nombre et la répartition des vaisseaux devront être réglés de manière à donner le meilleur résultat, ainsi que le décidera le commandant de la force bloquante d'après les circonstances.

Annexe No. 99
au Résumé de la Septième Séance de la Commission (27 janvier).

Exposé par M. le Comte de la Mortera: Contrebande de guerre.

Lors de l'examen des bases de discussion cette Délégation s'est déjà exprimée contre le système des additions à la liste de la contrebande absolue par une simple déclaration notifiée. Avec les trois listes qu'on a maintenant rédigées — dont une seule, celle des objets libres, est déclarée close — la question surgit de nouveau d'une façon que nous estimons encore plus grave.

Je sais bien qu'on va tenter de nous rassurer une fois de plus par l'argument de l'intervention finale de la Cour des Prises, mais même en admettant que la décision du tribunal comporterait une indemnisation complète en faveur du commerçant neutre lésé par une addition irrégulière à la liste visée par l'article 1er du projet, on sera forcé de reconnaître que le commerce des articles en question restera paralysé depuis le moment de la déclaration jusqu'à celui de la décision de la Cour.

Les objection que je viens de résumer brièvement à propos de l'article 2 du projet sur la contrebande s'élèvent aussi contre l'article 4, qui permet également la modifictaion d'une liste conventionnelle à l'expiration d'un certain délai par la volonté d'une seule des Puissances contractantes. Je dépose donc pour chacun de ces Articles un amendement [1]) dans le sens de mes observations.

Annexe No. 100
au Résumé de la Septième Séance de la Commission (le 27 jauvier).

Exposé par M. le Vice-Amiral Baron Sakamoto: Contrebande de guerre.

Au sujet de l'article 6 du „Projet d'articles visant la contrebande de guerre", la Délégation du Japon présente une proposition tendant à donner aux belligérants le droit de faire usage, le cas échéant, des objets et matériaux servant exclusivement à soigner les malades et les blessés. Voici les motifs de cette proposition:

Tout en s'associant, par esprit humanitaire, à la proposition d'exclure des articles de contrebande de guerre les objets et matériaux servant exclusivement à soigner les malades et les blessés, la Délégation du Japon croit devoir attirer l'attention de la Commission sur les Règlements de la Convention de Genève de 1906 et de celle de La Haye de 1907 pour l'adaptation à la guerre maritime des principes de la Convention de Genève, selon lesquels le privilège ou l'immunité n'est accordé, jusqu'à présent, qu'aux hôpitaux militaires, aux bâtiments-hôpitaux, et au personnel qui leur est exclusivement affecté, ainsi qu'aux matériaux sanitaires qui s'y trouvent et qui servent aux besoins des malades et des blessés.

De plus, conformément aux Règlements des Conventions susmentionnées, on a voulu joindre à la garantie spéciale un privilège: c'est-à-dire, les belligérants qui prennent possession d'hôpitaux ou de bâtiments-hôpitaux ont la faculté soit d'en disposer suivant les règles de la guerre, soit d'en employer les matériaux sanitaires selon les circonstances.

De cette façon les intérêts et les nécessités des belligérants ont été concilliés avec les privilèges accordés aux hôpitaux militaires et aux bâtiments-hôpitaux.

De là, nous croyons pouvoir conclure qu'il serait plus équitable de réserver aux belligérants le droit de faire usage, le cas échéant, desdits objets et matériaux tombés entre leurs mains, sous condition, toutefois, d'indemnisation.

---

[1]) Annexe 60.

Annexe No. 101
au Résumé de la Septième Séance de la Commission (27 janvier).

Note sur les articles compris dans l'alinéa (11), Article 5 du „projet d'Articles visant la contrebande de guerre", soumis par le Premier Délégué britannique.

L'hypochlorite de chaux [$Ca\langle{Cl \atop O}Cl$: anglais, „bleaching powder"] résulte de l'action du chlore sur la chaux morte. Il est principalement utilisé, comme son nom l'indique, pour le blanchiment du linge, &c., et, dans un moindre degré, pour la désinfection.

Les cendres de soule [Na_2CO_3: anglais, „soda ash"]. C'est la dénomination commerciale du carbonate de soude brut. Cet article est utilisé pour la fabrication du papier et du savon, ainsi que pour le nettoyage.

La soude caustique [NaHO: anglais, „caustic soda"] résulte du chauffage d'une solution de cendres de soude avec de la chaux. Elle est utilisée pour la fabrication de la pâte de bois (matériel du papier), pour la fabrication du savon et comme agent détersif.

Le sulfate de soude en pains [Na_2SO_4: anglais, „salt cake"]. C'est le nom donné par le fabricant d'alkali au sulfate de soude brut. Cet article résulte de l'action de l'huile de vitriole sur le sel ordinaire. Il est un produit de transition qui se développe au cours de la transformation du sel ordinaire en cendres de soude et en soude caustique. Il est utilisé pour la teinturerie, pour l'imprimerie du calicot, et pour des industries secondaires assez nombreuses.

L'ammoniaque [NH_3: anglais, „ammonia"] est le produit de la liqueur ammoniacale provenant de la fabrication du gaz d'éclairage. Il est utilisé comme agent de réfrigération, pour la médicine, et pour la fabrication des sels d'ammoniaque, dont les principaux sont:

Le sulfate d'ammoniaque [$(NH_4)_2\ SO_4$: anglais, „sulphate of ammonia"], principalement utilisé pour les engrais chimiques; et

Le sulfate de cuivre [$CuSO_4\ 5\ H_2O$: anglais, „sulphate of copper", „blue stone", „blue vitriol"], qui est employé dans un certain nombre de cas à la médicine et comme fongicide, et qui est également une source importante de certains composés du cuivre servant à la fabrication des couleurs.

Aucun de ces articles n'a été, jusqu'à présent, employé dans un but de guerre, et il est difficile de concevoir qu'ils puissent être utilisés, soit directement soit indirectement, pour un semblable objet.

Annexe No. 102
au Résumé de la Huitième Séance de la Commission (29 janvier).

Exposé par la Délégation des Etats-Unis d'Amérique sur les Articles 8, 9, et 10 du projet visant la contrebande de guerre.

L'article 9 deviendra l'Article 8.

Les Articles 8 et 10 seront fondus pour devenir l'Article 9, qui sera ainsi conçu:

„La destination du chargement est généralement présumée être celle du navire; mais lorsque le navire, ayant de la contrebande absolue à son bord, doit toucher à un port neutre en proximité d'un territoire ennemi, à une force ennemie, soit sur mer, soit sur terre, ou d'un territoire occupé par l'ennemi, il est saisissable sans qu'il y ait de présomption, pour ou contre la légalité de cette saisie, pourvu toutefois qu'il soit établi d'une manière suffisante que la contrebande absolue a une destination hostile. La preuve contraire est admise."

Notre Gouvernement, ayant abandonné l'application de la doctrine du voyage continu dans toutes ses formes, sauf pour le transport de la contrebande absolue, ne saurait consentir, en ce qui concerne la contrebande absolue, à restreindre la portée de cette doctrine ou à donner à son expression une forme plus atténuée. Par conséquent, il est, d'après lui, inadmissible, vu cette restriction de la doctrine du voyage continu à la contrebande absolue, que l'on ajoute une règle, d'après laquelle, en tout cas d'application du voyage continu à l'égard de la contrebande absolue, la destination du navire et du chargement serait présumée innocente si la contrebande absolue doit être débarquée dans un port neutre. D'après la nature même de cette doctrine du voyage continu que nous avons maintenu et que nous maintenons, il faut avoir la faculté d'arrêter devant le port neutre un navire qui s'y dirige, soit comme destination finale, soit pour y faire escale. Faire une déclaration dans un cas pareil que le navire transportant de la contrebande est présumé avoir une destination innocente revient à dire que dans tout cas de voyage continu le navire est présumé avoir une destination innocente sans tenir compte des circonstances ne quelque manière que ce soit. Nous ne voulons pas non plus aller trop loin dans l'autre sens; nous voudrions seulement qu'on se base sur les faits en chaque cas pour arriver à une présomption d'innocence.

On peut répartir les cas de voyage continu dans les catégories suivantes: 1) Des cas (et cela arrive en général) où la destination du chargement peut être présumée être celle du navire; 2) des cas où les circonstances sont telles qu'il ne peut avoir de présomption d'un côté ou l'autre; 3) des cas où on se trouve en présence des circonstances telles que la présomption contre le navire est très forte. L'article 9 (nouveau) n'embrasse que deux de ces catégories.

Au premier cas, le port neutre se trouve dans des conditions usuelles, c'est-à-dire, que nile territoire belligérant ni les forces armées ne se trouvent à sa proximité. Au second cas, le port neutre est voisin du territoire ou des forces armées du belligérant, et cette proximité influe d'une manière appréciable sur son commerce. Au troisième cas, le port, ordinairement sans importance, doit son commerce ou en tout cas son développement très étendu à cette seule proximité. Alors, si on admet des présomptions, on voit bien qu'elles varient d'après les cas; en commençant par 1) la présomption en faveur de l'innocence du navire, nous trouvons des cas 2) où les présomptions des deux côtés sont égales, c'est-à-dire, qu'il n'existe pas de présomption, pour terminer avec 3) les cas où la présomption est contre le navire transportant des articles de contrebande absolue.

Annexe No. 103
au Résumé de la Huitième Séance de la Commission
(29 janvier).

Exposé par M. le Contre-Amiral Stockton: Contrebande de guerre et voyage continu.

La Délégation américaine tient à déclarer, au sujet du voyage continu et de la contrebande, qu'elle a pour instructions de définir dans les termes suivants, comme mesure importante de conciliation, la manière de voir de son Gouvernement:

Il y a connexité entre toutes les conditions, qui doivent être considérées dans leur ensemble.

La première liste — celle de la contrebande absolue adoptée en principe à La Haye — est acceptée.

La liste de la contrebande conditionnelle consignée dans le projet britannique et dans d'autres projets est acceptée sauf modification, en cas de nécessité, après examen au sein de la Délégation.

La liste des objets libres („free list") de seize articles est acceptée telle qu'elle est rédigée.

Quant au voyage continu, son abolition en relation avec le blocus et avec la contrebande conditionnelle est acceptée.

Le maintien du voyage continu en relation avec la contrebande absolue est exigé, et la rédaction suivante sera acceptée à la place de la rédaction actuelle de l'article 7:

„Les articles de contrebande absolue sont saisissables lorsqu'il est établi qu'ils sont destinés à un territoire de l'ennemi, à un territoire occupé par lui ou à ses forces armées."

Mais il doit être bien entendu que ni la formule de l'article 10 du projet britannique ni le principe dont il s'inspire ne peut, dans aucun cas, être accepté par le Gouvernement américain, parce que celui-ci ne peut admettre qu'il existe pour tous les cas y mentionnés une présomption de l'innocence de la destination du navire et des articles de contrebande.

Il va sans dire qu'en faisant cette déclaration, qui résume sa décision finale, le Gouvernement américain entend qu'elle soit acceptée en bloc par toutes les Puissances représentées.

Annexe No. 104
au Résumé de la Huitième Séance de la Commission
(29 janvier).

Exposé par M. Fusinato: Contrebande de guerre.
Proposition faite par la Délégation d'Italie relative à la base de discussion No. 6.

Substituer la proposition suivante:

„La destination spéciale aux usages de la guerre sera établie par des circonstances se rattachant soit à la destination territoriale ou à la personne du destinataire, soit aux modalités du chargement. La preuve contraire est admise" (Annexe 29).

La distinction traditionelle entre la contrebande absolue et relative, que la Délégation italienne reconnaît comme conforme à la doctrine et à la pratique actuelles du droit, ne découle pas d'une différence de caractère propre à la contrebande elle-même. La notion de la contrebande est unique, dans le sens que tous les objets de contrebande sont soumis au même traitement de droit et de fait. Mais il y a des objets qu'on suppose, d'une manière absolue, ne pouvoir servir qu'à la guerre (contrebande absolue); et pour ces objets le seul fait de la destination hostile (c'est-à-dire la destination matérielle au pays ennemi) suffit à caractériser la contrebande. Il y a, au contraire, des objets qui peuvent servir à la guerre, mais qui peuvent servir aussi à des usages pacifiques (contrebande relative); et pour ces objets une qualification ultérieure est nécessaire pour pouvoir les traiter comme contrebande, savoir: la „destination spéciale aux usages de la guerre". La preuve de cette destination spéciale pourra dépendre de différentes circonstances, dont il appartient au tribunal d'apprécier la valeur. Il s'agit de rechercher si des règles précises peuvent être établies à cet égard.

Ces principes, que tout le monde accepte, sont reproduits dans l'article 12 de la suggestion britannique. La Délégation d'Italie, cependant, est d'avis q'uon pourrait les formuler d'une façon meilleure, au point de vue technique et pratique.

D'après les dispositions de l'article 12, la destination spéciale serait présumée — sauf preuve contraire — lorsque l'envoi est fait:

1. „aux autorités ennemies";
2. „à un commerçant dont il est notoire qu'il fournit à l'ennemi des objets et matériaux de cette nature";
3. „à une place fortifiée ennemie", ou „servant de base aux forces armées ennemies."

En dehors de ces cas la destination spéciale devrait être démontrée.

Les propositions contenues dans les différents mémorandums et les discussions qui ont déjà eu lieu au sein de la Conférence sur ce point montrent clairement, à mon avis, que cette énumération taxative de circonstances contenant la preuve de la contrebande par une „proesumptio juris“ est, à la fois, trop étroite et trop large.

En effet, la Délégation allemande a proposé d'élargir les termes de la troisième hypothèse, en y ajoutant la destination à une „place de ravitaillement“ des forces armées de l'ennemi. Une présomption de ce genre pourrait, d'ailleurs, être également justifiée par des circonstances de différente nature, telle que la quantité des objets et des matériaux expédiés, par rapport à l'endroit de destination (le Mémorandum du Gouvernement japonais contient une phrase ayant trait, en général, à des circonstances de cette sorte), ou aux habitudes ordinaires du commerce des objets et matières en question; elle pourrait se justifier aussi par la simulation ou la destruction frauduleuse des papiers de bord, ainsi qu'il est déclaré dans les Mémorandums de la Russie et de la Grande-Bretagne, &c. D'autre part, on pourrait objecter que le seul fait de l'envoi aux autorités ennemies ne saurait pas caractériser suffisamment la destination spéciale aux usages de la guerre.

La manière de laquelle est rédigé l'article dont il s'agit, paraît, d'ailleurs, se prêter à des interprétations inexactes, qu'il est utile d'écarter autant que possible, en ce qui concerne la preuve de la contrebande et le rôle du tribunal. Les objets de contrebande relative jouissent toujours, par leur nature, même dans les trois cas visés par l'article 12, d'une présomption d'innocence, qu'il est nécessaire de détruire par la preuve d'une destination spéciale. Il est utile, dans l'intérêt du commerce des neutres, et même au point de vue des principes, que cela résulte clairement des dispositions qu'on est en train de formuler. La preuve susdite ne sera jamais, d'ailleurs, qu'une présomption, fondée sur des indices puisés dans des circonstances qu'il serait bien difficile de prévoir et d'indiquer exactement. Il ne serait pas possible de prouver autrement un fait, tel que la destination aux usages de la guerre, qui aurait dû se passer postérieurement à la capture. La preuve contraire d'une destination hostile, dans les cas d' „innocence présumée“ (selon la formule de l'article 12) est tout à fait pareille, par son caractère, à la présomption hostile qui découle des trois circonstances indiquées par la base susdite.

En d'autres termes, du moment qu'il s'agit toujours de simples „proesumptiones juris“, et que, par conséquent, la destination spéciale peut toujours être admise par la Cour, même en d'autres cas que les trois prévus à l'article 12, et, d'autre part, même lorsque ces trois cas se vérifient, la destination spéciale pourra être exclue, on ne comprend pas la valeur théorique et la portée pratique de la formulation de cet article. Tout reste, en effet, complètement abandonné à la libre évaluation du juge.

La Délégation italienne est d'avis qu'une rédaction serait préférable qui laisse à la Cour, même dans la forme, une faculté plus large d'appréciation, vis-à-vis des circonstances pouvant servir de fondement à la preuve de la contrebande. La nouvelle formule proposée à cet effet fixe néanmoins, en même temps, des limites générales au jugement du tribunal; ces limites sont substantiellement conçues dans l'esprit de la rédaction de l'article 12. La Délégation italienne pense que sa proposition répond mieux aux exigences de la pratique et à l'exactitude des formules juridiques: qu'elle soit, partant, plus facile à interpréter par les intéressés, et d'une application plus exacte de la part du juge.

On pourrait croire, peut-être, que notre proposition, en attribuant à la Cour de plus amples pouvoirs en matière de contrebande relative, expose au danger d'en rendre la constation plus fréquente. Je me flatte d'avoir démontré que ses pouvoirs n'en seraient qu'apparemment plus étendus: la formule originaire est en réalité plus dangereuse pour les neutres, puisqu'elle contient presque une déclaration préalable de contrebande dans certains cas, et qu'elle laisse, en dehors de ces cas, une liberté tout à fait illimitée à l'appréciation de la Cour. Il est presque inutile d'ajouter, au surplus, qu'un danger de ce genre, en général, serait réellement à craindre, avec l'une ainsi qu'avec l'autre rédaction, tant que les tribunaux des prises ne sont que des organes des parties intéressées au débat; il disparaît, du moment que tout différend de cette nature sera déféré au jugement d'une Cour internationale, composée en majorité de ressortissants des pays neutres, et jouissant de l'autorité et de l'indépendance qui lui dérivent de la sanction de tous les Etats signataires de la Convention.

Annexe No. 105
au Résumé de la Huitième Séance de la Commission (29 janvier).

Observations présentées par la Délégation de France à propos de l'Article 18 du projet relatif à la contrebande.

L'Article 18, sur lequel la Commission est appelée à délibérer, a pour objet de régler le sort du navire saisi pour transport de contrebande. Il se base, pour en autoriser la confiscation, sur deux éléments: la connaissance de la contrebande par le navire, une certaine proportion de la contrebande relativement à l'entier chargement.

En ce qui concerne la connaissance de la contrebande par le navire, on peut se demander si c'est bien là un critérium suffisamment certain et conforme à la réalité des faits pour être retenu comme règle.

La connaissance de la contrebande à bord implique, en effet, que le navire connaît, d'une part, la nature même de la marchandise qui lui est confiée et, d'autre part, sa destination.

Or, la Commission n'ignore pas dans quelles conditions ont lieu les expéditions et transports maritimes.

Depuis une époque très ancienne, c'est un usage général du commerce que le navire n'a pas à vérifier, à l'embarquement, le contenu des caisses et colis qui lui sont confiés. Cet usage est devenu de toute nécessité aujourd'hui. Il ne serait guère possible au navire de faire ouvrir chaque caisse, colis ou sac, de défaire les emballages pour s'assurer de leur contenu. De semblables opérations seraient préjudiciables à la rapidité des transports et au bon conditionnement des colis eux-mêmes. Ce que l'embarquement comporte pour le navire, c'est le compte des colis reçus à bord et l'examen de leur conditionnement extérieur (marques, état d'emballage, &c. . . .). Aussi peut-on lire, comme chacun sait, dans tous les connaissements, cette formule de style dite clause que dit être, qu'on trouve sur les plus vieux documents du commerce de mer: „Contenu inconnu", par laquelle le navire déclare n'avoir pas vérifié le contenu; la nature de la marchandise, indiquée au connaissement, est simplement celle que le chargeur a dit être telle ou telle, sans plus.

Dans ces conditions est-ce vraiment d'une bonne méthode que de prendre comme base d'une sanction une connaissance que le navire n'a pas eue, et de retenir ainsi un élément aussi peu conforme à la réalité des faits? Il ne le paraît pas.

Une remarque analogue peut être faite si l'on envisage la connaissance de la destination du chargement. Si pour des colis séparés, pour ce qu'on appelle communément le general cargo, le connaissement mentionne bien le port de débarquement ou la destination, il n'en est pas de même très fréquemment lorsqu'il s'agit de marchandises transportées par voie d'affrètement total — les blés, par exemple. De semblables marchandises, pendant qu'elles voyagent, sont l'objet de transactions plus ou moins nombreuses. Soit pour cette raison, soit aussi en raison du cours des prix ou de toute autre circonstance, le débarquement dans tel ou tel port ne saurait être précisé d'avance.

Comme la Commission le sait, il est alors d'usage courant que la charte-partie se borne à fixer d'une façon générale une direction géographique — par exemple, un port quelconque de l'ouest de l'Europe, ou encore tout port entre Brest et Hambourg, &c. Le navire vient alors prendre ses ordres de destination à un sémaphore ou dans un port d'escale de la zone indiquée. Jusque-là — c'est-à-dire, pendant la plus grande partie, peut-être, de sa traversée — le navire ignore absolument quelle sera sa destination véritable; ce pourra être aussi bien La Hâvre ou Dunkerque que Liverpool ou Londres, Anvers, Rotterdam ou Hambourg; et non seulement le port de débarquement, mais la délivrance même est à ordre.

Ce que nous remarquions tout à l'heure à propos de la connaissance de la nature du chargement, n'est-il pas vrai encore ici? La Commission doit-elle avantageusement subordonner la sanction qu'elle consacre — nécessaire surtout peut-être au point de vue préventif — à une condition souvent irréalisable ou que chacun peut facilement rendre telle?

La proportion de la contrebande relativement à l'entier chargement apparaît, au contraire, comme une base juste et sûre de la confiscation. Ici on prend en considération, comme le dit avec raison, selon nous, le Mémorandum japonais, l'importance de la contrebande par rapport à l'expédition. L'assistance donnée à l'ennemi en violation de la neutralité est-elle le principal objet de l'expédition? Cette assistance a-t-elle une importance suffisante pour que le navire lui-même, grâce auquel cette assistance est donnée, soit confisqué? Sous cette forme, on conçoit très bien que la question soit posée et que la solution dépende de la réponse que justifieront les faits.

Reste à savoir comment apprécier cette importance, cette proportion.

Le texte, sur lequel la Commission délibère, dit simplement „que cette contrebande forme plus que la moitié de la cargaison". C'est peut-être insuffisamment précis. Est-ce la moitié en poids; en volume; en valeur? Doit-on tenir compte ensemble ou séparément de ces divers éléments d'appréciation? Doit-on les distinguer selon les marchandises? Bien que certains Mémorandums les aient adoptés, il est permis de penser que pratiquement ce sens d'une vérification parfois délicate, le plus souvent assez longue, lorsque dans un chargement considérable et varié la contrebande est de quelque importance. Va-t-on juger, en quelque sorte à l'estime? — ce serait bien arbitraire. Peut-on procéder par des experts? — que de lenteurs, de frais et de complication.

A la Conférence de La Haye, la Délégation française avait proposé de consacrer comme critérium un élément facile à constater et qui précisément est ordinairement basé lui-même sur la valeur, le poids, le volume ou l'encombrement de la marchandise: c'est le fret. Non seulement le fret, toujours mentionné sur le connaissement, permet indirectement de juger si telle ou telle marchandise est plus ou moins importante par sa valeur, son poids ou son encombrement, mais encore il représente aussi exactement que possible l'intérêt que le navire a dans le transport de la marchandise, et, souvent plus élevé s'il s'agit de contrebande, il sert à en révéler le caractère.

Notre Délégation prie la Commission de vouloir bien apprécier si ces considérations sont exactes et si, dans ces conditions, le système le plus pratique et le plus sûr, pour frapper le navire transporteur de contrebande, n'est pas (1) de s'attacher simplement à l'importance de la contrebande par rapport à l'entier chargement; (2) de fixer cette proportion au moyen du fret.

Quant au quantum de la proportion, bien que la moitié soit un peu différente de la pratique française traditionnelle, le désir d'une entente et le souci d'une réglementation commune nous conduiraient à ne pas nous opposer à son adoption.

Annexe No. 106
au Résumé de la Neuvième Séance de la Commission (6 février).

Exposé par M. Fusinato: Résistance opposée à la visite.

La Délégation italienne avait proposé, au sein du Comité d'Examen, d'assimiler à la résistance violente, aux effets de la confiscation, la tentative de fuite d'un navire neutre afin de se soustraire à la visite. Cette proposition s'appuyait sur des motifs juridiques et humanitaires.

La fuite n'est, en effet, qu'une forme de résistance opposée à l'exercice d'un droit du belligérant; tout aussi bien que la résistance par la force, elle implique une infraction des règles posées par le droit des gens en matière de guerre maritime. Elle a également le but d'éluder une des garanties concédées aux belligérants pour s'assurer du respect des lois concernant les devoirs des neutres, et de soustraire le navire — non à un accident de guerre, qu'on ne serait pas tenu de subir, mais à une obligation imposée aux neutres par le droit international. Ce but ne sera même atteint, dans la plupart des cas, que par la fuite, un navire de commerce n'étant pas généralement en mesure de s'opposer par la force aux ordres d'un bâtiment de guerre. Le caractère des deux actes étant le même, il ne paraît partant ni juste ni utile de les traiter différemment, en laissant l'infraction impunie là où elle sera, d'ordinaire, plus fréquente et plus facile.

A côté de ces motifs juridiques, il y en a d'autres de nature humanitaire.

Contre le navire qui essaie de se soustraire à la visite, le croiseur belligérant a le droit d'employer la force jusqu'aux dernières conséquences. C'est un droit que personne ne conteste et que le Rapport du Comité d'Examen reconnaît, d'ailleurs, formellement. Or, il n'y a pas de doute, à mon avis, que ce droit serait exercé plus rarement, si l'on admettait la confiscation du navire coupable d'une tentative de fuite. Le belligérant aurait intérêt à ménager sa prise, tandis qu'il y aurait à craindre, au contraire, de la part des croiseurs, un usage plus fréquent de la redoutable faculté que les lois de la guerre leur consentent, lorsqu'ils devront relâcher, éventuellement, le navire, qui aurait même pu se débarrasser, pendant sa fuite, de la contrebande se trouvant à son bord. Sous l'apparence d'une règle plus favorable, on expose de cette manière le navire, la marchandise innocente, et les personnes mêmes, à des dangers bien plus graves. L'exercice normal du droit de visite, qui aurait pu être assuré par une sanction d'un effet préventif presque certain, reste ainsi garanti par une sanction répressive plus douteuse et bien autrement tragique.

Mais, son point de vue n'ayant pas prévalu dans le Comité d'Examen, la Délégation d'Italie, s'inspirant de l'esprit de conciliation qui a présidé à tous les travaux de la Conférence, n'insiste pas sur sa proposition.

Annexe No. 107
au Résumé de la Neuvième Séance de la Commission (6 février).

Exposé par M. le Professeur Wilson: Transfert de pavillon.

La Délégation américaine regrette de se trouver obligée de faire une réserve sur l'article 1er du Règlement relatif au transfert du pavillon. Elle considère qu'une règle qui dit:

„Le transfert sous pavillon neutre d'un navire ennemi, effectué avant l'ouverture des hostilités, est valable, à moins qu'il ne soit établi que ce transfert a été effectué en vue d'éluder les conséquences qu'entraîne le caractère de navire ennemi",

n'est pas d'accord avec l'esprit des règlements modernes adoptés à La Haye concernant la guerre, qui ont pour but „de garantir la sécurité du commerce international contre les surprises de la guerre, et voulant, conformément à la pratique moderne, protéger autant que possible les opérations engagées de bonne foi et en cours d'exécution avant le début des hostilités".

Elle n'est non plus d'accord avec le principe qui veut restreindre les effets de la guerre à la durée des hostilités.

La règle, telle qu'elle est proposée, semble vouloir priver l'homme d'affaires des avantages légitimes de sa prévoyance. Elle ne fixe pas la durée de la possession d'un navire avant l'ouverture des hostilités qui assurerait le commerce sur mer, légitime en soi, contre les inconvénients d'une saisie.

Il faut reconnaître qu'il est loisible à un marchand en temps de paix d'essayer, au moyen d'une vente de sa propriété, de quelque nature qu'elle soit, de se protéger contre certaines conséquences résultant de l'ouverture des hostilités. Il peut aussi bien s'agir d'un navire que d'une autre forme de propriété.

La règle proposée aurait un effet rétroactif sans limite.

L'objet principal d'une règle concernant le transfert de pavillon avant l'ouverture des hostilités est d'empêcher les transferts qui ne sont pas des transactions commerciales de bonne foi.

Il semble à la Délégation américaine que cet objet pourrait être atteint par l'adoption de la règle suivante:

„Un transfert effectué avant l'ouverture de la guerre est valable s'il est absolu, complet, de bonne foi, et conforme à la législation des pays intéressés, et s'il a pour effet que ni le contrôle du navfre ni le bénéfice provenant de son emploi ne reste plus entre les mêmes mains qu'avant le transfert.

„Si le capteur peut établir que les conditions susmentionnées n'ont pas été remplies, le transfert est présumé avoir été intervenu avec l'intention d'éluder les conséquences de la guerre, et il est nul.“

Annexe No. 108
au Résumé de la Onzième Séance de la Conférence réunie en Commission (19 février).
Exposé par M. Ricci-Busatti: Contrebande de guerre.

La Délégation italienne tient à faire constater que, malgré la disposition formelle en vigueur dans la législation du Royaume (Code de la Marine Marchande, article 215), qui prescrit en tout cas la confiscation du navire ayant de la contrebande à bord, sans avoir égard à sa quantité, elle accepte, toutefois, la règle formulée à l'article 18 du Règlement qu'on vient de soumettre à la Commission, qui ne permet pas cette confiscation si la contrebande n'atteint pas la moitié du chargement. Elle accepte également les nouvelles règles formulées aux articles 21 et 22 concernant la faculté du capteur d'autoriser, suivant les circonstances, la libération immédiate du navire, moyennant la remise de la contrebande offerte par son capitaine, et d'exiger cette remise en certains cas.

La Délégation italienne avait demandé à la suite d'instructions de son Gouvernement, qu'il fût en même temps reconnu au capteur la faculté de subordonner, le cas échéant, la libération du navire au déchargement de la contrebande dans tel port qu'il aurait pu indiquer, sauf à pourvoir de la manière la plus convenable pour tous, selon les circonstances, à l'accomplissement exact des dispositions qui auraient été prises à ce sujet, et sans rien changer, d'autre part, aux facultés des neutres en matière de prises, telles qu'elles existent à l'état actuel du droit. Une transaction de ce genre paraît, à mon avis, dans certaines hypothèses, parfaitement équitable et utile, soit à l'égard des belligérants, soit dans l'intérêt des neutres, et du commerce en général. Il paraît même difficile d'exclure qu'un tel arrangement pruisse, en quelques cas particuliers, avoir lieu, pour soustraire la marchandise à la destruction, ou le navire à l'amarinage et au séquestre pendant un temps indéterminé.

Eu égard, cependant, aux différentes objections que la proposition dont il s'agit vient de soulever au sein du Comité d'Examen, la Délégation italienne, désireuse surtout de ne pas accroître les difficultés d'un accord si péniblement et si heureusement obtenu dans une matière si importante, a cru convenable de ne pas insister. Elle accepte partant les dispositions susdites, telles qu'elles résultent de l'accord unanime de toutes les Délégations.

Annexe No. 109
au Résumé de la Onzième Séance de la Commission (19 février).
Exposé par M. le Vice-Amiral Baron Sakamoto: Contrebande de guerre.

En séance de comité, la Délégation du Japon avait soutenu avec énergie la suppression du No. 7 de la liste de contrebande absolue, c'est-à-dire „les animaux de selle, de trait, et de bât, utilisables pour la guerre“, car il n'est vraiment pas rationnel de les laisser figurer parmi les articles de contrebande absolue exclusivement propres à la guerre; la place à leur assigner logiquement est, incontestablement, dans la liste des articles de contrebande conditionnelle, et je suis très heureux de constater que plusieurs de nos collègues ont partagé notre point de vue. D'ailleurs, le Rapport a très impartialement constaté ce fait.

Mais, puisque tous les suffrages ne peuvent être ralliés à notre proposition, je me vois obligé de faire toutes mes réserves sur le No. 7 de la liste de contrebande absolue.

Annexe No. 110.

Blocus.

Rapport présenté à la Conférence au nom de la Commission.

Ce Rapport est destiné à former une partie du Rapport général qui sera présenté à la Conférence sur l'ensemble de ses travaux. Il a pour but d'expliquer et de motiver de la manière la plus simple et la plus claire les résolutions dont le Comité de Rédaction a arrêté le texte en ce qui touche le blocus. Il écarte les controverses et les discussions, de manière à dégager de toute incertitude les textes qui ont été acceptés à l'unanimité et à en présenter un commentaire officiel, de nature à guider les autorités diverses administratives, militaires, judiciaires, qui pourront avoir mission de les appliquer.

Au point de vue tout pratique où l'on doit se placer ici, l'origine de telle ou telle règle est indifférente; elle ne sera donc pas relevée. Les auteurs des propositions adoptées devront se contenter de la satisfaction intérieure de reconnaître leurs enfants au passage. Il y a eu de la part de tous une égale émulation et un égal désir de faire oeuvre utile.

Une observation qui domine toutes nos résolutions est que le blocus est envisagé ici uniquement comme opération de guerre, et que l'on n'a entendu en rien toucher à ce qu'on appelle le blocus pacifique.....*)

g) Rapport général présenté à la Conférence Navale au nom du Comité de Rédaction.**)

Le 27 février 1908, le Gouvernement Britannique envoyait une circulaire à diverses Puissances pour les inviter à se réunir dans une Conférence dont l'objet serait d'arriver à un accord à l'effet de déterminer les principes généralement reconnus du droit international dans le sens de l'article 7, paragraphe 2, de la Convention signée à La Haye, le 18 octobre 1907, pour l'établissement d'une Cour internationale des prises. Cet accord semblait nécessaire au Gouvernement Britannique à raison de certaines divergences qui s'étaient manifestées à la Deuxième Conférence de la Paix, quand il s'était agi de régler diverses matières importantes du droit maritime international en temps de guerre. L'existence de ces divergences pouvait, semblait-il, rendre difficile l'acceptation de la Cour internationale des prises, le pouvoir de cette Cour se trouvant d'autant plus étendu que les règles à appliquer par elle étaient plus incertaines.

Le Gouvernement Britannique suggérait que les questions suivantes pourraient constituer le programme de la Conférence projetée, et invitait

---

*) ***Der fernere Text der Annexe Nr. 110 sowie der Annexes Nros. 111—119 (Blaubuch Cd. 4555 S. 292—341) deckt sich, von wenigen unwesentlichen Abweichungen abgesehen, mit dem hier folgenden Generalbericht der Kommission an die Gesamtkonferenz. Deswegen werden jene Texte hier nicht abgesetzt.***

) Ce Comité est composé de MM. Kriege (Allemagne), Wilson (Etats-Unis d'Amérique), Dumba (Autriche-Hongrie), de Estrada (Espagne), **Renault (France) Rapporteur, Hurst (Grande-Bretagne), Ricci-Busatti (Italie), Sakamoto (Japon), Ruyssenaers (Pays-Bas), Baron Taube (Russie).

les Puissances à faire connaître leurs vues à leur égard dans des Mémorandums préparatoires:

a) Contrebande (y compris les circonstances dans lesquelles les différents articles peuvent être considérés comme étant de contrebande, les pénalités auxquelles expose leur transport, l'exemption de visite d'un navire convoyé, ainsi que les règles relatives aux dommages-intérêts à accorder lorsque, des navires ayant été saisis, il est reconnu en fait qu'ils transportaient de la marchandise innocente).

b) Blocus (y compris les questions relatives au lieu où la saisie peut être effectuée, ainsi que la notification qui est nécessaire avant qu'un navire puisse être saisi).

c) La doctrine du voyage continu au double point de vue de la contrebande et du blocus.

d) La légalité de la destruction des navires neutres avant leur condamnation par une cour des prises.

e) Les règles concernant les navires ou les personnes neutres rendant des services contraires à la neutralité („assistance hostile")

f) La légalité de la transformation d'un navire de commerce en bâtiment de guerre en haute mer.

g) Les règles relatives au transfert des navires de commerce d'un pavillon belligérant sous un pavillon neutre au cours ou en prévision des hostilités.

h) La question de savoir si la nationalité ou le domicile des propriétaires devrait être adopté comme l'élément dominant pour décider si la propriété est propriété ennemie.

Les invitations furent acceptées, et la Conférence se réunit le 4 décembre dernier. Le Gouvernement Britaninque avait bien voulu faciliter ses délibérations en présentant un recueil qui a été promptement connu parmi nous sous le nom de livre rouge et qui, après une courte introduction, contient un „Exposé des vues exprimées par les Puissances dans leurs Mémorandums et des observations destinées à servir de base aux délibérations de la Conférence". Ce sont ces „bases de discussion" qui ont servi de point de départ pour l'examen des principales matières du droit des gens maritime actuel. La Conférence n'a pu qu'exprimer sa reconnaissance pour ce précieux travail préparatoire, qui lui a été d'un grand secours. Il a permis de constater tout d'abord que les divergences entre les pratiques et les doctrines des différents pays n'étaient peut-être pas aussi profondes qu'on le croyait généralement, que les idées essentielles étaient souvent les mêmes partout, que seulement les modes d'application variaient suivant les traditions ou les préjugés, les intérêts permanents ou accidentels. Il était donc possible de dégager un fonds commun que l'on pourrait s'entendre à mettre en valeur d'une façon uniforme. C'est à cela qu'ont tendu les efforts des diverses Délégations qui ont rivalisé de zèle dans la recherche des bases d'entente. Ces efforts ont été laborieux, comme en témoignent les discussions prolongées de la Conférence, de la Commission, des Comités d'Examen, ainsi que les propositions multiples qui ont été présentées. Marins, diplomates et jurisconsultes, ont cordialement collaboré à une œuvre qu'il s'agit de caractériser plutôt que d'apprécier définitivement en elle-même, notre impartialité pouvant naturellement être suspectée.

L'ensemble des règles contenues dans la Déclaration qui est sortie des délibérations de la Conférence Navale, et qui doit être intitulée Déclaration relative au droit de la guerre maritime, répond bien au désir qu'exprimait le Gouvernement britannique dans son invitation de février 1908. Les questions du programme sont toutes résolues sauf deux sur lesquelles des explications seront données plus loin. Les solutions ont été dégagées des diverses manières de voir ou des diverses pratiques et correspondent à ce que l'on peut appeler la „media sententia". Elles ne concordent pas toujours absolument avec les vues propres à chaque pays, mais elles ne blessent les idées essentielles d'aucun. Il ne faut pas les examiner séparément, mais dans leur ensemble, autrement on court risque de commettre les plus graves méprises. Si, en effet, on considère une ou plusieurs règles isolées au point de vue, soit des belligérants, soit des neutres, on peut trouver que les intérêts dont on se préoccupe spécialement ont été méconnus par l'adoption de ces règles, mais ces règles ont leur contrepartie. Il y a là une œuvre de transaction, de concessions mutuelles. Cette œuvre, dans son ensemble, est-elle bonne?

Nous avons le ferme espoir que ceux qui l'étudieront sérieusement répondront affirmativement. La Déclaration substitue l'uniformité et la fixité à la diversité et à l'obscurité dont les relations internationales ont trop longtemps souffert. La Conférence a essayé de concilier d'une manière équitable et pratique les droits des belligérants et ceux du commerce neutre; elle est composée de Puissances placées dans des conditions très différentes aux points de vue politique, économique, géographique. Il y a donc lieu de supposer que les règles sur lesquelles ces Puissances se sont accordées tiennent un compte suffisant des divers intérêts engagés et peuvent, dès lors, être, sans inconvénient, acceptées par toutes les autres.

Le Préambule de la Déclaration résume les idées générales qui viennent d'être exposées.

Considérant l'invitation par laquelle le Gouvernement Britannique a proposé à diverses Puissances de se réunir en Conférence afin de déterminer en commun ce que comportent les règles généralement reconnues du droit international au sens de l'article 7 de la Convention du 18 octobre 1907, relative à l'établissement d'une Cour internationale des prises;

Reconnaissant tous les avantages que, dans le cas malheureux d'une guerre maritime, la détermination des dites règles présente, soit pour le commerce pacifique, soit pour les belligérants et pour leurs relations politiques avec les Gouvernements neutres;

Considérant que les principes généraux du droit international sont souvent, dans leur application pratique, l'objet de méthodes divergentes;

Animés du désir d'assurer dorénavant une plus grande uniformité à cet égard;

Espérant qu'une oeuvre d'un intérêt commun aussi important rencontrera l'approbation générale.

Quelle est la portée d'application des règles ainsi posées? Elles devront être observées dans les rapports entre les parties signataires, puisque les parties les reconnaissent comme des principes du droit international reconnu et, de plus, s'obligent expressément à s'en procurer réciproquement le bénéfice. Pour les Puissances signataires qui sont ou seront parties à la Convention établissant la Cour internationale des prises, il y aura, de plus, une occasion de voir appliquer ces règles aux différends qui les concernent, que la Cour les regarde comme des règles généralement reconnues ou tienne compte de l'engagement pris de s'y conformer. Il est, d'ailleur à espérer que ces règles ne tarderont pas à être acceptées par la plupart des Etats, qui reconnaîtront l'avantage que présente le remplacement d'usages plus ou moins définis, prêtant à controverse, par des dispositions précises.

Il a été dit plus haut que deux points du Programme de la Conférence n'avaient pas reçu de solution.

1. Le Programme porte à la lettre f: la légalité de la transformation d'un navire de commerce en bâtiment de guerre en haute mer. . . . .

(s. oben S. 668—669).

2. La lettre h du Programme britannique porte: la question de savoir si la nationalité ou le domicile des propriétaires devrait être adopté comme élément dominant pour décider si la propriété est propriété ennemie. Cette question a été l'objet d'une étude approfondie dans un Comité spécial, qui a constaté l'incertitude actuelle de la pratique; il a été proposé d'y mettre un terme par les dispositions suivantes:

„Le caractère neutre ou ennemi des marchandises trouvées à bord d'un navire ennemi est déterminé par la nationalité neutre ou ennemie de leur propriétaire et, en cas d'absence de nationalité ou de double nationalité neutre et ennemie de leur propriétaire, par le domicile de celui-ci en pays neutre ou ennemi;"

„Toutefois, les marchandises appartenant à une société anonyme ou par actions sont considérées comme neutres ou ennemies selon que la société a son siège social en pays neutre ou ennemi."

L'unanimité n'ayant pu être obtenu, ces dispositions n'ont eu aucun effet.

Nous arrivons à l'exposé de la Déclaration elle-même, dont nous allons essayer, en résumant les Rapports approuvés déjà par la Conférence, de présenter un commentaire précis, dégagé de toute controverse, qui, devenu commentaire officiel par l'approbation de la Conférence, soit de nature à guider les autorités diverses, administratives, militaires, judiciaires qui pourront avoir à l'appliquer.

Disposition Préliminaire.

Les Puissances Signataires sont d'accord pour constater que les règles contenues dans les Chapitres suivants répondent, en substance, aux principes généralement reconnus du droit international.

Cette disposition domine toutes les règles qui suivent. L'esprit en a été indiqué dans les considérations générales placées en tête de ce Rapport. La Conférence a eu surtout en vue de constater, de préciser, de compléter au besoin, ce qui pouvait être considéré comme un droit coutumier.

Chapitre Premier.

Du Blocus en Temps de Guerre.

Le blocus est envisagé ici uniquement comme opération de guerre, et l'on n'a entendu en rien toucher à ce qu'on appelle le blocus pacifique.

ART 1. Le blocus doit être limité aux ports et aux côtes de l'ennemi ou occupés par lui.

Le blocus, opération de guerre, ne peut être dirigé par un belligérant que contre son adversaire. C'est la règle très simple qui est posée tout d'abord. Elle n'a toute sa portée que si on la rapproche de l'article 18.

ART 2. Conformément à la Déclaration de Paris de 1856, le blocus, pour être obligatoire, doit être effectif, c'est-à-dire maintenu par une force suffisante pour interdire réellement l'accès du littoral ennemi.

La première condition pour qu'un blocus soit obligatoire est qu'il soit effectif. Il y a longtemps que tout le monde est d'accord à ce sujet. Quant à la définition du blocus effectif, nous avons pensé que nous n'avons qu'à nous approprier celle qui se trouve dans la Déclaration de Paris du 16 avril 1856, qui lie conventionnellement un grand nombre d'Etats et qui est acceptée de fait par les autres.

ART. 3. La question de savoir si le blocus est effectif est une question de fait.

On comprend que souvent des difficultés s'élèvent sur le point de savoir si un blocus est ou non effectif; il y a en jeu des intérêts opposés. Le belligérant bloquant veut limiter son effort, et les neutres désirent que leur commerce soit le moins gêné possible. Des protestations diplomatique ont été parfois formulées à ce sujet. L'appréciation peut être délicate, parce qu'il n'y a pas de règle absolue à poser sur le nombre et la situation des navires de blocus. Tout dépend des circonstances de fait, des conditions géographiques. Suivant les cas, un navire suffira pour bloquer un port aussi efficacement que possible, alors qu'une flotte pourra être insuffisante pour empêcher réellement l'accès d'un ou de plusieurs ports déclarés bloqués. C'est donc essentiellement une question de fait, à trancher dans chaque espèce, et non d'après une formule arrêtée à l'avance. Qui la tranchera? L'autorité judiciaire. Ce sera d'abord le tribunal national appelé à statuer sur la validité de la prise, et auquel le navire capturé pour violation de blocus pourra demander de déclarer la nullité de la prise, parce que le blocus, n'ayant pas été effectif, n'était pas obligatoire. Ce recours a toujours existé; il pouvait ne pas donner une satisfaction suffisante aux Puissances intéressées, parce qu'elles pouvaient estimer que le tribunal national était assez naturellement porté à considérer comme effectif le blocus déclaré tel par son Gouvernement. Mais, quand la Convention sur la Cour Internationale des Prises entrera en vigueur, il y aura une juridiction absolument impartiale à laquelle les neutres pourront s'adresser et qui décidera si, dans tel cas, le blocus était effectif ou non. La possibilité de ce recours, outre qu'elle permettra de réparer certaines injustices, aura vraisemblablement un effet préventif, en ce qu'un Gouvernement se préoccupera d'établir ses blocus de telle façon que l'effet ne puisse pas en être annulé par des décisions qui lui causeraient un grand préjudice. L'article 3 a donc toute sa portée, si on l'entend en ce sens que la question prévue doit être tranchée judiciairement. C'est pour écarter toute équivoque que l'explication précédente est insérée dans le Rapport à la demande de la Commission.

ART 4. **Le blocus n'est pas considéré comme levé si, par suite du mauvais temps, les forces bloquantes se sont momentanément éloignées.**

Il ne suffit pas que le blocus soit établi; il faut qu'il soit maintenu. S'il vient à être levé, il pourra être repris, mais alors il exigera les mêmes formalités que s'il était établi pour la première fois. Traditionnellement, on ne considère pas le blocus comme levé, lorsque c'est par suite du mauvais temps que les forces bloquantes se sont momentanément éloignées. C'est ce que dit l'article 4. Il doit être tenu pour limitatif en ce sens que le mauvais temps est le seul cas de force majeure qui puisse être allégué. Si les forces bloquantes s'éloignaient pour toute autre cause, le blocus serait considéré comme levé, et, au cas où il viendrait à être repris, les articles 12 „in fine" et 13 seraient applicables.

ART 5. **Le blocus doit être impartialement appliqué aux divers pavillons.**

Le blocus, opération de guerre légitime, doit être respecté par les neutres en tant qu'il reste vraiment une opération de guerre ayant pour but d'interrompre toutes les relations commerciales du port bloqué. Ce ne peut être un moyen pour un belligérant de favoriser certains pavillons en les laissant passer. C'est ce qu'indique l'article 5.

ART 6. **Le commandant de la force bloquante peut accorder à des navires de guerre la permission d'entrer dans le port bloqué et d'en sortir ultérieurement.**

L'interdiction qui s'applique à tous les navires de commerce, s'applique-t-elle aussi aux navires de guerre? Il n'y pas de réponse absolue à faire. Le commandant des forces de blocus peut estimer qu'il a avantage à intercepter toute communication de la place bloquée, et refuser l'accès aux navires de guerre neutres; rien ne lui est imposé. S'il accorde l'entrée, c'est affaire de courtoisie. Si on a consacré une règle pour dire simplement cela, c'est pour qu'on ne puisse pas prétendre que le blocus a cessé d'être effectif par suite de la permission accordée à tels et tels navires de guerre neutres.

Le commandant du blocus doit agir impartialement, comme il est dit dans l'article 5. Toutefois, par cela seul qu'il a laissé entrer un navire de guerre, il ne peut être obligé de laisser passer tous les navires de guerre neutres qui se présenteront. C'est une question d'appréciation. La présence d'un navire de guerre neutre dans un port bloqué peut ne pas avoir les mêmes conséquences à toutes les phases du blocus, et le commandant doit être laissé maître de juger s'il peut être courtois sans rien sacrifier de ses intérêts militaires.

ART 7. **Un navire neutre, en cas de détresse constatée par une autorité des forces bloquantes, peut pénétrer dans la localité bloquée et en sortir ultérieurement à la condition de n'y avoir laissé ni pris aucun chargement.**

La détresse peut expliquer l'entrée d'un navire neutre dans la localité bloquée. C'est, par exemple, un navire qui manque de vivres ou d'eau, qui a besoin d'une réparation immédiate. Sa détresse une fois constatée par une autorité de la force bloquante, il peut franchir la ligne de blocus; ce n'est pas une faveur qu'il ait à solliciter de l'humanité ou de la courtoisie de l'autorité bloquante. Celle-ci peut contester l'état de détresse, mais, l'état une fois vérifié, la conséquence suit d'elle-même. Le navire qui aura ainsi pénétré dans le port bloqué ne sera pas obligé d'y rester tout le temps que durera le blocus; il pourra en sortir quand il sera en état de le faire, quand il se sera procuré les vivres ou l'eau qui lui sont nécessaires, quand il aura été réparé. Mais la permission qui lui a été accordée n'a pu servir de prétexte à des opérations commerciales; c'est pour cela qu'on exige qu'il n'ait laissé ou pris aucun chargement.

Il va sans dire que l'escadre de blocus, qui voudrait absolument empêcher de passer, pourrait le faire, si elle mettait à la disposition du navire en détresse les secours dont il a besoin.

ART 8. **Le blocus, pour être obligatoire, doit être déclaré conformément à l'article 9 et notifié conformément aux articles 11 et 16.**

Indépendamment de la condition d'effectivité formulée par la Déclaration de Paris, un blocus, pour être obligatoire, doit être déclaré et notifié. L'article 8 se borne à poser le principe qui est appliqué par les articles suivants.

Il suffit, pour éviter toute équivoque, d'indiquer nettement le sens des deux expressions qui vont être fréquemment employées. La déclaration de blocus est l'acte de l'autorité compétente (Gouvernement ou chef d'escadre), constatant qu'un blocus est établi ou va l'être dans des conditions, qui doivent être précisées (article 9). La notification est le fait de porter à la connaissance des Puissances neutres ou de certaines autorités la déclaration de blocus (article 11).

Le plus souvent, ces deux choses — la déclaration et la notification — auront lieu préalablement à l'application des règles du blocus, c'est-à-dire, à l'interdiction réelle du passage. Toutefois, comme on le verra plus loin, il est parfois possible que le passage soit interdit à raison du fait même du blocus qui est porté à la connaissance d'un navire approchant d'un port bloqué, au moyen d'une notification qui est spéciale, tandis que la notification qui vient d'être définie, et dont il est parlé à l'article 11, a un caractère général.

ART 9. **La déclaration de blocus est faite, soit par la Puissance bloquante, soit par les autorités navales agissant en son nom.**

Elle précise:

1° La date du commencement du blocus;
2° Les limites géographiques du littoral bloqué;
3° Le délai de sortie à accorder aux navires neutres.

La déclaration de blocus émane le plus souvent du Gouvernement belligérant lui-même. Le Gouvernement peut avoir laissé au commandant de ses forces navales la faculté de déclarer lui-même un blocus selon les circonstances. Cette latitude aura peut-être lieu de s'appliquer moins souvent qu'autrefois à raison de la facilité et de la rapidité des communications. Cela importe peu: il y a là une question d'ordre intérieur.

La déclaration de blocus doit préciser certains points que les neutres ont intérêt à connaître pour se rendre compte de l'étendue de leurs obligations.

Il faut que l'on sache exactement quand commence l'interdiction de communiquer avec la localité bloquée. Il importe, pour l'obligation du bloquant comme pour l'obligation des neutres, qu'il n'y ait pas d'incertitude sur les points réellement bloqués. Enfin, depuis longtemps, s'est établi l'usage de laisser sortir les navires neutres qui sont dans le port bloqué. On confirme ici cet usage en ce sens que le bloquant doit accorder un délai de sortie; on ne fixe pas la durée de ce délai, parce que cette durée est évidemment subordonnée aux circonstances très variables. Il a été seulement entendu qu'il y aurait un délai raisonnable.

ART 10. Si la Puissance bloquante ou les autorités navales agissant en son nom ne se conforment pas aux mentions qu'en exécution de l'article 9—1° et 2°, elles ont dû inscrire dans la déclaration de blocus, cette déclaration est nulle, et une nouvelle déclaration est nécessaire pour que le blocus produise ses effets.

Cet article a pour but d'assurer l'observation de l'article 9. La déclaration de blocus contient des mentions qui ne correspondent pas à la réalité des faits; elle indique que le blocus a commencé ou commencera tel jour, et, en fait, il n'a commencé que plusieurs jours après. Les limites géographiques sont inexactement tracées; elles sont plus étendues que celles dans lesquelles opèrent les forces de blocus. Quelle sera la sanction? La nullité de la déclaration de blocus, ce qui fait que cette déclaration ne produira aucun effet. Si, donc, en pareil cas, un navire neutre est saisi pour violation de blocus, il pourra opposer la nullité de la saisie en se fondant sur la nullité de la déclaration de blocus; si son moyen est repoussé par le tribunal national, il pourra se pourvoir devant la Cour Internationale.

Il faut remarquer la portée de la disposition pour qu'il n'y ait pas de surprise. La déclaration porte que le blocus commence le 1er février; en fait, il n'a commencé que le 8. Il va sans dire que la déclaration n'a produit aucun effet du 1er au 8, puisqu'à ce moment-là, il n'y avait pas de blocus du tout; la déclaration constate un fait, mais n'en tient pas lieu. La règle va plus loin: la déclaration ne produira pas même effet à partir du 8; elle est nulle définitivement, et il faut en faire une autre.

Il n'est pas parlé ici du cas où l'article 9 aurait été méconnu, en ce qu'aucun délai de sortie n'aurait été accordé aux navires neutres se trouvant dans le port bloqué. La sanction ne saurait être la même. Il n'y a pas de raison d'annuler la déclaration en ce qui touche les bâtiments neutres voulant pénétrer dans le port bloqué. Il faut une sanction spéciale, qui est indiquée dans l'article 16, alinéa 2.

ART 11. La déclaration de blocus est notifiée:

1° Aux Puissances neutres, par la Puissance bloquante, au moyen d'une communication adressée aux Gouvernements eux-mêmes ou à leurs représentants accrédites auprès d'elle;

2° Aux autorités locales, par le commandant de la force bloquante. Ces autorités, de leur côté, en informeront, aussitôt que possible, les consuls étrangers qui exercent leurs fonctions dans le port ou sur le littoral bloqués.

La déclaration de blocus ne vaut que si elle est notifiée. On ne peut exiger l'observation d'une règle que de ceux qui ont été en mesure de la connaître.

Il y a deux notifications à faire:

1. La première est adressée aux Puissances neutres par la Puissance belligérante, qui la communique aux Gouvernements eux-mêmes ou à leurs représentants accrédités auprès d'elle. La communication aux Gouvernements se fera le plus souvent au moyen des agents diplomatiques: il pourrait arriver qu'un belligérant ne fût pas en rapports diplomatiques avec un pays neutre; il s'adressera directement au Gouvernement de ce pays, ordinairement par la voie télégraphique. C'est aux Gouvernements neutres avisés de la déclaration de blocus à prendre les mesures nécessaires pour en faire parvenir la nouvelle sur les divers points de leur territoire, spécialement dans leurs ports.
2. La seconde notification est faite par le commandant de la force bloquante aux autorités locales. Celles-ci doivent informer, aussitôt que possible, les consuls étrangers qui résident dans la place ou sur le litteral bloqués. Ces autorités engageraient leur responsabilité en ne s'acquittant pas de cette obligation. Les neutres pourraient éprouver un préjudice du fait de n'avoir pas été prévenus du blocus en temps utile.

ART. 12. Les règles relatives à la déclaration et à la notification de blocus sont applicables dans le cas où le blocus serait étendu ou viendrait à être repris après avoir été levé.

Un blocus est étendu au-delà de ses limites primitives; c'est pour la partie nouvelle, un blocus nouveau et, par suite, les règles de la déclaration et de la notification doivent s'y appliquer. Il en est de même dans le cas où, après avoir été levé, un blocus est repris; il n'y a pas à tenir compte du fait qu'un blocus a déjà existé pour la même localité.

ART. 13. La levée volontaire du blocus, ainsi que toute restriction qui y serait apportée, doit être notifiée dans la forme prescrite par l'article 11.

S'il est indispensable de connaître l'établissement d'un blocus, il serait utile que le public fût renseigné sur la levée du blocus, puisqu'elle fait cesser l'entrave apportée aux relations des neutres avec le port bloqué. Aussi a-t-on jugé à propos de demander à la Puissance qui lève un blocus de le faire savoir dans la forme où elle a notifié l'établissement du blocus (article 11). Seulement, il y a lieu de remarquer que la sanction ne saurait être la même dans les deux cas. Pour la notification de la déclaration de blocus, il y a une sanction directe, adéquate: le blocus non notifié n'est pas obligatoire. Pour la levée, il ne saurait y avoir rien d'analogue. Le public profitera, en fait, de cette levée, quand même on ne la lui aurait pas fait connaître officiellement. La Puissance bloquante qui n'aurait pas notifié la levée s'exposerait à des réclamations diplomatiques motivées par l'inaccomplissement d'un devoir international. Cet inaccomplissement aura des conséquences plus ou moins graves suivant les circonstances. Parfois, la levée du blocus aura été, en fait, immédiatement connue, et la notification officielle n'ajouterait rien à cette publicité effective.

Il va sans dire qu'il ne s'agit que de la levée volontaire du blocus; si le bloquant a été chassé par l'arrivée de forces ennemies, il ne peut être tenu de faire connaître sa défaite, que son adversaire se chargera d'annoncer sans retard. Au lieu de lever un blocus, un belligérant peut se contenter de le restreindre; il ne bloque plus qu'un port au lieu de deux. Pour le port qui cesse d'être compris dans le blocus, c'est comme s'il y avait levée volontaire; en conséquence, la même règle s'applique.

ART. 14. La saisissabilité d'un navire neutre pour violation de blocus est subordonnée à la connaissance réelle ou présumée du blocus.

Pour qu'un navire soit saisissable pour violation de blocus, la première condition est qu'il ait eu connaissance du blocus, parce qu'il n'est pas juste de punir quelqu'un pour inobservation d'une règle qu'il aurait ignorée. Toutefois, il est des circonstances où, même en l'absence d'une connaissance réelle prouvée, on peut présumer cette connaissance, sauf à réserver à l'intéressé la faculté de démentir la présomption (article 15).

ART. 15. La connaissance du blocus est, sauf preuve contraire, présumée, lorsque le navire a quitté un port neutre postérieurement à la notification, en temps utile, du blocus à la Puissance dont relève ce port.

Un navire a quitté un port neutre postérieurement à la notification du blocus faite à la Puissance dont relève le port. Cette notification avait-elle été faite en temps utile, c'est-à-dire de manière à parvenir dans le port même où elle a dû être divulguée par les autorités du port? C'est une question de fait à examiner. Si elle est résolue affirmativement, il est naturel de supposer que le navire avait eu, lors de son départ, connaissance du blocus. Cette présomption n'est pourtant pas absolue et la preuve contraire est réservée. Ce sera au navire inculpé à la fournir, en justifiant de l'existence de circonstances qui expliquent son ignorance.

ART. 16. Si le navire qui approche du port bloqué n'a pas connu ou ne peut être présumé avoir connu l'existence du blocus, la notification doit être faite au navire même par un officier de l'un des bâtiments de la force bloquante. Cette notification doit être portée sur le livre de bord avec indication de la date et de l'heure, ainsi que de la position géographique du navire à ce moment.

Le navire neutre qui sort du port bloqué, alors que, par la négligence du commandant de la force bloquante, aucune déclaration de blocus n'a été notifiée aux autorités locales ou qu'un délai n'a pas été indiqué dans la déclaration notifiée, doit être laissé libre de passer.

On suppose un navire approchant du port bloqué ans qu'on puisse dire qu'il connaît ou qu'il est présumé connaître l'existence du blocus; il n'a été touché par aucune notification dans le sens de l'article 11. Dans ce cas, une notification spéciale est nécessaire pour faire connaître régulièrement le fait du blocus au navire. Cette notification est faite au navire même par un officier le l'un des bâtiments de la force bloquante et portée sur le livre de bord; elle peut être faite aux navires d'une flotte convoyée par un vaisseau de guerre neutre, grâce à l'intermédiaire du commandant du convoi qui en donne reçu et qui prend les mesures nécessaires pour l'inscription de la notification sur le livre de bord de chaque navire. Elle mentionne les circonstances de temps et de lieu dans lesquelles elle est faite, ainsi que les lieux bloqués. Le navire est empêché de passer, ce qui fait que le blocus est obligatoire pour lui, bien que n'ayant pas été préalablement notifié; c'est pour cela que cet adverbe a été omis dans l'article 8. Il n'est pas admissible qu'un navire de commerce ait la prétention de ne pas tenir compte d'un blocus réel et de forcer le blocus, par cette seule raison qu'il n'en avait pas personnellement connaissance. Seulement, s'il peut être empêché de passer, il ne peut être saisi que lorsqu'il essaie de forcer le blocus après avoir reçu la notification. Comme on le voit, cette notification spéciale joue un rôle très restreint, et ne doit pas être confondue avec la notification spéciale exigée d'une manière absolue dans la pratique de certaines marines.

Ce qui vient d'être dit se réfère au navire venant du large. Il faut aussi s'occuper du navire sortant du port bloqué. Si une notification régulière du blocus a été faite aux autorités locales (article 11—2°), la situation est simple: le navire connaît, ou est présumé connaître, le blocus, et s'expose donc à la saisie dans le cas où il n'a pas observé le délai donné par le bloquant. Mais il peut arriver qu'aucune déclaration de blocus n'ait été notifiée aux autorités locales ou que cette déclaration ait été muette au sujet du délai de sortie, malgré la prescription de l'article 9—3°. La sanction de la faute du bloquant est que le navire doit être laissé libre de passer. C'est une sanction énergique qui correspond exactement à la nature de la faute commise, et sera le meilleur moyen d'empêcher de la commettre.

Il va sans dire que cette disposition ne concerne que les navires auxquels le délai de sortie avait dû profiter — c'est-à-dire, les navires neutres qui étaient dans le port au moment de l'établissement du blocus; elle est absoluemnt étrangère aux navires qui seraient dans le port après avoir forcé le blocus.

Le commandant de l'escadre de blocus est toujours à même de réparer son omission ou son erreur, de faire une notification du blocus aux autorités locales ou de compléter celle qu'il aurait déjà faite.

Comme on le voit par ces explications, on suppose le cas le plus ordinaire, celui où l'absence de notification implique une négligence du commandant des forces de blocus. La situation se trouve évidemment tout à fait changée, si le commandant a fait tout ce qui dépendait de lui pour faire la notification et s'il en a été empêché par le mauvais vouloir des autorités locales qui ont intercepté toute communication avec le dehors. Dans ce cas, il ne peut être forcé de laisser passer les navires qui veulent sortir et qui, en l'absence de la notification exigée et de la connaissance présumée du blocus, sont dans une situation analogue à celle qui est prévue par l'article 16, alinéa 1er.

ART. 17. La saisie des navires neutres pour violation de blocus ne peut être effectuée que dans le rayon d'action des bâtiments de guerre chargés d'assurer l'effectivité du blocus.

L'autre condition de la saisissabilité du navire est que celui-ci se trouve dans le rayon d'action des bâtiments de guerre chargés d'assurer l'effectivité du blocus: il ne suffit pas qu'il soit en route pour le port bloqué.

Quant à ce qui constitue le rayon d'action, il a été fourni une explication que a été universellement acceptée, et qui est reproduite ici comme le meilleur commentaire de la règle de l'article 17:

„Lorsqu'un Gouvernement décide d'entreprendre une opération de blocus contre une partie quelconque de côte ennemie, il désigne un certain nombre de navires de guerre qui devront participer au blocus, et il en confie le commandement à un officier qui aura pour mission d'assurer par leur moyen l'effectivité du blocus. Le commandant de la force navale ainsi constituée répartit les navires mis à sa disposition suivant la configuration de la côte et la situation géographique des points bloqués, et donne à chacun d'eux des instructions sur le rôle qu'il aura à remplir, et en particulier sur la zone confiée à sa surveillance. C'est l'ensemble de ces zones de surveillance, organisées de telle manière que le blocus soit effectif, qui forme le rayon d'action de la force navale bloquante.

„Le rayon d'action ainsi compris est étroitement lié à l'effectivité du blocus et aussi au nombre des bâtiments qui y sont affectés.

„Il peut se présenter des cas où un seul navire suffira pour maintenir un blocus effectif — par exemple, à l'entrée d'un port ou à l'embouchure d'un fleuve dont l'estuaire est peu étendu — à la condition que les circonstances permettent au bloqueur de se tenir suffisamment rapproché de l'entrée. Dans ce cas, le rayon d'action est lui-même rapproché de la côte. Mais, si les circonstances le forcent, au contraire, à se tenir éloigné, il pourra se faire que le navire soit insuffisant pour assurer l'effectivité, et il deviendra alors nécessaire de lui adjoindre d'autres navires pour la maintenir. De ce fait le rayon d'action devient plus étendu et plus éloigné de la côte. Il pourra donc varier suivant les circonstances et suivant le nombre des navires bloqueurs, mais sera toujours limité par la condition que l'effectivité soit assurée.

„Il ne semble pas possible d'assigner au rayon d'action des limites en chiffres fixes et invariables, pas plus qu'il n'est possible de fixer à l'avance et invariablement le nombre des bâtiments nécessaires pour assurer l'effectivité de tout blocus. Ces éléments doivent être déterminés, suivant les circonstances, pour chaque cas particulier de blocus; peut-être pourrait-on le faire au moment de la déclaration.

„Il est évident qu'un blocus ne sera pas établi de la même façon pour une côte sans défense et pour une côte possédant tous les moyens modernes de défense. Il ne saurait être question dans ce dernier cas d'appliquer une règle telle que celle qui exigeait autrefois des vaisseaux arrêtés et suffisamment proches des points bloqués; la situation serait trop dangereuse pour les navires de la force bloquante qui, par ailleurs, possèdent aujourd'hui des moyens plus puissants leur permettant de surveiller d'une façon effective une zone beaucoup plus étendue que jadis.

„Le rayon d'action d'une force navale bloquante pourra s'étendre assez loin, mais, comme il dépend du nombre des bâtiments concourant à l'effectivité du blocus, et comme il reste toujours limité par la condition d'effectivité, il n'atteindra jamais des mers éloignées sur lesquelles naviguent des navires de commerce, peut-être destinés aux ports bloqués, mais dont la destination est subordonnée aux modifications que les circonstances sont susceptibles d'apporter au blocus au cours du voyage. En résumé, l'idée de rayon d'action liée à celle d'effectivité telle que nous avons essayé de la définir c'est-à-dire, comprenant la zone d'opérations des forces bloquantes, permet au belligérant d'exercer d'une manière efficace le droit de blocus qui lui est reconnu, et, d'un autre côté, elle évite aux neutres d'être exposés à grande distance aux inconvénients du blocus, tout en leur laissant courir les dangers auxquels ils s'exposent sciemment en s'approchant des points dont l'accès est interdit par le belligérant.

ART. 18. Les forces bloquantes ne doivent pas barrer l'accès aux ports et aux côtes neutres.

Cette règle a été jugée nécessaire pour mieux sauvegarder les intérêts commerciaux des pays neutres; elle complète l'article 1er, d'après lequel un blocus doit être limité aux ports et côtes de l'ennemi, ce qui implique que, puisque c'est une opération de guerre, il ne saurait être dirigé contre un port neutre, malgré l'intérêt que pourrait y avoir un belligérant à raison du rôle de ce port neutre pour le ravitaillement de son adversaire.

ART. 19. La violation du blocus est insuffisamment caractérisée pour autoriser la saisie du navire, lorsque celui-ci est actuellement dirigé vers un port non bloqué, quelle que soit la destination ultérieure du navire ou de son chargement.

C'est la destination réelle du navire qui doit être envisagée, quand il s'agit de violation de blocus, et non la destination ultérieure de la cargaison. Cette destination prouvée ou présumée ne peut donc suffire à autoriser la saisie, pour violation de blocus, d'un navire actuellement destiné à un port non bloqué. Mais le croiseur pourrait toujours établir que cette destination à un port non bloqué est apparente et qu'en réalité, la destination immédiate du navire est bien le port bloqué.

ART. 20. Le navire qui, en violation du blocus, est sorti du port bloqué ou a tenté d'y entrer, reste saisissable tant qu'il est poursuivi par un bâtiment de la force bloquante. Si la chasse en est abandonnée ou si le blocus est levé, la saisie n'en peut plus être pratiquée.

Un navire est sorti du port bloqué ou a tenté d'y entrer. Sera-t-il indéfiniment saisissable? L'affirmative absolue serait excessive. Ce navire doit rester saisissable tant qu'il est poursuivi par un bâtiment de la force bloquante; il ne suffirait pas qu'il fût rencontré par un croiseur de l'ennemi bloquant qui ne ferait pas partie de l'escadre de blocus. La question de savoir si la chasse est ou non abandonnée est une question de fait; il ne suffit pas que le navire se soit réfugié dans un port neutre. Le navire que le poursuit peut attendre sa sortie, de telle sorte que la chasse est forcément suspendue mais non abandonnée. La saisie n'est plus possible quand le blocus a été levé.

ART. 21. Le navire reconnu coupable de violation de blocus est confisqué. Le chargement est également confisqué, à moins qu'il soit prouvé qu'au moment où la marchandise a été embarquée, le chargeur n'a ni connu ni pu connaître l'intention de violer le blocus.

Le navire est confisqué dans tous les cas. Le chargement est aussi confisqué en principe, mais on laisse à l'intéressé la possibilité d'excipe rde sa bonne foi, c'est-à-dire, de prouver que, lors de l'embarquement de la marchandise, le chargeur ne connaissait pas et ne pouvait connaître l'intention de violer le blocus.

Chapitre II.

De la Contrebande de Guerre.

Ce chapitre est l'un des plus importants, sinon le plus important, de la Déclaration. Il traite d'une matière qui a parfois provoqué de graves conflits entre les belligérants et les neutres. Aussi a-t-on souvent réclamé d'une manière pressante un règlement qui établirait d'une manière précise les droits et devoirs de chacun. Le commerce pacifique pourra être reconnaissant de la précision qui, pour la première fois, est apportée à ce sujet, qui l'intéresse au plus haut point.

La notion de contrebande de guerre comporte deux éléments: il s'agit d'objet d'une certaine espèce et d'une certaine destination. Des canons, par exemple, son transportés sur un navire neutre. Sont-ils de la contrebande? Cela dépend non, s'its sont destinés à un Gouvernement neutre oui, s'ils sont destinés à un Gouvernement ennemi. Le commerce de certains objets n'est nullement interdit d'une manière générale pendant la guerre; c'est le commerce de ces objets avec l'ennemi qui est illicite et contre lequel le belligérant, au détriment duquel il se fait, peut se protéger par les mesures qu'admet le droit des gens.

Les articles 22 et 24 énumèrent les objets et matériaux qui sont susceptibles de constituer de la contrebande de guerre et qui en constituent effectivement, quand ils ont une certaine destination, qui est déterminée par les articles 30 et 33. La distinction traditionnelle de la contrebande absolue et de la contrebande conditionnelle est maintenue: à la première se réfèrent les articles 22 et 30, à la seconde les articles 24 et 33.

ART. 22. Sont de plein droit considérés comme contrebande de guerre les objets et matériaux suivants, compris sous le nom de contrebande absolue, savoir:

1° Les armes de toute nature, y compris les armes de chasse, et les pièces détachées caractérisées.

2° Les projectiles, gargousses, et cartouches de toute nature, et les pièces détachées caractérisées.

3° Les poudres et les explosifs spécialement affectés à la guerre.

4° Les affûts, caissons, avant-trains, fourgons, forges de campagne, et les pièces détachées caractérisées.

5° Les effets d'habillement et d'équipement militaires caractérisés.

6° Les harnachements militaires caractérisés de toute nature.
7° Les animaux de selle, de trait et de bât, utilisables pour la guerre.
8° Le matériel de campement et les pièces détachées caractérisées.
9° Les plaques de blindage.
10° Les bâtiments et embarcations de guerre et les pièces détachées spécialement caractérisées comme ne pouvant être utilisées que sur un navire de guerre.
11° Les instruments et appareils exclusivement faits pour la fabrication des munitions de guerre, pour la fabrication et la réparation des armes et du matériel militaire, terrestre ou naval.

Cette liste est celle qui avait été arrêtée à la Deuxième Conférence de la Paix par le Comité chargé d'étudier spécialement la question de la contrebande. Elle était le résultat de concessions mutuelles, et il n'a pas paru sage de rouvrir les discussions à ce sujet, soit pour retrancher, soit pour ajouter des articles.

Les mots sont de plein droit veulent dire que la disposition produit son effet, par le fait même de la guerre, et qu'aucune déclaration des belligérants n'est nécessaire. Le commerce est averti dès le temps de paix.

ART. 23. Les objets et matériaux qui sont exclusivement employés à la guerre peuvent être ajoutés à la liste de contrebande absolue au moyen d'une déclaration notifiée.

La notification est adressée aux Gouvernements des autres Puissances ou à leurs représentants accrédités auprès de la Puissance qui fait la déclaration. La notification faite après l'ouverture des hostilités n'est adressée qu'aux Puissances neutres.

Certaines découvertes ou inventions pourraient rendre insuffisante la liste de l'article 22. Une addition pourra y être faite à condition qu'il s'agisse d'objets et matériaux qui sont exclusivement employés à la guerre. Cette addition doit être notifiée aux autres Puissances, qui prendront les mesures nécessaires pour la faire connaître à leurs nationaux. Théoriquement, la notification peut se faire en temps de paix ou en temps de guerre. Sans doute, le premier cas se présentera rarement, parce qu'un Etat faisant une pareille notification pourrait être soupçonné de songer à une guerre; cela aurait néanmoins l'avantage de renseigner le commerce à l'avance. Il n'y avait pas de raison d'en exclure la possibilité.

On a trouvé excessive la faculté accordée à une Puissance de faire une addition à la liste en vertu de sa simple déclaration. Il est à remarquer que cette faculté ne présente pas les dangers qu'on lui suppose. D'abord, bien entendu, la déclaration ne produit d'effet que pour celui qui la fait, en ce sens que l'article ajouté ne sera de la contrebande que pour lui, en tant que belligérant; les autres Etats pourront d'ailleurs faire une déclaration analogue. L'addition ne peut concerner que des objets exclusivement employés à la guerre; actuellement il serait difficile d'indiquer de tels objets ne rentrant pas dans la liste. L'avenir est réservé. Si une Puissance avait la prétention d'ajouter à la liste de contrebande absolue des articles non exclusivement employés à la guerre, elle pourrait s'attirer des réclamations diplomatiques, puisqu'elle méconnaîtrait une règle acceptée. De plus, il y aurait un recours éventuel devant la Cour Internationale des Prises. On peut supposer que la Cour estime que l'objet mentionné dans la déclaration de contrebande absolue y figure à tort, parce qu'il n'est pas exclusivement employé à la guerre, mais qu'il aurait pu rentrer dans une déclaration de contrebande conditionnelle. La confiscation pourra se justifier si la saisie a été faite dans les conditions prévues pour cette espèce de contrebande (articles 33 à 35), qui diffèrent de celles qu'on applique à la contrebande absolue (article 30).

Il avait été suggéré que, dans l'intérêt du commerce neutre, un délai devrait s'écouler entre la notification et son application. Mais cela aurait été très préjudiciable au belligérant qui veut précisément se protéger, puisque, pendant le délai, le commerce des articles jugés par lui dangereux aurait été libre, et que l'effet de sa mesure aurait été manqué. Il a été tenu compte sous une autre forme, des considérations d'équité qui avaient été invoquées (voir article 43).

ART. 24. Sont de plein droit considérés comme contrebande de guerre les objets et matériaux susceptibles de servir aux usages de la guerre comme à des usages pacifiques, et compris sous le nom de contrebande conditionnelle, savoir:

1° Les vivres.
2° Les fourrages et les graines propres à la nourriture des animaux.
3° Les vêtements et les tissus d'habillement, les chaussures, propres à des usages militaires.
4° L'or et l'argent monnayés et en lingots, les papiers représentatifs de la monnaie.
5° Les véhicules de toute nature pouvant servir à la guerre, ainsi que les pièces détachées.
6° Les navires, bateaux et embarcations de tout genre, les docks flottants, parties de bassins, ainsi que les pièces détachées.
7° Le matériel fixe ou roulant des chemins de fer, le matériel des télégraphes, radiotélégraphes et téléphones.
8° Les aérostats et les appareils d'aviation, les pièces détachées caractérisées ainsi que les accessoires, objets et matériaux caractérisés comme devant servir à l'aérostation ou à l'aviation.
9° Les combustibles; les matières lubréfiantes.
guerre.
10° Les poudres et les explosifs qui ne sont pas spécialement affectés à la
11° Les fils de fer barbelés, ainsi que les instruments servant à les fixer ou à les couper.
12° Les fers à cheval et le matériel de maréchalerie.
13° Les objets de harnachement et de sellerie.
14° Les jumelles, les télescopes, les chronomètres et les divers instruments nautiques.

Sur l'expression sont de plein droit, il faut faire la même observation qu'à propos de l'article 22. Les objets énumérés ne constituent de la contrebande conditionnelle que s'ils ont la destination prévue par l'article 33.

Les vivres comprennent les produits nécessaires ou utiles à l'alimentation de l'homme, solides ou liquides.

Les papiers représentatifs de la monnaie ne comprennent que le papier-monnaie, les billets de banque ayant ou non cours légal. Les lettres de change et les chèques n'y rentrent pas.

Les machines et chaudières rentrent dans l'énumération du 6.

Le matériel des chemins de fer comprend le matériel fixe, comme les rails, les traverses, les plaques tournantes, les pièces destinées àl a construction des ponts, et le matériel roulant, comme les locomotives, les wagons.

ART. 25. Les objets et matériaux susceptibles de servir aux usages de la guerre comme à des usages pacifiques, et autres que ceux visés aux articles 22 et 24, peuvent être ajoutés à la liste de contrebande conditionnelle au moyen d'une déclaration qui sera notifiée de la manière prévue à l'article 23, deuxième alinéa.

Cette disposition correspond, pour la contrebande conditionnelle, à la disposition de l'article 23 pour la contrebande absolue.

ART. 26. Si une Puissance renonce, en ce qui la concerne, à considérer comme contrebande de guerre des objets et matériaux qui rentrent dans une des catégories énumérés aux articles 22 et 24, elle fera connaître son intention par une déclaration notifiée de la manière prévue à l'article 23, deuxième alinéa.

Un belligérant peut vouloir ne pas user du droit de considérer comme contrebande de guerre les articles rentrant dans les listes ci-dessus. Il peut lui convenir ou de faire rentrer dans la contrebande conditionnelle un article compris dans la contrebande absolue ou de déclarer libre, en ce qui le concerne, le commerce de tel article rentrant dans l'une ou dans l'autre catégorie. Il est à désirer qu'il fasse connaître son intention à ce sujet, et il est probable qu'il le fera pour avoir le mérite de la mesure. S'il ne le fait pas, et s'il se contente de donner des instructions à ses croiseurs, les navires visités seront agréablement surpris si le visiteur ne leur reproche pas de transporter ce qu'eux-mêmes considéraient comme de contrebande. Rien n'empêche une Puissance de faire une pareille déclaration en temps de paix. Voir ce qui est dit à propos de l'article 23.

ART. 27. Les objets et matériaux qui ne sont pas susceptibles de servir aux usages de la guerre, ne peuvent pas être déclarés contrebande de guerre.

L'existence d'une liste dite libre (article 28) rend utile cette affirmation que les objets qui ne sont pas suscepti bles de serviraux usages de la guere ne peuvent être déclarés contrebande de guerre. On aurait pu croire que les objets ne rentrant pas dans cette liste peuvent être déclarés au moins de contrebande conditionnelle.

ART. 28. Ne peuvent pas être déclarés contrebande de guerre les articles suivants, savoir:

1° Le coton brut, les laines, soies, jutes, lins, chanvres bruts, et les autres matières premières des industries textiles, ainsi que leurs filés.
2° Les noix et graines oléagineuses; le coprah.
3° Les caoutchoucs, résines, gommes et laques; le houblon.
4° Les peaux brutes, les cornes, os et ivoires.
5° Les engrais naturels et artificiels, y compris les nitrates et phosphates pouvant servir à l'agriculture.
6° Les minerais.
7° Les terres, les argiles, la chaux, la craie, les pierres y compris les marbres, les briques, ardoises et tuiles.
8° Les porcelaines et verreries.
9° Le papier et les matières préparées pour sa fabrication.
10° Les savons, couleurs, y compris les matières exclusivement destinées à les produire, et les vernis.
11° L'hypochlorite de chaux, les cendres de soude, la soude caustique, le sulfate de soude en pains, l'ammoniaque, le sulfate d'ammoniaque et le sulfate de cuivre.
12° Les machines servant à l'agriculture, aux mines, aux industries textiles et à l'imprimerie.

13° Les pierres précieuses, les pierres fines, les perles, la nacre et les coraux.
14° Les horloges, pendules, et montres autres que les chronomètres.
15° Les articles de mode et les objets de fantaisie.
16° Les plumes de tout genre, les crins et soies.
17° Les objets d'ameublement ou d'ornement; les meubles et accessoires de bureau.

C'est pour diminuer les inconvénients de la guerre pour le commerce qu'il a été jugé utile de dresser cette liste dite libre, ce qui ne veut pas dire, comme il a été expliqué plus haut, que tous les objets restés en dehors pourraient être déclarés contrebande de guerre.

Les minerais sont les produits des mines servant à obtenir des métaux („metallic ores").

On avait demandé de faire rentrer dans le 10° les produits tinctoriaux; cela a paru tropé gnéral; il y a des matières d'où on tire des couleurs, comme le charbon, mais qui servent aussi à d'autres usages. Les produits qui ne sont utilisés que pour obtenir des couleurs bénéficient de l'exemption.

Les „articles de Paris" dont tout le monde comprend la signification rentrent dans le 15°.

Dans le 16°, il s'agit des soies de certains animaux comme les porcs et les sangliers.

Les tapis et les nattes rentrent dans les objets d'ameublement et d'ornement (17°).

ART. 29. Ne peuvent non plus être considérés comme contrebande de guerre:
1° Les objets et matériaux servant exclusivement à soigner les malades et les blesses. Toutefois, ils peuvent, en cas de nécessité militaire importante, être réquisitionnés, moyennant une indemnité, lorsqu'ils ont la destination prévue à l'article 30.
2° Les objets et matériaux destinés à l'usage du navire où ils sont trouvés, ainsi qu'à l'usage de l'équipage et des passagers de ce navire pendant la traversée.

Si les objets énumérés dans l'article 29 ne sont pas non plus considérés comme contrebande de guerre, c'est pour des motifs autres que ceux qui ont fait admettre la liste de l'article 28.

Des raisons d'humanité ont fait écarter les objets et matériaux servant exclusivement à soigner les malades et les blessés, ce qui comprend naturellement les drogues et les divers médicaments. Il ne s'agit pas des bâteaux hospitaliers, pour lesquels une immunité spéciale est assurée par la Convention de La Haye du 18 octobre 1907, mais de navires de commerce ordinaires dont le chargement comprendrait des objets de la nature indiquée. Le croiseur a toutefois le droit, en cas de nécessité importante, de réquisitionner ces objets pour les besoins de son équipage ou de sa flotte; cette réquisition ne peut être faite que moyennant indemnité. Mais il faut remarquer que ce droit de réquisition ne peut s'exercer dans tous les cas. Les objets dont il s'agit doivent avoir la destination prévue à l'article 30, c'est-à-dire, la destination ennemie. Autrement le droit commun reprend son empire: un belligérant ne saurait avoir le droit de réquisition à l'égard des navires neutres en pleine mer.

On ne peut non plus considérer comme contrebande les objets et matériaux destinés à l'usage du navire et qui pourraient, en eux-mêmes et par leur nature, constituer de la contrebande de guerre, par exemple les armes destinées à défendre le navire contre les pirates ou à faire des signaux. Il en est de même de ce qui est destiné à l'usage de l'équipage et des passagers pendant la traversée; l'équipage comprend ici tout le personnel du navire en général.

De la destination de la contrebande. — Comme il a été dit, le deuxième élément de la notion de contrebande est la destination. De grandes difficultés se sont produites à ce sujet et se symbolisent dans la théorie du voyage continu, souvent combattue ou invoquée sans que l'on se rende bien compte de son exacte signification. Il faut envisager simplement les situations en elles-mêmes et voir comment elles doivent être réglées de manière à ne pas tracasser inutilement les neutres et à ne pas sacrifier les droits légitimes des belligérants.

Pour amener un rapprochement entre des théories et des pratiques contraires, on a séparé, à ce point de vue, la contrebande absolue de la contrebande conditionnelle.

A la contrebande absolue se rapportent les articles 30 à 32, à la contrebande conditionnelle les articles 33 à 36.

ART. 30. Les articles de contrebande absolue sont saisissables, s'il est établi qu'ils sont destinés au territoire de l'ennemi ou à un territoire occupé par lui ou à ses forces armées. Peu importe que le transport de ces objets se fasse directement ou exige, soit un transbordement, soit un trajet par terre.

Les objets compris dans la liste de l'article 22 constituent de la contrebande absolue, quand ils sont destinés à un territoire de l'ennemi ou à un territoire occupé par lui ou à ses forces armées de terre ou de mer. Ces objets sont saisissables, du moment qu'une pareille destination finale peut être établie par le capteur. Ce n'est donc pas la destination du navire qui est décisive, c'est la destination de la marchandise. Celle-ci a beau être à bord d'un navire qui doit la débarquer dans un port neutre; du moment que le capteur est à même d'établir que cette marchandise doit, de là, être transportée en pays ennemi par voie maritime ou terrestre, cela suffit pour justifier la saisie et ensuite la confiscation de la cargaison. C'est le principe même du voyage continu qui est ainsi consacré, pour la contrebande absolue, par l'article 30. On regarde comme ne faisant qu'un tout le trajet suivi par la marchandise.

ART. 31. La destination prévue à l'article 30 est définitivement prouvée dans les cas suivants:

1° Lorsque la marchandise est documentée pour être débarquée dans un port de l'ennemi ou pour être livrée à ses forces armées.

2° Lorsque le navire ne doit aborder qu'à des ports ennemis, ou lorsqu'il doit toucher à un port de l'ennemi ou rejoindre ses forces armées, avant d'arriver au port neutre pour lequel la marchandise est documentée.

Comme il a été dit, c'est au capteur qu'incombe l'obligation de prouver que la marchandise de contrebande a bien la destination prévue par l'article 30. Dans certains cas prévus par l'article 31, cette destination est définitivement prouvée, c'est-à-dire que la preuve contraire n'est pas admise.

Premier Cas. — La marchandise est documentée pour être débarquée dans un port ennemi, c'est-à-dire que, d'après les papiers de bord qui se réfèrent à cette marchandise, elle doit bien y être débarquée. Il y a alors un véritable aveu, de la part des intéressés eux-mêmes, de la destination ennemie.

Deuxième Cas. — Le navire ne doit aborder qu'à des ports ennemis ou bien il doit toucher à un port ennemi avant d'arriver au port neutre pour lequel la marchandise est documentée. Ainsi cette marchandise doit bien, d'après les papiers qui la concernent, être débarquée dans un port neutre, mais le navire qui la porte doit, avant d'arriver à ce port, toucher à un port ennemi. Elle sera saisissable et on ne réserve pas la possibilité de prouver que la destination neutre est réelle et conforme aux intentions des intéressés. La circonstance que, avant de parvenir à cette destination, le navire touchera à un port ennemi, ferait naître un trop grand risque pour le belligérant dont le croiseur visite le navire. Sans supposer même une fraude préméditée, il pourrait y avoir, pour le capitaine du navire de commerce, une forte tentation de débarquer la contrebande dont il trouverait un prix avantageux, et, pour l'autorité locale, la tentation de réquisitionner cette marchandise.

Le cas où le navire, avant d'arriver au port neutre, doit rejoindre les forces armées de l'ennemi, est identique.

Pour simplifier, la disposition ne parle que d'un port ennemi; il va de soi qu'il faut lui assimiler le port occupé par l'ennemi, comme cela résulte de la règle générale de l'article 30.

ART. 32. Les papiers de bord font preuve complète de l'itinéraire du navire transportant de la contrebande absolue, à moins que le navire soit rencontré ayant manifestement dévié de la route qu'il devrait suivre d'après ses papiers de bord et sans pouvoir justifier d'une cause suffisante de cette déviation.

Les papiers de bord font donc preuve complète de l'itinéraire du navire, à moins que ce navire soit rencontré dans des circonstances qui montrent que l'on ne peut se fier à leurs allégations. Voir, d'ailleurs, les explications données à propos de l'article 35.

ART. 33. Les articles de contrebande conditionnelle sont saisissables, s'il est établi qu'ils sont destinés à l'usage des forces armées ou des administrations de l'Etat ennemi, à moins, dans ce dernier cas, que les circonstances établissent qu'en fait ces articles ne peuvent être utilisés pour la guerre en cours; cette dernière réserve ne s'applique pas aux envois visés par l'article 24—4°.

Les règles qui concernent la contrebande conditionnelle diffèrent de celles qui ont été posées pour la contrebande absolue, à un double point de vue: 1° il ne s'agit pas d'une destination à l'ennemi en général, mais d'une destination à l'usage de ses forces armées ou de ses administrations; 2° la doctrine du voyage continu est écartée. A la première idée correspondent les articles 33 et 34; à la seconde correspond l'article 35.

Les objets compris dans la liste de la contrebande conditionnelle peuvent servir à des usages pacifiques comme à des emplois hostiles. Si, d'après les circonstances, l'emploi pacifique est certain, la saisie ne se justifie pas; il en est autrement si l'emploi hostile doit se supposer, ce qui arrive, par exemple, s'il s'agit de vivres destinés à une armée ou à une flotte de l'ennemi, de charbon destiné à une flotte ennemie. En cas pareil, il n'y a évidemment pas de doute. Mais que faut-il décider quand c'est à l'usage des administrations civiles de l'Etat ennemi que les objets sont destinés? C'est de l'argent qui est envoyé à une administration civile et qui doit être employé au paiement du salaire de ses agents, des rails de chemin de fer qui sont expédiés à une administration des travaux publics. Il y aura, dans ces cas, destination ennemie rendant la marchandise saisissable d'abord et confiscable ensuite. Cela s'explique pour des raisons à la fois juridiques et pratiques. L'Etat est un, quoique les fonctions nécessaires à son action soient confiées à diverses administrations. Si une administration civile peut recevoir librement des vivres ou de l'argent, cela ne profite pas à elle seule, mais à l'Etat tout entier, y compris l'administration militaire, puisque les ressources générales de l'Etat augmentent ainsi. Il y a plus: ce que reçoit une administration civile peut être jugé plus nécessaire à l'administration militaire et attribué directement à celle-ci. L'argent ou les vivres réellement destinés à une administration civile peuvent se trouver ainsi directement employés aux besoins de l'armée. Cette possibilité, qui existe toujours, explique pourquoi la destination aux administrations de l'Etat ennemi est assimilée à la destination aux forces armées.

Il s'agit des administrations de l'Etat, qui sont des dépendances du pouvoir central, et non de toutes les administrations qui peuvent exister dans l'Etat ennemi; les administrations locales, municipales, par exemple, n'y rentrent pas, et ce qui serait destiné à leur usage ne constituerait pas de la contrebande.

La guerre peut se poursuivre dans des circonstances telles que la destination à l'usage d'une administration civile ne puisse être suspectée et ne puisse, par conséquent, donner à la marchandise le caractère de contrebande. Par exemple, une guerre existe en Europe et les colonies des pays belligérants ne sont pas, en fait, atteintes par la guerre. Les vivres ou autres objets de la liste de contrebande conditionnelle qui seraient destinés à l'usage d'une administration civile coloniale ne seraient pas réputés contrebande de guerre, parce que les considérations invoquées plus haut ne s'appliquent pas dans l'espèce; il ne peut y avoir emprunt pour les besoins de la guerre des ressources de l'administration civile. Exception est faite pour l'or et l'argent ou les papiers représentatifs de la monnaie, parce qu'une somme d'argent peut facilement se transmettre d'un bout du monde à l'autre.

ART. 34. Il y a présomption de la destination prévue à l'article 33, si l'envoi est adressé aux autorités ennemies, ou à un commerçant établi en pays ennemi et lorsqu'il est notoire que ce commerçant fournit à l'ennemi des objets et matériaux de cette nature. Il en est de même si l'envoi est à destination d'une place fortifiée ennemie, ou d'une autre place servant de base aux forces armées ennemies; toutefois, cette présomption ne s'applique point au navire de commerce lui-même faisant vers route une de ces places et dont on entend établir le caractère de contrebande.

A défaut des présomptions ci-dessus, la destination est présumée innocente.
Les présomptions établies dans le présent article admettant la preuve contraire.

Ordinairement les articles de contrebande ne seront pas expressément adressés aux autorités militaires ou aux administrations de l'Etat ennemi. On dissimulera plus ou moins la destination véritable; c'est au capteur à l'établir pour justifier la saisie. Mais on a cru raisonnable d'établir des présomptions, soit à raison de la qualité du destinataire, soit à raison du caractère de la place à laquelle sont destinés les objets. C'est une autorité ennemie ou un commerçant établi en pays ennemi, qui est le fournisseur notoire du Gouvernement ennemi pour les articles dont il s'agit. C'est une place fortifée ennemie ou une place servant de base aux forces armées ennemies, que ce soit une base d'opérations ou une base de ravitaillement.

Cette présomption générale ne saurait s'appliquer au navire de commerce lui-même qui se dirigerait vers une place fortifiée et qui peut bien, par lui-même, constituer de la contrebande relative, mais à la condition que sa destination à l'usage des forces armées ou des administrations de l'Etat ennemi soit directement prouvée.

A défaut des présomptions précédentes, la destination est présumée innocente. C'est le droit commun, d'après le quel le capteur doit prouver le caractère illicite de la marchandise qu'il prétend saisir.

Enfin, toutes les présomptions ainsi établies dans l'intérêt du capteur ou contre lui admettent la preuve contraire. Les tribunaux nautionaux d'abord, la Cour Internationale ensuite, apprécieront.

ART. 35. Les articles de contrebande conditionelle ne sont saisissables que sur le navire qui fait route vers le territoire de l'ennemi ou vers un territoire occupé par lui ou vers ses forces armées et qui ne doit pas les décharger dans un port intermédiaire neutre.

Les papiers de bord font preuve complète de l'itinéraire du navire ainsi que du lieu de déchargement des marchandises, à moins que ce navire soit rencontré ayant manifestement dévié de la route qu'il devrait suivre d'après ses papiers de bord et sans pouvoir justifier d'une cause suffisante de cette déviation.

Comme il a été dit plus haut, la doctrine du voyage continu a été écartée pour la contrebande conditionnelle. Celle-ci n'est donc saisissable que s'elle doit être débarquée dans un port ennemi. Du moment que la marchandise est documentée pour être débarquée dans un port neutre, elle ne peut constituer de la contrebande, et il n'y a pas à rechercher si. de ce port neutre elle doit être expédiée à l'ennemi par mer ou par terre. C'est la différence essentielle avec la contrebande absolue.

Les papiers de bord font preuve complète de l'itinéraire du navire et du lieu de déchargement de la cargaison; il en serait autrement si le navire était rencontré ayant manifestement dévié de la route qu'il devrait suivre d'après ses papiers et sans pouvoir justifier d'une cause suffisante de cette déviation.

Cette règle sur la preuve fournie par les papiers de bord a pour but d'écarter des prétentions élevées à la légère par un croiseur et amenant des saisies injustifiées. Elle ne doit pas être entendue d'une manière trop absolue qui faciliterait toutes les fraudes. Ainsi elle n'est pas maintenue quand le navire est rencontré en mer ayant manifestement dévié de la route qu'il aurait dû suivre et sans pouvoir justifier de cette déviation. Les papiers de bord sont alors contredits par la réalité des faits et perdent toute force probante; le croiseur se décidera librement suivant les cas. De même, la visite du navire peut permettre de constater des faits qui prouvent d'une manière irréfutable que la destination du navire ou le lieu de déchargement de la marchandise sont faussement indiqués dans les papiers de bord. Le croiseur apprécie alors librement les circonstances et saisit ou non le navire suivant cette appréciation. En résumé, les papiers de bord font preuve, à moins que la fausseté de leurs indications ne soit démontrée par les faits. Cette restriction de la force probante des papiers de bord a paru aller de soi et ne pas avoir besoin d'être expressément mentionnée. On n'a pas voulu avoir l'air de diminuer la force de la règle générale, qui est une garantie pour le commerce neutre.

De ce qu'une indication est reconnue fausse, il ne résulte pas que la force probante des papiers de bord soit infirmée dans son ensemble. Les indications pour lesquelles aucune allégation de fausseté ne peut être vérifiée conservent leur valeur.

ART. 36. Par dérogation à l'article 35, si le territoire de l'ennemi n'a pas de frontière maritime, les articles de contrebande conditionnelle sont saisissables, lorsqu'il est établi qu'ils ont la destination prévue à l'article 33.

Le cas prévu est assurément rare, mais cependant il s'est présenté dans des guerres récentes. Pour la contrebande absolue, il n'y a pas de difficulté, puisque la destination à l'ennemi peut toujours être prouvée, quel que soit l'itinéraire à suivre par la marchandise (article 30). Il en est autrement pour la contrebande conditionnelle, et une dérogation doit être apportée à la règle générale de l'article 35, alinéa 1er, de manière à permettre au capteur d'établir que la marchandise suspecte a bien la destination spéciale prévue à l'article 33, sans qu'on puisse objecter le fait du déchargement dans un port neutre.

ART. 37. Le navire transportant des articles, qui sont saisissables comme contrebande absolue ou conditionnelle, peut être saisi, en haute mer ou dans les eaux des belligérants, pendant tout le cours de son voyage, même s'il a l'intention de toucher à un port d'escale avant d'atteindre la destination ennemie.

Le navire peut être saisi pour cause de contrebande pendant tout le cours de son voyage, pourvu qu'il soit dans des eaux où un acte de guerre est licite. Le fait qu'il aurait l'intention de toucher à un port d'escale avant d'atteindre la destination ennemie n'empêche pas la saisie, du moment que, dans l'espèce, la destination ennemie est établie conformément aux règles établies par les articles 30 à 32 pour la contrebande absolue, par les articles 33 à 35 pour la contrebande conditionnelle, et sous la réserve de l'exception de l'article 36.

ART. 38. Une saisie ne peut être partiquée en raison d'un transport de contrebande antérieurement effectué et actuellement achevé.

Un navire est saisissable quand il transporte de la contrebande, mais non pour en avoir transporté.

ART. 39. Les articles de contrebande sont sujets à confiscation.

Cela ne présente aucune difficulté.

ART. 40. La confiscation du navire transportant de la contrebande est permise, si cette contrebande forme, soit par la valeur, soit par son poids, soit par son volume, soit par son fret, plus de la moitié de la cargaison.

Tout le monde admettait bien que, dans certains cas, la confiscation de la contrebande ne suffit pas et que la confiscation doit atteindre le navire lui-même, mais les opinions différaient sur la détermination de ces cas. On s'est arrêté à une certaine proportion à établir entre la contrebande et l'ensemble de la cargaison. Mais la question se subdivise: 1⁰ Quelle sera cette proportion? La solution adoptée tient le milieu entre les solutions proposées, qui allaient du quart aux trois quarts. 2⁰ Comment sera calculée cette proportion? La contrebande devra-t-elle former plus de la moitié de la cargaison en volume, en poids, en valeur, en fret? L'adoption d'un critérium déterminé prête à des objections théoriques et facilite aussi des pratiques destinées à éviter la confiscation du navire malgré l'importance de la cargaison. Si on prend le volume ou le poids, le capitaine prendra des marchandises licites assez volumineuses ou pesantes pour que le volume ou le poids de la contrebande soit inférieur. Une observation analogue peut être faite en ce qui concerne la valeur ou le fret. La conséquence est qu'il suffit, pour justifier la confiscation, que la contrebande forme plus de la moitié de la cargaison à l'un quelconque des points de vue indiqués. Cel peut paraître sévère; mais, d'une part, en procédant autrement, on faciliterait des calculs frauduleux, et d'autre part, il est permis de dire que la confiscation du navire est justifiée, lorsque le transport de la contrebande était une partie notable de son trafic, ce qui est vrai pour chacun des cas prévus.

ART. 41. Si le navire transportant de la contrebande est relâché, les frais occasionnés au capteur par la procédure devant la juridiction nationale des prises ainsi que par la conservation du navire et de sa cargaison pendant l'instruction sont à la charge du navire.

Il n'est pas juste que, d'une part, le transport de contrebande au-delà d'une certaine proportion entraîne la confiscation du navire, tandis qu'au-dessous de cette proportion, il n'y a que la confiscation de la contrebande, ce qui souvent n'est pas une perte pour le capitaine, le fret de cette contrebande ayant été payé à l'avance. N'y a-t-il pas là un encouragement à la contrebande, et ne conviendrait-il pas de faire subir une certaine peine pour le transport inférieur à la proportion requise pour la confiscation? On avait proposé une espèce d'amende qui aurait pu être en rapport avec la valeur des articles de contrebande. Des objections d'ordre divers ont été formulées contre cette proposition, bien que le principe d'une perte pécuniaire infligée à raison du transport de la contrebande eût paru justifié. On est arrivé au même but d'une autre façon ne disposant que les frais occasionnés au capteur par la procédure devant la juridiction nationale des prises, comme par la conservation du navire et de sa cargaison pendant l'instruction, sont à la charge du navire; les frais de conservation du navire comprennent, le cas échéant, les frais d'entretien du personnel du navire capturé. Il convient d'ajouter que le dommage causé au navire par sa conduite et son séjour dans un port de prise est de nature à produire l'effet préventif le plus sérieux en ce qui concerne le transport de la contrebande.

ART. 42. Les marchandises qui appartiennent au propriétaire de la contrebande et qui se trouvent à bord du même navire sont sujettes à confiscation.

Le propriétaire de la contrebande est puni d'abord par la confiscation de son propriété illicite; il l'est ensuite par la confiscation des marchandises, même licites, qu'il peut avoir sur le même navire.

ART. 43. Si un navire est rencontré en mer naviguant dans l'ignorance des hostilité ou de la déclaration de contrebande applicable à son chargement, les articles de contrebande ne peuvent être confisqués que moyennant indemnité; le navire et le surplus de la cargaison sont exempts de la confiscation et des frais prévus par l'article 41. Il en est de même si le capitaine, après avoir eu connaissance de l'ouverture des hostilités ou de la déclaration de contrebande, n'a pu encore décharger les articles de contrebande.

Le navire est réputé connaître l'état de guerre ou la déclaration de contrebande, lorsqu'il a quitté un port neutre, après que la notification de l'ouverture des hostilités ou de la déclaration de contrebande a été faite, en temps utile, à la Puissance dont relève ce port. L'état de guerre est, en outre, réputé connu par le navire lorsqu'il a quitté un port ennemi après l'ouverture des hostilités.

La disposition a pour but de ménager les neutres qui, en fait, transporteraient de la contrebande, mais auxquels on ne pourrait rien reprocher, ce qui peut se présenter dans deux cas. Le premier est celui où ils ne connaissent pas l'ouverture des hostilités; le second est celui où, tout en connaissant cette ouverture, ils ignorent la déclaration de contrebande qu'a faite un belligérant conformément aux articles 23 et 25, et qui est précisément applicable à tout ou partie du chargement. Il serait injuste de saisir le navire et de confisquer la contrebande; d'autre part, le croiseur ne peut être obligé de laisser aller à l'ennemi des produits propres à la guerre et dont celui-ci peut avoir grand besoin. Les intérêts en présence sont conciliés en ce sens qu'alors la confiscation ne peut avoir lieu que moyennant indemnité (voir, dans un ordre d'idées analogue, la Convention du 18 octobre 1907, sur le régime des navires de commerce ennemis au début des hostilités).

ART. 44. Le navire arrêté pour cause de contrebande et non susceptible de confiscation à raison de la proportion de la contrebande peut être autorisé, suivant les circonstances, à continuer sa route, si le capitaine est prêt à livrer la contrebande au bâtiment belligérant.

La remise de la contrebande est mentionnée par le capteur sur le livre de bord du navire arrêté, et le capitaine de ce navire doit remettre au capteur copie certifiée conforme de tous papiers utiles.

Le capteur a la faculté de détruire la contrebande qui lui est ainsi livrée.

Un navire neutre est arrêté pour cause de contrebande. Il n'est pas susceptible de confiscation, parce que la contrebande n'atteint pas la proportion prévue par l'article 40. Il peut néanmoins être conduit dans un port de prise pour qu'il y ait un jugement relatif à la contrebande. Ce droit du capteur paraît excessif dans certains cas, si on compare le peu d'importance que peut avoir la contrebande (une caisse de fusils ou de revolvers par exemple) et le grave préjudice qu'entraînent pour le navire ce détournement de sa route et sa retenue pendant le temps de l'instruction. Aussi s'est-on demandé s'il n'était pas possible de reconnaître au navire neutre le droit de continuer sa route moyennant la remise des objets de contrebande au capteur qui, de son côté, n'aurait pu les refuser que pour des motifs suffisants, par exemple, le mauvais état de la mer, qui rend le transbordemens impossible ou difficile, des soupçons fondés au sujet de la quantité véritable de contrebande que porte le navire de commerce, la difficulté de loger les objets à bord du navire de guerre, &c. Cette proposition n'a pas réuni les suffrages suffisants. On a prétendu qu'il était impossible d'imposer une pareille obligation au croiseur pour lequel cette remise présenterait presque toujours des inconvénients. Si, par hasard, il n'y en a pas, le croiseur ne la refusera pas, parce qu'il aura lui-même avantage à ne pas être détourné de sa route par la nécessité de conduire le navire dans un port. Le système de l'obligation étant ainsi écarté, on a décidé de réglementer la remise facultative qui, espère-t-on, sera pratiquée toutes les fois que ce sera possible, au grand avantage des deux parties. Les formalités prévues sont très simples et n'exigent pas d'explication.

Un jugement du tribunal des prises devra intervenir au sujet de la marchandise ainsi remise. C'est pour cela que le capteur doit se munir des papiers nécessaires. On pourrait concevoir qu'il y eût doute sur le caractère de certains objets que le croiseur prétend être de contrebande; le capitaine du navire de commerce conteste, mais il préfère les livrer pour avoir la faculté de continuer saroute. Il n'y a là qu'une saisie devant être confirmée par la juridiction des prises.

La contrebande livrée par le navire de commerce peut embarrasser le croiseur qui doit être laissé libre de la détruire au moment même de la remise ou postérieurement.

Chapitre III.

De l'assistance hostile.

D'une manière générale, ou peut dire que le navire de commerce qui manque à la neutralité, soit en transportant de la contrebande de guerre, soit en violant un blocus, fournit une assistance à l'ennemi, et c'est à ce titre que le belligérant au préjudice duquel il agit peut lui faire subir certaines pertes. Mais il y a des cas où cette assistance hostile est particulièrement caractérisée et qu'on a jugé nécessaire de prévoir spécialement. On en a fait deux catégories d'après la gravité du fait reproché au navire neutre.

Dans les cas qui rentrent dans la première catégorie (article 45), le navire est confisqué, et on lui applique le traitement du navire sujet à confiscation pour transport de contrebande. Cela signifie que le navire ne perd pas sa qualité de neutre et a droit aux garanties admises pour les navires neutres; par exemple, il ne pourrait être détruit par le capteur que dans les conditions établies pour les navires neutres (articles 48 et suivants); la règle le pavillon couvre la marchandise s'applique en ce qui concerne la marchandise qui se trouve à bord.

Dans les cas plus graves qui appartiennent à la seconde catégorie (article 46), le navire est encore confisqué; de plus, il n'est pas traité seulement comme un navire confiscable comme porteur de contrebande, mais comme un navire de commerce ennemi, ce qui entraîne certaines conséquences. Le règlement sur la destruction des prises neutres ne s'applique pas au navire, et, celui-ci devenant navire ennemi, ce n'est plus la seconde, mais c'est la troisième règle de la Déclaration de Paris qui est applicable. La marchandise qui sera à bord sera présumée ennemie; les neutres auront le droit de réclamer leur propriété en justifiant de leur neutralité (article 59). Il ne faut cependant pas exagérer jusqu'à penser que le caractère neutre originaire du navire est complètement effacé, de telle sorte qu'il doive être traité comme s'il avait toujours été ennemi. Le navire peut soutenir que la prétention élevée contre lui n'est pas fondée, que l'acte qui lui est reproché n'a pas le caractère d'une assistance hostile. Il a donc le droit de recourir à la juridiction internationale en vertu des dispositions qui protègent les proprietés neutres.

ART. 45. Un navire neutre est confisqué et, d'une manière générale, passible du traitement que subirait un navire neutre sujet à confiscation pour contrebande de guerre:

1° Lorsqu'il voyage spécialement en vue du transport de passagers individuels incorporés dans la force armée de l'ennemi, ou en vue de la transmission de nouvelles dans l'intérêt de l'ennemi.

2° Lorsqu'à la connaissance soit du propriétaire, soit de celui qui a affrété enavire en totalité, soit du capitaine, il transporte un détachement militaire de l'ennemi ou une ou plusieurs personnes qui, pendant le voyage, prêtent une assistance directe aux opérations de l'ennemi.

Dans les cas visés aux numéros précédents, les marchandises appartenant au propriétaire du navire sont également sujettes à confiscation.

Les dispositions du présent article ne s'appliquent pas si, lorsque le navire est rencontré en mer, il ignore les hostilités, ou si le capitaine, après avoir appris l'ouverture des hostilités, n'a pu encore débarquer les personnes transportées. Le navire est réputé connaître l'état de guerre lorsqu'il a quitté un port ennemi après l'ouverture des hostilités ou un port neutre postérieurement à la notification en temps utile de l'ouverture des hostilités à la Puissance dont relève ce port.

Le premier cas suppose des passagers voyageant individuellement; le cas d'un détachement militaire est visé ci-après. Il s'agit d'individus incorporés dans la force armée de terre ou de mer de l'ennemi. Il y a eu quelque hésitation sur le sens de l'incorporation qui est prévue. Comprend-elle seulement les individus qui, appelés à servir en vertu de la loi de leur pays, ont effectivement rejoint le corps dont ils doi ventfaire partie? ou comprend-elle même ces individus dès qu'ils sont appelés et avant qu'ils aient rejoint leur corps? La question a une grande importance pratique. Que l'on suppose des individus originaires d'un pays de l'Europe continentale et établis en Amérique; ces individus sont tenus à des obligations militaires envers leur pays d'origine; ils doivent, par exemple, faire partie de la réserve de l'armée active de ce pays. Leur patrie étant en guerre, ils s'embarquent pour aller faire leur service. Seront-ils considérés comme incorporés pour l'application de la disposition dont nous nous occupons? Si on s'attachait à la législation intérieure de certains pays, l'affirmation pourrait être soutenue. Mais, indépendamment des raisons purement juridiques, l'opinion contraire a paru plus conforme aux nécessités pratiques et, dans un esprit de conciliation, elle a été acceptée par tous. Il serait difficile, ou peut-être même impossible, de distinguer, sans des mesures vexatoires que les Gouvernements neutres n'accepteraient pas, entre les passagers d'un navire, ceux qui sont tenus d'un service militaire, et qui voyagent pour y satisfaire.

La transmission de nouvelles dans l'intérêt de l'ennemi est assimilée au transport de passagers incorporés dans sa force armée. On parle du navire qui voyage spécialement pour indiquer qu'il ne s'agit pas du service normal du navire. Il s'est détourné de sa route; il a relâché dans un port où il ne s'arrête pas ordinairement, pour effectuer le transport en question. Il n'est pas nécessaire qu'il soit exclusivement affecté au service de l'ennemi; ce dernier cas rentrerait dans la seconde catégorie, article 56, 4⁰.

Dans les deux hypothèses dont il vient d'être parlé, il s'agit d'une opération isolée faite par le navire; il a été chargé d'effectuer tel transport ou de transmettre telles nouvelles; il n'est pas attaché d'une manière continue au service de l'ennemi. Il en résulte qu'il peut bien être saisi pendant le voyage où il se livre à l'opération qui lui est confiée; ce voyage terminé, tout est fini en ce sens qu'il ne pourrait être saisi pour avoir fait l'opération prévue; c'est analogue à ce qui est admis en matère de contrebande (article 38).

Le deuxième cas se subdivise également.

Transport d'un détachement militaire de l'ennemi ou transport d'une ou de plusieurs personnes qui, pendant le voyage, prêtent une assistance directe aux opérations de l'ennemi, par exemple en faisant des signaux. S'il s'agit de militaires ou de marins en uniforme, il n'y a pas de difficulté: le navire est évidemment confiscable. S'il s'agit de militaires ou de marins en costume civil pouvant être pris pour des passagers ordinaires, on exige la connaissance du capitaine ou du propriétaire, celui qui a affrété le navire en totalité étant assimilé au propriétaire. La règle est la même pour l'hypothèse des personnes prêtant une assistance directe à l'ennemi pendant le voyage.

Dans ces cas, si le navire est confisqué à raison de son assistance hostile, l'on doit confisquer également les marchandises appartenant au propriétaire du navire.

Ces dispositions supposent que l'état de guerre était connu du navire qui se livre aux opérations prévues; cette connaissance motive et justifie la confiscation. La situation est tout autre lorsque le navire ignore l'ouverture des hostilités, de telle sorte qu'il s'est chargé de l'opération en temps normal. Il a pu apprendre en mer l'ouverture des hostilités, mais sans pouvoir débarquer les personnes transportées. La confiscation serait alors injuste, et la règle équitable qui a été adoptée est d'accord avec les dispositions déjà acceptées dans d'autres matières. Si le navire a quitté un port ennemi après l'ouverture des hostilités, ou un port neutre après que l'ouverture des hostilités avait été notifiée à la Puissance d'où relève ce port, la connaissance de l'état de guerre sera présumée.

Il n'est question ici que d'empêcher la confiscation du navire. Les personnes trouvées à bord et qui font partie des forces armées de l'ennemi pourront être prises par le croiseur comme prisonniers de guerre.

ART. 46. Un navire neutre est confisqué et, d'une manière générale, passible du traitement qu'il subirait s'il était un navire de commerce ennemi:

1° Lorsqu'il prend une part directe aux hostilités.

2° Lorsqu'il se trouve sous les ordres ou sous le contrôle d'un agent placé à bord par le Gouvernement ennemi.

3° Lorsqu'il est affrété en totalité par le Gouvernement ennemi.

4° Lorsqu'il est actuellement et exclusivement affecté, soit au transport de troupes ennemies, soit à la transmission de nouvelles dans l'intérêt de l'ennemi.

Dans les cas visés par le présent article, les marchandises appartenant au propriétaire du navire sont également sujettes à confiscation.

Les cas prévus ici sont plus graves que ceux de l'article 45, ce qui justifie le traitement plus sévère infligé au navire, ainsi qu'il a été expliqué plus haut.

Premier cas. — Le navire prend une part directe aux hostilités. Cela peut se présenter sous diverses formes. Il va sans dire que, s'il y a lutte armée, le navire est exposé à tous les risques d'une pareille lutte. On suppose qu'il est tombé au pouvoir de l'ennemi qu'il combattait, et qui est autorisé à le traiter comme un navire de commerce ennemi.

Deuxième cas. — Le navire est sous les ordres ou sous le contrôle d'un agent placé à bord par le Gouvernement ennemi. Cette présence caractérise le lien qui existe entre l'ennemi et le navire. Dans d'autres circonstances, le navire peut bien avoir un lien avec l'ennemi; mais pour être sujet à la confiscation, il faudrait alors qu'il rentrât dans le troisième cas.

Troisième cas. — Le navire est affrété en totalité par le Gouvernement ennemi. Il est donc complètement à la disposition de ce Gouvernement, qui peut s'en servir pour des buts divers se rattachant plus ou moins directement à la guerre, notamment pour effectuer des transports; c'est la situation de navires charbonniers qui accompagnent une flotte belligérante. Souvent il y aura une charte-partie entre le Gouvernement belligérant et le propriétaire ou le capitaine du navire; mais il n'y a là qu'une question de preuve. Le fait de l'affrètement en totalité suffit, de quelque façon qu'il soit établi.

Quatrième cas. — Le navire est actuellement et exclusivement affecté, soit au transport de troupes ennemies, soit à la transmission de nouvelles dans l'intérêt de l'ennemi. A la différence des cas visés dans l'article 45, il s'agit ici d'un service permanent auquel est affecté le navire. Aussi faut-il décider que, tant que l'affectation dure, le navire est saisissable, encore qu'au moment où un croiseur ennemi visite le navire, celui-ci ne transporte pas de troupes ou ne serve pas à la transmission de nouvelles.

Comme pour les cas de l'article 45, et par les mêmes raisons, les marchandises appartenant au propriétaire du navire, et qui pourraient se trouver à bord, sont également sujettes à confiscation.

On avait proposé de considérer comme navire de commerce ennemi le navire neutre faisant actuellement et avec l'autorisation du Gouvernement ennemi un trajet auquel il n'a été autorisé qu'après l'ouverture des hostilités ou dans les deux mois qui l'ont précédée. Cela se serait appliqué notamment aux navires de commerce neutres qui seraient admis par un belligérant à une navigation réservée en temps de paix à la marine nationale de ce belligérant — par exemple, au cabotage. Plusieurs Délégations ont repoussé formellement cette proposition, de sorte que la question ainsi soulevée est restée entière.

ART. 47. Tout individu incorporé dans la force armée de l'ennemi et qui sera trouvé à bord d'un navire de commerce neutre, pourra être fait prisonnier de guerre, quand même il n'y aurait pas lieu de saisir ce navire.

Des individus incorporés dans les forces armées de terre ou de mer d'un belligérant peuvent se trouver à bord d'un navire de commerce neutre visité. Si le navire est sujet à confiscation, le croiseur le saisira et le conduira dans un de ses ports avec les personnes qui se trouvent à bord. Evidemment les militaires ou marins de l'Etat ennemi ne seront pas laissés libres, mais seront considérés comme prisonniers de guerre. Il peut arriver que l'on ne soit pas dans le cas saisir le navire — par exemple, parce que le capitaine ne connaissait pas la qualité d'un individu qui s'était présenté comme un simple passager. Faut-il alors laisser libre le ou les militaires qui sont sur le navire? Cela n'a pas paru admissible. Le croiseur belligérant ne peut être contraint de laisser libres des ennemis actifs qui sont matériellement en son pouvoir et qui sont plus dangereux que tels et tels articles de contrebande; naturellement il doit agir avec une grande discrétion, et c'est sous sa responsabilité qu'il exige la remise de ces individus, mais son droit existe; aussi a-t-il été jugé nécessaire de s'expliquer sur ce point.

Chapitre IV.

De la destruction des prises neutres.

La destruction des prises neutres était à l'ordre du jour de la Deuxième Conférence de la Paix et n'a pu y être réglée. Elle se retrouve à l'ordre du jour de la présente Conférence et, cette fois, un accord a été possible. Il y a lieu de s'applaudir d'un pareil résultat qui témoigne d'un sincère désir d'entente de la part de tous. On a constaté ici, une fois de plus, que des formules tranchantes et opposées ne répondent pas toujours à la réalité et que, si on veut descendre dans le détail et arriver aux applications précises, on aura souvent à peu près la même manière de faire, quoiqu'on ait paru se réclamer d'opinions tout à fait contraires. Pour s'accorder, il faut d'abord se bien comprendre, ce qui n'est pas toujours le cas. Ainsi, on a constaté que ceux qui proclamaient le droit de détruire les prises neutres, ne prétendaient pas user de ce droit capricieusement et à tout propos, mais seulement d'une exceptionnelle, et qu'à l'inverse, ceux qui affirmaient le principe de l'interdiction de la destruction, admettaient que ce principe devait céder dans des cas exceptionnels. Il s'agissait donc de s'entendre sur ces cas exceptionnels auxquels, dans les deux opinions, devait se borner le droit de destruction. Ce n'était pas tout: il fallait aussi une garantie contre les abus dans l'exercice de ce droit; l'arbitraire dans l'appréciation des cas exceptionnels devait être diminué au moyen d'une responsabilité effective imposée au capteur. C'est ici qu'est intervenu, dans le règlement de l'affaire, un élément nouveau, grâce auquel l'accord a pu se faire. L'intervention possible de la justice fera réfléchir le capteur en même temps qu'elle assurera une réparation dans le cas d'une destruction sans motif.

Tel est l'esprit général des dispositions de ce chapitre.

ART. 48. Un navire neutre saisi ne peut être détruit par le capteur, mais il doit être conduit dans tel port qu'il appartiendra pour y être statué ce que de droit sur la validité de la capture.

Le principe général est très simple. Un navire neutre saisi ne peut être détruit par le capteur; cela peut être admis par tout le monde, quelle que soit la manière dont on envisage l'effet de la saisie. Le navire doit être conduit dans un port pour y être statué sur la validité de la prise. Il sera ou non amariné suivant les cas.

ART. 49. Par exception, un navire neutre, saisi par un bâtiment belligérant et qui serait sujet à confiscation, peut être détruit, si l'observation de l'article 48 peut compromettre la sécurité du bâtiment de guerre ou le succès des opérations dans lesquelles celui-ci est actuellement engagé.

La première condition pour que le navire saisi puisse être détruit est qu'il soit susceptible de confiscation d'après les circonstances. Si le capteur ne peut pas même songer à obtenir la confiscation du navire, comment pourrait-il avoir la prétention de le détruire?

La seconde est que l'observation du principe général soit de nature à compromettre la sécurité du bâtiment de guerre ou le succès des opérations dans lesquelles il est actuellement engagé. C'est la formule à laquelle on s'est arrêté après quelques tâtonnements. Il a été entendu que compromettre la sécurité était synonyme de mettre en danger le navire, et pourrait être traduit en anglais par involve danger. C'est naturellement au moment où a lieu la destruction qu'il faut se placer pour voir si les conditions sont ou non remplies. Le danger qui n'existait pas au moment même de la saisie peut s'être manifesté quelque temps après.

ART. 50. Avant la destruction, les personnes qui se trouvent à bord devront être mises en sûreté, et tous les papiers de bord et autres pièces, que les intéressés estimeront utiles pour le jugement sur la validité de la capture, devront être transbordés sur le bâtiment de guerre.

La disposition prévoit des précautions à prendre dans l'intérêt des personnes et dans celui de l'administration de la justice.

ART. 51. Le capteur qui a détruit un navire neutre doit, préalablement à tout jugement sur la validité de la capture, justifier en fait n'avoir agi, qu'en présence d'une nécessité exceptionnelle, comme elle est prévue à l'article 49. Faute par lui de ce faire, il est tenu à indemnité vis-à-vis des intéressés, sans qu'il y ait à rechercher si la capture était valable ou non.

Ce texte donne une garantie contre la destruction arbitraire des prises par l'établissement d'une responsabilité effective du capteur qui a opéré la destruction. Ce capteur doit, en effet, avant tout jugement sur la validité de la prise, justifier en fait qu'il était bien dans un des cas exceptionnels qui sont prévus. La justification sera faite contradictoirement avec le neutre qui, s'il n'est pas content de la décision du tribunal national des prises, pourra se pourvoir devant la juridiction internationale. Cette justification est donc une condition préalable à remplir par le capteur. S'il ne le fait pas, il doit indemniser les intéréssés au navire et au chargement, sans qu'il y ait à rechercher si la prise était valable ou nulle. Il y a donc là une sanction sérieuse de l'obligation de ne détruire la prise que dans des cas déterminés, c'est une peine pécuniaire qui frappe le capteur. Si, au contraire, la justification est faite, le procès de prise se suit comme à l'ordinaire; lorsque la prise est déclarée valable, aucune indemnité n'est due; quand elle est déclarée nulle, les intéressés ont droit à être indemnisés. Le recours devant la Cour Internationale ne peut être formé que quand la décision du tribunal des prises est intervenue sur le fond et non pas aussitôt après que la question préalable a été jugée.

ART. 52. Si la capture d'un navire neutre, dont la destruction a été justifiée, est ensuite déclarée nulle, le capteur doit indemniser les intéréssés en remplacement de la restitution à lapuelle ils auraient droit.

ART. 53. Si des marchandises neutres qui n'étaient pas susceptibles de confiscation ont été détruites avec le navire, le propriétaire de ces marchandises a droit à une indemnité.

Le navire détruit contenait des marchandises neutres non susceptibles de confiscation; le propriétaire de ces marchandises a, en tout cas, droit à une indemnité, c'est-à-dire sans qu'il y ait à distinguer suivant que la destruction était ou non justifiée. C'est équitable et c'est une garantie de plus contre une destruction arbitraire.

ART. 54. Le capteur a la faculté d'exiger la remise ou de procéder à la destruction des marchandises confiscables trouvées à bord d'un navire qui lui-même n'est pas sujet à confiscation, lorsque les circonstances sont telles que, d'après l'article 49, elles justifieraient la destruction d'un navire passible de confiscation. Il mentionne les objets livrés ou détruits sur le livre de bord du navire arrêté et se fait remettre par le capitaine copie certifiée conforme de tous papiers utiles. Lorsque la remise ou la destruction a été effectuée et que les formalités ont été remplies, le capitaine doit être autorisé à continuer sa route.

Les dispositions des articles 51 et 52 concernant la responsabilité du capteur qui a détruit un navire neutre sont applicables.

Un croiseur rencontre un navire de commerce neutre portant de la contrebande dans une proportion inférieur à celle qui est prévue par l'article 40. Il peut amariner le navire et le conduire dans un port pour y être jugé. Il peut, conformément à ce qui est réglé par l'article 44, accepter la remise de la contrebande qui lui est offerte par le navire arrêté. Mais, qu'arrivera-t-il si aucune de ces solutions n'intervient? Le navire arrêté n'offre pas de remettre la contrebande et le croiseur n'est pas en situation de conduire le navire dans un de ses ports. Le croiseur est-il obligé de laisser aller un navire neutre avec la contrebande qu'il porte? Cela a paru excessif, au moins dans certaines circonstances exceptionnelles. Ce sont celles-là mêmes qui justifieraient la destruction du navire, s'il était susceptible de confiscation. En pareil cas, le croiseur pourra exiger la remise ou procéder à la destruction des marchandises confiscables. Les raisons qui ont fait admettre la destruction du navire pourront justifier la destruction des marchandises de contrebande, d'autant plus que les considérations d'humanité qui peuvent être invoquées en cas de destruction du navire sont écartées ici. Contre une exigence arbitraire du croiseur, il y a les mêmes garanties qui ont permis de reconnaître la faculté de détruire le navire. Le croiseur doit préalablement justifier qu'il se trouvait bien dans les circonstances exceptionnelles prévues; sinon, il est condamné à la valeur des marchandises livrées ou détruites, sans qu'il y ait à rechercher si elles constituaient ou non de la contrebande de guerre.

La disposition prescrit des formalités qui sont nécessaires pour constater le fait même et pour mettre la juridiction des prises à même de statuer.

Naturellement, une fois que la remise a été effectuée ou que la destruction a été opérée et que les formalités ont été remplies, le navire arreté doit être laissé libre de continuer sa route.

Chapitre V.

Du transfert de pavillon.

Un navire de commerce ennemi est sujet à capture, tandis qu'un navire de commerce neutre est respecté. On comprend, dès lors, qu'un croiseur belligérant, rencontrant un navire de commerce qui se réclame d'une nationalité neutre, ait à rechercher si cette nationalité a été légitimement acquise ou si elle n'a pas eu pour but de soustraire le navire aux risques auxquels il aurait été exposé s'il avait gardé son ancienne nationalité. La question se présente naturellement quand le transfert est de date relativement récente, au moment où a lieu la visite, que ce transfert soit, du reste, antérieur ou postérieur à l'ouverture des hostilités. Elle est résolue différemment suivant qu'on se place plutôt au point de vue de l'intérêt du commerce ou plutôt au point de vue de l'intérêt des belligérants. Il est heureux que l'on se soit entendu sur un règlement qui concilie les deux intérêts dans la mesure du possible et qui renseigne les belligérants et le commerce neutre.

ART. 55. Le transfert sous pavillon neutre d'un navire ennemi, effectué avant l'ouverture des hostilités, est valable à moins qu'il soit établi que ce transfert a été effectué en vue d'éluder les conséquences qu'entraîne le caractère de navire ennemi. Il y a néanmoins présomption de nullité si l'acte de transfert ne se trouve pas à bord, alors que le navire a perdu la nationalité belligérante moins de soixante jours avant l'ouverture des hostilités; la preuve contraire est admise.

Il y a présomption absolue de validité d'un transfert effectué plus de trente jours avant l'ouverture des hostilités, s'il est absolu. complet, conforme à la législation des pays intéressés, et s'il a cet effet que le contrôle du navire et le bénéfice de son emploi ne restent pas entre les mêmes mains qu'avant le transfert. Toutefois, si le navire a perdu la nationalité belligérante moins de soixante jours avant l'ouverture des hostilités et si l'acte de transfert ne se trouve pas à bord, la saisie du navire ne pourra donner lieu à des dommages et intérêts.

La règle générale, posée par l'alinéa 1er, est que le transfert sous pavillon neutre d'un navire ennemi est valable, en supposant, bien entendu, que les conditions juridiques ordinaires de validité ont été remplies. C'est au capteur, s'il veut faire annuler ce transfert, à établir que le transfert a eu pour but d'éluder les conséquences de la guerre que l'on prévoyait. Il y a un cas considéré comme suspect, celui dans lequel l'acte de transfert ne se trouve pas à bord, alors que le navire a changé de nationalité moins de soixante jours avant l'ouverture des hostilités. La présomption de validité établie au profit du navire par l'alinéa 1er est renversée au profit du capteur. Il y a présomption de nullité du transfert, mais la preuve contraire est admise. Il peut être prouvé, pour l'écarter, que le transfert n'a pas été opéré en vue d'éluder les conséquences de la guerre; il va sans dire que les conditions juridiques ordinaires de validité doivent avoir été remplies.

On a voulu donner au commerce cette garantie que le droit de faire considérer un transfert comme nul pour ce motif qu'il aurait eu pour but d'éluder les conséquences de la guerre ne s'étendrait pas trop loin et ne comprendrait pas une période trop étendue. En conséquence, si le transfert a été effectué plus de trente jours avant l'ouverture des hostilités, il ne peut être attaqué pour cette seule cause, et il est considéré comme absolument valable, s'il a été fait dans des conditions qui en démontrent le caractère sérieux et définitif et qui sont les suivantes: le transfert doit être absolu, complet, et conforme à la législation des pays intéressés et il a pour effet de mettre le contrôle et les bénéfices du navire entre d'autres mains. Ces conditions établies, le capteur n'est pas admis à prétendre que le vendeur prévoyait la guerre dans laquelle son pays allait être engagé et voulait, par la vente, se soustraire aux risques qu'elle lui aurait fait courir pour les navires dont il opérait le transfert. Si, même dans cette hypothèse, le navire est rencontré par un croiseur et qu'il n'ait pas l'acte de transfert à bord, il pourra être saisi lorsque le changement de nationalité a eu lieu moins de soixante jours avant l'ouverture des hostilités; cette circonstance le rend suspect. Mais si, devant la juridiction des prises, il fait les justifications prévues par l'alinéa 2, il doit être relâché; seulement il ne pourra obtenir des dommages et intérêts, attendu qu'il y avait eu motif suffisant pour saisir le navire.

ART. 56. Le transfert sous pavillon neutre d'un navire ennemi, effectué après l'ouverture des hostilités, est nul, à moins qu'il soit établi que ce transfert n'a pas été effectué en vue d'éluder les conséquences qu'entraîne le caractère de navire ennemi.

Toutefois, il y a présomption absolue de nullité:

1° Si le transfert a été effectué pendant que le navire est en voyage ou dans un port bloqué.

2° S'il y a faculté de réméré ou de retour.

3° Si les conditions, auxquelles est soumis le droit de pavillon d'après la législation du pavillon arboré, n'ont pas été observées.

Pour le transfert postérieur à l'ouverture des hostilités, la règle est plus simple: le transfert n'est valable que s'il est établi qu'il n'a pas eu pour but d'éluder les conséquences qu'entraîne le caractère de navire ennemi. C'est la solution inverse de celle qui est admise pour le transfert antérieur à l'ouverture des hostilités; présomption de validité dans ce dernier, présomption de nullité dans celui dont il s'agit maintenant, sauf la possibilité de faire la preuve contraire. Il pourrait être établi, par exemple, que le transfert est la suite d'une transmission héréditaire.

L'article 56 indique des cas dans lesquels la présomption de nullité est absolue pour des motifs qui se comprennent aisément: dans le premier, le lien entre le transfert et le risque de guerre couru par le navire apparaît clairement; dans le second, l'acquéreur se présente comme un prête-nom devant être considéré comme propriétaire du navire pendant une période dangereuse, après laquelle le vendeur reprendra son navire; enfin, le troisième cas aurait pu à la rigueur être sous-entendu, le navire qui se réclame d'une nationalité neutre devant naturellement justifier qu'il a droit à cette nationalité.

On avait d'abord prévu le cas où le navire est, après le transfert, maintenu dans le service auquel il était affecté auparavant. Il y a là une circonstance suspecte au plus haut point; le transfert paraît fictif, puisque rien n'est changé dans le service du navire. Cela s'applique, par exemple, au cas d'une même ligne de navigation desservie par le navire après et avant le transfert. On a objecté que, parfois, la présomption absolue serait trop rigoureuse, que certains navires, comme les navires pétroliers, ne pouvaient, à raison de leur construction, être affectés qu'à un service déterminé. Pour tenir compte de cette observation, le mot trajet avait été ajouté, de sorte qu'il aurait fallu que le navire eût été maintenu dans les mêmes service et trajet; il semblait que l'on donnait, de cette façon, une satisfaction suffisante à la réclamation. Néanmoins, sur une insistance en vue de la suppression du cas dans l'énumération, cette suppression a été admise. Il en résulte que le transfert rentre alors dans l'application de la règle générale; il est bien présumé nul, mais la preuve contraire est admise.

Chapitre VI.

Du caractère ennemi.

La règle inscrite dans la Déclaration de Paris, „le pavillon neutre couvre la marchandise ennemie, à l'exception de la contrebande de guerre", répond trop au progrès des mœurs, a trop pénétré l'opinion publique pour qu'en présence d'une application si générale, on n'y voie pas un principe de droit commun, qu'il n'est plus même question de discuter. Aussi le caractère neutre ou ennemi des navires de commerce n'a-t-il pas seulement pour conséquence de décider de la validité de leur capture, mais encore du sort des marchandises, autres que la contrebande, qui sont trouvées à leur bord. Une remarque générale analogue peut être faite au sujet du caractère neutre ou ennemi de la marchandise. Personne ne songe à contester aujourd'hui le principe d'après lequel, „la marchandise neutre, à l'exception de la contrebande de guerre, n'est pas saisissable sous pavillon ennemi". Ce n'est donc que dans le cas où elle est trouvée à bord d'un navire ennemi, que se pose la question de savoir si une marchandise est neutre ou ennemie.

La détermination du caractère neutre ou ennemi apparaît ainsi comme le développement des deux principes consacrés en 1856, ou mieux comme le moyen d'en assurer la juste application pratique.

L'utilité de dégager, à cet égard, des pratiques des différents pays des règles claires et simples n'a, pour ainsi dire, pas besoin d'être démontrée. Pour le commerce, l'incertitude des risques de capture, si elle n'est pas une cause d'arrêt total, est tout au moins la pire des entraves. Le commerçant doit savoir les risques qu'il court en chargeant sur tel ou tel navire; l'assureur, s'il ignore la gravité de ces risques, est forcé d'exiger des primes de guerre souvent exorbitantes ou insuffisantes.

Les règles qui forment ce chapitre ne sont malheureusement pas complètes; quelques points importants ont dû être laissés de côté, comme on l'a déjà vu par ce qui a été dit dans les explications préliminaires et comme cela sera précisé plus loin.

ART. 57. Sous réserve des dispositions relatives au transfert de pavillon, le caractère neutre ou ennemi du navire est déterminé par le pavillon qu'il a le droit de porter.

Le cas où le navire neutre se livre à une navigation réservée en temps de paix reste hors de cause et n'est nullement visé par cette règle.

Le principe est donc que le caractère neutre ou ennemi du navire est déterminé par le pavillon qu'il a le droit de porter. C'est une règle simple qui paraît bien répondre à la situation spéciale des navires, si on les compare aux autres biens meubles et notamment aux marchandises. A plus d'un point de vue, ils ont une sorte d'individualité; notamment ils ont une nationalité, un caractère national. Cette nationalité est manifestée par le droit de pavillon; elle place les navires sous la protection et le contrôle de l'Etat dont ils relèvent; elle les soumet à la souveraineté et aux lois de cet Etat et, le cas échéant, à ses réquisitions. C'est là le critérium le plus sûr que le navire est bien un des éléments de la force maritime marchande d'un pays et, par conséquent, le meilleur critérium pour déterminer s'il est neutre ou ennemi. Aussi convient-il de s'y attacher exclusivement et d'écarter ce qui se rattache à la personnalité du propriétaire.

Le texte dit: le pavillon que le navire a le droit de porter; cela s'entend naturellement du pavillon que le navire est, s'il ne l'a fait, en droit d'arborer, conformément aux lois qui régissent le port de ce pavillon.

L'article 57 réserve les dispositions relatives au transfert de pavillon pour lesquelles il suffit de renvoyer aux articles 55 et 56; il pourra se faire qu'un navire ait bien le droit de porter un pavillon neutre, au point de vue de la législation du pays dont il se réclame, mais soit considéré comme ennemi par un belligérant, parce que le transfert à la suite duquel il a porté le pavillon neutre tombe sous le coup de l'article 55 ou de l'article 56.

Enfin, la question de savoir si un navire perd son caractère neutre, lorsqu'il effectue une navigation que l'ennemi réservait avant la guerre aux seuls navires nationnaux a été soulevée. Une entente n'a pu avoir lieu, comme cela a été expliqué plus haut à propos du chapitre sur l'Assistance hostile, et la question est restée absolument entière, comme l'alinéa 2 de l'article 57 prend soin de le dire.

ART. 58. Le caractère neutre ou ennemi des marchandises trouvées à bord d'un navire ennemi est déterminé par le caractère neutre ou ennemi de leur propriétaire.

A la différence des navires, les marchandises n'ont pas une individualité propre; on fait dépendre leur caractère neutre ou ennemi de la personnalité de leur propriétaire. C'est ce qui a prévalu après un examen approfondi de diverses opinions tendant à s'attacher à l'origine des marchandises, à la personne du porteur de risques, du réclamateur ou de l'expéditeur. Le critérium adopté par l'article 58 paraît, d'ailleurs, conforme aux termes de la Déclaration de Paris comme à ceux de la Convention de La Haye du 18 octobre 1907, sur l'établissement d'une Cour Internationale des prises, où il est parlé des propriétés neutres ou ennemies (articles 1, 3, 4 et 8).

Mais il ne faut pas se dissimuler que l'article 58 ne résout qu'une partie du problème, la plus simple; c'est le caractère neutre ou ennemi du propriétaire qui détermine le caractère des marchandises, mais à quoi s'attachera-t-on pour déterminer le caractère neutre ou ennemi du propriétaire? On ne le dit pas, parce qu'il a été impossible d'arriver à une entente sur ce point. Les opinions ont été partagées entre le domicile et la nationalité; il est inutile de reproduire ici les arguments invoqués dans les deux sens. On avait pensé à une sorte de transaction ainsi formulée:

„Le caractère neutre ou ennemi des marchandises trouvées à bord d'un navire ennemi est déterminé par la nationalité neutre ou ennemie de leur propriétaire et, en cas d'absence de nationalité ou en cas de double nationalité neutre et ennemie de leur propriétaire, par le domicile de celui-ci en pays neutre ou ennemi."

„Toutefois, les marchandises appartenant à une société anonyme ou par actions sont considérées comme neutres ou ennemies selon que la société a son siège social en pays neutre ou ennemi."

L'unanimité n'a pu être obtenue.

ART. 59. Si le caractère neutre de la marchandise trouvée à bord d'un navire ennemi n'est pas établi, la marchandise est présumée ennemie.

L'article 59 formule la règle traditionnelle d'après laquelle la marchandise trouvée à bord d'un navire ennemi est présumée ennemi sauf la preuve contraire; ce n'est qu'une présomption simple laissant au revendiquant le droit, mais la charge de prouver ses droits.

ART. 60. Le caractère ennemi de la marchandise chargée à bord d'un navire ennemi subsiste jusqu'à l'arrivée à destination, nonobstant un transfert intervenu pendant le cours de l'expédition, après l'ouverture des hostilités.

Toutefois, si, antérieurement à la capture, un précédent propriétaire neutre exerce, en cas de faillite du propriétaire ennemi actuel, un droit de revendication légale sur la marchandise, celle-ci reprend le caractère neutre.

Cette disposition envisage le cas où une marchandise, étant propriété ennemie au moment de son départ, a été l'objet d'une vente ou d'un transfert pendant le cours du voyage. La facilité qu'il y aurait à garantir. au moyen d'une vente, la marchandise ennemie contre l'exercice du droit de capture, sauf à s'en faire rétrocéder la propriété à l'arrivée, a toujours conduit à ne pas tenir compte de ces transferts; le caractère ennemi subsiste.

Au point de vue du moment à partir duquel une marchandise doit être considérée comme devant prendre et conserver le caractère ennemi de son propriétaire, le texte est inspiré du même esprit d'équité qui a présidé à la Convention de La Haye sur le régime des bâtiments de commerce au début des hostilités, et du même désir de garantir les opérations entreprises dans la confiance du temps de paix. C'est seulement lorsque le transfert a lieu après l'ouverture des hostilités qu'il est, jusqu'à l'arrivée, inopérant au point de vue de la perte du caractère ennemi. Ce qu'on considère ici, c'est la date du transfert, et non la date du départ du navire. Car, bien que le navire parti avant la guerre, et resté peut-être dans l'ignorance de l'ouverture des hostilités, jouisse de ce chef d'une certaine exemption, la marchandise peut cependant avoir le caractère ennemi; le propriétaire ennemi de cette marchandise est à même de connaître la guerre, et c'est precisément pour cela qu'il cherchera à échapper à ses conséquences.

On a cru, toutefois, devoir ajouter sinon une restriction, du moins un complément jugé nécessaire. Dans un grand nombre de pays, le vendeur non payé a, en cas de faillite de l'acheteur, un droit de revendication légale („stoppage in transitu") sur les marchandises déjà devenues la propriété de l'acheteur, mais non encore parvenues jusqu'à lui. En pareil cas la vente est résolue, et, par l'effet de sa revendication, le vendeur reprend sa marchandise, sans être réputé avoir jamais cessé d'être propriétaire. Il y a là pour le commerce neutre, en cas de faillite non simulée, une garantie trop précieuse pour être sacrifiée, et le deuxième alinéa de l'article 60 a pour but de la sauvegarder.

Chapitre VII.

Du convoi.

La pratique du convoi a, dans le passé, soulevé parfois de graves difficultés et même des conflits. Aussi peut-on constater avec satisfaction l'accord intervenu pour la régler.

ART. 61. Les navires neutres sous convoi de leur pavillon sont exempts de visite. Le commandant du convoi donne par écrit, à la demande du commandant d'un bâtiment de guerre belligérant, sur le caractère des navires et sur leur chargement, toutes informations que la visite servirait à obtenir.

Le principe posé est simple: un navire neutre convoyé par un navire de guerre de sa nation est exempt de visite. Le motif en est que le croiseur belligérant doit trouver dans les affirmations du commandant du convoi la garantie que lui procurerait l'exercice même du droit de visite; il ne peut, en effet, révoquer en doute ces affirmations, données par l'agent officiel d'un Gouvernement neutre, sans manquer à la courtoisie internationale. Si les Gouvernements neutres laissent les belligérants visiter les navires portant leur pavillon, c'est qu'ils ne veulent pas prendre la charge de la surveillance de ces navires, et qu'alors ils permettent aux belligérants de se protéger euxmêmes. La situation change quand un Gouvernement neutre entend prendre cette charge; le droit de visite n'a plus la même raison d'être.

Mais il résulte de l'explication de la règle donnée pcur le convoi que le Gouvernement neutre s'engage à donner aux belligérants toute garantie que les navires convoyés ne profitent pas de la protection qui leur est assurée pour agir contrairement à la neutralité — par exemple, pour transporter de la contrebande de guerre, pour fournir à un belligérant une assistance hostile, pour tenter de violer un blocus. Il faudra donc une surveillance sérieuse exercée au départ sur les navires devant être convoyés, et cette surveillance devra se poursuivre au cours du voyage. Le Gouvernement devra procéder avec vigilance pour empêcher tout abus du convoi, et il donnera en ce sens des instructions précises à l'officier chargé de commander un convoi.

Un croiseur belligérant rencontre un convoi: il s'adresse au commandant de ce convoi, qui doit, sur sa demande, lui donner par écrit toutes les informations utiles sur les navires qui sont sous sa protection. On exige une déclaration écrite, parce qu'elle empêche les équivoques et les malentendus, qu'elle engage plus la responsabilité du commandant. Cette déclaration a pour but de rendre la visite inutile par le fait même qu'elle procure au croiseur les renseignements que la visite elle-même lui aurait fournis.

ART. 62. Si le commandant du bâtiment de guerre belligérant a lieu de soupçonner que la religion du commandant du convoi a été surprise, il lui communique ses soupçons. C'est au commandant du convoi seul qu'il appartient en ce cas de procéder à une vérification. Il doit constater le résultat de cette vérification par un procès-verbal dont une copie est remise à l'officier du bâtiment de guerre. Si des faits ainsi constatés justifient, dans l'opinion du commandant du convoi, la saisie d'un ou de plusieurs navires, la protection du convoi doit leur être retirée.

Le plus souvent le croiseur s'en tiendra à la déclaration que lui aura donnée le commandant du convoi, mais il peut avoir de sérieuses raisons de croire que la religion de ce commandant a été surprise, qu'un navire convoyé dont les papiers paraissent en règle, et ne présentent rien de suspect, transporte, en fait, de la contrebande adroitement dissimulée. Le croiseur peut communiquer ses soupçons au commandant du convoi. Une vérification peut être jugée nécessaire. Elle est faite par le commandant du convoi; c'est lui seul qui exerce l'autorité sur les navires placés sous sa protection. Il a paru toutefois que l'on éviterait souvent bien des difficultés, s'il était permis au belligérant d'assister à cette vérification; autrement il lui serait toujours possible de suspecter, sinon la bonne foi, du moins la vigilance ou la perspicacité du visiteur. Mais on n'a pas cru devoir imposer au commandant du convoi l'obligation de laisser l'officier du croiseur assister à la vérification. Il agira comme il le jugera bon: s'il accepte l'assistance d'un officier du croiseur, ce sera un acte de courtoisie ou de bonne politique. Il devra, dans tous les cas, dresser un procès-verbal de la vérification et en donner une copie à l'officier du croiseur.

Des divergences peuvent s'élever entre les deux officiers, spécialement à propos de la contrebande conditionnelle. Le caractère du port auquel sont destinés des blés peut être contesté; est-ce un port de commerce ordinaire? est-ce un port qui sert de base de ravitaillement pour les forces armées? La situation de fait produite par le convoi doit être, en ce cas, maintenue. Il pourra seulement y avoir une protestation de la part de l'officier du croiseur, et la difficulté sera réglée par la voie diplomatique.

La situation est tout autre si un navire convoyé est trouvé porteur de contrebande sans qu'une contestation puisse s'élever. Le navire n'a plus droit à la protection, parce que la condition à laquelle cette protection était subordonnée n'a pas été remplie. Il a trompé son propre Gouvernement d'abord et essayé de tromper un belligérant. Il doit alors être traité comme un navire de commerce neutre qui, dans les circonstances ordinaires, rencontre un croiseur belligérant et est visité par lui. Il ne peut se plaindre d'être ainsi traité rigoureusement, parce qu'il y a dans son cas une aggravatltion de la faute commise par un transporteur de contrebande.
tion de la faute commise par un transporteur de contrebande.

Chapitre VIII.

De la resistance à la visite.

Le sujet traité dans ce chapitre n'est pas mentionné dans le programme soumis en février 1908 par le Gouvernement Britannique; il se rattache étroitement à plusieurs des questions de ce programme, aussi s'est-il naturellement présenté à l'esprit au cours des discussions, et il a paru nécessaire de poser une règle sur laquelle on s'est facilement accordé.

Un croiseur belligérant rencontre un navire de commerce et le somme de s'arrêter pour qu'il soit procédé à la visite. Le navire sommé ne s'arrête pas et essaie de se soustraire à la visite par la fuite. Le croiseur peut employer la force pour l'arrêter, et le navire de commerce, s'il est avarié ou coulé, n'a pas le droit de se plaindre, puisqu'il a contrevenu à une obligation imposée par le droit des gens. S'il est arrêté et s'il est établi que c'est seulement pour éviter les ennuis de la visite qu'il avait recouru à la fuite, qu'il n'avait d'ailleurs commis aucun acte contraire à la neutralité, il ne sera pas puni pour sa tentative. S'il est constaté, au contraire, que le navire a de la contrebande à bord ou qu'il a, d'une façon quelconque, violé ses devoirs de neutre, il subira les conséquences de son infraction à la neutralité, mais il ne subira non plus aucune peine pour avoir tenté la fuite. Certains pensaient, au contraire, que le navire devrait être puni pour une tentative de fuite caractérisée comme pour une résistance violente. La possibilité de la confiscation engagerait, disait-on, le croiseur à ménager, dans la mesure du possible, le navire ne fuite. Mais cette idée n'a pas prévalu.

ART. 63. La résistance opposée par la force à l'exercice légitime du droit d'arrêt, de visite et de saisie, entraîne, dans tous les cas, la confiscation du navire. Le chargement est passible du même traitement que subirait le chargement d'un navire ennemi; les marchandises appartenant au capitaine ou au propriétaire du navire sont considérées comme marchandises ennemies.

La situation est différente s'il y a résistance violente à l'action légitime du croiseur. Le navire commet un acte d'hostilité et doit, dès lors, être traité en ennemi; il sera donc soumis à confiscation, quand même la visite ne révèlerait aucun fait contraire à la neutralité, et cela semble ne pouvoir soulever aucune difficulté.

Que faut-il décider du chargement? La formule qui a semblé la meilleure est celle d'après la quelle ce chargement sera traité comme celui qui serait bord d'un navire ennemi. Cette assimilation entraîne les conséquences suivantes: le navire neutre qui a résisté devenant navire ennemi, la marchandise se trouvant à bord est présumée ennemie. Les neutres intéressés pourront réclamer leur propriété, conformément à la 3e règle de la Déclaration de Paris, mais la marchandise ennemie sera confisquée parce que la règle le pavillon couvre la marchandise ne peut plus être invoquée, le navire saisi sur lequel elle se trouve étant considéré comme ennemi. On remarquera que le droit de réclamer la marchandise est reconnu à tous les neutres, même à ceux qui ont la nationalité du navire saisi; il paraîtrait excessif de les faire souffrir de l'acte du capitaine. Il y a toutefois une exception à l'égard des marchandises appartenant au propriétaire du navire. Il semble naturel qu'il supporte les conséquences des actes de son agent. Sa propriété à bord du navire sera donc traitée en marchandise ennemie. A plus forte raison, en est-il de même de la marchandise appartenant au capitaine.

Chapitre IX.

Des dommages et intérêts.

Ce chapitre a une portée très générale, puisque la disposition qu'il contient trouve son application dans les cas nombreux où un croiseur peut saisir un navire ou des marchandises.

ART. 64. Si la saisie du navire ou des marchandises n'est pas validée par la juridiction des prises ou si, sans qu'il y ait eu de mise en jugement, la saisie n'est pas maintenue, les intéressés ont droit à des dommages et intérêts, à moins qu'il y ait eu des motifs suffisants de saisir le navire ou les marchandises.

Un croiseur a saisi un navire neutre, par exemple, pour transport de contrebande ou violation de blocus. Le tribunal des prises relâche le navire en annulant la saisie. Cela ne suffit évidemment pas à dédommager les intéressés de la perte éprouvée par suite de la saisie, et cette perte a pu être considérable, puisque le navire a été, pendant un temps souvent très long, empêché de se livrer à son trafic ordinaire. Peuvent-ils demander à être indemnisés de ce préjudice? Rationnellement il faut admettre l'affirmative, si ce préjudice est immérité, c'est-à-dire si la saisie n'a pas été amenée par leur faute. Il peut arriver, en effet, que la saisie ait été motivée, parce que le capitaine du navire visité n'a pas produit des justifications qui devaient se trouver normalement à sa disposition et qui ont été fournies plus tard. Dans ce cas, il serait injuste que des dommages et intérêts fussent accordés. A l'inverse, s'il y a eu vraiment faute du croiseur, s'il a saisi dans un cas où il n'y avait pas de motifs suffisants de le faire, il est juste que des dommages et intérêts soient alloués.

Il peut arriver aussi qu'un navire saisi et conduit dans un port ait été relaxé par voie administrative sans intervention d'un tribunal de prises. En pareil cas, la pratique varie: dans certains pays, la juridiction des prises n'intervient que dans le cas d'une capture et ne pourrait statuer sur une demande de dommages-intérêts fondée sur ce que la saisie aurait été injustifiée; dans d'autres, la juridiction des prises serait compétente pour une demande de ce genre. Il y a là une inégalité peu équitable et il convient d'établir une règle qui produise le même effet dans tous les pays. Il est raisonnable que toute saisie pratiquée sans motifs suffisants donne droit à des dommages-intérêts au profit des intéressés, sans qu'il y ait à distinguer suivant que la saisie a été ou non suivie d'une décision du tribunal des prises, et d'autant plus que c'est quand la saisie aura été le moins justifiée, que le navire pourra être relaxé par voie administrative. On a donc employé une formule générale pouvant comprendre tous les cas de saisie.

Il convient de remarquer que la question de savoir si les tribunaux nationaux de prises sont compétents pour statuer sur les dommages-intérêts n'est pas visée dans le texte. En tant qu'il y a un procès sur les propriétés saisies, aucun doute n'est possible. Dans la procédure engagée sur la validité de la capture, les intéressés auront l'occasion de faire valoir leur droit à une indemnité, et, si la décision du tribunal national ne leur donne pas satisfaction, ils pourront se pourvoir devant la Cour Internationale des prises. Si, au contraire, l'action du belligérant s'est bornée à une saisie, la législation du belligérant capteur décide si des tribunaux sont compétents pour connaître d'une demande en indemnité et, en cas d'affirmative, quels tribunaux sont compétents dans l'espèce; la Cour Internationale n'a, dans ce cas, aucune compétence d'après la Convention de La Haye. Au point de vue international, la voie diplomatique est la seule ouverte pour faire valoir la réclamation, qu'il s'agisse de se plaindre d'une décision effectivement rendue ou de suppléer à l'absence de juridiction.

On a posé la question de savoir s'il y avait lieu de distinguer les dommages directs et les dommages indirects subis par le navire ou la marchandise. Il a semblé qu'il valait mieux laisser la juridiction des prises libre d'apprécier le dédommagement dû, qui variera suivant les circonstances et dont le montant ne peut être déterminé à l'avance par des règles trop minutieuses.

Il n'a été parlé que du navire pour simplifier; mais ce qui a été dit s'applique naturellement à la cargaison saisie, puis relâchée. Ainsi la marchandise innocente, se trouvant à bord du navire saisi, subit tous les inconvénients de la saisie du navire. S'il y a eu des motifs suffisants de saisir le navire, que cette saisie soit maintenue ou non, les propriétaires de la cargaison n'ont aucun droit à des dommages et intérêts.

Il peut être utile d'indiquer certains cas dans lesquels la saisie du navire serait justifiée, quelle que pût être la décision du tribunal des prises. C'est notamment celui de jet, de suppression ou de destruction volontaire de tout ou partie des papiers de bord, provenant du fait du capitaine, de quelqu' un de l'équipage ou des passagers. Il y a là quelque chose qui justifie tous les soupçons et qui explique que le navire soit saisi, sauf au capitaine à rendre compte de sa conduite devant le tribunal des prises. Même si ce tribunal acceptait les explications données et ne trouvait pas de causes suffisantes de confiscation acceptait les explications données et ne trouvait pas de causes suffisantes de confiscation, les intéressés ne pourraient songer à réclamer des dommages-intérêts.

Un cas analogue serait celui où l'on trouverait à bord des papiers doubles, faux, ou falsifiés, alors que cette irrégularité se rattache à des circonstances de nature à influer sur la saisie du navire.

Il a semblé suffisant que ces cas où la saisie s'expliquerait raisonnablement fussent mentionnés dans le Rapport sans faire l'objet d'une disposition expresse, et cela par ce que l'indication de deux cas particuliers aurait pu faire que c'étaient les seuls dans lesquels la saisie se justifierait.

Tels sont les principes de droit international que la Conférence Navale s'est efforcée de reconnaître comme propres à régir pratiquement les rapports des peuples dans d'importantes matières pour lesquelles des règles précises faisaient jusqu'à présent défaut. Elle a continué ainsi l'œuvre de codification commencée par la Déclaration de Paris de 1856. Elle a travaillé dans le même esprit que la Deuxième Conférence de la Paix et, profitant des travaux faits à La Haye, elle a pu résoudre un certain nombre de problèmes que, faute de temps, cette Conférence avait dû laisser sans solution. Souhaitons que l'on puisse dire que ceux qui ont élaboré la Déclaration de Londres de 1909 n'ont pas été trop indignes de leurs prédécesseurs de 1856 et de 1907.

Dispositions finales.

Ces dispositions ont trait à diverses questions qui touchent à l'effet de la Déclaration, à sa ratification, à sa mise en vigueur, à sa dénonciation à l'adhésion des Puissances non représentées.

ART. 65. Les dispositions de la présente Déclaration forment un ensemble indivisible.

Cet article est très important et conforme à ce qui avait été admis pour la Déclaration de Paris.

Les règles contenues dans la présente Déclaration touchent à des points très importants et très différents. Elles n'ont pas toutes été acceptées avec le même empressement par toutes les Délégations; des concessions ont été faites sur un point en vue de concessions obtenus sur un autre. L'ensemble a été, tout balancé, reconnu satisfaisant. Une attente légitime serait trompée si une Puissance pouvait faire des réserves à propos d'une règle à laquelle une autre Puissance attache une importance particulière.

ART. 66. Les Puissances Signataires s'engagent à s'assurer, dans le cas d'une guerre où les belligérants seraient tous parties à la présente Déclaration, l'observation réciproque des règles contenues dans cette Déclaration. Elles donneront, en conséquence, à leurs autorités et à leurs forces armées les instructions nécessaires et prendront les mesures qu'il conviendra pour en garantir l'application par leurs tribunaux, spécialement par leurs tribunaux de prises.

D'après l'engagement qui résulte de cet article, la Déclaration s'applique dans les rapports entre les Puissances Signataires, quand les belligérants sont également parties à la Déclaration.

Ce sera à chaque Puissance à prendre les mesures nécessaires pour assurer l'observation de la Déclaration. Ces mesures pourront varier suivant les pays, exiger ou non l'intervention du pouvoir l'égislatif. C'est une affaire d'ordre intérieur.

Il faut remarquer que les Puissances neutres peuvent être aussi dans le cas de donner des instructions à leurs autorités, spécialement aux commandants des convois, comme on l'a vu plus haut.

ART. 67. La présente Déclaration sera ratifiée aussitôt que possible.

Les ratifications seront déposées à Londres.

Le premier dépôt de ratifications sera constaté par un procès-verbal signé par les Représentants des Puissances qui y prennent part, et par le Principal Secrétaire d'État de Sa Majesté Britannique au Département des Affaires Etrangères.

Les dépôts ultérieurs de ratifications se feront au moyen d'une notification écrite adressée au Gouvernement Britannique et accompagnée de l'instrument de ratification.

Copie certifiée conforme du procès-verbal relatif au premier dépôt de ratifications des notifications mentionnées à l'alinéa précédent, ainsi que des instruments de ratification qui les accompagnent, sera immédiatement, par les soins du Gouvernement Britannique et par la voie diplomatique, remise aux Puissances Signataires. Dans les cas visés par l'alinéa précédent, le dit Gouvernement leur fera connaître en même temps la date à laquelle il a reçu la notification.

Cette disposition toute de protocole n'a pas besoin d'explication. On a emprunté la formule admise à La Haye par la Deuxième Conférence de la Paix.

ART. 68. La présente Déclaration produira effet, pour les Puissances qui auront participé au premier dépôt de ratifications, soixante jours après la date du procès-verbal de ce dépôt et, pour les Puissances qui ratifieront ultérieurement, soixante jours après que la notification de leur ratification aura été reçue par le Gouvernement Britannique.

ART. 69. S'il arrivait qu'une des Puissances Signataires voulût dénoncer la présente Déclaration, elle ne pourra le faire que pour la fin d'une période de douze ans commençant à courir soixante jours après le premier dépôt de ratifications et, ensuite, pour la fin de périodes successives de six ans, dont la première commencera à l'expiration de la période de douze ans.

La dénonciation devra être, au moins un an à l'avance, notifiée par écrit au Gouvernement Britannique, qui en donnera connaissance à toutes les autres Puissances. Elle ne produira ses effets qu'à l'égard de la Puissance qui l'aura notifiée.

Il résulte implicitement de l'article 69 que la Déclaration à une durée indéfinie. Les périodes après lesquelles la dénonciation peut se faire ont été fixées par analogie de ce qui est admis dans la Convention pour l'établissement d'une Cour Internationale des prises.

ART. 70. Les Puissances représentées à la Conférence Navale de Londres, attachant un prix particulier à la reconnaissance générale des règles adoptées par elles, expriment l'espoir que les Puissances qui n'y étaient pas représentées adhéreront à la présente Déclaration. Elles prient le Gouvernement Britannique de vouloir bien les inviter à le faire.

La Puissance qui désire adhérer notifie par écrit son intention au Gouvernement Britannique en lui transmettant l'acte d'adhésion, qui sera déposé dans les archives dudit Gouvernement.

Ce Gouvernement transmettra immédiatement à toutes les autres Puissances copie certifiée conforme de la notification, ainsi que de l'acte d'adhésion, en indiquant la date à laquelle il a reçu la notification. L'adhésion produira effet soixante jours après cette date.

La situation des Puissances adhérentes sera, en tout ce qui concerne cette Déclaration, assimilée à la situation des Puissances Signataires.

La Déclaration de Paris contenait déjà une invitation adressée aux Puissances non représentées, à l'effet d'adhérer à la Déclaration. L'invitation officielle, au lieu d'être faite individuellement par chacune des Puissances représentées à la Conférence, sera plus aisément faite par la Grande-Bretagne agissant au nom de toutes.

Les formes de l'adhésion sont très simples. L'assimilation des Puissances adhérentes aux Puissances Signataires entraîne naturellement pour les premières l'observation de l'article 65; on ne peut adhérer à une partie de la Déclaration, mais seulement à l'ensemble.

ART. 71. La présente Déclaration, qui portera la date du 26 février 1909, pourra être signée à Londres, jusqu'au 30 juin 1909, par les Plénipotentiaires des Puissances représentées à la Conférence Navale.

Comme à La Haye, on a tenu compte des convenances de certaines Puissances dont es Représentants peuvent ne pas être en situation de signer dès à présent la Déclaration et qui cependant veulent être considérées comme des Puissances Signataires, non comme des Puissances adhérentes.

Il va sans dire que les Plénipotentiaires des Puissances dont il est parlé à l'article 71 ne sont pas nécessairement ceux qui avaient été délégués comme tels à la Conférence Navale.

En foi de quoi, les Plénipotentiaires ont revêtu la présente Déclaration de leurs signatures et y ont apposé leurs cachets.

Fait à Londres, le vingt-six février mil neuf cent neuf, en un seul exemplaire, qui restera déposé dans les archives du Gouvernement Britannique et dont des copies, certifiées conformes, seront remises par la voie diplomatique aux Puissances représentées à la Conférence Navale.

h) Protocole de clôture.

La Conférence Navale de Londres, convoquée par le Gouvernement de Sa Majesté Britannique, s'est réunie, le 4 décembre, 1908, au Ministère des Affaires Etrangères, à l'effet de déterminer les principes généralement reconnus du droit international dans le sens de l'article 7 de la Convention signée à La Haye le 18 octobre 1907, pour l'établissement d'une Cour internationale des prises.

Les Puissances, dont l'énumération suit, ont pris part à cette Conférence, pour laquelle elles avaient désigné les Délégués nommés ci-après:

(Folgen die Namen:)

Dans un série de réunions, tenues du 4 décembre 1908 au 26 février 1909, la Conférence a arrêté, pour être soumis à la signature des Plénipotentiaires, la Déclaration relative au droit de la guerre maritime, dont le texte est annexé au présent Protocole.

En outre, le vœu suivant a été adopté par les Délégués des Puissances qui ont signé ou qui ont exprimé l'intention de signer la Convention de La Haye en date du 18 octobre 1907 pour l'établissement d'une Cour internationale des prises:

Les Délégués des Puissances représentées à la Conférence Navale et qui ont signé ou qui ont exprimé l'intention de signer la Convention de La Haye en date du 18 octobre 1907 pour l'établissement d'une Cour internationale des prises, considérant les difficultés d'ordre constitutionnel qui, pour certains États, s'opposent à la ratification, sous sa forme actuelle, de cette Convention, sont d'accord pour signaler à leurs Gouvernements respectifs l'avantage que présenterait la conclusion d'un arrangement en vertu duquel les dits Etats auraient, lors du dépôt de leurs ratifications, la faculté d'y joindre une réserve portant que le droit de recourir à la Cour internationale des prises, à propos des décisions de leurs tribunaux nationaux, se présentera comme une action directe en indemnité, pourvu toutefois que l'effet de cette réserve ne soit pas de nature à porter atteinte aux droits garantis par la dite Convention, soit aux particuliers, soit à leurs Gouvernements, et que les termes de la réserve forment l'objet d'une entente ultérieure entre les Puissances Signataires de la même Convention.

En foi de quoi le Plénipotentiaires et les Délégués remplaçant les Plénipotentiaires qui ont déjà dû quitter Londres ont signé le présent Protocole.

Fait à Londres le vingt-six février mil neuf cent neuf, en un seul exemplaire, qui sera déposé dans les archives du Gouvernement Britannique et dont des copies, certifiées conformes, seront remises par la voie diplomatique aux Puissances représentées à la Conférence Navale.

(Folgen die Namen:)

DECLARATION
RELATIVE AU DROIT DE LA GUERRE MARITIME.

SA MAJESTE L'EMPEREUR D'ALLEMAGNE, ROI DE PRUSSE; LE PRESIDENT DES ETATS-UNIS D'AMERIQUE; SA MAJESTE L'EMPEREUR D'AUTRICHE, ROI DE BOHEME, &c., ET ROI APOSTOLIQUE DE HONGRIE; SA MAJESTE LE ROI D'ESPAGNE; LE PRESIDENT DE LA REPUBLIQUE FRANCAISE; SA MAJESTE LE ROI DU ROYAUME-UNI DE GRANDE-BRETAGNE ET D'IRLANDE ET DES TERRITOIRES BRITANNIQUES AU DELA DES MERS, EMPEREUR DES INDES; SA MAJESTE LE ROI D'ITALIE; SA MAJESTE L'EMPEREUR DU JAPON; SA MAJESTE LA REINE DES PAYS-BAS; SA MAJESTE L'EMPEREUR DE TOUTES LES RUSSIES;

CONSIDERANT L'INVITATION PAR LAQUELLE LE GOUVERNEMENT BRITANNIQUE A PROPOSE A DIVERSES PUISSANCES DE SE REUNIR EN CONFERENCE AFIN DE DETERMINER EN COMMUN CE QUE COMPORTENT LES REGLES GENERALEMENT RECONNUES DU DROIT INTERNATIONAL AU SENS DE L'ARTICLE 7 DE LA CONVENTION DU 18 OCTOBRE 1907, RELATIVE A L'ETABLISSEMENT D'UNE COUR INTERNATIONALE DES PRISES;

RECONNAISSANT TOUS LES AVANTAGES QUE, DANS LE CAS MALHEUREUX D'UNE GUERRE MARITIME, LA DETERMINATION DESDITES REGLES PRESENTE, SOIT POUR LE COMMERCE PACIFIQUE, SOIT POUR LES BELLIGERANTS ET POUR LEURS RELATIONS POLITIQUES AVEC LES GOUVERNEMENTS NEUTRES;

CONSIDERANT QUE LES PRINCIPES GENERAUX DU DROIT INTERNATIONAL SONT SOUVENT, DANS LEUR APPLICATION PRATIQUE, L'OBJET DE METHODES DIVERGENTES;

ANIMES DU DESIR D'ASSURER DORENAVANT UNE PLUS GRANDE UNIFORMITE A CET EGARD;

ESPERANT QU'UNE ŒUVRE D'UN INTERET COMMUN AUSSI IMPORTANT RENCONTRERA L'APPROBATION GENERALE;

Ont nommé pour Leurs Plénipotentiaires, savoir:

(Suivent les Signatures.)

Lesquels, après s'être communiqué leurs pleins pouvoirs, trouvés en bonne et due forme, sont convenus de faire la présente Déclaration:

Disposition préliminaire.

Les Puissances Signataires sont d'accord pour constater que les règles contenues dans les Chapitres suivants répondent, en substance, aux principes généralement reconnus du droit international.

Chapitre I.

Du blocus en temps de guerre.

ART. 1. Le blocus doit être limité aux ports et aux côtes de l'ennemi ou occupés par lui.

ART. 2. Conformément à la Déclaration de Paris de 1856, le blocus, pour être obligatoire, doit être effectif, c'est-à-dire maintenu par une force suffisante pour interdire réellement l'accès du littoral ennemi.

ART. 3. La question de savoir si le blocus est effectif est une question de fait.

ART. 4. Le blocus n'est pas considéré comme levé si, par suite du mauvais temps, les forces bloquantes se sont momentanément éloignées.

ART. 5. Le blocus doit être impartialement appliqué aux divers pavillons.

ART. 6. Le commandant de la force bloquante peut accordeı à des navires de guerre la permission d'entrer dans le port bloqué et d'en sortir ultérieurement.

ART. 7. Un navire neutre, en cas de détresse constatée par une autorité des forces bloquantes, peut pénétrer dans la localité bloquée et en sortir ultérieurement à la condition de n'y avoir laissé ni pris aucun chargement.

ART. 8. Le blocus, pour être obligatoire, doit être déclaré conformément à l'article 9 et notifié conformément aux articles 11 et 16.

ART. 9. La déclaration de blocus est faite, soit par la Puissance bloquante

ART. 9. La déclaration de blocus est faite, soit par la Puissance bloquante, soit par les autorités navales agissant en son nom.

Elle précise:

1⁰ La date du commencement du blocus;

2⁰ Les limites géographiques du littoral bloqué;

3⁰ Le délai de sortie à accorder aux navires neutres.

ART. 10. Si la Puissance bloquante ou les autorités navales agissant en son nom ne se conforment pas aux mentions, qu'en exécution de l'article 9—1⁰ et 2⁰, elles ont dû inscrire dans la déclaration de blocus, cette déclaration est nulle, et une nouvelle déclaration est nécessaire pour que le blocus produise ses effets.

ART. 11. La déclaration de blocus est notifiée:

1⁰ Aux Puissances neutres, par la Puissance bloquante, au moyen d'une communication adressée aux Gouvernements eux-mêmes ou à leurs représentants accrédités auprès d'elle;

2⁰ Aux autorités locales, par le commandant de la force bloquante. Ces autorités, de leur côté, en informeront, aussitôt que possible, les consuls étrangers qui exercent leurs fonctions dans le port ou sur le littoral bloqués.

ART. 12. Les règles relatives à la déclaration et à la notification de blocus sont applicables dans le cas où le blocus serait étendu ou viendrait à être repris après avoir été levé.

ART. 13. La levée volontaire du blocus, ainsi que toute restriction qui y serait apportée, doit être notifiée dans la forme prescrite par l'article 11.

ART. 14. La saisissabilité d'un navire neutre pour violation de blocus est subordonnée à la connaissance réelle ou présumée du blocus.

ART. 15. La connaissance du blocus est, sauf preuve contraire, présumée lorsque le navire a quitté un port neutre postérieurement à la notification, en temps utile, du blocus à la Puissance dont relève ce port.

ART. 16. Si le navire qui approche du port bloqué n'a pas connu ou ne peut être présumé avoir connu l'existence du blocus, la notification doit être faite au navire même par un officier de l'un des bâtiments de la force bloquante. Cette notification doit être portée sur le livre de bord avec indication de la date et de l'heure, ainsi que de la position géographique du navire à ce moment.

Le navire neutre qui sort du port bloqué, alors que, par la négligence du commandant de la force bloquante, aucune déclaration de blocus n'a été notifiée aux autorités locales ou qu'un délai n'a pas été indiqué dans la déclaration notifiée, doit être laissé libre de passer.

ART. 17. La saisie des navires neutres pour violation de blocus ne peut être effectuée que dans le rayon d'action des bâtiments de guerre chargés d'assurer l'effectivité du blocus.

ART. 18. Les forces bloquantes ne doivent pas barrer l'accès aux ports et aux côtes neutres.

ART. 19. La violation du blocus est insuffisamment caractérisée pour autoriser la saisie du navire, lorsque celui-ci est actuellement dirigé vers un port non bloqué, quelle que soit la destination ultérieure du navire ou de son chargement.

ART. 20. Le navire qui, en violation du blocus, est sorti du port bloqué ou a tenté d'y entrer, reste saisissable tant qu'il est poursuivi par un bâtiment de la force bloquante. Si la chasse en est abandonnée ou si le blocus est levé, la saisie n'en peut plus être pratiquée.

ART. 21. Le navire reconnu coupable de violation de blocus est confisqué. Le chargement est également confisqué, à moins qu'il soit prouvé qu'au moment où la marchandise a été embarquée, le chargeur n'a ni connu ni pu connaître l'intention de violer le blocus.

Chapitre II.

De la contrebande de guerre.

ART. 22. Sont de plein droit considérés comme contrebande de guerre les objets et matériaux suivants, compris sous le nom de contrebande absolue, savoir:

1⁰ Les armes de toute nature, y compris les armes de chasse, et les pièces détachées caractérisées.
2⁰ Les projectiles, gargousses et cartouches de toute nature, et les pièces détachées caractérisées.
3⁰ Les poudres et les explosifs spécialement affectés à la guerre.
4⁰ Les affûts, caissons, avant-trains, fourgons, forges de campagne, et les pièces détachées caractérisées.
5⁰ Les effets d'habillement et d'équipement militaires caractérisés.
6⁰ Les harnachements militaires caractérisés de toute nature.
7⁰ Les animaux de selle, de trait et de bât, utilisables pour la guerre.
8⁰ Le matériel de campement et les pièces détachées caractérisées.
9⁰ Les plaques de blindage.
10⁰ Les bâtiments et embarcations de guerre et les pièces détachées spécialement caractérisées comme ne pouvant être utilisées que sur un navire de guerre.
11⁰ Les instruments et appareils exclusivement faits pour la fabrication des munitions de guerre, pour la fabrication et la réparation des armes et du matériel militaire, terrestre ou naval.

ART. 23. Les objets et matériaux qui sont exclusivement employés à la guerre peuvent être ajoutée à la liste de contrebande absolue au moyen d'une déclaration notifiée.

La notification est adressée aux Gouvernements des autres Puissances ou à leurs représentants accrédités auprès de la Puissance qui fait la déclaration. La notification faite après l'ouverture des hostilités n'est adressée qu'aux Puissances neutres.

ART. 24. Sont de plein droit considérés comme contrebande de guerre les objets et matériaux susceptibles de servir aux usages de la guerre comme à des usages pacifiques, et compris sous le nom de contrebande conditionnelle, savoir:

1⁰ Les vivres.
2⁰ Les fourrages et les graines propres à la nourriture des animaux.
3⁰ Les vêtements et les tissus d'habillement, les chaussures, propres à des usages militaires.
4⁰ L'or et l'argent monnayés et en lingots, les papiers représentatifs de la monnaie.
5⁰ Les véhicules de toute nature pouvant servir à la guerre, ainsi que les pièces détachées.
6⁰ Les navires, bateaux et embarcations de tout genre, les docks flottants, parties de bassins, ainsi que les pièces détachées.
7⁰ Le matériel fixe ou roulant des chemins de fer, le matériel des télégraphes, radiotélégraphes et téléphones.

8⁰ Les aérostats et les appareils d'aviation, les pièces détachées caractérisées ainsi que les accessoires, objets et matériaux caractérisés comme devant servir à l'aérostation ou à l'aviation.

9⁰ Les combustibles; les matières lubréfiantes.

10⁰ Les poudres et les explosifs qui ne sont pas spécialement affectés à la guerre.

11⁰ Les fils de fer barbelés, ainsi que les instruments servant à les fixer ou à les couper.

12⁰ Les fers à cheval et le matériel de maréchalerie.

13⁰ Les objets de harnachement et de sellerie.

14⁰ Les jumelles, les télescopes, les chronomètres et les divers instruments nautiques.

ART. 25. Les objets et matériaux susceptibles de servir aux usages de la guerre comme à des usages pacifiques, et autres que ceux visés aux articles 22 et 24, peuvent être ajoutés à la liste de contrebande conditionnelle au moyen d'une déclaration qui sera notifiée de la manière prévue à l'article 23, deuxième alinéa

ART. 26. Si une Puissance renonce, en ce qui la concerne, à considérer comme contrebande de guerre des objets et matériaux qui rentrent dans une des catégories énumérées aux articles 22 et 24, elle fera connaître son intention par une déclaration notifiée de la manière prévue à l'article 23, deuxième alinéa.

ART. 27. Les objets et matériaux, qui ne sont pas susceptibles de servir aux usages de la guerre, ne peuvent pas être déclarés contrebande de guerre.

ART. 28. Ne peuvent pas être déclarés contrebande de guerre les articles suivants savoir:

1⁰ Le coton brut, les laines, soies, jutes, lins, chanvres bruts, et les autres matières premières des industries textiles, ainsi que leurs filés.

2⁰ Les noix et graines oléagineuses; le coprah.

3⁰ Les caoutchoucs, résines, gommes et laques; le houblon.

4⁰ Les peaux brutes, les cornes, os et ivoires.

5⁰ Les engrais naturels et artificiels, y compris les nitrates et phosphates pouvant servir à l'agriculture.

6⁰ Les minerais.

7⁰ Les terres, les argiles, la chaux, la craie. les pierres y compris les marbres les briques ardoises et tuiles.

8⁰ Les porcelaines et verreries.

9⁰ Le papier et les matières préparées pour sa fabrication.

10⁰ Les savons couleurs, y compris les matières exclusivement destinées à les produire, et les vernis.

11⁰ L'hypochlorite de chaux, les cendres de soude, la soude caustique. le sulfate de soude en pains, l'ammoniaque, le sulfate d'ammoniaque et le sulfate de cuivre.

12⁰ Les machines servant à l'agriculture, aux mines, aux industries textiles et à l'imprimerie.

13⁰ Les pierres précieuses, les pierres fines, les perles, la nacre et les coraux.

14⁰ Les horloges, pendules, et montres autres que les chronomètres.

15⁰ Les articles de mode et les objets de fantaisie.

16⁰ Les plumes de tout genre, les crins et soies.

17⁰ Les objets d'ameublement ou d'ornement; les meubles et accessoires de bureau.

ART. 29. Ne peuvent non plus être considérés comme contrebande de guerre:

1⁰ Les objets et matériaux servant exclusivement à soigner les malades et les blessés. Toutefois, ils peuvent, en cas de nécessité militaire importante, être réquisitionnés, moyennant une indemnité, lorsqu'ils ont la destintaion prévue à l'article 30.

2⁰ Les objets et matériaux destinés à l'usage du navire où ils sont trouvés, ainsi qu'à l'usage de l'équipage et des passagers de ce navire pendant la traversée.

ART. 30. Les articles de contrebande absolue sont saisissables, s'il est établi qu'ils sont destinés au territoire de l'ennemi ou à un territoire occupé par lui ou à ses forces armées. Peu importe que le transport de ces objets se fasse directement ou exige, soit un transbordement, soit un trajet par terre.

ART. 31. La destination prévue à l'article 30 est définitivement prouvée dans les cas suivants:

1⁰ Lorsque la marchandise est documentée pour être débarquée dans un port de l'ennemi ou pour être livrée à ses forces armées.

2⁰ Lorsque le navire ne doit aborder qu'à des ports ennemis, ou lorsqu'il doit toucher à un port de l'ennemi ou rejoindre ses forces armées, avant d'arriver au port neutre pour lequel la marchandise est documentée.

ART. 32. Les papiers de bord font preuve complète de l'itinéraire du navire transportant de la contrebande absolue, à moins que le navire soit rencontré ayant manifestement dévié de la route qu'il devrait suivre d'après ses papiers de bord et sans pouvoir justifier d'une cause suffisante de cette déviation.

ART. 33. Les articles de contrebande conditionnelle sont saisissables, s'il est établi qu'ils sont destinés à l'usage des forces armées ou des administrations de l'Etat ennemi, à moins, dans ce dernier cas, que les circonstances établissent qu'en fait ces articles ne peuvent être utilisés pour la guerre en cours; cette dernière réserve ne s'applique pas aux envois visés par l'article 24—4⁰.

ART. 34. Il y a présomption de la destination prévue à l'article 33, si l'envoi est adressé aux autorités ennemies, ou à un commerçant établi en pays ennemi et lorsqu'il est notoire que ce commerçant fournit à l'ennemi des objets et matériaux de cette nature. Il en est de même si l'envoi est à destination d'une place fortifiée ennemie, ou d'une autre place servant de base aux forces armées ennemies; toutefois, cette présomption ne s'applique pas au navire de commerce lui-même faisant route vers une de ces places et dont on entend établir le caractère de contrebande.

A défaut des présomptions ci-dessus, la destination est présumée innocente.

Les présomptions établies dans le présent article admettent la preuve contraire.

ART. 35. Les articles de contrebande conditionnelle ne sont saisissables que sur le navire qui fait route vers le territoire de l'ennemi ou vers un territoire occupé par lui ou vers ses forces armées et qui ne doit pas les décharger dans un port intermédiaire neutre.

Les papiers de bord font preuve complète de l'itinéraire du navire ainsi que du lieu de déchargement des marchandises, à moins que ce navire soit rencontré ayant manifestement dévié de la route qu'il devrait suivre d'après ses papiers de bord et sans pouvoir justifier d'une cause suffisante de cette déviation.

ART. 36. Par dérogation à l'article 35, si le territoire de l'ennemi n'a pas de frontière maritime, les articles de contrebande conditionnelle sont saisissables, lorsqu'il est établi qu'ils ont la destination prévue à l'article 33.

ART. 37. Le navire transportant des articles, qui sont saisissables comme contrebande absolue ou conditionnelle, peut être saisi, en haute mer ou dans les eaux des belligérants, pendant tout le cours de son voyage, même s'il a l'intention de toucher à un port d'escale avant d'atteindre la destination ennemie.

ART. 38. Une saisie ne peut être pratiquée en raison d'un transport de contrebande antérieurement effectué et actuellement achevé.

ART. 39. Les articles de contrebande sont sujets à confiscation.

ART. 40. La confiscation du navire transportant de la contrebande est permise, si cette contrebande forme, soit par sa valeur, soit par son poids, soit par son volume, soit par son fret, plus de la moitié de la cargaison.

ART. 41. Si le navire transportant de la contrebande est relâché, les frais occasionnés au capteur par la procédure devant la juridiction nationale des prises ainsi que par la conservation du navire et de sa cargaison pendant l'instruction sont à la charge du navire.

ART. 42. Les marchandises qui appartiennent au propriétaire de la contrebande et qui se trouvent à bord du même navire sont sujettes à confiscation.

ART. 43. Si un navire est rencontré en mer naviguant dans l'ignorance des hostilités ou de la déclaration de contrebande applicable à son chargement, les articles de contrebande ne peuvent être confisqués que moyennant indemnité; le navire et le surplus de la cargaison sont exempts de la confiscation et des frais prévus par l'article 41. Il en est de même si le capitaine, après avoir eu connaissance de l'ouverture des hostilités ou de la déclaration de contrebande, n'a pu encore décharger les articles de contrebande.

Le navire est réputé connaître l'état de guerre ou la déclaration de contrebande, lorsqu'il a quitté un port neutre, après que la notification de l'ouverture des hostilités ou de la déclaration de contrebande a été faite en temps utile à la Puissance dont relève ce port. L'état de guerre est, en outre, réputé connu par le navire lorsqu'il a quitté un port ennemi après l'ouverture des hostilités.

ART. 44. Le navire arrêté pour cause de contrebande et non susceptible de confiscation à raison de la proportion de la contrebande peut être autorisé, suivant les circonstances, à continuer sa route, si le capitaine est prêt à livrer la contrebande au bâtiment belligérant.

La remise de la contrebande est mentionnée par le capteur sur le livre de bord du navire arrêté, et le capitaine de ce navire doit remettre au capteur copie certifiée conforme de tous papiers utiles.

Le capteur a la faculté de détruire la contrebande qui lui est ainsi livrée.

Chapitre III.

De l'assistance hostile.

ART. 45. Un navire neutre est confisqué et, d'une manière générale, passible du traitement que subirait un navire neutre sujet à confiscation pour contrebande de guerre:

1° Lorsqu'il voyage spécialement en vue du transport de passagers individuels incorporés dans la force armée de l'ennemi, ou en vue de la transmission de nouvelles dans l'intérêt de l'ennemi.

2° Lorsqu'à la connaissance soit du propriétaire, soit de celui qui a affrété le navire en totalité, soit du capitaine, il transporte un détachement militaire de l'ennemi ou une ou plusieurs personnes qui, pendant le voyage, prêtent une asisstance directe aux opérations de l'ennemi.

Dans les cas visés aux numéros précédents, les marchandises appartenant au propriétaire du navire sont également sujettes à confiscation.

Les dispositions du présent article ne s'appliquent pas si, lorsque le navire est rencontré en mer, il ignore les hostilités ou si le capitaine, après avoir appris l'ouverture des hostilités, n'a pu encore débarquer les personnes transportées. Le navire est réputé connaître l'état de guerre, lorsqu'il a quitté un port ennemi après l'ouverture des hostilités ou un port neutre postérieurement à la notification en temps utile de l'ouverture des hostilités à la Puissance dont relève ce port.

ART. 46. Un navire neutre est confisqué et, d'une manière générale, passible du traitement qu'il subirait s'il était un navire de commerce ennemi:

1° Lorsqu'il prend une part directe aux hostilités.

2° Lorsqu'il se trouve sous les ordres ou sous le contrôle d'un agent placé à bord par le Gouvernement ennemi.

3° Lorsqu'il est affrété en totalité par le Gouvernement ennemi.

4° Lorsqu'il est actuellement et exclusivement affecté, soit au transport de troupes ennemies, soit à la transmission de nouvelles dans l'intérêt de l'ennemi.

Dans les cas visés par le présent article, les marchandises appartenant au propriétaire du navire sont également sujettes à confiscation.

ART. 47. Tout individu incorporé dans la force armée de l'ennemi, et qui sera trouvé à bord d'un navire de commerce neutre, pourra être fait prisonnier de guerre, quand même il n'y aurait pas lieu de saisir ce navire.

Chapitre IV.

De la destruction des prises neutres.

ART. 48. Un navire neutre saisi ne peut être détruit par le capteur, mais il doit être conduit dans tel port qu'il appartiendra pour y être ce que de droit sur la validité de la capture.

ART. 49. Par exception, un navire neutre, saisi par un bâtiment belligérant et qui serait sujet à confiscation, peut être détruit, si l'observation de l'article 48 peut compromettre la sécurité du bâtiment de guerre ou le succès des opérations dans lesquelles celui-ci est actuellement engagé.

ART. 50. Avant la destruction, les personnes qui se trouvent à bord devront être mises en sûreté, et tous les papiers de bord et autres pièces, que les intéressés estimeront utiles pour le jugement sur la validité de la capture, devront être transbordés sur le bâtiment de guerre.

ART. 51. Le capteur qui a détruit un navire neutre doit, préalablement à tout jugement sur la validité de la capture, justifier en fait n'avoir agi qu'en présence d'une nécessité exceptionnelle, comme elle est prévue à l'article 49. Faute par lui de ce faire, il est tenu à indemnité vis-à-vis des intéressés, sans qu'il y ait à rechercher si la capture était valable ou non.

ART. 52. Si la capture d'un navire neutre, dont la destruction a été justifiée, est ensuite déclarée nulle, le capteur doit indemniser les intéressés en remplacement de la restitution à laquelle ils auraient droit.

ART. 53. Si des marchandises neutres qui n'étaient pas susceptibles de confiscation ont été détruites avec le navire, le propriétaire de ces marchandises a droit à une indemnité.

ART. 54. Le capteur a la faculté d'exiger la remise ou de procéder à la destruction des marchandises confiscables trouvées à bord d'un navire qui lui-même n'est pas sujet à confiscation, lorsque les circonstances sont telles que, d'après l'article 49, elles justifieraient la destruction d'un navire passible de confiscation. Il mentionne les objets livrés ou détruits sur le livre de bord du navire arrêté et se fait remettre par le capitaine copie certifiée conforme de tous papiers utiles. Lorsque la remise ou la destruction a été effectuée et que les formalités ont été remplies, le capitaine doit être autorisé à continuer sa route.

Les dispositions des articles 51 et 52 concernant la responsabilité du capteur qui a détruit un navire neutre sont applicables.

Chapitre V.

Du transfert de Pavillon.

ART. 55. Le transfert sous pavillon neutre d'un navire ennemi, effectué avant l'ouverture des hostilités, est valable à moins qu'il soit établi que ce transfert a été effectué en vue d'éluder les conséquences qu'entraîne le caractère de navire ennemi. Il y a néanmoins présomption de nullité si l'acte de transfert ne se trouve pas à bord, alors que le navire a perdu la nationalité belligérante moins de soixante jours avant l'ouverture des hostilités; la preuve contraire est admise.

Il y a présomption absolue de validité d'un transfert effectué plus de trente jours avant l'ouverture des hostilités, s'il est absolu, complet, conforme à la législation des pays intéressés, et s'il a cet effet que le contrôle du navire et le bénéfice de son emploi ne restent pas entre les mêmes mains qu'avant le transfert. Toutefois, si le navire a perdu la nationalité belligérante moins de soixante jours avant l'ouverture des hostilités et si l'acte de transfert ne se trouve pas à bord, la saisie du navire ne pourra donner lieu à des dommages et intérêts.

ART. 56. Le transfert sous pavillon neutre d'un navire ennemi, effectué après l'ouverture des hostilités, est nul, à moins qu'il soit établi que ce transfert n'a pas été effectué en vue d'éluder les conséquences qu'entraîne le caractère de navire ennemi.

Toutefois, il y a présomption absolue de nullité:

1° Si le transfert a été effectué pendant que le navire est en voyage ou dans un port bloqué.

2° S'il y a faculté de réméré ou de retour.

3° Si les conditions, auxquelles est soumis le droit de pavillon d'après la législation du pavillon arboré, n'ont pas été observées.

Chapitre VI.

Du caractère ennemi.

ART. 57. Sous réserve des dispositions relatives au transfert de pavillon, le caractère neutre ou ennemi du navire est déterminé par le pavillon qu'il a le droit de porter.

Le cas où le navire neutre se livre à une navigation réservée en temps de paix reste hors de cause et n'est nullement visé par cette règle.

ART. 58. Le caractère neutre ou ennemi des marchandises trouvées à bord d'un navire ennemi est déterminé par le caractère neutre ou ennemi de leur propriétaire.

ART. 59. Si le caractère neutre de la marchandise trouvée à bord d'un navire ennemi n'est pas établi, la marchandise est présumée ennemie.

ART. 60. Le caractère ennemi de la marchandise chargée à bord d'un navire ennemi subsiste jusqu'à l'arrivée à destination, nonobstant un transfert intervenu pendant le cours de l'expédition, après l'ouverture des hostilités.

Toutefois, si, antérieurement à la capture, un précédent propriétaire neutre exerce, en cas de faillite du propriétaire ennemi actuel, un droit de revendication légale sur la marchandise, celle-ci reprend le caractère neutre.

Chapitre VII.

Du Convoi.

ART. 61. Les navires neutres sous convoi de leur pavillon sont exempts de visite. Le commandant du convoi donne par écrit, à la demande du commandant d'un bâtiment de guerre belligérant, sur le caractère des navires et sur leur chargement, toutes informations que la visite servirait à obtenir.

ART. 62. Si le commandant du bâtiment de guerre belligérant a lieu de soupçonner que la religion du commandant du convoi a été surprise, il lui communique ses soupçons. C'est au commandant du convoi seul qu'il appartient en ce cas de procéder à une vérification. Il doit constater le résultat de cette vérification par un procès-verbal dont une copie est remise à l'officier du bâtiment de guerre. Si des faits ainsi constatés justifient, dans l'opinion du commandant du convoi, la saisie d'un ou de plusieurs navires, la protection du convoi leur être retirée.

Chapitre VIII.

De la resistance à la visite.

ART. 63. La résistance opposée par la force à l'exercice légitime du droit d'arrêt, de visite et de saisie, entraîne, dans tous les cas, la confiscation du navire. Le chargement est passible du même traitement que subirait le chargement d'un navire ennemi; les marchandises appartenant au capitaine ou au propriétaire du navire sont considérées comme marchandises ennemies.

Des dommages et intérêts.

ART. 64. Si la saisie du navire ou des marchandises n'est pas validée par la juridiction des prises ou si, sans qu'il y ait eu de mise en jugement, la saisie n'est pas maintenue, les intéressés ont droit à des dommages et intérêts, à moins qu'il y ait eu des motifs suffisants de saisir le navire ou les marchandises.

Chapitre IX.

Dispositions finales.

ART. 65. Les dispositions de la présente Déclaration forment un ensemble indivisible.

ART. 66. Les Puissances Signataires s'engagent à s'assurer, dans le cas d'une guerre où les belligérants seraient tous parties à la présente Déclaration, l'observation réciproque des règles contenues dans cette Déclaration. Elles donneront, en conséquence, à leurs autorités et à leurs forces armées les instructions nécessaires et prendront les mesures qu'il conviendra pour en garantir l'application par leurs tribunaux, spécialement par leurs tribunaux de prises.

ART. 67. La présente Déclaration sera ratifiée aussitôt que possible.

Les ratifications seront déposées à Londres.

Le premier dépôt de ratifications sera constaté par un procès-verbal signé par les Représentants des Puissances qui y prennent part, et par le Principal Secrétaire d'Etat de Sa Majesté Britannique au Département des Affaires Etrangères.

Les dépôts ultérieurs de ratifications se feront au moyen d'une notification écrite adressée au Gouvernement Britannique et accompagnée de l'instrument de ratification.

Copie certifiée du procès-verbal relatif au premier dépôt de ratifications, des notifications mentionnées à l'alinéa précédent, ainsi, que des instruments de ratification qui les accompagnent, sera immédiatement, par les soins du Gouvernement Britannique et par la voie diplomatique, remise aux Puissances Signataires. Dans les cas visés par l'alinéa précédent, ledit Gouvernement leur fera connaître en même temps la date à laquelle il a reçu la notification.

ART. 68. La présente Déclaration produira effet, pour les Puissances qui auront participé au premier dépôt de ratifications, soixante jours après la date du procès-verbal de ce dépôt et, pour les Puissances qui ratifieront ultérieurement, soixante jours après que la notification de leur ratification aura été reçue par le Gouvernement Britannique.

ART. 69. S'il arrivait qu'une des Puissances Signataires voulût dénoncer la présente Déclaration, elle ne pourra le faire que pour la fin d'une période de douze ans commençant à courir soixante jours après le premier dépôt de ratifications et, ensuite, pour la fin de périodes successives de six ans, dont la première commencera à l'expiration de la période de douze ans.

La dénonciation devra être, au moins un an à l'avance, notifiée par écrit au Gouvernement Britannique, qui en donnera connaissance à toutes les autres Puissances. Elle ne produira ses effets qu'à l'égard de la Puissance qui l'aura notifiée.

ART. 70. Les Puissances représentées à la Conférence Navale de Londres, attachant un prix particulier à la reconnaissance générale des règles adoptées par elles, expriment l'espoir que les Puissances qui n'y étaient pas représentées adhèreront à la présente Déclaration. Elles prient le Gouvernement Britannique de vouloir bien les inviter à le faire.

La Puissance qui désire adhérer notifie par écrit son intention au Gouvernement Britannique, en lui transmettant l'acte d'adhésion, qui sera déposé dans les archives dudit Gouvernement.

Ce Gouvernement transmettra immédiatement à toutes les autres Puissances copie certifiée conforme de la notification, ainsi que de l'acte d'adhésion, en indiquant la date à laquelle il a reçu la notification. L'adhésion produira effet soixante jours après cette date.

La situation des Puissances adhérentes sera, en tout ce qui concerne cette Déclaration, assimilée à la situation des Puissances Signataires.

ART. 71. La présente Déclaration, qui portera la date du 26 février 1909, pourra être signée à Londres jusqu'au 30 juin 1909, par les Plénipotentiaires des Puissances représentées à la Conférence Navale.

En foi de quoi, les Plénipotentiaires ont revêtu la présente Déclaration de leurs signatures et y ont apposé leurs cachets.

Fait à Londres, le vingt-six février mil neuf cent neuf, en un seul exemplaire, qui restera déposé dans les archives du Gouvernement Britannique et dont des copies, certifiées conformes, seront remises par la voie diplomatique aux Puissances représentées à la Conférence Navale.

Nachtrag zu Seite 875.

Convention relative à la pose de mines sous-marines automatiques de contact.

S'inspirant du principe de la liberté des voies maritimes, ouvertes à toutes les nations;

Considérant que, si dans l'état actuel des choses, on ne peut interdire l'emploi de mines sous-marines automatiques de contact, il importe d'en limiter et réglementer l'usage, afi de restreindre les rigueurs de la guerre et de donner, autant que faire se peut, à la navigation pacifique la sécurité à laquelle elle a droit de prétendre, malgré l'existence d'une guerre;

En attendant qu'il soit possible de régler la matière d'une façon qui donne aux intérêts engagés toutes les garanties désirables;

Ont résolu de conclue une Convention à cet effet et ont nommé pour Leurs Plénipotentiaires, savoir:

(dénomination des plénipotentiaires).

Lesquels, après avoir déposé leurs pleins pouvoirs trouvés en bonne et due forme, sont convenus des dispositions suivantes:

ART. 1. Il est interdit:

1°. de placer des mines automatiques de contact non amarrées, à moins qu'elles ne soient construites de manière à devenir inoffensives une heure au maximum après que celui qui les a placées en aura perdu le contrôle;

2°. de placer des mines automatiques de contact amarrées, qui ne deviennent pas inoffensives dès qu'elles auront rompu leurs amarres;

3°. d'employer des torpilles, qui ne deviennent pas inoffensives lorsqu'elles auront manqué leur but.

ART. 2. Il est interdit de placer des mines automatiques de contact devant les côtes et les ports de l'adversaire, dans le seul but d'intercepter la navigation de commerce.

ART. 3. Lorsque les mines automatiques de contact amarrées sont employées, toutes les précautions possibles doivent être prises pour la sécurité de la navigation pacifique.

Les belligérants s'engagent à pourvoir, dans la mesure du possible, à ce que ces mines deviennent inoffensives après un laps de temps limité, et, dans le cas où elles cesseraient d'être surveillées, à signaler les régions dangereuses, aussitôt que les exigences militaires le permettront, par un avis à la navigation, qui devra être aussi communiqué aux Gouvernements par la voie diplomatique.

ART. 4. Toute Puissance neutre qui place des mines automatiques de contact devant ses côtes, doit observer les mêmes règles et prendre les mêmes précautions que celles qui sont imposées aux belligérants.

La Puissance neutre doit faire connaître à la navigation, par un avis préalable, les régions où seront mouillées des mines automatiques de contact.

Cet avis devra être communiqué d'urgence aux Gouvernements par voie diplomatique.

ART. 5. A la fin de la guerre, les Puissances contractantes s'engagent à faire tout ce qui dépend d'elles pour enlever, chacune de son côté, les mines qu'elles ont placées.

Quant aux mines automatiques de contact amarrées, que l'un des belligérants aurait posées le long des côtes de l'autre, l'emplacement en sera notifié à l'autre partie par la Puissance qui les a posées et chaque Puissance devra procéder dans le plus bref délai à l'enlèvement des mines qui se trouvent dans ses eaux.

ART. 6. Les Puissances contractantes, qui ne disposent pas encore de mines perfectionnées telles qu'elles sont prévues dans la présente Convention, et qui, par conséquent, ne sauraient actuellement se conformer aux règles établies dans les articles 1 et 3, s'engagent à transformer, aussitôt que possible, leur matériel de mines, afin qu'il réponde aux prescriptions susmentionnées.

ART. 7. Les dispositions de la présente Convention ne sont applicables qu'entre les Puissances contractantes et seulement si les belligérants sont tous parties à la Convention.

ART. 8. La présente Convention sera ratifiée aussitôt que possible.

Les ratifications seront déposées à La Haye.

Le premier dépôt de ratifications sera constaté par un procès-verbal signé par les représentants des Puissances qui y prennent part et par le Ministre des Affaires Etrangères des Pays-Bas.

Les dépôts ultérieurs de ratifications se feront au moyen d'une notification écrite, adressée au Gouvernement des Pays-Bas et accompagnée de l'instrument de ratification.

Copie certifiée conforme du procès-verbal relatif au premier dépôt de ratifications, des notifications mentionnées à l'alinéa précédent, ainsi que des instruments de ratification, sera immédiatement remise, par les soins du Gouvernement des Pays-Bas et par la voie diplomatique, aux Puissances conviées à la Deuxième Conférence de la Paix, ainsi qu'aux autres Puissances qui auront adhéré à la Convention. Dans les cas visés par l'alinéa précédent, ledit Gouvernement leur fera connaître en même temps la date à laquelle il a reçu la notification.

ART. 9. Les Puissances non signataires sont admises à adhérer à la présente Convention.

La Puissance qui désire adhérer notifie par écrit son intention au Gouvernement des Pays-Bas en lui transmettant l'acte d'adhésion qui sera déposé dans les archives dudit Gouvernement.

Ce Gouvernement transmettra immédiatement à toutes les autres Puissances copie certifiée conforme de la notification ainsi que de l'acte d'adhésion, en indiquant la date à laquelle il a reçu la notification.

ART. 10. La présente Convention produira effet pour les Puissances qui auront participé au premier dépôt de ratifications, soixante jours après la date du procès-verbal de ce dépôt, et pour les Puissances qui ratifieront ultérieurement ou qui adhéreront, soixante jours après que la notification de leur ratification ou de leur adhésion aura été reçue par le Gouvernement des Pays-Bas.

ART. 11. La présente Convention aura une durée de sept ans à partir du soixantième jour après la date du premier dépôt de ratifications.

Sauf dénonciation, elle continuera d'être en vigueur après l'expiration de ce délai.

La dénonciation sera notifiée par écrit au Gouvernement des Pays-Bas qui communiquera immédiatement copie certifiée conforme de la notification à toutes les Puissances, en leur faisant savoir la date à laquelle il l'a reçue.

La dénonciation ne produira ses effets qu'à l'égard de la Puissance qui l'aura notifiée et six mois après que la notification en sera parvenue au Gouvernement des Pays-Bas.

ART. 12. Les Puissances contractantes s'engagent à reprendre la question de l'emploi des mines automatiques de contact six mois avant l'expiration du terme prévu par l'alinéa premier de l'article précédent, au cas où elle n'aurait pas été reprise et résolue à une date antérieure par la troisième Conférence de la Paix.

Si les Puissances contractantes concluent une nouvelle Convention relative à l'emploi des mines, dès son entrée en vigueur, la présente Convention cessera d'être applicable.

ART. 13. Un registre tenu par le Ministère des Affaires Etrangères des Pays-Bas indiquera la date du dépôt de ratifications effectué en vertu de l'article 8 alinéas 3 et 4, ainsi que la date à laquelle auront été reçues les notifications d'adhésion (article 9 alinéa 2) ou de dénonciation (article 11 alinéa 3).

Chaque Puissance contractante est admise à prendre connaissance de ce registre et à en demander des extraits certifiés conformes.

En foi de quoi, les Plénipotentiaires ont revêtu la présente Convention de leurs signatures.

Fait à La Haye, le dix-huit octobre mil neuf cent sept, en un seul exemplaire qui restera déposé dans les archives du Gouvernement des Pays-Bas et dont des copies, certifiées conformes, seront remises par la voie diplomatique aux Puissances qui ont été conviées à la Deuxième Conférence de la Paix.

Alphabetisches Sachregister.*)

Die Ziffern bezeichnen die Seiten des Urkundenbuches soweit sie nicht eingeklammert sind. Die eingeklammerten Ziffern sind Jahreszahlen.

*) Die Stichworte dieses Registers weisen nur auf die jeweilige sedes materiae hin. — Die Worte: International, Seekriegsrecht, Seekriegsrechtsdeklaration, Seekriegsrechtskonferenz, Prisen und ähnliche Stichworte sind wegen ihrer außerordentlich häufigen Beziehung nicht angewendet.

Druck von Otto Walter in Berlin S. 14.

FSC
www.fsc.org
MIX
Papier | Fördert
gute Waldnutzung
FSC® C083411

Kolibri 360 GmbH
Ferdinand-Jühlke-Straße 7
99095 Erfurt, Deutschland
produktsicherheit@kolibri360.de